AF062310

Kránitz László Viktor

PHILOSOPHICA HUNGARICA

UNIVERZALIZMUS

www.novumpublishing.hu

Minden jog fenntartva, beleértve a mű film, rádió és televízió, fotómechanikai kiadását, hanghordozón és elektronikus adathordozón való forgalmazását, valamint kivonat megjelentetését, illetve az utánnyomását is.

Nyomtatva az Európai Unióban környezetbarát, klór- és savmentes, fehérített papírra.

© 2017 novum publishing

ISBN 978-3-99048-429-6
Lektor: Tömösvári Emese
Borítóképek: Ffang,
Ivandzyuba | Dreamstime.com
Borító, tördelés & nyomda:
novum publishing
Illusztráció:
lásd a képjegyzéket a 569. oldalon

A szerző által a kiadó rendelkezésére bocsátott képek a legjobb minőségben kerültek nyomtatásra.

www.novumpublishing.hu

Mottó

„Miért nem fél a nyúl a párductól?
Mert okosabb, mint a párduc"
(Régi kri indián szólás)

TARTALOMJEGYZÉK

1 BEVEZETŐ 11
1.1 A Philosophica Hungarica meghatározása 14

2 A TUDAT-UNIVERZUM, AZ ÉLET KIALAKULÁSA, KÖRFORGÁSA 19
2.1 Anyagi és gondolati körforgás 27
2.2 Mozgatórugók 35
2.3 A tudat kvantum 47

3 AZ IDŐ 53
3.1 Az idő filozófiai természete 53
3.2 Az idő tudományos természete 56
3.3 A fény természete 61
3.4 Vertikális és Horizontális idő 64

4 AZ ÁLOM, ÁLOMKÉPEK 70
4.1 Hogyan keletkeznek az álmok? 72
4.2 Déjà-vu 82

5 AZ ÉLET FEJLŐDÉSE, EVOLÚCIÓ 88
5.1 Kezdetek 91
5.2 A csillagprogram fut 95
5.3 Gyors két vágány: növények és állatok 98
5.4 Spirituális univerzum 103
5.5 Univerzum hajtotta evolúció 109

6 FÖLDTÖRTÉNET, ÉLŐVILÁG FEJLŐDÉSE (EVOLÚCIÓ) ... 115

6.1 Prekambrium-proterozoikum ... 115
   6.1.1 Egy univerzális év ... 120
6.2 Paleozoikum ... 122
   6.2.1 Kambrium, ordovícium ... 122
   6.2.2 Szilur, Devon ... 130
   6.2.3 Karbon, Perm ... 136
6.3 Mezozoikum (a hüllők virágkora) ... 144
   6.3.1 Triász ... 144
   6.3.2 Jura, a dinoszauruszok kora ... 153
   6.3.3 Kréta ... 159
   6.3.4 Kréta-tercier átmenet ... 166
6.4 Kainozoikum ... 172
   6.4.1 Paleogén (Ó-Harmadidőszak) ... 174
   6.4.2 Neogén (harmadidőszak) ... 180
6.5 Evolúciós időskála ... 188

7 A HUMANOCÉN, NEGYEDIDŐSZAK TÖRTÉNÉSEI ... 193

7.1 Az emberi mítosz-történelem kezdete, özönvíz-legendák ... 194
7.2 Negyedidőszak (humanocén) ... 198
   7.2.1 Holocén ... 202
7.3 Korai emberfajok fejlődése homo sapiens, értelmes emberré ... 208
   7.3.1 Homo habilis, homo erectus ... 210
   7.3.2 A homo sapiens ... 217
7.4 Korai emberi kultúrák (ami a történelemkönyvekből kimaradt) ... 223
   7.4.1 Afrika, Közel-Kelet ... 229
   7.4.2 Korai ázsiai kultúrák, Eurázsia (Oroszország) ... 240
   7.4.3 Európa, Amerika, Ausztrália ... 253

7. 5 A nyelvek kialakulása 268
7.6 Az evolúció sebessége 275

8 TÁRSADALMI MEGFONTOLÁSOK 285
8.1 Vallási kérdések, a Héber Biblia 291
8.2 Gilgames-eposz és az elveszett bárka 307
8.3 Az esszénusok 313
8.4 Jézus születésének „születése" 321
 8.4.1 A csillag 325
 8.4.2 A téli napforduló 329
 8.4.3 Időszámításunk és a nyugati kultúra kezdete . . . 331
8.5 Messiások, messiásvárások 333
 8.5.1 Jézus, aki valójában volt 333
 8.5.2 Más messiások, negatív messianizmus 338
 8.5.3 Legenda születik 345
8.6 Az Újszövetség 351
 8.6.1 Az államvallás 360
8.7 Univerzalizmus mint elérendő cél 367
 8.7.1 Új értelmezések, a dogmák lebontása 368
 8.7.2 „Pure" univerzalizmus 375

9 ÚJ REMÉNY, TUDATOSSÁGI ALAKULÁS 390
9.1 Esély egy új világ kialakítására 391
9.2 Az alapok 400

**10 KONTINENTÁLIS TÁRSADALMAK MŰKÖDÉSE
PÉNZ ÉS BANKRENDSZER NÉLKÜL** 410
10.1 A rendszer társadalomra gyakorolt hatása 411
10.2 A közösségek maguknak intézik 416
10.3 Az autó (Das Auto) 425
10.4 Az új gazdasági rendszer filozófiája 429
10.5 Közösség-egyén viszonya,
 változó szemléletek 439

10.6 Javak napi 6 órában 447
10.7 Fegyverek, föld és bevándorlás 454

11 KONTINENSEN BELÜLI ÉS KONTINENSEK KÖZÖTTI MEGÁLLAPODÁSOK (CONTINENTAL AGREEMENTS) 459
11.1 Kontinentális Turisztikai &
    Rekreációs Megállapodások 464
11.2 Kontinentális Energetikai Megállapodások 473
11.3 Kontinentális Technológiai Megállapodások 476
    11.3.1 Kommunikációs megállapodás 478
    11.3.2 Szabadalmi megállapodás 479
11.4 Kontinentális Egészségügyi Megállapodások 483
    11.4.1 Függőségek 492
    11.4.2 Halhatatlanság kérdése 495
11.5 Kontinentális Biztosítási Megállapodás 498
11.6 Kontinentális Sport Megállapodások 503
11.7 Kontinentális Kulturális Megállapodások 511
11.8 Kontinentális Nyugdíjrendszerek 517
11.9 A Kontinentális társadalom felépülése 522

12 A NAPISTENSÉG ÚJRASZÜLETIK 533
12.1 A Háromszor Hármas Egység 542
12.2 A rotációs rendszer 547

13 ÖSSZEFOGLALÁS, ALAPVETÉSEK 553

14 FÜGGELÉK 561

15 FELHASZNÁLT WEBSITE-OK, IRODALOM 567

16 FORRÁSJEGYZÉK 569

1 BEVEZETŐ

Ebben a művemben fel szeretném tárni a világot, ahogy én látom. A könyv a tudatuniverzumról, a tudatkvantumról és áttételesen az evolúcióról szól, ezek tükrében taglalja a jelenlegi gondolkodási és vallási viszonyokat, majd egy merőben új gazdasági és társadalmi rendszer fölépítésére tesz javaslatokat.

Kezdetben a világ a mi legbelső énünkből, az úgynevezett egóból áll. Mindenki csak ezen keresztül tudja értelmezni. Legalábbis kezdetben. Hosszú út, amíg le tudjuk magunkról hámozni az egót. Tulajdonképpen ez a könyv is egyfajta bizonyságtétel erről. Ennek a fontosságára világít rá, ez egyik mondanivalója.

Létezésünk legfőbb alapkérdéseivel igyekszik foglalkozni e könyv, alapos gondolkodási előkészület után. Olyan dolgokról fogok írni, melyek mindnyájunkat foglalkoztatnak.

Könyvemben nagyon sok szó esik majd az ún. **Legfelsőbb tudatról,** vagyis Istenről. Ezek a fogalmak egymással kicserélhetők könyvemben, és általában az univerzalizmusban. Sokszor nevezem még ezenkívül Fő vagy Legfőbb Tudatnak is. Mindegyik szó ugyanazt jelenti.

Mindannyiunkban létezik egy **kis világ**, mindannyian maga a világegyetem összesűrített mása vagyunk. Mi magunk vagyunk a Fő Tudat e világi megfelelői, az univerzum leképeződése, de egymagunk vagyunk, egyedül. A Legfelsőbb tudat kvantumjai vagyunk, vagy ha úgy tetszik, álmai, Isten elméjében létezünk. Ugyanakkor a Legfőbb Tudat által létezik a világegyetem, már az is Ő valója, csak más tudati szinten. A Legfelsőbb tudat, így Isten a tudatunkban létezik, mint ahogy mi az Övében.

Erre ugyan nincs rálátásunk, mert nem is lehet, de ha a világegyetem összes gázporát, csillagrendszerét összeadnánk, és azt kvázi „kívülről" szemlélhetnénk, akkor az egy emberalakot öltene. Hogy miért azt? Az majd később kiderül. A fönti világegyetem a mi tudati tükörképünk, illetve elektromágneses és fizikai tükörképünk is. „Ahogy fönt, úgy lent is" szól a régről ismert mondás. A világegyetem *végtelen a Legfőbb Tudat elméje* és a végső soron a mi tudatunk miatt is.

Ezekre földi axiómák után lehet rájönni, ami bárkinek sikerülhet, ha veszi a bátorságot, és elkezd egy kicsit gondolkozni. Alaptörvények működtetik az anyaginak gondolt világot, amelynek főbb részei olyan dolgok, mint a **gravitáció**, a nagyobb több, mint a kisebb vagy a kevesebb. A dolgok egymás vonzáskörébe kerülnek, és vagy megbékélnek egymással, vagy megpróbálnak „kiszökni" egymás elől. De ami még fontosabb, rá kell jönnünk, hogy az anyagi világot tudati erők mozgatják, méghozzá olyan erejük, amelyeket el sem tudtunk eddig képzelni. Az egész világegyetem működését meg lehet ismerni általunk, és a magunk, önnönmagunk megismerésével. **„Ismerd meg önmagad"** – tartotta már régen is a görög mondás. (A delphoi jósda bejárata fölött lévő fölirat kifejezi az egész univerzum lényegét.)

Ezen könyv elolvasása után jobban megismerheted önmagad, de félreértés ne essék, önmagadat, csak saját magad ismerheted meg. Ezt mások nem fogják (mert nem tudják, még ha úgy is adják ki magukat) megtenni helyetted. Ezért ne higgy soha mások varázsterápiáinak, különösen, ha azt pénzért kínálják (de erről majd a könyv második részében bővebben).

A könyv elolvasása csak az utat, az ajtót mutatja meg, de belépni már neked kell rajta, és hogy ott milyen „világ" vár rád, az már alapvetően determinálva van valamilyen fokon, már el van döntve. De végül te döntöd el azt, ami már előtte el volt döntve. Az egész életünk arról szól, hogy egy általában nem könnyű folyamat végén rájövünk, hogy melyik – a sok száz, vagy millió és milliárd közül – cél hozott minket ide, erre a földi tudati világába.

Ez a könyv nem akar – és talán ebben különbözik sok más könyvtől – meggyőzni, megtanítani téged arra, mi az „igazság", nem akarja „bebizonyítani" a saját igazát. Legalábbis nyelvezetében nem, ugyanis sokféle igazság létezik, körülbelül annyi, vagy tán még több is, mint ahányan mi létezünk vagy létezni fogunk. Persze vannak erősebb és gyengébb igazságok is, úgymond valódi minőségi különbségekkel köztük. Minden egyes létezés egyszerre tágulás és szűkülés, és van egy középpont, ahol minden eldől, koordináta-rendszerszerűen is, az Te magad vagy. Vagyis kvázi a világegyetem középpontja. Mivel azonban ebből végtelen van, így nehéz megmondani, mi vagy hol van a világegyetem közepe, talán úgy is mondhatnánk, mindig változik. Ezt az ún. határozatlansági törvényre is vissza lehet vezetni, vagy ezen könyv által bevezetett fogalomra, az ún. **tudatkvantumra**. Mint ahogy a történelem során is mindig változtak az ún. központok. Mindig voltak és vannak is birodalmak, illetve érdekcsoportok, amelyek éppen diktálják az iramot a világnak gazdasági, kulturális vagy éppen hadi értelemben. Ezután lehet, hogy máshogy lesz?

1.1 A Philosophica Hungarica meghatározása

A történelem során mindig születnek olyan alkotások, amelyek később lesznek hatással életünkre. A történelem végtelen folyama mindannyiunk életére hatással van. A történelmi események végtelen sorából azonban egyes elemek döntő fontosságúnak bizonyulnak. Olyan pillanatok ezek, melyeknek hatása messze túlmutat korukon. Ez a könyv is ebbe a sorba tartozik.

Ez a mű egy összefoglaló munka, egy **újfajta filozófia és látásmód** az életről és az univerzumról. Egy merőben másfajta látásmód, mint az eddigiekben megszokott. Egy szintézise az eddig ismert vallásoknak, filozófiai irányzatoknak. Egy merőben érdekes világ, ugyanakkor valóban az univerzum és általa mi magunk egy eddig nem ismert vetületét próbálja megismertetni a nagyközönséggel. A **Philosophica Hungarica** magyar mű, magyar nyelven íródott először, és magyar aggyal véggiggondolt folyamatokat vet papírra, ismertet meg az olvasóval. Célja gondolkodásunk megváltoztatása, az eddigi életünkről, vallásunkról kialakított kép – ha nem is megváltoztatása, de az eddig bevett sémák, hiedelmek, és sztereotípiák – új megvilágításban való feltüntetése. Végeredményben egy újfajta világnézet (akár hívhatjuk később vallásnak is) az univerzum, **univerzalizmus** világnézetének megalapítása, amelynek egyértelmű és kizárólagos szimbóluma akar lenni a bemutató oldalon látható **hurkos kereszt**.

Az ún. **Ankh** régebbi szimbólum, mint az ún. keresztény kereszt. Jelentése isteni, maga az élet, az élet kulcsa. A fáraók hatalmi jelvénye és szimbólum a régi Egyiptomban. Igaz ugyanakkor, hogy a kereszténység elterjedésekor a **kopt ke-**

reszténység is saját keresztjévé, jelképévé választotta, így ugyancsak jelenthet majd egyfajta átmenetet a kereszténység és az univerzalizmus között.

Ezen alapgondolatok mentén szeretném elkezdeni könyvemet, amely izgalmas olvasmány lesz, és inkább hosszabb, mint rövidebb. Érdekes dolog a könyvírás, a legfontosabb és talán a legnehezebb mindig a kezdés, utána a dolgok és gondolatok már maguktól jönnek. Egyik a másikra és másik az egyikre szépen felfűzve. Sőt, a munka közben érnek meg bizonyos gondolatok, olyanok, amelyek a mű elkezdésekor még egyáltalán nem voltak ott. Akkor lettek ott, amikor már a hozzájuk szükséges és elégséges feltételek fennálltak, gondolatok „elhangzottak". Akkor maguktól előtűntek. Ez igen érdekes. Tehát a gondolat gondolatot szül, erre már van bizonyíték, akár ezen könyv képében.

A Philosophica Hungarica – mivel magyar mű, így hatással lehet egy új magyar identitás kialakítására is, ezen alfejezet után egyszerűen P. Hunnak rövidítve – az **egész egységes univerzumot** próbálja egy teljes elmélet alá rendszerezni, az élet keletkezését, kialakulását, körforgását és a Legfelsőbb tudat (Isten) kérdését is új formában bemutatni. Nem törekedtem rá, de ahogy én is szellemileg felnőttem, úgy vettem észre magamon, hogy elméletemmel az eddig ismert minden nagyobb világvallás főbb tételeit akaratlanul is összegzem, szintetizálom, integrálom egyetlen nagy tér- és idő elméletbe, ami a mai tudósoknak is egyik főbb kutatási területe. Lehet, hogy ezáltal segítséget és főbb támpontokat is nyújthatok számukra.

A Philosophica Hungarica az univerzummal kapcsolatos gondolkodásmódja – még ha teljesen függetlenül is alakult ki –, régi egyiptomi világlátási mód, azon belül is a **fáraók gondolkodásmódjához** áll a legközelebb.

Személyes dologgal folytatom. Az Ankhot már 12 éve hordom, ebből az első 4 évben tulajdonképpen öntudatlanul. Nem tudtam, hogy az élet jelét hordom, véletlenül vettem meg egy gdanski (Lengyelország) vásárban, a piacon egykor volt, valaha létezett szerelmem után kutatva. Őt nem találtam meg, de úgy látszik, a válaszokat igen. Egy sima keresztet akartam venni a vásárban, de végül ezt ajánlották. Azt mondták az egy kopt kereszt, „egy másfajta kereszt". Nem tudtam akkor még, hogy egy egyiptomi ankhot vettem, az élet jelét. Meggyőződésem, hogy nagyon közel járok az igazsághoz, talán soha senki nem járt ennyire közel az „igazsághoz" még a történelemben. Igazi speciális látásmódban van szerencsém szemlélni a világot és most már benne magamat és a különböző kultúrákat és tudatokat.

Természetesen a mű megírása nem ment egyből, sokszor kellett újra kezdeni részeket, újra fogalmazni vagy értelmezni gondolatokat. Fokozatosan állt össze egy egésszé, mint egy kirakós játék, kb. úgy íródott. Az egyik rész vonzotta a másikat, de esetleg ki is ejtett már egy előzőt. Elkezdeni nehéz csak, de a lényeg az, hogy elkezdtem. Utána már mennek a dolgok a maguk útján. Ugyanakkor előrebocsátom: gondolataim többsége nem új, nagyon sok – ha nem is minden – megtalálható már különféle ősrégi – főleg természeti – vallásokban, de így, ennyire együtt még sohasem láttam őket, soha semmilyen művel nem találkoztam, ami így, ilyen összefüggésben tárgyalta volna a világegyetem keletkezését, az abban történteket és azok megértését. Ugyanakkor azt gondolom, ha elgondolásaim helyesnek bizonyulnak, akkor ez adhatja a tér-idő elmélet végső formáját: az egyesített tér-elméletet is. Ilyen értelemben **Einstein gondolkodásának** folytatását jelenti a mű, ami sok mindent érint: filozófiát, csillagászatot, biológiát, kémiát, geológiát, őslénytant és politikát, újfajta közgazdaságtant is. Na, és persze vallást.

Ezt nem személyes műnek szánom, írónak nem vagyok jó, de gondolkodónak, akár valláskutatónak és a régi és új szintetizálójának talán igen. Fontosnak tartom, hogy a XXI. századi lehetőségek és technikai vívmányok által elméletem és gondolkodásom alapja szélesebb körben is elterjedjen. Írásom nem keresztény, nem muzulmán és nem is zsidó. Művem tulajdonképpen kikerül a klasszikus vallási értelmezések alól. **Univerzalizmus**. Szintézise a régi egyiptomi kultúrának, az ősi vallásoknak és a modern tudománynak.

Nem véletlenül raktam az ankhot a mű elejére, már a borítóra, ez a mű szimbóluma egy ősrégi vallásnak és egyben új világnézeté is. A halhatatlanságot jelképezi, nemcsak földi, hanem túlvilági értelemben is. A fáraók hordták. Az élet kulcsa, és az amulettek sok tulajdonságának hordozója. Pozitív jelkép, az élet jelképe, a teremtés szimbóluma. Átmenetet jelenthet a régi **természeti vallások**, a természet isteni rendjében hívő vallások, a kereszténység és az univerzalizmus között.

Minden főbb egyiptomi istenséget ankh-kal a kezében ábrázoltak. A fáraók a tudás, a hatalom és az örök élet jelképeként viselték. Később az ankh vált minden titkos tudomány jelképévé, nemcsak Egyiptom, de az Új-babilóniai birodalom, Fönícia, Mexikó és Peru földjén is.

Az **univerzalizmus** nem új, de ilyen filozofikus formába öntve a legújabb, és szellemiségét tekintve az egyik legnagyobb ívű **világnézet** (vallás). Világnézet és vallás között van azonban még egy keskeny átjáró. Ez pedig: a vallás személyes, míg a világnézet semleges. A Philosophica Hungaricára mindkét nézőpontból lehet tekinteni. Ha akarod Istent, ha akarod, Legfelsőbb tudatot látsz a dolgok mögött. Ez már a tudatkvantum egyfajta megjelenése, lehet így is, és úgy is látni a dolgokat. A filozófiai fejlődés és gondolkodás egyik végső állomásához érkeztünk. Fontos, hogy nem merül mély moralizálásba bizonyos elméletek vagy más vallások kritikájával kapcsolatban. Nem vádol, nem kárhoztat. Nem keresi az ellenpontot, a gyűlölni- és megvetnivalót, nem valaki vagy valami ellenében határozza meg magát. Ő maga az önnönmaga, ok-okozati összefüggéseket keresve gondolkodik, érvel és megfejt.

Érvel és levezet bizonyos dolgokat. Ha úgy tetszik, bizonyít, eközben valóban újrakeveri a „kártyákat", olyan új módon szintetizálja és integrálja a régi filozófiákat és vallásokat, hogy méltán lehet gondolni, hogy idővel kialakulhat akár egy, az egész világra kiterjedő új mozgalom, új világnézet. Ez a könyv áttételes célja. Azonban elsődleges célja az olvasó szórakoztatása, tudati világának bővítése.

2 A TUDAT-UNIVERZUM, AZ ÉLET KIALAKULÁSA, KÖRFORGÁSA

Az univerzumot és létezésünket is a tudat irányítja és uralja, tudat nélkül nem léteznénk. Az, hogy tudunk „gondolkodni", a legbiztosabb válasz arra, hogy élünk, lélegzünk és vagyunk. Minden a tudatban létezik, még az univerzum is. A tudatot, de legfőképpen a **Legfelsőbb Tudatot** nyugodtan hívhatjuk „**Istennek**" is, a könyvemben többször hívom Fő vagy Legfőbb Tudatnak is. Tudatunk állandó összeköttetésben áll az univerzummal, ha tetszik, akkor az agyunk van, és vele együtt mi magunk vagyunk kapcsolatban az univerzummal.

Maga a tudat biztosít kapcsot tulajdonképpen a földitől az univerzális világ felé, onnan pedig a földi érzékszerveink által nem érzékelhető, azonban „érezhető" transzcendens és metafizikai világ fele, ahol visszakerülünk a Fő Tudatba. A tudat tudományos magyarázata az a kb. 4,5–4,6 milliárdos evolúciós fejlődés, ami kialakult a **földi fejlődés** (evolúció) által nálunk, embereknél. Ezáltal földi tudattal rendelkezünk. Ennyi idő kellett, hogy a Naprendszerünk megszületése után a kémiai és biológiai evolúció olyan szintre fejlődhessen, hogy mi is vissza tudjunk pillantani az Univerzumra, és képesek legyünk fölfogni azt a szót, hogy Isten és Legfőbb Tudat, és talán megérteni is képesek legyünk őt. Istent **megérteni kell**, és nem elsősorban imádni, mint az más, főleg a zsidó vallásban elvárt.

Más szóval kifejezve a tudat: ha a földi tudatot tekintjük, akkor **minden immanens és transzcendens összessége**, érzékszerveink által felfogott, valamint nem érzékelhető „érzések" és gondolatok összessége. A tudat által ismerünk, megismerünk dolgokat, nálunk nagyobbat, szebbet, jobbat. Az univerzum maga hatalom és élet, mozgás és állandó szintetizálás, de ezt az életet fenn is kell tartani. Életet viszont csak a halál segítségével lehet fenntartani.

Mindkettő az univerzum része. Minden halál egy új élet kiindulópontja, és minden élet egy új halál kezdete. A kettő végül egyensúlyba kerül. De amíg az „egyenlet" végül egyensúlyba kerül, nagyon sok minden történik, amit hívhatunk úgy is: személyes sors. Az univerzalizmus már ebből a szempontból **sem halált tagadó** és azt legyőzni akaró világnézet, nem követve ezzel a régi vallásokat és hiedelmeket, az emberek régi berögződéseit és félelmeit. A halál ugyanolyan nagyszerű dolga az életnek, mint a születés, ugyanolyan drámai, személyes és meg nem ismételhető dolog. Ugyanakkor, természetesen – mint más vallások is – csak itt a Földön lévő életet befejező halálról beszélek. A régi hitek azonban félelemből teszik ezt, a „bűnös életet" lezárandó szükséges zsoldként tekintenek rá, egyfajta magyarázatként, pajzsként használják, míg én máshogy tekintek a halálra, ami ugyanúgy az élet része, de kétségtelen, egy másfajta „élet" kezdeteként beszélek róla. Ugyanakkor természetesen semmilyen halált nem szabad „siettetni", mindegyik elkövetkezik akkor, amikor kell. Fontos azt is leszögeznünk – és ez abszolút ellentétes a keresztény tanításokkal – az **univerzalizmus nem akarja „legyőzni"** a halált.

Ha megfelelő tudatossági fokkal, szívünkben telve érünk el a kapuig, olyan hatalmas tudati világba kapunk bebocsátást, amelyet még emberi fül nem hallott, szem nem látott, szív nem érzett. Egy hatalmas tudati univerzum részei leszünk egykor. Azért élünk (itt a Földön), hogy egyszer meghaljunk, és tisztességgel bevégezzük, és nem azért, hogy majd testünkben újra „feltámadjunk" valamikor. Örök életünk az univerzumon keresztül a Fő Tudat részeként lehet. Ezért hát nem mindegy, ugyan milyen tudatossággal megyünk át a fokon. Ezért óvjuk és féltsük mások és a magunk életét is! Úgyis eljön, aminek el kell jönnie.

Mivel tudatuniverzumról beszélünk, a ma ismert világegyetem az univerzalizmus szerint kétféleképpen alakulhatott ki.

1. Az első elmélet szerint **fokozatosan,** nagy robbanás nélkül a Fő Tudatban, illetve általa. Maga az univerzum születése tudati energiák eredménye. Ekkor fokozatosan alakultak ki a tudati univerzum elemei, részei, a bolygók, csillagok, csillagrendszerek, univerzális ködök, gázok, porok, lüktető kvazárok és szupenovák, magnetárok és nem utolsó sorban a fekete lyukak. Ez esetben folyamatos teremtésről beszélünk, amely ma is tart és addig fog fönnállni, amíg azt a Legfelsőbb tudat akarja. Ha leáll a teremtés, az lesz a vég.
2. A második változat szerint a ma ismert világegyetem, univerzum, egy **hatalmas ősrobbanásban** született egy fekete lyukban, pontosan úgy, ahogy mi is, egy hatalmas magömlésben egy fekete lyukban. Ez esetben is a fekete lyuk a Legfelsőbb tudat részeként a női, illetve az ellentétes vonzerő elektrosztatikai, elektromágneses megfelelője. Már az elején tisztázandó, hogy az univerzumban a csak nemrégiben fölfedezett fekete lyukak a nő nemi szerv megfelelői, pontosabban ez lehet bármely negatív elektrosztatikus jel, ott fent a megsemmisülés, illetve a tudati átalakulás terepe. A Földön, „idelenn" az élet a kezdet megfelelője. Annak van olyan ellenállhatatlan vonzereje, hogy abba végleg belehul-

lunk és „megsemmisülünk", illetve belül a fekete lyukban egy új élet is kezdetét veszi. Ezt is akarja szimbolizálni az ankh. Ez esetben a robbanás következménye az ismert univerzum, annak törvényszerűségeivel.

A **mikro- és makrokozmosz** (test és univerzum) megfelelősége miatt tehát, amint az égben tudati elemeknek kell megsemmisülniük ahhoz, hogy megfelelőjén – ez esetben a Földön – egy új élet lehetősége nyíljon. Fordítva is igaz, ahogy a földön befejezi egy élőlény az életét, tudati pályáját, úgy kezdi életét egy tudati elem vagy tudati elemek összessége akár gázfelhők, csillagegyüttesek formájában az égben messze. Az univerzális világlátás lényege, hogy ami itt a Földön történik, annak ott az égben is van megfelelője, pontos megfelelője. Ami ott az égben történik, annak megvan a földi vetülete, ami leginkább egy ember karmájában, életútjában fejeződik ki. De ugyanúgy itt van az időjárásban, a geológiai jelenségekben, vulkanizmusban, a legtöbbször szerencsétlen állatok sorsaiban. Mindennek megvan a fönti vetülete, megfelelője.

1. A világegyetem olyan hatalmas, hogy vannak fények melyek még el sem értek bennünket.

Az univerzum megszületésekor elképzelhető, hogy **mindkét változat egyszerre** jelen volt, eleinte egy nagy robbanás által jöhetett létre, de utána a fokozatos teremtés játszhatott fő szerepet, ami még ma is tart. A két változat egyfajta keveredése mellett tesszük le a voksot. A második változat szerint az univerzum születése hasonlíthat a földi analógiákhoz. Alapos „gondolati" tudati előkészítés kapcsán születik meg a legtöbb emberi lény itt a Földön (igaz, vannak kivételek), és végül egy „ősrobbanásban" kezdődik el a konkrét, már **látható és érezhető** történet.

Nagyon fontos. Látható és érezhető. Maga az univerzális „anyagi" valóság nem más, mint a Legfelsőbb tudat érzelmi megnyilvánulása, amit már mi is érzékelni tudunk látásunkkal, érzékszerveinkkel, tudatunkkal, végső soron „lelkünkkel". A lélek fogalmát a tudattal való összefüggésben említem. A lélek a tudat származtatott része. Inkább régebbi korok népszerű meghatározása az emberi esendőség egyfajta kifejezése, az azzal összefüggő pozitív emberi érzelmek, érzések kifejezésének összességére. Önmagában nem tárgyalandó, önmagában nem létező fogalom. Tudatunk van inkább, mint lelkünk.

A P. Hun tehát nem akar más szerzők után menni lélek- és szellemlátásokban, ezért a tudat szót használja. Azonban mint később látni fogjuk, van áthallás a keleti vallásokból ismert „lélekvándorlás" fogalmával. De ez nem az, amikor ugyanaz a személy vagy „lélek" különböző életformákban jelenik meg életútja során. A P. Hun úgy érti ezt, amikor két különböző lény hasonló vagy teljesen azonos karmával születik. Ekkor tudati állapotuk is hasonló lehet, hasonló környezetben alakul ki. De ez nem azt jelenti, hogy ugyanazon ember született újra, hanem azt hogy **ugyanazon tudati energiák** hozták őket létre az univerzumban. Természetesen a két ember testileg külsőleg, kinézetre sem lehet azonos. Tehát te magad nem születhetsz újra, de a karmád igen.

Az univerzum megszületése után rá kell térnünk, hogyan született Naprendszerünk és benne a Föld. Ez már a Tudatkvantum eredménye, ahogy a Fő Tudatban további álomképek képződtek. Fizikailag egy hatalmas szupernóva fölrobbanása után egy **fekete lyukban képződött** a Naprendszerünk és benne a Föld is. Keletkezésében már hatalmas szerepet játszottak az **univerzális érzések** is, amelyekre a fekete lyukban való keletkezés is utal. Minden keletkezéshez érzés és tudat kell. Mindkettő megvolt a Naprendszer keletkezésekor, majd később az ún. **földi élet** létrejötte kapcsán is, de erről később még részletesebben.

A Föld keletkezésekor és az azóta eltelt idő kapcsán valóban felmerül az „év" mint időegység kérdése. Fura belegondolni, hogy a Föld megszületése előtt még nem voltak „évek", de persze ugyanúgy volt idő. De nem évek. Egy év annyi időt jelent, amely alatt a Föld megkerüli Napot. Ugyanakkor itt egy filozófiai kérdéshez is érkeztünk, hiszen hogyan telhettek azelőtt „évek", mielőtt a Föld megszületett. Ugyanakkor, akkor is telt az idő, de nem úgy, mint ma egy év. Máshogyan, az univerzális tudatnak megfelelően. Az univerzális tudat pedig közvetlenül van kötve a Legfelsőbb tudathoz.

Tehát a Naprendszerünk megszületése előtt máshogy telt az idő. A Naprendszer keletkezése előtt ugyanolyan mozgásokat végeztek a csillagok és galaxisok egymás körül, de valójában az akkori idő az akkori az univerzális tudathoz köthető, azt pedig nem lehet földi tudattal belátni, csak érezni. Ezért sem feltétlenül szerencsés olyan megállapításokat tenni, hogy az univerzum már 13,4 milliárd éves, vagy mennyi.

Földi fogalmakkal az univerzum kora értelmezhetetlen. Az univerzum korát univerzális tudattal tudjuk majd fölfogni, illetve meghatározni.

Nagyon fontos természettudományi törvény **Einstein relativitás elmélete**, ez a könyv annak tulajdonképpeni folytatása, annak kibontása, bár való igaz, nem egyenletekkel. Egyetlen egyenlet nélkül meséli el az univerzum történetét. A tudomány mai állása szerint Einstein egyenlete alapján a fény terjedési sebességével magyarázzák a világegyetem korát. Ekkor azonban úgy viselkednek, mintha a fény anyag lenne. A mai definíciók szerint van tömege és hullámhossza is, egyszerre tud viselkedni anyagként (fotonként) és hullámként. A fény azonban isteni részecske, tudati elem ugyanúgy, mint a kozmosz többi része, a csillagok, napok stb. Sőt, igazi „jelzőeszköz". Azt jelzi, hogy a kibocsátója tudattal rendelkezik. Ha pedig a fény a tudat hordozója, akkor pedig a tudat része is.

A fény része az univerzális tudatnak, márpedig a tudatban lehet a leggyorsabban haladni, ezt tudhatjuk saját tapasztalatunkból is. Gondolatainkban ide-oda kószálhatunk, csak egyelőre ezt nem tudjuk irányítani. A tudati energia a leggyorsabb. Ez érvényes az univerzumra is. Az univerzumon belül ez a kommunikáció egyik része. De ott fönt, az éppen „kommunikálók" ezt nem úgy élik meg, mint mi itt lent a Földön. Ott nekik az csak töredéke lehet – a földi időhöz képest –, mire eljut a fény (információ) az egyik objektumból a másikba. Lehet néhány nap, néhány perc is akár.

Einstein törvényei csak a Földről nézve, percipiálva érvényesek, valamint univerzális vákuumban. De mint tudjuk, az univerzumban nincs vákuum, a fény halad, elhajlik, visszaverődik. Valamint ott vannak a fekete lyukak is, amelyek akár el is „nyelhetik" a fényt. Tehát azok a számítások amelyekkel „kiszámították" az univerzum eddigi „korát", azok igencsak viszonylagosak. Bár abban mindenképpen adnak támpontot, hogy földi agyunkkal nehezen megfogható távolságokról és időszakokról van szó. Ezen tudományos eredmények igazából egy dologra való ráébredésre kell, hogy sarkallják az emberiséget. Arra, hogy ne legyünk végtelenül kíváncsiak. Persze fontos a kutatás, de ne akarjunk olyan dolgokat „fölfedezni" amiket már előtte lehetett sejteni, hinni. Az „ott" olyan birodalom, amit innen se így, se úgy nem tudunk fizikailag meghódítani, így tehát az e téren fölszabaduló energiánkat fordítsuk egymás segítésére, és vonuljunk be együtt a „mennyek birodalmába". Vessünk véget a tudományos sovinizmusnak, túlzott büszkeségnek és a kíváncsiság versenyének is. Az ott fönn lévő „birodalmat" magunk és környezetünk minél pontosabb feltérképezésével ismerhetjük meg, úgymond szellemi (tudati) és nem anyagi dolgokkal. Megismerni kell, de nem „meghódítani". De ez most kis kitérő volt, ezekről a dolgokról majd később sokkal több szó lesz.

A fény ugyanakkor a földi evolúció előmozdítója is (értelemszerűen). Nemcsak a Nap fénye, ami közvetlenül életben tart minket, hanem a távoli csillagok és galaxisok fénye is, amelyek segítettek az ún. **univerzális kód** eljuttatásában a Földre, amely kód által a földi biológiai és kémia evolúció is fejlődött, eljutott mai szintjére, és ma is mozgásban van.

Tehát az einsteini relativitáselméletet csak **földi tudattal lehet értelmezni** bizonyos határok között. Az univerzumban már más tudat érvényesül, de ott is van „relativitáselmélet".

A határ és az ebből keletkező bizonytalanság abból fakad, hogy a fény egyben az univerzum tudati része is, és minél mélyebben haladunk „bele" az univerzumba, annál nehezebben alkalmazhatók a földi tudattal „gyártott" teóriák és elméletek az univerzális testek mozgására és a fény terjedésére. Ez már az ún. *tudatkvantum* természetének része, amely tulajdonképpen a Legfőbb Tudat sajátossága, legalábbis belőle származik.

A Legfelsőbb tudatban ilyen, hogy idő, nincs. Vannak események és gondolatok, de ilyen, hogy idő – legalábbis a földi fogalmaink szerint – nincs. Így az, hogy az univerzum 13,4 milliárd éves, tulajdonképpen értelmezhetetlenné válik. A „13,4 milliárd év" egy másik perspektívából lehet, hogy csak 13,4 „perc"-ként jelenik meg.

Ezt emberi tudatunkkal nehéz felfogni, mert elsődlegesen az univerzális mozgások kapcsán is arra szocializálódott, hogy van idő. Bizonyos tartományban értelmét veszti az a szó, hogy idő. Az idő múlása, illetve egyáltalán létezése a tudat minőségi fokától függ. A Legfelsőbb tudat alatti fokokon létezik múló (viszonylagos) idő, illetve annak múlását a tudattal érzékelik. Ezekkel a megfontolásokkal, fogalmakkal a Tudatkvantum illetve az „Idő" fejezetnél még foglalkozunk.

2.1 Anyagi és gondolati körforgás

Hogy mikor volt a feltételezett ősrobbanás, azt **titok fedi**. Az adatok megvannak a Fő Tudatban. Ha odajutunk, talán megtudhatunk róla valamit. Az időpont értelmezhetetlen, ha nem is ebben az univerzumban, de a Naprendszer keretein belül mindenképpen. Márpedig a Naprendszer ebben a formában való kialakulása a fizikai evolúció végét jelenti. Ebben a formában értelmezhetők számunkra a fizikai törvényszerűségek, fizikai törvényeink, amelyek mentén ugyancsak zajlik életünk.

Ugyanakkor azt is lehetségesnek véltük, hogy a teremtés folyamatos, tehát kvázi állandóan történnek „ősrobbanások". Ekkor a P. Hun alaptételét igaznak hisszük és megtartjuk. Eszerint: a **külső** (a Naprendszeren kívüli, illetve érthetjük általánosan is „rajtunk" kívül álló) **és belső** (a külső ellentettje) **világ állandó kölcsönhatásban** áll egymással. Egymásra mindig hatottak és befolyással voltak. Igaz, az őskeletkezés után, ami fizikailag is észlelhető és kimutatható – hiszen érezzük – az utána lévő és következő teremtések már mind a tudatkvantum munkálkodásai, eredményei.

Egyszerűbb, ha úgy is megfogalmazzuk: a P. Hun szerinti filozófia szerint a gondolat először anyaggá alakul, majd az anyag is átalakulhat gondolattá, fenntartva az ősi és örök körforgást. Ebbe a rendszerbe illeszkedik a földi élet befejezésével gondolatokon keresztül az égi világban (ha úgy tetszik a mennyországban, paradicsomban), az **univerzumban való folytatás**.

Tudatunk állandó összeköttetésben van a mindenséggel és a világegyetemmel. Agyunk rá van kötve a világegyetem rezdülésire és különböző érző csatornáira. Agyunk és a világegyetem között egy láthatatlan csatorna van, ahonnan minden, ami a Földön történik, minden – kis idő, illetve szinkroneltolódással – megy föl a világegyetembe, és ott elraktározódik anyag formájában. Ez is az ún. tudatkvantum része. Gondolataink, érzéseink ugyancsak elraktározódnak az agyunkban is. Gondoljunk csak bele, ha egy régen nem érzett illatot (szaglás) észlel az orrunk, úgy egyből eszünkbe villannak azok a dolgok, ahol azt a szagot éreztük, tudjuk, milyen érzések, milyen hangulat uralta akkor énünket, vagy, hogy milyen volt a környezet. Ez mind megvan és elraktározódik az agyunkban, az arra érdemes receptorokban. Ugyanígy megvannak a látás (látvány), valamint a tapintás nyomai is az agyunkban. A tudatkvantum dolgozik bennünk, amikor gondolkodunk, emlékezünk.

Fontos, hogy ezek a földi élmények, minden gondolat és érzés megmaradnak ennek a világnak az inverzében, a világegyetemben, valamelyik bolygó vagy csillag anyagában (vagy anyagködökben), így vissza lehetne keresni minden emberi érzést és gondolatot. Amit gondolunk, látunk, érzünk, az mind egy bizonyos csatorna segítségével közlekedik fel a világegyetembe, az inverz világba, kb. úgy, ahogy egy számítógép működik. Egy távoli számítógép segítségével kommunikálni tudunk egymással: amit leütünk itt, megjelenik egy másik számítógépen, a fogadó eszközön. Jelek jelennek meg: információáramlás van. Ha telefonálunk, szinte hihetetlen, hogy a Föld egyik pontjáról tudunk egy másik ponton lévő emberrel kommunikálni úgy, hogy telefonjaink nincsenek fizikailag összekötve. Ugyanígy működik minden a tudatban, és ahogy a Földön is, úgy a világegyetemben is az elektromágnesesség segítségével működik az információátvitel különböző rezgési számú frekvenciákon. Az univerzumra (azon keresztül pedig a Fő Tudatra) vagyunk „csatlakoztatva" születésünk által. Kétség se legyen ezáltal, hogy nem vagyunk egyedül, de még minden gondolatunkat is ismerik! (De csak azok érdeklődnek iránta, akikkel kapcsolatban is állunk.) Hogy gondolhatjuk, hogy ha bizonyos eszközök, amelyeket mi fejlesztettünk ki, képesek egymással kommunikálni elektromosság és elektromágneses hullámok segítségével több ezer vagy akár millió km-ről is, akkor ne lenne képes agyunk még csodálatosabb kommunikációra sok-sok száz vagy akár millió fényévre is!?

Ugyanúgy működik a kommunikáció az univerzumban is, de olyan kódok által, amelyek általunk még megfejthetetlenek, érthetetlenek, sőt talán nem is érzékelhetők.

Ugyanakkor ez a kommunikáció a tudati univerzum távolabbi pontjaiba egyértelmű anyag formájában konvertálódik, így teljesítve be az anyag-információ (gondolati) körforgást. Később a születésünkkor kapjuk vissza az „anyagot", hiszen a földi tudati világban ezáltal tudunk tapasztalatokat szerezni, fejlődni és tanulni, egyszóval jobbá válni. Tapasztalatok segítenek át minket az élet akadályain, nehézségein. Ezek lehetnek néha mások által gyűjtött tapasztalatok is, de a legjobb az, ha azokat mi magunk szerezzük meg egy életre.

Talán a ma élő ember számára és talán az olvasó számára is nehéz elképzelni, hogy Ő az univerzális tudati világban valaha egy **bolygóvá vagy egy csillaggá fog alakulni** a világegyetemben. Pedig így lesz. Valaha létezett összes, de éppen ebben a pillanatban is keletkező, generálódó gondolatai mind-mind egy láthatatlan égi csatornán keresztül mennek föl a világegyetembe, hogy ott aztán szétterülve univerzális programok által összesűrűsödjenek, közvetlenül beépüljenek egy bolygótestbe. Pontos analógiát lehet vonni itt az emberi testtel, ahol ugyancsak gyors idegi hálózatokon keresztül haladnak az érzések parancsok formájában idegi és valóságos vérrel teli pályákon.

A hozzánk köthető gondolatok és érzések először egy bizonyos mezőbe, „térbe" is áramolhatnak, és aztán a gravitáció és elektromágnesesség hatására is kiválasztódnak, sűrűségük által osztályozódva formálódnak bizonyos anyaggá. Ezek többségében az általunk már ismert univerzális jelenségek és formák: csillagbölcsők, galaxisok, bolygók, csillagok, üstökösök, ködök, gázok és porformák, meteoritok, kisbolygók stb.

Ez zajlik a világegyetemben, ha a földi és égi analógiákat öszszevetjük. Az emberiség és a Legfelsőbb tudat egyaránt „álmodik". Ha az álmuk összeér, az a legjobb univerzális tudati elemeket tudja létrehozni (szupernóvák, kvazárok, magnetárok, fekete lyukak stb.) Az univerzum mozgása a legcsodálatosabb a világon, a tudati világ legszebbike. Az univerzum mozgásait mindig is tudati energiák irányították, és az *elsődleges jelszó az egyensúly* vagy annak keresése, ami magában az univerzális világnézetben fog a legtisztábban visszatükröződni.

Minden egyes ilyen égitestnek, univerzális formának az univerzumban rendeltetése, sorsa, küldetése, feladata van, amit be kell, hogy végezzen, mielőtt újra bekerül a körforgásba (fekete lyukban lévő megsemmisülésbe, esetleg ütközéssel való beolvadással) vagy pedig kikerül a körforgásból. Így az **univerzalizmus** kísértetiesen hasonlíthat a **keleti vallási alaptételekre**, a Buddha nirvánára és részben a reinkarnációra. Ezzel nagyban segítve majd általános elfogadhatóvá tételét is keleten.

Még mindig a kezdőpontnál tartva, most már tudjuk, hogy az idejét aligha tudjuk belőni, még kevésbé a helyét a világegyetemben, mert ezek az adatok nem beszerezhetők jelen tudati állapotunkban és által. Ugyanakkor valóban megtudtunk sok olyan hasonlóságot és analógiát, amely által a világegyetem születését szinte hasonlíthatjuk a mi megszületésünkhöz is, hiszen az is. Folytatása a „nagy műnek" az örökös és végtelen teremtési folyamatnak. Egy állomása annak.

Így érkezünk el egy újabb fontos kérdéshez. A kérdés nem is inkább az, hogyan, hanem, hogy **miért keletkezett a világegyetem**, benne a Naprendszer és mi? Mi válthatta ki az „ősrobbanást", az „ős-bummot"? Semmiképpen nem anyagi dolgok között kell keresnünk a választ. Az anyag történetünkben szekundáris dolog, megdöntve ezzel a materiális világnézetet (igaz, az soha nem is volt uralkodó világnézetforma, kivéve néhány ún. volt „kommunista" országot, köztük sajnos saját hazámat). A dolgok mögött a Legfelsőbb és az univerzális tudatból származó érzéseket kell feltételeznünk, gondolati és vágyakozási hullámok és rezgések válthatták ki azt a jelenséget, amit „ősrobbanás"-nak vagy kezdetnek nevezünk a Fő Tudatban.

Kétségkívül maga a robbanás az „időben", ezáltal a tudatban csak egy megfelelő pillanatra vetíthető vissza, egyetlen egy, hatalmas szingularitásra. A **szingularitás** – ha az olvasó először hallana róla, mint ahogy ezt a csillagászatból ismerjük, én is onnan szereztem az ismeretemet – egy kiterjedés nélküli végtelen sűrűségű pontot jelent az univerzumban, ilyen értelemben a tudatban. Ennek a tudatban a Földön csak az orgazmus felelhet meg, amikor elfelejtünk időt, teret, mindent, és csak „mi" létezünk, illetve a partnerünk, hiszen nélküle ezt az érzést nem tudnánk elérni, ilyen értelemben tökéletes a harmónia. Egy végtelen sűrűségű, kiterjedés nélküli pont. Ilyen dolgokat hiába is keresünk a fizikai valóságában, sohasem fogjuk megtalálni valódi megjelenésében, mert az csak az agyunkban, tudatunkban, így természetesen a Legfelsőbb tudatban és az univerzumban is létezik, de ott rengeteg.

Ha belegondolunk igazán, tényleg a **fekete lyukak** az élet kapui, hiszen ott semmisül meg fönt az égben az élet, de ott is születik itt lent a Földön. A női nemi szervben születik meg fizikailag is egy új élet egy Földön, minden másodpercben, minden pillanatban. Ez tartja fenn az univerzumot és annak egyensúlyát is. Hiszen helyet csinál a fekete lyuk egy új életnek is a világegyetemben, amelyik minden pillanatban a teremtés törvénye (vagyis a tudat kvantuma) szerint keletkezik, és születőben van. Mint látjuk és láthattuk, a „teremtés" folyamatos, soha nem állt le egyetlen pillanatra sem. Állandó mozgásban és fejlődésben van, amely jelenség maga az evolúció.

A női nemi szerven át a méhbe kerül az megtermékenyítő és örökítő sperma, ami ott el is pusztul, de egyben új élet forrása is lesz. Ugyanígy, ugyanez játszódik le az univerzumban a fekete lyukakban is. Fontos tudni, hogy a fekete lyukak többféle természete is létezhet, legalábbis olyan, amelyik a Fő Tudatba „dobja" az arra érdemest, ami így kikerül az örök körforgásból. Olyan természete is lehet, amelyik újra lefelé „hajtja" az anyagot, és ide, át a Földre, hogy hadd „érlelődjön" még egy kicsit. Egy emberi élethez, karmához sok csillag és bolygó **semmisül meg végül a fekete lyukban**, és minden anyag-, gondolat- és vágyszerű képződményből új élet alapanyaga lesz a Földön. Azon kevés csillagok és csillagszerű képződmények, amelyeket a Legfelsőbb tudat hív magához, alkotják a **Paradicsomot**. Egy, a mi tudati szintünkön nem felfogható, nem kézzel fogható, hanem érzelmi világ.

2. Egy fekete lyuk körüli forró plazmából álló akkréciós korong művészi ábrázolása. A kép közepén levő sötét gömb a fekete lyuk eseményhorizontja, ekörül kering az akkréciós korong. Az eseményhorizont pólusából kiinduló fényes nyúlványok mágneses erővonalak (NASA).

A P. Hun eszménye és gondolati mottója: a **gondolat anyagot szül, majd az anyag újra gondolattá nemesül**, és ez a világegyetem fő folyása. Ilyen értelemben először MI is gondolati és vágyi szinten létezünk, léteztünk. Utána lett belőlünk „kézzel fogható" emberi valóság. A tudat itt tudatot szül, úgy, ahogyan az „nagyban" is van a világegyetemben.

A világ folyamatos teremtés (keletkezés), nemcsak az első momentum, hanem egy véget nem érő folyamat, ami most is folyik, minden pillanatban, minden egyes ember, minden egyes csillag és bolygó ott fönn az égben, az a teremtés maga.

Így, ennyiben is már különbözik a P. Hun a Biblia Geneziséből. A teremtés nem zárult le, és ahogy a dolgok állnak, egyelőre nem is zárul le, sőt, ha lehet azt mondani, csak akkor fog lezárulni, ha azt a Legfelsőbb tudat úgy akarja. Ha már nem mi teremtődünk, akkor majd valami más, talán azért, mert már nem vagyunk méltók rá.

Tehát a világot egy **gondolati teremtés** hozta létre, hogy mikor, az tulajdonképpen irreleváns. A tudatuniverzum, a világegyetem kialakulásának kezdeti lépései után szeretnék rátérni, hogy milyen mozgatórugói vannak és voltak a jelenlegi működő és dolgozó rendszernek. Azt is látni kell, hogy az ősrobbanás csak fizikai fogantatásunk, a megfelelő körülményeket hozza létre. Mire abból használható tudat lesz, az még külön evolúciós fejlődés eredménye. Ilyen értelemben a földi és saját evolúciós fejlődésünk is az univerzális tudati fejlődési fokozatokat követi. A földi evolúció az univerzális tudati evolúció megfelelője, annak inverze. Minél inkább teljesedett ki a tudati univerzum, annál jobban fejlődött, úgy lökte különböző irányokba, fejlesztette tovább a földi evolúciót is.

2.2 Mozgatórugók

A Legfelsőbb tudatkvantum mozgásainak megértéshez, egyben az univerzum megszületésének kiváltó okainak megértéséhez közel járunk akkor, ha elgondolkodunk ezen a szón, hogy **vágy**. A Fő Tudatban realizálódik a vágyak összessége, valamint a Nirvána is – ha úgy tetszik –, ahol már nincsenek vágyak. Ez a két a dolog vagy fogalom egymás mellett él. Hogy éppen melyik van túlsúlyban, azt személyes életünkre tekintve tudjuk megérteni. Tehát az univerzum megszületésének gondolati energiái mögött a vágy van.

A vágyból, mint fő univerzális energiából, lehet levezetni a gravitációt, valamint a szépre és jóra törekvést mint ugyancsak főerőket, de származtatott erőket, amelyek mind vágyból vannak. Talán itt is utalhatunk a magyar nyelv szépségére, hiszen a *vágy* és a *vagy* létige között csak ékezetnyi különbség van.

A vágyat leginkább a **növekedés utáni vággyal** lehet leírni, és ebben nagyon sok benne van. Ekkor legalább meg lehet érteni a vágy természetét, még ha magát a vágy fogalmát nem is tudjuk tudományosan leírni, de talán nem is szükséges. A világegyetem működését abszolút meghatározó ez az erő. Mindenféle növekedési vágyat vehetünk ide, ami tudatunkban is megvalósul. Ezzel lehet magyarázni a világegyetem végtelenségét és folyamatos tágulását is. Ez magyarázza minden politikus és hatalomra vágyó ember törekvését. Ez univerzális törvény, ami alól nem lehet kibújni, ha ugyan nem megint csak tudatosan. De ezek a kiszállások, hacsak nem vallási meggyőződésből esnek, már valami törés, kudarc után kényszerűségből következnek. Vágyak között említendő, rettentő fontos szerepet játszanak a **szexuális vágyak**.

Ezt a férfiak esetében ki lehet vetíteni növekedési vágyra. Valószínű a férfi pénisz izgalma is visszavezethető az univerzális tágulásra illetve arra az érzésre, ami a világegyetem születésekor bejárta a Fő Tudatot. Milyen érdekes belegondolni, hogy tulajdonképpen gondolatok és képzetek után is „nőnek" a férfiak.

A megtermékenyítés után viszont a nőben jelentkezik a növekedés érzése, illetve az ezzel járó hihetetlen boldogság. Örömszerzés és a boldogság. A vágy így tudati energiává válik, a leghatalmasabb energia hordozója. Veszélyes is lehet. A **vágyakozás negatív típusú energiái** a (túlzott) büszkeség, hiúság és becsvágy. Fanatizmus, a korlátoltság és (agyi) sötétség is vezethet katasztrófához. Igaz, ezek nem vágyak, hanem tudati adottságok, amiken lehet változtatni. Ezek mind az emberi élet (és áttételesen az univerzális élet) megrontói is, ha túl nagy koncentrációban vannak valahol jelen. Természetesen lehetnek ilyen helyek az univerzumban is, jobb nem oda kerülni.

A vágy után a **2) gravitáció** a tudati univerzum legfontosabb elsődleges rendező ereje, ami már származtatott – szekunder – erő, és elsősorban tömeg (tudat) vonzásban lehet értelmezni. Földön ennek elsősorban a szépség és a tudat hatalma, a társadalmi hierarchia, politikai berendezkedés, illetve a pénz hatalma felel meg. Ha a pénzt tekintjük, akkor egyértelműen anyagi jellegű dologról van szó. De a Földön is megvan az a fajta vonzódás vagy vonzalom, amit – mondjuk – egy szép nő, egy nagy idea vagy karizmatikus személyek tudnak kelteni, gerjeszteni. A világegyetemben is sűrűséggel, tömeggel, valamint igen nagy mértékben az elektromágnesességgel van kapcsolatban. Egy nagyobb kiterjedésű bolygónak, csillagnak nyilván nagyobb a tömegvonzása, mint egy kicsinek. Ez alól csak összeroppant csillagok, csillagrendszerek a kivételek, amelyekből fekete lyukak is válhatnak. A gravitációnak, mint a fénynek, lehet hullámtermészete is.

Természetszerűen a gravitáció, a gravitációs erő is fokozatosan változik a gravitációt befogadó, illetve kiáramoltató égitest – így a földi analógiában a földi élőlény – aktuális társadalmi vagy érzelmi helyzetéhez igazodva. A gravitáció nőhet, csökkenhet, vagy éppen teljesen megszűnhet, megsemmisülhet. A gravitáció negyedik dimenziója a fekete lyukakban lép föl, amikor a végtelenhez közelít, itt már dimenzió (tudat) átlépés történik. A gravitáció legkülönösebb formája tehát **tudati megváltozás** kapcsán jelentkezik. Ennek lehet visszahatása a Fő Tudatra is, de az általunk érzékelt világra, a földi viszonyokra mindenképpen.

Kimondottan tudati előfordulás jellemzi, konkrét fizikai kiterjedése nincs, értelmezhetetlen. A Fő Tudatban ilyenkor „szimpla esemény" történik, időbeli kiterjedés nélkül. Viszont ekkor lehet érzékelni – a mai tudósok által is ismert – tér-idő görbületet. Ezek, ha az univerzumot is egy élő egységnek tekintjük, kvázi egy emberi testhez hasonló „formának" képzeljük el, akkor a különböző orgánumok, szervek, érzékszervek és testrészek közötti átmenetek lehetnek. Természetesen a fekete lyuknak is erős hatása van a környezetére, hajlítja, torzítja, tépő és szívó mechanikai hatást fejt ki az őt körülvevő térre és benne a csillagokra és égitestekre. „Vonzza" őket.

A gravitáció kölcsönös és csoportos erőhatás is lehet. Lásd a mi Naprendszerünket, ahol a Nap több nagyobb bolygót és számtalan kisebb égitestet fog össze, nem engedi ki vonzásából. Ez az erő kölcsönös. Jó a Napnak is, hiszen így tudja fönntartani erejét, vonzását és kisugárzását, belső kohézióját és **belső egyensúlyát** is. Gravitációs vonzása által feltehetően meg tudja őrizni a vonzott égitestek számát és tömegét is. 4 Föld típusú, 4 nagyobb gáz, és egy ún. törpe bolygóval számolhatunk. Összesen ma ismert **9 égitesttel**. Ez, illetve a 9-es szám majd később szimbolikában nagyon fontos lesz az univerzális világlátásban.

A Napnak ezen előnyös dolgok valószínűleg jók és ugyanolyan előnyösek a vonzott égitesteknek, hiszen ők is megőrizhetik pozíciójukat. Ilyen értelemben a Nap tehát a Naprendszer királya, amely természetesen igaz mind fizikai, mind spirituális értelemben. Könyvünk fő motívuma is végső soron visszahozni, ha nem is a teljes **Nap-kultuszt**, de rávilágítani, hogy a Nap természetesen egy élő *istenség* jellegű égitest. Tudattal él, univerzális tudattal. A Nap az összekötő kapocs az univerzális és a földi tudat között. Ilyen értelemben lehet megérteni a mű elején szereplő **ankh-ot**, ami az ókori egyiptomi vallás egyik, ha nem a legjellegzetesebb jelképe. A régi Egyiptomban nagyon fontos szerepet töltött be a Nap-kultusz, tulajdonképpen végig a birodalom fönnállása alatt. A piramisok is az ég hatalmát voltak hivatottak szimbolizálni, mint temetkezési helyszín, rajtuk keresztül képzelték a fáraók, **hogy eggyé válnak az univerzummal**, amely végül meg is történt. Tehát **csillagokká váltak**. Ez ennek a könyvnek is a mondanivalója, azért lehet belőle már akár egy III. évezredi vallás, mert ez – most már tudjuk – nemcsak a fáraók kiváltsága. Párhuzamot lehet vonni a keresztény vallással itt: az univerzum gyönyörei és jutalma és az univerzális tudat már nemcsak az uralkodó osztály kiváltsága, hanem univerzálisan szétterül a Földön: mindenkié. Tehát Jézus „feltámadásában" is mindenki részesül, aki hisz benne. Tökéletes a párhuzam a keresztény vallással ezen a téren. Hogy Jézusnak milyen szerepe van az univerzalizmusban, arról majd később.

Az univerzális gondolkodásban a **Nap – Föld – Hold hármas** a világegyetem közepe, legalábbis **spirituális értelemben**. Az egyik hármas egység a háromból. Ezennel visszajutottunk a gyökerekhez. Úgy tűnik, a régi tudósoknak, gondolkodóknak, vallással foglalkozó embereknek mégiscsak igazuk volt. „És mégis mozog a Föld", mondhatnánk. Ehelyett azt mondhatjuk: és mégis a Föld a középpont. Az ezt segítő égitesteknek támogató, szupportív szerepe van. Elsősorban a **Holdnak** és a **Napnak**, a Merkúrnak, **Vénusznak** és a **Marsnak** mint közvetlen szomszédoknak. Az ő sorsuk a világegyetemben a Föld pozíciójának tartása, és ezáltal a holisztikus élet fönntartása a Földön. Ők is tudati teremtmények, saját tudatuk van, és azzal segítenek a földi élet fönntartásában. Ez már óriási eredmény, valószínűleg azért is nem törekednek saját életzóna kialakítására, mert „tudják", a Föld a középpont. A Föld nélkül valószínűleg ők is a porba vesznének, illetve a Föld sem tudna nélkülük létezni. Tovább folytatva a gondolatot, a Napnak is elsőrangú és kitüntetett szerepe van az élet körforgásában. A Nap az éltető erő, isteni energia hordozója, annak szétterítője, a földi élet egyértelmű forrása, isteni jelenség. Ilyen értelemben, ha nem is értük el újra, de közel járunk **Ekhnaton fáraó** miszticizmusához, gondolati világához és kvázi vallásához, aki dokumentáltan elsőként vezetett be **egyistenhitet** az Egyiptomi Birodalomban a Napkorong személyében. (Mint később látni fogjuk, az ún. Héber Bibliát kb. 250 évvel később kezdik írni zsidó írástudók.) Ez a próbálkozás ugyan nem volt hosszú életű és maradandó, de mély nyomott hagyott az egyiptológusok és az azt követő generációk gondolkodásában is. [1]

---

[1] Itt kell megemlíteni, hogy Ekhnaton fáraó idején sem volt kimondott „egyistenhit" a birodalomban, hanem ún. henoteizmus volt, tehát amikor több isten között van egy főisten. A szerző megjegyzése.

A mi csillagunk, a Nap az, amelyik a végső **kozmikus energiát sugározza** nekünk, amely által fényárban úszhat, és élet kaphat szárba a Földön. Az egész Naprendszerben lévő egyensúly végső soron a Napot, és azon keresztül a Földet szolgálja. Bármilyen kisfokú eltérés a Föld forgásában és sebességében a földi éghajlat megváltozásához, annak fölborulásához és a földi ökonómia, ökonómiai fülkék és hosszú távon a flóra, fauna megváltozásával járna. Ezt nem kell szerencsétlenségnek tekinteni, csak akkor, ha meg akarjuk őrizni jelen helyzetünket a világegyetemben. Minden változás változást generál, változásként hullámzik tovább.

A gravitációs energia az univerzumban tudati energia, amely hullámokban érzékelhető az egész világegyetemben. A gravitációs energia mellett az elektromágnesesség az, amiről tulajdonképpen írom, hogy az **univerzális kódok** kibocsátói. Az elektromágnesesség a rezonanciával van összefüggésben, hogy tulajdonképpen a kibocsátója mennyire aktív tudattal rendelkezik. Az univerzális kódok érvényesülése a Földön az általános evolúcióban manifesztálódik. Az univerzális kódok révén „tudták" a fajok, milyen irányba kell fejlődniük.

A gravitációk közötti a határokat általában a fekete lyukak jelölik ki, hisz maguk is „végtelen" gravitációk. Van gravitáció, de van határa is. Egyrészt egy másik test gravitációja. Másrészt gravitációs turbulenciák állandóan jelentkezhetnek a világegyetemben, a Földről (is) generált csillagszületés és fekete lyukak állandó változása, születése és megsemmisülése miatt sem beszélhetünk egységes gravitációs hatásról. Mint jelenség egységes, de nem ugyanolyan nyomatékkal fejti ki hatását. A földi gravitációs energiák kifejezésre legjobb példa egy szép nő vagy egy sikeres politikus „vonzása". Ő a tudatunkban fejti ki a hatását, amely később fizikailag is manifesztálódik. A gravitációs hullám az univerzális tudatban energiát generál, az pedig mozgást, változást. A tudati energia pedig végső soron információ, amely anyaggá konvertálódik. Itt a földön is érezzük minden pillanatban, amikor egy szép műalkotást látunk vagy csak egy épülő házat, vagy egy születendő gyereket, egy készülő törvényt: ezek mind tudati energiák származékai.

A harmadik, a világegyetem működését meghatározó erő – végül is származtatott vágy – a szépség szeretete és preferálása, a **szépre és jóra (valamint szimmetriára) való törekvés**. Erre törekszik a természet is a benne lévő rejtett univerzális kódok által. Ezt érezzük, amikor meglátunk egy szép nőt, és ezért is van, hogy szép nők általában népszerűbbek, mint nem annyira szép vagy akár fogalmazhatnék úgy: csúnya társaik. Vagy, hogy egy szép kép vagy műalkotás megtekintése jó érzéssel tölt el minket, hiszen a világegyetem uralkodó harmóniáját érezzük általuk. Boldogok leszünk.

De ezen nem kell csodálkozni és részvétet sem kell érezni a nem annyira szép hölgytársaink iránt, illetve nem kell minden műalkotást „szeretni", dicsérni. Nem lehet mindenki vagy minden szép. Ugyanakkor bántani sem szabad és kell őket. Hagyni kell őket úgy, ahogy vannak, nem kell se széppé, se még csúnyábbá változtatni őket. Ne akarjunk mindig mindent megváltoztatni, különösen a szájunk íze szerint ne. Hagyni kell, hogy a természet, illetve a tudat dolgozzon.

A szépre és jóra törekvés növeli bennünk is a jó érzetet, amivel növekedhet önbecsülésünk. Növekszik belső energiakészletünk, amit továbbadhatunk a külvilágnak. Ugyancsak megnövekedett presztízzsel növekedhet a külvilágba küldendő erők és hullámok összessége, tulajdonképpen gravitációnk.

Külső nézőpontból is változik a világban elfoglalt helyünk, ennek megfelelően másfajta erők is fognak érni minket. Ez is egy példa arra, hogy a belső változás a külvilágra is hat, és viszont: a külvilágban bekövetkezett változások a mi belső életünkre is hatnak.

Itt a **vágy és a gravitáció** tulajdonképpen egymásba ér, hiszen ha valami megnövekszik, súlya, térfogata vagy éppen respektje van, akkor annak a gravitációs vonzása is nagyobb egy idő után. Megváltozik elektromágneses statikussága is. Más hullámokat fog kiadni agyából. Ugyanakkor elképzelhetők ún. negatív vágyak is, mint pl. az összeszűkülés, a sorvadni, romlani vágyás (sok esetben öngyilkossági vágy). Ugyanakkor ezek a vágyak általában valamilyen frusztráció hatására alakulnak, pl. hogy nem tudtak a kívánatosnak vagy a megfelelőnek vélt mértékben nőni. Igaz, ezeket az érzéseket viszont nem megfelelő önérzet, becsvágy (vagy túlzott becsvágy) alakíthatja ki. Tehát valami számítási hiba csúszott a műveletbe. Ezeket a negatív vágyakat már említettük fönt.

A 3. számú főerőnél, a szépre és jóra való törekvésnél kell elmondani, és így tributálni az összes eddigi vallás és világvallás előtt, hogy mindegyik tanításában benne van egyfajta szimmetriára, szépre és jóra való törekvés. Igaz, ezt rendszerint a saját ízlésük szerint, a saját legendáikba ágyazva és burkolva adják elő. Vannak békésebb és vannak kissé agresszívabb és vehemensebb vallások. De mindegyik a maga módján a saját népességük vagy jó esetben a teljes emberiség előlépését, boldogulni tudását, üdvözülését célozza. Igaz, teszi ezt sokszor egy kicsit önző mértékben, hogy csak enyém az érvényes, csak az enyém a jó. Ez rossz ezekben a vallásokban, a rivalizálás. Ilyen értelemben legtöbb esetben nem türelmes vallásokról van szó. Ebben a tekintetben a P. Hun megint csak újat hoz. Más vallások teljes egyenlőségét vallja, minden vallást egyenrangúnak tekint univerzális szinten, amelyekből a jókat és hasznosakat kell tekinteni, és persze vannak olyan dolgok is, amelyeket el kell utasítani. Így persze bizonyos „mainstream" dolgokban más-más következtetésre fogok jutni, mint a keresztény vagy a zsidó vallás, hiszen ha nem így tennék, akkor mi lenne a különbség? Ezen felül értem, hogy természetesen egyenrangú vallásokról van szó. A vallásokról majd könyvem 2. részében fogok részletesebben szólni.

A jóra és szépre törekedésénél ugyanakkor van mégegy fontos megfontolnivaló. Az, hogy ennek az ellenkezője, **a roszszra és csúnyára való törekvés nem szerepel** a fő erők között. Tehát ez egyben azt jelenti, hogy „intézményes" gonosz sincs. Ez nagyon nagy és súlyos betegsége a különböző vallásoknak, hogy ellenséget keresnek és ellenségképet. Akit bármikor lehet hibáztatni és vádolni. Vegyük észre, hogy ilyenkor a tükörbe nézünk: amikor a hibás „gonoszról" beszélünk, akkor magunkról beszélünk. Tulajdonképpen ez az a mód, ahogy rossz énünket fenntartjuk és a vallások is fenn tudják tartani magukat. Ellenséget keresnek, a gonoszt, és minden negatívumot, bajukat vele magyarázzák, pontosan, mint a mérgezett és rossz politika. Ezzel a felfogással szakít a P. Hun. **Nincsen megtervezett ördög, nincs gonosz**, amire mindent rá lehetne fogni. Réveteg és nem biztos emberi tudat van, esetleg megtévesztett emberi tudat, de mindenkiben – legbelül – ott van a jóra és szépre való törekvés. Csak ki kell hozni belőle. Hiszen azzal tudunk nőni erkölcsileg, kvázi anyagilag és szellemileg is. A növekedés pedig gravitációs erőt is jelent, és megváltozott tudati energiákat is. Esetleg más vágyakat. Senki sem szeretne magának csúnya feleséget és csúnya viskót, sem egy krikszkrakszot a falra. Akik mégsem szépeket vesznek, kénytelenségből teszik, de persze erről az esetek többségében nincs tudomásuk. Az emberek nem akarnak rosszat a másiknak, hacsak nem ezt látták, mint követendő példát, vagy nincsenek megsértve. **Az emberiség elsöprő hányada jó és erkölcsös.** Erre lehet építeni.

Természetesen vannak rossz emberek rossz neveltetéssel, esetleg gőggel, fanatizmussal, lenézéssel, haraggal mérgezve. De ezek összességében elszigetelt jelenségek, és előbb vagy utóbb megbuknak ezek az emberek, a társadalom kiveti magából az olyanokat, akik nem a szépre és jóra törekednek.

Sőt, a könyv végében kifejtett **új kontinentális gazdasági rendszer bevezetésével** és kifejtésével tulajdonképpen végképp eltűnnének még a bűnözésnek az okai is. Ezek az elszigetelt jelenségek is eltűnhetnek. Nem teljesen, de közel ahhoz. Nincs gonosz – különösen nem önmagában létezve –, aki mindenkit meg akar rontani. Volna olyan okos, hogy tudná: lehetetlen misszióra vállalkozik. Olyan szinten, mint amilyen ő vagy az általunk elképzelt istenek vannak, már kiveszett az, hogy becsvágy vagy bosszú. A világegyetemben a dolgok már nem így működnek. Csökevényes, kezdetleges földi aggyal persze lehet, de ennek a napjai meg vannak számlálva. Ugyanakkor természetes emberi gyarlóság van, személyiségünknek vannak nem biztos, labilis oldalai is.

Ezek bizonytalan tudati állapotban előkerülhetnek, és akkor személyiségünk rossz oldalai mutatkoznak meg.

Szépre és jóra törekedni azt is jelenti, hogy tudatában vagyunk ennek. Ennek az ellenkezője tudati zavar vagy betegség. Az ilyen állapot viszont nem tart, nem tarthat soká, hiszen a környezet lehet, korrigálja a hibát, vagy pedig a beteg és kóros részt ki is veti önmagából. Ez elkerülhetetlen. Az univerzumnak olyan törvényei közé tartozik ez, amelyeket nem lehet felülírni. Ideig-óráig esetleg. Szépre és jóra törekvés során próbálunk nőni, tudatban, erkölcsileg és akár respekt szintjén is. Fontos ugyanakkor, hogy ezek a jó cselekedetek ne legyenek korlátozottak és álszentek. Ne csak a családtagjainknak segítsünk, hanem ha a szükség úgy hív, bárkinek, mindenkinek. Ne cselekedjünk csak azért jót, mert dicséretet és hírnevet szeretnénk, hogy mi mindenkinek segítünk. Ne feltétlenül várjunk el viszonzást. Vagy ha elvárunk, akkor azt ne hívjuk segítségnek, hanem munkának.

Mint láthattuk, ez a három fő mozgató (tudati) erő és energia határozza meg az univerzum összességében átlátható és érthető működését. Ezek közül a vágy az elsődleges, primer tudati energia, amely általában becserélhető mind a gravitációval, mind pedig a szépre-jóra való törekvéssel. Tehát azt is mondhatjuk, ők szekunder tudati energiák. A szépre-jóra való törekvés ösztönösen járul hozzá a világegyetem fenntartásához és minél élvezhetőbb, nem annyira gyötrelmes működéséhez. Mindegyik érzelmi tudati energia, amelyek származásukban a Legfelsőbb tudathoz köthetők. A vágyhoz köthető maga a létezés, a gravitáció felel a világegyetem fizikai megjelenéséért, a szépre-jóra való törekvés tudati energiája pedig a „külcsínért". Tökéletes hármas egységhez értünk, amelynek később még lesz szerepe. A keresztények tekinthetik ezt „szentháromsághoz" hasonlatos dolognak. Az ezekkel ellentétes erők persze léteznek, de elenyészők. Azt is észrevehetjük, hogy tulajdonképpen e három erő vagy hármas erős együttes manifesztációja vezetett oda, hogy megszületett az az univerzum és valóság, amiben élhetünk jelen fizikai állapotunkban és érzelemvilágunkkal.

Ezek a főerők tartják egyensúlyban az univerzumot és végső soron a mi életünket a Földön is. Ugyanakkor ezek az erők elsősorban az univerzumban tudnak tisztán megjelenni galaxisok és csillagfelhők képében. Fontos, hogy ezek az energiák „tudják", hogy vannak határaik, tehát nem lehet a végtelenségig nőni úgy, hogy vele együtt a szépséget is megtartjuk. Ugyanakkor a szépre-jóra való törekvés nevű energia is tudja, hogy viszonylag kis „koncentrációban" is hatásos lehet. Úgy is mondhatnánk, hogy ennek a két energiának a megfelelő összetétele válthatja ki a csodálatot úgy a világegyetemben, mint a Földön.

A Földön ugyanakkor ezek az erők sokszor összeadódhatnak, illetve ütközhetnek is, tulajdonképpen a földi dimenzió mérete miatt. A tudati elemek összeütköznek és fájdalmat is okozhatnak már beszűkültebb dimenziókban. Ez okozza azt a hatalmas mennyiségű frusztrációt a földi életben, azt a sok negatív érzelmet, féltékenységet, haragot és rengeteg bűnt, ami a világegyetem működésével sajnos önkéntelenül is, de együtt jár. Ezeket a dolgokat azonban lehet konszolidáltabb és sokkal tudatosabb csatornákban is vezetni, mint ahogy azt látni fogjuk a könyv további fejezeteiben. Ez ugyan arra sarkallhat minket, hogy felismerjük, sajnos jelen dimenziónkban a létezés ilyen fajta „melléktermékeket" termel. Az egyetlen dolog, amit tehetünk velük, hogy tudjuk, hogy vannak, és nem engedjük őket elszabadulni „kis világunkban", amit említettem az első oldalon. Nem engedjük az egót veszélyes vizekre „evezni". Megszabadulni tőlük az inverz, ha úgy tetszik, a „másvilágban" lehet.

2.3 A tudat kvantum

A tudatkvantum a kvantumfizikából, illetve a kvantummechanikából származtatott kifejezés, de az univerzalizmus fogalmai között már spirituális töltete van. Nem ugyanazt jelenti, mint az előző kettő. Ezt nem lehet földi körülmények között vizsgálni, tesztelni és „eredeti" körülmények között tanulmányozni.

A tudatkvantumot fontos megértenünk jelen világunk működésének megértéshez, és az evolúció fejlődése sem jöhetett volna létre a tudatkvantum nélkül. A tudatkvantum a Legfelsőbb tudat egyik legjellemzőbb sajátossága, ezáltal jöhetett létre a világegyetem. Ez, amit érzünk, amikor álmodunk, ezáltal tudunk emlékezni, valamint érezzük vagy ismerjük a jövő fogalmát. Pontos látása a jövőnek pontosan azért nem lehetséges, amiért a kvantumfizikában sem láthatjuk pontosan a szubatomi részecskéket, csak „érzékelni" lehet őket. Bizonyos tendenciák alapján lehet függvényeket írni, amelyek aztán vagy bejönnek, vagy nem. A jövő állandó mozgásban van, ugyanúgy, mint a tudat univerzum összes alkotója, de minél alacsonyabb (kisebb méretű), ezáltal minél nagyobb frekvenciájú tartományba hatolunk, a mozgás annál intenzívebb, annál kiszámíthatatlanabb folyamatokkal szembesülhetünk. Ez körülbelül olyan, mint amikor az álmunkban sem tudjuk – feltétlenül –, milyen kép jön. Lehet persze sejteni néha, és van, amikor nem is tévedünk, de nincs mindig így. Van, amikor abszolút meglepő képek jönnek.

Mert mind a megfigyelt, mind a megfigyelő a Legfelsőbb tudat része, ez maga a tudatkvantum. Nem statikus részecskék vagyunk a világegyetemben, és az anyag sem statikus. Itt a

Földön esetleg annak tűnik, vagy legalábbis nagyon nagy skálákon van egy fajta szubsztancia. Van egyfajta lényege az anyagnak, amivel lehet számolni. A kvantumfizikai világ természetesen nem ilyen, rá másfajta egyenletek érvényesek.

A tudatkvantum által létezik e világunk. Ez olyan tulajdonsága a Fő Tudatnak, amely által tudjuk itt lenti földi tudattal érzékelni az időt, emlékezni tudunk és kvázi a jelent is érzékeljük. Tudunk egyfajta tendenciákat fölvázolni a jövőre vonatkozólag, valószínűség-számításokat tudunk végezni.

A tudatkvantum tulajdonképpen azt jelenti, hogy kétfajta tudatban is élünk egyszerre. Ezt tekinthetjük **vertikálisan** is, akkor azt jelenti, az embernek egy, a földivel szinte egyező, vagy pedig nagyon hasonló pálya áll rendelkezésre a csillagok között is. Ezt mondhatjuk az ember karmikus útjának is. A Legfelsőbb tudatból erednek ezek a dolgok. Van **horizontális síkja** is, ami egyszerűen csak azt jelenti, hogy a tudatban tudunk időutazást is véghezvinni, ráadásul sokkal gyorsabban, mint a fény. Tudatunk révén akár 20 millió évet is viszsza tudunk menni az időben pillanatok alatt. Előre is tudunk gondolkodni, de ez az emberi tudatok többségénél jellemzően nem több néhány évnél. A vertikális és horizontális síkok bennünk szelik át egymást.

A tudatkvantumnak köszönhetjük a földi evolúciót is. Ezért volt lehetséges a földi evolúciónak az univerzumból történő irányítása. Az univerzális kódok a tudat révén tudnak eljutni egyik helyről a másikra. Minél fejlettebb a tudat, annál nagyobb hányadosú tudatkvantuma van. Ezt a földi életre lefordítva azt jelenti, hogy minél több funkciót ellátni képes tudat jön létre az egyedekben. A tudatkvantum révén az evolúció minden egyes percben tovább fejlődhetett. Az egyedek elektromágneses rezgései segítettek fogni azt a frekvenciát, ahonnan az univerzumból a kódokat kapták. Rezgés a rezgésre rezonál. A világegyetemben elképesztő mennyiségű elektromágneses energia halmozódik fel minden pillanatban. A Legfelsőbb tudat elsődleges kvantumja az univerzális tudat, a Fő Tudat érzéseinek megjelenítője. Ugyanakkor magának a Földnek is van rezonanciája, van elektromágneses tere. Valószínűleg ez a tér már szűrő hatással van az univerzumból érkező káros kódokkal kapcsolatban.

A tudatkvantum teszi lehetővé **a női és férfi nemű fajok,** pozitív és negatív érzések **egyidejű megjelenését**, . A tudatkvantum hozta létre a fekete lyukakat is, amelyek az univerzumot tartják egyensúlyban. A Föld elektromágneses rezgései segítettek az összes fajnak fölfogni a megfelelő kódokat, amik minden egyes születésnél szerepet játszottak. Minden egyes születésnél előreugrott, minden egyes itteni „lenti" születés visszatükrözte az univerzum tudati állapotát. Minden egyes faj fogta az univerzális kódokat fény és elektromágneses rezgés formájában; továbbfejlődött minden egyes szerv, érzékszerv minden pillanatban. Ezért nincs soha olyan, hogy a paleontológusok nem találnak „köztes" formákat. Nincs félig kifejlett szív, nincs félig kifejlett szárny. De van kezdetleges szív kezdetleges szárny, kezdetleges láb stb., de olyan, hogy „félig", nincs. Ezért nincsenek „hiányzó láncszemek". Ez, mint később látni fogjuk, fontos lesz az emberiség fejlődésénél.

Az „égi parancsoknak" is kellett viszont megfelelő földi környezet, ahol ki tudták hatásukat fejteni és a környezet hatására aktivizálódni tudtak. Ez alatt azt értem, hogy nem csak az ég mozgott és árasztott ki magából állandóan jeleket, de párja, a tulajdonképpeni univerzális „petesejt", a Föld magja is állandó mozgásban, forrásban volt. A Föld belsejéből kijövő kódoknak megfelelően vándoroltak a kontinensek, alakult a földfelszín, változott a tenger szintje, emelkedtek ki és sülylyedtek el szigetek, kontinensrészek, törtek ki tűzhányók. A Föld magjából áramló „üzenetek" először a **földköpenyen** és **kérgen** keresztül képződnek le. Természetesen már egy „konszolidáltabb" formában, egyfajta tompítón keresztül átmenve óvatosan fejtették ki hatásukat az évmilliók során, ezáltal teremtve meg és állandóan változtatva azt a fizikai környezetet, amelyben a földi evolúció alakulhatott. De nem akarom az egész evolúciót leírni, erre – vagy legalábbis összefoglaló jelleggel – külön fejezet készül a könyvben.

A tudatkvantum hatása az is tulajdonképpen, hogy van egy nem látható, csak érzékelhető világ a tudatunkban, és van a látható, érezhető, felfogható, mérhető és vizsgálható. A két világnak tulajdonképpen szüksége van egymásra, mert így kölcsönösen táplálják egymást. Ezt mind a tudatkvantumnak köszönhetjük. Ebből következik az is, hogy az emberiség, ha nem is születése óta, de több tízezer éve gondolkodik mibenlétén, léte értelmén, hogy mi várja halála után, de nem találja az igazi válaszokat, mert a Világ úgy is van fölépítve a tudatkvantum által, hogy ne is tudhassa meg csak a földi tudat segítségével. Tulajdonképpen ezáltal is fönntartható az emberi civilizáció, ami magát hajtja előre ezen kérdések megválaszolásának újabb ás újabb megpróbálásával. Sok filozófia, ideológia járt már közel az igazsághoz, de a kapun még eddig egyik sem tudott belépni. Most a P. Hun is közel jár az igazsághoz, talán az eddigi legközelebb. Hogy be tud-e lépni a kapun? Elképzelhető.

A tudatkvantumnak köszönhetjük, hogy a világunk úgy néz ki, ahogy. (Na, és a Föld forgásának). A tudat kvantum által látunk, a tudatkvantum által tudja agyunk összerakni a szemünkbe érkező fénysugarakat képpé, amelyet látásként érzékelünk, és az egyik legnagyobb kincsünk. A tudatkvantum végső soron a Világ dualitását teszi hozzáférhetővé számunkra. Ezáltal tudunk gondolkodni, ezáltal születnek elgondolások, ötletek az agyunkban. Az álom is a tudatkvantum része. A tudatkvantum az egyik legkegyetlenebb és legnyersebb, állandóan ott motoszkáló érzést is adhatja közérzetünknek, a „mi lett volna, ha...". Ez tulajdonképpen azt jelenti: egyszerre legalább két helyen élünk tudatunkban. A „mi lett volna, ha" című gondolatkísérletek és vívódások mind a fizikai valóságunknak köszönhetők, hogy a gravitáció révén ebbe a 4. dimenzióba vannak besűrítve, ha „megszakadunk", sem tudunk már visszanyúlni a múltba. Pontosan azért, mert a Legfelsőbb tudatból kiindulva a tudatkvantum révén már olyan sokszereplős az idő a földi tudatban, hogy az események viszszacsinálása nem lehetséges. Az a Fő Tudatban lesz lehetséges, ha az illető karmája eljut odáig.

A tudatkvantum által minden pillanatban egy igen-nem szituációban találja magát az agyunk és tudatunk (mint a számítógépek), de ezt lebontva sokszor már bevett sémák és sablonok szerint dönt tudatunk, ami végső soron automatikus. Azonban vannak nagyobb lélegzetvételű döntések is. Ezáltal magunk is részei vagyunk – észrevétlenül – az evolúciónak. Minden egyes döntésünk megy föl a „központba", tudatkvantumos létezésünk másik formájába, a bolygóba vagy a csillagba, és ezáltal, ha csak lassú változással is, de kifejez egyfajta tendenciát vagy irányt, amely ott fönn mi vagyunk, vagy ha úgy tetszik, a karmánk. Ha sok ilyen jön össze, az már befolyásolni tudja az univerzumban történő folyamatokat, az pedig végső soron az evolúciót.

A **tudatkvantum maga a teremtés,** a tudatkvantum képes arra, hogy önmagát lemásolja, mint majd később a DNS-molekula a földi evolúció során. A tudatkvantumról többet fogunk tudni az univerzális tudat állapotában. Azért Legfelsőbb tudat, hogy csak ő tudhassa, hogyan működik a tudatkvantum. Mi a létezés ezen a síkján, földi tudattal, a gravitáció és elektromágnesesség által ilyen fizikai dimenziónkba szorított agyunkkal és tudatunkkal nem tudhatjuk, csak sejthetjük. De már az is komoly eredmény, hogy tudjuk, van olyan, amit nem tudunk. Ez az. Ha tudnánk, hogyan működne, megismernénk Isten vagy a Fő Tudat gondolatait. A teremtés gondolatait ismerhetjük meg. De csak akkor érthetjük meg, ha egyben részeivé is válunk. Látni fogjuk, hogy a teremtés egy önmagába örökké visszatérő folyamat, folytatólagos esemény, nincs vége, és ezáltal nincs eleje sem. Csak önmagában létezik. Mindig csak ő, amikor az egyenesből kör lesz.

Ha nyitott szívvel járunk a világban, közel fogunk járni a megoldáshoz és a válaszokhoz. Mivel a tudatkvantum miatt érezzük az idő múlását is, illetve annak lineáris voltát földi viszonyok között, így rá is térek 3. nagy fejezetemre, az időre és annak tárgyalására.

3 AZ IDŐ

A tudatuniverzum és annak törvényszerűségei után szeretnék rátérni a következő fejezetre, az időre. Az időt nagyon fontos megértenünk ahhoz, hogy értelmezni tudjuk helyünket a világegyetemben. A tudati továbblépés záloga az idő érzékelése. Ugyanakkor ez olyan téma, amely értelmezésével már az ókor óta foglalkoznak tudósok, kutatók, gondolkodók.

3.1 Az idő filozófiai természete

Az idő talán a legérdekesebb és legfontosabb eleme az életünknek. Benne élünk, illetve az idő él a tudatunkban. Sokan és sokféleképpen értekeztek már az időről. Az biztos, hogy behatárolható, akkor, ha az a dolog, amihez viszonyítjuk az időt, az közel van térben és időben. Minél távolabb van az a dolog a tudatunkban, amire **gondolunk,** az **idő viszonylagos**. Tehát már ebből a felismerésből le lehet vezetni, illetve rá lehet jönni a relativitáselméletre, amelyet olyan szépen papírra vetett, megjelentetett Einstein. (Einstein sokat „járhatott" a csillagok között.) Ez a könyv, mivel tudományos jellege is van, a relativitáselméletet is folytatja, megalkotva az **egyesített tér-idő elméletet**. Azonban azt filozófiailag értelmezem természetesen, és nem egyenletekkel.

A tér-idő elmélet megoldása **mi magunk vagyunk**. Mi is egy szingularitás vagyunk a világegyetemen belül, magunkban hordozzuk a múltat, a jelent és a jövőt. Ha meghalunk is, nem halunk meg igazán, csak egy feljebb lévő világba költözünk, ami már előre meg van nekünk „ágyazva", biztosítva előző életünk által. Tudati értelemben fölkerülünk a világegyetembe, és ott fogjuk betölteni azt a tudati univerzális pozíciót, amely a földi életben tett és gondolt valónk alapján megérdemlünk. (Ebben az értelemben természetesen lehet párhuzamot vonni a P. Hun és a jelenleg aktuális keresztény vallások között.) Az egész világ ilyen értelemben egy szingularitás, egy nagy szingularitás, amely kinyílik (a Fő Tudati robbanásban, a tudatkvantum által), és utána folytatódik szemünk előtt (jelen), és egyszer be is fejeződik, itt a Földön nekünk ez a halál. Halálunk után az univerzumban folytatjuk jól megérdemelt utunkat, tudatunk révén tovább „telik" az idő, de ott már a relativitáselmélet alapján a Földről tekintve több millió év is lehet, amiről beszélünk. Az univerzális tudat után pedig egyesülhetünk a Legfelsőbb tudattal, így magunk is hozzájárulunk Isten és a világ végső jóságához és boldogságához. Vagy pedig akár kezdhetjük is elölről az egészet, ha arra „ítéltettünk", vagy ha van valami hozzáadott értékünk, ami még nem született meg, de bennünk meg fog. Az újrakezdéshez viszont nagyon sok esetben fájdalmas kört is kell tenni az univerzumban. Kevesek kiváltsága lehet a totális megsemmisülés is, amely néhány kiválasztottnak megadatik. Ez a végső kimenetelt tekintve egyenlő értékű a Legfelsőbb tudattal való egyesüléssel. Sokan választanák ezt az opciót, ha tudnák. Talán mi is, olvasók. Ha mint végcélt, a **végső egyesülést** adjuk meg a Fő Tudattal, úgy a P. Hun egyértelmű rokon vonásokat mutat a keleti **buddhizmus vagy akár a hinduizmus** különféle változataival, ahol ugyancsak végcél a Nirvánába való eljutás, vagy pedig az Eggyel való egyesülés.

Ez majd az univerzális tudatban megvalósult élet után fog bekövetkezni. Hogy mikor, mindenkinél változó, azt már befolyásolják a földi tudat által végzett események, majd az univerzális tudatban lévők is. A két világ eredője összeadódik, abból lehet tudni, hogy az irány újra fent vagy lent van. Ezt nem tudhatjuk. Az már elég nagy feladat, hogy az univerzumban igen jó és látható helyre kerüljünk. Nem kell soha többet egy szenvedő emberi lénytől elvárni, csak annyit, amennyit valóban meg tud tenni.

Az új filozófia egy meghatározó vonása, hogy az **anyag-információ** energiaáramlást nem csak egy úton éri, hanem megfordítva is, és oda-vissza érvényesnek tekinti. Agyunk, illetve tudatunk – ha láthatatlanul is, és földi létünk által fizikailag nem érzékelve – olyan energiákat áraszt ki, amelyek a világűrben – ha úgy tetszik, a mennyországban – értelmezhetők, sőt, azokból anyag képződik. A világegyetem ezúton is minden gondolkodással és érzelemmel eltöltött idővel bővül, tágul.

Gondolataink és álmaink miatt bővül minden pillanatban az univerzum, miután a földi evolúció elért egy olyan szintet, ami után már ő is hatással van a világegyetem működésére, és nemcsak az Univerzum a földi evolúcióra. Így az információ anyaggá válik, és ez fordítva is igaz, az anyag információvá. Az anyag-információ együttes nyilvánvalóan már csak mi tudjuk kibogozni, ha a bolygón – jelen esetben a Földön – információk után kutatunk. Ezt teljesíti be a geológia (illetve biológia és a genetika is), amikor különböző kőzetmintákból állapítjuk meg, hogy milyen korban képződtek, milyen éghajlati adottságok alatt. Sok mindent meg lehet állapítani a kőzetmintákból, furatnyomatokból, ősmaradványokból. Ez a Föld **képes történelemkönyve**, de jártasság kell hozzá, hogy olvasni tudjunk belőle. Fontos tudni eligazodni a rétegekben, az ásványokban, a kristályszerkezetben, a zárványokban, a szövetek tulajdonságaiban. Ha ezekben jártasak vagyunk, akkor mondhatjuk, hogy van némi fogalmunk Földünk őstörténelméről, történelméről. A geológia (kvázi genetika) és a csillagászat így inverz tudományokká válnak. Egyik a másik megfelelője az univerzumban, úgy a Földön. Vagy fogalmazhatunk úgy is, ugyanannak a vallásnak (itt: világnézet) a két arca.

3.2 Az idő tudományos természete

Földünk története rendkívül érdekes, és valóban, itt a Földön nem is csal meg bennünket. A földi időt tudjuk mérni konkrétan is, a Naprendszer megszületése óta. Az „azelőtti idő" mérésével való filozófiai fejtegetésemet már a bevezetőben tárgyaltam. Itt a Földön az idő valóban valós, ezáltal a Naprendszerben is. A világegyetemben már viszonylagos és relatív, megfelelően a relativitás-elméletnek. Mint ahogy nincs egységes gravitáció, idő sincs, de egységes tér-idő van, és annak mi is, és az emberiség is, részei vagyunk. Ez maga a tudatuniverzum. Tehát a Naprendszer maximális kora valóban megfelelhet a 4,5–4,6 milliárd évnek. (Később látni fogjuk, hogy ez nem jelent teljes 4,5 milliárd „évet", hanem úgy kb. 4 milliárdot, de ami valóban 4,5 milliárd Nap körüli fordulat. Hogy miért, azt majd az 5. fejezetben látni fogjuk.) Ezt érzékeli a földi tudatunk, és ezt a tudomány is tudja igazolni. Ez szimplán azt jelenti, hogy a Föld nevű bolygó kialakulása során és utána összesen 4,5 milliárdszor kerülte meg a Napot a gravitáció és tudata következtében.

A tudatuniverzum megszületésével beszélhetünk tér-időről, amelyben csak később tudjuk elhelyezni a Naprendszerünket és benne a Napunkat, majd később a Földet. Az idő abban a pillanatban kezdődik meg, amikor mozgás van, egymáshoz képesti elmozdulás, amit már a tér-időnek „regisztrálni" kell, adminisztráció történik. A mozgást a tudati energiák váltják ki. A fény az értelem és a tudat jele, ilyen jellegű energiákat hordoz, mint a mi agyunk is. Azért is vagyunk képesek érzékelni a „fényt", mert az agyunk is egy „fény" az éjszakában. A fény fényt érzékel, a tudat tudatot. Mivel tudjuk, hogy az idő vertikálisan elveszti földi jelentését, más skála érvényes az univerzumban, az ottani tudatnak megfelelően, így nem vehetjük egységes támpontnak a tudományosan elfogadott 13 egész nem tudom hány milliárd évet, mint az univerzum „születési" időpontját. Az univerzumban más tudati állapot van, ezáltal az idő is máshogy telik. Isten (a Legfelsőbb tudat) szándékosan úgy hozta létre a világot, hogy először az univerzumot teremtette meg, és aztán az univerzum hozta létre magát az életet a Földön. Tehát ilyen értelemben közvetett „teremtés" történt a tudat-kvantum által, e nélkül a felismerés nélkül van bajban a hit és a tudomány is. Ez a felismerés lehet a tudomány és a hitvilág összekötő kapcsa. A 13,6 milliárd év a tudat kvantum földi tudatban való visszatükröződése.

Mint az már dolgozatunkból elég világosan látszik, hogy a tudat és az idő összefügg. Mondhatnánk, a tudat által tudjuk érzékelni az időt. Mindkét dolog megfoghatatlan ugyan, ez a lényegük ugyan, és a mi lényegünk is.

Az idő által tudjuk értelmezni a teret is. Régebben úgy tanították, vagy úgy tanultam, hogy az idő egynemű, és bárhol a világegyetemben ugyanúgy telik. Ugyanakkor már gondolkodásunk és evilági életünk alapján rájöhetünk, hogy ez nem így van. Az idő valóban az egyik legfontosabb tényező. Az idő egy észlelési forma, egy illuzív állapot a tudatban, a **4. dimenzió**, de nem érezzük sem szagát, sem ízét, sem színét, mégis nagyon meghatározza életünket és létünket, és talán értelmünket is. Az idő egy viszonyítási formula is a tér-idő rendszerben, egyszerűen meg lehet vele határozni az univerzális szubjektum helyét. Ez lehet egy égitest (amiről tudjuk, hogy azok ott mi is vagyunk, vagy leszünk fenn), vagy bármely élőlény itt a Földön.

Az idő létezése szorosan összefügg saját tudatunkkal és létezésünkkel. Ha mi nem létezünk, számunkra idő sem létezik. Tehát születésünkkel együtt születik az idő is a földi tudatnak ebben a sávjában. Milyen fura, hogy kis- és gyermekkorunk szinte időtlen időkig tart?! Aki egyszer valaha kiskorában arra gondol, hogy de majd mi lesz, ha egyszer felnövök. Hát akkor magukat általában meg tudták azzal vigasztalni, óóó, hát hogy mikor lesz az még!

Minél idősebbekké válunk, annál „gyorsabban" telik az idő. Természetesen ez is a tudatunkkal összefüggő jelenség. Az öregedéssel is gyorsabban telik az idő a tudatban. Mikor felnőttünk, milyen gyakran mondjuk: Ó, de hát hogy rohan az idő! Milyen gyorsan eltelt ez az év! Nem az idő gyorsult meg, hanem a tudatunk változott meg, közelített minden egyes perccel az univerzális tudat felé. Ez a fejlődés hat úgy, mintha gyorsulna az idő. (Relativitás-elmélet!)

Agyunk evolúciója is befolyásolja az idő múlásának érzetét. Minden egyes földi emberi agy az univerzális tudat fejlődésének egyfajta tükröződése. Ilyen értelemben átvesszük először az univerzális tudat időérzékelését, amely jelen esetünkben az anya tudata, illetve teste. Születésünket – ne feledjük – egy gondolat, illetve gondolatok előzik meg. Majd pedig világrajöttünket segíti a gravitáció, illetve a Föld saját tengelye körüli forgása és a frekvenciája.

Létezésünk a tudatkvantum „játéka", két tudatos és (jó esetben) értelmes lény egyesüléséből nyerjük. Ezeket aztán nevezhetjük **Jinnek és Jangnak**, férfinek vagy nőnek, pozitívnak és negatívnak, tulajdonképpen mindegy – egymás ellentéte egyesül, és abból egy új univerzális tudati elem, új élet kezdődik. Megfogantatásunk után általában 9 hónap telik el, földi egységben számolva.

Ha így tekintünk a dolgokra, mi mindig is léteztünk (a Legfelsőbb tudatban igen), csak ennek fizikai valója az idő és tér egy bizonyos összejátszásából, összeállásából realizálódott. Ha így vesszük, minden, ami még nincsen, minden egy jó **tér-idő konspirációra vár** a karmában. Amikor megszületünk, az idősáv egy bizonyos helyére születünk – név szerint a Föld bolygóra –, de azon belül már a legváltozatosabb helyekre is szólhat a „bérletünk". Ezt már sorsnak hívják, ezt befolyásolni nem tudjuk. Vannak dolgok, amelyeket nem tudunk megváltoztatni, illetve ha meg akarjuk, az kockázatos, nem biztos, hogy sikerül, főleg nem jobb helyzetbe kerülni az induló állapotnál. Ahova megszülettünk, az tulajdonképpen az univerzumban már eldöntött volt a karmikus állás alapján, azt nem tudjuk megváltoztatni.

Egy állandó Fő Tudatnak nem létezik múlt, nem létezik jövő, csak állandó jelen. A Legfelsőbb tudat tulajdonságai és bizonyos sajátosságai végül a gravitáció és a tudatkvantum által az időnek hívott kvázi dimenzió folytán összesűrűsödik bennünk, ez a bizonytéka annak, hogy mi kvázi leképezései vagyunk a fenti világnak. Egy mini univerzum vagyunk. Illetve a fenti világ is egy tükörképe a lenti (földi) világnak. Ugyanúgy van tudatunk is (sőt, nem is akármilyen!), mint a fenti időtlen tudatnak is, hiszen végül is agyunk az univerzális tudat által generált evolúció „terméke", tehát összeköttetéssel rendelkezik a Fő Tudattal.

Csak mivel a miénk véges, mondhatni meghatározott térben és időben terjed ki, és kvázi meghatározott térfogat által is behatárolt, így meghatározott utakon, idegi pályákon, gondolatokba, emlékekbe és érzésekbe szerveződik tudatunk. Agyunk az egyik legcsodálatosabb evolúciós képződmény, ami valaha létezett az univerzumban. Felépítése hűen tükrözi, tükrözheti az univerzális tudat fejlődését is. Egészen megdöbbentő mennyiségű sejtje, szinapszisa révén szinte végtelen kapcsolódási pont jellemzi, amely mind-mind egy-egy kijáratot jelent az univerzum felé. Az agy végül is az a hely, ahol az evolúciós sajátosságok miatt „becsatlakozunk" a világegyetembe. Tudatunk révén olyan energiát bocsátunk ki, ami amellett, hogy szerencsés körülmények között a Földön is értelmezhető, ugyanúgy minden rezdülése is regisztrált a világegyetem bizonyos szegletében. Ezenkívül természetesen nagyon különböző „huzalozása" is lehet az agynak a különböző egyéneknél, és természetesen ez is lehet az oka annak, hogy valaki jobban érdeklődik pl. az „univerzum misztériuma" iránt, mint mások. Ez teljesen természetes, és nem baj, ha mások nem annyira. Ugyanakkor fontos lefordítani nekik is az „égi törvényeket", hogy világos fogalmuk legyen róla. Agyunkról még lesz szó a földi evolúció és a **társadalmi megfontolások** című fejezetekben is.

3.3 A fény természete

Az, hogy az idő mibenlétét pontosan meg tudjuk fogni, fontos érteni a fény misztériumát is. Az univerzális tudatban ugyanis máshogy „telik" az idő, mint a Földön, sőt mint a Naprendszerben is. Létezésünket csak a Naprendszer születésétől tudjuk számítani a földi viszonyokhoz mérten pontosan. Az előtte lévő világ igazából előbb vagy később is kialakulhatott, illetve nem abban a formában létezett, amilyennek ma hisszük. Ezt a Földön nem tudhatjuk pontosan, csak már az univerzumban. Mint ahogy már említettem a 2. fejezetnél, „A tudat univerzum kialakulásánál" a P. Hun a fényt a tudat hordozójának tekinti, a fény a tudat része. Azt is említettük, miért nehéz a Naprendszer megszületése előtti „időt" „évek"-ben mérni.

Ha a földi létezés előtti idő számításához a fényt használják, az kimondottan csalóka lehet. Ekkor nem tekinthetünk úgy a fényre, mint ami tömeggel rendelkezik. Tömeggel rendelkezve a fény nem élhet, nem utazhat több mint 13 milliárd éven keresztül. Nem juthat el 13 milliárd fényévnyire, csak mint hullám, tudati hullám. De még ha a fény segítségét is vesszük igénybe „távolságok" kiszámításánál, nem számolunk azzal a ténnyel, hogy a fény egyszer már akár vissza is fordulhatott egy másik égitestről, illetve törést, elhajlást is szenvedhetett. Ráadásul az einsteini törvény az $E=mxc^2$ nem érvényes az univerzumban, pontosan a tudatkvantum jelenség miatt, amit már megismertünk. Ugyanis az univerzumban nem érvényes az, hogy „secundum". Ott nem földi analógiával számolják az időt. Ugyancsak ebből következik, hogy nincs olyan, hogy „méter". Tudati távolságok vannak, ennek megfelelően a fény sebessége is változik, illetve változhat, függően a tudat intenzitásától, az elektromágnesességtől.[2]

A P. Hun elmélete szerint a fényt nem elsősorban fizikai valóként (részecske), hanem spirituális valóként, tudati hullámként kell értelmezni, egyfajta isteni energiaként, a tudat jeleként és termékeként. A fény más szóval tudatot jelent univerzális szinten. Minden fényt kibocsátó égitest tudattal is rendelkezik egyben.

Tehát a fényt univerzális szinten elsősorban a **spiritualizmus hordózójaként** kellene leírni, és nem inkább matematikai vagy fizikai törvényszerűségek alapján. Természetesen részben igazak fizikai és matematikai törvényszerűségek a fény viselkedésére és terjedésére, de ezek a törvények inkább vákuumban érvényesek. Nehezen lehet ezeket a törvényeket és a törvények által leírt mozgásokat alkalmazni magában a konkrét világűrben, tehát a kozmoszban, vagyis e könyv szóhasználata szerint univerzumban. Einstein törvényei a vákuumban érvényesek elsősorban, amely körülmények a világegyetemben korlátozottan fordulnak elő.

A fényt vizsgálva, észlelve mindig fölmerül a kérdés, honnan származik a fény, honnan indult el, létezik-e még egyáltalán az a „hely". Az egyszerűség kedvéért vegyünk most olyan helyeket, ahonnan a fény már a Naprendszer megszületése után indult. Hiszen ha most „megfigyeljük" a fényt, tulajdonképpen egy **időutazáson veszünk részt**, hiszen annak a helynek a több százmillió vagy néhány milliárd évvel

---

2 Természetesen Einstein egyenlete földi tudattal és a Naprendszerben értelmezhető.

azelőtti formáját, állapotát látjuk, és ez abszurd. Azóta lehet, hogy már meg is semmisült az égitest, és nem sugároz tovább fényt, tehát kihunyt vagy megsemmisült egy fekete lyukban. Igen, amit látunk, egy tudati mátrix, az egykoron vagy most is meglévő univerzális tudati elemek hálója, amelynek üzenete van, amelyből olyan jól tudtak olvasni az ősi civilizációk akkor, amikor még nem voltak távcsövek.

A fény terjedése általános, de nem végtelen. Tulajdonképpen a fény „élete" a kibocsátó szervezeten múlik. Ha az megsemmisül, véget ér maga a fény is. Ekkor a fény eljut valahova, egy másik tudathoz, amely azt „veszi" és továbbvilágítja, így „terjed" a fény, és nem úgy, hogy elindul egy úton, és „sohasem áll meg". A fény további részei visszaverődnek, elnyelődnek, valamint fekete lyukakban semmisülnek meg. Születő égitestek esetében pedig a fények össze is adódhatnak, és úgy haladnak tovább a fogadó szervezetek felé. Rengeteg univerzális tudati elem, égitest van, amelyik fényt, értelmet bocsát ki. Ezek az égitestek, mint később látni fogjuk, mind hozzájárultak a földi evolúció fejlődéséhez, univerzális tudati kódjaik segítségével.

A fény terjedése és utazása tulajdonképpen a „fogadó szervezet"-en is múlik. A fény végül is úgy ér „célba", hogy azt „**látjuk**", fölfogjuk, érzékeljük. Tehát végül a fény úgy ér célba, hogy egy másik tudat „fogja", érzékeli az adást. Ezért alakult ki a szólás, hogy a „szemünk világa". Szemünk az agyunk része, ilyen rétű kifejlődése része az általános univerzális kódok által generált földi evolúciónak. De sohasem szabad elfelejteni, hogy a Föld elsődleges „fénye" a Nap. Minden közvetlen energiát a Naptól nyerünk (ezért Istenség), azonban közvetett módon létezésünkhöz köze van az esetenként a Naprendszernél is sokkal öregebb fényáramoknak és a bennük közvetített univerzális kódoknak, amelyek elsősorban az evolúció kezdeti szakaszát generálták. A Naprendszer születését, mint megtudtuk, a tudatkvantum általi teremtésnek (álomképeknek) köszönhetjük. A Naprendszert közvetlenül a Legfőbb Tudattól származó álomképek generálták, és benne persze a Nap, végül a Föld kialakulását is. A Napnak az evolúcióban elsősorban a növényzet fejlődését köszönhetjük, és természetesen az állatvilág és az ember számára az összes szükséges környezeti feltételt régen és ma.

3.4 Vertikális és Horizontális idő

Az univerzalizmushoz (amelynek alapműve a P. Hun) hozzátartozik az idő abszolút értelmezése. Ez pedig, mint most már tudjuk, **több rétegű**. Az idő hordozója a tudat, a tudat pedig legalább 3 rétegű, létezik földi, univerzális, és végül a Legfelsőbb tudat, amely már az idő érzékelése nélküli tudat, maga Isten, ha úgy tetszik. (Isten a vallásos elnevezése, a Legfőbb Tudat inkább tudományos és semleges természetű). A főbb tudati szintek között nincs átjárás, legalábbis „csak úgy" nincs. Van természetesen „határellenőrzés", ami valóban hasonlít 2 földi ország közötti „határellenőrzésére". Ott is egy másik tudatba lépünk, igaz, amelynek az alapjai ugyanazok. A más nyelvhasználat már egy alapvetően eltérő fejlődési pályát mutat, de erről majd egy későbbi fejezetben. Lényegként aláhúzhatjuk, hogy a földi tudat és az univerzális tudat között nincs konkrét átjárás, a **határ a halál**. Hogy a halál mikori és milyen, nem mindegy. A sikeres célba érésnek természetesen ennek előfüggvénye egy „decens", ún. rendes vagy inkább méltó földi élet. Természetesen ez nem azt jelenti, hogy „szentnek" kell lenni, kevesen tudnak. De egy olyan – lehetőleg teljes – életet tudjon maga az illető, hogy azt ne kelljen szégyellnie, ne kelljen szégyenkeznie, de nem kell feltétlenül büszkének sem lenni rá.

A Legfelsőbb tudat szemében az egyik legjobban megvetett érzés és tulajdonság a túlzott büszkeség, nagyképűség és elbizakodottság, de inkább a büszkeség. Fontos ugyanakkor, hogy túlzott büszkeségről beszélek és írok, semmiképpen nem ún. egészséges büszkeségről, aminek természetesen megtartó ereje van (abban rejlik az egónk). De a **túlzott büszkeség** amellett, hogy gusztustalan, mert nincs figyelemmel mások érzéseire és büszkeségére sem, veszélyes is, így ezeket az érzésfoszlányokat valójában már az univerzális tudat is eliminálni szokta, nem beszélve a Fő Tudatról. Túlzott büszkeséget nem megfelelő tudatállapot vált ki, így ezek az érzésfoszlányok automatikusan eliminálódnak az univerzális tudatból. Tehát figyeljünk arra, hogy a büszkeségben egészséges mederben terelődjön életünk. Ez is egy biztosíték arra, hogy az univerzális tudatban „értelmezhető" helyet nyerjünk.

Tehát onnan indultunk ki, hogy nem kell feltétlenül büszkének lenni hátrahagyott életünkre, de fontos, hogy minél jobb tudati állapotban lépjünk át a „másvilágra". Az univerzális tudat hamar észreveszi és meg is szünteti a nemkívánatos, az univerzális harmóniától eltérő érzéseket: elsősorban túlzott becsvágyat, büszkeséget és kivagyiságot. Megvannak erre a mechanizmusok a világegyetemben. Összességében elmondhatjuk, hogy fontos, hogy az életben lehetőleg teljes, öntudatos és akár lelkiismeretes életet éljünk. Minden egyes rezdülésnek meglesz a maga visszahatása, visszhangja az univerzumban, mert a világ így van fölépítve, semmi nem marad nyom nélkül. Ezt hívhatjuk karmának. De még egyszer, próbáljunk csak az egyszerű középúton maradni, nem kell „csodákat" tenni, nem kell mindenkit szeretni, nem kell szentnek lenni, de becsületesnek, korrektnek, és hogy végül **elszámolható állapotban** adjuk át a könyvet, az igen. Mert ezekből olyan érzések származnak, amelyeket preferálják az univerzális tudatban, így könnyebb az „elhelyezkedés" is. Az univerzum egy kvázi tisztítóközeg, nem érdemes csalni, „puskázni", mert az univerzumban minden adminisztrálva van, és felvétel készül szinte mindenről, így jobb ha meg sem próbáljuk a csalást, hiszen a végső elszámolásnál csak csökkenti és hátráltatja az értékeinket, „lehúzza" teljesítményünket. Az univerzumot lehet úgy is tekinteni, hogy végül üdvözüljünk, de előbb tanulni kell. Éljünk minél teljesebb életet, de a legfontosabb, hogy nyitott tudattal éljünk, és nyitott szívvel. Aztán le lehet zárni, ha már úgy akarjuk, de előbb legyünk megfigyelők, tapasztalók, tanulók, észlelők, csodálók.

Földi életünkkel természetesen befolyásoljuk, hogy végül milyen pozíciót fogunk elfoglalni az univerzális tudatban. Ez elképzelhető úgy, hogy már meghatározott pozíció vár minket (különböző földi kultúrákban jellemző), vagy pedig fejlődő tudatunk és képességeink alapján kialakíthatunk akár csillag (sztár) pozíciót is a társadalmon belül.

Tehát a földi tudatunk **átalakul univerzumbeli tudattá,** és az azután egyesülhet a végső Fő Tudattal vagy Istennel, ha úgy tetszik. Vagy szabadon távozhat. Mindkettő lehetséges lesz azoknak, akik odáig eljutnak. Mindkettő óriási dolog, óriási eredmény és nagy áldás. Itt mindenképpen **hasonlóság** mutatkozik a P. Hun és a **buddhizmus között**, és más keleti (kínai, indiai) vallásokkal is.

Összegezve az időről tudásunkat, elmondhatjuk, hogy a **mi időtudatunkat a földi tudat határozza** meg, amely ezekbe a dimenziókba van tömörítve, a gravitáció, vágy és a szépre, jóra való törekvés által. Földi tudatunk pedig az evolúció által alakult ki, amelyet elsősorban az univerzum tudati elemei generáltak a tudatkvantum által; az univerzális tudatot pedig a Legfelsőbb tudat alakította ki. Ilyen értelemben az idő legalább három fő rétegből áll. Az idő rétegződése megfigyelhető tulajdonképpen a Földön is. Létezésünk tulajdonképpen először gondolati síkon van jelen ilyen értelemben a világegyetemben, aztán egy szingularitáson keresztül a Földre kerülünk.

Fogantatáskor már önálló, de még nem saját tudattal rendelkezünk, függünk a hordozó szervezet, ez esetben az anya tudatától. Saját tudatunk és önálló létünk, még ha fejletlen is, de természetesen világra jöttünkkor jön el, hiszen már az első pillanatok, amelyeket nem az anya méhében töltünk, óriási hatással vannak agyunkra és egész szervezetünkre. Az idő ekkortól számítódik nekünk, mint ahogy a Földnek is akkortól, amikor megtette és elkezdte első útját a Nap körül. Az előtte lévő idő mind nekünk, mind a Földnek univerzális idő. A tudatnak egy másik rétegében „eltöltött" idő.

Ilyen értelemben az időnek van **vertikális és horizontális** kiterjedése is. A függvények találkozási pontja, a két egyenes metszéspontja, mi magunk vagyunk. Így válik a P. Hun az einsteini gondolatok továbbgondolásává, így válunk mi magunk az egyesített tér-elmélet megoldásává. Ez, ha más szavakkal is, de már évezredekkel ezelőtt ismert volt. A Földön lezajló életünket le lehet írni egy integrál függvény keretében. Minél nagyobb területet integrál elvileg a függvény, annál nagyobb a mondanivaló, annál szélesebb a látótér, és annál több és nagyobb az átélt élet és annak tapasztalata. A minél nagyobb integrált felület azonban nem jelent feltétlenül jobb életminőséget is. Tehát ha valaki hosszabb ideig él, az nem jelent feltétlenül jobb (értsd: gazdagabb) életminőséget. A minőséget sohasem szabad összekeverni a mennyiséggel. Mindkettő fontos, de arányban kell, hogy legyenek. Egyik a másik rovására is mehet.

Fontosak az einsteini gondolatok. Az egyesített térelmélet megalkotása után talán nem kell készíteni a Naprendszeren kívüli űrhajókat, mert úgysem jutnak sehova, ehelyett inkább a bolygónkat társadalmilag és kulturálisan egyensúlyba hozó intézkedésekre kellene fordítani az energiát (költeni a pénzt). Oktatás és infrastruktúra kiépítése a felzárkózó országokban, az anyagi termelés egyenletes megszervezése és elosztása, és a többi. Ezen meglátások vélemények és intézkedés-sorozatok leírása, egységes rendszerbe való öntése könyvem második részének tárgya lesz.

Olyan űrhajók küldése, amelyek több évtizedig utaznának, egyébként is csak fantazmagória, hiszen azt a legénység sem bírná és ellátni se lehetne őket. Ne feledjük, ha más gravitációs mezőbe kerülünk, azzal a tudatunk is, testünk állapota is megváltozhat. Csak ebben a Naprendszer által fönntartott gravitációban tudunk teljes életet élni. Természetesen olyan kütyük küldése, amelyek élettelenek, lehetséges, de szinte fölösleges ezek után. Kvázi tudottak lehetnek és levezethetők a könyvben megírtak alapján. Fontosabb dolgaink is vannak a Földön. Egy új filozófiai rendszer kapcsán talán már más irányba fordítja az emberiség a tekintetét, és új irányokba fordítja az emberiség energiáit.

A tudatkvantum révén **folyamatos teremtésben** élünk, mi is részei vagyunk annak. Ez a magyarázata a jelen, múlt és jövő ötvöződéseinek a tudatunkban. A folyamatos teremtés és annak jellege a magyarázat a **világegyetem működésére** és annak fönnállására is. Ugyanakkor ilyen értelemben meg kell állapítanunk pozitív és negatív teremtést is, születési és haláljelenséget is, amelyek mind-mind a tudat (fény) hordozói. Ilyen értelemben az univerzum kezdetét tekinthetjük az **abszolút és a viszonylagos tudat** határának is, tekinthetjük a viszonylagos tudatnak az abszolút tudatból (Legfelsőbb tudat) való születésének is. A teremtés mindig egyfajta szingularitás. Hogy ezt éppen halálnak vagy születésnek tekintjük, az attól függ, hogy a határ melyik oldalán állunk, illetve a szemlélő melyik oldalon áll.

4 AZ ÁLOM, ÁLOMKÉPEK

Most érkeztünk egy újabb nagyon érdekes fejezethez. Az álmok, illetve álomképek a legtipikusabb tudatkvantumi jelenségek. Nem véletlen, hogy annyi kultúra és vallás is nagy jelentőséget tulajdonít nekik. Nem különben a P. Hun és az univerzalizmus, amely talán a leginkább figyelembe veszi az álmokat, mert rajtuk keresztül van összekötve az egész emberiség. Az álmodás képessége minden élő emberre jellemző. Arról persze nincsenek bizonyítékaink, hogy az emberek mit álmodnak, de mi magunk tudatában lehetünk a „bizonyítékoknak" saját tapasztalatainkon és életünkön keresztül.

Fontos tudnunk, hogy az **álmok és álomképek közvetlenül részei az univerzumnak**, ők is fölkerülnek a fönti „adminisztrációba". Tehát az álomképek közvetlenül beépülnek az univerzumba, a galaxisba. Az a rengeteg fura anyag a világegyetemben, gázok és porok, gőzök és a meseszerű elhelyezkedése különböző galaxisoknak, azok a furcsa formák, amelyeket felvesznek, azok majdnem mind az álomból származnak. Persze nemcsak emberi álmok létezhetnek, hanem univerzális álmok is, és azok persze komolyabb súllyal esnek latba. Később ezek az álomképek is beleesnek a fekete lyukba, ahol új élet születik, a Föld felé vagy pedig a Legfőbb Tudat felé is létezik kijárat az univerzális tudatból.

Egy individuum esetében beépül az éppen formálódó vagy születő égitestbe, de az álmoknak és álomképeknek köszönhető rengeteg köztes űrbeli térbeli anyag is. Itt is megfigyelhetünk egyfajta **reverzibilitást** az anyagi és gondolati körforgásban. Ahogy a Naprendszer és benne a Föld is a tudatkvantum által jött létre a Legfelsőbb tudat által kibocsátott álomképekből, úgy jön létre a földi tudat által kibocsátott álomképekből anyag az univerzumban.

Nem mindegy persze, milyen fajta álmokról van szó. Az agyon belül különféle hullámhosszon keletkezhetnek képek és álomjelenségek, és ezek egyáltalán nem mindegy, hogy milyen körülmények között keletkeznek.

Az álmok születése evolúciós fejlődésünkkel, azon belül is agyunk fejlődésével van kapcsolatban. Én is, és a P. Hun is, empirikus élményeken keresztül szerzett tapasztalatok alapján tudjuk értelmezni, ami minden egyes individuumnak rendelkezésre áll. Ez benne az igazi, az álom totálisan határok nélküli, ilyen értelemben liberalizált dolga a világegyetemnek. Az álom az igazi összekötő ereje ennek az „új" filozófiai és világnézetnek. Az álom teljesen emberközi, így univerzális, minden emberre kiterjedő és nagyon jellemző dolog. Rengeteg fajta álmot lehet megkülönböztetni egymástól, ezeket talán jobban ki tudja vesézni az orvostudomány és az álomkutatás.

Később, ha direkt kapcsolatot, ún. **neurokapcsolatot** lehet felállítani a szemlélő és a megfigyelt között, akinek az álmait megfigyeljük, akkor lehet előrelépni az álommegfigyelésekben, illetve leírásokban. Ez óriási haladás lesz a tudomány berkein belül. Addig csínján kell a „kutatásokkal" bánni. Ugyanis az álomkutatásnak nem abból kell állnia, hogy vezetékkel és csápokkal ellátjuk az illető agyát, koponyáját és fejét, és közben mindenféle feszültséget mérnek és hasonló elektromosságot az agyban, illetve annak felületén.

Fontosak, mint tudományos munka, de nem lehet belőlük messzemenő következtetéseket levonni. Az ún. nevezett tudatkvantumot leginkább az álomkutatásban lehet majd alkalmazni meglátásom szerint. Nem most, majd később. Az ún. nevezett **neurokapcsolatban** tisztán lehet majd látni a vizsgált személy álmait, abban cselekedeteit, tetteit, szándékait és intuícióit. A tudomány előbb-utóbb el fog jutni arra a szintre, hogy egy kivetítőn a vizsgáló ugyanazokat a képeket lesz képes „fogni", mint a páciens. Vagy maga a páciens fogja tudni kvázi egy kivetítőn visszanézni, hogy mit álmodott. Erre a szintre még el kell jutni a tudománynak. Milyen érdekes dolgokat lehet majd akkor látni, ugye?

4.1 Hogyan keletkeznek az álmok?

De mégis, hogy keletkeznek azok a furcsa jelenetek, történések és érzések az álmaink során? Ehhez valószínűleg köze van a törzsfejlődésnek is. Meghatározó, hogy pontosan milyen génekből állunk, milyen agyrészecskék, milyen kémiai szerkezetek és milyen molekulák alkotják agyunkat és azokat a neuronokat, amelyek mind-mind információt hordoznak. Az álom tudatunknak egy másik formája, tulajdonképpen a fonákja az ébrenlétnek, a „tudatos" állapotnak. Az álom is tudatos állapot, csak más állapot.

Az álmok keletkezése kapcsolatban van a Föld frekvenciájával, az általa kibocsátott elektromágneses sugárzással, valamint az emberi idegrendszerrel is. Idegrendszerünk kapcsán természetesen nem mindegy, hogy milyen állapotban térünk nyugovóra. Emiatt is vannak az olyan szólásmondások: „ettől még jól fogok aludni; alig bírtam aludni egész este". Ez arra utal, hogy az ember idegrendszere, illetve az idegrendszerből kiáramló impulzusok egész egyszerűen nem engedték álomba merülni az illetőt, ami nagyon gyötrelmes éjszakákat szokott okozni az embereknek. Ezért is nagyon fontos, hogy „egyensúlyban" térjünk nyugovóra, hiszen a „legjobb" álmok akkor jönnek a szemünkre.

Az álmok keletkezésnek tulajdonképpen 3 összetevője van. Az egyik az alap, a Föld által kibocsátott impulzusok, az idegrendszer, amely a bioritmuson keresztül tulajdonképpen „megrendeli" az álmokat. A másik kettőből az egyik égi eredetű és ad hoc jelenség, az univerzumból érkező univerzális kódokkal van összefüggésben, a harmadik pedig evolúcionális eredetű, amelyek az ún. mélyebb álmokkor szoktak a felszínre törni. Az evolucionális álmok legalább 60 millió éve – és ma is – irányítják az evolúciót. Tehát az agy az egyik impulzust a Föld belsejéből kapja, ami az **univerzum kvázi idegrendszere**, óriási érzőközpont, amely által végül az élet is kialakulhatott, és az evolúció is jó mederben folyt. Ugyanakkor az álmok annyira összetettek, hogy tulajdonképpen mindenkor mind a három komponens szerepel az álom jelensége idején. Azonban az álmok általában szakaszosak. Van, amikor az evolúcionális és van, amikor az éppen ad hoc éppen aznapi álmot álmodjuk. Az álmok bármilyen minősége az idegrendszertől függ, tehát az első komponenstől. Az álmoknak van egy éber állapotbeli fajtája is, amit déjà-vu néven ismernek az embernek és a szakirodalom, ez ad hoc „álom", de meg van ágyazva már születésünk óta. A déjà-vu-ről később teszek említést.

A Föld rezgési frekvenciái a 7,83 Hz és 43,2 Hz között változnak (ezen frekventikus tartományok között értelmezik az ún. csakrákat). Ez tulajdonképpen a Föld tudatosságát is jelzi. A Föld mindig, minden biológiai élőlényre kibocsátott bizonyos impulzusokat, amely által a biológiai evolúció is folyt.[3] Ugyanakkor ez a rezgési frekvencia a Föld különböző pontjain természetesen különböző lehet, ezért a biológiai evolúció is más medrekben folyt, de erről majd később, az evolúció fejezetében. De az evolúció menete miatt sem mindegy, hogy hol alszunk, mert másfajta álmoknak lehetünk a „szemtanúi".

Az ember idegrendszere is folytonos impulzusokkal látja el a test sejtjeit, így a neuronokat is. Így merülünk tulajdonképpen álomba. Az idegrendszer más állapotba kapcsol, ezáltal agyunk is „elmélyül". Elernyedés folyamán többfajta agyhullám is keletkezhet az agyban.

Többet is megkülönböztetünk közülük. Delta, theta, alpha hullám, béta és gamma hullámok is léteznek, mindegyik külön-külön éberségi állapothoz tartozó tudományos kategória, a szerint, hogy agyunk mennyire aktív. Alvó állapotban általában a lassú állapotú és egyre nagyobb amplitúdójú delta hullámok dominálnak, míg éber állapotban a magasabb frekvenciájú EEG görbék a jellemzőek. Az EEG nagyobb mennyiségű neuron által generált „összegzett" elektromos aktivitást reprezentál.[4]

Az agyat ezenkívül szinte minden pillanatban érezhetetlen és láthatatlan sugárzások is érik a világegyetemből, ezek is hatnak a működésére, amelyeket jobban tud fogni alvó állapotban. Ezek az ún. univerzális kódok, amelyek evolúciós

---

[3] A frekvenciák a Kymatica című filmből származnak.
[4] EEG = Elektroenkefalográfia. Egy pszichofiziológiai mérőeljárás, melynek segítségével a pszichés működés élettani hátterét vizsgálják.

kódokat is tartalmaznak, ma már nem olyanokat természetesen, mint kb. 25 millió évvel ezelőtt. Olyan információkat tartalmaztak és tartalmaznak ma is, amelyek az űrből jönnek, és amelyek alapján mindig valamilyen irányba megy az evolúció. Sokszor persze csak néhány másodpercre érzi őket az agy. Ekkor képződnek azok a képek, amelyeket utólag visszagondolva „hihetetlennek" gondolunk, vagy nagyon érdekesnek. Az ősember, előember és mindenfajta emlős is érezte őket az evolúció során. Ki és mi, hol és milyen mértékben, de ezen kódok során fejlődött ki fogazatunk, a végtagjaink, érző képességünk, idegpályáink, valamint legfontosabbként: tudatunk.

Azonban a gyakran megmagyarázhatatlan álomképek keletkezéséhez energia is kell, ezek pedig maguk a különböző **agytekervények és agykérgek energia-kisülései**. Ezeket tulajdonképpen belső rövidzárlatoknak, áramkisüléseknek is lehet tekinteni. Tehát mindkét félről – föntről és alulról is – érkezik impulzus, mint ahogy már utaltunk rá. Ha a Földből kiáramló energiákra gondolunk, azokon belül természetesen nem mindegy, milyen területen és milyen kontinensen álmodunk, és amint majd később látni fogjuk, az sem mindegy, milyen nyelven álmodunk.

Álomba szenderülés során, az ún. alvás során idegrendszerünk hatására agyunk működése átalakul és ellazul, más tudatállapotba kerülünk. Tulajdonképpen a tudat kvantum révén ekkor „keringünk" a világűrben. Ekkor keletkeznek az álomképek, amelyek viszont a láthatatlan csatornán keresztül azonnal beépülnek a fenti világba, égitestünkbe. Tehát ilyen értelemben az információáramlás természetesen kölcsönös és viszonzott. Ilyen értelemben – mivel a Föld megközelítőleg gömb alakot vesz fel, természetesen az univerzum szinte minden sarka „el van látva anyaggal", kvázi álomképekkel – persze nemcsak Földről érkező álomképek vannak, hiszen a Legfelsőbb tudat is „álmodhat", valamint természetesen az univerzális tudat is. A megközelítő gömb alak is a rezonancia miatt van, ami azt jelzi: az univerzumban sem minden tökéletes, de törekednek rá.

Álmodás során olyan területek kapnak elsődleges szerepet, amelyek a természetes ébrenlétkor nem. Hiszen akkor nekünk és elődeinknek is sok egyéb dologgal kellett foglalkozni. Látni, érezni, fogni, mászni, menni, futni, enni, inni, szaporodni stb. Napjainkban is elsősorban a létfenntartást elősegítő tevékenységekre kell koncentrálnunk, illetve a munkánkra és olyan emberekre, akik a környezetünkben vannak. Őket memorizáljuk elsősorban és valószínűleg van egy olyan tároló hely az emlékezetünkben, illetve a tudatunkban, egy kvázi pufferzóna, ugyanúgy, mint a számítógépben. Elraktároz olyan dolgokat, amelyeket tulajdonképpen éppen megelőzően tanulmányoztunk, illetve tudatunk túlságosan el volt vele foglalva, „rá" gondoltunk, fókuszáltunk. Ez valószínűleg egy szűrő funkciót ellátó agyműködés lehet, ahol szortírozni, osztályozni, rendszerezni lehet az agyi feldolgozó képességnek megfelelően az aznapi élményeket. Ezért van az, hogy sokszor álmodunk az aznapi személyekkel, esetleg tárgyakkal, munkafolyamatokkal vagy furcsa történésekkel.

Álmodás során áramkisülés és energia-kibocsátás történik agyunk zónáiban, amik végigfutnak az ún. neuronhálózaton is, ezek váltják ki azt az energiamennyiséget, amely a kódok dekódolásához szükségesek, és amelyek révén a képek megjelennek a tudatunkban. Azért nem kell a szemünket „kinyitni" ahhoz, hogy „lássunk", mert ezek a képek közvetlenül az agyunkban keletkeznek, és dekódolódnak a tudat által. Szemünket 98–99%-ban a külvilágból érkezett ingerek és fények fogadására kell használnunk, elsősorban a külvilágban való tájékozódásban. A szemünk által érzékelt fények később az agyunkban alakulnak át képpé, ekkor „látunk". Álmodás során szemünk – bár nem mindig – jellegzetesen csukva van, nem szükséges nyitva tartása. Agyunk természetesen éber állapotban is kapja az univerzális kódokat, azok egy része is elraktározódhat abban a pufferzónában, ahol az éppen aznapi élményeket tárolja agyunk. A két információ összekeveredése is okozhatja a sokszor „furcsa" képeket, történéseket. Azonban mély álomnál már egyértelműen szerepet játszanak az evolúció alatt szerzett atomjaink és molekuláink is, és az azokban rejtett információ. Ezek az ún. evolúcionális álmok.

Az **álomképek** természetesen nagyon különbözők lehetnek. Sok kötődik jelenkori élményhez, sokat ismételt élményhez, tevékenységhez. Ugyancsak „furcsa", ahogy az események követik egymást álmainkban. Néhol hihetetlen, mennyire nem „tudjuk", milyen esemény fog következni, mégis az egész nagyon valódinak tűnik. Előfordul álmainkban néha, hogy nem tudjuk megkülönböztetni az álmot a valóságtól. Azt „hisszük", hogy a valóságot éljük át, aztán –hogyha számunkra rosszul alakulnak az események, és legtöbbször igen – megkönnyebbülten riadunk fel álmunkból, vagy pedig agyunk olyan hullámzónába kerül, ahol szünetelnek az álomképek. Ezen zónák aktivizálódásai már függenek az idegrendszertől is. Van, amikor zár az idegrendszer. Ilyenkor hirtelen megváltozik a frekvencia, és már „nem álmodunk" tovább. Ez az ún. théta állapot.

A legfurcsább viszont az, hogy szereplői is vagyunk az álmainknak, de ugyanakkor legtöbbször szenvedő alanyai is. Az események olyan sorrendben követik egymást, amit azelőtt – lejátszódásuk előtt – nem tudhattunk, nem ismerhettünk. Az álmodott képek ugyanakkor később elraktározódnak a neuronhálózatba, azok újra aktiválhatók bizonyos körülmények, bizonyos áram-energiakisülések hatására. Valószínű, hogy sok álmunk már egyszer feldolgozott információkból áll. Sőt, az is lehetséges, hogy sok „öröklött álmunk" van, amelyeket már születésünkkor magunkkal hoztunk. Ilyen álomképek is aktivizálódhatnak bizonyos áramkisülések hatására. Olyan információk vannak elrejtve neuronhálózatunkban, melyekről nincs „tudomásunk". Nincsenek magyarán a tudatunk felszínén, de a mélyben ott szunnyadnak, akkor jönnek a „felszínre", amikor tulajdonképpen álmodjuk őket. Az álmok végső soron a neuronhálózaton átfutó elektromos áramkisülések következményei. Az álmodás folyamata inverze annak, ahogy fönn az univerzumban is keletkezik az energia, az égitestek tudata elektromágnesesség és fény formájában továbbterjed.

Az egész álomképzés összetett folyamat lehet, és véletlenszerűnek tűnik. Nem lehet tudni, hogy ezek az események már előre „lejátszódtak", és csak egy mozit nézünk, vagy agyunk „gyártja" az illúziót. Számít, hogy milyen az alvás minősége, milyen állapotban megyünk aludni, milyen az idegi állapotunk. Mekkora stressz rakódik ránk, mert akkor torzulhatnak az álmok. Az idegrendszer (a Föld belsejéből jövő impulzusok) az egész levezetője és kezdeményezője, a neuronhálózat az álmodás végrehajtója. Nem véletlenül vannak olyan mondások: „ettől még jól tudok aludni", „már napok óta nem tudok aludni". Ezek mind azt jelzik, hogy az alvás, pihenés, ilyen értelemben az álmodás, kikapcsolás a jelen világból és a tudatkvantum révén kapcsolatteremtés a világegyetemmel. Ez az álmodás lényege, kapcsolat az univerzummal a régi és új információk és az evolúció révén. A történelem során sokan nevezték már az álmot, álmokat egy fajta „kis halálnak". Egy picit mindennap meghalunk. Valóban, ekkor átmegyünk az univerzális tudatba, és „ott" vagyunk. Ilyen értelemben az átjárás a két világ és két tudat között igazolt.

Az álmodás képessége és maguk az álmok is egyértelműen evolúciós fejlődésünk „terméke". Ha az evolúció terméke, akkor viszont felmerül a kérdés, hogy az ezelőtti generációk, az evolúcióban minket akár több 10 millió évvel megelőző élővilág is álmodott-e. A válasz, igen, de ez csak az emlősökre jellemző tulajdonság. Az álmok az univerzális tudati kódok dekódolásai. Így az álom összefüggésben van a tudatossággal és az agyi fejlettséggel is, amely elméletet már olyan szépen papírra vetette a nagy amerikai csillagász, **Carl Sagan az Éden Sárkányai című könyvében**. Miután az állatoknak már hosszabb életszakasz jutott, így mindenképpen kellett valami pufferzóna, amikor nekik sem kellett egész nap élelemért vagy egész egyszerűen az életükért küzdeni. Sőt, felmerülhet a kérdés, mivel az ún. „álmok" már akkor is az univerzum részei voltak, nem járultak-e hozzá maguk az álmok is az evolúció menetéhez. Igen, az állati álmok is hozzájárulhattak az evolúcióhoz, hogy maguk az állatok is álmodhattak, az egészen bizonyos. Bizony vannak egészen fura, állati eredetű álmaink is, közéjük tartozik a szexuális álmaink többsége is. A **repüléssel kapcsolatos álmainknak** egészen bizonyos, hogy evolúciós gyökerei vannak.

Érdekes felvetés, hogy akkor az álmok maguk is evolúciós termékek, vagy pedig maguk az álmok hajtották előre az emlősök evolúcióját? A válasz abban rejtőzik, hogy természetesen a Legfőbb Tudat tudatkvantum „termékéről" van szó. Az álmok kb. 60–65 millió évvel ezelőtt értek le a földi tudat világába, amikor az első emlősök kikászálódtak a dinoszauruszok árnyékából, és elkezdtek „álmodni". Talán egy olyan világról, amiben ők lesznek az uralkodók. És ez megvalósult. A törzsfejlődést az álmok beépülése kapcsán már az agyi fejlettség vitte előre, és értelemszerűen minél fejlettebb agya volt az élőlényeknek, annál érdekesebb álmokat tudtak dekódolni a Világűrből. Az evolúciót tehát az álomképek irányították tulajdonképpen mindig. De míg azelőtt az álmodás kifejezetten az univerzális tudat és a Legfelsőbb tudat sajátossága volt, 60 millió évvel ezelőtt már a földi tudatba is beköltözött. Ekkor jött el az emlősök korszaka a dinoszauruszok hanyatlása után. De ezekről a dolgokról majd később az evolúciós fejezetekben is lesz szó.

Tehát megtudtuk, hogy az állatok is álmodnak. Igaz, agyuk fejlettségéhez mérve az álmok természetesen kezdetlegesek is lehetnek, illetve egyáltalán, hogy mennyi ideig tartanak. Az álmodáshoz azonban szükség van magára az alvásra is, így természetesen nem mindig voltak, és nem mindig vannak ma sem ideális körülmények az alvásra az állatoknak. De már a halak is alszanak, ezt tudjuk (igaz, álomképek nélkül). Egy energiacsomag vagyunk a világegyetemben, amely kapja az élettel kapcsolatos energiákat, és adja is tovább. A minél több mozgással való életmód pihenést is követel egy idő után. A test ugyan fizikailag pihen, de az agy tovább pörög, az agynak talán hosszabb időre is van szüksége ahhoz, hogy teljesen kikapcsoljon. Az agy ugyan lehet, hogy „sleep mode"-ba kapcsol, de tudatunk mindvégig kapcsolatban marad az univerzummal, mert annak a része. Így az álomképek is beépülnek az univerzumba, ugyanúgy, ahogy gondolataink. Az álomképek is ugyanabba az égitestbe, illetve csillagászati képbe épülnek bele, amelyek mi vagyunk ott fent az égen.

„Tudod, mit álmodtam az éjjel?" – hangzik fel sokszor a reggeli vagy délelőtti kérdés, általában akkor, amikor a páciens még emlékszik arra, mit álmodott. Az úgynevezett álomképek elemzésének és kultuszának e könyv nélkül is hatalmas tárháza van. Néhány álomképet azért érdemes idézni, akár a közelmúltból. Nagyon jellemző, hogy olyan álomképek lepik el – talán az olvasót is –, amikor valami egyértelmű dolgot kellene megcsinálni, például összekészülni egy utazásra, de valahogy mindig halasztódik a dolog, és végül már kifutunk az időből, elkésünk, elkapnak, és valahogy hátrányos helyzetbe kerülünk. Vannak olyan álmok is, amikor egy nem létező személlyel álmodunk, akinek van valóságos testvére vagy rokona. Érdekesek az olyan álmok is, amikor valahogy előre tudnánk haladni az időben, illetve a történésekben. Ilyenkor van az, hogy lapozunk egy olyan könyvben, ahol a saját sorsunk van megírva, vagy olyan történéseknek leszünk a tanúi, amelyek csak később fognak megtörténni. Sok az olyan álom, amikor menekülni kényszerülünk, és amelyek a – pszichológiai adottságokon túl – régmúltban gyökerező érzések lehetnek, amikor csakugyan menekülnie kellett az őseinknek. Ezek evolúciós álmok. Sajnos vannak olyan álmok is, amelyek nem jeleznek előre jót, baleset, illetve haláleset is történhet. Tipikus álomnak számít az is, amikor például egy magas hídon vagy átjárón kéne átmennünk, de nem tudunk végül, mert túl nagy a korlát alatt lévő tér, ami a mélybe vezet, és amibe végül beleesünk, és nem tudunk átmenni a hídon vagy a kifeszített átjárón. Félünk, hogy leesünk, és csak ritkán tudjuk megtenni a távolságot biztonságosan. Jellegzetes álom volt – legalábbis az írónál – amikor a fogazat szenvedi meg az álomban történteket. Úgy érezzük, hogy kiesett egy-két fogunk vagy akár az egész felső fogsorunk. Olyan is van, hogy sok pénzt találunk, ami kifejezetten jó érzés az álom alatt. Természetesen nagyon sok álomnak egyszerűen **idegi (pszichoszomatikus) magyarázata lehet**, amely összefüggésben van az illető általános társadalmi helyzetével, idegi és családi állapotával.

Az **álmodás bizonyíték** az univerzalizmus létezésére, illetve magára az evolúcióra is. Az álomképek különösségét és megmagyarázhatatlanságát azonban összefüggésbe hozhatjuk az agyunk evolúciós fejlődésével, és az állandóan „bombázó" univerzális kódokkal is. Az egyik ilyen lehet, hogy nagyon sok információt kapunk már csak a közvetlen felmenőinktől is. Különös lenne tudni, nekik milyen álmaik voltak. Az, hogy nekik milyen álmaik voltak, fenn olvasható az univerzumban (hiszen azok az álmok is beépültek). Az evolúciós fejlődés során nagyon sok gént és információt kapunk, illetve öröklünk, amelyek elraktározódva élnek agyunkban és agyunk szöveteiben tovább. Ez a fizikai öröklés a „földi csatornán" keresztül. Ezen kívül azonban mindenképpen létezik az égi, tudatkvantumos, **karmikus öröklés** is. Karma a mi könyvünk szerint azt jelenti, „az, amiért itt vagyok". Ha a születést felfogjuk, márpedig könyvünknek ez a fő üzenete égi és földi dolgok együtt rezgésének, harmóniájának akkor **tudati dolgok is öröklődhetnek** régebbi karmákból. Ilyenkor a tudatban keletkezett élmények, tudatszemcsék, információk és anyagok is öröklődhetnek. Az égi karmikus öröklés a csillagok között az univerzumban történik meg, speciel egy fekete lyukban. Így érkezünk egy másik nagyon fontos ébrenléti jelenséghez, ami ugyancsak a fekete lyukakhoz köthető.

4.2 Déjà-vu

Az egyik legismertebb, de ébren történő „álomkép" a déjà-vu. Igaz, persze sokan nem tudják, hogy ekkor is álmodnak, pedig „fönn" vannak. Ez egy nagyon érdekes jelenség, aminek megfejtésére hosszas töprengés után jöttem rá, de a megoldás valójában igen egyszerű, földi analógiákkal leírható. A déjà-vu is része az ún. tudatkvantumos jelenségnek. Talán lehet, hogy éppen azért létezik, hogy ezáltal rájöhessünk a tudatkvantumra, mint jelenségre. A déjà-vu nem más, mint egy **karmikus öröklés** az univerzumban. Születésünkkor – amikor végül is adminisztrálódik létünk a világegyetemben – a hozzánk kapcsolható karmák (álomképek) tömkelege semmisül meg a világegyetemben. Ezek információhalmazok, amelyek már konkrét földi létezésünk előtt felgyülemlettek a világegyetemben. Legtöbbször csillagok vagy bolygó formájában vannak fenn az égben, de tudati mozgások következtében megsemmisülnek a világegyetemben.

Ez történik egy fekete lyukban, ahol egy másik tudati dimenzióba és zónába kerül az anyag, illetve ennek földi megfelelőjén egy szexuális aktus során új tudat képződik. Az új tudatnak részei lesznek a déjà-vu érzések, és ezek szöknek majd ki az egyed fizikai és tudati fejlődése során is. Ezek a tudattöredékek ott lapulnak, szunnyadnak agyunk tekervényeiben, végső soron a tudatunkban, és később bármikor akár egyszerű, akár különleges élethelyzetben ez előtörhet, aktivizálódhat évtizedek múltán is.

A **déjà-vu érzés** akkor keríti a hatalmába az embert, ha olyan dolgokat érez vagy lát, de inkább érez, amelyek a tudatában úgy jelennek meg, mintha már megtörténtek volna életében. Azok a dolgok, amelyek kapcsán a déjà-vu érzés előtör, valójában nem történtek meg azelőtt az egyén életében, de a tudatunkban lévő régi univerzumszemcsék keltik ezt az érzést. A magyarázat egyszerűen leírható egy földi hasonlattal: ezek az univerzum tudati maradványai, amelyek végső soron az agyunkban, illetve a tudatunkban vannak elraktározva, egyszerűen megmaradtak a tudati átalakulás során, illetve **nem semmisültek meg teljesen** a fekete lyukban. Körülbelül úgy lehet elképzelni, mint amikor egy hajlékony lemezt is le akarunk törölni a számítógépünkben, de mégis marad egy-két bitnyi információ a lemezen. Ezek az információ-testecskék kelnek végül életre tudatunkban különböző élethelyzetek esetében, furcsa és talán szerencsés égi állások, égi univerzális kódok, „csatlakoztatások" által is, kb. úgy, mint amikor a számítógép is rendesen össze van kötve, és az információ áramlik. Ugyanígy működik minden a világegyetemben is.

Igaza volt Isaac Newtonnak, hogy a teremtő, vagy, ahogy én hívom, a **Legfőbb Tudat**, hagy nyomokat és mintákat, melyek alapján el lehet jutni hozzá, és nem csak vak hit, hanem a tudat által is. Ezért a P. Hun az **abszolút összekötő kapocs** a tudomány és vallás között. Régen az ókorban, de különösen a középkorban a tudomány és hit ugyancsak egy volt, de nagyon torz formában. Ragyogó példa erre a katolikus egyháznak a tudományos fejlődésre reagáló agresszív és erőszakos története, illetve a mai iszlám is részben.

A tudatkvantum elmélete szerint Földi létezésünknek **van univerzális kivetülése** is, és ez fordítva is igaz. Valami az univerzumban előbb-utóbb elnyeri földi formáját is. Azonban a tudomány és az univerzális világnézet sem áll még azon a szinten, hogy meg tudná mondani, hogy univerzális énünk (a karmánk) hol helyezkedik el a világegyetemben. Igaz, nem is biztos, hogy fontos. Megtudjuk halálunk után biztosan. Azonban a csillagászat, a pszichológia és az orvostudomány fejlődésével ezek a kérdések is megválaszolhatók lesznek előbb-utóbb.

Fontos, hogy addig is rengeteget fejlődjünk, hogy megértsük a világegyetem és azon belül a mi gondolkodási és tudati mechanizmusainkat. Sokat kell tenni azért, hogy ne folyjanak fölösleges kutatások más, esetleg fölösleges irányba, „intelligens lények" felé, legalábbis addig ne, amíg más megoldandó problémák vannak a Földön, mert azok előbbre valók. A P. Hun-nak nem feladata megítélni más földönkívüli értelmes lények létezésének valószínűségét, főleg nem régi UFO-történeteket boncolgatni, de tanítása szerint ennek a valószínűsége csekély. Nagyon fontos fölismerni, hogy ha vannak más értelmes, a dimenziónkban mérhető értelmes lények, akkor arról a világegyetem majd jelzést fog adni nekünk, de ehhez előbb a tudati univerzumot (magunkat) kell először jobban megismerni. Ennek alapján rájövünk, hogy **végtelen az értelmes tudat** a világegyetemben, hiszen a tudati univerzum részeit, például a csillagokat, mind oda sorolhatjuk.

Tehát ilyen értelemben továbbra is nagyon fontos lesz a csillagászat, sőt talán a legfontosabb és a legszebb tudomány a geológiával együtt. A hozzánk hasonló értelmes lények utáni kutatást azonban szimplán megtévesztésnek tartja a P. Hun, elvéve a sokkal fontosabb problémák elől a levegőt itt a társadalmunkban, itt a Földön. Különben is: miért generálnánk saját magunk részére a problémát? Nincs problémánk, hanem mi magunk kreáljuk a problémát, fékezhetetlen tudásvágyunk, hatalomvágyunk és kíváncsiságunk miatt. Képzeljük el, mennyivel lennénk előbbre, ha mégis rátalálnánk idegen értelmes lényekre? Lehet, hogy minden itteni bajunkat megpróbálnánk rájuk áthárítani, őket hibáztatni, amilyen természetünk van. Csak elvennénk az itteni földi problémákról a figyelmünket és a szenzációhajhász politikusoknak, újságíróknak és újságoknak csinálnánk munkát. Képzeljük el, hogy az összes újság címlapja tele lenne a földönkívüli élet valóságával és lehetőségével, és alig foglalkoznánk magunkkal. Ez olyan lenne, mint egy kábítószer, természetes jelleggel vonva el a figyelmet a való élettől és megtöltve azt egy (most) nem valódi valósággal.

Igaz, ez csak egy elképzelt jelenet, lehet szerencsésebb kimenetele a találkozásnak, de higgyük el, hogy saját magunk problémáinak megoldásai is mi magunk vagyunk itt a Földön, nincsen szükség még plusz ajzó és valóságtompító szerekre. Én azt gondolom, hogy túl sok pénz megy el fölösleges kutatásokra, rakétaprogramokra. Le kell állítani ez ügyben a nemzetek közötti vetélkedést is, vagy pedig közös nevező alá hozva a dolgokat, fogalmakat és kiindulópontokat – ez lehet akár a P. Hun is – közös, de sokkal költséghatékonyabb és olcsóbb programokat kellene indítani. (A könyv ilyen irányú filozófiája még taglalást nyer későbbi részekben.)

Ebből következően a P. Hun és az univerzalizmus ugyancsak elutasít minden olyan manapság népszerű elméletet, melyek szerint égi szekereken látogattak meg minket ősi idegenek, és mi egyfajta kísérletek lennénk, egyfajta genetikai manipuláció kapcsán született volna meg az élet a Földön. Mint majd azt a későbbiekben látni fogjuk, megáll az evolúció elmélete, igaz, nem úgy, ahogy azt Ch. Darwin lefektette. Egy picit trükkösebb formában vezeti le a P. Hun, de a földi evolúció végigkövetése fontos, hogy megértsük az emberiség helyét az univerzumban.

Ugyancsak előre lehet jutni az álomtanulmányokkal, de azt elsősorban annak az egyénnek kell tudni megfejteni, érteni és érezni, aki azon az álmon túlesett. Azzal, hogy vizsgálgatjuk az agyat összevissza, hogy mikor, hol, milyen mértékben színeződött el a hőtérkép, azzal vajmi keveset jutunk előre, ha egyáltalán jutunk. Ami fontos, az álom minősége, élénksége és pontossága. Mint már említettem, ha el lehetne jutni **a neurokapcsolatos kivetítős** vizsgálatig, akkor már kivetítőn lehetne értékelni az álmokat, és talán olyan adatokat is le lehetne hívni, hogy az illető tudata melyik csillagképben van becsatlakoztatva a világegyetembe. Még figyelemre méltóbb lenne, ha vissza is lehetne keresni álmokat az illető agyából. Ez már tényleg a jövő szuper technikája lenne.

Ha megfejtjük az álmokat, még nem lesz vége az utazásainknak, kutatásainknak. Még nem lesz vége a rejtélyeknek. Talán az is lehet, hogy álmaink fognak elvinni egy újabb és más világba, ha arra az emberiségnek szüksége lesz. De az ezen túli gondolatok már nem részei ennek a könyvnek.

Összességében megállapíthatjuk, hogy az álom a legtipikusabb tudati elemek egyike, de mivel nem éber állapotban születnek az álmok (most elvonatkoztatunk az olyan „álmoktól" amelyek tulajdonképpen vágyak), ezért a legdirektebb és tisztább útjuk van az univerzumba.

Az álmok univerzális tudati jelenségek, az ún. tudatkvantum részei. Megjelenési formájuk rendkívül különböző lehet, kódjaik anyag formájában benne vannak végtelen univerzális ködökben, mezőkben, magukban a csillagok, bolygók anyagában, sőt formájukban is.

Fontos ugyanakkor megjegyezni, hogy az álmodás képessége nemcsak emberekre jellemző, az állatok, és azokon belül az emlősök is álmodnak, és álmok tömkelegével van tele az univerzum is. A Legfelsőbb tudat és az univerzális tudat is „álmodik". Ez is az egyik módja annak, hogy keletkezik a Világűrben annyi „anyag", amely valójában információ. Összességében elmondhatjuk, hogy az álmok a tudatkvantum részeiként és annak „termékeként" részei az univerzumnak, és ezáltal a teremtésnek is. Az univerzum legnagyobb misztériumai, éppen ezért rendkívül érdekesek.

5 AZ ÉLET FEJLŐDÉSE, EVOLÚCIÓ

Ebben a fejezetben tárgyalom az összes evolúcióval kapcsolatos gondolatomat, és tulajdonképpen egy kicsit történelemkönyvet készítve magát a földtörténetet is átvesszük dióhéjban, hogy az olvasónak végül is fogalma legyen a Földön kialakult élet mibenlétéről és arról, hogy milyen földtörténeti korok voltak, és hogy nagyjából milyen élőlények népesítették be a Földet sok-sok millió évvel ezelőtt.

Ahogy a Legfelsőbb tudat (Isten) kialakította a jelen univerzumot, úgy a tudatkvantum jelenségen keresztül álomképek segítségével a jelen univerzumon belül ugyancsak kialakította később a Naprendszert, és benne a bolygókat. Hogy miért később a Naprendszert? Azért, mert a későbbi élet és evolúció kapcsán viszont az előbb megteremtett univerzumnak lett főszerepe, hiszen belőlük áradtak azok az „univerzális kódok", amelyek végül az állatvilág evolúciójához, később pedig az ember megjelenéséhez vezettek. Ezért.

Először megteremtődött az ehhez mindenképpen szükséges Nap, majd a Nap gravitációjának (kvázi tudata) segítségével kialakultak a Naprendszer bolygói és pályái. A már tárgyalt „szent háromságban" valódi együttműködésben és egyensúlyban van a Nap, a Föld és a Hold szerepe, alaptételekben adja az egész univerzum működési képletét, legalábbis a magban. A magon most az egész Naprendszert értem, a Naprendszer többi bolygójával együtt, amely biztosítja a Föld és Nap egymáshoz képesti megfelelő viszonyát, távolságát és szögét. Az egész Naprendszer biztosítja, hogy ez a 3-as megfelelő kapcsolatban legyen egymással, a Föld, a Nap és a Hold. Nekik kell a megfelelő egyensúlyban lenniük az univerzális tudatban, és abban is vannak. De ehhez elengedhetetlen az egész Naprendszer, áttételesen az egész univerzum egyensúlyban létezése. Az univerzalizmus **központi gondolata a Nap**, ahogy az volt Ehnaton fáraó gondolkodásában és megannyi ősi természetvallásban több mint 3300 évvel ezelőtt, valamint sokkal előbb is még. Az univerzalizmus – ezt már most leszögezhetjük – az egyensúly világnézete, vagy ha úgy tetszik, vallása.

Na, de vissza a címfejezet kiinduló pontjához: az **evolúciót** tekinthetjük a világegyetem tudati elemeinek fejlődésének (kvázi a vertikális az idő múlásának) és a Naprendszer szükségképpeni **mozgásának eredőjének**, ahol a Föld került tulajdonképpen univerzális központba, (horizontális földi idő múlása), így az élet kialakulhatott, elkezdődhetett. Fontos volt ehhez még egy „társ"-at találni, a Holdat. A Holdat végül a Föld saját gravitációja fogta be, illetve alakította. Ehhez a Naprendszerben még meglévő univerzális tudati elemeket (álom) használta fel. A Hold szerepéről természetesen még lesz szó az evolúció kapcsán.

Az élet kialakulásának a bölcsője **a Naprendszer**. Ahogy körbe van véve védő rétegekkel, körülbelül olyan, **mint egy anyaméh**. A Föld típusú bolygók, a Mars után már egy eleve védőövet képező kisbolygók, üstökösök, aszteroidák köre következik. Aztán a Neptunusz, a legutolsó nagybolygó után a *Kuiper öv* már nagyon messze van. Ahhoz, hogy valóban ki tudjunk lépni a Naprendszeren kívülre, egy még távolabbi védőburkot is át kellene törni. Ilyen védett körülmények közepette kialakulhatott az élet. Persze ez nem jelenti azt, hogy ne lennének a világűrből érkező idegen testek, direkt tudati impulzusok ne érnék a Földet, de ez ilyen jó körülmények között viszonylag ritka. A Naprendszer kezdeti, születési szakaszában persze a Földet érő külső hatások, hogy úgy mondjam, mindennaposak lehettek, a kezdeti Föld inkább hasonlított a „pokolra" mint egy édenkertre, de minél inkább megszilárdult a Föld helyzete átvitt értelemben is, úgy egyre ritkábbak lehettek a külső behatások, támadások.

A földi élet és tudat végül a Nap által (mint istenség) fenntartott rendszerben a küldő tudati kódok (univerzális tudati kódok), valamint a Föld belső érzetéből származó kölcsönhatások alapján jött létre. Konkrétan a Föld belsejéből érkező impulzusok **vulkáni tevékenysége** által szökött szárba az élet a Földön. Az evolúció és az élet további fejlődésében pedig nagy szerepet játszott – a folyamatos univerzális kódok mellett – a tektonika, a kontinensvándorlások. Az élet megjelenése kapcsán döntő szerepet játszott a folyamatos és szinte minden irányból kifejtett mozgás, amely által az univerzális tudati, valamint a földi érzelmi erők kölcsönhatását fenntarthatta, amely így elindította az élet nevű programot a Földön. Mozgás vagy halál, pontosabban eltűnés, kiszűrhetjük ezt a vastörvényt a földi élet megjelenése kapcsán is. De mivel a tudat állandó mozgásban tartotta – és tartja ma is – a Földet, így az élet megjelenése a világegyetemnek ebben a szegletében, vagyis **a magban törvényszerű volt**. A Föld nevű bolygó tulajdonképpen **egy petesejt,** az Isten jelen esetben ember alakú, Fő Tudat elméje általi tudati energiák által fönntartott univerzumban. Úgy is mondhatnánk, spirituális középpont.

Ahogy az élet elkezdett szárba szökni a Földön, úgy azzal összefüggésben **változott a fenti univerzum is**, annak összetétele, mérete és talán viselkedése is.

5.1 Kezdetek

Miután a Naprendszer alapjai lerakódtak, még egy kis időre volt szükség, hogy a földi élet valódi feltételei kialakulhassanak. A bolygók többsége nem ugyanakkora távolságra keringett, mint ma, a Földnek is időre volt szüksége, amíg ebbe a biztonságos távolságba került a Naptól, amikor a Nap védő sugárzása már nem veszélyt jelent, hanem védelmet egy kialakuló élet számára. Ne képzeljük, hogy a Naprendszer korai szakaszában ennyi bolygó keringett, és nem ilyen távolságokban. Valószínű, hogy a Naprendszer korai szakaszában sokkal több bolygó keringett a Nap körül, egy részük megsemmisült, illetve beépült más, most létező bolygók anyagába. Az első 1 milliárd év az ún. „pozícionálással" telt el.

A Naprendszer kezdeti szakaszában nyerte a Föld igazi kísérőjét, a Holdat, amely nélkül ugyancsak nem alakulhatott volna ki az élet. A Hold eleinte értelemszerűen sokkal közelebb keringett a Földhöz. Ez hatással volt a tektonikára, a kezdetleges hegységképződésre és kontinens-vándorlásokra is. Sokkal erősebb árapály jelenség is volt akkoriban, amikor 20–30 méteres cunamik is lehettek az ősidőkben. Az első időkben a Hold legfontosabb hatása végül a Föld forgásának lelassításában volt, fokozatosan szelídült meg a Föld. A Naprendszer korai szakaszában még 6 óra lehetett egy átlagos „nap". Az, hogy most 24 óra a tengely körüli forgása, az egyértelműen a Holdnak köszönhető. A Holdnak köszönhető valószínűleg a Föld forgási tengelyének beállása is erre a dőlésszögre, amely megfelelő hőmérsékleti és éghajlati viszonyokat biztosít úgy általában a Földön burjánzó életnek.

Később a Holdnak elképesztő és megdöbbentő szerepe lesz a földi evolúció „lefolytatásában" is. Magyarán a Hold és a Föld szoros kölcsönhatásban vannak és dolgoznak együtt. A Hold a Föld „élettelen" társa a mitológiában, a **„sötétség" kifejezője, míg a Nap a „világosságé"**. Mint megtudjuk ebből a könyvből, és rengeteg más tanítás is utal rá (ezek egyik kivétele a keresztény egyház), mindkettőre szükség van, és a sötétség nem a „gonosz" munkája, annak teremtése, hanem pont annak lehetővé tétele, hogy jobban megismerhessük magunkat.

Végül az idők folyamán kialakulhatott maga a Föld belső szerkezete is. Az univerzális érzéseknek megfelelően differenciálódva az elemek különböző sűrűségi osztályokba tömörültek azért, hogy az élet elég biztos alapon nyugodjon a Földön. Ne pusztítson mindent el egy hirtelen jött „harag" vagy váratlan földrengés, vulkáni tevékenység. Magyarán a Föld köpenye és kérge elég biztos, sokat kibír, ha a mag „nem érzi jól magát", és sokat elbír az univerzum megpróbáltatásaiból is, már ha a segítői is vele maradnak.

Képzeljük csak el, ha a Szaturnusz hirtelen megváltozott pályán kezdene keringeni, vagy éppen akár el is tűnne a Naprendszerből. Azzal egyrészt nagyon szép természeti csodát is veszítenénk, másrészt, ha nem is egyből, kihatása lenne a földi élővilágra. A Földi élet pusztulását hozhatná magával hosszabb távon, ha nem is egyből. Nem is tudjuk elképzelni, milyen törékeny rendszerben élünk, ahol minden mindennel összefügg, és tudati energiák tartják össze a rendszerben szereplőket. Mert minden elem tudja, hogy része a rendszernek, és ez valószínűleg kölcsönös előnyökkel is jár a rendszerben résztvevők számára. Erőszakkal nem sokáig lehet egy rendszerben tartani valakit vagy valamit akarata ellenére. Egy ideig igen, de nem a végtelenségig, hiszen az olyan érzéseket szül, melyek az egész rendszer fennállását fogják hosszabb távon veszélyeztetni, nemcsak arra a specifikus elemre hatnak majd, hanem az egészre. Rengeteg példát ismerünk a történelemből. De ezek a példák mind szükségesek is voltak tudati és spirituális kiteljesedésünk érdekében. Mindenki, aki a rendszerben van, érdemesnek bizonyult, hogy a rendszer részét alkossa, nem erővel „rángatták" oda. Érdemesnek bizonyultak univerzális érzéseik és tudatuk alapján.

Tehát a kezdetekben a Föld eleinte hasonlított egy fortyogó katlanra, amely aztán mindenre volt alkalmas, csak a mai ismert földi élet vitelére nem. Sok idő kellett, kb. 1 milliárd év, mire az élet első jelei megjelenhettek rajta. Sok időbe tellett, mire olyan nyugalmi pozícióba került, amikor már „családot" vállalhatott. Időközben változott a mágneses kisugázása és a gravitációja is, már a Hold is sokkal messzebb keringett körülötte, de még volt akkora hatása, hogy több száz millió évvel később még tudja befolyásolni az evolúciót. A Hold még most is távolodik, és idővel el is fog szakadni társától.

Magyarul, a Föld már megérett egy olyan pozícióra, hogy receptív lehetett az univerzális kódokra, amelyek mindannyiunkat érnek minden pillanatban, még most is. A Föld belső magja és külső szerkezete is konszolidáltabb lett, úgy lassult a Föld, érettebb, „megfontoltabb" lett, nem „sietett" annyira.

Kialakult a Föld belső szerkezete is, a Föld belsejét alkotó anyagok az univerzumban kialakult érzések fajsúlyossága szerint csapódtak le és sűrűsödtek össze a Föld magjában és köpenyében. A különböző ásványi anyagok kiterjedése, kifejlettsége telérekben, azok kikristályosodása annak köszönhető, hogy az univerzumból származó anyagból épül fel maga a Föld is. A hatalmas szilícium, szilikát és más ásványi telepek a világűrben meglévő érzések e gravitációs mezőben való összesűrűsödésére, a mi dimenziónkban való értelmezhetőségére vezethetők vissza. A Föld egyfajta univerzális idegrendszerként működik, állandó jelleggel ontva magából a belső energiákat, mágnesesség, elektromágnesség formájában.

Pozitív életérzések, ásványi anyagok felfelé migrálása is szükséges volt az élet kialakulásához a Földön, ami egyértelműen a **kiterjedt vulkáni tevékenység** hatásában mutatkozott meg. Az ásványok kialakulása és fölfelé, a Föld köpenyébe és kérgébe való migrálásuk is hozzájárult az élet kialakulásához. Az univerzumból származó életérzések csapódnak le végül az aranytelérekben és a gyémántok kialakulásában, vas-szulfid, kén, mangán, arzén és antimon telepekben, a földkéregben.

Amikor mi is érzünk jót vagy rosszat, rettentő módon lehet érezni bizonyos kémiai reakciók létrejöttét, kötések felszabadulását. Ezt nyilván az olvasó is érezte már sokszor. Ezek mind az univerzumból örökölt életérzések megnyilvánulásai. Érezzük, ahogy bizonyos molekulák és molekuláris kötések törnek utat maguknak. Szerves vegyületek, zsírok, peptidek, fehérjék képződnek vagy oldódnak fel bizonyos életérzések megnyilvánulásakor. Örömkor, izgalomkor, stressznél, bosszúságnál, haragnál, félelemnél. Ezek a kémiai folyamatok az univerzumban is pontosan így zajlanak. Ezen érzések volumene, mint később látni fogjuk, teljesen egyenes összefüggésben van bizonyos betegségek kialakulásánál.

Ilyen értelemben, az anyagi világ a Legfelsőbb tudat – mint tudjuk, azon belül –, az univerzális tudat érzéseinek, érzeteinek megnyilvánulása.

Végül a Föld, ahogy maga is állandóan változik, fölvett egy olyan formát, ahol már otthona lehetett az életnek. Miután a Föld belső szerkezete megszilárdult, és fölvette véglegesnek mondható helyét a Nap körül, belső és külső hőmérséklete csökkent, kialakult a külső köpeny is, elindulhattak az első kéregmozgások, a tektonika. A tektonikának ugyancsak jelentős szerepe volt később az evolúcióban, hiszen a Föld arculatának kialakulásakor még nem beszélhetünk „tektonikáról", az inkább egy fortyogó katyvaszhoz hasonlított, olyan lehetett, mint „Dante pokla".

5.2 A csillagprogram fut

Azonban miután ez a „pokol" véget ért, és konszolidálódott a környezet, az élet gyorsan utat tört magának a Földön. Az evolúció abban a pillanatban elkezdődött, hiszen ez azt is jelenti, hogy ugyanazon életformákkal nem lehet előrelépni. Szükséges a folyamatos fejlődés, csak ennek a sebessége a kérdés, mint ahogy azt később látni fogjuk az emberiség tudati evolúciójánál is. A konkrét evolúció fenntartásához szükséges volt a konszolidálódott **Föld tektonikájára** (a vulkanizmusra az élet megjelenéséhez volt szükség), **a Nap megtartó erejéhez** mind gravitáció, mind az univerzális energiák átadása révén, és nem utolsó sorban **vízhez**. A víz létrejötte a Földön a Föld saját elektrosztatikus és mágneses rezgéséből származik, ami az akkori szörnyű „időjárás", elektromágneses szelek, felhők, viharok része volt. Ma is a Föld elektromágnesessége, tengely körüli forgása, Nap körüli saját keringési sebessége, valamint a Napból kiáramló éltető sugarak tartják fönn és működtetik az éghajlatot, ami természetesen az éppen megnyugodni készülő Földön kicsit zord lehetett. Az évmilliók során, és ahogy a hőmérséklet csökkent, és lehet, hogy sokszor jelentősen csökkent, ez roppant mennyiségű víztömegek, ősóceánok, őstengerek kialakulását eredményezte. A Föld kvázi „kicsavarta" magából az életet adó vizet, kb. úgy, ahogy a mosónők szokták kicsavarni a nedves törülközőt.

A víz a legfontosabb hordozója az ún. spirituális élet megjelenésnek, minden élet forrása, és nem utolsó sorban az univerzális „szeretet" kifejeződése. Tekinthetjük a Legfőbb Tudat „könnyei"-nek is. Ne feledjük, a Nap bármikor följebb vagy lejjebb „csavarhatja" azt a hőmérsékletet, amit a Földre sugároz, szóval jobb jóban lenni a Nappal...

Az élet végső megindulása a **földi érzetenergia és az égi tudati energiák összeolvadásából származott**, az univerzális kódoknak, valamint a vulkanizmus tevékenységének köszönhetően. Ezek több helyen és többször is beindulhattak a Földön. Tehát téves az a feltételezés, hogy minden élőlény egy sejtből alakult volna ki. Legalábbis kezdetben nem. Aztán természetesen lehettek olyan fejlődési ágak, amelyek nem éltek túl bizonyos időszakokat és kihaltak. Ezek lehettek még a proterozoikumban, de később is. Rendkívüli szükség volt a többszörös kezdetre, hiszen nem volt biztosíték arra, hogy az a bizonyos sejt vagy szerves molekula túlél abban a kifejezett pillanatban. Sokan éltek túl, de nagyon sokan el is pusztultak utána a mostoha földi körülmények közepette.

Ezen folyamatokra a külső pangó vizes területek, kisebb öblök, tavak, sekélyebb tengeri területek vulkanikus talapzattal voltak alkalmasak, nem túl nagy mélységgel. A nagyobb óceánokba később migrált tovább az élet. Ezeken a területeken – amikor arra már alkalmasak voltak a külső körülmények – elektromos kisülések által (villámlások) iniciálva szerves vegyületek, molekulák, később egysejtűek alakultak ki, amelyek továbbfejlődésével az univerzális kódok segítségével bonyolultabb életformák is kialakultak. Egysejtűek, planktonok, moszatok stb. Minden tudati energiák által fejlődött tovább és a földi rezgésimpulzusok, elektromágneses hullámok is adták tovább az energiát, amely az élőlényeket mozgásra, kvázi „versenyre" kényszerítette. A Föld belsejéből származó elektromágneses hullámok, valamint a Föld tengely körüli forgásából adódó perdület alakították mindig is az élőlények alakjait.

Az evolúció további szakaszában fontos szerep jutott az ún. **kezdetleges idegrendszer** kialakulásának, amelyek a Föld belső impulzusai alapján is kapták az energiát. Hovatovább nagyon fontos lett, hogy mit érzékelünk a külvilágból, egész egyszerűen azért, mert így nagyobb esély nyílt a túlélésre, ami – ugyan kegyetlenül hangzik – de elsődleges volt az első időkben és utána a tudati evolúció elérkezéséig. Az evolúció további szakaszában mindig az univerzális érzések és tudati kombinációk játszották a főszerepet.

Gondoljuk meg, hogy az ún. periódusos rendszer elemei és az őket jellemző kémiai tulajdonságok, kötések valamint a belőlük kialakult szerves és szervetlen vegyületek igazából a tudatból fakadó jellemző életérzés fizikai megnyilvánulásai és kifejeződései voltak! Így a keletkező molekulák és szerves vegyületek létrejöttei igazából egy nagyobb, magasabb rendű érzésnek a kifejeződései, amelyet **életnek** nevezünk. Így ezzel megtörtént a **„teremtés"**, pontosan, robbanásról robbanásra, fénytől fényig, molekulától molekuláig visszavezettünk mindent, és látjuk, hogy mindez közvetett isteni (Fő Tudat) beavatkozás mellett zajlott le.

5.3 Gyors két vágány: növények és állatok

Fontos tudni, hogy az élet nevű – a gravitáció által ilyen dimenziókba szorított – program egyszerre több helyen is elindult a Földön. Ez volt a biztosítéka, hogy egyszer majd célba is ér. Az univerzális tudati energiák mellett ez is oka a végtelen diverzitásnak a faunák és flórák világában. Fauna és flóra. Nem sokkal az élet megindulása után ez a két nagycsalád az élőlényeken belül különvált. Az **állatvilág** a Föld belsejéből kiinduló impulzusok hatására is fejlődött és kialakult az idegrendszer, amellyel az univerzális érzéseket tudta dekódolni az evolúció. Tehát az univerzális kódok „felülről", míg az érzeti impulzusok alulról jöttek, nevezetesen a Föld belsejéből és magjából. Mindkettő fontos volt az előrehaladáshoz.

A **növényi világ** ezzel szemben csupán a Napból származó kozmikus energiát használta fel az anyagcseréhez: fotoszintézissel elegendő energiához jutottak, amely által tovább fejlődhettek. Mindez azért volt szükséges, mert a növényvilág vált az állatvilág eledelévé, és nem fordítva. Ezt is a Nap jótékony hatásának köszönhetjük, ugyanúgy, mint a megfelelő hőmérsékletet, amelyet a Föld egész története alatt biztosított.

A több helyen elkezdődött élet és evolúció csak részekben indult meg: itt ez a szükséges elem alakult, ott meg az, ami fontos a továbblépéshez. Tehát egy egész burjánzó kis molekulavilág alakult ki az ősi Földön, ahol látszólag véletlenszerűen találtak egymásra a különböző kémiai elemek, hogy életképes szerves vegyületek alakítsanak ki. A minden kémiai vegyületben meglévő elektromosság már akkor is taszított egyes molekulákat, más molekulákat pedig vonzott. Ezért tartott rengeteg ideig, amíg a legegyszerűbb sejtek is kialakulhattak, és az univerzális kódok hatására tovább növekedtek, majd végül (mivel túl nagyra növekedtek volna) osztódtak, szaporodtak. Ekkor már életről beszélhetünk. Ugyanakkor már a legelején is érvényesülnek és érvényesültek az univerzális kódok, melyek az univerzumban vannak megírva, az „utasítások" is onnan jönnek. Minden molekula hordozza ezt génjeinkben, imagináriusan atomjainkban, protonjainkban. Mindannyian egy „nagy mágnes" vagyunk, amely éppen arra fordul, ahonnan azok az univerzális kódok elérnek bennünket. Ez elsősorban személyiségünkben, tudatunkban jelenik meg.

Ezek után természetesen végig hatottak az. ún. földi érzés alapú impulzusok, valamint galaktikus tudati kódok, amelyek alapján pontos forgatókönyvet követett az evolúció. Minden úgy van megtervezve a teremtő által, hogy piszok nehéz legyen a végére járnunk, de az mégis lehetséges legyen, ha kinyitjuk a szemünket és a szívünket (értelmünket a tudatunkon keresztül). Hogy a Teremtő tudat pedig hogy gondolta, az már be volt írva a legnagyobb és legrégibb univerzális tudati elemekbe (csillagok, csillagrendszerek, magnetárok, üstökösök) sokkal azelőtt, mielőtt egyáltalán életről „gondolkodhattunk" volna itt a Földön.

Az élet nagy kavalkádja már elsőre kialakult, persze eleinte atomi molekuláris méretekben, később a sejtek szintjén. Tehát nem egy helyen keletkezett az élet, amely mindvégig versenyben volt önmagával: ha az egyik helyen befejezte, a másik helyen kialakult életkezdemény a helyébe tudott lépni. Mindegyik életkezdet molekuláira hatottak az „égi energiák", és később maguk is hordozták az univerzális kódot, amely járta a maga útját, és egyre bonyolultabb szerveződések építőtéglái lettek a molekulák és sejtek. Fejlődött tovább, semmisült meg, oldódott fel vagy csatlakozott komolyabb szerveződésekhez. Persze voltak kereszteződések is, és komolyabb akadályokba is ütközhetett a molekula a kódja által. Ilyenkor vagy más úton folytatta az útját (feloldódott más molekulákban), vagy egyszerűen törlődött a programok közül. Végül maga a DNS molekula is kialakult, amely már bonyolultabb kódokat is képes volt dekódolni, így elkezdődhettek a bonyolultabb életszerveződések. Ekkor a mozgás már általános volt az élővilágban: vagy mozgott valami, vagy elpusztult, élelemmé vált. Ez a vastörvény szükségképpen már akkor kialakult.

Ekkor **különíthetjük el a két különböző fejlődési világot**, az állatira, amely fogékony volt a földi idegrendszeri impulzusokra, valamint a már említett növényi világra. Ez fontos volt, hiszen így fejlődhetett tovább az állati világ is, amelyből 2 milliárd év múlva az ember is kiemelkedett. A növények eleinte gyorsabban fejlődtek, hiszen nekik a Nap energiája is elég volt törzsfejlődésük továbbviteléhez. (A közvetlen univerzális kódok mellett persze).

Az állatvilág ezzel szemben nyilvánvalóan bonyolultabb törzsfejlődésen ment keresztül, mert minél bonyolultabb életszerveződések jöttek létre, annál inkább ki voltak téve a földi érzelmi, valamint kozmikus kódok dekódolásának is. Ugyanakkor fontos volt a reprodukció, hogy az evolúció továbbmehessen, ezért vált ketté a két világ már az elején. Ez is a Nap ajándéka volt.

A növény- és állatvilág különválásával együtt azonnal kialakultak különféle baktériumok és vírusok, melyek egyfajta szűrőzónaként, de egyben erősítésképpen azonnal megpróbálták elpusztítani az éppen születő élőlényeket. Ezek is részei voltak az univerzális kódok átadásának, hiszen amely élőlények túlélték, azok attól megerősödtek, és utána jobban tudtak szaporodni. A vírusok és baktériumok állandó változása az éppen formálódó környezethez egyértelmű jele az univerzális tudat jelenlétének, ami egyfajta szűrő funkcióként is szolgál a túlszaporodás ellen. Ez azért említettem itt, mert a baktériumok és a vírusok a legősibb élőlények egyikei. Természetesen már az élet legkorábbi szakaszában ott voltak.

Fontos felismerni, hogy az evolúció az egész törzsfejlődés során folyt: tulajdonképpen minden egyes egyeddel előrébb jutott. Minden egyes egyed genetikai térképe úgy változott, ahogy fölül a tudati fejlődés ezt „előírta" a csillagok között. Hogy **miért így tervezte** Isten (a Legfelsőbb tudat) az **evolúciót**? Hát pont azért, hogy meglegyenek benne ezek a „teremtői" csavarok (univerzális visszacsatolások), hogy nehéz legyen követni, de mégse legyen lehetetlen látó és érző elmék (tudatok) számára. Ugyanakkor természetesen az jó, hogy ez a felismerés nem marad néhány ember titka és holmi rejtett tudások forrása, mert az korrupcióhoz, féltékenységhez, haraghoz és a hatalom akarásához vezet. Ezért fontos az ősi titkok kinyitása, hogy ezzel is előmozdítsuk népek egymás iránti bizalmát és a népek közötti megértést és együttműködést. A másik ok pedig az, hogy valóban kb. 1 milliárd év kellett ahhoz, hogy ennyire bonyolult érzelmi és tudati kódok alapján felépült élőlények, mint az emberek, kialakulhattak. Egyszerűen ennyiszer kellett, hogy a Föld megkerülje a Napot. A Nap pedig ezalatt kb. 38 ezerszer ment körbe a Tejútrendszeren. Ennyi idő kellett, míg az univerzális tudati kódok végül a helyükre kerültek. Nem egy univerzális tudati elemről van szó, hanem milliárdról.

Egyre bonyolultabb szervezetek jöttek létre, már mind különböző érzéssel és tudattal. Igaz, a kezdetleges tudatot még hívhatjuk ösztönnek. Ezeket még nehéz lenne mai tudatunkhoz hasonlítani, a ma élő ember tudatához hasonlítani, de akkor is fontosak voltak az evolúciós lépések és létrafokok megtételében. Minden perc, minden molekula, minden érzés számít. Ráadásul minden regisztrálva is van a világegyetemben, amely így végül egy öngerjesztő és önfenntartó hatalmas tudattá válik. Végül az egész visszakerül, egyesül a Fő Tudattal, ahonnan az egész tulajdonképpen álomjelenségekként indult. És talán kezdődhet minden elölről.

Kezdetleges tudattal rendelkező élőlényeknek nincsen én-tudata, viszont túlélő ösztönei már jelentkeznek abban, hogy táplálékot vesznek magukhoz (ami sok esetben fajtárs is lehet), területet véd és szaporodik. Ezek mind a kezdetleges élet fennmaradásának feltételei. Azonban ne higgyük azt, hogy olyan nagy öldöklő verseny kezdődött az életben maradásért és az élőhelyek birtoklásáért. Azért nem, mert volt elég hely a fajoknak. Természetes módon kialakult egy tápláléklánc, amikor a faj fajtársat is felfalhat, de inkább az volt a jellemző, hogy különböző fajokhoz tartozó egyedekkel tartották föl magukat az egyedek az evolúcióban. A természetes tápláléklánc már akkor kialakult, amikor az állatvilág és növényvilág fejlődése elvált egymástól. A **tudat fejlődése volt**, ami előrébb tolta az evolúciót, és nem a harc, nem a természetes kiválasztódás.

Persze, fontos az egymással való vetélkedés is, de ha csak az döntötte volna el, ki marad életben, és ki pusztul el, sohasem jutottunk volna el az ember megjelenésig. Sohasem azt halljuk a mai geológiában és biológiában, hogy ez vagy az a faj éppen azért pusztult volna ki, mert egy másik faj kiirtotta. (Illetve olyan esetek lehettek, amikor a fajhoz tartozó egyedek versenyeztek, hogy ki ér oda előbb egy lehetséges párzási lehetőséghez vagy élelemhez, ekkor működött a természetes szelekció, de ezt csak fajon belül figyelhetjük meg.) Nem, a régkor állatai, növényei is ösztönösen törekedtek az egyensúlyra. Feleslegesen nem irtották egymást, a kipusztulásoknak más okai voltak, mint azt majd később látni fogjuk. A különböző szervek, láb, úszóhártya, kopoltyú nem az egymással való versenyben nőttek ki, hanem a tudati fejlődés, az univerzális kódok révén. Fontos volt ugyanakkor a Nap létfenntartó hatása. Talán sokszor bele is avatkozhatott az evolúció menetébe egyszerűen csak azáltal, hogy a növényi világot hol engedte burjánzani, hol nem? hol ekkora volt a Föld átlag hőmérséklete, hol akkora, de sosem volt akkora változás, ami az élet kiveszésével fenyegetett volna. A Nap sohasem befolyásolta a tudati evolúcionális fejlődést, mert nem az volt a feladata.

Az univerzum által közvetített kódok pedig beépültek a sejtekbe, génekbe és molekulákba, a DNS-be, így fejlődött a földi tudat és evolúció. Természetesen nagy tudati univerzális változások (pl. szupernóva robbanás vagy galaktikus összeutkozések) is idézhettek elő **törést az evolúcióban**, mint azt később látni fogjuk.

5.4 Spirituális univerzum

Az evolúció végső célja **a tudat kiteljesedése**. A tudati evolúció fejlődéséhez azonban szükség van a fizikai, biológiai és kémiai evolúció megfelelő fejlettségi fokára. Megfelelő tudati állapothoz megfelelő biológiai fejlettség is szükséges. Ez elsősorban az agyra és annak működésére érvényes. Minél fejlettebb az agy, annál fejlettebb, magasabb szintjén vagyunk a biológiai evolúciónak. Ez persze nem testtömegtől függő, hiszen azt embert megelőzően és most is élnek velünk hatalmas termetű, sőt meglehetősen fejlett aggyal rendelkező élőlények is. Az agyfejlődés és annak fejlettsége egyértelműen a tudati univerzum általi kódok dekódolásának köszönhető. Ugyancsak, mint már megfigyeltük, az ezzel járó álmodás-képesség pedig különösen. Az agy fejlettsége hozta el végül az ún. **„én-tudatot"**, amely által emberről beszélhetünk.

Azt is mondhatnánk, azért ilyen fejlett az agyunk, hogy kommunikálni tudjunk a Legfelsőbb tudattal, vagy legalábbis érzékelni, ami a legfontosabb emberi feladat, ha úgy akarjuk tekinteni magunkat, mint „ember". Elismerni emberiességünket. Összességében megállapíthatjuk, hogy a biológiai evolúció az emberi agy kifejlődésével nagyon fontos pontjához érkezett. A **biológiai evolúció** belépett a tudati evolúció fokozatába. Ez azt jelenti, hogy a fő „hadszíntér" most már a tudati „fronton" zajlik. Ez nem jelenti azt, hogy teljesen leállt volna a biológiai evolúció, de csak akkor aktiválódik újra, ha az szükségessé válik. Körülbelül ez történt 65 millió évvel ezelőtt, amikor a dinoszauruszok kihalása után új irányt kellett vennie az evolúciónak, és ez vezetett először az emlősök előretöréséhez, majd később az emberiség kialakulásához. Ilyen agyi fejlettség mellett nem lehetséges egy olyan másik faj (hacsak nem az emberi faj egyik torz változatáról lenne szó) kifejlődése, amely veszélyt jelentene kívülről az emberi fajra.

A **fizikai evolúció** végének azt lehet tekinteni, amikor a Föld és a Nap és a körülvevő Naprendszer olyan pozícióba került, amelyben ma is le lehet írni az ún. fizikai törvények többségét (*Kepler, Newton és Maxwell-törvények*), Mert azok ebben a gravitációs mezőben, ebben a dimenzióban működnek. De tudnunk kell, hogy a világegyetemben már nem érvényesek azok a törvények, amelyeket ők leírtak, *Einsteiné* sem. Ez alatt olyan dolgokat értünk, amikor a Föld végleg beállt a Nap körüli pályájára. Elnyerte a Nap körüli forgás sebességét is, elnyerte a saját tengelye körüli forgási sebességét, valamint a tengely körüli dőlésszöge is többé-kevésbé végleges állapotba került. Ezekkel a momentumokkal teremtődtek meg a földi élet kialakulásának feltételei. Fontos a fizikai evolúció részének tekinteni a Naprendszerben is végbemenő változásokat, a bolygók kialakulását és az őket körülvevő Holdakat. Nagyon fontos, hogy teljes egészében tekintsük az egész Naprendszert, ne csak önző módon a Földet emeljük ki. Minden egyes más égitestnek (univerzális tudati elemnek) ugyanúgy meg van abban a szerepe, hogy a Föld ilyen kitüntetett helyre kerülhetett az univerzumban, hogy életet adhat.

Mindegyik külső bolygó mozgásával védi a Földet. A Jupiter kitéríti a Naprendszer külső részéből érkező üstökösöket, amelyek mozgásukkal veszélyeztethetnék a Földet. Az Uránusznak és Neptunusznak is vannak szűrő funkcióik. Utánuk következik a végtelen űr, de 1992-ben felfedezték a Kuiper-övet, mint egy ugyancsak külső burkát a Naprendszernek. Ugyanakkor természetesen a Kuiper-övből állandóan szállingóznak is be a Naprendszer belseje felé a megmaradt bolygótöredékek, kisebb égitestek. Még ettől is sokkal távolabbra, kb. 1 fényévnyire helyezkedik el az **Oort-felhő**, amely billiónyi kis üstökös-mag hordózója. Az Oort-felhő az igazi utolsó burka Naprendszerünknek, utána már a Tejútrendszer „tejútjai" és más csillagrendszerei következnek, amelyek mozgására az én könyvem szerinti fizikai evolúció már nem terjed ki. Azok már az univerzális tudat evolúció sávjában helyezkednek el.

Mint azt már tudjuk, a Naprendszer kezdeti szakaszában több bolygó is volt, mint a mostani 8 (plusz egy kis törpebolygó). Úgy képzelhetjük el az ősi Naprendszert, mint egy flipper játékot, ahol a bolygók még kialakulatlan pályán mozognak, keresztezik egymás útját, illetve ütközhetnek is. Több együttes bolygó hatására, „összjátéka" kapcsán és külső univerzális erők hatására aztán több bolygó kikerült a rendszerből, más bolygóval egyesülhetett, illetve megsemmisülhetett. Egy ilyen bolygó maradványait hordozhatja a Mars és a Jupiter közötti meteorit öv. Ha bármelyik bolygó nem mostani pályáján mozogna, akkor valószínűleg ma nem lennénk itt, hogy ezt a könyvet olvassuk. A Föld nem létezne mai alakjában. Ennyire fontos a fizikai evolúció és benne Földünk történetének ismerete. Mindennek a helyén kell lenni, lehetnek változások egy bolygó pályájában, de azoknak nagyon fokozatosan kell kialakulniuk. Nem lehet nagy és kirívó változás, hiszen az a Föld pályáját is befolyásolná.

A **kémiai evolúció** mindvégig folyamatos, hiszen ez tör elő belőlünk minden egyes érzés megélésénél. Természetesen vannak olyan érzések, amelyek, úgymond, konstansak, de olyanok is vannak, amelyek mennyei érzések, melyeket nem biztos, hogy ismerünk, illetve megismerésük még odébb van. Érzéseink mindig és mindenkor nagyon erős elektromos mágneses sugárzást továbbítanak az agyba, az pedig tovább az univerzumba, úgy, hogy azt észre se vesszük. Ez is az egyik módja annak, hogy tudatunk végül is az univerzumban újraértelmeződik. Minden egyes harag, félelem, feszültség és szerelem érzésnél is minden megy föl a világegyetembe, ahogy erről már a kezdetektől volt szó. Tudat és érzelem a földi tudatban összeér, ahogy keletkezésünk és evolúciónk ezt le is írja. Összeér az univerzumban is, de ott már teljesen más a mérete és szubsztanciája, mégis a mi elektromágneses lenyomatunk lesz az univerzumban.

Ugyanakkor innentől kezdve, legalábbis e könyv megszületésétől kezdve a fizikai, kémiai és a biológia evolúció is átadja a helyét a **tudati evolúciónak**. Azért, mert ettől a pillanattól már tudunk róluk. A tudati evolúció célja pedig az istenivé válás, ugyanúgy, amint ahogy az már sokaknak megadatott a történelemben, köztük elég egy-kettő nevezetest említeni Imhotep, Buddha és Jézus személyében. De rengetegen mások is tartozhatnak ide: politikusok, feltalálók, sportolók, és egyáltalán minden spirituális és jóakaratú ember.

Az evolúció haladása kapcsán az univerzumban is zajlottak az „események". Mivel az evolúció egy kvázi univerzális „program", ami fut, ezt a programot lehet változtatni a menet közben is. A Fő Tudatból kiáramló tudati és érzelmi energiák hatására a Földhöz kapcsolható és elképzelhető univerzum alakja is mindig változott az evolúció alatt. Nem lehetetlen, hogy az éppen uralkodó vagy domináns species alakjában változott, ilyen értelemben az evolúció tökéletesen követte az univerzális programot, annak defektusait, betegségeit is átvette.

Ilyen értelme van könyvem első fejezeteinek is, miszerint életünk tökéletes és állandó kölcsönhatásban van az univerzummal, annak minden részével és minden pontjával. Ilyen értelemben az anyagi univerzum – ami a tudomány jelen állása szerinti – átalakul tudati, érzelmi, **spirituális univerzummá**, ami tulajdonképpen jelen könyvem legfontosabb üzenete. Ebből már minden levezethető. Az univerzum pontosan olyan, mint mi, hiszen mi is az univerzum tudati kódjaiból épülünk, épültünk fel.

Pontosan az univerzumot is alkotó érzelmi, tudati dolgokból állunk, amelyek minél közelebb vannak hozzánk fizikailag – minél közelebb a valós tudatunkhoz –, az anyagilag is megjelenik előttünk, megjelenhet és belekerül a földi tudat által értelmezhető idősíkokba is. Minél távolabbra esik tudatunkban egy esemény – pl. visszagondolunk arra, hogy milyen lehetett 66 millió évvel ezelőtt a Föld –, úgy az annál inkább az univerzális idő síkjába esik. De ilyen példa lehet egy számunkra elérhetetlen ember gondolatai, érzései. **„A test nem élhet tudat nélkül"** – hallottuk egy filmben, és ez valóban igaz is. Tehát az univerzum egyszerre anyagi és spirituális valójú is. Ez az, amit fel kell ismernünk, és akkor meg tudjuk változtatni a világot, meg tudjuk változtatni a világról alkotott képünket, valamint a minket körbevevő világot is más szemmel tudjuk tekinteni.

A spirituális univerzumhoz természetesen nagymértékben hozzátartoznak érzéseink, amelyek meghatározzák az univerzális tudati mozgásokat, akár kvazár robbanásokat, és végső soron a fekete lyukak iránti „érdeklődésünket" is. Ha belegondolunk a saját életünkbe, szinte az egészségünket befolyásoló módon tudunk „érezni". Rendkívül előnytelenek a negatív gondolatok, eltorzíthatják személyiségünket, és bánthatják egészségünket. Ezek mind negatív elektromágneses sugárzást okozhatnak a világűrben, amelyek végső soron fizikai pusztulásunkat is okozhatják, ezért rendkívül fontos az **egyensúly az érzelmek területén is**. Minden egyes érzelmünk elektromágnesességet indukál testünkben, ami aztán átterjed az agyunkra is, onnan pedig a világűrbe.

5.5 Univerzum hajtotta evolúció

Innentől haladva nagyjából megegyező módon a tudomány jelenlegi állásával a Föld valóban hozzávetőlegesen több mint 4 milliárd éves lehet. Az egyszerűség kedvéért számoljunk kerek 4 milliárd évvel, ami igazából abból adódik, hogy a konkrét keletkezéskor és még utána is több száz millió „évig" a Föld igazából gyorsabban keringett a Nap körül, mint most. Tehát egy „év" kevesebb volt, mint most. A pontos kormeghatározásban segítségünkre lehetnek a radiokarbon meghatározások.

A ma ismert Naprendszer végül a Legfőbb Tudat tudatkvantumaként jött létre protoplanetáris ködből és gázból, kvázi **univerzális álomképekből** több mint 4 milliárd ma ismert évvel ezelőtt.

De ez az időintervallum az univerzumot uraló, kontrolláló Legfőbb Tudat számára egyetlen jelenbeli (ami egyben a múlt és a jövő is) pont. Nincsen más, csak jelen. Végtelen jelen, legalábbis amíg ezt az univerzumot fenntartani és újratermelni képes tudati világ létezik. Ennek az egyik, fő keringési csomópontja a Föld. Egy hármas körforgásban vagyunk. Az univerzum a tudatkvantum révén adja az energiát a Napnak és a Földnek is egyszerre. A Nap élteti a Földet, a Föld pedig elsősorban a földi tudat révén az univerzális anyagot (információt) szaporítja, tágítja és támogatja. Ez egy véget nem érő folyamatnak látszik, a hozzá kapcsolódó forgás pedig nemcsak kör, hanem ellipszis alakú, változó intenzitású és pályájú is lehet.

Így tehát a földi élet nem előzmények nélkül jött létre, és nem történt egy csapásra való „teremtés" sem csak úgy a semmiből, és különösképpen nem úgy hatezer évvel ezelőtt. Az univerzum tudati elemei valójában már sokkal azelőtt tartalmazták a földi élet „térképét" és felépülési tervét. Az élet egyszerre több ponton is elindult a Földön, nem lehetett csak egy helyen, hiszen nem is lehetett garancia arra, hogy az az élet – mint kezdet – akkor és ott túlél. Így nem igaz az az állítás, hogy minden élet egy sejtből származik. Rettentő sok molekula megfelelő összeállásának kellett történnie, mire egy „értelmes" sejt kialakulhatott, de ez végül megtörténhetett az univerzális kódok hatására. Egyszerre több sejt is „nekiindult" az életnek, amelyek a tudatkvantumi hatásokra osztódni, szaporodni kezdtek, de amelyek ütköztek, találkoztak is. Sok időnek kellett eltelnie, mire olyan kezdetleges, többsejtű organizmusok jöttek létre, amelyeket már életnek, a holisztikus élet hordózójának nevezhetünk.

Azonban az élet kialakulásához és még inkább fönntartásához megfelelő földi körülmények is kellettek, amelyek még a fiatal Föld esetében csak korlátozottan fordulhattak elő. Ez először csak a pangó, vizes területekre volt jellemző, utána vándorolt a mélyebb vizekbe az evolúció. Mint már tudjuk, a legeslegelső molekulák kialakulásához még kellettek a vulkanikus kitörések, utána azonban már azok a területek voltak előnyösebbek, ahol kevésbé buzgott a „kénes eső".

Először teljes mivoltában természetesen a sekélyebb és később a mélyebb vizekben jelent meg az élet, már csak azért is, mert az erőteljes vulkanikus tevékenység miatt a korai Föld „levegője" az élet elterjedéséhez alkalmatlan volt. Először a vizeket hódította meg az evolúció, komolyabb életformákat alkotva. Csodaszép pillanatok lehettek. Az élet elterjedésével kapcsolatban kicsit áthallást lehet érezni a tipikus vízjegyű állatövi jegyekkel. Ezek a Rák, Skorpió és Halak. Mindegyik faj első példányai a vizekben alakultak ki. Ezek a jegyek hagyományosan a legérzékenyebbek. Érzik a világegyetem rezdüléseit. Ez áttételesen öröklött karma. A levegő hőmérséklete és összetétele sem volt még megfelelő arra, hogy a szárazföldön elinduljon az élet. Ezen kívül a vízben sokkal könnyebb volt kinyerni kezdetlegesebb szervekkel is az élet továbbfejlődéséhez szükséges oxigént, eleinte mint „tápanyagot". A vulkanizmus ugyanakkor működött a víz alatt is, de mélységük miatt nem szolgálhattak megfelelő terephez ahhoz, hogy egyesüljön az „érzelem és a tudat".

Később, ahogy az ismeretes, a **növényi és állati világ elválása** után az oxigén a fotoszintetizáló baktériumoknak és a növények evolúciójának köszönhetően a szárazföldön is elterjedt, megteremtve annak a lehetőségét, hogy az élet ott is elterjedjen. Ahogy az élet több földi dimenzióban is megjelent, minden egyes molekulára, sejtre, később egyedre és fajra hatottak a fentről érkező „utasítások" és parancsok. Ha úgy tetszik, aközben, hogy egyfajta versenyhelyzetben is találta magát elsősorban ugyanazon fajok többsége. Ugyanakkor ne gondoljuk, hogy már akkor elkezdődött az elképesztő „barbárság" verseny, ami alapján az egyazon fajhoz tartozó egyedek irtják egymást. Már a kezdeti állatvilágban is működött egy fajta „szocializmus", ami azt jelenti, hogy nem feltétlenül törtek egymás szándékos kipusztítására a fajok, az csak akkor következett be, ha ínség miatt valóban nem volt elegendő élelem, ilyenkor értelemszerűen a jobb (és szebb) tulajdonságokkal rendelkező egyedek maradhattak életben, hiszen ez az univerzum törvénye. De ha volt elegendő táplálék, akkor mindenki. (Ez lesz majd a követendő alapelv az emberiség elkövetkezendő korszakában). Az, hogy az élet több helyen is megfogant és elindult a maga útján, a legbiztosabb oka a rendkívüli faji gazdagságnak, ami a Földet már a kezdetektől mindig is jellemezte.

A tudatkvantum elméletének megfelelően ugyanakkor tekinthetjük az evolúció első szakaszait még a Tejútrendszeren belül is a hatalmas ködöknek, csillagbölcsőknek, ki nem alakult formáknak és képződéseknek, nem igazi csillag- és bolygó-kezdeményeződéseknek. Az evolúció korai szakasza várta, hogy milyen kódjelzések érkeznek az univerzumból, milyen irányba induljon el az evolúció. Földi időben mérve sokáig tartott ez a szakasz, a „helyezkedés" szakasza. Ugyanakkor a Tejútrendszer nevű galaxis is formálódóban volt, köszönhetően más galaxisok tudati energiáinak és a saját tudatkvantumjának is. De a nehéz kezdés és formálódás után, amikor már elegendő információ gyűlt össze, a Tejútrendszerben elkezdődött az általános evolúció, amely aztán gyorsan kettévált az állati és növényvilág evolúciójára, megteremtve így annak az esélyét, hogy az élet – amikor a feltételek már adottak lesznek hozzá – el tudjon terjedni a szárazföldön, levegőben is, ne csak a vízben. Minden egyes földi evolúciós lépés tökéletes összhangban volt az univerzális tudatban történtekkel.

Így az univerzális kódoknak megfelelően – amelyek állandóan, minden pillanatban bombázták a Földet – rengeteg, több millió életkezdeménnyel kell számolnunk, így megdől az az elmélet is, hogy a földi élet mind egyazon élőlénytől, illetve sejtből alakult ki. Az érzeti energiák, atomok „élő" molekulákká váltak, amelyek már tudták „fogni" a fenti kódokat. A nagyon sok molekula pedig sejtté, érző és élő sejtté.

A kialakult sejtekben már megvolt a DNS-molekula, így azok további kódok hatására már megfelelően tudtak tovább szaporodni, osztódni. Ugyan később, miután az élet szárba szökött, valóban lehettek elágazási pontok, ahonnan az evolúció már egy bizonyos irányba haladt. De nem minden egy sejtből vagy molekulából, hanem sokszoros információ-áttételen keresztül haladt az evolúció.

Így értelemszerűen **megdől Ádám és Éva legendája**, amelyet felfoghatunk az akkori emberi elme termékének, mítosz- és történetgyártó képességének, és aminek kevesebb köze volt a valósághoz, mint inkább egy elképzelt Isten „sugallatához". Persze mindent a „szülő" kor beágyazottsághoz kell mérni, és ez a történet kb. 3000 évvel ezelőtti környezethez képest igen nagy teljesítmény. Tiszteletreméltó az akkori korokhoz viszonyítva, de nem ma. Így tehát láthatjuk, nem volt olyan „teremtés", mint amilyen a Bibliában meg van írva. Igaz, a Bibliában leírtakat már régóta nem tekinti az emberiség jelentős hányada mérvadónak, de mint vallásos – így egy veszélyes egó fönntartására – hivatkozások, még sokáig használatban lesznek. Az univerzális világnézet, követve Einsteint, a bibliai történeteket mint tiszteletreméltó, de gyerekes – néhol primitív – meséknek, elbeszéléseknek tartja.

A P. Hun elmélete alapján így nem érhet célba Noé bárkája sem, egyáltalán a zsidó, héber hitvilág így a mítoszok birodalmába kerül, azzal a megkötéssel, hogy természetesen sok, az ún. héber Bibliában idézett szereplő valós, de a szerepük egyértelműen eltúlzott, illetve nem annyira nagy ívű, mint az azokban az írásokban szerepel. Az akkori korok szintjén nagyigényű és nagy ívű írásokban sok nem valós szereplő is van, úgy mint Mózes és Noé is. (Bővebben ezekről a gondolatokról könyvem 2. felében, a **Társadalmi megfontolások** című fejezetben találhatók írások).

Azt is tudjuk, mennyire megváltozik egy esemény elbeszélése is – még ha kitalált is, kvázi a tudatkvantum terméke –, ha már több generációs, azaz már több tucat generáción és több ezer ember fantáziáján átment. Nincs ez másképp ma sem, de nem volt ez másképpen régen sem. Tudva lévő, hogy a bibliai történetek változatainak többsége versekben és énekekben a Közel-Kelet ősi társadalmainál eleinte szájról szájra, tábortűzről tábortűzre terjedt. Illetve olyanok is vannak, amelyeket konkrétan már megelőző társadalmaktól vettek át vagy hallottak.

A Bibliával ellentétben minden, a keletkezéssel kapcsolatos adat megvan a Legfőbb Tudatban, kvázi Isten elméjében, ahogy én hívom. A Földön megmaradt nyomokat pedig a geológia segítségével lehet föltárni, de fontos hozzá az ún. univerzális gondolkodás is, hiszen az evolúció történéseit csak így lehet megérteni. Ez a könyv segít ebben.

Hogy a kezdetek után hogyan és miként folyt tovább az evolúció, az a következő fejezet témája lesz.

6 FÖLDTÖRTÉNET, ÉLŐVILÁG FEJLŐDÉSE (EVOLÚCIÓ)

Valóban nagyon érdekes, ahogy a földi élet fejlődött a megfelelő körülmények kialakulásakor. Szeretném, ha könyvem része továbbra sem lenne egyszerűen tudományosan szájbarágó stílusú, ez adja az értékét, hiszen tulajdonképpen egyetlen egyenlet nélkül mindenki számára közérthetően adja elő az univerzum, és benne a Föld történetét.

Ugyanakkor előrebocsátom, hogy könyvem sajátos szemszögből szemléli a földtörténetet, és benne az evolúciót. Sok tekintetben egyedi és eddig nem tárgyalt, a nagyközönség elé nem tárt elmélettel rukkol elő. Lesznek olyan részek, amelyek csak hasonlítanak, de nem egyeznek meg 100%-osan a jelenleg hatályos tudományos állásponttal. Jelen fejezethez a Szabad enciklopédia (Wikipédia) megfelelő szócikkeit, illetve régi jegyzeteimet használtam, mert eredetileg geológus vagyok. A fejezetben megtalálható képek többsége is a Szabad enciklopédiából származik. (Ahol nem, az jelölve van.)

6.1 Prekambrium-proterozoikum

Ha megfelelő sorrendben akarunk menni, akkor a *hadaikumot, az archaikumot* és a *proterozoikumot* együtt **prekambriumnak** (azaz kambrium előtti kornak) nevezzük.

A kambrium előtt közvetlenül az ún. **proterozoikum** foglalt helyet, ami része a prekambriumnak. A megnevezés jelentése: *állati életet megelőző kor*. Ma már tudjuk, hogy az általam vázolt kezdetek – amit az előző részben lehetett olvasni – az archaikumban és a proterozoikumban játszódtak le, amikor a megfelelő molekulák a helyükre kerültek. Cukrok, aminosavak és a DNS kialakulásának ideje ez. Sejtmag nélküli, egyszerű organizmusok alakultak ki, amelyek aztán a proterozoikumban tovább fejlődtek, és valódi organizmusokká alakultak. Tehát nevével ellentétben volt már kezdetleges állati élet a pro-ban. Kb. 1 milliárd évvel ezelőtt kezdődhetett el az univerzális kódok által az állati élet a Földön. A proterozoikum kb. **2500 millió** évtől egészen a kambriumig, kb. **542 millió évig** tartott.

A neoproterozoikumban egyetlen **szuperkontinens** létezett, a **Rodínia**. Kiterjedt epikontinentális sekélytengerek övezték, amelyek jól átvilágított vizeikkel lehetővé tették az élet terjedését. Rodínia, a szuperkontinens miatt pedig minden élettér átjárható és szabadon megközelíthető volt. A proterozoikum vége felé mintegy 750 millió évvel ezelőtt a Rodínia elkezdett feldarabolódni. Az északi kontinenst, a *Protolaurázsiát* a mai Észak-Amerika, Eurázsai és Grönland területei alkották, a déli *Protogondwana* kontinenst Afrika, India, Ausztrália, Dél-Amerika és az Antarktisz területei. Köztük helyezkedett el a Congo kontinentális pajzsa, és mintegy 600 millió évvel ezelőtt a három kontinens egyes elméletek szerint ismét egyesült egy időre a *Pannotia szupekontinensben*.

A proterozoikum első felében alakultak ki a prokariótákból az első sejtmaggal rendelkező élőlények, az eukarióták, először a *cianobaktériumok*, vagy **kékmoszatok**, melyeknek osztódás közben fosszilizálódott maradványai is ismertek. 1,2 milliárd évre tehető a sztromatolitok virágkora. Ne feledjük, most már vastagon a Föld történetében vagyunk, majdnem 3 milliárd évvel a Föld születése után! A proterozoikum elején a légköri **oxigéntartalom** elérte a mai szint 0,01%-át, ami már elég volt ahhoz, hogy az élőlények áttérjenek a légzésre, és ez jelentősen megdobta az evolúció folyamatát.

A proterozoikumban kezdődött meg a **többsejtű állatok**, növények és gombák elterjedése. A pro-ban az élőlények azonban mind szilárd váz nélküliek voltak. A kambriumi átmenetet jelzi a **szilárd váz** megjelenése, ami már nyilván nagyobb védelmet jelentett a külvilág kihívásai ellen. Az élet egyre különbözőbb élőhelyeket is meghódíthatott, és valószínűleg jobban ellen tudott állni a hőmérséklet változásainak. A leggazdagabb leletek az ausztráliai *Ediacara* faunából kerültek elő, amely névadója a proterozoikum utolsó időszakának, az Ediacarának.

A proterozoikum mintegy 2 milliárd évig tartott, ez alatt sokféle kőzetképződés zajlott le. A kőzetképződés és a tektonikai mozgások készítették elő az evolúció következő lépcsőit. Minden egyes esetben a Föld magjából érkező impulzusok hatására „mozdult meg" a Föld, valamint kezdetben fontos volt a Hold gravitációs hatása is, amikor még sokkal közelebb keringett a Földhöz.

3. A képzeletbeli ősi Föld. Közel a pokolhoz, a Föld vulkanikus tevékenysége messze a hadaikum idején volt a legerősebb.

Jellemző kőzetek voltak a **magmás és metamorf** kőzetek. A metamorf kőzetek minden esetben jellemző tektonikai mozgások eredményei. Ugyancsak jellemző kőzetei a kornak a vulkanikus (magmás) kőzetek is, amelyek élénk vulkanikus tevékenységet feltételeznek. Mindkét kőzetfajta igen jelentős bizonyítéka annak, hogy a korai Földön nagyon fontos tektonikai, illetve vulkanikus tevékenységek zajlottak, amelyek **jelentős univerzális érzelmi mozgásokat dekódolnak**.

Az sem mellékes, hogy az egész földtörténeti koron keresztül jellemzők a **kontinensek vándorlásai.** A kontinensek vándorlásai a Föld magjából származó, majd meg pedig a köpenyen keresztül áttörő univerzális érzések visszatükröződései az evolúcióban. Ezek iránya és sebessége is függ a Föld magjából származó mágnesesség erejétől, valamint a Föld rezgési frekvenciájától. Érdekes, hogy változik a Föld mágneses pólusa is időről időre. Ennek végigkövetése nem könyvem

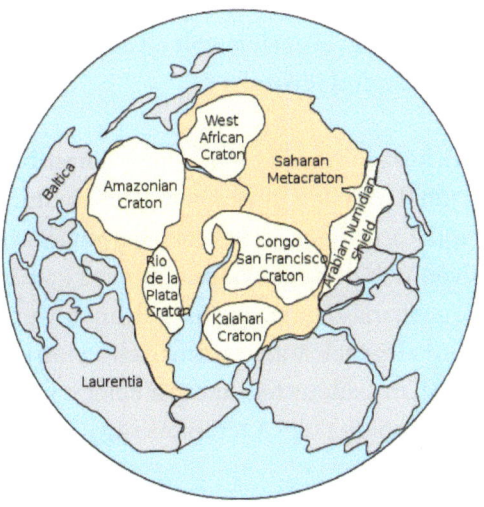

4. A Föld a proterozoikumban, az állati élet megindulásakor.

feladata (nem akar annyira tudományosnak látszani), de az biztos, hogy ez a jelenség időről időre „vonzotta" a kontinenseket, ezzel is alakítva az evolúciót.

A **proterozoikum** végén már megjelentek az eukariótákon, a valódi sejtmaggal rendelkező élőlényeken belül a protiszták a *gyökérlábúak* és a *sugárállatkák*, a gombák, a növények (zöldmoszatok) és az állatok első képviselői is, az űrbelűek, a pörgekarúak és az **ízeltlábúak**. Ezek mind az univerzumból származó mozgások és kódok eredményei voltak. Közben csillagok, kezdetleges égitestek születtek, majd semmisültek meg, ugyancsak kezdetleges fekete lyukakban, de a körforgás elkezdődött.

A leggazdagabb leletek a már említett az ausztráliai Ediacara-dombságból kerültek elő, amely névadója a proterozoikum utolsó időszakának, az ediakarának, illetve annak faunájának, az ediakara-biótának. Az *ediakara bióta* megjelenése **a 635–542 millió** évvel ezelőtt volt a **többsejtű élőlények** evolúciójának kezdeti időszaka.

A P. Hunnak köszönhetően tudjuk, hogy a **kambriumi robbanás** igazából annak a folyamatnak az eredménye, amelyet már taglaltunk, hogy az élet több helyen is útnak indult, és valamilyen fejlődési fokozatot el is ért a kambriumra. A kambriumi robbanás nem más, mint olyan univerzális tudati kódok tömkelegének átadása, amelyek az univerzum kezdeti szakaszában születettek, aztán a Földön kb. félmilliárd évvel ezelőtt csapódtak le. A teremtés vagy a tudatkvantum továbbhullámzásai.

6.1.1 *Egy univerzális év*

Mielőtt továbblépnénk a paleozoikum nevezetű korra, egy kicsit azért időzzünk el azon, hogy konkrétan hogy is zajlik le az evolúció, mi történik, ha azt mondjuk, evolúció. Hogyan kell képzelni, milyen folyamatok zajlanak le?

Az történik, hogy a DNS egy picit megváltozik, a felülről jövő információ (kód) hat rá, és a molekulák másfajta elrendeződést vesznek, másfajta információt közvetítenek, amely aztán közvetítődik – ha van – a kezdetleges idegrendszer és az agy felé. Ekkor még nem volt agy vagy kezdetleges idegrendszer. Ez az információ az osztódás után öltött testet, egész egyszerűen máshogy nézett ki az állat. Amiről „ő" persze nem tudott. Hogy alakul ki egy sejtből egy szivacs? Egyértelműen ezen kódok alapján, amelyek minden osztódáskor a kívánt alakzatba és más funkciók elvégzésére tették alkalmassá azt, aki ezen az evolúciós „beavatkozáson" átesett.

Az evolúció folyamán végig figyelembe kell vennünk azt is, miféle univerzális kódok érhették a Földet és benne az éppen alakuló állatvilágot, és persze növényvilágot is. Olyan kódok, amelyek messzi galaxisokból érkeztek, de a Tejútrendszeren keresztül épültek be, illetve hatottak a Földre. Ehhez tudnunk kell, hogy a Naprendszer a Tejútrendszer központját **kb. 26.000 év** alatt kerüli meg. Ezt az egyiptomiak is már **1 „galaktikus" vagy univerzális évnek** tekintették, igaz, teljes terjedelmében meg nem élhették. Ilyen ciklusokban folyt az evolúció, amely aztán persze már függött az éppen aktuális földi viszonyoktól, a légkör összetételétől, levegő mennyiségétől, valamint a mindenkori hőmérséklettől is, ami tisztán a Naptól függött. Tehát amíg a Naprendszer egyszer körbefordult, különféle univerzális hatások érték az éppen virulens állat- és növényvilágot. Emberekről ekkor még nem beszélhetünk. Eközben természetesen a fent lévő csillagok, csillagrendszerek is változtak, kb. úgy, amikor mi is már másmilyen alakzatban látnánk fönt az égen a mostani csillagképeket úgy százezer év múlva. De ezt az időintervallumot már ott fönn fogjuk megélni. Akkor, amikor mi is részei leszünk az ott fönt lévő világnak.

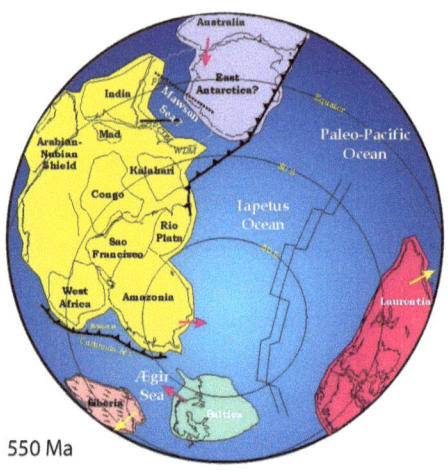

5. A felső proterozoikum térképe[5].

6.2 Paleozoikum

6.2.1 Kambrium, ordovícium

A **kambrium (542–488 millió évvel ezelőtt)** mindenképpen olyan élőlények kialakulásának korszaka, amelyek az adott körülmények között uralni tudták az élőtereket, a kezdetleges szárazföldet és a vizeket, pangó vizes területeket, valamint a tengereket. A kambrium az első olyan földtörténeti időszak, amelyből a tengeri szivacsoknál és medú-

---

5 Forrás: A szabad enciklopédia: Proterozoikum

záknál bonyolultabb többsejtű élőlények fosszíliái maradtak fenn. Az eddigi bizonyítékok szerint a kambriumban mintegy 50 élőlénytörzs jelent meg úgy, hogy az elődeikről szinte semmit sem tudtunk idáig. Egészen idáig, könyvem elmélete szerint, rejtett univerzális kódoknak és az éghajlatváltozásnak köszönhető, hogy olyan új életformák jelentek meg, amelyeknek nem volt nyoma azelőtt. Nyilvánvaló, egyértelmű útmutatás, kódok alapján élőlények újabb hada jelent meg az élet színpadán. Hogy hogyan, az fentebb láthattuk.

Az organizmusoknak ezt a földtörténeti mértékkel gyors kirajzását nevezzük **kambriumi robbanásnak**. A kambriumi időszakot és az egész paleozoikumi időszakot akkortól számítjuk, amikor megjelentek az első szilárd vázzal rendelkező állatok. A mészváz kialakulást segíthette, hogy a proterozoikum nagy jégkorszakát követően felmelegedett a klíma, és ezáltal is védve voltak bizonyos élettani hatásoktól. A nagy kambriumi üledékhézagot követően földtörténeti értelemben rövid, alig 20 millió év alatt megjelentek szinte valamennyi ma élő törzs elődei, sok mára kihalt élőlénnyel, amelyeknek viszonya más csoportokkal tisztázatlan.

Ez a tudomány mai állása, de a P. Hun alapján tudjuk, hogy viszonyuk nem tisztázatlan, csak mivel sok helyen kezdődött meg az élet és különböző időpontokban, ez a magyarázata annak, hogy vannak olyan fajok, amelyek később alakultak ki. Fontos, hogy a különböző univerzális kódok a törzsfejlődés különböző és későbbi szakaszaiban keveredhettek is, és így más és más fajok kialakulásához vezettek, de lényegében ugyanabból a törzsből. Látszólag nincs összeköttetés más fajokkal, de nem is kell, hogy legyen. Összeköttetés a legmélyebb rétegekben van, a DNS-molekulákban. Fajok a klimatikus és tektonikai viszonyok változása miatt is találkozhattak, és ilyenkor az a faj volt a sikeresebb, amelyik jobban tudott alkalmazkodni az akkori körülményekhez, valamint elképzelhető volt a fajok kereszteződése is.

Hogyan alakul ki egy fajból egy másik? Ez az evolúció kezdeti szakaszában még nem játszott akkora szerepet, mert volt akkora kezdő löket, hogy viszonylag rövid időn belül fajok ezrei alakultak ki, amelyek univerzális kódjai már a proteozoikumban itt voltak a Földön, de csak a kambriumban lettek olyan feltételek a Földön, hogy aktivizálódni tudtak. A sok ezer faj közül ugyan nem mindegyik élt meg komoly földi pályafutást. Ennek oka vagy az univerzális kódok áramlásának megszűnése, vagy pedig az, hogy életterük valóban megváltozott, és kiszorultak a főáramból. Más fajok szorították ki őket, vagy pedig továbbalakultak a környezet változásainak megfelelően, és aztán ők szorítottak ki más fajokat.

Az első és legfontosabb, amit erről tudni kell, az átmenet-nélküliség. Úgy, hogy egy faj „átalakult" egy másikba, úgy hogy arról nem „tudott", hiszen nem volt a mai értelemben tudata, csak ösztönei. Ugyanakkor fent mindenről „tudtak". Tudatosan változtatták akár egy szerv vagy akár az egész genom biológiai térképét, úgy, hogy átmeneti formák nem maradtak fönn, hiszen egy fajból földtörténeti mércével nézve szinte egyből egy új faj született. Ezzel párhuzamosan az univerzum fekete lyukai természetesen továbbra is bőszen dolgoztak, de a fekete lyukak tudati fejlettsége is az univerzuméval függ össze, így a fekete lyukak tudat-transzformációs képessége is csak fokozatosan változott. Ekkor, amikor valójában arról beszélünk, hogy az egyik faj kihalt, és helyére egy másik érkezett a semmiből, arról van szó, hogy nem kihalás történt, hanem átváltozás. Persze voltak igazi kihalások is, de azok általában az univerzumban történt változásokra és változtatásokra vezethetők vissza, túl nagy dózisban érkeztek bizonyos kódok, elektromágneses és ultraibolya sugárzások, amelyek aztán a fajok pusztulását okozták.

A legismertebb, legelterjedtebb kambriumi állatok a **háromkaréjú ősrákok voltak (trilobiták)**. A szárazföldön is mozgó állatok első bizonyítékai közé tartoznak az ízeltlábú és puhatestű lábnyomok. Ezek a nyomok egyértelműen arra utalnak, hogy a szárazföldre az első élőlények a sekélyebb vizekből érkeztek, sőt, maguk a pangóvizes területek alakulhattak át kvázi szárazfölddé, ez okozta az ízeltlábúak szárazföldre kerülését. Fejletlenebbek voltak, mint a később és sokkal mélyebbről érkező kétéltűek és hüllők. A kambrium növényvilágára a **zöldmoszatok** fejlődésnek indulása a jellemző. Szárazföldi növényzetről ekkor még nem beszélhetünk, bár a szárazföldön már mintegy kb. 700 millió évvel ezelőtt megjelenhetett az egyszerű növényi élet. Az egyszerű gombák pedig még korábban, kb. egymilliárd évvel ezelőtt jelentek meg a Földön. A szárazföldek azonban még nem voltak élhetők, sivárok voltak, sivatagosak vagy agyagosak.

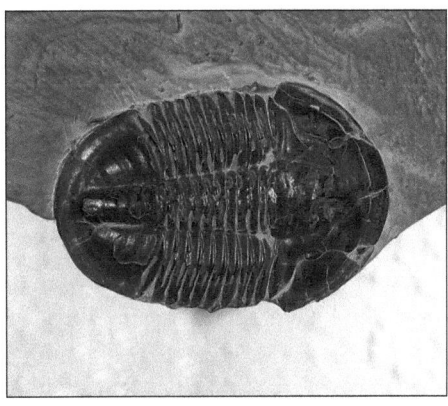

6. Trilobita fosszilia (Kambrium, Utah, Millard).

A kambriumban a kontinensek teljesen máshogy helyezkedtek el, mint ma. Valószínűleg négy nagyobb földrész létezett. Az **északi féltekén** Laurencia, Fennoszarmácia és Angara. A **délin** pedig a nagy Gondwana kontinens, a mai Dél-Amerika, Afrika, India, Ausztrália és Antarktisz együttese. A viszonylag nyugodt időszakban az ősföldek alacsonyabb részein vastag üledékösszletek rakódtak le. Az alul lévő kép a Föld kambriumi állapotát mutatja.

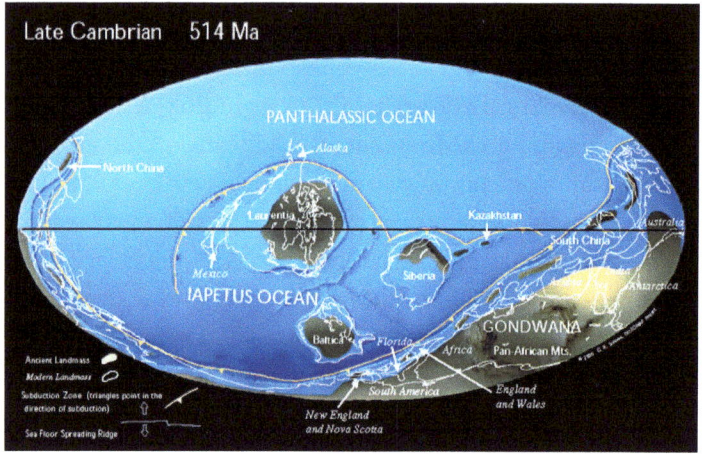

7. Föld a késő Kambriumban.

Az **ordovícium (488–443 millió évvel ezelőtt)** földtörténeti korszakot a kambrium-ordovícium kihalási esemény jelzi 488 millió évvel ezelőtt. Az ordovícium korszak kb. 43 millió évig tartott és 443 millió évvel ezelőtt fejeződött be. Az ordovíciumban jellemzően magas volt a tengerek szintje. Ez egyértelműen kedvezett a tengeri fajok evolúciójának, hiszen az élet ekkor még csak vizekben létezett, és csak kevéssé a szárazföldeken. Az ordovíciumban a déli szárazföldek egyetlen nagy kontinensben, a **Gondwanában** egyesültek.

Ezek az események mind egyértelműen a Föld érzelmi állapotának változására utalnak, valamint a Hold még igen erős behatására. Az ordovícium végére a Gondwana nagyrészt elérte a déli sarkot és eljegesedett. Az ordovíciumi kőzetek jellemzően üledékes kőzetek voltak, sok volt köztük a mészkő. Viszonylag kicsi lehetett az eróziónak kitett szárazföldi terület.

Bár ez kevésbé ismert, mint a kambriumi robbanás, de az ordovíciumra is az élőlények erőteljes radiációja volt jellemző. A tengeri nemzetségek száma a négyszeresére emelkedett. A kambrium élővilágát olyan élőlények követték, amelyek a trilobitákat kiszorították a szárazföldi alapzatú élőhelyekről, mint például: *fejlábúak, tengeri liliomok*. A kambriumhoz képest jelentősen diverzifikálódtak a **mészpáncélos** organizmusok.

8. Ordovíciumi tengeri állatok.

Az ordovíciumban jelentek meg először az első tengeri moszatok és korallmezők (egyedülálló korallok már a kambriumban is léteztek). A kambriumban megjelent puhatestűek elterjedtek és nagy változatosságot nyertek az ordovíciumban, különösen a kagylók, a csigák és a csigaházas polipok. Sokáig azt gondolták, hogy az első gerincesek, az **állkapocs nélküli halak** szintén az ordovíciumban jelentek meg, de Kínában az utóbbi időkben olyan leleteket találtak, amelyek szerint ezek már a kambriumtól jelen voltak. Az első állkapcsos hal azonban csak a késő ordovíciumban jelent meg. Az ordovíciumi óceánok megszokott lakói, a *graptoliták*, kihaltak.

A *zöldmoszatok* az ordovíciumban, illetve már korábban a késő kambriumban elterjedtek voltak. Az első szárazföldi növények, a májmohákhoz hasonló, **nem edényes növények** voltak. Szárazföldi növények fosszilis spórái már a késő ordovíciumi rétegekből előkerültek. Az első szárazföldi gombák is az ordovícimban jelentek meg. Fontos volt az a szerepük, amellyel hozzásegítették a növényi sejteket ásványi tápanyagok felvételére. Az ordovícum végét végül egy hatalmas kihalási esemény jelzi, amely eltörölte a tengeri nemzetségek 60%-át.

A kihalásnak rengeteg oka lehet, pl. a hőmérséklet változása, de akkor lennének erre utaló rétegnyomok, jelek. Az okot a P. Hun szerint az univerzumban kell keresni, ami lehetett egy hatalmas szupernóva-robbanás szokatlanul erős gamma sugárzással, ami aztán hatással lehetett a Föld akkori életvilágára. Akkor még nem volt olyan védőrendszere a Földnek, tekintve, hogy nem volt olyan kifejlett ózonréteg. Az majd később, a szárazföldi lét kialakulásával párhuzamosan izmosodik meg, hiszen akkor már olyan komplex élőlényeket kellett esetleges káros sugárzásoktól megvédeni, mint a kétéltűek vagy hüllők. Az ordovícium végén az univerzum olyan ultraibolya sugárzásnak teszi ki az akkori élővilágot, amelyben leginkább csak a tengerek mélyén megbúvó fajoknak volt esélyük a túlélésre. A kihalások a tudatkvantum negatív hatásai, ez is a rendszer része. Valószínű ez történhetett az ordovícium-szilur időszak határán.

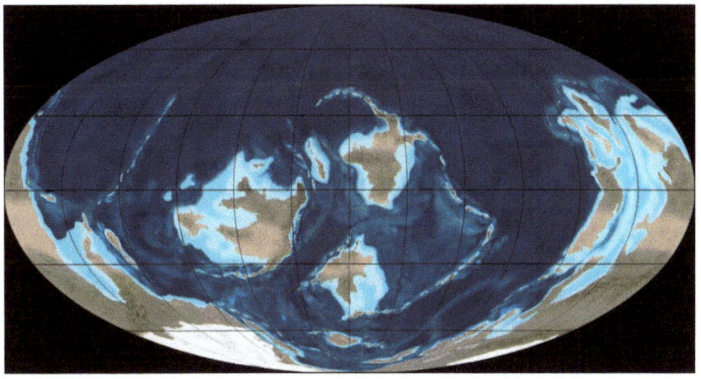

9. Középső-ordovíciumi ősföldrajzi térkép, 470 millió évvel ezelőtt.

Az ordovíciumtól kezdve kell figyelemmel kísérnünk a szárazföldi (elsősorban növényi) világ és a tengeri élővilág egymás mellett élését. Egy nagyobb kihalási esemény után az evolúciónak onnan kell újra indulnia, ahol az abbamaradt, abból a populációból kell dolgoznia, amely „megmaradt". Az evolúció teljes újra indulására nincs esély. De van esély olyan eddig rejtett információk napvilágra kerülésére, amelyek addig rejtve voltak.

6.2.2 *Szilur, Devon*

A **szilur** (447–416 millió évvel ezelőtt) kezdete ahhoz a nagy kihalási eseményhez köthető, amikor a tengeri fajok 60%-a eltűnt. Természetesen jó tudni, hogy ezek az időszaki behatárolások a valóságban nem ilyen élesen tűntek fel. Sőt, így tulajdonképpen csak kb. 150 éve léteznek a **tudatunkban**. A valóságban nem volt határ, azonban voltak és mindig vannak életjelenségek, amelyek nagyobb mozgásokat jelöltek. Ilyen értelemben utalnak az univerzum tudati mozgásaira is. Ugyanúgy, mint egy ország vagy egy nemzet történetét leginkább az „uralkodó" uralkodási idejéhez kötik, vagy egy új dinasztia megjelenéséhez. Ilyen értelemben természetesen volt „szilur", de az akkor élő élőlények nem „tudták", hogy ők a szilurban éltek. Hiszen ha tudták volna, valószínűleg másnak nevezték volna el. Egy csodálatos világ lehetett, az akkori világ közepén.

10. Szilur végi ősföldrajzi tájkép.

A szilur folyamán a Gondwana folytatta lassú vándorlását dél felé, de bizonyítékok vannak arra is, hogy a sziluri jégsapkák kevésbé voltak elterjedtek, mint a késő ordovícium idején. Egyéb kontinentális részek és egyéb töredékek vándoroltak együtt az egyenlítő közelében. Megkezdték a második szuperkontinens, az Euramerika létrehozását.

A Panthalassza, a hatalmas óceán borította az északi félteke nagy részét. Egyéb kisebb óceánok voltak, mint pl. a *Proto-Thetys, Paleo-Thetys,* és az újonnan kialakult *Ural* óceán. Mindezek a dolgok olyan régen történtek, hogy mostanra már csak az akkori korokból kőzetrétegekben elrejtett információkból tudunk következtetni az eseményekre. De a mindenható, vagyis a Legfőbb Tudat mindig hagy elegendő jelet, hogy tudjuk követni útját a csillagok közé. A csillagok közé mind fizikai, mind spirituális értelemben. Ez a földi élet lényege, hogy ugyanazt megismerve, de egy magasabb tudati dimenzióba kerüljünk. Az idő horizontális járta után, azt vertikálisan is megtegyük. Ugyanakkor a tudat nem állhat meg egy helyben. Terjeszkedése végtelen. Ez az oka az állandó földi és univerzális mozgásoknak. Mint azt már tudjuk, az evolúció az univerzum tudati fejlődésében rejlik. Minden egyes változatnak, minden egyes mozzanatnak, minden egyes rezdülésnek megvan a fönti megfelelője is. Az, hogy az evolúcióról, mint olyanról egyáltalán „tudunk", azt jelenti, hogy a tudat kvantálása elérkezett hozzánk, az univerzum bennünk magát látja, ha úgy tetszik, a Fő Tudat, de hogy erre maguk is rájöjjenek, keveseknek adatik meg. A cél éppen az, hogy e könyv által minél többen döbbenjenek vagy jöjjenek erre rá.

A **szilurban** általában felmelegedett és stabilizálódott éghajlat a jellemző. A magas tengerszintek és meleg sekély tengerek kellemes környezetet nyújtottak a tengeri élővilág számára. Elsőként jelennek meg a korallzátonyok és az első *csontos halak*. A halak számottevő változatosságot értek el. Változatos tengeri skorpió fajok – némelyikük több méter hosszú – vadásztak a sekély sziluri tengerekben. *Patkórákok és piócák* szintén megjelentek a szilur folyamán. *Brachiopodák, puhatestű állatok és trilobiták* nagy számban és változatos formákban éltek. A százlábúak voltak az **első igazi szárazföldi állatok**, melyek szintén óriásira nőttek. A modern pókok és százlábúak rokonait az 1990-es években fedezték fel.

Az **első szövetes (edényes) növények** ekkor jelentek meg. Ezek a táplálékszállítására való szövetekkel is rendelkező növények már a szárazföldre is kiléptek, miután ezt lehetővé tette, hogy a légkör oxigéntartalma elérte a mai légkör egytizedét.

A szilur végén egy **kisebb kihalási esemény** következett be, amelynek a graptoliták is áldozatul estek. Ez a kihalás is minden bizonnyal kozmikus okokra vezethető vissza, legalábbis a P. Hun alapján. Kvazárok, óriáscsillagok szétrobbanására. Olyan csillagok és kvazárok szétrobbanása következett be, amelyek univerzális tudati ideje lejárt, illetve hatalmas anyagi tölteteik voltak, belső kohéziójuk nem volt akkora, amely egyben tarthatta volna őket, így kiléptek a tudati univerzumból és megsemmisültek. Fölrobbant darabjai végül mind fekete lyukakban hasznosultak tovább, amelyek új tudati világnak adtak teret.

A szilur időszakot a **devon** időszak követi **416–360 millió évvel** ezelőtt. A devon már a totális hódítás időszaka. A devon időszak fejleménye, hogy bizonyos halak leszármazottai meghódították a szárazföldi élőhelyeket. Tehát az evolúcióban a **szárazföldre való kilépés** a devonban megtörtént. De ezt nem úgy kell elképzelni, hogy a halak különféle osztálya lábakat „növesztett" és fokozatosan „kiballagtak" a szárazföldre.

Nem, itt jön be a Hold utolsó, de egyben legnagyobb teljesítménye, az evolúció szárazföldre "dobása", ami úgy kb. 40 millió éves folyamat eredménye volt, tehát a devon majdnem teljes időszaka alatt tartott. A Hold még elég erős gravitációs hatása az ár-apály jelenségnek megfelelően szabályszerűen "kidobott" különféle egyedeket a parti homokos sávokra, illetve akár a száraz partra. Az első próbálkozások még nyilvánvalóan elbuktak, de ahogy a tektonika is egyre jobb körülményeket biztosított, egyre biztonságosabb helyre érkeztek az első "mászó és légző halak", magyarán a kétéltűek elődei. Egyre nagyobb számban érkeztek a szárazföldre, és végül kialakultak olyan fajok, amelyek már nem tértek vissza. Így kialakultak az első kétéltűek, megteremve az utat a végül elképesztő és csodálatos szárazföldi evolúciónak, bennük később az emlősöknek és az embernek.

Ezzel párhuzamosan a tüdő is átalakult levegő belélegzésére, a kopoltyúik fokozatosan elhaltak, eltűntek. A kétéltűek a halak leszármazottai, ezt a mai fajoknál is megfigyelhetjük, hiszen törzsfejlődésük korai szakaszában halakra emlékeztetnek, és vízben való életre specializálódtak.

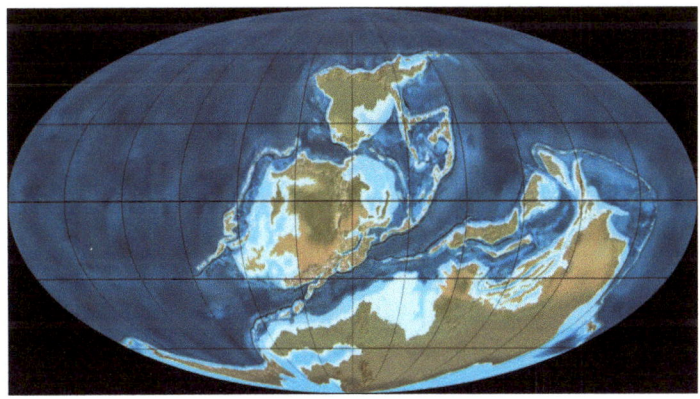

11. Késő devon ősföldrajzi térkép, 370 millió évvel ezelőtt.

A szárazföldön ezáltal a tudati fejlődés új dimenziói nyíltak meg, mint ahogy az később világossá válik. Talán a csillagok hatása volt közvetlenebb, de nyersebb is egyben.

Az univerzális kódok is működtek természetesen a szárazföldre kilépés kapcsán, nemcsak a Hold gravitációs hatása. Az élet egész egyszerűen a nagyon zord körülmények miatt sem alakulhatott ki először a szárazföldön, az elsődleges hely minden szempontból a víz volt. Azonban a víz csak korlátozott teret tudott nyújtani az életnek. A szárazföldre való kilépés egyértelműen a legnagyobb evolúciós lépés volt. Ez az univerzális tudati fejlődés földi leképeződése is volt.

A szárazföldön általában jellemző, hogy méretben is nagyobb lehetőség mutatkozott az egyedfejlődésre, valamint az uszonyokból kifejlődő igen erős végtagok általi mozgás is komolyabb erőkifejtésre ösztökéli a fajokat. Valóban, a szárazföldre való kilépéssel élesebbé vált a verseny bizonyos fajok között, de mint azt már láttuk, kritikussá saját fajon belül akkor vált, amikor élelemhiány lépett föl. A szárazföldre való kilépés feltételei adottak voltak, már a növények által termelt oxigénszint, valamint maguk a növények is biztos alapot teremtettek a szárazföldi állati élővilág erősödésének. A szárazföldre való kilépés hatalmas univerzális tágulást is jelentett egyben. Az univerzum alakja is megváltozott. Ez korrelál az indiai filozófiából is ismert világegyetem tágulásával és öszszeszűkülésével. Én az evolúcióval hozom összefüggésbe, de a hasonlóság létezik.

A devonban már elterjedtek voltak a szilurban elsőként kijött szárazföldi élőlények, az **ízeltlábúak**, hatalmas rovar- és pókfajta gazdagság jellemezte akkoriban a parti és belső szárazföldi területeteket. A kétéltűek még kezdeti fázisban voltak a devonban, majd csak a permben érik el evolúciós csúcspontjukat. A devonban jöttek létre az első fás szárú szárazföldi növények, ami lehetővé tette, hogy a növények nagyobb méretet érjenek el.

Elterjedtek az **első nyitvatermők,** hatalmas erdőket alkotva. Az időszak végén élt őspáfrányok már nagyon sok közös vonást mutattak a modern fákkal. Megjelentek a korpafüvek, zsurlók és páfrányok kezdetleges képviselői. Az ősharasztok az időszak végére kihaltak.

Az óceánokban a halak is diverzifikálódtak. A korábbinál jóval nagyobb számban jelentek meg a primitív cápák, és elterjedtek a *bojtos úszós halak* és a *csontos halak*. A devon a halak korszaka, körülbelül úgy, mint a Jura a dinoszauruszoké. Megjelentek az első ammonitesz puhatestűek, a trilobiták és a puhatestű brachiopodák, és általánosak voltak a nagy korallmezők. A devon végén komolyabb kihalási esemény történt, amelynek okai között lehet a hőmérsékletváltozás vagy egy bizonyos vírus is felüthette a fejét, de a legvalószínűbb, amelyben e könyv hisz, annak kozmikus okai voltak. Olyan univerzális elemek tulajdonságai változtak meg vagy pedig robbantak fel, tűntek el, amelyek a devon korabeli evolúcióért felelősek voltak. Ilyen univerzális események bekövetkezte a legvalószínűbb.

6.2.3 Karbon, Perm

A **karbon** földtörténeti időszak hossza mintegy hatvan millió év volt, **359 millió évvel** ezelőtt kezdődött, és kb. **299 millió évvel** ezelőtt fejeződött be. A karbon közepén ismét csökkent a tengerek szintje, ami a tengeri fajok jelentős csökkenését idézte elő, ami főleg az ammoniteszeket és a tengeri liliomokat érintette súlyosan.

A karbon az aktív hegységképződés időszaka is volt. Ekkor jött létre a **Pangea szuperkontinens**, párhuzamosan a variszkuszi orogénnel, amely alatt hegységképződési fázist értünk. A déli szuperkontinens, Gondwana, beleütközött Észak Amerika-Európába (Laurázsia), Észak Amerika jelenlegi partvonala mentén. A karbon idején két fő óceán létezett: a Panthalassza és a karboni Pangea öbölbeli Paleo-Tethys.

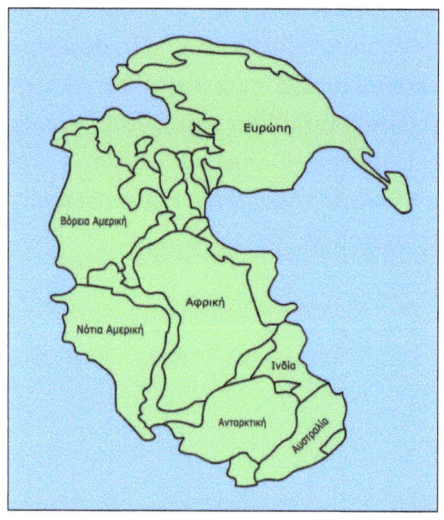

12. A Pangeát körbeölelő óceán, a Panthalassza alul.

A karbon jelentős részében különösen az északi félteke területein trópusi viszonyok uralkodtak. Az északi és a déli félteke között azonban jelentős éghajlati különbség lehetett. A karbon legvégén azzal egy időben, ahogy az északi szárazföldeken szárazabb melegebb éghajlat kezdett kialakulni, és a kőszénképződés is csökkent, a déli féltekén több helyen eljegesedés mutatkozott. A karbon idején keletkezett a Föld teljes **kőszénkészletének** mintegy fele. A párás, gyakran mocsári környezetben hatalmas, 30 méteres magasságot is elérő erdőket alkottak a korpafüvek, zsurlók, páfrányok és magvas páfrányok. A növényi evolúció hatalmas fénykorát élte.

A karbon idején kőzetképzően nagy mennyiségben éltek a vizekben az egysejtű foraminiferák. Jelentősen elterjedtek a *pörgekarúak* és a *tengeri liliomok*. A szárazföldön megjelentek a **hüllők (reptilia),** az ízeltlábúak egyes csoportjai pedig megtanultak repülni.

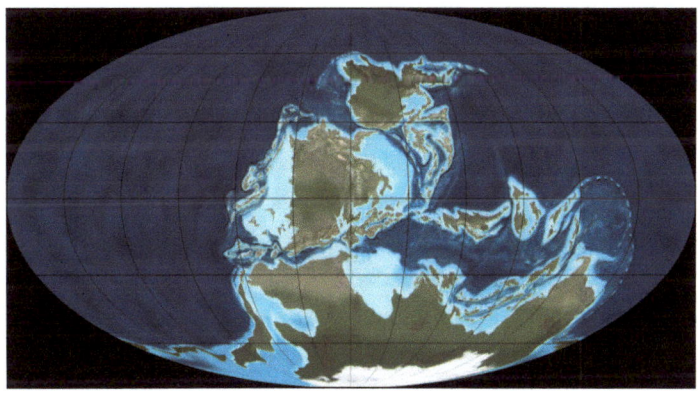

13. A karbon végén kiterjedt eljegesedés kezdődött Gondwana szárazulat déli pólus körüli területein.

A **perm** földtörténeti időszak **299 millió évvel** ezelőtt kezdődött és kb. **251 millió évvel** ezelőtt végződött. A perm után a mezozoikum triász korszaka következett. A karbon és a perm határán történt a paleozoikum két nagy eljegesedési hulláma közül az egyik (a másik az ordovícium végén), amikor a déli pólus környékén, a Gondwana őskontinens részein vastag jégtakaró fejlődött.

A permből származó tengeri üledék puhatestűek, tüskésbőrűek és pörgekarúak fosszíliáiban gazdag. A perm végére a trilobiták és számos tengeri élőlénycsoport kihalt.

A Pangea belső vidékeit hatalmas sivatag borította. A perm idején keletkezett sziklát gyakran festik meg vörös vas-oxid rétegek, hiszen óriási, vegetációval nem védett területek voltak kitéve erős napsugárzásnak. Sok korábbi növény- és állatfajta a megváltozott környezet miatt kihalt.

A késő karbon idején a perm időszak jelentős részében a csótányok primitív rokonai voltak messze a legsikeresebbek a rovarok között. Az ekkori rovarok 90%-a volt csótányszerű. Hat gyors lábuk, jó szemeik, jól fejlett érzékelő csápjaik, mindenevő emésztőrendszerük, kitin páncéljuk, hatékony szájszerveik jelentős előnyöket biztosítottak számukra más növényevő állatokkal szemben. Óriás szitakötők voltak a domináns légi ragadozók, és valószínűleg a földi rovarvilág csúcsragadozói is. Őseik, akiktől a legidősebb szárnyas fosszíliák származnak, már a devon időszakban megjelentek, már a késő karbon idejére felvettek sok modern vonást, és talán még apró gerincesekre is vadásztak (egyes fajok szárnyfesztávolsága elérte a 73 cm-t). Több fontos rovarcsoport a perm idejére jelent meg, mint a bogarak és a legyek.

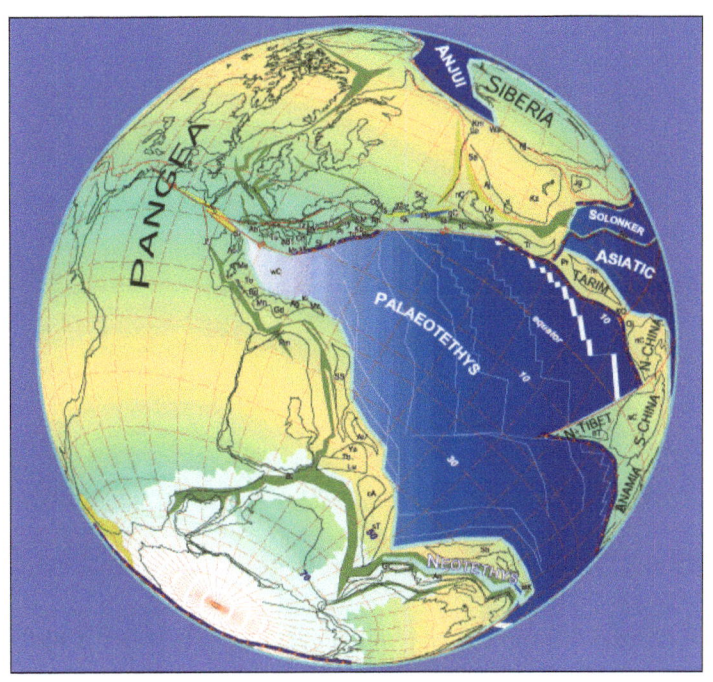

14. Permi világtérkép.

A kora perm szárazföldi faunájában a pelycosaurosok és a **kétéltűek** voltak az uralkodók, a középső perm idején a primitív *therapsidák*, az emlősök ősei. A perm legvégén jelennek meg az első *archeosaurusok*, amelyekből a triászban kifejlődnek majd a dinoszauruszok. A perm végén jelentek meg az első *cynodonták*, amelyekből a triászban kialakulnak az **emlősök**. A perm idején jelentek meg az első nagy szárazföldi növényevők és ragadozók. Nagy számban terjedtek el az anapsidák (magzatburkos hüllők) és kisebb gyíkszerű csoportjaik. Elterjedtek a négylábú hüllők a *Diapsidák* (a madarak, krokodilok, gyíkok, kígyók és a legtöbb ma élő hüllő ősei). Ugyanakkor virágzott az *emlősszerűek* csoportja, köztük olyan nagytestű hüllők, mint például a Dimetrodon. Egy hasonló, rekonstruált hüllő látható alul.

139

15. Perm kori hüllő.

A szárazföldi növényvilágban a perm egyértelműen a **nyitvatermők** uralomra jutásának időszaka. A perm végére gyökeresen átalakult a növényvilág képe. A karbonra jellemző csoportok része kihalt vagy visszaszorult, és elterjedtek a nyitvatermők – a szágópálmák, a fenyők, a páfrányfenyők –, hogy aztán a mezozoikumban elérjék virágkorukat.

A paleozoikum 300 millió éve alatt az élő szervezetek elképesztő fejlődésről és fejlettségről tettek tanúbizonyságot. A kezdetleges medúzáktól a hüllők fejlettebb formájáig eljutottunk. Ez óriási fejlődés. A legjelentősebb csoport kétségkívül a halaké volt, amelyek az ordovíciumtól uralják a tengereket és óceánokat. Ebben a 300 millió évben történt meg a növényvilág, mint önálló csoport, élőlényeken belül rendkívül diverzifikált egyedeinek megjelenése, a szárazföld elfoglalása. A növények a szilurban jutottak ki a szárazföldre, az állatok egy korral később, a devonban követték őket, illetve az ízeltlábúak már előbb ugyancsak a szilurban. A halak bizonyos csoportjaiból – az ún. bojtos úszós hal csak egy lehetett közülük – a Hold árapály jelenségének gravitációs hatására, valamint az égből származó univerzális kódok hatására alakultak ki a kétéltűek és a későbbi hüllők csoportjai, melyek meghódították a szárazföldet. A szárazföldön már elegendő és lélegezhető levegő állt rendelkezésre, hogy megfelelő szárazföldi fauna alakuljon ki, elsősorban ízeltlábúak, kétéltűek és hüllők dominanciájával. A szárazföldre kilépő állati fajok is hozzájárultak a légkör végső összetételéhez és kialakulásához. Tehát evolúciós fejlődésükkel egyidejűleg a légkör is „fejlettebbé", lélegezhetőbbé válhatott. Ehhez hozzájárulhatott az ózon védő szerepének megerősödése is, tehát ilyen értelemben egymást erősítő folyamatok tanúi lehetünk a paleozoikum szárazföldi világánál. A kezdeti oxigénszint természetesen nem köthető az állatvilághoz, az a már korábban a szárazföldön megkapaszkodó növényvilág „érdeme". Ilyen értelemben természetesen a növényvilág „ágyazott" meg az őt kb. 50–60 millió évvel követő állatvilágnak. A csodálatos állatvilág megkapaszkodása után a „fogyasztható" légkör mennyisége és az állatvilág elterjedtsége és fejlettsége szinte egyenes arányban állt egymással.

A perm végén **hatalmas kihalási sorozat** rázta meg az akkori élővilágot. Ez volt a földtörténetben ismert legsúlyosabb kihalás, becslések szerint a tengeri fajok 96%-a (ami lehet, hogy túlzó), és a gerinces fajok 70%-a halt ki. A tengeri fajok legtöbbje gerinctelen volt, ez is valószínűsít egy rendkívül erős elektromágneses behatást a Föld és a Naprendszer térébe, hiszen ilyen kozmikus sugárzások ellen tehetetlenebbek a gerinctelenek, mint a gerincesek. A tömeges kihalások közül kizárólag ez okozott nagyobb veszteséget a rovarvilágban. A biodiverzitás rendkívüli visszaesése miatt az

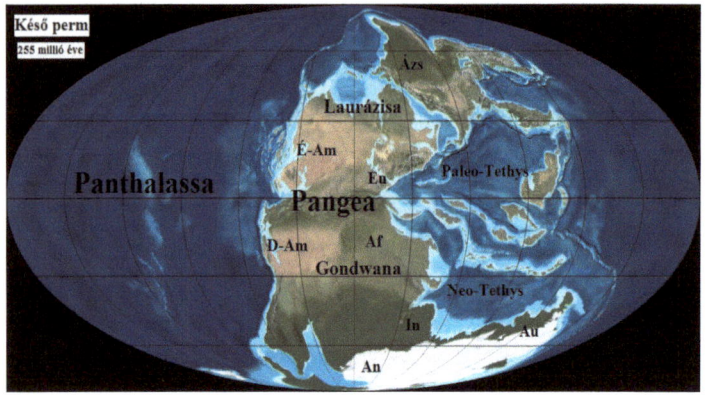

16. A Perm végi kihalás 60 ezer év alatt zajlott le!
A kontinensek elhelyezkedése 255 millió évvel ezelőtt,
a perm időszak végén. Jól látható, hogy az egyenlítő környékén
helyezkedett el a Pangea szuperkontinens.

élővilágnak sokkal több időre volt szüksége a talpra álláshoz a triász elején, mint más ismert kihalási események után. A növényvilágot kevéssé érintette a kihalás, ami egyrészt azt is valószínűsíti, hogy a Nap kimaradt „az öldöklésből" – mert egyébként is istenség – a növényvilágra mindenkor a legnagyobb szükség van, hiszen az a tápláléklánc alapja minden korban. A Nap energiája hajtja és tartja fenn közvetlenül az állati és emberi életet is. Azonban a növényvilág is szenvedett el veszteségeket, majdnem 50%-os értékben, ezzel egyidejűleg megváltozott a növényvilág összetétele, ezzel is elősegítve a dinoszauruszok elterjedését a triász közepén. Az addig különálló növényi fajok – amelyek elsősorban földrajzi különállásában mutatkoztak meg – helyett inkább a kozmopolita fajok váltak uralkodóvá. Eltűnnek a hatalmas páfránynyerdők. A lehetséges kihalási okok között többet is számon tart a tudomány. Ezek egyike az erőteljes vulkanikus tevékenység a szibériai platón, aminek valóban lehettek káros hatásai az akkori légkörre, és rajta keresztül természetesen az akkori élővilágra. Sok elmélet foglalkozik a légkör megváltozásával, mérgező gázok – szokásosnál sokkal nagyobb dózisban – termelődésével, kénhidrogének, halogén gázok, metánhidrát felszabadulásával.

Azonban a könyv és a geológia, az asztrofizika szerint is az űrből és a kozmoszból érkező veszélyes és ez esetben halálos elektromágneses sugárzások felelősek a perm–triász határbeli kihalási eseményért. Ebből látszik, hogy az „univerzális kódok" nemcsak építő jellegűek lehetnek. „Teremtés előtt néha pusztítani kell". Talán ez játszódhatott le a perm végén is, amikor iszonyú erős, nagyfrekvenciájú elektromágneses sugárzás érte a Földet. Csak ezzel lehet a magyarázni a szinte mindenre kiterjedő általános pusztulást. Az ezen kívülálló, egyszerre ható okoknak kisebb a valószínűsége. Hatalmas szupernóva robbanások következhettek be távol az univerzumban, melyek a tudatkvantum miatt szinte egyből éreztették hatásukat. Hatalmas mértékű volt a pusztulás a tenger felszínén élő planktoni szervezetek között. A sugárzás közvetlen hatását érzékelteti, hogy így is kb. 5 millió évig tarthatott maga a pusztulási folyamat, ami inkább hasonlítható egy dominódőlési folyamathoz. A megváltozott körülmények miatt fajok ezrei adták magukat az örökkévalóságnak, mert nem tehettek mást. A megmaradt fajok is megváltozhattak, hogy azokból majd egy egészen más jellegű élővilág bontakozhasson ki a triász közepén. A tudatkvantumból új impulzusok érkeztek. Meg kellett ágyazni a földtörténet egy újabb korszakának, amely a hüllőket – azokon belül is a dinoszauruszokat – emelte trónra. Ez volt az univerzális tudati fejlődés következő állomása.

6.3 Mezozoikum (a hüllők virágkora)

A mezozoikum a dinoszauruszok virágkora, mely földtörténeti kor kb. 185 millió évig tartott. A mezozoikum folyamán a Pangea földarabolódott, létrejött a Thetys, és elkezdődött az Atlanti óceán kinyílása. Ami a növényvilágot illeti, a kréta közepén hirtelen és nagy területen terjednek el a zárvatermők, egyszerre az egyszikűek és a kétszikűek. A déli féltekén erősen visszaszorultak a nyitvatermők, néhányan ezzel magyarázzák a dinoszauruszok kipusztulását. Az északi féltekén viszont továbbra is meghatározók maradnak a fenyők. A dinoszauruszok a triászban jelentek meg, és uralmuk egyértelmű volt egészen a kréta végén bekövetkező kihalásukig. Ugyanekkor az ammoniteszek is kihaltak. A hüllők egyik ágából megjelentek már az emlősök is a triászban, de szerepük az egész mezozoikumban alárendelt. De hogyan is alakultak ki a hüllők a kétéltűekből, valamint hogyan az emlősök a hüllőkből? Erre keressük a választ a következőkben. A mezozoikum első szakasza a triász.

6.3.1 Triász

A **triász** a mezozoikum legkorábbi időszaka, amely mintegy **251 millió évvel** ezelőtt kezdődött, és **200 millió évvel** ezelőtt végződött. Kezdetét az élővilág történetének legnagyobb kihalási eseménye, a *perm–triász kihalás* jelöli, de a triász végén is történt egy nagyon jelentős kihalás, amely által a már elterjedt dinoszauruszok még több ökológiai fülkét tölthettek be, és a jurára elérték csúcspontjukat.

A hüllők már a kétéltűek egyfajta tudati előremozgásai voltak, kialakulásuk egyértelműen alkalmazkodás volt már a megváltozott éghajlati és szárazföldi körülményekhez. A kétéltűekből egyszerűen „más" állatok váltak a triászban, ők voltak a dinoszauruszok. Amikor úgy hisszük, hogy a perm–triász határon valamelyik faj kihalt, valójában átváltozás történt, ekkor folyt az evolúció. Volt valóban kihalás is, amikor az életkörülmények egyszerűen megszűntek létezni, de olyan esetek is voltak – mint már említettük –, amikor faji átalakulás történt. Tipikus példái voltak ennek az dinoszauruszok, amelyek ősi kétéltűek továbbfejlődött változataiként felkészültek voltak a már víz nélküli szárazföldi életre. A szárazföldön más kódok is hatottak az élőlényekre mint vízben, ez volt az átalakulás fő oka.

Az „alkalmazkodás" valóban azt jelenti, hogy az esetek többségében megváltozott külsejű és más funkciókat ellátni képes állatok jöttek létre, amelyek tudtak prosperálni a megváltozott körülmények után. Éghajlat változás pedig elég sűrűn előfordult a Föld történetében. Egyrészt a Napból érkező éltető impulzusok is gyakran váltakozhattak, amelyek eljegesedéseket is okozhattak, másrészt pedig a Föld saját életéből és forgásából származó elektromágneses hullámok is előidézhettek éghajlat- és hőmérséklet-változásokat. Valószínű nagyon sok faj létezett – igaz, földtörténeti szempontból rövid ideig –, amelyekről fogalmunk sincsen.

Mégis a legfontosabb változások kiváltó tényezőinek a már sokszor hivatkozott univerzális kódokat tekinthetjük, amelyek az éghajlatváltozással egyidejűleg új fajok kialakítását idézték elő, de nem mint mutációk – ahogy a mai tudomány állítja –, és véletlenszerűen, hanem nagyon is „tudatos" változtatások voltak ezek az élővilágban. A kódok révén egyszerűen más és más géntérképű állatok léptek elő a tojásokból és petékből.

Azonban valóban nagyfokú biodiverzitás-csökkenés jellemzi a triász korszak elejét. Ami azt jelenti, hogy kiterjedt életközösségek semmisültek meg a perm végén. A biodiverzitást visszaállította a túlélő taxonok beáramlása, azonban a változatos életközösségek táplálékláncainak újraépülése így is circa 30 millió évet vett igénybe. A permben még a kétéltűek domináltak, csak egynéhány csoportjuk élt túl és tudott „átevickélni" a triászba, mint pl. a már kihalt gyűrött fogú páncélos kétéltűek. Egyes csoportjaik virágzása a kora triász elejére esett, míg mások (például a korongfejűek) az egész időszak során sikeresek maradtak, vagy csak a késő triász idejére váltak elterjedté. A modern, ún. csupasz kétéltűek és köztük az első békák már a kora triászban megjelentek, de csak a jura időszakban kezdtek elterjedni.

A triászt a tengeri és szárazföldi fajok kirobbanó **adaptív radiációja**, azaz az óriási mértékű kihalás miatt kiürült élőhelyek betöltése miatti variálódása, szétrajzása jellemzi. A kihalási eseményt szerencsésen túlélő, már említett kétéltűeken túl ekkor tűnnek fel a hatosztatú virágállatok. Ekkor jöhettek létre az első virágos növények, és ekkor jelentek meg az első repülő gerincesek, a szárnyas gyíkok (pteroszauruszok), az első halgyíkok, valamint az első dinoszauridák is. A triász időszakban éltek a kavicsfogú álteknősök is.

A triász során a Föld szárazföldi területei egyetlen szuperkontinensben, a többé-kevésbé az egyenlítőn elhelyezkedő **Pangeában** egyesültek. Kelet felől egy hatalmas öböl, a Thetys-óceán határolta. Az óceáni lemezek szubdukciós kölcsönhatása miatt az ekkori tengerfenéki lerakódások eltűntek, emiatt a triász nyíltvizű óceánja nagyon kevéssé ismert. A Pangea az időszak során, főként annak vége felé elkezdett kettéválni, de nem különült el teljesen. A mezozoikum kezdetén Afrika a Föld többi kontinenséhez kapcsolódott a Pangea részeként. Afrikára a szuperkontinens egységes faunája volt jellemző, melyet az időszak végére már a hüllőmedencéjű, két lábon járó (theropoda) és növényevő dinoszauruszok (prosauropoda), és kezdetleges madármedencéjű csoportjai uraltak.

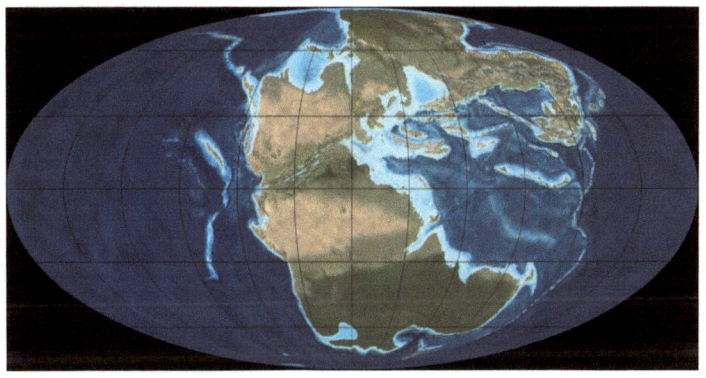

17. A kőzetlemezek 230 millió évvel ezelőtti állapotának rekonstrukciója. A triász földtörténeti időszak, a mezozoikumi idő legkorábbi szakasza, amely mintegy 251 millió évvel ezelőtt kezdődött, és 200 millió éve ért véget.

A triász időszak a permmel szemben kiegyenlítettebb, melegebb éghajlatú volt. Az északi féltekén száraz, meleg, helyenként pedig olyan sivatagra utaló jelek találhatók, mint tarka és vörös homokkövek, a gipszes rétegek alján lévő szélfútta kőzetek, valamint az éles kavicsok. A déli féltekén csapadékban gazdag éghajlatot jelző kőszénrétegek is előfordulnak, de a sivatagi homokkövek száraz éghajlatú területeket is jeleznek.

A szárazföldön a túlélő **növények** közé tartoztak a korpafüvek, a domináns cikászok és a páfrányfenyőfélék. A szárazföldi flóra virágos, az északi féltekén pedig elterjedtek a tűlevelűek. A kora triász korban a déli félgömböt a nyitvatermők uralták.

A **tengerekben** az ammoniteszek túlélték a perm-triász kihalást, és látványos fejlődésbe kezdtek. A halak faunája a sok családot elpusztító kihalás-sorozat következményeként rendkívül egységessé vált. A tengeri hüllők azonban meglepő változatosságról tettek tanúbizonyságot. Közéjük tartoztak a vízi őshüllők (lásd alul 18. kép, sauropterygia) csoport tagjai, az első kígyógyíkok (plezioszauruszok), de a kora triász tengereiben léptek színre az igen sikeressé vált halgyíkok (ichtyosaurusok), melyek hamarosan sokfélévé váltak, és csoportjuk egyes tagjai a késő triász végére hatalmas méreteket értek el.

18. Triász időszaki hüllő

19. Egy késő triász kori dinoszaurusz, az Eoraptor rekonstrukciója.

Az archosauromorpha hüllők és főként az archosaurosok csoportja (mindkettő meghatározó hüllő osztály, a krokodilszerűek tartoznak ma ide) ekkortájt váltotta fel a permet uraló emlősszerű hüllőket (synapsidákat). Azonban a kora triász kori Gondwana jellegzetes csúcsragadozója még egy emlősszerű hüllő volt (a cynognathus). A triász végére azonban a synapsidák az ökoszisztéma apró részévé váltak. A korszak során egyes fejlettebb emlősszerűekből (cynodontiák) alakultak ki az **első emlősök**. Ekkorra egy addig kicsi és jelentéktelen „madárnyakú" klád indult fejlődésnek, és a már említett pteroszauroszok révén az őshüllők meghódították az eget, de belőlük alakult ki a dinoszauruszok változatos csoportja is. A késő triászra a 2–12 méteresre megnövő krokodilfélék (phytosaurusok), a sasgyíkok (aetosaurusok), valamint egy ma kevéssé ismert 4–6 méteres archosaurus csoport (a rauisuchiák) különféle fejlődési vonalai, valamint az első krokodilok sokfélesége elérte a tetőfokát.

20. Plezioszaurusok.

A többi hüllő mellett a késő triász közepén megjelentek a legkorábbi teknősök (proterocheris). Az uralkodó gyíkok, általában a hüllők (archosaurusok), melyek eleinte ritkák voltak a középső triász idején, elkezdték kiszorítani a perm szárazföldi ökoszisztémáit uraló emlősszerűeket (therapsidákat). Ez a „triász időszaki hatalomvétel" a túlélő therapsidákat és emlősformájú leszármazottaikat egyaránt arra kényszerítette, hogy kicsi és főként éjszakai életmódot folytató rovarevőkké váljanak, és valószínűleg ennek köszönhetően fejlődött ki náluk a szőrzet és a magasabb metabolikus (anyagcsere) arány is.

A **triász** időszak egy tömeges **kihalással** ért véget, ami főként az óceánokat érintette súlyosan, ahol a halgyíkok (ichthyoszauruszok) és a tengeri hüllők (plezioszauruszok) kivételével valamennyi tengeri hüllő kipusztult. Az olyan gerinctelenek, mint a pörgekarúak, a csigák és a puhatestűek szintén nagy veszteségeket szenvedtek. A triász végi kihalási esemény a szárazföldi ökoszisztémákat nem egyformán érintette. Több fontos hüllőfajta eltűnt, pl. az ún. kereszt-bokájúak (a crurotarsik), vagy az olyan nagyméretű kétéltűek, amelyek a halak-kétéltű átmenetet jelentik törzsfejlődési szempontból (labyrinthodontia), a kis hüllők csoportjai és (az emlősök előfutárait kivéve) egyes emlősszerű hüllők (synapsidák) is. A korai, kezdetleges dinoszauruszok némelyike szintén kihalt, de az alkalmazkodóbbak fennmaradtak és a jura időszakban továbbfejlődtek. A triász kori kihalások, azok száma, mibenléte és hossza is vita tárgyát képezi. Azonban ha egy kihalás „túl hosszú", akkor azt érdemesebb inkább „átmenetnek" tartani. Ezen felül a kihalás ezúttal inkább a tengerekre, vizekre korlátozódott, az okok között lehet sejteni a Pangea feldarabolódása kapcsán létező víz alatti vulkanizmusból származó mérgező anyag túltengését. Itt így konkrét ökoszisztémák, táplálékláncok szűnhettek meg. A túlélő növények, köztük a tűlevelűek és a cikászok uralni kezdték a mezozoikum világát. A triász időszakban és annak végén bekövetkezett kihalások lehetővé tették a dinoszauruszok számára, hogy több üresen maradt ökológiai fülkét is betöltsenek. A dinoszauruszok domináns, nagy és változatos csoporttá váltak, és azok is maradtak a következő 150 millió év során. A **„dinoszauruszok kora"** azonban inkább a jura és a kréta időszakra esett, mint a triászra.

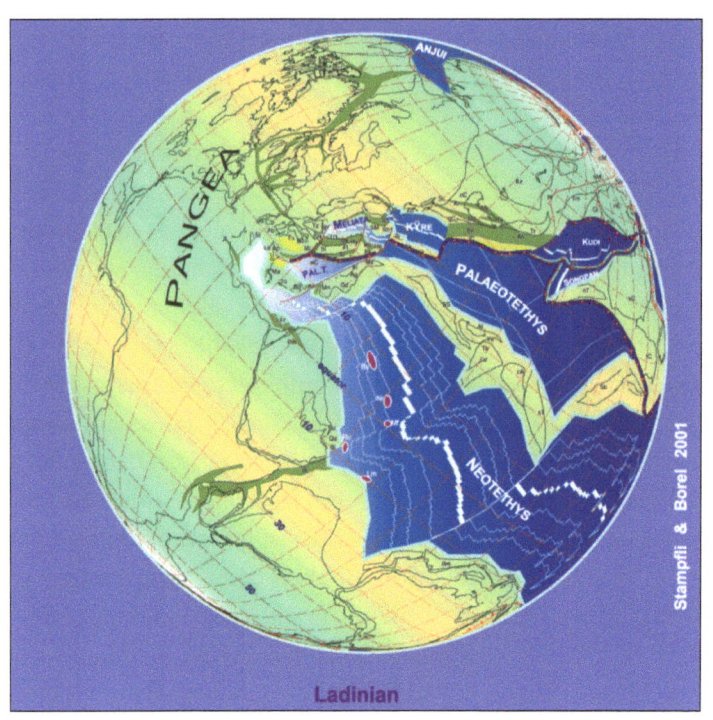

21. A kőzetlemezek 230 millió évvel ezelőtti állapotának rekonstrukciója.

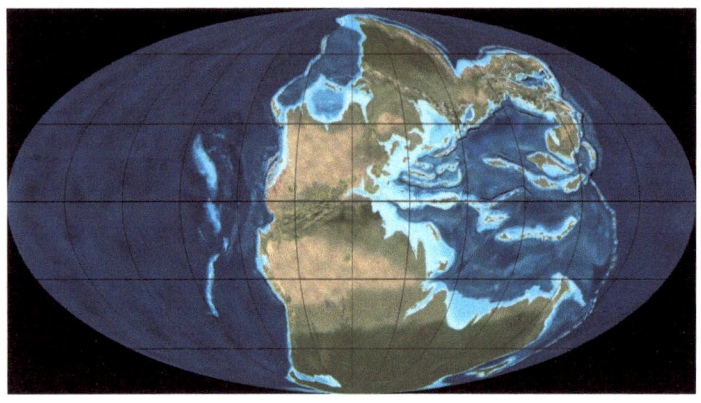

22. Felső triász, 220 millió ével ezelőtt.

6.3.2 Jura, a dinoszauruszok kora

A **jura** a mezozoikum középső időszaka, amely mintegy 200 millió évvel ezelőtt kezdődött, és 146 millió évvel ezelőtt ért véget. E „hüllők kora" vagy „dinoszauruszok kora" néven ismert időegység a triász időszakot követte, és a kréta időszakot előzte meg. A jurában a dinoszauruszok mellett a növényvilágban a **nyitvatermők** uralkodtak, erős xeromorf sajátságokkal. A domináns nyitvatermő osztályok közé tartoztak a cikászok, a bennetialesek (kihalt magvas növények), a fenyők és a páfrányfenyők is.

A kora jura kor során a **Pangea szuperkontinens** feltöredezett az északi Laurázsiára és a déli Gondwanára; a Mexikói-öböl megnyílt az Észak-Amerika és a mai Yucatán-félsziget közötti hasadék mentén. A jura időszakban az Atlanti-óceán északi része aránylag keskeny volt, míg a déli nem nyílt meg a kréta időszakot és a Gondwana akkori feltöredezését megelőzően. A Tethys-tenger bezárult és megjelent a Neothethys medence. Az éghajlat meleg volt, nincs eljegesedésre utaló bizonyíték. Ahogy a triász idején is, egyik sark közelében sem volt szárazföld, és nem léteztek kiterjedt jégsapkák.

A jura a kalcit tengeri geokémiai kora volt, melyben az alacsony magnézium-tartalmú kalcit képezte a kalcium-karbonát elsődleges szervetlen tengeri alkotóelemét.

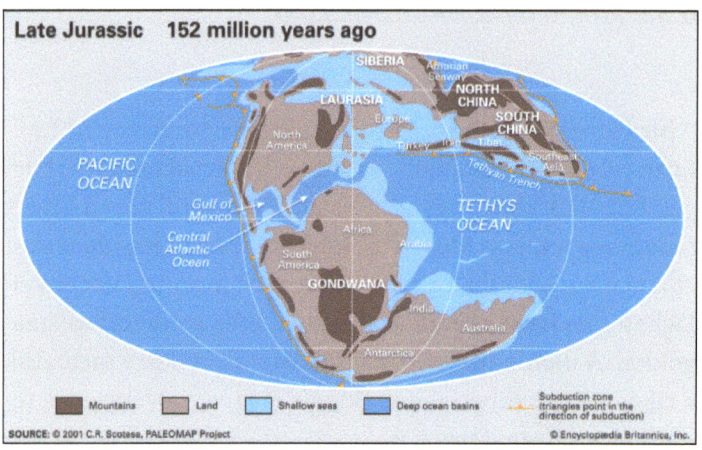

23. Ahogy a Pangea feldarabolódásá után kezdtek a kontinensek egymástól távolodni és a mai helyükre kerülni.

A jura időszakban a tengerek elsődleges gerincesei a **halak és a tengeri hüllők** voltak. Az utóbbiak közé tartoztak az evolúciójuk csúcsán álló – már említett – ichtyoszauruszok, a plezioszauruszok, a plioszauruszok (plezioszauruszok rendjének egyik családja), valamint a tengeri krokodilok. A gerinctelenek világában több új csoport is feltűnt, köztük a rudisták (zátonyépítő kagylók) és a belemniteszek (tengeri belsővázas lábasfejűek). A jurában sokféle kérges és talajfúró (szklerobionita) közösség is kifejlődött, és jelentősen megnőtt a karbonát héjak és keményfelszínek bioeróziója. A jura időszak során a tizenkét féle planktonikus élőlény közül négy vagy öt erős evolúciós terjedésbe kezdett, illetve ekkor jelent meg.[6]

---

6 A szabad enciklopédia: Jura időszak

24. A jura a dinoszauruszok kora – Az Europasaurus holgeri és néhány Iguanodon egy festményen.

A **szárazföldön** a nagytestű archosaurus hüllők megőrizték a dominanciájukat. A jura a sauropodákként ismert nagy, növényevő dinoszauruszok, például a kamrás gyík (camarasaurus), az apatosaurus, vagy régi neven brontosaurus, 30–35 tonnás óriások voltak, a diplodocus és a kargyík (brachiosaurus) aranykora volt, melyek az időszak végéig kóboroltak a Földön. Fő táplálékuk a pusztákon élő harasztok, a pálmaszerű cikászok és bennettialesek vagy az adaptációik miatt magasabbra növő tűlevelűek voltak. Ezekre az állatokra az olyan nagy theropodák vadásztak, mint a ragadozó szarvasgyík (ceratosaurus), a nagygyík (megalosaurus), a vadgyík (torvosaurus) és a különösgyík (allosaurus). Ezek mind nagyon veszélyes ragadozó dinoszauruszok voltak. Ezek mindegyike a hüllő medencéjűek csoportjába tartozik. A késő jura korban a kis tollas dinoszauruszokból (coelurosaurusokból) kifejlődtek az **első madarak**.

25. Camarasaurus.

Felmerül a kérdés, hogyan alakultak ki a madarak a törzsfejlődés során? Megint csak univerzális kódok hatása alá került kis dinoszaurusz tojásokról van szó, amelyekből aztán nemzedékről nemzedékre mindig más, a madárra egyre jobban hasonlító, a madarak tulajdonságaival rendelkező faj kelt ki. Valaha a halaknál meglévő úszó, amely később a kétéltűeknél lábbá változott, a dinoszauruszoknál két kis mellső kézzé változott, majd ezek a „kezek" alakultak szárnnyá a madarak törzsfejlődésében. A tüdőből kialakultak a léghólyagocskák, amelyek a levegőben való mozgáshoz voltak elengedhetetlenek és az ottani légzéshez. A tojással szaporodás megmaradt, mint jellegzetes hüllővonás. Aztán később ugyancsak a tojásokon keresztül fejlődött ki a megannyi madárfajta, ugyancsak univerzális kódok hatására, valamint a Föld elektromágnes rezgéseinek köszönhetően. Végül elfoglalták a levegőt, mint biológiai ökofülkét, és virágzó faunák létrehozására volt alkalmas a mezozoikumi középidő. Evolúciójuknak nem voltak „tudatában" a madarak, azt fönn, az égben „tudták", ugyanúgy, ahogy ez a Föld összes többi állatfajánál is történt. Átélték az evolúciót, de nem tudtak róla. Ugyanakkor már a madarak is álmodnak, igaz, csak nagyon rövid ideig, agyuk még nem volt alkalmas bonyolultabb és hosszabb univerzális kódok befogadására.

A madármedencéjűek kevésbé voltak dominánsak, mint a hüllőmedencéjűek, de például a fedeles páncélos gyíkok (stegosaurusok) és a kis ornithopodák (kis növényevő madárlábú dinoszauruszok) fontos szerepet játszottak, mint kis és közepes, illetve nagyméretű (de nem sauropoda méretű) növényevők. A levegőben gyakoriak voltak a szárnyasgyíkok (pteroszauruszok), melyek az eget uralva több ökológiai fülkét töltöttek be, mint a mai madarak. A csupasz kétéltűek (lissamphibia) csoportjának megmaradt része fejlődött az időszak során, így megjelentek az első farkos és lábatlan kétéltűek.

26. Apatosaurus (Jura).

27. Allosaurus modell.

A triász időszakra jellemző száraz, kontinentális körülmények lassan enyhültek a jura során, különösen a magasabb szélességi körökön, a meleg, a nedves éghajlat pedig lehetővé tette, hogy a felszínt **buja dzsungelek** borítsák be. A nyitvatermők aránylag változatosak voltak a jura időszakban. A flórát a tűlevelűek uralták, ahogy a triász alatt is. Ez volt a legváltozatosabb csoport, és a fák többsége is közülük került ki. A ma is létező tűlevelű családok közül a jura idején elterjedtek közé tartozik az araukáriafélék (araucariaceae), az áltiszafafélék (cephalotaxaceae), az ikermagvas fenyőfélék (pinaceae), a kőtiszafafélék, podorkarpuszfélék (podocarpaceae), a tiszafafélék (taxaceae) és a mocsárciprusfélék (taxodiaceae). Egy kihalt toboztermő tűlevelű mezozoikumi család (cheirolepidiaceae) uralta az alacsony vegetációt, a cserjés bennettitalesekkel együtt. Az erdőkben a cikászok szintén elterjedtek voltak, a gingkókhoz és a páfrányokhoz hasonlóan. Az aljnövényzet fő alkotóelemei a kisebb harasztok lehettek.

A kor másik fontos – már kihalt – növénycsoportja a magvaspáfrányok (caytoniacea) voltak, melyek az elképzelés szerint bokor és kisebb fa méretűek lehettek. A gingkók főként a középső és északi szélességi körökön voltak gyakoriak. A déli félgömbön a kőtiszafélék különösen sikeresek voltak, míg a gingkók ritkán fordultak elő. Az óceánokban a modern vörösmoszatok ekkor tűntek fel először. A jura végén nem történt különösebb evolúciónális esemény, az átmenet a krétába folyamatos, igaz, a határok (rétegsorok) területenként változhatnak, de kb. 5 millió év alatt ez mindenütt lezajlott.

6.3.3 Kréta

A jura után következő időszak, a **kréta földtörténeti kor** egy nagyon sokáig tartó korszak volt, a mezozoikum harmadik, utolsó időszaka, amely kb. 146 millió évvel ezelőtt kezdődött és kb. 65,5 millió évvel ezelőtt fejeződött be, amikor a kainozoikum idő paleogén időszaka elkezdődött. Ez az időszak ugyancsak a dinoszauruszok kora, de ekkor jelentek meg az emlősök is. A kréta időszakban az éghajlat aránylag meleg, a tengerszint pedig magas volt. Az óceánokat és a tengereket mára kihalt tengeri hüllők, ammoniteszek és rudisták (kagylók) népesítették be, míg a szárazföldet a már említett dinoszauruszok uralták. Ebben az időben jelentek meg az emlősök és a madarak új csoportjai, valamint a zárvatermők is ekkor terjedtek el. A kréta közepe felé pusztultak ki az emlősszerűek közül a nem emlősök. A kréta a leghosszabb kronologizált földtörténeti kor a maga 80 millió évével.

28. Ammonitesz, Kréta.

A jura és kréta között nincs éles határ, nem történt jelentős kihalási esemény. A kréta végét viszont az egyik legnagyobb, és a dinoszauruszok kihalása miatt legismertebb tömeges pusztulás, a **kréta-tercier esemény** (K-T esemény) zárja le, amely során a pteroszauruszok és a tengeri hüllők is eltűntek. A kőzetekben ezt egy világszerte fellelhető, irídiumban gazdag réteg jelzi, amelyet a Yucatán- félszigetnél található Chicxulub-kráter keletkezésével hoznak összefüggésbe. Az egyik elmélet szerint egy kisbolygó Földnek ütközése lehet felelős a kihalásokért, míg más elméletek a **fokozatos kihalást** tartják valószínűnek. Érdemes egy kicsit elidőzni a dinoszauruszok kihalásánál, hiszen az addigi legnagyobb és legfejlettebb szárazföldi fauna rogyott térdre és tűnt el az evolúció által szervezett élet színpadáról. A P. Hun elmélete is inkább a fokozatos kihalás mellett foglal állást, és ennek a kifejtésére majd az alfejezet végénél teszek kísérletet.

A kréta magas eusztatikus tengerszintje és meleg éghajlata annak volt a következménye, hogy a kontinensek nagy részét meleg, sekély tengerek borították. A krétát az Európában ekkor keletkezett kiterjedt krétalerakódásokról nevezték el. A világ számos pontján a kréta időszaki üledékek fő részét a tengeri mészkő képezi, egy olyan kőzetfajta, ami a meleg, sekély tenger alatt jött létre. A magas tengerszint miatt sok hely volt az üledékképződés számára, ezért vastag lerakódások alakultak ki. A rendszer aránylag fiatal kora és nagy vastagsága miatt világszerte sok a kibúvás.

A kréta jellegzetes (de nem csak erre) az időszakra jellemző kőzetfajta. Kokkolitokból, a korabeli tengeri algák közé tartozó kokkolitofórák mikroszkopikus méretű kalcitcsontvázaiból áll. Az óceán-közepi lemezszegélyek mentén cirkuláló víz feldúsította az óceánban a kalciumot, ami kedvezett a kalcium-karbonát tartalmú kokkolit lemezeket képző kokkolitofóra organizmusoknak. A nagy területű karbonát és üledékes lerakódások miatt vált a kréta kőzetrekordja annyira finommá. A kréta nehezen szilárdul meg, és a Kréta-csoport sok helyen még lazább üledéket tartalmaz. A Kréta-csoport jellemző kőzetformáció Észak-Európában. A csoport részét képezik más mészkövek és arenitek (kőzettöredékes homokkő), valamint márga is. A bennük megőrződött fosszíliák között találhatók tengeri sünök, belemniteszek, ammoniteszek és olyan tengeri hüllők is, mint a moszasaurus (kígyókhoz közel álló tengeri ragadozó).

29. Mosasaurus.

A mély tengeri áramlatok stagnálása a kréta közepén oxigénszegénységet eredményezett a tengerben. Ekkoriban világszerte sok helyen sötét, oxigénszegény pala jött létre. Ez a pala fontos anyakőzet a kőolaj és a földgáz kitermelésénél, például az Északi-tenger felszíne alatt.

A kréta idejére a késő paleozoikum és a kora mezozoikum során fennállt Pangea szuperkontinens **már széttöredezett** a mai kontinensekre, bár ezek még máshol helyezkedtek el, mint napjainkban. Ahogy az Atlanti-óceán szélesedett, a konvergens tektonikus lemezszegélyek mentén folytatódott a jura időszak alatt elkezdődött hegységképződés az amerikai Kordillerákban, amely ma egy 15 ezer km hosszan végighúzódó hegylánc az észak és dél-amerikai kontinens nyugati részén.

A kréta elején a Gondwana szuperkontinens még egyben volt, az időszak folyamán azonban ez is széttöredezett. A belőle létrejött Dél-Amerika, Antarktisz és Ausztrália elsodródott Afrikától (bár India és Madagaszkár ekkor még egybefüggött), így megkezdődött az Atlanti-óceán déli része és az Indiai-óceán kialakulása is. Ez az aktív tektonikai mozgás a lemezszegélyeknél nagy tengeralatti hegyláncokat hozott létre, ami megemelte a világóceán vízszintjét. Afrikától északra a Tethys-óceán szűkülni kezdett, de ugyanakkor nagy, sekély tengerek jelentek meg a mai észak-amerikai és európai szárazföld belterületén, melyek az időszak végén visszahúzódtak, vastag szénrétegekkel váltakozó tengeri üledékrétegeket hagyva hátra. A kréta időszaki transzgresszió (tengerszint-emelkedés) csúcsán a jelenlegi szárazföldi területek egyharmada víz alatt volt. Lásd: kréta kori kontinens elhelyezkedés alul.

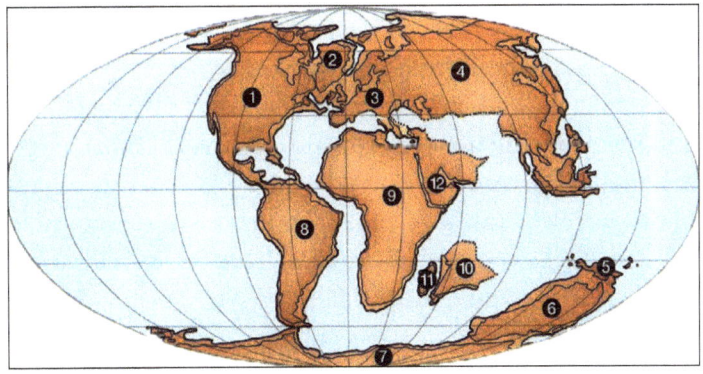

30. A Kréta kor kontinensei.

A kora-krétában a hőmérséklet ismét emelkedni kezdett, és a körülmények az időszak végéig nagyjából változatlanok maradtak. Ennek oka a nagy mennyiségű szén-dioxidot termelő erős vulkáni tevékenység volt. A vulkáni tevékenység pedig minden esetben a Föld belsejéből származó univerzális érzelmi energiák eredője. A kiszélesedő óceánközépi lemezszegélyeken keresztül felhalmozódó köpenydiapír tovább növelte a tengerszintet, ezért nagy szárazföldi területek kerültek sekély tenger alá. A trópusi óceánokat keletről és nyugatról összekötő **Tethys-óceán** szintén segített a globális éghajlati felmelegedésben.

A meleghez alkalmazkodott növények fosszíliái olyan északi területeken is előkerültek, mint Alaszka és Grönland, míg a dinoszauruszok maradványai a déli sarktól 15 foknyira is megtalálhatók.

A virágos növények (zárvatermők) ebben az időszakban terjedtek el, bár az utolsó előtti kréta korszakban, a campaniai korszakot (kőzet-rétegtanilag ezt úgy hívjuk: „emeletek") megelőzően nem váltak dominánssá. Az evolúciójukat segítette a méhek megjelenése; a zárvatermők és a rovarok fejlődése jó példa a ko-evolúcióra. A lombos fák, például a fügefák, a platánfélék és a magnóliák első képviselőinek megjelenése a kréta időszakra esett. Ekkor a valamivel korábbi mezozoikumi nyitvatermők, mint például a tűlevelűek, továbbra is elterjedtek voltak; a chilei araukária fák és a további tűlevelűek bőséges számban és nagy területen fennmaradtak, de más zárvatermő taxonok, például, ahogy már említettük, a bennettialesek kihaltak még az időszak vége előtt.

A szárazföldön az emlősök kicsik voltak, és egyelőre a fauna aránylag kis részét képezték. A korai erszényesek a kora krétában fejlődtek ki, míg az igazi méhlepényesek a késő kréta idején jelentek meg. A faunát az archosaurus hüllők, főként a dinoszauruszok uralták, melyek sokféleségük csúcsán voltak. A késő krétában élt a híres tyrannosaurus rex, a **zsarnok-**

gyík is. A repülő őshüllők (pteroszauruszok) a kréta elején és közepén még gyakran fordultak elő, de később szembe kellett nézniük a versenytársat jelentő madarak adaptív radiációjával, és a kréta végére már csak két családjuk maradt fenn.

31. A Tyrannosaurus rex koponyája a párizsi Palais de la Découverte gyűjteményében.

A sokféle kisméretű dinoszauruszt, madarat és emlőst megőrző kínai Liaoning csúcslelőhely pillanatképet nyújt a kora kréta kori élővilágról. Az ott talált Maniraptora (kezes rablók, a madarakhoz közel álló dinoszaurusz csoport) csoportba tartozó már említett coelurosaurus dinoszauruszok – melyek átmenetet képviselnek a dinoszauruszok és a madarak között –, szőrszerű tollakat viseltek.

A kréta időszakban sokféle új rovar jelent meg; felbukkantak az első hangyák és termeszek, a lepkék (lepidopterák), molyok és rokonaik csoportja, valamint levéltetvek, a szöcskék és a gubacsdarazsak is.

32. Kréta időszaki hal lenyomata egy dél-ontariói mészkőben.

A tengerekben gyakorivá váltak a **rájaszerűek, a modern cápák és a valódi csontoshalak**. Az időszak elején és közepén élt tengeri hüllők közé tartozó ichthyoszauruszok a késő krétára már kihalófélben voltak, a plezioszauruszok azonban végig fennmaradtak, és a kréta végére megjelentek a már említett moszaszauruszok is.

6.3.4 Kréta-tercier átmenet

A kréta végi kihalás valóban komplex esemény volt, és nem szabad úgy beállítani, mintha egyik pillanatról a másikra lejátszódott esemény lett volna. A maastrichti korszak végén a kréta–tercier határon valóban komoly visszaesés mutatkozott a biodiverzitásban. Ráadásul szinte párhuzamosan kell tekintenünk a tengerekben és a szárazföldön is bekövetkező kihalási eseményt. A P. Hun szerint a kiváltó okokat elsődlegesen az univerzumban kell keresni, azon kívül, hogy valószínű, hogy egy becsapódó kisbolygó valóban „besegíthetett" egy változásokat hozó időszakba, de annak közvetlen következményei közel sem tarthattak néhány évtizednél tovább. Igaz, ez idő alatt is sokat változhatott a bioszféra. Nukleáris telet nem tud okozni még egy nagyobb méretű kisbolygó sem, ahhoz sokkal mélyebb értelmű univerzális, vagy a Föld belső magjában bekövetkező változásoknak kell bekövetkezni. Valószínűleg ez következhetett be a kréta végén. Erre utal az is, hogy a tengerekből is eltűntek a kokkolitofórák.

A kokkolitofórák kihalása a táplálékkánc összehúzódásához vezetett, és a puhatestűek, beleértve az ammoniteszeket, rudistákat, édesvízi csigákat és kagylókat, valamint azokat a szervezeteket, amelynek a táplálékláncban szükségük volt ezekre a héjas állatokra, kihaltak vagy súlyos veszteségeket szenvedtek. Az elmélet szerint az ammoniteszek a moszaszauruszok elsődleges táplálékai voltak – azoké az óriás tengeri hüllőké, amelyek a kréta-tercier határnál kihaltak. Tehát a tengeri kihalást tulajdoníthatjuk a Föld belsejében zajló mozzanatoknak, eseményeknek. Az is lehet, hogy tenger alatti vulkanikus tevékenység vezetett a kokkolitofórák kihalásához.

A tengeri és óceáni faunáktól némileg eltérően kell szemlélnünk a folyókban, folyómedrekben bekövetkező változásokat. Ekkor már természetesen a folyamokban is pezsgő élet folyt. A folyami életközösségekben kevés állatcsoport halt ki, mert kevésbé direkt módon függtek az itt élő növényektől, inkább a szárazföldről a vízbe mosódó üledékre volt szükségük.

Az esemény legnagyobb tüdővel lélegző túlélői a krokodilok és a champsosauridák (diapsida hüllők egyike) voltak, melyek félig vízi életmódot folytattak, és így hozzáfértek az üledékhez.) A modern krokodilok képesek dögevőként élni, illetve több hónapig fennmaradni élelem nélkül, kicsinyeik pedig aprók, lassan nőnek, és életük első éveiben nagyrészt gerinctelenekkel és elpusztult szervezetekkel vagy azok foszlányaival táplálkoznak. Ezen jellemzők vezethettek a krokodilok túléléséhez a kréta időszak végén.

A kréta végi szárazföldi kihalási esemény már összetettebb volt, mint a nyíltvízi és a folyóvízi. De meg lehet figyelni egyfajta összefüggést és együtthatást az égi és földi kihalási tendenciák között. Ezekből egyértelműen le lehet vonni azt a következtetést, hogy a Naprendszer és a benne élő földi evolúció komoly határmezsgyéhez érkezett a Tejútrendszerben való vándorlása során. Természetesen a Tejútrendszer meghatározó csillagaira is hatással voltak az univerzum még sokkal távolabbi zugaiból érkező univerzális kódok, amelyek változást vetítettek elő a Földön élő populációk milyenségét érintően. A hatalmas tudat-univerzumban hosszú távon mindig nagyon távol dőlnek el az események forgatókönyvei, távolabb, mint gondolnánk.

Földi viszonylatokra lefordítva ez azt jelentette, hogy egyidejűleg a nyitvatermő szárazföldi növényzet visszahúzódásával, valószínűsíthetően egy hatalmas kisbolygó becsapódásával, valamint az addig háttérben lévő emlősök megerősödésével, szaporábbá válásával a dinoszauruszok világa óriási hanyatlásnak indult, amelynek vége a kréta végi kihalásban tetőzött. Ezek együttes hatása vezetett végül oda, hogy a dinoszauruszok kipusztultak. Egyik ok sem tudta volna egyedül okozni a dinoszauruszok végzetes bukását. De ha az égbe néztünk volna, akkor rájövünk, hogy a dinoszauruszok ideje egyszerűen lejárt.

A fotoszintetizáló szervezetek visszahúzódásával és megygyengülésével létezik bizonyíték arra vonatkozóan, hogy a növényevő állatok haltak ki, mikor a táplálékaikként szolgáló növények megfogyatkoztak, ennek következményeként pedig a tyrannosaurus rexhez hasonló csúcsragadozók is éhen vesztek. Azonban a nagytermetű dinoszauruszok kihalása mindenképpen jól jött a mindenevők, rovarevők és dögevők számára. Ezek közé tartoztak az emlősök is. Igazából a nyitvatermők visszahúzódása és az eredeti tápláléklánc megbomlása már egy olyan folyamatot indított el, amely törvényszerűen vezetett a kréta végi élővilág kicserélődéséhez, illetve megváltozásához. Maga a robbanás helye is pusztító volt, de a begyűrűző hatások által olyan lyuk keletkezett az ökoszisztémában és a táplálékláncban, hogy a nagyobb testű növényevők és ragadozók egymást kvázi „kiütve" pusztultak ki. Utánuk a dominó dőlt tovább: következtek a kisebb testű növényevők és ragadozók is. A további évszázadok és évezredek alatt a dinoszauruszok defenzívája folytatódott, és tovább szűkült az élettér. Az üresen hagyott ökológiai fülkéket csak több százezer év vagy akár millió év alatt év lehetett volna újra belakni, betölteni. Ugyanakkor addigra az emlősök, illetve a kistermetű rágcsálók már olyannyira uralták a szárazföld egyes területeit, hogy a még túlélő dinoszauruszok kihalását végül is az emlősök okozták. Az éjszakai ragadozó kisemlősök egyszerűen felfalták a dinoszauruszok tojásait. Ez a folyamat csak gyorsította a már nem természetes kihalást, és annak katalizátora is volt. Az emlősök térnyerése csak a nagyobb termetű dinoszauruszok kihalása után volt lehetséges. Az egész hasonlít arra a folyamatra, amikor nagyobb birodalmak birkóznak egymással, majd azok bukása után elkezdődik a „kicsik" háborúja. A történelemben láthattunk ilyet, kb. úgy, mint az I. Világháború végén. A tudatuniverzum hatása volt az emlősök megerősödése és agyuk evolúciójának elindulása is. Az emlősök már másfajta kódokat voltak képesek dekódolni a világűrből, mint a hüllők.

A nagy túlélők közé kivétel nélkül kisebb méretű élőlények tartoztak, úgy, mint a mindenevők, rovarevők, dögevők, túlélték ezt az időszakot. Ezeknek a fajoknak feltehetően még növekedett is a rendelkezésre álló élelem mennyisége. Az emlősök a madarakkal együtt a túlélők közé tartoztak, mivel lárvákon, férgeken, rovarokon és csigákon éltek, amelyek elsődlegesen az elpusztult növények és állatok maradványaival táplálkoztak. A növényalapú táplálékláncok öszszeomlását elsődlegesen azok a szervezetek élték túl, melyek üledékekkel táplálkoztak sekélyebb tengerekben és folyami vizekben.

Összegzés: Az univerzális tudati kiteljesedés a földi kréta időszak végén határhoz érkezett. Az univerzális tudati kódok megerősítették a fejlődő és az éjszakai életmódból nappali életmódra áttérő emlősöket. Egyidejűleg elkezdődött a nyitvatermők visszahúzódása, csekélyebb területre való kiterjedése. Ez már a nagy növényevő dinoszauruszok kihalásához vezetett, amely maga után vonta nagyobb testű ragadozótársaik pusztulását is. A folyamatokat csak tetézte és arra rásegített egy, a mexikói öböl környékére becsapódó kisbolygó, amely nem segítette a fotoszintetizáló szervezetek fejlődését és fennmaradását. Folytatódott a dinoszauruszok defenzívája, amely előbb a nagyméretű populáció kihalásában csúcsosodott ki. Az ökoszisztéma megborult, és az évmilliók során kialakult természetes táplálékláncon felborult. A kihalási folyamat elérte a normál és kisebb méretű dinoszauruszokat is, míg végül az időközben dögevő, rágcsáló és mindenevő emlősök mérték a végső csapást a dinoszauruszokra úgy, hogy azok az ellen semmit sem tudtak tenni.

A megváltozott életkörülmények miatt előtörő emlősök szó szerint kiszorították a dinoszauruszokat addigi életterükről, illetve közvetlenül is hozzájárultak az utolsó dinoszauruszok kihalásához. Egyszerűen felfalták tojásaikat, mivel tudvalévő, a dinoszauruszok hidegvérű tojásrakók voltak. A védtelenné vált dinoszaurusz-tojások pedig csodás lakomái voltak az azokat még a föld alól is kiásó, kisebb termetű rágcsálóknak. A könyörtelen állatvilágbeli faji kompetíció végül az emlősök győzelmével végződött. A dinoszauruszok végül nem tudtak regenerálódni a kréta végi sokkból, így sorsuk a kihalás lett, új fejezet kezdődött az élővilág történetében az emlősök vezetésével. Az emlősök előtt már, úgymond, tiszta volt az „út". Nem voltak komolyabb evolúciós vetélytársai a nagyobb testű hüllők kihalása után. Ugyanakkor a körülmények lehetővé tették a már „bonyolultabb" univerzális kódok fogadására képes agy fejlődését is. Az univerzális kódok immár az álmokon keresztül dekódoltak a Földön. A kisméretű éjszakai rágcsálókból, a cickányfélékből a kainozoikum során így kifejlődhetett az emlősök nagyon változatos élővilága. Minden egyes éjszaka, minden egyes álom- és alvástevékenységgel épültek be a fönti tudati világ kódjai a foldi tudatba. Az emlősök volt az a csoport, ahonnan később a főemlősök, az emberszabású majmok, majd később az ember is kiemelkedhetett.

A kréta-tercier határon hasonló jelentőségű kihalási esemény történt a vízi élővilágban is, ahol az addigi uralkodó tengeri hüllők és ammoniták rendjei haltak ki. A tengeri és óceáni élővilág egyensúlya megbomlásának okát a Föld tengelykörüli forgásában, valamint a Föld elektromágnes impulzusainak megváltozásában kell keresni Az ok: kihaltak az addig a táplálékláncalapját biztosító kokkolitok, ami a kréta időszak végét is jelezte. Kihaltak az addig uralkodó tengeri hüllők és ammonita fajok, azonban a halak és az üledékkel is beérő fajok túlélték a megrázkódtatást.

Tehát ezekkel a hatalmas változásokkal lépett be a földi történelem a kainozoikumba, az „újállati időbe", kb. 65–62 millió évvel ezelőtt.

6.4 Kainozoikum

A kainozoikum a legutóbbi a fanerozoikum eon földtörténeti idői közül: ma is zajlik. A fanerozoikum középidejét, a mezozoikumot követte.

Ez az „emlősök kora", hiszen kb. 65 millió évvel ezelőtt kezdődött, a köznapi kifejezéssel a dinoszauruszok kihalásaként emlegetett nagy kréta-harmadkor kihalás után. A kainozoiukum két fő része a **paleogén** és a **neogén**. Majd újabban az ún. „kvarter", **negyedidőszakot** is külön földtörténeti időnek tekintik, tekintjük. Az ember megjelenése a humanocén korra (pleisztocénre) tehető, a mai modern emberi kultúra pedig a holocén terméke. Én egy tudományos újítással a negyedkort **humanocén időszaknak** nevezem. Ez lefedi mind a pleisztocént, mind a holocént. A holocén egyértelműen az legutóbbi globális eljegesedés utáni időszakot jelöli, az utóbbi 12 ezer évet.

A kainozoikumban az emlősök kisszámú egyszerű és specializálatlan fajból a földi, vízi és légi élőlények sokszínű univerzumává fejlődtek, elfoglalva a kihalt fajok által hátrahagyott élettereket. A kainozoikum ugyanakkor nem csak az emlősök kora, hanem a szavannáké és az egymástól függő virágos növényeké és rovaroké is. Ebben a korszakban ugyancsak nagy fejlődésnek indultak a madarak. Az eocénben tűntek el a nyitvatermőkhöz tartozó magaspáfrányok. Az **emberszabású majmok** fejlődése az oligocénben kezdődött.

Geológiailag ez az a kor, amikor a kontinensek **jelenlegi helyükre** mozdultak. Ausztrália és Új-Guinea levált a Gondwanáról és északra sodródott, hogy Délkelet-Ázsiában kössön ki. Az Antarktisz a Déli-sarkra került, az Atlanti-óceán kiszélesedett, és később Dél-Amerika összeköttetésbe került Észak-Amerikával. A Föld belsejéből érkező mozgások teszik végül a mai helyükre a kontinenseket, valamint természetesen mindvégig hat a Föld saját tengelye körüli forgás is, amely ugyancsak hozzájárul a kontinensek vándorlásához, amellett, hogy a legnagyobb alakítója az. ún légmozgásoknak. A kainozoikumra tehető az alpi tektonikai ciklus hegységképző szakasza, amely során maga az Alpok is kialakult.

A mezozoikumi magas hőmérséklethez képest már az eocénben megkezdődött a lehűlés, a miocén végére pedig az Antarktiszon kialakult a jégtakaró, majd a harmadidőszak végén az északi pólus környezetében is megkezdődött az eljegesedés. A pleisztocénben az összefüggő jégtakaró Európában a mai Krakkóig, Amerikában New Yorkig ért. A jégkorszakok során a jégtakaró periodikusan hol előrenyomult, hol visszavonult.

6.4.1 Paleogén (Ó-Harmadidőszak)

A **paleogén** földtörténeti időszak, 65 millió évvel ezelőtt kezdődött a kréta időszak után, és kb. 23 millió évvel ezelőtt ért véget a neogén időszak kezdetekor. Nevezik néha **nummulitikumnak** is a *nummulites nemhez* tartozó ősmaradványok nagy gyakorisága miatt. Magyar szakirodalmi megfelelője az **óharmadidőszak**.[7]

A paleogén során alakult ki kisszámú fajból az emlősök nagy változatossága, miután a kréta időszak végén a szárazföldi élőhelyek nagy részét korábban uraló dinoszauruszok is kihaltak, számos élőhelyet és életmód-lehetőséget hagyva betöltetlenül.

A korszak során összességében az **éghajlat némileg lehűlt**, és Észak-Amerikában visszavonultak a beltengerek. A lehűlést megelőzően a paleogén első negyedében történt azonban a bolygó egyik leggyorsabb globális felmelegedése, amely a paleocén-eocén hőmérsékleti csúcshoz vezetett és jelentős változásokat okozott a tengeri élővilágban. (E hullám felgyorsulása képezi a paleocén és az eocén határát.)

A paleogén során már létrejöttek a mai kontinentális és kisebb szárazföldtömbök, bár még más formációban és pozícióban, mint ma. Az emlősök közül sok faj nagyméretűvé vált, a szárazföldön elfoglalva az óriás őshüllők helyét, mások egyéb szárazföldi, vízi és légi élőhelyekre specializálódtak. Ebben a korszakban vették fel a maival jórészt megegyező alakjukat a madarak fajai, amelyek végső soron a dinoszauruszok leszármazottai.

---

7 A szabad enciklopédia: Paleogén

A paleocén-eocén felmelegedés felborította az óceánok és a légkör áramlási rendszereit, ami a szárazföldön segítette az emlősök specializálódását, a mélytengerekben pedig a fenéklakó foraminiferák (likacsosházúak) számos fajának kihalásához vezetett.

Az időszakot az alábbi három korra tagolják: **paleocén, eocén és oligocén**. A paleocén összesen 42 millió évig tartott. Most röviden átvesszük, hogy mik történtek ezekben a korokban.

A **paleocén** az első kor, amely a nagy kréta-harmadkor kihalást (K-H kihalás) vagy ismertebb kifejezéssel a dinoszauruszok kipusztulását követte. A kihalási hullám után rengeteg élőhely maradt üresen. A paleocénben már 13-ról 41-re emelkedett az emlőscsaládok száma.

A kréta és a paleocén határán játszódott le a larámi kéregmozgás és **alpi hegységképződés** egyik legfontosabb szakasza. A felgyűrődések feldarabolták a Tethys-óceánt, nagy területek kerültek szárazra, ezért a paleocén korból viszonylag kevés tengeri üledék maradt fenn Európában és Amerikában. Ugyanebben az időben délen folytatódott a Gondwana kontinens feldarabolódása.

Ekkor csatlakozott az Ibériai-félsziget tömbje Európához. Az Atlanti-óceán és a Csendes-óceán ekkor még összeköttetésben volt egymással a Panamai-szoroson keresztül.

A kréta idején jelentős, mintegy 10 Celsius-fokos lehűlés történt. A paleocénben felmelegedés indult, klímája még így is viszonylag nedves és hűvös volt (bár a mainál melegebb). A szubtropikus növényzet Dél-Angliában is megtalálható volt ekkor. Ebben az időben jelentek meg a fejlettebb családjai és a valódi füvek. A növényzet a paleocénben már a maihoz hasonló volt.

Az **eocén** földtörténeti kor 56 millió évvel ezelőtt kezdődött, és kb. 40 millió évvel ezelőtt fejeződött be. A kainozoikum idő legkorábbi, paleogén nevű időszakának második kora, amely a paleocént követte, és az oligocént előzte meg.

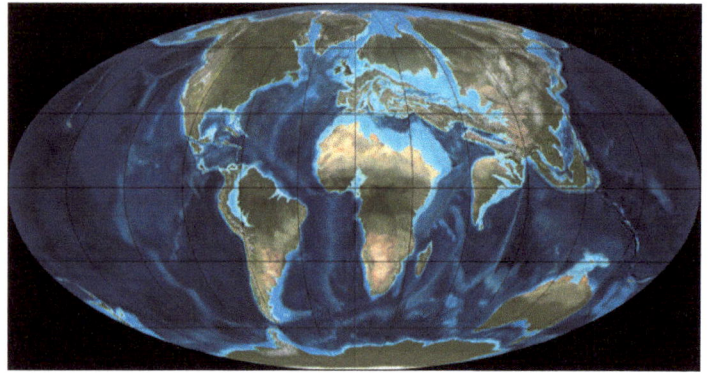

33. Paleogén kori kontinensek.

Az eocén kor folyamán jelent meg az első, maihoz hasonló **emlős fauna**. A kort a „Nagy Törés" néven ismert kihalási esemény zárta le, amelyet egyes elméletek szerint meteor-becsapódással magyaráznak Szibériában vagy a Chesapeake-öbölben (az Egyesült Államok legnagyobb kiterjedésű torkolatvidéke). De mint az már ismeretes, a meteor-becsapódásos elméletek nem mindig állják meg a helyüket. A kihalási jelenséget lehet „egyszerű" hőmérsékletváltozással is magyarázni, de azt is tudjuk, hogy az eltűnő fajokból igazából újak alakultak ki, szóval a kihalás általában új fajok megjelenésének is az ideje. A korszak elejét és végét jelző kőzetrétegek (stratum) jól azonosíthatók, bár kormeghatározásukban van némi bizonytalanság.

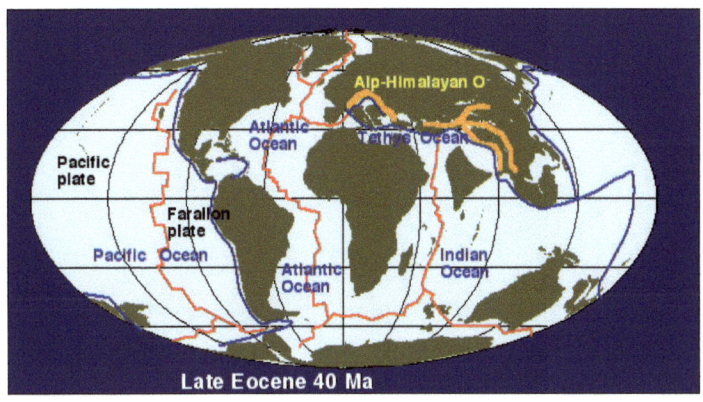

34. Eocén kori világtérkép.

Az eocén neve görögül új hajnalt jelent, és az elnevezés a **modern emlősfauna** kialakulásra utal. A fejlődés fontos állomása a belső hőmérsékletszabályozás és a szőrzet kialakulása, amely jellemzőkkel a viszonylag hidegebb éghajlaton maradhattak versenyképesek elsősorban a hüllőkkel szemben. Ugyanakkor érdekes vonása a törzsfejlődésnek, hogy a tengeri élővilágban nagyon elterjedtek az egysejtű foraminiferák, ezen belül pedig a *nummuliteock* kőzetalkotó mennyiségben halmozódnak fel az eocénben. Minden jel arra utal, hogy egyfajta új törzsfejlődési ciklus indult el a kainozoikumban, és ebbe a sorba illik az egysejtűek újfajta kirajzása. Az eocén kori tengeri élővilág meghatározói a kagylók és csigák, amelyek gazdag nemzetségekben töltötték be a sekély tengereket, tavakat és lagúnákat. Eközben újabb evolúciós impulzusok érték a Földet, ahogy a Naprendszerrel együtt halad a Tejútrendszer központja körül. Ekkor új univerzális tudati impulzusok érték a Földet minden pillanatban, amelyet aztán az evolúcióban látunk visszatükröződni. Ezért alakultak ki az új fajok között akár még egysejtű szinten is olyanok, amelyek azelőtt nem léteztek.

35. Felül az oligocén brontotherium-ja.

Az **oligocén földtörténeti kor** hozzávetőlegesen 40 millió évvel ezelőtt kezdődött az eocén kor után, és 23 millió évvel ezelőtt zárult a miocén kor előtt. Az oligocén kezdetekor számolhatunk egy nagyobb visszaesési fázissal, de ez a kihalási esemény nem volt akkora jelentőségű, mint az előzőek. Ezek az univerzális tudati mozgások az emlősök további differenciálódását és divergenciáját tették lehetővé, és ezek tekinthetők az ember kialakulásának irányába tett első lépéseknek. Ezek az evolúciós mozgások már az ember megjelenését készítik elő a földi evolúcióban. Az oligocén végén általános lehűlés történt, mely egészen a humanocén (pleisztocén) idején tapasztalt jégkorszakokig vezetett. A korszak neve görögül az emlősök új fajainak robbanásszerű elterjedésére utal.

A kontinensek elhelyezkedése kezdte felvenni mai formáját. Az Antarktisz fokozatosan elszigetelődött, és ebben az időben jelent meg rajta az első állandó jégsapka. Ekkor kezdődött a **Sziklás-hegység** kialakulása, és ahogy Európa és Afrika közeledtek egymáshoz, úgy alakult ki az **Alpok** is.

Észak-Amerika és Európa a kor elején végleg elvált egymástól, ahogy az Atlanti-óceán szélesedni kezdett. Az óceánok vize az áramlások változásai miatt viszont hűlni kezdett. A kor folyamán a klasszikus mérsékelt övi erdők megritkultak, helyüket trópusi és szubtrópusi növényzet vette át. Ugyanekkor a meleg éghajlat hatására megnőtt a füves puszták és sivatagok száma. A fűfélék általános előretörése amúgy is jellemző a korszakra.

A kis emlősök közül a **rágcsálók** döntő áttörést hajtottak végre, a nyúlalakúak rendjének fajai pedig fejlődésnek indultak. A főemelősök időlegesen visszaszorultak, valószínűleg a fán lakó rágcsálók térnyerése miatt. Az ősragadozók közül még éltek a creodontia rend képviselői, de a ragadozók modern rendjébe tartozó fajok hamar túlsúlyba kerültek ezzel az ősi csoporttal szemben.

A **páratlanujjú patások** rendje egyre gazdagabb lett. Még csak a lófélékhez tartozó kis formák képviselték, a tapírok és az orrszarvúk pedig különböző környezetekhez alkalmazkodtak. Az orrszarvúk családjának óriási termetű tagjai között Közép-Ázsiában a 8 méteres hosszúságot is elérhették. A főként Ázsiában és Észak-Amerikában elterjedt brontotherium-félék mérete jelentősen megnőtt, de mivel a hatalmas állatok rosszul alkalmazkodtak a növényevő életmódhoz, megdöbbentő gyorsasággal haltak ki az oligocén végén. Legismertebb fajuk, a brontotherium (felül, képen) a mai orrszarvúhoz hasonló méretű volt, koponyáján pedig szarvszerű csontnyúlványt hordott. Az eocénben fejlődésnek indult *ancylopoda* alrend meglehetősen furcsa páratlanujjú patásainak ismert képviselője, a *chalicotherium* lábán pata helyett karmokat viselt, amelyekkel az ágakat fogta legelés közben.

A **párosujjú patások** egyre inkább a páratlanujjúak vetélytársaivá váltak. Ma már nem élő családjaik domináltak, mint például az óvilágban elterjedt, a vízilovakhoz közel álló széndisznók, valamint a tevefélék kezdetleges családjának kicsiny, nyúl nagyságú, Európában nagyon gyakori formái, vagy az *entelodontidae család* észak-amerikai és európai, a varacskos disznóra emlékeztető fajai.

Az ormányosok viszonylag kicsik maradtak, és nem is terjedtek el széles körben. Az oligocén többi növényevő emlőse nem tartozott egyik ismert nagy csoporthoz sem. Ilyen volt például az *embrithopoda* rendbe tartozó *arsinoitherium*, egy nagy állat Egyiptomból, amelynek különös ismertetőjele a koponyáján elöl, egymás mellett elhelyezkedő nagyobb és kisebb, belül üreges és egymással kapcsolatban álló szarvpár volt. Külsejük ellenére nem az orrszarvúak, hanem az elefántok rokonai voltak.

6.4.2 Neogén (harmadidőszak)

A **neogén** időszak, a kainozoikum (újállati idő) második nagy, de még ugyanúgy a harmadkor része. Az oligocént felváltó **miocén** földtörténeti kor 23 millió évvel ezelőtt kezdődött, és mintegy 5,3 millió évvel ezelőtt zárult, a *pliocén* kor előtt. Most már nagyon közel kerültünk földtörténeti utazásunkban a jelen korhoz, a pliocén után már a konkrét humanocén és annak két része a pleisztocén, majd a holocén következik. Nem szabad ugyanakkor elfelejtenünk, hogy az már az ember megjelenésének korszaka. Pontosan végigkövetjük az ember megjelenését. Az ember megjelenése nem lett volna lehetséges a világegyetem tudati változása nélkül, az állatvilág folyamatos változása nélkül. Az ember felkapaszkodása hosszú földi időn keresztül végül lehetséges volt. Az ember valóban – a tudata által – a legmagasabb rendű lény a Földön. Az ember az első faj a Földön, amelyik megérett arra, hogy az égbe emelkedhessen, így kvázi megdicsőüljön. Az ember a tudata révén az első faj a Földön, amely eggyé válhat az univerzummal, visszatérhet tudatosan oda, ahonnan származik.

A világegyetem is a Fő Tudat része, így természetesen az ember sohasem volt isten, és nem is válhat azzá. Még isten fiává sem, csak spirituális értelemben, amelyet szinte minden különleges és spirituális emberre lehet használni. Hiszen az ember végül az univerzális tudat szülötte. Mindig meg tudjuk különböztetni ezt a két fogalmat, ha azt mondjuk, Isten, illetve referálunk, akkor azt is mondjuk: a mindenség. Ha az emberről beszélünk (bármilyen emberről), akkor ő a mindenség része, és persze nagyon szeretné kikutatni a mindenség titkait. Ilyen a természete, és ez természetes is. Ennek a könyvnek sem más a célja.

A történet úgy lesz kerek, ha megismerjük az emberiség rövid történetét is, miután valóban egyeduralomra tett szert a Földön tudati fejlődése által. Hogy miért az embert emelte ki az univerzális tudat? Mert az ő biológiai és kémiai evolúciója és fizikai felépítése biztosította a lehetőséget, hogy az ember, illetve egyáltalán földi lény valaha eljuthat a Fő Tudathoz. A végső cél az, hogy egyes választottak eljussanak a Legfelsőbb tudathoz, hogy aztán egyesülve azt is jobbá tegyék, és végül egyre és egyre több ember és élőlény juthasson el a Legfőbb Tudathoz. Talán egyszer mindenki eljut. Az, hogy először még nem jutsz el, nem azt jelenti, hogy később sem, de ahhoz még fekete lyukakon keresztül vezet az út, hogy az emberek többsége egyáltalán felismerje a lehetőséget. Ez a körforgás, és abból csak a tudat és egyfajta szeretet, illetve megbékélés által lehet kikerülni.

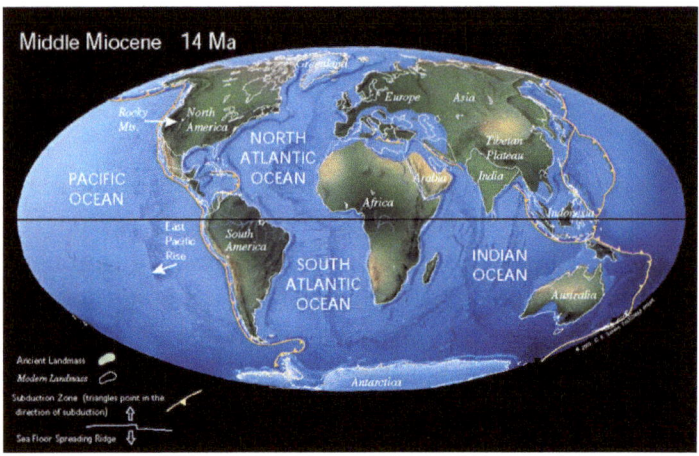

36. A neogén kori világkép már szinte teljesen hasonló a maihoz.

Na, de most vissza történetünkhöz. A **miocén határait** nem egyszerű megszabni, hiszen végre szinte először a földtörténetben sem a korszak elején, sem a végén nem történt drámai jellegű esemény, az emberiség fejlődése elé nem gördült komolyabb akadály, pusztán az oligocén végén elkezdődött lehűlés folytatódott.

A miocén korban indult meg az a lassú lehűlési folyamat, amely később majd a jégkorszakokat fogja kiváltani. 21–14 millió évvel ezelőtt mindenesetre egy átmeneti felmelegedés indult meg, melyet azonban hirtelen lehűlés követett. Körülbelül nyolcmillió évvel ezelőtt a hőmérséklet ismét drasztikusan csökkent, az Antarktisz jégsapkája pedig elérte mai méretét és vastagságát. Ugyanez jellemző **Grönlandra**, ahol ennek ellenére az időjárás még az egész miocénben olyan enyhe volt, hogy nagy kiterjedésű erdőségek voltak rajta.

A kontinensek ekkorra már nagyjából a mai helyzetükben voltak, egy kivételtől eltekintve: Észak- és Dél-Amerika között még nem létezett kapcsolat. Ekkor folytatódott a Sziklás-hegység, az Alpok, a Himalája kialakulása, valamint ekkor jelentek meg a prérik és a pampák.

A kor vége felé a Dinaridák kiemelkedése elzárta a tengert a közvetlen nyíltvízi kapcsolatoktól, ami a víz sótartalmának csökkenésével, a fauna és flóra szegényedésével járt. A mészalgák, szélsőséges esetben a sztromatolitok váltak kőzetalkotó mennyiségűvé. Ez pontosan a Kárpát-medencére érvényes, hiszen a Dinaridák emelkedése a Kárpát-medencét változtatta pont olyan külcsínűvé, amilyen most. A Kárpátok és Alpok kiemelkedésével párhuzamosan erős riolitos szubszekvens vulkanizmus indult meg a Kárpát-medence nagy részén.

A miocénben a **Kárpát-medence** nagy részét **beltenger** borította, így a térség nagy részén megtalálhatók a kor képződményei. Sok helyen hatalmas üledékhézagra települnek, ahol év-tízmilliók óta nem volt tengeri környezet. Nagy részük azonban medenceüledék, amelyeket nagy vastagságú (több ezer méteres) fiatalabb üledékek takarnak.

A süllyedési szakaszok hatására a helyi tenger északi kapcsolatait elveszítve az *Eoparatethys* állapotából a szorosabb értelemben vett *Paratethyssé* vált. Ebből alakult ki később a **Pannon-tenger**. A korszak közepén már a lajtai orogén fázis (hegységképződési periódus) hatására a Kárpát-medencei üledékgyűjtő teljesen elszakadt a nyílt tengertől, miközben a mély medencék beszakadásos szerkezetalakulása folytatódott a Föld belső impulzusainak hatására. Ez újabb nagy erősségű vulkanizmushoz vezetett, a Szatmári-árokban és a Tokaji-hegységben akár 2–3000 méter vastagságú **riolit és andezit tömegek** találhatók. Ebből is látszik, hogy a vulkanizmus úgy általában nem lehet felelős nagy kihalásokért, mint ahogy a régebbi koroknál felmerült a tudomány részéről, hiszen ez a Kárpát-medencében meglehetősen intenzív folyamat volt, mégsem kötődnek hozzá katasztrófák. Persze természetesen nem mindegy, hogy mi kerül a levegőbe, de ezzel az eshetőséggel a P. Hun csak a K-T határnál számolt víz alatti vulkanizmussal.

A kontinenseken a szárazföldi flórák változó arányban tartalmaztak mérsékelt égövön élő lombhullató fákat (nyárfa, fűzfa, tölgyfa) és trópusi fajokat (babér, banán, pálmafa). A növények elterjedésének vizsgálata a szubtrópusi övek nagy kiterjedéséről tanúskodik. Ám ami a miocén újdonsága, az az egyszikűek osztályába tartozó perjefélék családjának fejlődése.

Ami az állatvilágot illeti, a **kétéltűek és a madarak** már csak nagyon kevéssé különböztek a maiaktól. A hüllők közül a krokodilok és a teknősök fajai csaknem az egész világon elterjedtek. A legnagyobb figyelmet mégis az emlősök érdemlik. Folytatódott a rágcsálók látványos fejlődése. A nyúlalakúak nem túl változatos fajai nagyon gyakoriak maradtak. Sok óvilági majom, közöttük az **emberszabású majmok ősei** nagy területen terjedtek el: a *Dryopithecus* Afrikából és a mediterrán régióból, a *Sivapithecus* pedig először Indiából, majd Dél-Európából és Kelet-Afrikából került elő. A miocén korában a Föld igazi „majmok bolygója" volt. Ez nagyon fontos esemény, mert ezekből az adatokból már kiolvasható az emberiség későbbi történelme. A P. Hun ugyancsak nagy vonalakban követi az általános tudományos álláspontot az emberiség kialakulását illetően, de ez majd a következő fejezet témája lesz, ahogy végig tudjuk követni az evolúciót a mai ember megjelenéséig. Követi a tudományos álláspontot, de több esetben el is tér attól, majd látjuk.

A patások közül a páratlanujjúak rendjének képviselői megfogyatkoztak. Tapírok, orrszarvúak képviselték őket, valamint a lovak fejlődési vonalába tartozó állatok, amelyek közül a merychippus volt a lófélék első perjefélékkel táplálkozó képviselője. A párosujjúak viszont terjeszkedőben voltak: amellett, hogy az oligocénban megjelent csoportok is éltek, új formák is kifejlődtek, főként a mai tevék és kérődzők előfutárai. Az **ormányosok** virágkorukat élték, az olyan nagy testű formák, mint a négyagyarú masztodon és a csak két hatalmas, meredeken lefelé ívelő és hátrafelé hajló agyart viselő kapafogú őselefánt képviselte őket. A ragadozók közül ugyan éltek még a credontiák, de java részük már a modern rendet képviselte, igaz, mára olyan kihalt formákkal, mint a medvekutya.

A miocént követő kor a **pliocén**, a neogén földtörténeti idő két kora közül a második, amely 5,33 millió évvel ezelőtt kezdődött és 2,58 millió évvel ezelőtt ért véget a humanocén (pleisztocén & holocén) kor kezdetekor. A miocén és a pliocén határa a *messinai só-krízis* idejére esik, amikor a Földközi-tenger hosszabb időszakokra kiszáradt. A kor végét nagyjából az első európai **gleccserképződésekre** teszik.

A klíma egyre inkább hűvösebb és szárazabb lett, valamint élesen elhatárolódtak az évszakok, tehát hasonlított némiképp a maihoz. Az Antarktisz és az Északi-sark övezete **állandóan fagyott** területté változott, ahol a folyamatosan felhalmozódó hó- és jégtömeg is elősegítette a máig tartó nagy jégkorszakot. Felvetődik a kérdés ilyenkor, hogy ha a Földön végül is olyan jó klíma alakult ki, amely elősegítette a mindenkori élet továbbvitelét és fejlődését, hogy lehet az, hogy Antarktiszon most olyan mostoha viszonyok vannak, hogy a ma ismert emberi élet aligha maradhatna fönn a kontinensen? A választ a Föld tengely körüli elfordulásában kell keresnünk, ahol igazából a Napsugarak fényszöge dönti el a hőmérsékletet. Tehát a Föld tengely körüli dőlésszöge a döntő. Ez az alapja a térítők körülötti évszakok váltakozásának is. Ha nem lenne ez a tengelykörüli dőlésszög, vagy más lenne, úgy az evolúció is másképp zajlott volna le, illetve másfajta hőmérsékleti tartományok lennének a Földön, ami a mainál különbözőbb élővilág létezését eredményezhetné.

A kontinensek ekkortájt már nagyjából a mai helyükön voltak, egészen apró eltérésekkel. Létrejött Észak- és Dél-Amerika között a panamai földszoros, melyen keresztül északi és déli állatok tudtak vándorolni, minkét faunában hatalmas változásokat állítva be ezzel. Ám volt egy súlyosabb következménye is: megszűnt az Atlanti- és Csendes-óceán közötti közvetlen kapcsolat, melyen keresztül meleg tengeráramlatok jutottak az Atlanti-óceánba. Elindult a Golf-áramlat és annak hűtő hatása, mely elősegítette a **jégkorszakok kialakulását**. Afrika és Európa összeértek, a Tethys-óceán végleg bezárult, mai maradványa a Földközi-tenger. Amerika és Ázsia között a tengerszint csökkenése miatt létrejött a Bering-földhíd.

A kontinenseken a trópusi flóra háttérbe szorult a mérsékelt égövivel szemben. A már hatalmas prérik tovább terjeszkedtek az erdők rovására. A klimatikus viszonyok romlása közvetlen hatással volt a hidegnek ellenállni képes gerincesekre, különösképpen a krokodilokra.

A tengeri faunákban mind több mai is élő faj jelent meg. Az emlősök csoportjainak képviselői modernebb képet mutattak. Megszaporodtak és igen változatosak voltak a rágcsálók. A **főemlősök** közül a mai cerkófmajom-félék rokonságába tartozó óvilági majmok népesítették be a szavannákat, míg az *Australopithecusok* Kelet- és Dél-Afrikában jelentek meg.

A páratlanujjú patások hanyatlása igen határozottá vált: már csak néhány tapír orrszarvú és a mai lovakhoz igen közel álló ló képviselte őket. A párosujjú patások viszont éppen ellenkezőleg, fellendültek, főleg a modern kérődzőfélék (szarvas, zsiráf, szarvasmarha) által. Az ormányosok sohasem tapasztalt változatosságban népesítették be a Földet, hiszen a még élő számos masztodon és néhány kapafogú őselefánt (deinotherium) mellett már megjelentek a valódi elefántok első képviselői is. A húsevő emlősök közül a crenodontiák kihaltak a miocén végén, és így szabaddá vált az út a modern ragadozók előtt. Tulajdonképpen már alig különböztek a mai formáiktól, de még tartotta magát közöttük a kardfogú macska-félék különös csoportja is, amelyekből az európai pliocén legnagyobb ragadozója, a **kardfogú tigris** (machairodus) a legismertebb. Dél-Amerikában az erszényesek és a növényevő méhlepényesek voltak a meghatározók (foghíjasok, erszényes patkány). Ausztráliában a tojásrakó emlősök és az erszényesek térhódítása volt a jellemző.[8]

A pliocén után eljutottunk az ember uralta korba, ez a könyv szerint már a **humanocén időszaka**, ami egyszerűen azt jelenti: az emberi kor. Ebben az időszakban már meghatározó az ember jelenléte a Földön. Igaz, eleinte még mint az állat-

---

8 A szabad enciklopédia: Pliocén

világ egyik intelligens tagja volt jelen, de ügyes végtagjaival és egyre fejlődő agyával már egyre összetettebb műveletekre volt képes. A mutogatásokból a hangokat utánzó gurgulázásából elérkezett a kezdetleges nyelv kialakulásának a lehetősége is. A kor vége felé pedig már képes volt rá, hogy egyfajta nyelvezetet is kialakítson különböző élethelyzetek lefestésére, memorizálásra és lereagálására.

6.5 Evolúciós időskála

Végezetül, hogy most tulajdonképpen gyorsan szinte dióhéjban végigfutottunk a Föld ember előtti történetén, én is veszek egy népszerű időskálát, hogy jobban el tudjunk igazodni az evolúciós lépéseken. Egy 24 órás napot fogunk használni, amit beosztunk a Föld életkorára, de az egyszerűsített formát használom, a kereken 4 milliárd évet, hiszen mint tudjuk, ennél valóban többször keringhette körbe a Föld a Napot, de eleinte nem azon a pályán, amin ma, illetve valószínűsíthetően gyorsabban is tett egy ívet, mint az ma számít egy évnek.

Így ennek az egy évnek minden hónapja 333 millió évnek felel meg, 1 nap jelent körülbelül 11 millió évet. 1 óra pedig 456 ezer évnek felel meg. 1 perc 7600 évet jelent, 1 másodperc pedig 127 évet durván.

Ezek szerint Földünk január 1-én kapcsolódott a Naphoz és „vetetett fel" a Naprendszerbe, ekkor már valószínűleg mai helyén pörgött, és egy kicsit letisztult a Naprendszer szerkezete, sok bolygó eltűnt, kirepült vagy valahogy beleolvadt más bolygókba, de az tény, hogy bizony sok idő telt az ún. pozícionálással.

Valószínű, a Holdat már egészen korán január első két hetében megkapta a Föld, mint útitársat, de ekkor, mint tudjuk, sokkal közelebb keringett a Hold, mint manapság. Az első mikroorganizmusok már március elején megjelenhettek (nem tudunk pontos időt mondani). A proterozoikumot 2,5 milliárd évtől számítjuk, ez kb. május közepén volt. A proterozoikum eltartott ugyan november 12-ig, a földtörténeti ókorig. A Rodínia szuperkontinens még október 25-én kezdett feltöredezni, utána helyett adva a Pangea szuperkontinens létrejöttéhez. Az első sztromatolitok már szeptember 8-án megjelentek a világtengerekben. A legősibb baktériumok természetesen sokkal előbb. A baktériumokból alakultak ki az ősi egysejtű moszatok, amelyek sokáig uralták a világtengereket, feltűnésükkel őket lehet számítani az első növényeknek.

Az eukarióta bióta fauna már november 4-én megjelent. A kambrium és benne az a nagyon sok élőlény november 12-én jelent meg. November 12-étől lehet számítani a gerinctelen fajok jelenlétét a Földön. November 18-án jelennek meg az első halak. Az első gerinces halak kb. egy héttel később, november 25-e környékén bukkannak föl. Közben az ordovícium időszak tartott november 18-étől november 22-ig. A devon időszak november 25-étőől egészen november 29-ig teljes egészében a halaké. Ugyanakkor már ebben a korszakban elkezdődött a szárazföldre „látogatások" korszaka, ugyancsak november 29-én, a késő devonban már látunk gerinceseket a szárazföldön. Ekkor már láttuk volna az első ichtyostegát (az első nagyobb testű kétéltű). A karbon időszakban természetesen folytatódott ez a folyamat, és ekkor jelentek meg az első hüllők is december 3-án. A tengeri gyűrűsférgek szárazföldi inkarnációjukká váltak az első ízeltlábúak, az első pókszabásúak és százlábúak már a késő szilurban kinn voltak.

Hogy a növényekről is ejtsünk szót, az első növények a szárazföldön már a középső ordovíciumban megjelentek november 20-án. Tehát először a növények, utána az ízeltlábúak, majd a gerincesek, így volt a sorrend. A növényi világ kifejlődése és támasza volt a később megjelenő állatvilágnak. Végül a szárazföld további perspektívákat nyújtott az evolúciónak. A karbon november 30-ától tartott december 4-ig. A perm végi kihalási esemény dec. 9-én történt, a Föld történetének legnagyobb kihalási eseménye történt ekkor, okai kozmikus eredetűek.

A triász korszak pontosan december 9-én kezdődött, ezt mondhatjuk a hüllők uralkodásának kezdetének is. A dinoszauruszok pedig, kvázi egy nappal később, 10-én jelentek meg a Földön és kezdtek egészen elképesztő, csodálatos utazásba, ami egészen dec. 25-ig tartott, miután letűntek a Föld színpadáról a megváltozott életkörülmények és az emlősök „ébredése" miatt. Nem az egész hüllő fauna, de az akkori mainstream, a dinoszauruszok igen. Az emlősök utána egy nappal, dec. 26-án veszik át a kontrollt, és maradnak már végig dec. 31-ig abban. Azt meg kell említeni, hogy az emlősök elődei az emlősszerű hüllők már december 2.-án megjelentek.

Az első emlősök később dec. 13-án bóklásztak már a felső triászban a dinoszauruszok árnyékában. A madarak a hüllőmedencéjű dinoszauruszokból alakultak ki és jelentek meg már a kora jurában dec. 15-én. Az első főemlősök az oligocénben jelennek meg, dec. 29-én déltájban. Az első cetek és bálnák december 26-án jelentek meg, mindannyian szárazföldi ősökkel rendelkeznek. Ez egy különös példája annak, hogy az univerzális kódok megfelelő környezeti feltételek esetén fordítva is működhetnek. A főemlős emberszabásúak és az előemberek már dec. 31-én ugyancsak délelőtt 11 óra tájban váltak el. Az ember pontosan december 31-e este fél 12-kor bukkant fel. Sajnos éjfél előtt 10 perccel sikerült kiirtania a humanocén nagy megafaunáját, majd az utolsó glaciális utáni holocén időszaka az utolsó 3 percre tehető. A sumér és egyiptomi kultúrák kialakulása még a 23:58-as percben történt, de már közelebb az 59-hez. Az utolsó egy perc pedig az addig lejátszódott emberi történelem. Jézus körülbelül 23:59:15-kor született. A Római birodalom bukása utána nem sokkal 23:59:20-kor már megtörtént. Majd az utolsó két másodpercben történt a francia forradalom, majd eldördültek az első fegyverek a két világháborúban.

2014 a tulajdonképpeni első nap első perce volt az új kozmikus naptárban. Ha új naptár, akkor új kor is. 2014 már egy bevezető éve a Vízöntő korszaknak, ami a Halak korszaka után jön. A Halak az egyiptomi kozmológiában a „hiszeket" jelenti, a Vízöntő pedig a „tudomot", tehát a tudást, a tudatot. A Vízöntő az Ikrek „gondolkodom"-jából szerzi meg a tudást, tehát a tudatkvantum dolgozik ekkor is.[9] Az univerzalizmus mint világnézet (vagy később akár vallás) kialakulása egyértelműen már új időket jelez, ahol már kicsivel nagyobb a horizont, sokkal jobban kinyílik a látótér, és akár több százezer évet is lehet előre látni, amely még mindig csak legfeljebb órákat jelent ezen az univerzális időskálán.

Nem csavarja ki tekintetünket bizonyos apokalipszisek bekövetkezésének esélye. Nem homályosítja el tudatunkat a világvége fogalma. Egyáltalán nem leszünk a régi vallások béklyóiba kötve. Mindegyik régi, különösen a judaizmusra épülő egy isten hívő vallások egyfajta végső ítélet féleleméretére épülnek, amellyel eleve manipulálják az ezen vallásokat követő tudatot. Igaz, valószínű ezen vallások kialakulásai az akkori világ törvényszerűségeit követték, és az akkori emberi egót, illetve tudatot tükrözték vissza, sajnos egy tudományban szegény világban. (Természetesen nem az akkori világ egészét kell érteni, hanem csak bizonyos területet).

---

9 Hórusz szeme, Dendera, a csillagászat hajnala. Spektrum TV.

Állandó vissza-visszatérő téma az eljövendő világvége hangulat, és ennek természetesen nagy „piaca" van. Mindig soksok időpontra jelezték már a világ végét, de aztán jön a kijózanodás, mégsem jött el a „világvége". Az univerzalizmus nem ilyen, ebben a gondolkodásban is szeretne új irányokat kijelölni. Tehát egy évbe sűrítjük bele a Naprendszer és benne a Föld történetét, amit úgy 4 milliárd évnek fogunk venni. Ezen a skálán 333 millió év felel meg egy hónapnak. És egy napnak pedig 11,1 millió év körülbelül. Messze még a nap vége.

7 A HUMANOCÉN, NEGYEDIDŐSZAK TÖRTÉNÉSEI

A pliocén utáni korszakot egyfajta „tudományos újításként" **humanocén**nek nevezem, amelyre már utaltam korábban. Az ok egyszerű, ez már valóban egy olyan korszak, melyben az ember, illetve az előember feltűnt, és aktív alakítója volt környezetének. Feltűnt az afrikai szavannán, de Ausztráliában és Ázsiában is. Az emberré alakulás is olyan módon történhetett, mint az evolúció bármikor előtte, egyszerre több ágon is futott, míg végül az álomkódoknak megfelelően kialakult egy győztesnek látszó „prototípus". Ezért is gondolom, hogy indokolt egy körülbelül 2 milliós időszakot az ember jelenlétére utalóan megnevezni. Szeretném, ha újításom a tudományos körökben is elterjedne. Igaz, van már pár új fogalma könyvemnek, ez egy azok közül. Azért lehet könyv ez az írás, mert sok olyan dolog és gondolat van benne, amelyek nem szerepelnek más írásokban. A kainozoikum legnagyobb fejleménye végül is az embernek a földi történelem színpadra lépte a pliocén és a humanocén határán.

7.1 Az emberi mítosz-történelem kezdete, özönvíz-legendák

Tehát a pliocén földtörténeti korszak után a humanocén időszak következik. Ez a jelenlegi tudományos leírásokban a **pleisztocén-holocén** nevet viseli. Érdemes a két korszakot egy név alatt – ez lenne a humanocén –, de valóban külön tárgyalni. Kétségtelen a humanocénre esik a teljes emberi történelem, de valóságosan csak utolsó 10–12 ezer évet ismerjük, annak is mintegy 5–6 ezer éves korszakát fedi le írásos emlék, ami a legfontosabb támpont akkor, amikor a közelmúltat kutatjuk. Úgy is mondhatnánk, hogy az emberi történelem 99%-át csak a földtani összetevők, régészeti leletek, őskőkori közösségek utáni leletek, barlangrajzok, valamint fosszilis maradványok alapján tudjuk valamelyest feltérképezni. Igaz ugyanakkor, hogy az ismert 1%-os időtartamba esik a teljes valaha élt emberi populáció 95%-a, és így a két ismeretanyag nagyjából kiegyenlíti egymást.

A maradék 1%-ot már behatóbban ismerjük – nyilvánvalóan –, hiszen korban ez már sokkal közelebb áll hozzánk, illetve a jelenkorról beszélünk. Ugyanakkor ezen utolsó 10–12 ezer évnyi kor határa is inkább a legendák homályos világába vész.
Ez azt jelenti, hogy a jelenkori történelmünk – a holocén – határa az utolsó nagy jégkorszakhoz kötődik. Más szóval ez a mitikus emberi történelemtudatnak egy komoly fordulópontja. Az ún. atlantiszi legendák is mind a „nagy özönvíz" előtti korhoz kötődnek. Akkoriban már fejlett tudattal létező emberiséggel számolhatunk, amelyet persze még lenyűgözött a természet ereje, különös jelentőséget tulajdonított dolgoknak. Istenképe már akkoriban is alakulóban lehetett, ismerkedett az őt körülvevő világgal, és valószínűleg min-

dennek, aminek nem ismerte az okát, természetfeletti jelentőséget tulajdonított, illetve isteni beavatkozásnak vélt. Így kerülhetett be a legendák világába az ún. özönvíz is, amelynek valószínűleg lehettek valós alapjai, mert hiszen ha nem is csapadék formájában, de a hatalmas jégmezők olvadhattak meg a visszahúzódó jégsapkák után.

„Özönvíz" alatt természetesen nem a héber Bibliában leírt eseményt értem. A Bibliában elbeszélt történet ugyan tiszteletre méltó, de semmi köze a valóságban lejátszódott eseményekhez. Az emberi képzelet szép történeteket tud gyártani. Nem létezett az a Noé, sem a bárkája, és az az özönvíz sem, ami abban a könyvben szerepel. A Bibliában szereplő özönvíz **mítosz és legenda**. Fontos volt ugyanakkor a zsidó írástudóknak egyfajta identitás meghatározásában, ami az egész ún. héber Biblia célja.

Ugyanakkor valóban része a kollektív emberi tudatnak egy nagy vízesemény, de azoknak az interpretációja kultúráról kultúrára változik. A Bibliában szereplő értelmezés csak egy a sok közül. Körülbelül 300 féle özönvíz-elbeszélés létezik a különféle korai emberi társadalmakban és kultúrákban. Hogy korrektek legyünk, a zsidó mitológiával szemben általában él *Atlantisz legendája*, amely ugyancsak „egy" nagy vízkatasztrófához kapcsolódik. Mindkét történet ugyanakkor ugyanahhoz az eseményhez kapcsolódik, az utolsó jégkorszak utáni olvadási jelenséghez, és valószínűleg ez az oka a sokféle interpretációnak is. A P. Hun nem kívánkozik „fölcsatlakozni" az Atlantisz legenda megfejtési spiráljára, hiszen akkor semmiben sem különbözne más, a legendát boncolgató és az igazságot tudó, illetve kereső műtől.

Korrekten akkor járunk el, ha a Bibliában előadott özönvíz legendájával együtt Atlantisz legendájának sem adunk hitelt.

Azonban az amerikai kontinens az utolsó jégkorszak előtt is hordozhatott kultúrákat belsejében – ha nem is olyan kitűnőt, mint az állítólagos atlantiszi –, de épp elégségeset ahhoz, hogy abból egy a héber Bibliához hasonló nagyságrendű mítosz alakulhasson ki. Helyesen járunk el, ha egy távolba vesző, messzi, az Atlanti óceánban elvesző kontinens helyett a mostani Amerika kontinens helyén keressük „Atlantiszt", illetve a karibi térségben. Nagy a valószínűsége, hogy az „Atlantisz legenda" mögött egyszerűen az amerikai kontinens áll.

Időszámításunk előtt több ezer évvel még nem ismerte a „mainstream történelem" az amerikai kontinenst, sőt valószínű, egyáltalán nem. Nem elképzelhetetlen, hogy bizonyos embercsoportok eljutottak Amerikából Afrikába vagy Európába, akár már a jégkorszak alatt, és onnan tőlük „származhat" a legenda vagy legalábbis ötlete. Ha nem egyszerűen csak Platón „tanmeséjével" állunk szemben, amelyben elbeszéli egy valaha volt nagy kultúra vagy sziget történetét és annak „bukását" is, elsősorban morális tanulságként állítva a későbbi nemzedékeknek.

Mint ahogy azt az előző fejezetből láthattuk, földtörténeti ismereteink alapján nem ismerünk egy külön kiálló szigetet (kontinenst), ami a mai Atlanti-óceánban létezett, majd egyik pillanatról a másikra eltűnt. Az igazságot meglévő ismereteinkre alapozva, és nem elfogultan kell keresni. Az, hogy egy görög gondolkodó egyszer értekezett erről, az még nem biztos alap.

Ráadásul a legenda valószínűleg egyiptomi eredetű lehet, ott hallhatta a görög filozófus vagy áttételesen Egyiptomból juthatott el hozzá a történet. Mindazonáltal a mítoszok mítoszok maradnak, fontos részei az emberi történelemnek, valami fajta igazságmagjuk mindig lehet, de sosem az, amit hallunk vagy akarják, hogy halljunk ki belőlük. Történetek és legendák szájhagyományok útján esti tábortüzek fényében csiszolódtak, mindig az ún. mesemondó kultúrkör részeként. Így az eseményeket jelentősen kinagyítva és eltúlozva történetek keringtek az emberek között egy valaha létezett magasabb rendű fejlettebb civilizációról. A bibliai történetek többsége is hasonlóan született, ugyanúgy tábortűz körüli kultúra és szájhagyomány termékei. Szép mesék morállal vegyítve, erősen túlzó, valamint becsvágyó és hatásvadász emberi fantázia termékei.

Ugyanakkor igen **fontos „input"**-ja lehet a P. Hunnak, ha mint hivatalos álláspontot, azt képviseli, hogy Atlantisz nem volt más, mint az amerikai kontinens, valamint most is az, ami nem süllyedt el, pláne nem egyik napról a másikra. Kétségtelen, hogy az amerikai kontinens sokáig egy „sötét ló" volt a kontinensek között. Valóban, a jelenleg ismert és elfogadott történelmi adatok és tények szerint a legkésőbb benépesült kontinens volt, amiről sokáig nem tudott az emberiség centruma. Persze ez nem azt jelenti, hogy nem lett volna ott élet és civilizáció. A kora-amerikai civilizációkról ma már sokat tudunk. Egyáltalán nem volt elmaradott kontinens, és a rajta kialakult civilizációk is időt állóak, fejlettek voltak. A fontosabb amerikai kultúrák között feltétlenül meg kell említeni az olmék, maja, azték és inka kultúrákat, melyek hihetetlen szellemi és jelentős politikai teljesítménnyel is hozzájárultak az összemberiség kultúrájához.

Ugyanakkor tény, végül az amerikai kontinenst elfoglalta és gyarmatosította az európai kontinens. Az univerzalizmus rendszerébe végül **„Atlantisz"** legendája kapcsán tud becsatlakozni a teljes amerikai kontinens. Atlantisz legendája eggyé válik magával az amerikai kontinenssel. Egy valaha létezett fejlett, és állítólag magasabb rendű, civilizáció létezését, mint önbeteljesítő jóslatot magáénak tekintheti **Amerika**, az Atlanti-óceánon túl. Végül, ha a legenda nem is volt igaz, de egy magát beteljesítő történet lett belőle, hiszen végül is az amerikai kontinensnek már meghatározó szerepe volt az emberiség történetében a XIX. század második felétől kezdve. Majd egy évszázaddal később – két világháború után, amelyeknek magterületei Európában voltak – már vezető szerepet vitt az amerikai kontinens. Az univerzális világnézet szerint minden kontinensnek, minden országnak, minden embernek megvan a helye az univerzumban, és így természetesen az egész amerikai kontinensnek is. Ezekről a gondolatokról még később, könyvem második részében lesz szó.

7.2 Negyedidőszak (humanocén)

Na, de vissza a negyedidőszakra. A humanocén a földtörténeti pliocént követő kor, de ugyanúgy a kainozoikum része. Mintegy két millió évvel ezelőtt kezdődött, és a legutolsó pillanatunkig tart. Ezt a kort már nem fogjuk túlélni, ez a mi korunk, a negyedidőszak! Ez a földtörténetben annyit tesz, hogy a negyedik nagy fejlődési hullám, ez már az ember, illetve emberszerűek kora. A mai kort holocénnek nevezi a tudomány, azt jelenti: jelenkor. A holocén azonos a **kainozoikumi eljegesedés** utolsó interglaciális periódusával. A holocén már teljes egészében az emberi kor, vagy ahogy az előbb tárgyaltuk: az ember már tudatilag, társadalmilag emlékezett történelme. A legenda kedvéért mondhatjuk is: az **özönvíz utáni történelem**.

A régészek a humanocént paleolitikumnak, régi kőkorszaknak vagy őskorszaknak is nevezik. A humanocén legjellemzőbb éghajlati sajátossága ugyanakkor a jégkorszakok váltakozása. Több glaciálist és interglaciálist is megkülönbeztünk a humanocénen belül. Ugyanakkor látnunk kell, hogy éghajlati mostohasága ellenére a jégkorszakon átívelve vált ember az emberszabásúakból. Mindez a Nap éltető hatásának és a Föld belső impulzusainak következménye, hogy olyan éghajlati (jellemzően hideg) környezetet hozott létre, amelyben az ember szociálisan együttműködő lénnyé válhatott. Ugyanakkor ne keverjük össze a humanocén és a jégkorszak kifejezést. A humanocén geokronológiai, rétegtani egység, míg a jégkorszak klimatológiai fogalom.

A humanocén klímát az ismétlődő nagy eljegesedések (glaciálisok) és a jég időleges visszahúzódásával jellemzett **interglaciálisok** jellemezték, amelyek általában néhány tízezer évig tartottak. Az időszakban öt glaciálist (Duna-, Günz-, Mindel-, Riss- és Würm- glaciális) és négy interglaciálist különböztetünk meg.

Európában és Észak-Amerikában eljegesedési központok alakultak ki, ahonnan a jég a peremek felé terjedt. A jég legnagyobb kiterjedése idején több száz méter vastag jégréteg borította Európát a Temze vonalától az Alpokon és Kárpátokon át a Don és a Dnyeper folyók torkolatvidékéig, Észak-Amerikát pedig a 40. szélességi fokig, vagyis a mai Philadelphia és St. Louis városok vonaláig.

A humanocénben a kontinensek gyakorlatilag (kb. 100 km eltéréssel) a mai helyükön voltak. Az éghajlat folyamatosan változott, és ez is meghatározta, hol volt az emberszabásúaknak esélye a túlélésre, illetve rajtuk keresztül hol jelenhetett meg a modern ember. Ez a két kontinens elsősorban Ázsia és Afrika voltak. De természetesen Európa és Ausztrália sem maradt ki, különösen amiatt sem, mert sok – most különálló – kontinensrész is összeköttetésben állt egymással, ami ugyancsak segítette a korai emberfajok viszonylag széles elterjedését. Felfedezi a tüzet, amellyel távol tarthatja a ragadózókat és megvédheti magát a dermesztő hidegtől. Természetesen lehetséges, hogy több korai emberi csoport párhuzamosan, egymástól függetlenül fedezte fel a tűz jelentőségét. Szerszámkészítésbe kezd, amellyel ugyancsak megsokszorozza erejét és előnyét az állatvilággal szemben. Egyértelműen a fegyverkészítés tudománya áll a humanocén nagy megafaunájának kihalása mögött, valamint a glaciális periódusokban is voltak odavesző és kihaló fajok.

Kezdetleges körülmények között, kvázi a szabad ég alatt vagy pedig hasadékokban, barlangokban, majdnem ugyanúgy éltek, mint az állatok, de egyre inkább megvolt a területük, ugyanúgy, mint ahogy a mai embernek is megvan. Később a humanocénben, de még bőven az utolsó jégkorszak előtt feltűnnek az első primitív építmények is kövekből, fából és földbe vájva, az első faluközösségek. Feltűnnek az első szelídített állatok is az ember körül, mikor már elég táplálék állt rendelkezésre, amely által nőtt a biztonsága. Az ember tűnt a humanocén hideg és változó éghajlatának nyertesének, lassú, de biztos nyertesének. Hogy milyen korai emberi kultúrák léteztek, arról később lesz még nem kevés szó.

A humanocénben változott, az a tengerpartok kiterjedése: a jégkorszakok idején ugyanis a tengerek szintje kb. száz méterrel alacsonyabb volt, mint az őket megelőző (követő) interglaciálisokban. Ez nagyban hozzájárult egyes állatfajok és az ember szélesebb körű elterjedéséhez. Az eljegesedések alatt **összefüggő szárazföldet** alkottak Ausztrália, Tasmania és Új-Guinea. Ezt hívták a Szahul Földnek. Ugyancsak összefüggött az indiai szubkontinens és Ceylon szigete. A dél-kelet ázsiai szigetvilág (Szunda föld). A korai humanocén időszakában a Brit-szigetek is összeköttetésben állt az európai kontinenssel. A mai Alaszkát is földhíd kötötte össze a mai Csukcsfölddel. Ez volt Beringia. A humanocén során a jég volt a legnagyobb felszínformáló erő: gleccserek voltak az észak-afrikai Atlasz hegységben, sőt a Kilimandzsáró és a Kenya hegy lejtőin is.

A humanocén állat- és növényvilágában nem volt ugrásszerű változás: azok sokban hasonlítottak a jelenlegihez. Ez a korszak fénykora volt az ormányosoknak, a macska-, teve- és lóféléknek, valamint a madaraknak.

37. A mai Spanyolország a pleisztocénben, gyapjas mamutokkal, barlangi oroszlánokkal, tarpánokkal és gyapjas orrszarvúval.

Az akkori fajok közül sok ma is jelen van, kivéve néhány nagy testű emlős-, madár- és hüllőfajt (például gyapjas mamut, óriásszarvas, barlangi medve, barlangi oroszlán, erszényes oroszlán, kardfogú macskák, az elefántmadár-félék, moák és a megalánia, nagyméretű kihalt hüllőfaj Ausztráliában). Ők alkották a humanocéni megafaunát, amely kihalásának okai vitatottak tudományos körökben, de egészen biztosan maga az ember felemelkedése és megerősödése, valamint egyszerűen maguk a jégkorszakok voltak a kiváltó okok. Az ember már jobban tudott alkalmazkodni a jégkorszak okozta megpróbáltatásokhoz. A jégkorszakokban pont az elhulló nagytestű állattetemek révén tudott a legtöbb emberi csoport továbbvergődni, túlélni. A humanocén jégkorszak világát tekinthetjük egyfajta megtisztulásnak az ember végleges kiemelkedése előtt. A tűz ismerete nélkül az ember is odaveszett volna.

7.2.1 Holocén

Földünk a holocénre, az utolsó jégkorszak utánra nyerte el a mai arculatát földrajzát és élővilágát tekintve. A jelenkor fontos jellemzője, hogy a földfelszín arculatának alakításában az embernek már egyedülálló szerepe van.

A holocén klímáját gyors felmelegedéssel járó, de a kiinduló hőmérsékletet még messze el nem érő interglaciális periódusa határozza meg. Ezzel a jégtakarók az Északi és Déli sarkok közelébe húzódtak, ami nagyban hozzájárult az ember végső elterjedéséhez.

Természetesen a holocénben is vannak hőmérsékletingadozások. A 20. és 21. században a globális felmelegedés egyre erősödik. Általában az emberi tevékenység eredményének (antropogén) tekintik, azonban a Föld klímája **még nem éri el azt a hőmérsékletet** és hőmérsékleti eloszlást, ami általában jellemző rá. Európa éghajlata még a **kainozoikumi eljegesedés** első két glaciálisa közti interglaciálisban is jóval melegebb volt a mainál, előtte pedig kifejezetten szubtropikus.

A holocénre a kontinensek elfoglalták a mai helyzetüket és mivel az időszak kezdetéről földtörténeti léptékkel mérve csak nagyon rövid idő telt el, így azóta nagyobb változások csak néhány esetben lokálisan történtek (például kisebb szigetek keletkezése, eltűnése). A „szigetek eltűnése" kapcsán már tárgyaltuk Atlantisz legendáját, illetve, hogy ennek a legendának hitelt kell-e adnunk vagy nem. A legenda továbbra is legenda marad, de Atlantisz a P. Hun szerint maga az amerikai kontinens volt, és nem tűnt el.

Ami nagymértékén változott a humanocén korábbi időszakához képest, az a tengerpartok kiterjedése: a kainozoikumi eljegesedés máig utolsó glaciálisa, a **Würm-glaciális** idején ugyanis a tengerek szintje körülbelül száz méterrel alacsonyabb volt, mint az azt megelőző interglaciálisban, és 250 méterrel alacsonyabb, mint az eljegesedési periódusok előtt. Ez akkor nagyban hozzájárult egyes állatfajok és az ember szélesebb körű elterjedéséhez. A holocén során megszűntek összefüggő szárazföldet alkotni azok a területek, amelyekről fentebb volt szó. Ezek Ausztrália, Tasmánia és az Új-Guineai sziget. Az indiai szubkontinensről levált Ceylon szigete. A dél-kelet ázsiai szigetvilág (Szunda) feldarabolódott. A Brit-szigetek elvált az európai fő kontinenstől. Megszűnt az Alaszkát és a Csukcsföldet összekötő földhíd, amely a tengerszint emelkedése miatt került víz alá.

A holocénre alakult ki a Földünket ma is jellemző növény- és állatvilág. A növényvilág a humanocén-beli jégkorszakok után átmenet, törés nélkül lépett a holocénbe, az állatvilág esetében azonban ez nem így történt. A holocénre kihaltak Eurázsia, Amerika és Ausztrália nagy testű állatai (kora humanocén megafaunája). Mint ahogy azt már jeleztük, ennek a kihalásnak is több összetevője volt. Megvolt az emberi tényező is a dologban, a kisebb és egyre együttműködőbb és eszesebb emberi csoportok egyszerűen sok esetben fizikailag is visszaszorították a korszak nagyobb termetű emlőseit. Először talán a növényevőkre csaptak le az emberi hordák, amelyek megcsappanása nem volt közömbös a ragadozó fajokra sem. Egyre kevesebb élelem volt elérhető, ez egyre kevesebb utódot jelentett.

Ugyanakkor nem szabad figyelmen kívül az éghajlati tényezőt sem. Az erős jégkorszakok nem hagyták érintetlenül a humanocén-beli nagy megafaunát, amely fokozatosan csökkent, többet már nem tudott életre kapni. Ugyancsak szerepet játszhattak az univerzumból érkező „parancsok", amik az ember későbbi triumphálását vetítették elő. Ez már úgy működött, hogy az emberi intelligencia fokozatos fejlődésével egyre kevesebb élettér jutott ezen nagyvadaknak, és lépésről lépésre kipusztultak, nem tudtak tovább szaporodni, illetve az emberrel versenyezni életterek birtoklásában. Körülbelül hasonló folyamat játszódhatott le, mint a kréta-tercier kihalási eseménynél, amikor az emlősök fokozatosan szorították ki a hüllőket, azokon belül is elsősorban a dinoszaurusz csordákat. Tehát ahogy a növényvilág esetében nem volt kimutatható az ember egyre aktívabb jelenléte, úgy ez az állatvilágban lényeges változásokat hozott. Az embernek minden természetes – ha volt még a humanocénben – versenytársa eltűnt.

Már a humanocén egész szakaszában, de különösen az utolsó jégkorszak utáni interglaciálisban feltűnő az **emberi faj abszolút egyeduralkodása**, amit elsősorban agyának szerkezetével ért el, az evolúció valóban eddigi csúcsa. Nézetem szerint egy csomópont, amelyből az evolúció újabb irányt vehet, de már nem konkrétan fizikailag, hanem az agyban, gondolatok és tudat révén.

A fizikai terjeszkedés révén az ember a holocénre már (az Antarktisz kivételével) minden kontinensen sikeresen megvetette a lábát. Azonban az is elmondható, hogy főleg az **emberi tevékenység révén** már a 20. században is kibontakozóban van egy újabb nagyobb kihalási jelenség, amelyben szinte évente tűnnek tucatnyi kisebb-nagyobb termetű állatfajok. Tudnunk kell, hogy minden faj fontos az univerzális rend fönntartásában, nem engedhetünk el egyet sem, ha az nem természetes folyamat eredménye.

A 20. század vége fele **a folyamat az egész élővilágra kiterjedt** és kétségbeejtően felgyorsult: az elkövetkező időkre az emberi eredetű környezetszennyezés és -rombolás miatt az egész élővilág sokszínűségének (diverzitásának) drámai csökkenésére kell számítani. Ezért elmondható, hogy bár a humanocén, azon belül is a holocén a legrövidebb földtörténeti szakasz, az élővilág fejlődésének további irányait mégis nagymértékben meghatározza. Egyesek szerint az élővilág hatodik nagy kihalási hulláma van kibontakozóban.

A P. Hun ezért is születik, ugyancsak univerzális tudati elemek hatására. Egy olyan mű akar lenni, amely felhívja a figyelmet az értelmetlen versenyre, a környezetpusztításra, az állat- és növényvilág élőhelyeinek szűkülésére, a túl gyors és fölösleges fogyasztásra. Ehelyett **inkább azt mondja: lassítsunk**, szenteljünk több figyelmet a környezetünknek, a környezetünkben élő embereknek, egymásnak. Nem kell ennyire rohanni, ne az élvezeteket habzsoljuk, hanem élvezzük a még meglévő természet szabadságát, kiránduljunk minél többet, ismerjünk meg minél többet a minket körbevevő világból. De ezt ne úgy tegyük, hogy közben a pénzt hajhásszuk, utána meg belebetegszünk, majd a megkeresett pénzt megpróbáljuk egészségünk visszaállítására fordítani. Ennek így semmi értelme, ahogy egy tibeti tanító már előttem kifejtette. Ne versenyezzünk, egyik ember ne feltétlenül legyen ellenségée a másiknak. Igaz, ehhez a fajta gondolkodásmódhoz legalábbis magasabb szintű intelligencia, illetve tudat szükségeltetik.

Azt gondolhatnánk, hogy a tudat fejlettsége és az intelligencia egyenesen arányos. Azonban pont nem így van. Érdekes, hogy az állatok többsége „butább", mint embertársai, azonban több állatnak mégis nagyobb és jobb képessége van arra nézvést, hogy környezetükkel és a természettel is egyensúlyban éljenek. Igaz, ez inkább ösztön, és nem tudat. (Az ösztön a tudat egy alacsonyabb rezgésű formája, kezdetleges tudat) Ez alacsony szinten megvalósuló ragadozó életmódot is jelenthet, de abból eleve nem következik a természet egyensúlya szándékos megbontásának intenciója, veszélye. Sőt, ezen a szinten a ragadozás az általános univerzális rend fönntartását szolgálja, azonban az állatok nem ölnek fölöslegesen, csak ha muszáj nekik, sohasem százalékokért, nem bosszúból vagy hogy előrébb jussanak, mint fajtársaik.

Buta emberi magatartáson a nem univerzális világlátást (hogy mások is vannak rajtad kívül, illetve csak az ösztönei által vezérelt embert értjük), és az univerzum rendjének szándékos megbontását értjük: a szándékos károkozást és veszteséget, sértést. Igaz, az esetek többségében e mögött tudati jelenségek vannak, és rövidlátó emberi magatartás, amit már tárgyaltunk az 5. fejezetben. Ha valaki magától nem tud megjavulni, akkor a helyzet, úgy is mondhatnánk, rossz. Külső segítség csak átmeneti jellegű lehet, az isteni valóságra mindenkinek magának kell rátalálni és rálépnie, ezt kívülállók nem tudják megtenni helyette. De aggódni sohasem kell, a végső univerzális rend így is, úgy is beáll, csak lehet, hogy nélkülünk.

Végső soron az állatok többségének és a buta (itt értsd: agresszív) embereknek is ugyanaz a sorsuk, az elimináció. Ugyanúgy, mint ahogy egy program is töröl bizonyos „tüneteket", gondolhatunk a testünkre vagy szimpla vírusokra is, vagy nem megfelelően működő programsorokra is. Azokat a rendszer maga teszi helyre, korrigálja, javítja.

Ugyanígy működik a világegyetemben is. Biztosan vannak olyan mezők, olyan anyagok, olyan tudati elemek által keltett érzések, amelyek sorsa a megsemmisülés. Végső soron minden negatív érzést ide lehet sorolni. Ezeknek az érzéseknek a sorsa az elmúlás, a megsemmisülés, de a pozitív érzések sem maradnak örökké. Tudatában kell lennünk, hogy ezek az érzések újra születnek, és kontrollálni kell őket. A világmindenségben semmi sem állandó és végleges. Minden állandó változásban van. A cél ugyanakkor a ciklikusság, a biztonság és a tervezhetőség állapotának létrehozása. Hogy tudjuk, hogy a nyár után az ősz következik. Azért, mert ez így jó, és így szoktuk meg.

Ez a könyv pontosan annak a tudatnak a létezésre próbálja felhívni a figyelmet, amely által a legmegfelelőbb harmóniában tudunk élni környezetünkkel, függetlenül attól, hogy milyen kulturális háttérrel rendelkezünk. Ez a tudat azért van, hogy ne szekértáborokban gondolkodjunk, hanem szabad gondolatokban, amelyeknek a természetben és az univerzumban gyökereznek. Hogy tudjuk, hogy nem csak egyedül vagyunk ebben a világban. Hogy tudjuk, hogy nem mi vagyunk a legjobbak, hogy másoknak is vannak szép és tehetséges gyerekei, hogy a többiek is csak azt teszik, amit mi: minél többet megtenni a túlélés érdekében, minél nagyobb biztonságban és lehetőleg minél boldogabbnak lenni, „minél jobban érezni" magunkat. Fontos ugyanakkor, hogy tudjuk, hogy vannak határok, vannak határok az érzésekben is, és a tudatban is, legalábbis a földi tudatban vannak. Ennek az inverze, amikor nem veszünk tudomást a határokról, és azt képzeljük, nekünk minden megy, nekünk mindent szabad. Igen, egy bizonyos mezőben lehetséges, hogy így van, de egy következőben már nem. A tudatkvantum gondoskodik arról, hogy a világegyetem pontosan úgy legyen fölépítve, hogy ne lehessen mindent egy bizonyos érzésnek és tudatfajtának kontrollálni. Azért, mert az veszélyes és önveszélyes. Meg kell tanulni együtt élni. Ha ez nem megy, akkor mi is eliminálódunk, és univerzális tudati szinten „ismételjük" a feladatot, ami nem biztos, hogy örömteli lesz.

7.3 Korai emberfajok fejlődése homo sapiens, értelmes emberré

A P. Hun elmélete szerint az emberré válás egy természetes folyamat volt, az univerzális kódoknak megfelelően. Az egész kainozoikum folyamán a korai főemlősökből kialakult emberszabásúak lassan és fokozatosan alakultak először előemberekké, homo habilissá, erectussá, később pedig homo sapienssé. Ilyen értelemben, igen, voltak különböző fajok, de a „mainstream" mindig jelen volt. Az univerzum különböző „szegleteiből" különböző kódok érkeztek, és ezeknek megfelelően különböző fajok megjelenését is segítették, de mindegyiket az emberré válás útján kell értelmezünk. Mindegyik faj az univerzális tudati fejlődés legújabb visszatükröződése volt, amit világosan látunk, illetve láthattak az őseink, ha feltekintünk az égboltra. A mezozikumban és a kainozoikumban nem ilyen volt az ég, még ha egyáltalán akkoriban felnéztek az akkor élő állatok. Felnéztek, de nem tudatosult bennük, hogy saját maguk tükörképét látják.

Azonban a mai tudomány úgy dobálózik a fajokkal, mintha ezek az egyedek egymástól függetlenül alakultak volna ki.

Tudni kell, hogy tudomány mai állása szerint többféle emberi fajt különböztet meg, míg könyvem elmélete szerint világosan végig lehet követni a homo sapiens fokozatos megjelenését mindhárom fő kontinensen, Európában, Afrikában és Ázsiában. Könyvem igazából csak időrendi sorrendben foglalja össze a fő útvonalat, kb. úgy, ahogy egy érrendszer is jelzi a fő irányvonalat, nem tekint valós útvonalnak minden mellékeret. A probléma ezekkel a „sok" fajjal általában az, hogy ezeket a hipotéziseket a tudomány általában nagyon kevés bizonyítékra építi fel, amint találnak egy új leletet, amely nem illik az addig felállított elméletek valamelyikébe, egyből „új fajjal" van dolgunk... hát nem egészen. Az egyik megdöbbentő esete ennek egy ún. 3-ik emberfajta létezése, amelyet egy oroszországi barlang után kapta a nevét, ahol találtak egy ujjcsontot, egy ujjpercet. Nem, ez nem így működik.

Főemlősök => emberszabásúak (emberszerűek) => emberfélék (australopithecusok) előemberek (homo erectus, homo habilis) => ember (homo sapiens) nem kell ezt a fejlődési vonalat tovább bonyolítani.

Mint ahogy már arról volt szó, az első emberszabásúak már az oligocén korszakban feltűntek, több mint 20 millió évvel ezelőtt. A következő földtörténeti korszakokban szinte rendületlenül folytatódott az emberszabásúak finomodása és okosodása, elsősorban az univerzális kódokon keresztül, amiket már fejlődő agyukkal tudtak fogni. Ugyanakkor megkezdődött a visszacsatolás is, az emberi agy bizonyos fejlettsége után már képes volt a visszarezonanciára a világűrbe, mint ahogy azt már tudjuk. Az ún. *australopithetcusok,* akikről már volt szó (egy nagyon fontos hominidae, emberszerű faj) már egy átmenetet képeznek az emberszabásúak és az előemberek között. Az első előemberek már a pliocénben megjelennek. A homo habilis és homo rudolfensis testesíti meg azt az átmenetet, amikor a *hominidák* archaikus formái –

kb. 2,5 millió évvel ezelőtt – modern testalkatú élőlénnyé alakultak át. Ők voltak a homo erectusok, a felegyenesedett emberek.

7.3.1 Homo habilis, homo erectus

Az eddig felfedezett legkorábbi **hominida koponya** körülbelül 6 millió évvel ezelőtt került elő. Ez még a miocén időszaka, ebből a korszakból való a legrégebbi olyan koponya, amely nem egy főemlőstől származik. Világosan kimutathatók rajta a nem majomszerű sajátosságok. A miocén közepén élt, amikor a Föld éghajlata szárazabbá vált, és Afrika és Ázsia összekapcsolásával kb. 15 millió évvel ezelőtt vált lehetségessé, hogy az első emberszabásúak elhagyják Afrikát az Arab-félszigeten keresztül. Ezután az emberszabásúk elterjedtek Európában és Ázsiában is. Leleteik megtalálhatók Pakisztánban, Indiában, Kínában, Törökországban, Európában, Magyarországon is (rudabányai leletek). A történet Afrikában folytatódott, ahol évmilliók alatt kialakultak az első hominidák. Az a szóban forgó koponya igazából egy *australopithecusé* volt. Tehát 6 millió évvel ezelőtt van a következő dátumunk, ekkor vált le végleg az *emberfélék* fejlődése az emberszabásúakétól.

Az azóta már kihalt australopithecusok képeztek átmenetet az emberszabásúak és az előemberek között. Belőlük aztán a pliocénben előemberek hada alakult ki, pl. a *homo habilissel*, az "ügyes" emberrel, és különféle hominida fajokkal, mint pl. a *homo rudolfensis*. A pliocén nevű föltörténeti korszakot az előemberek uralták már, valamint persze sok továbbélő emberszabású, amelyek már az előemberek által elhagyott vagy átengedett előhelyekre szorultak vissza, az erdőségekben. Az emberré válás kapcsán szerepük a miocénben, a „majmok korszakában" véget ért.

Az első homonidákból aztán tulajdonképpen több millió év alatt fokozatos átmenetekkel jelentek meg az első előemberek. Később a Föld szinte minden pontján elterjedő *homo erectusok* (felegyenesedett ember) mindenhol *homo sapiensekké* alakultak át, persze nem egyszerre, de sok „emberöltőn" keresztül, sok generáción keresztül igen. A homo habilist, a homo rudolfensist, valamint a homo erectus nemzetségeket már az embert közvetlenül megelőző fajoknak kell tekinteni. Közülük is a homo erectusok emelkedtek a legmagasabbra. Ők is australopithecusok, illetve a homo habilis „továbbfejlesztett" változatai.

Az ember elterjedését a Földön tulajdonképpen **2 millió évvel ezelőttre** kell tennünk, ezért is hívom ezt a kort már humanocénnek. Ekkor történik az az „afrikai kirajzás", amire úgy hivatkoznak a tudomány világában, mint az ember afrikai származásának bizonyítékára. Ez helytálló is, de nem 200 **vagy** 150 **ezer évvel** ezelőtt történt meg, hanem már 2 millió éve. Tudomásunk van arról a legújabb kutatások fényében, hogy 1,8 millió évvel ezelőtt már csak egyetlen emberi faj élt a bolygón, ez pedig a homo erectus volt. A homo sapiens mindenhol a homo erectus evolúciós fejlődési vonala. Tehát mintegy 2 millió évvel ezelőtt Afrika földjén megjelentek a világ első nagy nomádjai. A jégkorszaki lehűlések miatt is csak Afrika és Ázsia lehetett alkalmas éghajlatával, amely a korai emberfajták szülő kontinense lehetett. A magas, izmos, szőrtelen, hosszú lábú és keskeny csípőjű egyedeket a küzdeni akarás, a kirobbanóan gyors mozgás és a kíváncsi természet jellemezte. Szívesen fogyasztottak húst, és sosem nyugodtak addig, amíg ki nem derítették, hogy mi rejtőzik a következő domb mögött. Nagyszerű fizikai adottságaiknak köszönhetően eltérő terepviszonyok közt is otthonosan mozogtak, így gyorsan elszaporodtak a Földön, előbb a Közép-Kelet vidékén, majd Kelet-Ázsiában és Dél-Európában is. Ez a lény a **homo erectus** volt. A homo erectus már használta a tüzet és alaposabban kidolgozott szerszámokat készített, mint elődje, a *homo habilis* (ügyes ember). Ezek eredményeképp könnyebben elterjedt Afrikán kívül Dél-Ázsiában és Európában. Ahogy arról már volt szó, a mai emberiségen belül meglévő rasszbeli különbségek már erre az időszakra visszavezethetők. Szó sem lehetett arról, hogy a későbbi homo sapiens Afrika egy eldugott zugában megjelent, és majd „meghódítja a világot", akkor, amikor komoly homo erectus hordák már léteznek mind Ázsiában, mind Európa egyes részein. Nem, a homo sapiens a Föld több pontján körülbelül ugyanabban az időben 200–180 ezer évvel megjelent. A mai rasszok mind az ebből a tényből következő sajátosságok. A jellegzetesen fekete, sárga és fehér jegyek ebben a korban kezdtek kialakulni, másfél millió évvel ezelőtt. Ugyanakkor az agyi sajátosságok már megvoltak, és azok körülbelül hasonlóan fejlődtek, hiszen túl nagy éghajlatbeli különbségek már nem mutatkoztak a humanocénen belül, az egyes jégkorszaki sapkák előhúzódását leszámítva.

Azt, hogy az összemberiség nem egy afrikai parányi kis közösségből származik, a következőkkel szeretném alátámasztani. Egyrészt azzal, hogy a homo erectusnak sok ideje volt már az ún. bázisterületeken való sokasodásra, és arra, hogy akár viszonylagosan kezdetleges letelepedett közösségeket alakítson ki. A homo erectus körülbelül 10-szer annyi ideig élt a Földön, mint a belőle kifejlődött homo sapiens.

Véleményem szerint az ún. univerzális kódok az álmokon és álomképeken ugyanúgy hathattak Európa bizonyos területein, mint Afrikában és Ázsiában. **Párhuzamos fejlődés**

történt. A nagyobb rasszok jellegzetes vonásai már a homo erectus korában kialakultak. Tehát a fehér (kaukázusi), fekete (negroid) valamint a sárga (mongoloid) nagyrasszok kialakulása már egymillió évvel ezelőtt megtörtént. Ugyanakkor mindenképp tény, hogy a később Afrikából kivándorló homo sapiens is keveredhetett a már helyben élő homo sapiens egyedekkel, elsősorban a Közel-Keleten és Ázsiában, így fejlődött ki az indiai és ausztráliai őstípus is, mutatva ázsiai és afrikai vonásokat is.

Ezek a mozgások kimutathatók az ún. DNS markerekben, amelyekben akár a most élőkben is kimutathatók, hogy legalábbis egyik ági ősük afrikai eredetű. Ugyanakkor erős az ún. sárga nagyrassz jelenléte is. A származás egyértelmű. Lehettek versenyek a különböző homo sapeins hordák között, de csak addig, amíg meg nem állapodtak, és közel sem akkorák, ahogy azt ma szokás feltételezni. Voltak mindig mini háborúk, ahogy ez később is szokása volt a már sokkal fejlettebb emberiségnek, de nem akkorák és nem olyan késhegyre menők, mint ahogy azt manapság feltételezik. Tehát az Afrikából kiágazó homo sapiens csak befolyásolta később az általa „meglátogatott" területek már ott helyben élő, autochton homo sapiens populációját, de azt nem irtotta ki, csak esetleg ritkább esetben.

A **homo erectus** végig meghatározó szerepet játszik a humanocén idején, már a korszak elején megjelent (felegyenesedett ember), és már nagyobb aggyal rendelkezik. A nagyobb agy összefüggésben lehet a táplálkozással, legfőképp húsevéssel, valamint az ezzel összefüggő gondolkodással, mozgással és magával az álmodás képességével. Minden álmodás és álomkép során újabb és újabb neuron-összekötetés születik, amely fejleszti az agy későbbi képességeit. Mint azt már próbáltam érzékeltetni, az álom az evolúció előrevivője. Ez az emlősök esetében nyilvánvaló, az álmokon keresztül bekerülnek univerzális álomképek valamint álmokon keresztül ki is kerülnek onnan, tehát az univerzális körforgás is adott az evolúcióban. Az álmok jellegzetesen emlősökre jellemző tevékenység. Igaz, álmodnak a madarak is, de sokkal rövidebb időközökben, valamint a hüllők, amennyire tudjuk, nem álmodnak, illetve mondhatjuk úgy is, akkor is „álmodnak", amikor ébren vannak. De általában elmondhatjuk a hüllők evolúciójára a kainozoikum végén, hogy csak azok az életterek nyíltak meg számukra, amelyeket az emlősök meghagytak. Lásd szeparált életközösségek a főbb kontinensekről levált vidékeken, Galápagos, Madagaszkár szigete és Ausztrália. Természetesen voltak olyan erős hüllőközösségek, amelyeket nem rendített meg a kréta-tercier és a későbbi kihalási momentumok sem. Ezek voltak azok a teknős és krokodil nemzetségek, amelyek egyszerűen életkorukkal, szívósságukkal valamint életmódjukkal is ellenállók voltak. Tojásaik is inkább rejtve voltak az emlősök elől, mint más hüllő kortársaiknak.

Az emlősök fejlődésekor az álmodás képessége mellett számít az is, mit ettek meg. Az is megváltoztatja hosszú távon genetikai állapotukat, izmaikat és végtagjaik rugalmasságát. Talán ezért is emelkedhettek ki a hominida fajok a jégkorszak megpróbáltatásiból, hiszen már mindenevők voltak, így vélhetően könnyebben jutottak olyan tápanyagokhoz, illetve tudtak olyan élelmeket előállítani, amelyek révén túlélésük biztosított volt. Ebben a küzdelemben vált áldozattá a humanocén nagy megafaunája is. Kipusztulásához már az ember is nagymértékben hozzájárult. Tehát az emberré válás főútvonalán mindenevő fajok voltak.

Az egyre nagyobb és egyre több mindenre képes agy végig jellemző az ember törzsfejlődésére. Az ún. agytörzsre – ami már a halakban is megvan, és kvázi ez az gerinchúr (idegrendszer) meghosszabbodása – ráfejlődik az **R-komplexum**. Ez az ún. hüllő-agy, és olyan viselkedésformákért felelős, mint a hierarchia-tudat, szaporodás és területvédelem, körülbelül ugyanazok a funkciók, amelyekkel őseink 200–250 millió évvel ezelőtt már éltek. Az R-komplexumra települt rá az ún. limbikus rendszer, és végül pedig az agykéreg (neokortex) is megjelent, ami végső soron felelős a már említett álmokért is. Az agykéreg segítségével tud már az ember gondolkozni, ami végképp kirepítette az állatvilágból, ahonnan kétségtelenül származik. Aki az emberi **intelligencia fejlődéséről** akar többet megtudni, úgy azoknak ajánlom *Carl Sagan* munkásságát áttekinteni, nagyon érdekes könyvei vannak e témában. Azonban ne feledjük, hogy a csillagok sem ekkor, sem később soha nem veszik le rólunk „a szemüket", így az univerzális kódok továbbra is hatnak, hatottak. Az ember agya azért is lett nagyobb, mert állandó használatban volt, köszönhetően annak az életmódnak, amit a humanocén zord jégkorszakokkal teletűzdelt éghajlatának nagy részében folytatott. Ugyanakkor eleink az éjszakai vagy esti tűz mellett egyre nagyobb figyelmet fordíthattak a csillagos égboltnak, aminek jelentősége egyre fontosabb lett a letelepedett életmód és a szimpla túlélés, tájékozódás kapcsán is. Tehát az ember a humanocénben már közvetlen kapcsolatba került az univerzummal, szó szerint látták és érezték már ekkor egymást.

A homo sapiens előtt szólni kell még egy előemberről, illetve a Neander-völgyi embert már az ősember névvel tisztelték, ez már a klasszikus barlanglakó és barlangfestő kultúra Európa és a Föld más vidékein is. A **Neander-völgyi ember**, amely mintegy 200 ezer éve jelent meg, egyértelműen az európai homo erectus leszármazottja, és a tudomány mai állása szerint 28 ezer éve halt ki. Azonban vannak olyan nézetek is, melyek szerint az europid rassz kialakulásában volt szerepe, és kvázi föloldódott a homo sapiens nemzetségekben, nem halt ki. Az európai nagyrassz ma is visel néhány Neander-völgyi jegyet. Lehet tekinteni a Neander-völgyi embert a homo erectus univerzális fejlődése egyik európai mellékágának, amely sok időn keresztül együtt élt a homo sapienssel. Az utolsó „hírek" a Neander-völgyi emberről aztán kb. 28–30 ezer évre datálódnak, az utolsó interglaciálisban adta tovább genomját az európai homo sapiensnek.

Végül a homo erectusok fokozatosan alakultak át, illetve tűntek el a Föld színpadáról. Belőlük alakult ki univerzálisan szinte mindenhol max. 50 ezer éves időeltolódásokkal – Afrikában legelőbb – a homo sapiens, az értelmes ember. Ez megfelel a tudomány körében is elfogadott ún. gyertyatartó elméletnek, amely szerint nemcsak Afrika egy eldugott zugában alakult ki a homo sapiens. A homo sapiens a humanocén során teljesen kifejlődött, és az időszak végére pedig (az Antarktisz kivételével) minden kontinenst benépesített.

Kialakulása általános érvényű univerzális kódoknak köszönhető, amelyet már csak az emberi fajok tudtak „fogni" az univerzumból. Ezek a kódok elsősorban az álmokon keresztül tudtak manifesztálódni, ezáltal a homo erectus értelmi és fizikai képessége fokozatosan alakult át homo sapiens jellegűvé. Azonban az evolúció sohasem vonatkozott csak egy lényre és taxonra, hanem mindig „nagy tételben" folyt. Pontosan a biztonság és biztosíték, a túlélés miatt is. Csoportokra és kiválasztott lényekre vonatkozott, amelyek már előnyösebb tulajdonságaik alapján átvették a terület fölött a „hatalmat". Ezért körülbelül 100 ezer évig is tarthatott, amíg a különböző homo erectus hordák „átalakultak" homo sapienssé, és persze voltak co-létezések is.

7.3.2 A homo sapiens

A **mai emberi faj** tehát egyértelműen a humanocén korban, annak is utolsó tizedében fejlődött ki a homo erectusokból 200 ezer évvel ezelőtt, nagyjából egy időben a Földön. 200 és 180 ezer évvel ezelőtt, ha még maradtak is, eltűntek az utolsó homo erectus hordák is.

Az első fosszilisan is megmaradt homo sapiens lények természetesen Afrikához kötődnek. Itt még meg kell egy fajt említeni, *homo rhodesiensist*, amit a homo sapiens közvetlen ősének tekintenek. Ez igaz is, beleillik a homo erectusból fakadó átmeneti állapotokba. Ugyanakkor nem új fajról van szó, hanem egy átmeneti emberi állapotot tükröz a homo rhodesiensis. Ugyanilyen átmeneti fajokat fognak majd találni Európában és Ázsiában is. Mindez a dél-afrikai síkságon a humanocén interglaciálisai közben történt. A modern ember és a homo erectus között a legszembetűnőbb különbség a koponya alakja. De ez a különbség, tekintve, hogy milyen elképesztő utat járt az evolúció addig, nem igazán nem jelentős. A különbség, majd annak eltűnése vagy redukálása tudati fejlődés eredménye. A homo sapiens homloka domborúbb, és agya legalább 50 százalékkal nagyobb mint a homo erectusé.

Egész Afrikát kezdte belakni a homo sapiens – már azt a részét, ami lakható –, majd mintegy 115 ezer évvel ezelőtt a homo sapiens elérte a Közel-Kelet térségét. Az idők során aztán elterjedtek a Közel-Keleten is, eljutottak az Arab félszigeten keresztül a perzsa öblön át Indiába, sőt még lejjebb a szumátrai szigetvilágba és Ausztráliába is viszonylag rövid földtörténeti idő alatt. Ugyanakkor Ázsiában és Európában tőlük független, de hasonló tudati és evolúciós fejlődés következett be.

Ugyanakkor látnunk kell, hogy a Föld egész humán populációja ekkor nem tehetett ki több százezernél illetve

1–2 millió főnél többet. Ennek a számnak a nagy része a már említett régiókban, Afrikában, Európában, valamint egyre nagyobb mértékben Ázsiában csoportosult. Tehát ezek az emberi mozgások csupán néhány tucat főre tehetők voltak, semmiképpen sem nagy, ezres tömegek vándoroltak kontinensről kontinensre, egyik megélhetési helyről a másikra. Ekkoriban egyébként is csak max. nagycsaládos emberi populációk léteztek, persze esetenként több is egymás mellett, max. száz-kétszáz fős emberi közösségek léteztek, de nem beszélhetünk nagyobb tömegekről.

A homo sapiens már komplexebb tevékenységeket is el tudott végezni, de amiben a legnagyobb különbség mutatkozik más korai humán fajokkal szemben, az a gondolkodás képessége, illetve az absztrakciós képesség, lehet, hogy még nem 150 ezer éve, de fokozatosan elsajátítva azt. Ezenkívül fokozatosan kialakult a beszéd is, mint másodlagos jelzőrendszer. A modern embernek már lettek szokásai, temetkezési szokásai, kultúrája és fokozatosan kialakult természet vallása is.

Ezenkívül egyértelműen már a kifinomult emberi vadászati és szociális együttműködési képességének esett áldozatul a **humanocéni nagy megafauna**, a maga nagy testű ragadozóival. Már ekkor megvolt az ember evolúciót befolyásoló tevékenysége.

Az első humán letelepedések már az utolsó jégkorszak előtti időre tehetők, kb. 30 ezer évvel ezelőttre. Ez az időszak, amikorra már csak a homo sapiens maradt homonidaként az élet színpadán . Nem maradt más emberszerű, hiszen ők már az evolúciós szakaszban fokozatosan adták egymásnak a teret. A homo sapiens egyik legjellegzetesebb vonása, amire más hominidák sem voltak képesek, a megtelepedés képessége. Annak a képessége, hogy olvassanak a csillagokból, rá tudjanak érezni az időjárás szeszélyességére, valamint az évszakok általi tervezhetőségi lehetőségekre. Fokozatosan ráérzett a földművelés, valamint az állatok tartásának jelentőségére is.

Tehát végül is az embernek nem kellett más hominida fajokkal, esetleg előemberekkel megvívni a bolygóért, hiszen maga az ember is belőlük alakult ki evolúciós folyamatként. Bizonyára éltek különböző hominida fajok egyidejűleg, de nem egymással versenyben, illetve nem akkora versenyben, mint azt a mai tudomány próbálná érzékeltetni: hogy a mai ember egyszer csak úgy hipp-hopp mindenféle előzmény nélkül létrejött, és elkezdte kiszorítani a többi fajt. Nem, erre nem volt szükség, hiszen az egyik fajta ment át a másikba, fokozatosan, az univerzális kódok alapján, ahogy az ez ebben a könyvben írva vagyon.

A hosszú vándorlások után a letelepedett életmód egy idő után már követelmény volt, hiszen a vonuló emberi csoportok lassan már nem vonulhattak tovább, mert vagy természeti akadályokba, vagy pedig más ember- vagy állatcsoportokba ütköztek. Ezek közül az állati csoportokat rendszerint hamar legyűrték, de ha két emberi csoport találkozott, abból rendszerint konfliktus volt, amíg vagy ki nem irtották, vagy meg nem szokták egymást, de ez akkor természetes volt.

A humanocén késői szakaszaiban, sőt az emberi történelem korai szakaszaiban nem volt módja annak, hogy távoli emberi csoportok vagy kultúrák hallottak volna egymásról. Nem volt ilyen kiépített információs hálózat, mint manapság. Elképzelhető volt a tudomás egymásról, de ez áttételes volt, más szomszédos emberi csoportok révén, illetve véletlenszerűen, amikor találkozhattak egymással a nem túl messze élő emberi csoportok. A kölcsönös és általános bizalmatlanság légkörében semmilyen szociális érzék nem volt jelen. Ezekből a gondolatokból és meglátásokból következik, hogy az emberi istenkép megszületése tulajdonképpen nem más, mint az ember szociális tudatának fejlődése, végső fokon a moráljának kiteljesedése. Isten (értsd most: bibliai Istenkép és nem a P. Hun szerinti legfelsőbb tudat) születése szükségszerű velejárója az állatvilágból az emberré válás folyamatának. Az ember tudati fejlődése során egyre felelősségteljesebben viselkedett, és ez már kivetítődött a társadalmi életükre is. Persze nem a héber Biblia Istene volt az ún. Yahweh, aki jobb belátásra térítette őket – hiszen ő csak néhány ezer éve él, és az emberi képzelet terméke, nem „élő személy" –, hanem a folyamatos biológiai és tudati evolúció és az ezzel együtt járó, egyre jobban szervezett társadalom.

Az egyre jobban szervezett és tudatilag fejlett társadalmakban van lehetőség egyáltalán kialakulni az **én-tudatnak,** ami –mint tudjuk –minden későbbi baj, de egyben áldás forrása is. Ekkor már megkezdődött a harc az emberi társadalmon belül is, ami tulajdonképpen elkerülhetetlen volt. Nem volt mindegy, milyen pozíciót viselsz egy közösségen belül, és az sem, melyik nőneművel háltál. Az én-tudat egyértelműen közösségi léthez kötődik, az nem kötődik magányos életviseléshez. Ezért is alakulhatott ki az ember esetében, mert végül is az embernek lettek a legjobban összerakott és összetartóbb, valamint együttműködő közösségei, ahol megindulhatott egyfajta belső osztódás, úgy, mint az evolúció elején, de ez már a tudat evolúciója, ami ma is tart.

A késői humanocénben az ilyen fajta ellenséges fellépésen és gondolkodáson azonban nem szabad meglepődnünk és elképednünk, mivel pont akkoriban sikerült az állatvilágból kiemelkedni az emberiségnek. Ez a magatartásforma természetes volt. Ha ma is mélyebben szemléljük magunkat, ugyancsak felfedezhetjük a hüllő agy jellegzetességeit: a bizalmatlanságot, félelmet, agresszióra való hajlamot, dühöt, mérget és legelsősorban a tudatlanságot. Az univerzális gondolkodás már teljes egészében el tud vonatkoztatni ezektől a fogalmaktól, hiszen tudja, érzi és egy másik aspektusból – kvázi felülről – szemléli a világot, amikor óhatatlanul látja az őt körülvevő környezetet is. Ezáltal is válik az ember „felemelkedetté", amikor már egyfajta felsőbb nézőpontból tudjuk tekinteni a világot. Nemcsak horizontálisan, de vertikálisan is. Még ma is automatizmus – a legszebb tanítások ellenére is –, hogy gyanakvóan tekintünk embertársainkra, tisztelet a kivételnek, és sajnos néha van úgy is, hogy erre okot is adnak a kívülállók és idegenből érkezők. Ezek állati ösztöneink velünk élő részei, ami bizonyítja, hogy mi is az evolúció részei vagyunk. Nem kell furcsán tekintenünk ezekre az érzéseinkre, vagy ördögtől valónak tekinteni őket, de tudatában kell lennünk, és természetesen kezelni kell tudni őket, különben ők fognak kezelni minket, és akkor visszakerülünk oda, ahonnan jöttünk. Tehát – ahogy azt már az elején tanította a könyv – nincs eredendő gonosz, csak nem megfelelő tudati állapot, amit ember esetében hívhatunk állati énnek is. Nem baj, hogy van, de tudni kell kezelni. Aki nem tudja, az bajba kerül, illetve van, mert a társadalomnak is van egy visszacsatolási folyamata, amely által eliminálja az ilyen ösztöni túltengésekre hajlamos program „bug"-okat. Ezt hívhatjuk világi törvénykezésnek, ami sajnos nem működik túl jól, de legalább működik a fejlett emberi társadalmakban.

Tehát végül is kb. 100 ezer évig tartott a modern ember kialakulása a homo erectusokból. Ezt ma a tudomány úgy fordítja, hogy mintegy 100 ezer évig osztozott a bolygón a homo erectusszal, körülbelül ennyi idő kellett, míg a már kialakult homo sapiens hordák mindenhol legyőzték, illetve kiűzték, kisebb és szegényebb vidékekre űzték a megmaradt a homo erectusokat, akik tulajdonképpen a véreik voltak. A homo erectusok kb. 180 ezer évvel ezelőtt tűntek el, pont ugyanakkor, amikor az első homo sapiensek is feltűntek. Hát nem érdekes? Lehettek persze kisebb konfliktusok, de a homo erectus hordáknak már így is, úgy is vége lett volna. Megvolt az utánpótlás.

Fel kell végre ismernünk, hogy a legérdekesebb bolygó, amivel találkoztunk, a saját bolygónk, a Föld. Itt lehetséges az álmodás, és egy olyan pont az univerzumban, amelyről más helyre lehet kerülni az univerzumban, egyfajta érzelmi és tudati csomópont és központ. A Fő Tudat így tervezte, valószínűleg azért, mert a tudat révén sokkal nagyobb terület, kvázi dimenzió a miénk, mint ahogy azt gondolnánk.

Ebből a korai emberi történetből világosan láthatjuk Ádám és Éva történetének gyermetegségét, majd később láthatjuk Ábrahámot, ahogy az emberi képzelet szüli őt és a vele „szövetséget kötő" Istent is. A kezdeti bibliai történetek nem valós eseményeken alapulnak, hanem az emberi képzelet szüleményeiként kerültek lejegyzésre. Legendáriumok voltak már akkor, amikor papirusztekercsekre kerültek. Viszont karizmatikus, egyfajta rendet teremteni képes emberi elme szüleményei, amelyek még ma is hatnak.

Mint ahogy már az evolúciós fejezet elején tárgyaltuk, ahogy az első molekuláris szervezetek a Föld több pontján is megjelentek, mielőtt összeálltak élő és szaporodni képes sejtekké, úgy az emberi faj fejlődése is párhuzamos volt. A homo sapienst végül az univerzális tudat kiemelte, megjelenése a Földön már kódolt állapotban volt a kezdetektől fogva. Ugyanakkor fontos olyan tulajdonságai „keletkeztek" – elsősorban gondolkodása és az absztrakt, elvont dolgok megfogalmazásra való képesség –, amelyek révén valóban birtokba tudta venni a bolygó egészét, ami azelőtt egy fajnak sem sikerült. Ez egy tudati faj, de több kontinens, más gondolkodásmód és kultúrarévén biztosított, hogy az emberen ugyancsak nem fog tudni uralkodni „egy tudat". Ennek a mondatnak a jelentősége majd később lesz kifejtve. Ez lesz később a kontinentalizmus kulcsa.

Az ember tehát nem a Biblia által interpretelált folyamatok révén jutott olyan pozícióba, amilyenbe jutott, hanem a

Legfelsőbb tudat által. Nem olyan fajta teremtés által, ahogyan az a Bibliában van. Az ún. „teremtés" már tudjuk, hogy valójában el van rejtve a világmindenség tudati rétegeibe, és a tudatkvantum által állandóan mozgásban van. A teremtés közvetett úton zajlott le a tudatkvantum által, illetve azóta is tart.

7.4 Korai emberi kultúrák (ami a történelemkönyvekből kimaradt)

Ebben a részben tárgyalom a korai emberi kultúrák kialakulását, amelyeket az első homo sapiensek valósítottak meg, illetve Afrikában szinte 2 millió évet tudunk visszamenni az ún. **Olduvai ipar** bemutatásával. Ezt a kultúrát még a homo erectusok kezdték el, aztán a homo sapiensek vitték tovább az acheuli kultúrával együtt.

A történelem során mindenhol kialakultak a modern emberi csoportok, mindenhol a homo erectusok közvetlen leszármazottjaként. A 4 nagyobb rassz (és persze ezek keverékei) mentén alakultak az első olyan emberi kultúrák, amelyek régészeti módszerek segítségével már feltárhatók, vizsgálhatók és tanulmányozhatók. A helyben élő homo erectusokon keresztül kialakultak az első homo sapiensek, akik már ugyanolyan biológiai tulajdonságokkal rendelkeztek világszerte. Ezt a „világszertét" úgy kell elképzelnünk, hogy az összpopuláció nem haladta meg a néhány 100 ezret világviszonylatban, nem voltak nagyobb emberi települések, azok később alakultak ki a földművelés és az állattartás általános elterjedésével. A földművelésre és állattenyésztésre való áttérés tulajdonképpen egy kényszer is volt a Würm, az utolsó jégkorszak végén, hiszen a humanocéni megafauna kihalásával a vadászatnak egyre kisebb jelentősége lett.

Az **első emberi kultúrák** ennek megfelelően a Közel-Keleten, Afrikában, Ázsiában és Európában alakultak ki, valamint Ausztráliában is, az időközben oda bevándorolt fekete rassz leszármazottjaiként. Ugyanakkor megkülönböztetünk 4. rasszként ausztraloid embertípust. Ez az embertípus, mint azt később látni fogjuk, eljutott Indiába is, keveredve a már ott lévő negroid típusú emberekkel, megalkotva az indiai embertípus prototípusát, amely aztán későbbi bevándorlások eredményeképpen még tovább diverzifikálódott. Biztosra vehető, hogy a két nagy eljegesedés között már komolyabb emberi kultúrák voltak, elsősorban a Közel-Keleten, Afrikában és Európában. Azonban természetesen az utolsó glaciális (utolsó nagy jegesedés) hozta el azokat a körülményeket, amikor már minden irányban tudott terjeszkedni a homo sapiens, valamint kontinentális változatai.

Az emberiség történelme emberek, populációk vándorlásának és összeütközésének történelme. Mindegyik fontosabb demográfiai esemény nyomot hagy hátra a populációk genetikai diverzitásában. Ezt nevezzük sokféleségnek, ami például az indiai szubkontinensen is tetten érhető. Ha egy populáció mérete csökken, genetikai diverzitása is csökken. Ha a populáció mérete nő, genetikai diverzitása is nő. Ha a vándorló népek egymással keverednek, az a népek között nagyfokú hasonlóságot, míg az izoláció genetikai egyediséget eredményez. Ezek a demográfiai bélyegek generációról generációra adódnak át, ily módon a ma élő emberek genetikai állománya visszatükrözi demográfiai múltunkat. Tehát történelmünk meg van írva DNS-ünkben. A DNS-ek pedig, mint már tudjuk, az univerzális kódok közvetítői is, egyfajta elektromágneses hullámokat fognak fel és továbbítják azt a testnek, szervezetnek, később tudatnak. Ezek azok a mozzanatok, amelyek alapján az egész evolúció felépült, működött, fejlődött. Az univerzális kódok által fejlődött tudatunk, az univerzális kódok az univerzális tudat leképeződései a Földön.

Azonban az akkori emberiség nem térképek és iránytűk alapján vándorolt, hanem a csillagok állása, a Föld mágneses kisugárzása, valamint az időjárás változó jellege és saját kíváncsiságuk volt az, ami továbbvitte az első homo sapiens csoportokat, hordákat. A mai tudomány hajlamos azt feltételezni – és ezért is helytelen az egész mai modern emberiséget egy afrikai kis zugból származtatni –, hogy a régmúlt idők emberei, az ősemberek úgy vándoroltak és népesítették be a Földet, mintha térképek lettek volna előttük, vagy legalábbis valamifajta földrajzi program alapján tájékozódtak volna. Mintha tudatában lettek volna, hol élnek a Föld golyóbison. Nem, ilyenekről egyáltalán nem tudhattak. Arrafelé vándoroltak, amerre lehetett és erejükben volt.

A genetikai kutatási módszerek állandó és gyors fejlődése lehetővé teszi egyre kisebb időintervallumok meghatározását az emberek vándorlásában. Hamarosan akár 1000 éves pontossággal meg tudják majd határozni bizonyos embercsoportok és népcsoportok vándorlását. Ez lehetővé teszi majd például nemzetem, a magyarok vándorlási útvonalainak genetikai alapú meghatározását is. Már persze, ha van vagy lesz mihez viszonyítani, ha vannak leletek.

Felmerül a kérdés, hogy az emberi evolúció és a vándorlás vizsgálatakor és egyáltalán az emberi evolúció tárgyalásakor miért nem találunk nagyobb leletegyütteseket, miért nem találunk több csontvázat, és egyáltalán olyan leleteket, amelyekből pontosabb képünk lehetne az ember evolúciójáról. A választ abban kell keresnünk, hogy egyáltalán nem voltak népes kolóniák. Abban az időben néhány fős vagy néhány tucat fős emberi csoportokról kell beszélnünk, akik megpróbáltak túlélni az éppen adott körülmények között. Elhalálozásukkor még nem volt temetés. Az majd később alakul a szocializálódott embernél, illetve már a Neander-völgyi ember is temette halottait. A halottakat vagy elégették, vagy valamilyen fedett helyre tették, ahol viszont a tetemek többsége az állatok martaléka lett.

A populációk egyszerűen nem lehettek nagyobbak, mert a természeti viszonyok nem engedték meg nagyobb populáció eltartását. Nem volt még kialakult munkamegosztás, élelmezés. Azzal táplálkoztak az emberek, amivel tudtak. Jellemző volt a gyűjtögetés, halászat, vadászat, próbáltak olyan területeket találni, amelyek bővelkednek ilyen lehetőségekben. Szigorúan családokban, nemzetségekben éltek ilyenkor az emberek. Olyan fogalom, hogy „egyedülálló" vagy „szingli" akkor nem létezett. Ez a társadalmi felépítés azonban erős alapokat adott. Mindig biztosítva volt bizonyos utánpótlás, annak ellenére is, hogy a halandóság is nagy lehetett. A családokban gyakran hullhattak el a férfiak vadászat, baleset következtében, vagy felüthette fejét egy járvány, betegség. Csak családokban és nemzetségekben gondolkozhatunk akkoriban. Ne feledjük, az emberi történelem őskoráról beszélünk, ami legalább 100 ezer évig tartott. De ez elég hosszú időnek is tűnik, hogy lassanként és biztosan változások álljanak be a korai emberek életében.

Letelepedett életmódról még ritkán beszélhetünk, vagy ha volt is ilyen, időről időre meg kellett küzdeni az újabb hordákkal, amelyek ugyancsak megpróbáltak arrafelé élni, sokáig vadállatokkal is. Szóval nem lehetett könnyű egy helyben élni, sokkal gyakoribb volt a vándorlásos életmód. Azonban az utolsó két jégkorszak után már alapvető változások álltak be a letelepült versus vándorlásos életmódban. Ez tulajdonképpen a dominó effektus alapján működik, hiszen ha egy terület populációja már megtelepült, akkor ez a fejlemény előbb-utóbb továbbgyűrűzik, és további szomszédos területek is benépesülnek, hiszen a fizika törvényei is ezt vetítik elő. Ez döntés kérdése volt, tudat kérdése. Amikor a legerősebb vagy egy erős törzs a letelepedés mellett döntött, az hatással volt a szomszéd népekre is. Ha nem egyből, akkor később, de idővel minden terület „gazdára" talált.

Már az utolsó jégkorszak előtt is, azután pedig gomba módra elkezdtek szaporodni az emberi települések. Egyre inkább a letelepedett életmód lett a jellemző, úgy, ahogy az agyi munka is erre késztette az emberi csoportokat. Megtörténtek az első háziasítások, kezdték állatok is körülvenni az embereket. Csak ekkor nyílt lehetőség arra, hogy méretében is növekedjen az ember: nem voltak többé olyan kistermetűek az emberek. Tulajdonképpen az agy fejlődésének is jót tett a letelepedett életmód. Ekkor tudott több figyelmet is szentelni az égboltnak is az ember, elkezdte fürkészni, vizsgálgatni. Persze vándor korábban is ismerte az égboltot, de nem annyira behatóan, nem olyan jól, mint miután megtelepedett. Ekkor kezdhetett vizsgálatokat készíteni, ekkor „figyelhetett" meg dolgokat az égen, az égbolt változásait ekkor már észlelte, és ehhez igazította az időérzékét is. Nagyon érdekes ez, ahogy a tulajdonképpeni modern ember és az emberiség lépésről lépésre kialakult. Már a neolitikum (újkőkorszak) végén, még az utolsó jégkorszak előtt fokozatosan kialakultak az első települések, állandóan lakott emberi vidékek. Hogy milyen első és új emberi kultúrák alakultak ki, azt az alábbiakban vázolom.

Könyvem próbálja átvenni ugyancsak időrendi sorrendben és kontinensek szerint taglalni az írott történelem előtti kultúrákat, amelyek leginkább **ősi kultúrák**. Ez azt jelenti, hogy jelentős emberi civilizációs tevékenység folyt az adott területen, amely leginkább eszközkészítésben, földművelési tevékenységben, állattartás jeleiben, vadászat, de leginkább temetkezési szokásokban csúcsosodott ki. Ehhez jön még a művészeti tevékenység áttekintése is. Egyértelműen az i.e. 3000 előtti korokra koncentráltam, kutatásaimat ez irányban végeztem. De vannak ez utáni korokból is még ősi kultúrák a különböző kontinenseken.

Most már elérkeztünk a jelenkori eseményekhez, és köztük a valóban első emberi kultúrákhoz. Fontos, hogy a jelentősebb, az utolsó jégkorszak utáni emberi és régészeti kultúrákat szemügyre vegyük. Ezáltal is bizonyítást nyer az, hogy ami a Bibliában szerepel, szó szerinti értelmezésben nem igaz, kb. 3000 éves emberi képzelet és az addigi ismeretek és legendák egy bizonyos szemüvegen keresztül való közvetítése. 3000 évvel ezelőtti teremtés-mítosz születésének tanúi lehettünk volna, ha a könyv megírásánál mi is ott vagyunk. Azonban úgy vagyunk korrektek, ha azt is elismerjük, hogy a többi földrész meghatározó kultúrájának főbb könyvei ugyancsak nem tartalmazzák az igazságot. A Védák sem, példának okáért, hogy az egyik legismertebbet citáljam. A mai kornak is megvannak a mítoszteremtési próbálkozásai, első helyen lehet talán említeni *Erich Von Dänikent* és az ősi idegenekre és a genetikai beavatkozásra épülő mítoszt. Nincs különbség. Ugyanakkor a mítoszok közül a héber Bibliában megörökített történetek tartoznak a mainstream gondolkodáshoz, így nekünk is mindig az lesz egy viszonyítási pont. A korai emberi kultúrák tárgyalásában nagyban segítségemre voltak az interneten hozzáférhető szabad enciklopédia szószedetei.

7.4.1 Afrika, Közel-Kelet

Az emberiség mai külső jegyeit figyelembe véve megkülönböztetjük a 3 nagy rasszt mint kristályosodási pontokat az emberiség történetében. A „kristályosodások" már egymillió évvel ezelőtt elkezdődtek univerzális kódok hatására. Az egyik a legrégebbi **Afrika,** a mai Etiópia, Tanzánia és Dél-Afrika tájain, síkságain van. Ezekről a területekről fokozatosan nyomult észak fele a fekete faj. Az afrikai rassz végül az Arab-félszigetet érintve eljutott Indiába is. Indiába érkeztek emberek csoportjai a távoli Ausztráliából is, amikor még volt átjárás az indonéz szigetvilág és Ausztrália között.

Ausztraloid és negroid eredetű népesség alkotja India őshonos népességét egészen a dravida behatolásig, i.e. IV. évezred környékén. A **tengerparti vándorló törzsek** ivadékai elszórva ma is megtalálhatók az útvonal mentén: az indiai veddák Sri Lankán; az andamánok, a malajziai orangaslik, a pápuáknak ausztraolid és nem utolsó sorban az ausztrál bennszülöttek pedig külső megjelenése a mai napig egyértelműen utal közvetlen afrikai eredetükre.

Úgy kb. 40 ezer évvel ezelőtt a jégkorszak egyik enyhébb fázisában az éghajlat nedvesebbé vált, és Észak-Afrika és a Közel-Kelet sivatagai hirtelen kivirultak. Ezzel megnyílt az út Afrika északi vidékei felé is, a mai Egyiptom és Líbia területe felé, valamint az Arábia-félszigetről is elmozdulhattak észak felé, illetve kelet felé. A mai Perzsa-öblön keresztül, amit akkor szárazföld borított, átszelték a mai Irak, Irán parti területeit és eljutottak a mai Pakisztánba, onnan a mai India nyugati részeire is. Ezzel, Indiával bezárólag a fekete rassz és változatainak élőhelye határai kijelöltettek. Később természetesen a fekete faji jellemzők megváltoztak, és az idők múlásával kialakultak a jellegzetes indiai faji jegyek is. Ugyanakkor, mint az tudva lévő, a Közel-Kelet térségében ekkor már éltek homo sapiensek, a fekete faj velük is kereszteződött részben az Arab-félszigeten, és Irak mai területén is, valamint Egyiptomban.

Ha az afrikai kultúrákat nézzük, akkor tulajdonképpen a legrégebbi kultúrával kezdjük, de igazából Afrikából nem is tekintünk mást. Az egyiptomi kultúrát nem tárgyaljuk külön. Egyrészt azért, mert már tengernyi irodalma van – aki szeretne, utánanéz –, és már az ún. „írott" történelemhez tartozik, alaposan ismert kultúra. Másrészt egész könyvem alapkoncepciója is egyfajta ókori egyiptomi világlátás és hitvilág sajátos verziója. Igaz, könyvem csak egy lényeges aspektusból vesz át gondolatokat, az egyiptomi kultúra minden más megfontolásból intakt könyvemben. Megítélésem szerint tehát nincs szükség a Földkerekség legnagyobb civilizációjának még pontosabb átvételére.

Az **Olduvai kultúra** a paleolitikum első szakaszának, a korai emberek eszközkészítő tevékenységének összefoglaló neve. A tanzániai Olduvai-szurdok környékén talált leletek után nevezték el, de az ún. „Olduvai ipar" jóval nagyobb területen elterjedt, mint a névadó földrajzi egység. Az első leletek kb. 2,6 millió évesek, de nem könnyű eldönteni, hogy melyik lelet tartozik az ún. *acheuli iparhoz* és melyik az olduvai-hoz. Az irodalom sem egységes ebben. A félmillió éve már eltűnt, de jó másfél millió évvel ezelőtt már az acheuli ipar jellegzetes mikrolit eszközei is megjelentek. Fa- vagy csonteszközökről nem tudunk, de ezen anyagok romlandó jellege miatt nem lehet biztosan állítani, hogy csak kőeszközök léteztek.

Az ipar előállítói kezdetben homo habilis egyedek lehettek, akikből fokozatosan homo erectusok lettek. Az acheuli ipar megteremtői is a homo erectusok voltak. A két faj sokáig, legalább félmillió évig is élhetett egymás mellett, illetve a két kultúra is. Ebben az időszakban az agytérfogat elképesztően gyors növekedésének lehettek volna tudatában az akkor élő homo élőlények. Ugyanakkor az eszközkészítésben meglehetős technikai konzervativizmus uralkodott. Jellegzetes példája ennek a *Turkana-tó* nyugati partja, ahol az imént említett két eszközkészítő kultúra félmillió évig élt egymás mellett, egymás szomszédságában, szinte kőhajításnyira.

Jellemzői termékei a chopper, kaparók, hasítók és marokkövek (szakóca). Az eszköztár kizárólag élelem-feldolgozásra szolgál, vadászeszköz nincs közöttük. A choppereket egyszerű pattintással hozták létre, a kődarab egyik oldalát egyszerűen megtörték, és a törésfelületen kialakuló élt használták fel. A kétoldalt pattintott marokkövek nagyobb kézügyességet igényeltek.

A kultúra térbeli elterjedésére jellemző, hogy Afrika legdélebbi részétől (Taung) legészakibb vidékéig (Wadi Sara), kelet-nyugati irányban pedig az Atlasz-hegységtől az *Afar háromszögig* (Etiópia, Eritrea határán) terjed. Az ismert lelőhelyek alapján biztos, hogy az olduvai kultúra egész Afrika szavannás, ligetes, bozótos területén elterjedt. A trópusi dzsungelekben egyelőre nincs adat a kultúra elterjedéséről, de ennek az oka elsősorban az lehet, hogy az erdős területeket nehezebb kutatni.

A kelet-afrikai árok környéke az egyik legnagyobb góc. Errefelé a terep dombos, ligeterdős és bokros szavanna. A több millió éves homokrétegeket gyakran törik át lávafolyások. A kelet-afrikai árok északi végében, a mai Etiópia területén helyezkedik el az Afar háromszög (vagy Afar-medence). Itt 4–2,5 millió évvel ezelőtt egy nagy tó helyezkedett el. E tó partján került elő az austrolapithecus afarensis első példánya. Ez egy emberszabású majom volt, ahogy azt már ismerik az olvasók az előzőekből. Ez a csontváz kapta a Lucy nevet, akit ma már inkább gondolnak hímnek, míg nősténynek. Australopithecusok mellett homo habilis és homo erectus maradványok is előkerültek ezekről a területekről.

Az olduvai kultúra további előfordulási helyei a már említett tanzániai lelőhelyek mellett Kelet-Afrikában, a Turkana-tó és a Viktória-tó mellett voltak. Dél-Afrikában a déli csücsökhöz közel volt az australopithecusok típuslelőhelye. Észak-Afrika az olduvai ipar korában szavannás terület volt. A Szahara sok olduvai jellegű lelettel szolgált, sőt az acheuli kultúra és az olduvai váltása is megfigyelhető. Algéria és Marokkó a leggazdagabb leletekben.

A **közel-keleti** „termékeny félhold", és a **Kaukázus** környéke egy újabb kristályosodási pont. Végül Észak-Afrika részein is megjelent a fehér közel-keleti rassz. Ez a fehér rassz, kiegészülve kaukázusi elemekkel, egészen az Eufráteszig jutott. Ugyanekkor az Arab-félsziget déli részén éppen az afrikai homo sapiens vándorolt tovább India, onnan pedig egészen Ausztrália felé.

A **Kebara-kultúra** egy közel-keleti késő paleolitikus kultúra. Körülbelül 18.000–11.000 között létezett Palesztina területén, tehát az ezelőtti interglaciálisban gyökerezett a kultúra. Fontos jellemzője, hogy az eddigi ideiglenes településeket állandó települések váltották fel. A Kebara kultúrát a jóval nagyobb területen elterjedt Natúf kultúra váltotta fel Kr.e. 11 000 körül.

A Kebara kultúra házai kör alakúak voltak. Ebben az időben az emberek életében még nagy szerepet játszott a vadászat (gazellák, vadkecskék), azonban a gabonafélék is az étkezés szerves részévé váltak. A leletek között több, aratástól elkopott, fa vagy csontnyélbe ágyazott kovakősarlóra és őrlőkőre bukkantak a régészek. Mindamellett a vad gabonaféléknél fennállt a magok szétszóródásának veszélye a sarlós aratásnál, így valószínűleg elterjedtebb volt a kalászok kézi szedése.

A Kebara kultúra fontosabb lelőhelyei: Izrael, a Galileai-tó partja, a Karmel hegy, valamint Jordánia, nem messze Petrától.

A Kebara kultúra után a **Natúf kultúra** következett a Közel-Keleten időrendi sorrendben. A Natúf kultúra egy mezolitikus eredetű, közel-keleti ősi kultúra. Létezése Kr.e. 11000 és 9300-közé tehető, leginkább Palesztina, Fönícia és Szíria Eufrátesz-menti vidékén terjedt el. Jerikó első rétegei is a Natúf kultúrából származnak. Jerikó tehát a földkerekség egyik legősibb városa. A Natúf kultúra egyik jellemzője, hogy a falvak a gabonatermelő vidékek közvetlen közelében alakultak ki, és a gabonafélék domináns szerephez jutottak a táplálkozásban. Ezt őrlőkövek, gabonatároló vermek, tűzhelyek, pörkölt magvak (kétsoros árpa, vad alakorbúza, makk, csicseriborsó, borsó) leleteinek sokasága bizonyítja. Az ebből a korból származó csontvázak fogai az őrlőkövekről származó kőpornak köszönhetően rendkívül kopottak, és testükben a stroncium-kalcium arány is az inkább növényevő életmódot támasztja alá. A natúfi emberek már gyűjtötték a gabonamagvakat és talán ültették, művelték is őket.

Emellett a vadászat továbbra is jelentős szerepet játszott az élelemellátásban: sok helyen gazellák, vadkecskék, őzek, dámvadak, vaddisznók és egyéb állatok maradványaira bukkantak a régészek. Az állatok domesztikációja valószínűleg nem történt még meg a Natúf korszakban. A natúfi települések lehettek állandóak vagy időszakosak (például vadásztelepek), a kunyhók kerek alaprajzúak voltak, olykor cölöpökön álltak. Lakosságszámuk már a 200–300 főt is megközelíthette. A temetkezés alapvetően házon kívül történt, és a személyes „ékszereken" kívül nem jellemző a sírmellékletek megléte.

Göbekli Tepe (Pocakos hegy) egy régészeti lelőhely a mai Törökország déli részén, ahol az emberiség **legkorábbi körtemploma** található, jelen ismereteink szerint. Ez már valami! 12 ezer évvel ezelőtt húzták fel közvetlenül a Würm glaciális után vadász közösségek. Úgy gondolják a kutatók, hogy az itteni szakrális, szociális és műveltségi alapon szerveződött társadalom megelőzte a növénytermesztő társadalmat. Később ez a társadalom is elkezdte a növénytermesztést és a háziállatok tenyésztését. Göbekli Tepe is az ún. „termékeny félhold" nevezetű korai emberi kultúrákat hordozó földrajzi tájhoz tartozott. Ez főként Egyiptomot és a Közel-Kelet nyugati sávját foglalja magában. Az építmények északi tájolása (ahogyan a másik híres törökországi neolit-kori település, a „villa halom" halottainak fekvése is) fölveti azt, hogy a csillagászat és az égi jelenségek vizsgálata fontos szerepet játszhattak a közösség műveltségében. Hogy a körtemplomok szoros kapcsolatban álltak az égbolt megfigyelésével, kézenfekvő feltételezésnek látszik.

Hogy sorrendben időben visszafelé haladjunk, az ún. **Halaf kultúra** következik. A Halaf kultúra egy olyan ősi kultúra, amely Tell el Halafon töretlenül fejlődött a késői őskőkorszaktól. Lásd: kép alul. A település körülbelül i.e. 6100-tól i.e. 5400-ig élte fénykorát. I.e. 5600-ban jelent meg a Halaf áru. Ezt az időszakot hívjuk Halaf időszaknak. A Halaf kultúrát Észak-Mezopotámiában i.e. 4400–4200 között az északi Ubaid kultúra váltotta fel hosszú egymás mellett élés után. A Halaf áru csak i.e. 4200 körül tűnik el véglegesen. A lakosság természetes csapadékra hagyatkozó gazdálkodást folytatott, ez az esőztető földművelés. Hasonló gyakorlatot folytattak a föníciai városok is. Ez a földművelési mód nyilvánvaló előzménye az öntözéses gazdálkodásnak, amely az esőztető földművelők szárazabb területre való vándorlásával egy időben alakult ki.

Bár nem Halaf lelőhelyen, de néhány kiterjedt épületet is feltártak, ezek a *tell arpacsijei toloszok*, hosszú négyszög alakú folyosókon megközelíthető, kör alakú boltozatos építmények. Meglepően hasonlítanak a mükénéi kupolasírokhoz. Az építménytípus az i.e. 3. évezred alatt fokozatosan terjedt nyugat

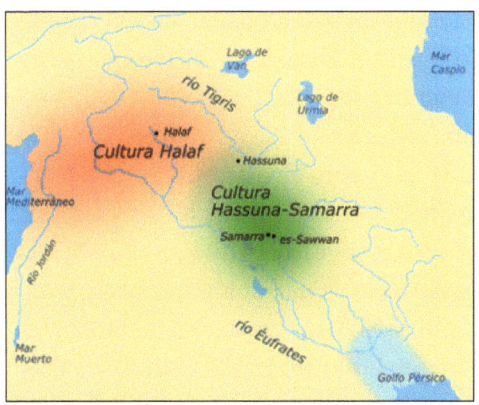

38. A halaf kultúra földrajzi elhelyezkedése.

felé, i.e. 2500 után Krétán is megjelenik. Csak néhány ilyen építményt tártak fel. Ezeket sárból készült téglából építették, néha kőalapokra és talán rituális használatra. Más kör alakú építmények talán házak lehettek. A halafi településeken kővel burkolt utcák is voltak, és négykerekű, küllős szekereket használtak.

A halafi kerámiák legismertebb jellemzőjét Halaf árunak hívják, melyet specializált fazekasok készítettek. Festett lehetett, néha kettőnél több színt használtak (polikróm kerámia) geometrikus és állati motívumokkal. A Halaf kerámia más típusai is ismertek, köztük festetlen fazekak és égetett felületű kerámiák. Fontosabb Halaf kultúra régészeti lelőhelyek: Tell el Halaf, Ninive, Hasszuna és Szamarra.

Tovább haladva az időben egy tipikus mezopotámiai kultúra következik, az **Ubaid-kultúra**, ami a mai Dél-Irak, a későbbi sumer területén lévő Ur városához közeli *Tell el Ubaid* halomról kapta a nevét. A kultúra legalább Kr.e. 5900-tól egészen – radiokarbon vizsgálatok szerint – mintegy Kr.e. 4300-ig, az újkőkor és rézkor idején létezett. A korszak előtt komolyabb emberi letelepedésre utaló jelek nem mutathatók ki. Ebben az időszakban a terület sokkal csapadékosabb és mocsarasabb volt, mint ma. Nyilván ez is volt az egyik oka, hogy nem volt benépesedett. Sőt, sokan erre területre értik az ún. bibliai „édenkertet". Népének etnikai jellegét nem lehet tudni, de nem sémi és nem sumer volt. Kerámiatípusai alapján az Ubaid korszakot négy időszakra szokás bontani. Az Ubaid kultúrát végül az Uruk kultúra váltotta fel.

Ebben a korban sok újítást alkalmaztak, például a rézöntést, a folyami szállításra kis vitorlás csónakokat, az égetett téglás építkezést. Csaknem biztos, hogy ekkor már használták az ekét, kereket, szamarat. Egyes kutatók szerint az ekét i.e. 6000-ben Észak-Mezopotámiában találták fel, és i.e. 3500-ra datálják azokat az ekebarázdákat, amelyeket Észak-Európában találtak fel, és ugyanebből az időből származnak a Lengyelországban feltárt kordé modellek (taligák), valamint az Oroszország déli részén sírokból feltárt kordék, de a kerék eredete maga bizonytalan. Az Ubaid kultúra jellemzője az ún. **zikkurat**, toronytemplomok vagy lépcsős templomok építése. Ez jellegzetes mezopotámiai templomforma, az ún. „Bábel torony" mítosz is egy ilyen alakú templomhoz kötődik. Ez az azóta szokásos bibliai ábrázolásokból is kitűnik. Ez a „Bábel tornya" a leghíresebb a zikkuratok közül, Babilonban épült, és Étemenanki, azaz „az ég és a föld alapjának" temploma. Eredetileg *Marduk* babilonai isten kultuszhelye volt.

Az Ubaid-kultúra után időrendben az **Uruk kultúra** következik. Az Uruk kultúra már egy jellegzetesen sumer kultúra volt, amely Ur városáról kapta a nevét. Innen származik a Biblia egyik mondaköre is. (A bibliai Ábrahám Ur városából származott.) Ez a kultúra egy ősi mezopotámiai kultúra a mai Irak területén. A kultúra kb. i.e. 4300-tól a 3100-ig, a kőrézkor és a korai bronzkor idején létezett. Az Ubaid kultúrát váltotta fel és *Dzsemdet Naszr* kultúra követte. Ebben

39. Az Ubaid-kultúra területe Mezopotámiában.

a korszakban kezdődött a városi élet fejlődése Mezopotámiában, ami a sumer kultúrában folytatódott. A késő uruki periódusban jelent meg az ékírás, még az i.e. IV. évezredben, kb. i.e. 3400 és 3200 között. Ez még a korai bronzkorban történt. Ezek a korai városállamok az államszervezet határozott előjelei voltak.

Ezzel kijelenthetjük, hogy az eddigi történelmi dokumentumok szerint államiság Mezopotámiában, illetve Egyiptomban jelent meg elsőként. A társadalmi rétegződés még nem ment végbe egészen az i.e. 3100-as évekig, a sumer dinasztikus korszak kezdetéig. Ezt támasztja alá a vágott peremű edények olcsó tömegtermelése, amelyet később elhagytak a mezopotámiai társadalomban. Ezeket az edényeket közösségi eseményekre készíthették, köztük akár a „Bábel tornyának" építéshez is, amelyek nagyméretű építkezések lehettek. A közel egyenlő nagyságú, vágott peremű edények a központilag elosztott gabona elosztására szolgáltak. Egy-egy város 1 km^2-nél nagyobb területű volt, és 10–20 ezer lakosú volt a korszak végén, ami már nagyon komoly fejlettségnek számított 3000 évvel időszámításunk előtt. Ebből a városiasodott közösségből származott a képzeletbeli bibliai Ábrahám is. Igaz, ezt a fordulatot a zsidók már a babiloni fogságban „költötték" hozzá az eredeti legendához, talán imígyen is életben hagyva a reményt, hogy egyszer onnan is hazatérhet a „választott" nép, mint ahogy azt láttuk, ebben a korban már a mai Izrael területén is élénk korai emberi kulturális események zajlódtak, melyekről azonban a Biblia nem tudósít.

Az Uruk kor elején az Ubaid kerámiát felváltotta a szürke és vörös fényezett kerámia. A települések száma ugrásszerűen megnövekedett, Sumer északi részén Nupper környéke volt a legsűrűbben lakott. Nem lehet tudni, hogy a lakosság növekedése bevándorlás vagy helyi népszaporulat eredménye volt-e. Uruk területe ekkor 70 hektárt foglalt el, míg északon volt két 50 ha és két 30 ha méretű település. Ekkor Nippur környékére esett a települések 60%-a. A településrendszer egyedi falvakból állt, nem mutatkoztak még körzetközpontok.

A sumerok i. e. IV. évezredi bevándorlásának elmélete kérdéses, máig vitatott. Az Uruk kultúra idején megjelenő írás sem ad támpontot hozzá, mivel a legkorábbi piktografikus írás egészen az i. e. 3000 körüli időszakig logografikus, azaz szóírás rendszerű volt, amelyből nem lehet az írásrendszert használó etnikum nyelvére következtetni. Amikor azonban az uruki archaikus szövegekben az Uruk-kultúra és a Dzsemdet Naszr kultúra fordulópontja körül az ékírás ősének fonetizáló jellegei is megjelennek, amelyből a beszélt nyelvre már lehet következtetni, akkor az értelmező, végződésre vagy szókezdetre utaló kiegészítő jelek már mind a sumer nyelvből vezethetők le.

Ha volt népességcsere, akkor a sumerok ebben a korban vándorolhattak Dél-Mezopotámia területére úgy, ahogy kb. az árják a volt India területére, tehát a mai Pakisztánba, és onnan tovább Indiába. Az a tény, hogy később a sumer templomállam volt a föld kizárólagos tulajdonosa – akik megművelték, azok csak a templomtól bérelték és nem birtokolták azt –, azt mutatja, hogy a sumerok betelepítése felülről szervezetten történt, és hozták magukkal a korábban kialakult államszervezetüket és településrendszerüket.[10] Hogy spontán betelepülés esetén kialakult volna-e az egyéni földtulajdon, az csak pusztán spekuláció, mindenesetre ezeknek tükrében tény, hogy már a sumer is spirituális társadalom volt.

A késő Uruk-korban az Uruk-kultúra hatása kiterjedt a Mediterráneumig és az Iráni-fennsíkig, ahol dél-mezopotámiai eredetű tárgyak kerültek elő. Urukot ebben a korban a kereskedelmen kívül kolonizációra a fa, fém és féldrágakő lelőhelyek ellenőrzése ösztönözhette. Valamint történhetett spontán vándorlás is, újabb élőhelyek után kutatva, tehát az, hogy egy kultúra exportálja magát, nem lehet nagy szenzáció. Északon a kultúra a mostani Törökországig elterjedt, ahol jellegzetesen uruki alaprajzú, szögmozaikokkal díszített házakat találtak. Egyiptomban a Nagada II kultúra – vagy a gerzei kultúra – bizonyos edényei, illetve a jellegzetesen egyiptomi tárgyakon pl. késhegyeken a mezopotámiai motívumok tanúskodnak az Uruk-kultúra hatásairól. Egyiptomban ekkor jelennek meg a pecséthengerek is és előkerültek itt is díszítő terrakottaszögek. A szíjtégla, amellyel az Éanna-terület (Uruk külvárosi része) építményét emelték és annak utódja, a plán konvex tégla szintén messze földön elterjedt.

---

10 A szabad enciklopédia: Uruk-kultúra

Ami Iránt és az **ősi perzsa** kultúrákat illeti, a történelem előtti régészeti lelőhelyek tucatjai mutatják, hogy az i. e. IV évezredben már ősi kultúrák és városias települések léteztek, tulajdonképpen előbb, mint Mezopotámiában, illetve azzal kb. egyidejűleg. Az indoirániakból akkoriban váltak el az elő-iráni népek. Az árja (elő-iráni) törzsek az i. e. III. és II. évezredben érkeztek az Iráni-fennsíkra, valószínűleg több hullámban. Ők nomádok voltak akkoriban. Később az elő-irániak nyugati és keleti csoportra váltak szét. Az i. e. I. évezredben a nyugati csoporthoz a médek, perzsák, baktriaiak és a parthusok tartoztak, míg a kimmerek, szarmaták és alánok (a jászok elődei), szkíták a Fekete-tengertől északra lévő pusztákon éltek. Más törzsek keleten telepedtek le, szállásterületük messze benyúlt az indiai szubkontinens északnyugati hegyvidéki határterületére a mai Beludzsisztánig.

Voltak törzsek, amelyek eljutottak a Balkánra valamint a mai kínai Hszincsiangig is. A **zoroasztrista vallás** szent iratát, az *Avestát*, kb. i.e. 1000 környékén az avesztainak nevezett keleti ó-iráni nyelven írták. Ez az irat elsősorban himnuszokat és törvényeket tartalmaz. A zoroasztránizmus volt az Óperzsa (akhaimenida) birodalom és az azt követő iráni birodalmak államvallása egészen a muszlim hódításig. Mint ahogy azt később látni fogjuk az Avesta és a héber Biblia első részei nagyjából egy időben íródtak.

7.4.2 Korai ázsiai kultúrák, Eurázsia (Oroszország)

A korai ázsiai kultúrák, valamint a mai Oroszország területén elterülő őskori kultúrák áttekintéséhez először fontos megértenünk, hogy a modern emberré válás folyamata Ázsiában is megtörtént. Az ázsiai homo erectusból szinte ugyanazon univerzális kódok hatására szinte ugyanolyan genetikájú modern ember keletkezett több százezer év alatt, mint Afrikában és Európában. Ez a góc, ami **Kínában** volt, ahol a modern ember sárga rassza kialakult.

A sárga rassz tehát fokozatosan és párhuzamosan alakult a távoli kínai hegyvidékeken és síkságokon, egyidejűleg az afrikai és európai homo sapiensekkel. Az ezt alátámasztó híres lelet a pekingi előember. Kb. 150 ezer évvel ezelőtt az ázsiai homo sapiens fokozatosan kezdte belakni a hatalmas kínai vidéket. Eljutott a japán szigetekre, majd Dél-Ázsiába is. Nyugat felé vándorolva pedig Közép-Ázsiába is eljutottak. Közép-Ázsiából indult aztán tovább az ember az északi, hidegebb vidékekre is, Szibéria felé fordult, és a mamutcsordák nyomait követve, a könnyű zsákmány reményében vállalta a zord, fagyos éghajlattal való küzdelmet.

Később a sárga rassz jutott el az amerikai kontinensre is, de a „hátsó bejáraton", a Bering-szoroson keresztül, valamint magán a jégen keresztül a jégkorszak alatt több száz vagy akár ezer évig tartó vándorlás és előrehaladás során.

Hogy miért Ázsiát és Oroszországot tárgyalom egyben, arra részben a könyvben végigvonuló logika miatt van szükség. Ugyanis a P. Hun a már megvalósított néhány tudományos újítás után a mai kontinenseket is máshogy értelmezi, mint a mai földrajztudomány, amivel természetesen semmi baj nincs. Azonban a P. Hun 9 különálló kontinenst különböztet meg Antarktisszal együtt, a mai 5 vagy 6 helyett. A különbség abból adódik, hogy a szorosabban földrajzilag értelmezett mai Ázsiát 3 részre osztja, aminek egyik része a Közel-Kelet–Kaukázus, a másik pedig a kvázi különálló kontinensként kezelt Oroszország ázsiai része. Ennek hátterében pedig politikai, vallási és gazdasági megfontolások állnak, ami miatt ezen 3 területet tulajdonképpen 3 kontinensként kezeli könyvem.

A korai ázsiai kultúrák bemutatásánál a 3 igen jelentős ázsiai kultúrát mutatok be: a kínait, az indiait és a japánt, valamint közép-ázsiai és mai Oroszország területén elterülő régi kultúrákat ismertetek. Természetesen figyelemmel kell lenni a terjedelmi okokra, ezért nem mélységeiben tárom föl ezen kultúrákat, nem ez a könyv célja. A célja az, hogy bemutassa és alátámassza: már a Héber Biblia megírása előtti időkben is fejlett emberi kultúrák voltak elsősorban Afrikában, Európában és Ázsiában, és nem a Bibliával kezdődött az emberi történelem. Természetesen ezen kultúrák bemutatásánál is igénybe veszem a Wikipédia segítségét. Kutatásaimat e szabad lexikon segítségével végeztem.

Mint **Kínával** kapcsolatban már említettük, a legkorábbi fosszilis emberi koponya az 1963-ban talált *„pekingi ember"* lelete kb. 600 ezer éves lelet, egyértelműen homo erectus lelet. (*Homo erectus pekinensis*) Ennek az embernek a leszármazottai a sárga faj homo sapiens egyedei szinte egytől egyig, persze az idő folyamán hatalmas változásokon, illetve keresztezéseken mentek keresztül. A pekingi előember hasonlított a *jávai emberhez*, ami nem csoda, hiszen ugyanazon fajok voltak. Az ázsiai homo erectus tagjai voltak mindketten. A mai Indonézia lakói egyértelműen már az Indiában gyökeret vert afrikai eredetű homo sapiens és a sárga pekingi ember eredetű homo sapiens keveréke. Azokban a kínai barlangrendszerekben, ahol a homo erectus példányokat is találták, az európai Cro-magnoni emberének megfelelő késő kőkori használati tárgyakat is találtak. Ez már egyértelműen a homo sapiens jele, azaz az ember kőből készült tárgyakat és állati bőrből készült ruhákat készített, és természetesen ismerte a tüzet, ami egy általános jele volt a kőkorszakban, hogy „tudománynyal", emberi tevékenységgel van dolgunk.

Általában a mai tudomány – ami az afrikai származást erőlteti – nem veszi figyelembe a világ más részein előkerült homo sapiensre utaló nyomokat, jeleket, leleteket. Könyvem nem követi el ezt a hibát.

A kínai neolitikus forradalom mozzanatai feltűnően kimaradtak a Bibliából, feltehetőleg azért, mert nem tudtak róla, pedig a bábeli torony építésével egy időben vagy azt jóval megelőzően már komoly mezőgazdasági tevékenység folyt a Sárga folyó mentén. Az i. e. 8. évezredben, tehát a „nagy özönvíz" után a mai Kína északi és déli részén is egyaránt megindult a mezőgazdasági tevékenység, és megkezdődött **Kína neolitikus forradalma**. Ebből a korai időszakból számos leletet találtak. Már a háziasításra utaló nyomok is előkerültek, a kutya és a disznó esetében elsősorban. Kínában az i. e. 8. évezredben nagyjából egyszerre indult útjára a mezőgazdaság és a kerámiaműves kultúra bevezetése. Ez utóbbi klasszifikációja kapcsán az i. e. 5. évezredre már 6 jól elkülönülő kultúrát lehet megkülönböztetni.

Ezek az *északkeleti kultúrkör*: a Liao folyó völgye és Belső-Mongólia. Itt elsősorban kölestermesztés, szarvasmarha és juhtenyésztés volt jellemző. Ezen felül jáde tárgyakat, sárkánymotívumot és vörös csíkos edényeket is találtak. Sok leletnek – különös szobrok és agyagból készült női alakok – talán vallásos jelentősége is lehetett. A rituális központokban talált kör-, illetve négyzet alapú építmények és tárgyak a későbbi Ég-Föld kettősség képzetét sejtetik.

A *közép és északnyugati kultúrkör*: Ez a kínai kultúra a Yangshao kultúra i. e. az 5. és 3. évezred közötti elsőként feltárt, legjobban ismert neolitikus kínai kultúrája. A Yangsaho kultúra igen kiterjedt kézműves kultúra volt a Sárga folyó völgyében, melyhez több ezer archeológiai helyszín kapcsolható. Egy, a Yangshaóhoz tartozó sírhoz tartozik a legkorábbi sárkányábrázolás is, amelyet kagylóhéjakból raktak ki. Egyértelműen letelepedett kultúra jegyeit tudjuk felfedezni ezeken az ősi kínai kultúrákon. A Yangshao kultúra edényein az emberi alak fontos szerepet játszik, edényeken reliefként kiemelkedő formában vagy az edények belsejében, csontváz alakban. Népszerű motívumok még a béka vagy teknősbéka, a spirálok és kacskaringók.

Kelet-kínai kultúrkör: Kelet-Kína neolitikus kultúrájának sírjai is gazdagok különféle leletekben. Ezekből a lelőhelyekből szürke és vörös, geometrikusan, ritkán növényi motívumokkal díszített agyagedényeket, kőből és elefántcsontból készült horgokat, hajtűket és fésűket, valamint jáde díszeket (nyaklánc, gyűrű, fülbevaló, karkötő) és jádéból készült eszközöket fedeztek fel. Ezen kultúra temetői már jelentős társadalmi rétegződést mutatnak.

Délkeleti kultúrkör: A délkeleti kultúrkörhöz is kb. az i. e. 5 ezer és az i.e. 3. évezred régészeti leletei tartoznak. Tehát a mai Kína délkeleti területén is igen jelentős időszámításunk előtti kultúra alakult ki. A Jangce torkolatánál feltárt korai rizstermelő kultúrák bizonyították, hogy Kínában nemcsak a Sárga folyó völgyében volt fejlett civilizáció. A kultúra főképp faépítkezésre, mezőgazdaságra, rizstermesztésre és intenzív állattenyésztésre (vízi bivaly, disznó) épült. A textilművességben, a mezőgazdaságban és az építészetben a korai délkeleti parti kultúrák fejlettebbek voltak, mint az északabbra fekvő kelet-kínai területek kultúrái.

A *Lianghzu kultúrához* (ugyancsak dél-keleti kultúrkör) tartozó közösségek kiválóan ismerték a rizstermesztés fortélyait, a selyemszövést és a fazekasságot. A lakóhelyeken kívül fekvő temetőkben már jól látszik, hogy a társadalmi rétegződés ekkorra már végbement. A legnagyobb sírokból teljes rituális edénykészletek, fából, rézből és krokodilbőrből készült hangszerek és festett faliképek kerültek elő. A Lianghzu kultúrában sajnos általános volt az emberáldozat, de ez ősi kultúrákban szerte előfordult a Földön, Amerikában is.

A koporsókat fából készítették és lakkréteggel is ellátták. A gazdagabb leletekben előforduló jáde kövek igen jellegzetesek ebben a kultúrában. Ezek leginkább az elhunytak vagyonát és hatalmát voltak hivatottak jelezni.

A fentieken kívül említésre méltó kultúra alakult *Közép- és Dél-Kínában is*. A középső és felső Jangce völgyében igen gyakoriak voltak a sárkánymotívumok az i. e. 3 évezredben. A kézzel készített vörös vagy szürke kerámiák a meghatározók. A *Dapenkeng kultúrát* csak a XX. század második felében fedezték fel Tajvan környékén, és az egész dél-kínai parton jellemző volt. Jellemző volt rá a földművelés, a vadászat, halászat és a növények sokrétű használata. Ezek a legismertebb és legjelentősebb ősi neolitikus kínai kultúrák.

Kína után térjünk rá egy másik hatalmas és talán legismertebb kultúra, az **indiai kultúra** bemutatására. Ha India őslakosságát tekintjük, akkor 30–40 ezer évvel ezelőttre tudunk visszamenni az időben. A gyökerek Afrikából származnak, mármint az őslakos népességet tekintve, de ez inkább csak Dél-Indiára, illetve Sri-Lankára vonatkozik. India őslakossága egyértelműen afrikai (negroid), valamint ausztráliai eredetet mutat. A negroidok kis törzsekként megmaradtak Kelet- és Dél-Indiában. Rokonságot mutatnak a malájföldi, Fülöp-szigeti és Új-guineai népcsoportokkal. Szinte érintetlenül maradtak az Andaman-szigeteken, a Bengál-öbölben és északkeleten, eldugott „naga" falvakban Asszam és Burma között. Ugyancsak negroid törzsek, de az előzőektől eltérők élnek Asszam nagák lakta hegyeiben, akik a pápuákkal vagy a melanézekkel rokoníthatók. Az indiai szubkontinensről a fekete eredetű őslakosok eljutottak az ausztráliai kontinensre is, amint azt már láttuk. Azonban volt később egy visszafelé való áramlás az Indokínai-félsziget és India felé.

Az ausztraloidok lényeges különbséget mutatnak nem csak fizikai megjelenésben (világosabbak, barnák), hanem abban is, hogy egész India területén megtalálhatók, elsősorban a legalacsonyabb rangú kasztokban. Nagy valószínűséggel ők adták a negroidokkal együtt India őslakosságát a dravidák megjelenése előtt.[11]

Az első települések nagyjából Kr. e. 4000 körül jelentek meg az Indus völgyében. Lakói feltehetőleg dravidák vagy azok elődei voltak. Fejlett városi kultúra alakult ki, jól szervezett településrendszerrel, csatornahálózattal és adminisztrációval. Megjelenik a kasztrendszer alapja a papság elkülönülésével. Az ún. Indus-völgyi civilizáció fénykorát a Kr. e. 2300–1700-ig élte. Birodalmi egység jön létre több városközponttal, Mohendzsodaro, Harappa, amely hatalmát kiterjesztette az Indus völgyén kívül a mai Rádzsasztán és Gudzsarát államokra is. Elterjed a ma még megfejtetlen betűírás is. Az indoárja invázió következményeként, amely az iráni fennsíkokról érkezett, ez a korai dravida civilizáció nagyrészt elpusztult, de bizonyos elemei beszivárogtak a hódítók kulturális, főleg vallási életébe, ilyen pl. a Siva-kultusz.

Harappát a legnagyobb és a legfejlettebb kultúrák közé sorolják. A Harappa kultúra dravida kultúra volt, földművelő népek lakták őket, és ismerték a fémmegmunkálást is. A Lothalnál épült kikötőből messzire tudtak hajózni és számottevő kereskedelmet folytattak. A szarvasmarhát, kecskét, elefántot és a tevét háziállatként tartották. Ismerték az aranyat és a drágakövet. Azonban Kr. e. 1800 táján elvándorlás kezdődött, amelynek klímaváltozási okai is lehettek. Ekkor érte a területet az árja bevándorlás is, de ami már egy pusztulóban lévő civilizáció helyére érkezett. Az árják Kr. e. 2000–1500 jelentek meg India kapujában. Az árjákhoz köthető a nem sokkal későbbi **hinduizmus** létrejötte.

---

11 Halmos Antal: India&Nepál

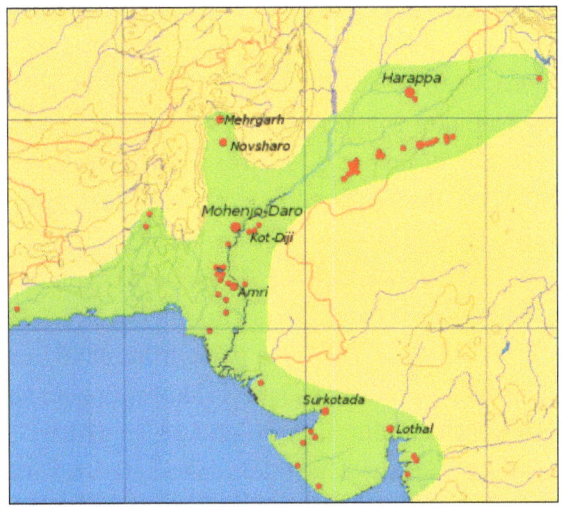

40. Az indus-völgyi civilizáció kiterjedése és fontosabb városai.

Az Indus-völgyi civilizáció mellett meg kell említeni az indiai **védikus civilizációt** is, amely a másik összetevője volt az indiai össz-kultúrának. A védikus civilizáció Kr. e. 1500 körül jött létre az Indus és a Gangesz völgyében, különálló államok formájában. A katonailag fejlettebb hódító árják alávetettként kezelték az őslakos dravidákat, bár a két nép etnikai és kulturális keveredése fokozatosan végbement. Ebben a kultúrában alakultak ki a művelt Maurja és Gupta birodalmak, és jöttek létre az ismert indiai vallások: dzsainizmus, buddhizmus, hinduizmus. A védikus civilizációban kialakult vallás sokkal inkább istenek megnyerésére törekedett áldozatokkal, mint a túlvilági lét kifürkészésére. Ebben már sokkal különbözik az alapjaiban majdnem ugyanolyan régi univerzalizmustól. Úgy hitték, ha az áldozat szabályos volt, akkor az istenek mindenképpen teljesítik kéréseiket. A meghaltak lelkeit mágikus szertartásokkal igyekeztek az égbe, az istenek közé emelni. Ebben kétségtelen hasonlóság mutatkozik a régi egyiptomi hiedelmekkel is.

Ázsiában maradva szólnunk kell a **japán szigetvilág** paleolitikumjáról is. Az ember jelenlétére utaló legrégebbi hiteles, szórványos, korai gyűjtögető közösségekre utaló leletek kora 130.000 év. Ekkor a japán szigetvilág északon Hokkaidó és Szahalin útján, délen pedig Kjúsú és a Koreai-félsziget közötti földhíd révén összeköttetésben állt az ázsiai kontinenssel.

Japánban találták az emberiség legrégebbi csiszolt kőeszközeit. Ezek az eszközök i. e. 32 ezer évig nyúlnak vissza, ezek az emberiség legrégebbi megtalált csiszolt kőeszközei. Japán történelme ezzel bőven a paleolitikumban kezdődik, az ezelőtti interglaciálisban. Japán akkor még nem volt ennyire elszigetelve, mint manapság. Az első emberi csoportok is az akkor még meglévő földhidakon érkeztek Ázsiából. Egyértelműen a sárga embertípus hódította meg Japánt, és ma is az lakja. A régészeti feltárások azt bizonyítják, hogy a Japán szigetvilág első lakói, közöttük feltehetően a mai ainuk ősei az akkor még létező szárazföldi összeköttetésen keresztül érkeztek kb. 35 ezer évvel ezelőtt Japánba. Az is elképzelhető, hogy néhány csoport hajókkal és lélekvesztőkkel érkezhetett Délkelet-Ázsiából a csendes óceáni nagy vándorlási időszakban.

A jégkorszak utáni korszakot nevezik a Japán történelemben a *Dzsómon korszaknak*. I. e. 14. évezredtől az i. e. 3. század elejéig tartott. A korszak első megtalált leletei az i. e. 14 évezredhez köthetők. Zsinórmintás agyagedényeiről is nevezik így. Ezek némelyike több mint 12 000 éves, vagyis a legelsők a világon. Antropológiai kutatások szerint e korszak embere a mai japán nép közvetlen őse, aki földbe mélyített, fűvel-náddal fedett veremházban lakott, íjat, lándzsát, baltát, csonthorgot használt, gyűjtögető, halászó-vadászó életet élt, s gyönyörűen formált és díszített, embert és állatokat ábrázoló rituális agyagszobrocskák (dogú) ezreit hagyta hátra. Az ez utáni időszakokat pedig már ismerjük Japán történelméből. A japán szigetvilágban lejátszódott eseményekhez nincs köze a Héber Bibliának, az attól teljesen függetlenül fejlődött.

A legtipikusabb ázsiai korai emberi kultúrák bemutatásával szeretnék néhány *Közép-Ázsia,* valamint a mai Oroszország területén fellelhető régészeti kultúrát bemutatni, amelyek mindegyike a közel-keleti „termékeny félhold" neolitikus forradalmának továbbgyűrűzése.

Az egyik legismertebb közép-ázsiai kultúra a **Dzsejtun kultúra**, ami az ún. neolitikus forradalom terméke. Ez a mostani Türkmenisztán területére esik, és egyfajta kerámiakészítő kultúra jellegét viselte magán. A Dzsejtun kultúra új-kőkori régészeti kultúra. A Dzsejtun kultúra és más közép-ázsiai oázis kultúrák a *közel-keleti neolitikus civilizációk* ún. másodlagos peremét alkották, amelyeknek fontos szerepük volt a neolitikus forradalom vívmányainak az északi sztyeppevidék felé való elterjesztésében. Az Urál közeli sztyeppe jellegzetes kerámiaformái és díszítései is visszavezethetők a Dzsejtun kultúráig. Névadója a Dzsejtun régészeti lelőhely, a türkmén fővárostól kb. 30 km-re északnyugatra található a Karakum sivatag déli peremének homokbuckái között. A domb eredeti állapotában mintegy 3 3,5 méternyire magasodott a környék fölé. A feltárások ott és a közelében lévő, hasonló korból származó lelőhelyeken az ember élelemtermelő életmódra, valamint letelepedésre való áttérése körülményeinek jellegzetes és jelentős tárgyi emlékeit hozták napvilágra a dzsejtuni és a környező régészeti lelőhelyeken.

Az **andronovói kultúra** család több kultúra összefoglaló neve, Nyugat-Szibéria és a nyugat-ázsiai sztyeppe területén az i. e. 2. évezredben. A gödör-stílusos kurgán-kultúra kései típusa, amelyet általában az indoiráni népekkel szoktak kapcsolatba hozni. Ennek a kultúrának az egyik leágazása északnyugatra a *cserkaszkuli kultúra,* az iráni népekkel kapcsolatba került ugorok – a még szét nem vált *magyarok és* *obiugorok* – művelődése lehet. Az andronovói kultúracsalád párhuzamosan fejlődött a kelet-európai sztyeppe és erdővidék szrubna (gerendavázas) kultúrájával. Mindkettőre jellemző volt a pásztorkodó állattenyésztés, Dél-Urálban szoros kapcsolatban álltak egymással. Ez a terület volt szűkebb környezetemnek, a magyarság kialakulásának is a terepe. A pásztorkodó állattenyésztés letelepültebb, valamint mobilabb fajtái is kialakultak benne. Fontos szerep jutott még a kézművességnek és a kereskedelemnek a szomszéd kultúrákkal is. Az andronovói kultúracsaládra általában jellemző volt az állandó települések, félig földbevájt gerendavázas házak.

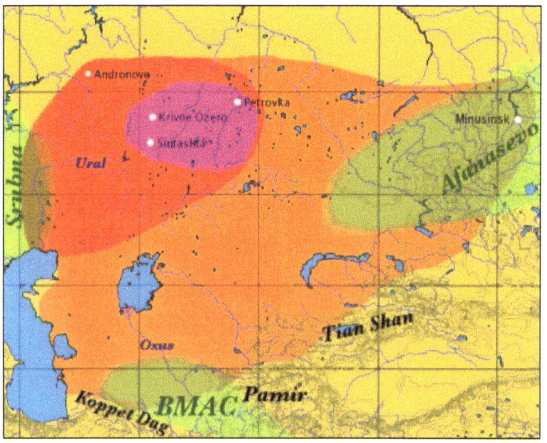

41. Az andronovói kultúra területe. A cserkaszkuli kultúra ennek a szélén, az Aral-tótól északra található.

Hamuhalmok a településen, az elhunytakat a talajon lévő építményekben temették el, amelyek vályog- vagy gyeptéglából vagy kőből álltak. Kettős temetési szertartási rend uralkodott, keleten temetés, nyugaton hamvasztás, néha egyes csontok másodlagos eltemetése. A kutya és a tűz meghatározott szerepe a temetkezési szertartásban. A cserépedények gazdag geometrikus díszítése jellemző, cikkcakkok, meanderek, háromszögek, szvasztikák formájában.

Az említett *cserkaszkuli kultúra* i. e. 18. és 14. század között virágzott. Hagyatéka a középső és déli Transzurálban, az Ural hegység mellett, annak keleti oldalán, az erdőöv déli és az erdős sztyepp északi peremén található. Néhány eleme azonban mélyen a sztyeppén is fellelhető. Fazekassága a fjodorovói kultúráéval sok közös vonást mutat. Délen a halottégetés, északon és nyugaton a temetés jellemzi. Az andronovói szélesarcú protoeuropid típus – ami még a honfoglaló magyarságnál is jól kimutatható – antropológiailag jól elkülöníthető a tőlük nyugatra élő, szintén europid szkítáktól. Ebből a kultúrkörből és területről származik a magyarság, a keletről utolsó hullámban Európába települt, eredetileg keleti nép. Ilyen értelemben vándorlása kapcsán a magyarság tekinthető egyfajta spirituális összekötő kapocsnak kelet és nyugat, származása folytán pedig észak és dél között.

I. e. 2000–1500 között terjedt el a sztyeppén a harci kocsi, ami nagymértékben megnövelte ezen kultúrák mozgékonyságát, kereskedelmi hatókörét, és ez katonai konfliktusokhoz vezetett természetesen az ég ezen a táján is. I. e. 1750 és 1550 között az *Alakul majd a Fjodorovó-kultúra* (mindkettő andronoid kultúra) állattenyésztő-földműves-fémműves csoportjai behatoltak a sztyeppéről észak felé a tundra övezetbe, amit a jellegzetes kerámiadíszítéses települések terjedése jelez. A tundrán nagy hatással voltak az ottani őslakos halász-vadász népességre, akik átvették a pásztorkodást, és ónbronzot kezdtek használni. A közvetlen andronovói gyarmatosítás erőteljesebb az Urál hegység melletti tundrán, ahol „szinkretikus" andronoid, „andronovószerű" kultúrák jöttek létre. Ennek hatására i. e. 1500-tól a vadász-halász terület nagysága erősen csökkent, visszaszorult a tajgaövezet északi részére, ami azért még mindig óriási terület volt. Az andronovói kultúrák általában közös jellemzői a következők voltak: az állattenyésztés dominál, főleg a marha, kisebb részben ló és juh, a disznó viszont hiányzik. Főleg állandó települések jellemzik. Kiterjedését lásd alul.

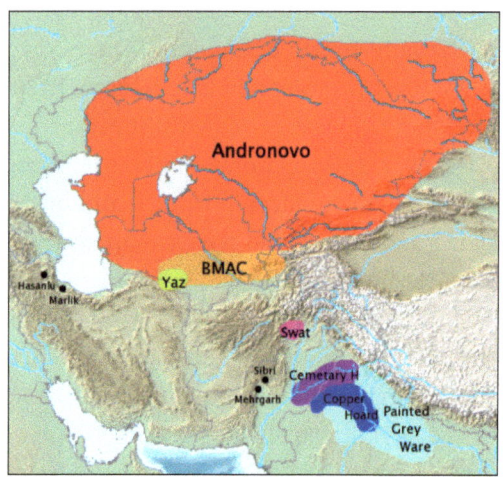

42. A feltételezetten indoiráni andronovói kultúra és tőle délre Indiában a feltételezett indoárja továbbvándorlás eredményezte kultúrák.

A mai Oroszország területén található régészeti kultúrák között meg kell említeni még az afanaszjevói kultúrát. Ez a kultúraövezet az andronovói kultúrától keletre terült el. Az **afanaszjevói** kultúra egy késő rézkori, kora bronzkori régészeti kultúra a Balkas-tó és a Bajkál-tó közötti területen az Altaj északi oldalán, az Ob és a Jenyiszej felső folyása, a sztyeppe és az erdős sztyeppe övezetben i. e. 2300–1500 között. A Jamna-kultúrából származó andronovói kultúracsalád terjeszkedésével a Fjodorovó-kultúra váltotta fel a tudomány jelenlegi álláspontja szerint.

Az Altaj vidékén ez volt az első termelő, földművelő-állattenyésztő kultúra. Népessége búzát, árpát termesztett, kecskét, juhot, marhát, baktriai tevét és lovat tartott. Mindezekkel valószínűleg ők ismertették meg Észak-Kína népességét, mert az észak-kínai nyelvi terminológiák mindezekre egy indoeurópai nyelvből, valószínűleg a *kusánokéból* (egy kelet-iráni nyelvet beszélő nép) származnak. A lovakat étkezési célból tartották, a kocsikerekeik tömörek voltak, a kocsikat még nem lovak, hanem ökrök, bikák húzták. Európai típusú textíliákat gyártottak, amelyekből sztyeppei típusú kaftánokat készítettek. A keréken való szállítást és közlekedést, valamint a fémművességet valószínűleg ők hozták és vitték tovább Észak-Kínába a nyelvi kölcsönszavak tanúsága alapján.

7.4.3 Európa, Amerika, Ausztrália

A következő alfejezetben az ún. fehér faj elterjedését és korai kultúráit tárgyalom. Látszólag nincs földrajzi összefüggés a kontinensek között, az összekötő erejük a mában rejlik, hogy végül mindegyik a fehér emberi rassz kultúrája alá került Latin- és Közép-Amerikában, jócskán keveredve az őshonos sárga rasszal. Ausztráliára is jellemző volt eleinte az őshonos ausztraloid faj, az aborigin, azonban őket a gyarmatosítások következtében szinte kiirtották a gyarmatosító angol-szászok. Az ausztraloid embertípus leszármazottai keveredve a feketékkel élnek tovább India alsóbb kasztjaiban.

Azonban nézzük az európai és kaukázusi homo erectust. Már ekkor tudunk rögzített korai európai kultúrát felmutatni. Az európai őskőkorszak egyik jellegzetes kultúrája a **chelles-i kultúra**, az őskőkorszak eszközkultúráinak egyik korai szakasza. Az irodalom nem egységes ezen eszközkultúra besorolásán, többen a korábbi *olduvai*, más részét a követő *acheuli* kultúrához sorolják. A típusleletek a francia Somme folyó partján 478 000–424 000 évesek. Az alternatív korszakolás korai és középső acheuli kultúrájának felel meg, általában nem idősebb 700 000 évnél, és nem fiatalabb 400 000 événél.

A chelles-i eszközök első megközelítésben abban különböznek a korábbi olduvai eszközöktől, hogy a kövek és kavicsok két oldalon megmunkáltak, úgynevezett kétoldalt retusos eszközök. Ezek a jellegzetes chelles-i marokkövek (ökölkő vagy szakóca). A hosszúkás magkövek egyik végét megmunkálatlanul hagyták, ezek képzik a későbbi fogórészt. A chelles-i kultúra embere már egyértelműen a homo erectus európai leszármazottja, és semmi köze az afrikai homo sapiensekhez. Kis csoportokban vadászó, folyók és tavak partján lakó lény volt, aki éjszakára szárnyékokat készített magának védelemként.

Ezek a chelles-i kultúra utáni idők vezettek az európai típusú homo sapiens és benne a Neander-völgyi ember megszületéséhez is. Európa végül a helyben élő homo erectusokból kialakult *homo sapiensekkel* népesült be, beleértve a *Neander-völgyi embert* is, amelyből feltehetőleg az északi embertípus alakult ki. Az Európában élő egyedeket mindig mozgatta a sokszor szélsőséges éghajlat, sokszor csak Európa déli része volt lakható, majd ahogy a jégsapka ide-oda húzódott, természetesen végül egész Európa lakhatóvá lett. Az európai homo sapiens végül az ezelőtti interglaciálisban fordult kelet felé és a mai Lengyel-alföld, valamint távolabb egészen a mai orosz hátságokig húzódó sztyeppés területre is beáramlottak. A Kaukázus vidékéről származó fehér típus eljutott egészen az Urál tövéig, valamint Kis-Ázsián keresztül a mediterráneumig is. A dél-uráli régiókban a már említett cserkaszkuli kultúrából kiválva született meg népem, a magyarság magva. Az első magyarok Közép-Ázsián keresztül jutottak az Urál nyugati és déli vidékéig, ahonnan aztán a már ismert módon továbbvándoroltak nyugat felé.

Most visszaugorva az európai magterületre, a következő fontos korai európai homo sapiens kultúra az **aurignaci** európai (és részben a Közel-Kelet) régészeti kultúra volt, aminek időszaka már igazán belenyúlik az interglaciálisokba. Nevét első lelőhelyéről, a dél-franciaországi Aurignac település mellett feltárt leletegyüttesről kapta. A kultúrához besorolt legkorábbi leletek képviselői 36–40000 évvel ezelőttiek, az utolsó ilyen jellegű leletek 26-28 000 évesek. Az aurignaci típusú kultúrák az őskorszak utolsó periódusának, a felső paleolitikumnak kezdeti szakaszára esnek. Megelőző kultúrája a *mousteri*, követője pedig a *gravetti*. Közép- és kelet-európai változata a *szeleta* kultúra.

Az aurignaci eszköztár pengeszerű kőeszközökből (kések, kaparók, szilánkeszközök) és vésett, faragott csonteszközökből állt. Kő- és csonthegyű lándzsákat, kővel vagy mamutagyarból faragott golyóval nehezített pányvát használtak vadászfegyverként. Számos lelet tömegvadászatokra utal, ahol a nagyvadak (pl. lovak) egész csordáit semmisítették meg. Solutreén falu mellett egy lelőhelyen 40–100000 ló csontvázát tartalmazó réteget tártak fel. Veremrendszereket ástak a vadak itatóhelyre vezető csapásai mentén. Halottaikat sokszor guggoló testtartásban, magas halmok alá temették. Más módszer volt a sekély gödrökben magzati pózban való temetés, valamint sziklapárkányok alatti, nagyobb kőlapokkal vagy mamutlapockával betakart temetés.

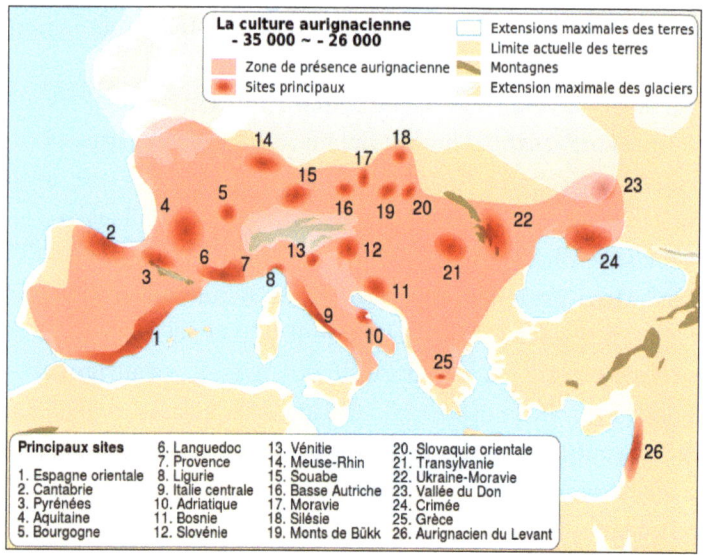

43. Az aurignaci típusú kultúrák elterjedése az ismert lelőhelyek alapján.

Az aurignaci kultúrához kapcsolódnak a nagyarányú művészeti tevékenység kezdetei, a barlangrajzok kora. A legkorábbi ilyen jellegű barlangrajzok Észak-Spanyolországból és Dél-Franciaországból származnak.

Az aurignaci kultúra már közvetlen folytatása a Neander-völgyi ember kultúrájának, tulajdonképpen itt beszélhetünk először európai kultúráról a szó földrajzi értelmében. A legősibb emberábrázolások 35000 évvel ezelőtt keletkeztek, például a *Willendorfi Vénusz*, abban az időszakban, amikor az aurignaci és a Neander-völgyi emberek együtt éltek, és belőlük alakult ki végül az észak-európai ember típus.

A gravetti-kultúra a felső paleolitikum legfontosabb régészeti kultúrája, illetve régészeti korszaka Európában, amit az ún. gravett hegy jellemez. Egyes kutatók szerint ez egy kőből pattintott nyílhegytípus. A kultúra vadászai és gyűjtögetői nyomot hagytak Európa távol eső vidékein egészen Szibériáig. A gravetti lelőhelyek mintegy i. e. 31 ezer és 25 ezer közé esik a kalibrált keltezés szerint. A gravetti kultúra az aurignaci kultúrát követte és a Weichsel, illetve Würm-glaciális második hidegmaximuma előtti lehűlési időszakra esett. A korai gravetti kultúrát a tompa hátú pengék és a gravetti-hegyek definiálják.

A gravetti kultúra tipikus kovakőeszköze a gravetti-hegy, egy keskeny csúcs, amit az egyik oldalán tökéletes élűre alakítottak, a másikon pedig tompa hátú. Feltehetően több ilyen élet helyeztek egymás után fanyélbe, és nyírfagyantával rögzítették, hogy tüskés szigonyt kapjanak.

A vadászzsákmányt főleg farkas, rénszarvas, mezei nyúl, sarki rókák és néhány más faj csontleletei jellemzik. A kisebb állatok aránya a zsákmányon belül jelentős volt. A mamutcsontok aránya a morvaországi Pavlovban mindössze 7–19 %-ot tett ki. Természetesen egy elejtett mamut – ami biztosan nehezebb és veszélyesebb zsákmány volt – sokáig táplálékul szolgálhatott a csoportnak.

A gravetti-kultúra mennyiségi és minőségi áttekintést ad a barlangfestészet csúcspontjáról is. Különösen jól ismert gravetti időszaki barlangfestészeti technika a kéz negatív, amikor a sziklafalnak támasztott kezet használták sablonként. Ezen kívül számos kis művészeti tárgy és ékszer is fennmaradt. Ezek közé tartoznak például állatfigurák. Más Vénusz-figurákat sziklafalból kiemelkedő domborműként faragtak ki, pl. *Lausseli Vénusz*.

A **földművelés** már biztosan az utolsó jégkorszak előtti időkben elkezdődött bizonyos területeken 19 000 évvel ezelőtt, utána azonban az utolsó jégkorszak után az első *élelemtermelő* közösségek Délkelet-Európában i. e. 7000-ben jelentek meg, Közép-Európában kb. 5500-ben. Az ötletek és az emberek vándorlási hullámaival ez majd eljutott Nyugat- és Észak-Európába is. A korai neolitikus állattenyésztés pár vadon élő és háziállat – juh és kecske – tartására korlátozódott, de ahogy melegebbé vált az éghajlat, Kr. e. 6000-ben megjelent a szarvasmarha és a sertés, átmeneti vagy állandó települések fejlődtek, kialakult a cserépkészítés. Ezt a korszakot *neolitikumnak* nevezzük, amelyben jellemző a földművelés, a növénytermesztés és az állattartás is, felváltva ezzel a vadászó és gyűjtögető életmódot. Neolitikus kultúráról csak lelőhelye és kora említésével lehet beszélni. Ezt fogjuk tenni, még 4 jellemző kultúrát tárgyalok az európai kultúrkörből.

Első a **Kőrös-kultúra**. A mintegy 8000 évvel ezelőtt a mostani magyar Alföldön és a Kárpát-medence déli részén kialakult kelet-mediterrán eredetű kultúra egy új kőkori műveltségi korszakot jelöl. A kultúra az ún. *csípett díszes kerámia* kultúrájába tartozik bele, amely a Kárpárt-medence déli felén, Erdélyben, a Dunántúl déli felén, Szerbiában és a Balkánon jelent meg. A kultúra egy nagyobb balkáni kultúrkomplexum része. Kerámiájára a csípett díszítés jellemző. Az edények felületét ujj- és körömbenyomkodással, csípéssel és bekarcolással díszítik. A kultúra korai fázisában megjelennek a festett töredékek is (fekete vagy fehér festés), míg a késői fázisra a barbotin (rátett vagy fröcskölt) a jellemző. A kultúra párhuzamai megvannak Görögországban és Bulgáriában is.

Településeit vízfolyások közelében tárták föl, leginkább a folyók magas partján álltak. Kevés hitelesen feltárt ház ismert. A feltárt, nem nagyszámú ház és házmodell tanúsága szerint a Kőrös-kultúra népe a balkáni és a mediterrán területeken is általános, kisebb méretű (kb. 4x5 m), kiscsaládi, négyszögletes házakban lakott. Agyagból pecsételőket is készítettek szimbolikus értelmű mintákkal.

Ugyancsak kevés temetkezés ismert. Sírjaik hulladékgödörben vagy házomladékok alatt találhatók meg. A lakosság földművelő volt, (kőbetétes sarlók, gabonavermek gabonaszem leletekkel.) Állatokat is tartottak (juh, kecske, sertés, kutya és szarvasmarha), mint ahogy az már fölül a bevezetőben ismertté vált. Halásztak (hálónehezékek agyagból, csonthorgok), vadásztak. Életmódjukban a földművelés meghatározó volt, különféle gabonákat termesztettek. A földművelő életmód mellett még fontos volt a környezet adta táplálék hasznosítása is (gyűjtögetés, kagylógyűjtés).

Egy másik jellegzetes kultúra a **Szrednyij-Sztog kultúra** a Don-Donyec-Dnyeper vidékének sztyeppei és ligetes sztyeppei környezetében az i. e. 4900 és 3500 között létezett rézkori állattartó, földműves kultúra volt, amelynek egy lelőhelyén, Gyerejivkán nagyon sok vadlócsont került elő. A kultúra egyik közvetlen előzménye az indoiráni népekhez kapcsolható kurgán kultúrának valamint a Jamna vagy gödörsíros kultúrának is.

A **lausitzi kultúra** a hallstatti kultúra előtt szintén egy európai kultúrkör volt, amelyben már az urnamezős hamvasztásos temetkezés volt jellemző. I. e. 1200 és 800 közé teszik ezen kultúra létezését, amely persze mint majdnem minden – megfigyelhettük ezt a földtörténeti koroknál is – később kapta a nevét, az akkor temetkezők nem tudták, hogy a „lausitzi" kultúra körben élnek. Ezt mindig tartsuk szem előtt. Nevét Lausitzról (ma Lengyelország és Németország között fekszik a terület) kapta, az urnamezős kultúrákhoz tartozik, egyes helyeken mélyen átnyúlik a vaskorba is.

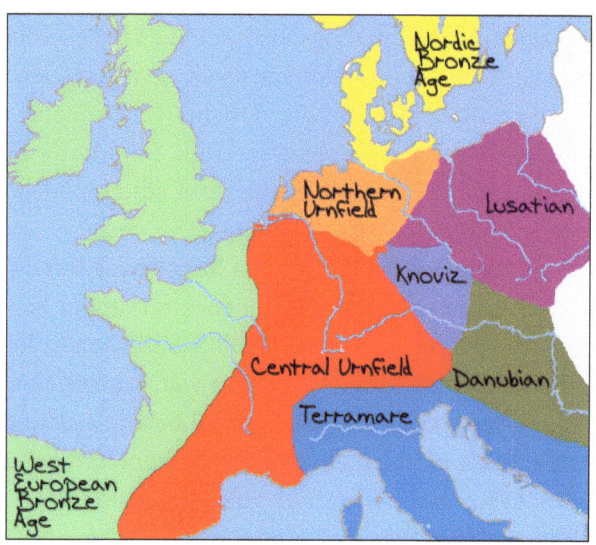

44. Európai kultúrák az i. e. 1200 körüli időben, bíborlila színnel a lausitzi kultúra kiterjedése.

Az *urnamezős kultúra* kb. Kr. e. 1300–Kr. e. 750 egy *Nyugat- és Közép-Európában* honos késő bronzkori kultúra volt, a mai *Magyarország* területén, a Dunántúlon és a Duna-Tisza közének nyugati felén terjedt el. A késő bronzkort a bronzeszközök tömegtermelése jellemezte. A kultúra elnevezése a halottak elhamvasztásának és hamujuk mezőkbe temetett urnákba helyezésének szokásából ered. Az urnamezős kultúra a *halomsíros kultúrát*, ezt pedig a hallstatti kultúra követte. Az urnamezős kultúra lényeges újdonsága nem önmagában a hamvasztásos temetkezés, amire már a Kr. e. 6. évezredtől vannak példák, hanem a több összetevőből (hamvasztás, urnák, sírmellékletek, urnamezők) álló egységes temetkezési rítus korábbiaknál nagyobb területen történt elterjedése.[12]

---

12 A szabad enciklopédia: Urnamezős kultúra

A hallstatti kultúra egy európai régészeti komplexum, nevét az ausztriai Hallstattról kapta, amelynek közelében több mint 900 sírt tártak fel, amelyek a vaskorhoz köthetők. A sírok kora kb. i. e. 750–450 közé tehető. Az új technológia a – vaskohászat – hatalmas fellendülést hozott a termelésben és a kereskedelemben, és ez a társadalom rohamos differenciálódását okozta. Ez a kultúra használt először tömegesen vasfegyvereket. A temetkezési szokások már arra vallanak, hogy az eltemetettek hittek a túlvilági életben. Mind a hallstatti, mind a lauistzi kultúra urnamezős kultúra volt.

A kultúrkör fegyverzetéhez vasból készített rövid tőrök, kardok, kések, balták, lándzsák, nyílhegyek és sisakok tartoztak. A fellelt bronz ékszerek közül a fibulák a leggyakoribbak, melyek itáliai hatásokat is mutatnak. A bronz edényeken geometrikus formák, növényi és emberalakok találhatók, melyek alapján a vaskori kultúra mindennapi életének eseményeire lehet következtetni. Ezen kultúrkör a kultúrához kapcsolható területeken élőket tartják a késői vaskor kelta népesség ősinek, akiknek az anyagi kultúrájára a görög és etruszk kapcsolat nagy hatást gyakorolt.

Ekkor már nagyon közel vagyunk a görög és római kultúrákhoz, amivel könyvem ezen része befejeződik, hiszen ezen ismert európai gyökerekkel rendelkező és a már írott történelem részét képező kultúrák bemutatása nem célja könyvemnek. Minden megvan más művészeti és történelmi könyvekben.

Európa bemutatása után az **amerikai kontinenst** illik néhány szóval illetni, noha valójában kiesett az emberi fejlődés fővonalából. Benépesülése már a homo sapiens időszakára esik, amikor egyértelműen Ázsiából jutottak el az első emberek az amerikai kontinensre, és népesítették be azt fokozatosan. Igaz, nagyon gyér népességgel kell számolnunk egészen a XVI. századig. Az amerikai kontinenst legalább 2 földrajzi részben kell tárgyalni, ezt teszem én is, sőt a P.

Hun filozófiai rendszerébe illeszkedő ún. „kontinentalizmus" is külön tekinti Észak-, Közép- és Dél-Amerikát.

Ami Észak-Amerikát illeti, a **chacó kultúrát** megelőző korok között van a paleo-indián korszak. Kanadában az északi Yukon területen már 26500 évről ki lehet mutatni az ember jelentét régészeti kutatások szerint. A mai USA-ban mintegy 12–13 ezer évesek az első emberi nyomok. Ezek paleolitikus eszköztárú vadász-gyűjtögető népek voltak.

Archaikus szakasznak az i. e. 7. évezredtől i. e. 800-ig tartó időszakot nevezzük, amikor szintén vadászó-gyűjtögető népesség élt a területen. Ezt a szakaszt hívhatjuk mezo-indián szakasznak is. Emlékezzünk, hogy a sárga homo sapiens egyedei jutottak el Ázsiából Amerikába kb. 25–30 ezer évvel ezelőtt. Ebben a szakaszban, mármint a mezo-indián kultúra idején már kezdetleges földművelés is folyhatott Amerika egyes területein.

Az amerikai kontinens első említésre méltó kultúrája a *Chacó-kultúra*. A Chacó-kultúra a Chaco-kanyon anasazi, pueblo jellegű korai észak-amerikai lelőhelyeinek összefoglaló neve. A térség mezőgazdaságilag nehezen hasznosítható, állattenyésztés nem volt, mégis jelentős kultúra alakult ki, mivel fontos kereskedelmi útvonal volt az anasazi időkben. Ez volt a Nagy Északi Út. Körülbelül 16 km-es szakaszon kilenc nagy település létezett, mellettük néhány száz kisebb is. A terület a nemzetközi szakirodalomban a *Four Corners* néven emlegetett régió, négy USA-tagállam találkozásánál. Ugyanakkor a chacói kultúra már egy időszámításunk utáni kultúrkört jelöl, így tovább nem mehetünk az észak-amerikai korai történelem tanulmányozásában, nem az a könyv célja.

Közép-Amerikában egy figyelemreméltó kultúra az **olmék kultúra**. Prehisztorikus amerikai kultúra, amelyet az Amerikába vándorolt, a sárga rasszhoz tartozó közép-amerikai indiánok hoztak létre. Kultúrájuk a mai Mexikó, Veracruz és

Tabasco államok területén alakult ki. Körülbelüli kultúrájuk i. e. 1500 – i.sz. 400-ig tartott. I. e. a 4. évezred táján a földművelés kialakulását követően jöttek létre az első települések Mezo-amerikában. Ezután fejlett mezőgazdaságot vezettek, illetve állatokat szelídítettek, ahogy az a Föld más pontjain is volt. Az i. e. 2. évezredben már nagyszámú népesség élt az olmék kultúrával összefüggésbe hozható területen. A fő élelemforrás a kukorica volt, de termesztettek babot, maniókát, tököt és édesburgonyát is, az őslakók pedig háziasították a kutyát, a pulykát, a méhet és valószínűleg a tapírt is. Ez a Közép-Amerika legcsapadékosabb, legtermékenyebb tájéka. Ez a vidék már a gabona háziasítása előtt is olyan gazdag volt, hogy már az olmékok előtt falvakba települt a népesség. A felföldről beérkező kukorica miatt a terület a bőség földjévé vált, és ez elősegítette a politikai és vallási központok kialakulását.

Ebben a közegben indultak el azok a változások, amiknek a következtében néhány falu központjában, aminek a házai addig könnyen lebomló anyagokból álltak, vulkanikus kőzetből emelt, piramis alakú emelvények, platformok jelentek meg. Ezek templomalapozásként szolgáltak, és ezek tekinthetők Mezo-amerika legkorábbi építészeti alkotásainak. Ezeket a lépcsőzetes piramisokból álló, falusias települések által körülvett vallási épületegyütteseket szertartásközpontoknak hívjuk, mivel ezeket városnak még nem lehetett nevezni. A közép-amerikai vallás alapvető fogalmainak és ezek ábrázolásának a legkorábbi megjelenése olmék területen igazolható. Az i. e. 2. évezred végére a már falusias környezetben létrejött egy uralkodói réteg, élén a papkirállyal. Ez az elit próbálta meg először kifejezni vallási és politikai hatalmát időtálló alkotások segítségével. Az uralkodók valószínűleg isteneik földi megtestesüléseiként próbáltak megjelenni a nép előtt, és valószínű, hogy a falvak lakóinak be kellett szolgáltatniuk terményeik egy részét.

Az olmékok vallását és a hozzájuk kapcsolódó rítusokat más népek is átvették, főleg a távoli vidékekről nehezen beszerezhető jáde- és obszidián-kereskedelem révén. Ez képezte az olmékok kulturális hatásának alapját. A jaguárkultusz eredete az olmék kultúrában keresendő, és ők terjesztették el egész Mezo-amerikában. A jaguáron kívül számos más állatot is tiszteltek, ilyenek voltak a hárpiák, a kajmán és a cápa.

Az olmék kultúra legjellemzőbb alkotásai a piramisok, szobrok, sztélék. Szobraikat egyetlen tömbből faragták ki, piramisaikat földből és kőből emelték. Piramisok természetesen nemcsak Egyiptomban épültek a Föld prehisztorikus korszakában, hanem Amerikában, Ázsiában, sőt Európában is. Hogy miért? Azért, mert az emberiség több egymástól független csoportja is eljutott erre a fejlettségi szintre, igaz ugyan, különböző időszakokban. Semmi különöset nem kell ebben látnunk, különösen nem egy ős-globális „piramisépítő" civilizációt.

Az olmékok kulturális hatása kimutatható későbbi kultúrák csillagászati ismereteiben is, az égitestek tanulmányozásában, a naptárrendszer kialakításában, főképp az úgynevezett hosszú időszámításban, amivel egy meghatározott évtől eltelt időpontot számítottak ki. A legkorábbi felirat egy i. e. 31-re datált Tres Zapotesben előkerült sztéléről ismert, de ugyanakkor kérdéses, hogy az olmékok használtak-e írást. Általában az írás feltalálását az amerikai kontinens ezen a részén a zapotékoknak tulajdonítják, de elképzelhető, hogy egy glifákkal történő írás már az olmék korszak vége felé létezett. Feltételezhető, hogy az olmékok nyelve a *mixe-zoque* nyelvcsaládhoz tartozott. A nyelvek kialakulásáról mindjárt ejtünk szót, mint az egyik legfontosabb emberi jellegzetességről. Összességében megállapíthatjuk, hogy az olmék kultúra az egyik legjelentősebb közép-amerikai korai kultúra volt, jelentős hatással az utánuk következő maja, tolték, zapoték és azték kultúrákra.

Valamikor **Dél-Amerika** és Észak-Amerika nem tartozott egybe. A mai Közép-Amerika helyén kb. 70 millió évvel ezelőtt tenger volt, Dél-Amerika önálló kontinenssziget volt. Ezért is szerepel külön „kontinensként" a kontinentalizmus elméletében, amely könyvem később kifejtendő társadalmi-gazdasági alapfogalma.

A föltörténeti harmadkor végén a tengerfenék emelkedni kezdett. Ez és vulkáni működés alakította ki a mai Közép-Amerikát. Így kapcsolódhatott össze egymással a két különálló földrész. Amerikában nem kerültek elő ősembermaradványok, és nincsenek emberszabású maradványok sem. I. e. kb. 40000-től kezdődően mongoloid törzsek húzódtak át Ázsiából az akkor még száraz Bering-szoroson keresztül, több hullámban. Illetve történhetett migráció magán a jégen keresztül is a glaciálisban. Egyik részük keletre, egészen Grönland nyugati partjáig, más részük délre vándorolt.

Benépesítették Közép-Amerikát és Dél-Amerikát is. Életmódjuk kezdetleges volt: halászattal, vadászattal és gyűjtögetéssel szerezték meg táplálékukat. Azok a törzsek, melyek a hegyek fennsíkjaira kerültek, megtanulták a teraszos földművelést, házakat építettek, fejlett társadalmi formában éltek. Ellenben azok a törzsek, amelyek lenn maradtak a síkságon, nem jutottak a primitívebb termelési módnál tovább. Nem építettek városokat, nem szerveződtek társadalommá, hanem megmaradtak törzsi közösség szintjén. Eszerint Dél-Amerika lakosságát két nagy csoportra osztjuk: ún. magas kultúrájú és természeti népekre. A magas fokú indián kultúrák viszonylag szűk területre: *Kolumbia, Ecuador, Peru és Bolívia* magas fennsíkjaira, az Amazonas torkolatában fekvő Marajó szigetre és még néhány helyre korlátozódtak.

Az Andok fennsíkjának két legrégibb magas kultúrája a Chavín és a bolíviai Titicaca-tó partjánál elterülő *Tiahuanaco-kultúra* klasszikus korszaka volt. A perui partvidéken harmadik kultúrkörként a legjelentősebb a Chimu-kultúra. Képviselői a mai perui *Trujillo, Lambayeque* és más tengerközi városok környékén éltek, jóval az inkák előtt. A csimuk kultúrtörténeti jelentősége többek között abban rejlik, hogy gazdasági-társadalmi berendezésük majdnem pontról pontra fellelhető a későbbi inkáknál. Gazdálkodásuk alapja az intenzív földművelés volt, de szerepet kapott a zsákmányolás, így a vadászat és a halászat is. A társadalmi szervezet magja az *ayllu*, területi és származási kapcsok által összetartott családok közössége volt. Ez gazdaságilag falukommunát alakított, a földterület egy részét tulajdonában tartotta.[13]

Az i. e. 1 évezred alatt a mai Peru tekintélyes részén megfigyelhetők a **Chavín-kultúra** jellegzetességei. Ez a civilizáció már a vallás segítségével töltötte be évszázadokra szóló egyesítő célját. Befolyása a tengerparton az északi *Sechura-sivatagtól a déli Nascáig*, a hegyvidéken *Pacopampától Huancavelicáig* mutatható ki. Központja a mai *Ancash* tartományban, 3200 méter magasan fekvő szertartási centrum, *Chavin de Huántar* volt, ahol az évszázadok során két impozáns kőépületet, az ún. Ó- és Újtemplomot húzták fel. Hitük szabatosan kidolgozott ikonográfiájának középpontjában a félelmet keltő jaguár, kígyó és madár állt. Tehát egyértelműen természetvallásról van szó. Legfőbb szereplője minden bizonnyal a „chavíni lándzsán" és a Raimondi-sztélén megjelenített isteni lény volt, amely e három állat főbb jellemvonásait ötvözte.[14]

Végül **Ausztráliáról** kell pár szót szólni. Az Afrikából elszármazó fekete emberiség kapcsán már volt ugyan szó Ausztráliáról. Eszerint a kontinens ősrégi és a régi korokba visszanyúló történelmét kb. 40000 évvel időszámításunk

---

13 A szabad enciklopédia: Dél-Amerika történelme
14 A szabad enciklopédia: Chavín-kultúra

előttire illik visszavezetni. Eredetileg nem lakta ember, hiszen ide nem értek el az Afrikából kiáramló emberszabásúak és előemberek. Különben akkor itt is kialakultak volna a homo erectusok vagy legalábbis valamilyen hominida forma. Az első bevándorlók kétségtelenül Délkelet-Ázsiából érkeztek az indonéz szigetvilágon keresztül, tutajokkal, primitív kenukkal tudtak partot érni, illetve akkor, amikor még Ausztrália és a Guineai sziget között szárazföldi összeköttetés létezett. Az ausztrál őslakosokat aborigineknek hívjuk, ők egy negroid rassz, de őket lehet tekinteni egyfajta 4-ik emberi rassznak. Láthattuk azt is, hogy később Indiából is volt bevándorlás Ausztráliába, illetve a környező szigetvilágokba, sőt ez visszafelé is megtörtént: Ausztráliából is mentek vissza Dél-Indiába emberek. Azonban sajnos Ausztráliából nem említhetünk olyan fokú emberi kultúrát, ami a fehér rassz megérkezése előtt virágzott volna. De ez természetesen nem jelenti azt, hogy azok az emberek bármennyiben is kevesebbek lettek volna a más kontinensen élőktől, a belső békéjük nekik is meglehetett, és nekik is megvolt a sajátos – totemállatokkal összefüggő – teremtés-mitológiájuk.

Nagyjából ezeket a régi emberi kultúrákat vagy régészeti korokat szerettem volna bemutatni, természetesen ezeken kívül még rengeteg kisebb-nagyobb emberi közösség és kultúra létezett, bemutatni őket azonban nem tudom, és nem is szükséges, aki érdeklődik, utánanézhet könyvekben és interneten. Az egész lényege továbbvezetni azt a szálat, amely mutatja, hogy mely emberi történetekről nem szól a Héber Biblia. Bizonyítva, hogy ami abban a könyvben van, az nem isteni kinyilatkozás, hanem az emberi képzelet szüleménye. Ettől persze még az emberiség egyik legszebb és legrégibb irodalmi műve.

7.5 A nyelvek kialakulása

Miután végigvettük a korai emberi kultúrák kialakulásának körülményeit, és a legfontosabb korai emberi kultúrákat is megtekintettük, arra az alapvető körülményre is rá kell térnünk, ami szinte önmagából adódik, hogy mi az, ami összetarthatta ezeket a korai kultúrákat és az összes utána következőt is? Ez a nyelv, az emberi nyelv, ami tulajdonképpen a tűz megszelídítésével (ami szükséges volt az állatok elleni küzdelemben Kr. e. 50000-től visszamenőleg, amikor még élt a humanocén megafanua), a földműveléssel és a letelepedett életmóddal egyenértékű emberi civilizációs találmány, illetve fejlődési fok. A nyelv kialakulása után már exponenciálisan fejlődött az emberi kultúra, csak idő kérdése volt, mikor jelenik meg az írásbeliség is. Szinte annyiféle agyagtábla-írás, képírás vagy csomóírás született, amennyi nyelv volt. Ugyanakkor a legősibbek és a leghíresebbek az ősi egyiptomi hieroglifák, valamint az ősi sumer írások, agyagtáblák. De ne kanyarodjunk el, hiszen szinte minden ősi emberi csoportnak megvolt a maga eleinte természetesen kezdetleges nyelvezete, amellyel már kifejezhették gondolataikat és a körülöttük lévő világ változásait, elsősorban természetesen az időjárás változásait.

A nyelv kialakulása a feltétele a modern értelemben vett tudományok kialakulásának is. Az emberi fejlődés végül is csúcspontjára ért a nyelvek kialakulásával. Itt meg kell jegyezni, hogy fejlődés természetesen továbbra is folytatódik, de az már nem külső, hanem belső tudati jellegű az embernél. Ezen fejlődési formák egyike a vallás. A nyelvek kialakulása véleményem szerint összefüggésben van az agy fejlődésével és evolúciójával. Az, hogy konkrétan az agy melyik részéhez kapcsolódik a beszéd kialakulása, az könyvem szempontjából irreleváns. Nagyon valószínű, hogy a beszéd és egyfajta nyelvezet kialakulása már a homo erectusokhoz is kapcsolódhatott. Ahogy a homo erectusokból több százezer év alatt kialakultak a homo sapiensek, elsősorban az univerzális kódok hatására – amelyek végig az egész evolúció lejátszódása alatt jelen voltak –, úgy fejlődött a korai emberek azon képessége, hogy beszélni tudjanak és ki tudják magukat fejezni, illetve kapcsolatot tudjanak teremteni a külvilággal és más embertársaikkal. Ez a túlélés, a vadászat és élelemszerzés szempontjából döntő jelentőséggel bírt. Ha az ember nem tudott volna beszélni, illetve kommunikálni, akkor nem élte volna túl a jégkorszak megpróbáltatásait, illetve nagy valószínűséggel elvesztette volna a vadállatok elleni küzdelmet is.

Tehát elmondhatjuk, hogy a túlélésért vívott küzdelem hívta életre az emberi nyelvezetet és beszédet, és nem az ember műkedvelése és az, hogy megossza filozófiai gondolatait a világgal. Ugyanakkor az, hogy ekkora sokszínűsége létezik a különböző nyelveknek és dialektusoknak, megerősíti a könyvem által képviselt irányvonalat, hogy a homo sapiens több helyen egyszerre is megjelent, és kialakult a helyben élő és vándorló homo erectusokból. Nem lehetséges az, hogy egy bizonyos emberi csoport, ami nem lehetett eleinte több mint 50 fő, ekkora utat járt volna be, és ennyi nyelvjárás hordozója lett volna. A nyelvek kialakulásának története és körülményei még ma is egy olyan kutatási terület, mely nem teljes egészében ismert. A bibliai változatot, miszerint Bábel tornya építése közben és után zavarta volna össze a zsidó isten, és így hozta volna létre a Földön a különböző nyelveket, nem lehet komolyan venni. Még a homo erectus korszakban már 1–1,5 millió évvel ezelőtt kialakulhattak olyan hangok, illetve hangutánzó szavak, amelyek összeköthettek bizonyos korai embercsoportokat. Ahogy az emberi kultúrák fejlődtek az égi kódok által is, fejlődtek a kezdetleges társadalmak, úgy képződtek egyre komolyabb „ügyek", valamint gondolatok is, amelyek nem utolsósorban az álmok segítségével, közvetítésével kerültek az agyba, tulajdonképpen a korai ember tudatába.

Az, hogy ilyen sok nyelvcsalád és nyelvjárás alakult ki, és az, hogy a Föld bizonyos területein milyen fajta nyelvek lettek jellemzők, az nem kis mértékben függött a Föld belső kisugárzásától is, az elektromágneses hullámaitól is. Ezen frekvenciák hatottak a korai homo sapiensek idegrendszerére, amelyek hatására egészen elképesztő variánsa születhetett meg a beszélt nyelveknek, valamint a különböző emberi csoportoknak. Ezért lehetséges az, hogy különböző emberi csoportok a saját „nyelvükön" mennyire különbözően nevezik meg ugyanazokat a dolgokat.

A nyelv fejlődése közben kialakultak bizonyos alapszavak, amelyek – ha az a bizonyos emberi csoport fejlődni tudott – már egyre nagyobb népesség alapszókincsei lettek. Természetesen ahogy a különböző emberi csoportok vándoroltak, szétszéledtek és külön is váltak, úgy alakultak a különböző nyelvek és nyelvjárások akár ugyanazon nyelvcsaládon belül is. Ahogy az emberi lét, illetve az élet vezetése bonyolódott, valamint új fogalmak és gondolatok fogalmazódtak meg az emberekben, úgy rakódtak rá az eredeti alapnyelvre különböző kifejezések és kvázi már szakszavak. Tehát a társadalom fejlődésével együtt fejlődött a nyelv is, nem úgy történt, hogy „megszületett" az első arabul vagy szlávul beszélő ember. Nem, a nyelv a társadalom differenciálódásával, sőt a tudomány fejlődésével együtt fejlődött, azokkal kéz a kézben járt.

Ahogy a korai társadalmakban az emberi csoportok is keveredhettek, úgy hathattak a különböző nyelvjárások is egymásra. Ugyanakkor két teljesen különböző nyelv találkozásakor keveredés nem történhetett, de bizonyos szavak, kifejezések átvétele igen. Azonban hosszú távon a domináló emberi csoport vagy később már nép nyelvét vették át azok a csoportok, amelyek alárendeltségbe kerültek. Klasszikus példája ennek Közép- és Dél-Amerika a gyarmatosítás korában és utána. Egy nyelv akkor tudott megerősödni és kvázi terjedni, ha az azt a nyelvet beszélő népcsoport is szaporodóban, erősödőben volt. Nem véletlen, hogy napjainkban sem mindegy, milyen nyelvet beszélnek az emberek, amire általában büszkék, anyanyelvüket óvják. Összességében tehát elmondhatjuk, hogy a nyelv kialakulása egyértelműen öszszefüggésben van az agy fejlődésével, ergo az univerzumból érkező kódokkal is, amelyeket agyunk már tud dekódolni. Ez az oka a számtalan nyelvnek és nyelvjárásnak a Földön.

A Földön kb. **14 nagyobb nyelvcsalád** van, és ezeknek több ezer nyelvjárása, különböző dialektusa létezik. Nagyobb nyelvcsaládok a következők: *afroázsiai* (korábban sémi-hámi nyelvcsalád), elterjedési területe Észak-Afrika, Közel-Kelet és Nyugat-Ázsia. *Altaji*: elterjedési területe Belső-Ázsia, Oroszország keleti és északi területei, valamint Kelet-Európa. *Ausztroázsiai* nyelvcsalád: elterjedési területe Délkelet-Ázsia. *Ausztronéz* nyelvcsalád: elterjedési területe Délkelet-Ázsia és Óceánia. *Dravidu* nyelvcsalád: India több hivatalos nyelve tartozik ide. Elterjedési területe India, Dél-Ázsia. *Eszkimó-aleut* nyelvcsalád: elterjedési területe Szibéria, Észak-Amerika. *Indoeurópai* nyelvcsalád a legnagyobb a sintó nyelvcsalád mellett. Kb. 150 nyelvből áll, és vagy 3 milliárd ember beszéli. Valamilyen formában az összes kontinensen megtalálható, a legtöbb európai nyelv ide tartozik.

Kaukázusi nyelvcsalád: elterjedési területe Kaukázus és Dél-Oroszország területei a Fekete-tenger és a Kaszpi-tenger környékén. A *Koiszan* nyelvcsalád Dél- és Kelet-Afrika bennszülötteinek nyelveit foglalja magába. *Niger-kongói* nyelvcsalád elterjedési területe Afrika. A korábbi kongó-kordofáni nyelvcsalád tagjait ebbe az afroázsiai nyelvcsaládba sorolták be.

Nílus-szaharai nyelvcsalád: elterjedési területe Észak-Afrika.
A *Sino-tibeti* nyelvcsalád: elterjedési területe Kelet- és Délkelet-Ázsia. Beszélői számát tekintve a második az indoeurópai nyelvcsalád után elsősorban a több mint 1 milliárd kínai anyanyelvű révén. Közös jellemzőik az izoláló nyelvszerkezet (egy szótagú gyökszavak) és a tonalitás (éneklő hangsúly).
Tai-kadai nyelvcsalád (olyakor kam-thai nyelvcsalád vagy thai nyelvek): elterjedési területe Délkelet-Ázsia, Indokína.

Végül szeretném említeni az uráli nyelvcsaládot, amelybe saját nyelvem, a magyar is beletartozik. Elterjedési területe Közép- és Északkelet-Európa, valamint Észak-Oroszország vidéke, amit a mai szakirodalom „Északnyugat-Ázsia" néven említ. Én már Észak-Oroszországot használom. Beszélőinek száma kb. 24 millió fő, amivel minden bizonnyal a legkisebb önálló nyelvcsalád, mely azonban Európában az indoeurópai nyelvcsalád után a második helyet foglalja el.

A főbb nyelvcsaládokon belül kb. 6000 különféle nyelv létezik, de ezek felét kevesebb, mint 3000 ember beszéli, ezek veszélyeztetett nyelvek. A különféle dialektusok száma elérheti a 20 ezret. A beszélt nyelvek száma rohamosan csökken. Tulajdonképpen a mai napok még fénykor a beszélt nyelvek tekintetében, tehát ha a nyelvek többsége halálra is van ítélve, akkor is lehet a ma még élő nyelveket konzerválni, az utókor számára elérhetővé tenni szókincsüket, hangzásukat. A szakértők szerint a ma beszélt nyelvek fele eltűnik 50–150 éven belül. A nyelvek 60–80%-a veszélyeztetett. Ez azt jelenti, hogy 100 év múlva nem lesznek azon a nyelven beszélő gyerekek.

A nyelvek eredetét már nagyon sok elmélet kutatta, a számos természetes nyelvcsaládot a tudósok mindig próbálják egy kiinduló ponthoz viszonyítani, de még ha ezt meg is lehetne tenni, ma már képtelenség visszavezetni egy vagy esetleg több ősnyelvre a ma beszélt és kialakult nyelvek többségét. Sokakat lehet rokonítani, de az összeset nem. Ezen „egyesítő" elméletek gyártása mögött ugyanakkor sokszor csak az éppen aktuális tudós – ha nem is szenzációvágya, de – egyfajta olyan vágya bontakozik ki, amely az ő egyediségét emeli ki, amely által kiemelkedhet a többi közül. Nem káros dolgok ezek, csak tudni kell, hogy az ilyen irányú próbálkozások legtöbbször meddők, és nem kellően megalapozottak: nagyban a kitűnni vágyás szüli őket. A tudósok kétségbeesetten keresnek mindig egy jobb elméletet. Ez is hajtja előre a tudományt, mert a nagy számok törvénye alapján egy ötlet, egy elmélet jó lesz a sok közül. De nyilvánvalóan nem lehet jó az összes. Ugyanakkor nem szabad azokat hibáztatni, akik mindig „meg akarják váltani" a világot, csak akkor, ha azt az elméletet rá is akarják erőltetni a többiekre. Amíg ez nem történik meg, nincs baj. Az életképes elméletek előbb-utóbb úgyis utat törnek maguknak.

Az igazság az, hogy nem létezett egy ősnyelv, amelyből mindegyik nyelv kialakult volna. Mert ha belegondolunk, ez lehetetlen, nem változik ekkorát a népesség vagy a környezet, hogy az egyik generáció teljesen más nyelvet beszéljen, illetve máshogy fejezze ki magát, mint az őt megelőző. Több ősnyelv létezett, tulajdonképpen majdnem annyi, amint ahány korai kezdetleges homo sapiens emberi csoportok megjelentek azokból a homo erectusokból több százezer év alatt, amelyek tovább tudták vinni vérvonalukat. Természetesen közben – különösen a történet elején – lehettek nyelvi és kifejezésbeli keveredések, de ezek is fokozatosan mentek végbe. Természetesen darabolódhattak is a nyelvek, amikor egy nagyobb közösből aztán sok hasonló fejlődött ki. Ezeket nevezzük dialektusoknak. Olyan is előfordulhatott, hogy egy, egyszer egy magasabb, fejlettebb szinten beszélt nyelvből kialakul egy másik, fejletlenebb nyelv. Azonban az kétségkívül gyakoribb jelenség lehetett, hogy két kezdetleges nyelvből viszont már kialakulhatott egy fejlettebb. Valószínűleg sok ilyen példát látnánk erre, ha vissza tudnánk tekinteni a történelemben. Így születhettek a főbb nyelvcsaládok magjai.

Maguk a nyelvek, azok sokszínűsége a legerősebb biztosíték, hogy a Földet soha nem lehet majd egyetlen uralom alá hajtani, ezeknek a törekvéseknek vége is szakad egyszer. Ez a könyv is ennek felismerését szolgálja. Őrizzük legjobban a nyelvünket, persze eközben annál jobb, minél több nyelvet beszélünk, de az se baj, ha csak az anyanyelvünket. Összességében elmondhatjuk, hogy a nyelvek kialakulása is bizonyíték arra nézvést, hogy a mai modern ember több helyen is megszületett a földön. A nyelvek kialakulása több szigetű volt, mint a kontinentalizmus maga. Ez lesz az az elmélet, amelyre épül majd a P. Hun később kifejtendő gazdasági-filozófiai rendszere. A nyelv szinte az egyik legjellemzőbb emberi tulajdonság, ami révén (is) ki tudott emelkedni a kezdetleges emberszabású és előemberi státusból a mai „gondolkodó" emberig. Ez kétségkívül a ma ismert evolúció csúcspontja. Ebből a fejezetből is kitűnt, hogy az embert nem a Héber Biblia istene teremtette, még csak áttételesen sem. Az ember az állatvilágból emelkedett ki tudatkvantumi hatásokra, ami a Legfelsőbb tudatból ered. Végig kellett menni a Földnek a 4 milliárd éves fejlődésén, valamint meg kellett történnie a majd 600 millió éves biológiai evolúciónak is, hogy ilyen gravitációs (tudati) közegben az ember végül megjelenhessen.

7.6 Az evolúció sebessége

Ezen fejezet tárgyalásakor előre kell bocsátani, hogy az evolúció sebessége csak univerzális tudattal érzékelhető, tehát halálunk után leszünk olyan „állapotban", hogy rálátásunk legyen az evolúcióra, illetve akár befolyással is lehessünk arra. Földi tudattal nyilvánvalóan nem érzékelhető az, amelynek részei vagyunk, amely folyamaton minden keletkezett – ha úgy tetszik teremtett – élőlény végigmegy. Az evolúció részei vagyunk, ezért nem érezzük és nem érezte egyetlen földi élőlény sem az utóbbi 600 millió évben, pedig voltak egy páran.

De hogy képzelhetjük el a konkrét evolúciót, ami a Földön lejátszódott? Csakis összefüggésben a fenti univerzum változásaival. Minden, a Legfelsőbb Tudat által „álmodott" vagy gondolt élőlény tervrajza és kódjai a Fő Tudatban vannak elrejtve. Ezek a kódok a tudatkvantum jelensége által aktiválódnak és terjednek tovább az univerzumban, amely tulajdonképpen már egy látható „tartománya" a Legfőbb Tudatnak.

Maguk az univerzumok is „termelhetnek ki" kódokat és gondolatokat, álomképeket. Ugyanakkor a kezdő impulzust a Legfelsőbb tudatból kapták és kapják ma is. Fontos állomása a kódok „vándorlásának" a Tejútrendszer. A Tejútrendszer egyfajta méh, ahol a gravitáció ezen értékein az élet kialakulhat. Azon belül létezik maga a mi Naprendszerünk, számunkra valóság és a Legfőbb Tudat számára a legfontosabb gondolat, eszme, álom talán. Naprendszerünkben van az a petesejt, a Föld, ahol megfoganhatnak a legnemesebb gondolatok, álmok, eszmék. A Naprendszer tartalmazza a **3 x 3-as egység** egyikét, a Nap, Föld és a Hold szent hármasát, amelyek együttműködéséből születhetett meg a földi élet. Valamennyi égitest elengedhetetlenül fontos ahhoz, hogy egyáltalán a földi értelemben vett evolúcióról beszélni tudjunk.

A Nap az univerzalizmus világnézet szerint „Istenség". Összekötő kapocs az univerzális és a földi tudat között. A Föld, mint „petesejt" valóban olyan szerepet játszhat a Tejútrendszerben, mint egy petesejt egy női testben. Elképzelhető, hogy a méretarány is többé-kevésbé megfelelő.

Az univerzum körülbelüli alakja is úgy alakult, ahogy azt a Főtudat változásai befolyásolták, „gondolatbeli" változásainak megfelelően az univerzum alakja formája is változott, mindig univerzális kódokat közvetítve a Földre. Ezt a gondolatot már érintettük a bevezetőben is, de most jutottunk el oda, hogy valóban értelmezni tudjuk. Ez maga az evolúció, a tudati változás, az univerzális tudat változása. Ugyanakkor a Földnek is olyan állapotba kellett kerülnie, hogy képes legyen a fenti kódokat fogadni. A Föld első kvázi 2 milliárd éve azzal telt el, hogy képes legyen megágyazni az univerzális kódoknak. De ez a kétmilliárd év nem úgy telt fönn, mint a Földön, és így el is érkezünk a sebesség kérdéséhez.

Hogy a sebességet megértsük, először azzal kell tisztában lenni, hogy az egész evolúció és annak minden történése el van raktározva a Fő Tudatban. Az evolúció különböző szakaszai a tudatkvantumtól is függenek, tehát az evolúció bizonyos eseményei rejtetten is történhetnek, és hogy ez mikor manifesztálódik a Földön, az a körülményektől függ. A körülmények viszont már a Naprendszertől és magában a Földben végbemenő folyamatoktól is függnek. Ez alatt azt értem, hogy az evolúció bizonyos jelenségei csak akkor jelennek meg, amikor arra a körülmények megérnek, holott a megjelentést generáló univerzális kódok már jelen vannak, de mégsincsenek ott az állatok, amelyeknek ott kellene lenni. Vagy így magyarázható az állati fajok sokasága, végül az ember megjelenése.

Az univerzális kódok már jelen vannak, de a körülmények még nem értek meg rá, hogy azok manifesztálódjanak.

Ez tulajdonképpen azt is jelentheti, hogy bizonyos állatok „csak úgy" előtűnnek a „semmiből". Tulajdonképpen ez lenne a „krecionizmus". Ekkor értelmezhetetlen az idő és sebesség. Azonban a dolog nem ilyen egyszerű. Nyilvánvaló, hogy csak úgy a semmiből nem tűnnek elő állatok. Azonban természetesen ezek a kódok a szaporodási ciklusokon keresztül is manifesztálódnak, tehát bizonyos petékből tojásokból egész egyszerűn egy másik állat fejlődik ki, mint az, amelyik azt a petét lerakta, tojta stb. Ez főleg a kívülről való megtermékenyítési időszakban volt jellemző, amikor még nem éltek emlősállatok. Jellemzően a Földtörténet ó- és középkorában volt ez jellemző. Az emlősök megjelenésével, illetve kvázi „hatalomra" jutásával az univerzális kódok már egyre inkább az agy által dekódolódtak és manifesztálódtak. Ez a magyarázat az ősállatvilág és közvetve a mai állatvilág és bioszféra elképesztő gazdagságára.

Ami a sebességet illeti, azt természetesen le lehet mérni az egymást váltó nemzetségek által. A nemzetségek a földtörténet korai szakaszában igen gyorsan váltották egymást, tekintve az akkori élővilág még kezdetleges voltát és azt a tényt is, hogy az első 300 millió évben az élet elsősorban vízhez kötődött. Az univerzális kódok természetesen a vízbe is leérnek és kifejtik azokat a hatásokat, amely által a tengeri, óceáni élővilág fejlődni tudott. Miután kifejlődtek olyan halak is, elsősorban a bojtos úszós, de másfajta halakra is gondolok, amelyek már elbírták a szárazföld „meghódításának" ódiumát, kezdődhetett a „Hold" hadművelet. A Hold gravitációs hatására (árapály hatás, csak erősebben, mint ma) lökődtek ki az állatok a szárazpartra, és nem maguktól másztak ki a partra, mert „ihletet" kaptak. Ez a Hold legjelentősebb evolúciós „teljesítménye", nélküle nem lenne szárazföldi élet a Földön, de megkockáztatom, semmilyen, mivel egyfajta biológiai ciklus fenntartásában is van szerepe. A Hold a Nap inverze és részese a Naprendszer „szent hármasának", mint azt az előbb már érintettük. Ez a tény később majd az univerzális világlátás egyik alapját adja.

Azonban a földi evolúció mindvégig követte az univerzális evolúciót, azzal együtt haladt, a földi evolúció az univerzális tudati evolúció leképeződése. Először „nehezen" mozdult, legalábbis látszólag, de valójában ekkor is ugyanolyan intenzitású volt, mint máskor. Csak ez a szakasz nem anynyira látványos, de az alapok ekkor rakódtak le. Minden földi élet alapjai.

Mint azt már láthattuk, az erőteljes felszíni és tenger alatti vulkanizmus kapcsán először sikerült a kisebb rendszereknek összeállni. Molekulák, mikroorganizmusok és baktériumok álltak össze először, ezek aztán már egyre gyorsabban egy sejtté, egysejtűvé. Néhány egysejtű már DNS molekulák által rakódott össze, illetve maga a DNS molekula már magában a sejtben képes volt „fogni" a felső kódokat. Ezek aztán már egyre gyorsabban álltak össze különböző formájú többsejtűekké, kezdetleges szivacsokká, medúzákká majd egyre bonyolultabb szervezetekké, korallokká, férgekké, pörgekarúakká, lábasfejűekké, gerinchúrosokká, végül halakká. Minden tökéletes összhangban a fönt történtekkel, a tudatkvantum jelensége révén.

Ugyanakkor miután az élet kialakult, az evolúciós impulzusok nagyon sok helyen, illetve nagyon sok helyről érkeztek a Földre, ezáltal nagyon sok és változatos irányba lökték magát az evolúciót. Maga a Föld belső mozgása és elektromágneses rezgése szolgáltatta azt a „környezetet" és a már említett körülményeket, amelyekben az univerzális kódok már nagyon aktivizálódtak, ezáltal teremtve meg rengeteg élőlényt, amelyek a földtörténet korai szakaszának élővilágát alkották.

Ugyanakkor a kérdés az volt a fejezet elején, hogy mennyire gyors az evolúció. Nos, erre a kérdésre is a csillagokban van elrejtve a válasz. Különböző csillagképekből, különböző galaxisokból különböző információk, különböző kódok transzmittálódtak a földi élővilágra. A földi evolúció a Föld forgási sebessége és a Nap körüli keringése és sebessége miatt az adott élőlények számára nem érzékelhető, még a földi csúcstudattal rendelkező egyedek számára sem. Azonban univerzális szinten már követhető.

Univerzális tudati szinten új csillagok, csillaghalmazok és galaxisok születése is köthető a földi evolúció folyásához. Ilyen értelemben a földi evolúció minden egyes mozzanata visszatükröződik az univerzumban. Az univerzum csillagállásai, porfelhői, és fekete lyukai, bolygói és holdjai mind-mind összefüggésben vannak és voltak a földi evolúcióval. Maga a Legfelsőbb tudat is állandóan változott ennek függvényében, más „gondolatok" jelentek meg benne. A tudatkvantum által külsőségekben is manifesztálódott, az univerzum végül emberalakot vett fel. Ezt ugyan távcsövekkel nem láthatjuk, de tudatunkkal tudjuk érzékelni.

Tudnunk kell ugyanakkor, hogy ami a Földön 10 millió év, az univerzális tudatban más időtartamot jelöl. Ez a speciális relativitás elméletével van összefüggésben, amikor is a fény mint a tudat része és hordozója az univerzumban máshogy terjed, mint ahogy azt földi tudat engedi szemlélni és fölfogni. Ott az univerzális tudat szerint telik az idő, és ami a Földön lehet 20 millió év is, az az univerzális tudatban máshogy csapódik le, és magában a fényben sem az, hogy „húúú, már 20 millió éve utazom, és még csak félúton vagyok". Mint ahogy azt már vagy 100 oldallal előbb megtanultuk, az univerzális tudat nem értelmezi azt, hogy „év". Időt értelmez, de máshogyan. Másféle gravitációhoz másféle tudat tartozik, következésképp másfajta idő is.

Ebből a szempontból fontos az is, hogy a földtörténeti evolúcióban résztvevő élőlényeknek nem volt „évtudata" sem, egyáltalán, időtudata, talán ez is fontos volt, hogy ekkora utat tudott megtenni az evolúció.

Hogy milyen gyorsan alakul ki egy szerv vagy egy egyed, itt nem mindig látunk koherenciát. Hiszen előfordulhat, hogy az egyed már régen megjelenhet, de például egy hozzá tartozó szerv még fejlődik. Ilyen lehet például egy molluszka váza. Az évmilliók során rengeteg fajta puhatestű-váz alakult ki különféle mintázatokban, vastagságokban, minőségben. Mindegyik megjelenése az univerzális kódoknak köszönhető, amelyek végigkísérték az egyedfejlődést.

Minden születés egy új faj kiindulópontja is lehetett, függően attól, hogy az univerzális kódoknak milyen intenzitásuk volt, milyen erős volt az elektromágneses hatásuk. Így alakult az őstengerek és óceánok elképesztő gazdagságú faunája. A flórára elsősorban a Napból eredő elektromágneses hullámok voltak hatással, hiszen mint tudjuk, a növényi evolúció elsősorban napfényfüggő volt, és az ma is. Vegyünk egy példát: a kagylók kialakulása biztos, hogy több millió évet vett igénybe a kezdeti egysejtűekből, a rajtuk lévő héj azonban már gyorsabb kialakulású volt, adott esetben csak néhány százezer lehetett, mire egy jó tartású kagylóhéj kialakulhatott, alkalmazkodva a változó környezetekhez. Kagylóhéjak sokszínűsége alakult ki az evolúció során, törzsek kihaltak, vagy éppen az univerzális kódok hatására átalakultak. Miután az egyik törzs eltűnt, így jutunk el ahhoz a fogalomhoz, hogy „kihalás". Azonban ezek a kihalások sok esetben csak átváltozások voltak. Egyszerűen az univerzális kódok és a fellépő környezeti változások hatására bizonyos fajok egyszerűen „átalakultak", így folyt az evolúció. A tudomány meg mindig keresi a „hiányzó láncszemeket", csak azokat nem mindig találja. Azért, mert rossz helyen keresi. Az égben kell keresni az okokat, nem a Földön.

Természetesen az evolúciós fejlődés szinte minden faj esetében különböző intenzitású és gyorsaságú, függően attól, milyen fajta kódok aktivizálódtak. Maga a fejlődés már lassabb, de mivel sok úton indult el és halad előre, így különbözőképpen hatottak a különböző szervezetekre az univerzális kódok. Például az *emberi hüvelykujj* kialakulása is kb. 10 millió év evolúciós fejlődést vett igénybe, miközben az ember, előember már létezett és persze kezdetlegesebb formában az a „hüvelykujj" is ott volt már millió évvel azelőtt, de nem abban a szerepben és formában, ahogy az embernél végül kialakult, tökéletesítve a fogást, ezáltal is megkönnyítve az eszközkészítés folyamatait.[15]

Ekkor a 10 millió évet eloszthatjuk a 4 milliárd megtett körrel, a napkörrel, ekkor kapunk egyfajta állandót erre a szervre nézve. Ugyanígy el lehet végezni minden testrészre a műveletet, és kapunk egyfajta időbeli hányadost minden egyes szervre és végtagra nézve. Csak tudni kell a geológiai korokat. Érdekes lehet annak a dolognak a kiderítése is, hogy a testméretben milyen változásokat tud generálni az evolúció. Ilyenkor tényleg el lehet gondolkodni azon, hogy mekkora mérettel érkeztek az első kétéltűek a szárazföldre. Nem nagyobbal jobb esetben, mint egy nagyobb teknős – hiszen a bojtos úszós hal, mint őskövület, méretéből lehet erre következtetni – vagy még kisebbel. Mennyi idő alatt lesz egy teknős méretű állatból egy tyrannosaurus rex? Erre elsősorban a fosszíliák adhatnak választ. Azonban abból a korból nem maradtak fenn olyan részletességű és bőségű ősleletek. Már inkább a kainozoikumban. Azonban így is lehet következtetni nagyjából.

Ha a triász elejére tesszük a kavicsfogú álteknősök, majd pedig a kréta végére tesszük a Tyrannosaurus Rex megjelenését, az kb. 170 millió év evolúcionális fejlődést jelenthet. Ha

---

15 Forrás: Carl Sagan: Az éden sárkányai

ezt az időintervallumot elfogadjuk, akkor viszont azt mondhatjuk, gyorsan halad az evolúció, mert ezeknek az állatoknak minimum 20, de inkább 50 vagy 100 millió év is megadathatott. Ha ez így van, akkor kb. **hárommillió generáció** alatt el lehet jutni egy ekkora termethez, ami átlagos, nem gyors „sebességet" tükröz vissza. Ugyanilyen változások voltak fönt az univerzumban is. Ha még sokkal előbb élt óriási dinoszauruszokat is tekintünk, kiderül, hogy az evolúció még gyorsabb is lehetett. Figyelembe kell venni ekkor a mezozoikum igen magas hőmérsékletét, a „konjunktúrát" az evolúcióban. Hatalmas evolúcióbeli abundancia játszódott le a jurában és a krétában is. Mivel a nyitvatermők is egykori csúcspontjukon voltak, így hatalmas méretű növényevők is kifejlődhettek. Velük párhuzamosan haladtak a ragadozók is az univerzális kódok jóvoltából, hogy az élővilág egyensúlya megmaradjon.

Volt egy másik kutatás nemrégiben, amikor a kutatók az utóbbi 65 millió év fosszíliái alapján 28 emlőscsoport vizsgáltak és arra jutottak, hogy egy egér méretű állatból **24 millió generáció** alatt képes elefántot faragni az evolúció.[16] A növekedésben a kezdeti szakasz megy lassan, macska méretűből elefánt nagyságúra már 5 millió generáció alatt képesek megnőni az egyedek. Mit lehet ezekből az adatokból leszűrni? Azt, hogy a hüllők, mivel egyszerűbb organizmusok voltak – úgy összességében az emlősöknél –, az evolúció gyorsabb is volt és egyben óriási termeteket, méreteket is elértek. A hüllők szaporodása egyszerűbb, mint az emlősöké (ivaros szaporodás, tojásokkal). Ezenkívül a hüllők többsége hidegvérű állat volt, tehát tulajdonképpen a Nap energiájával tudtak csak mozogni. Azonban nagyon simán elképzelhető, hogy

---

16 Index, tudomány: Megmérték az evolúció sebességét. www.index.hu

a tojásból „megfelelő" kódok hatására már egy megváltozott genetikájú állat bújt elő, persze először mint védtelen bébi.

Az emlősöknél ugyanakkora idő már sokkal szaporább életmódot feltételez. Ez egyrészt azzal magyarázható, hogy már melegvérű állatokról van szó, állandó mozgásban, akiknek már egész nap mozogni kellett, és élethosszuk egyre hosszabb idejét töltötte ki az alvás. Majd az alvás evolúciójában megjelenik az álmodás, ami az univerzális kódok egy új terepe. Az univerzális kódok az emlősöktől már konkrétan a tudatba épülnek be. Megváltozik a szaporodás is, az egy sokkal inkább egyedi tevékenység lesz, sokkal több érzés kapcsolódik már az utódok neveléséhez. Egyáltalán, az emlősök már sokkal szociálisabbak a hüllőknél, akiket követtek az evolúciós fejlődésben, de nem mint továbbfejlődést, hanem egy teljesen új ág indult fejlődésnek a dinoszauruszok bukása után. Mint láthattuk, egy viszonylag kisebb mérettől már meggyorsulnak az események, azért is, mert általában a mérettel együtt jár az életkor kitolódása is. Az elefántok általában tovább élnek egy macskánál, egy cickánynál. Mindazonáltal az emlősök egyszerűen jobban tudtak alkalmazkodni a megváltozott környezeti tényezőkhöz (a nyitvatermők visszahúzódása, dögevő, mindenevő életmód), mint dinoszaurusz társaik, talán ebben is rejlett túlélési képességük. Nem mindig a legnagyobb termetű győz, hanem az, amelyiknek több „az esze", és amelyik faj jobban tud alkalmazkodni.

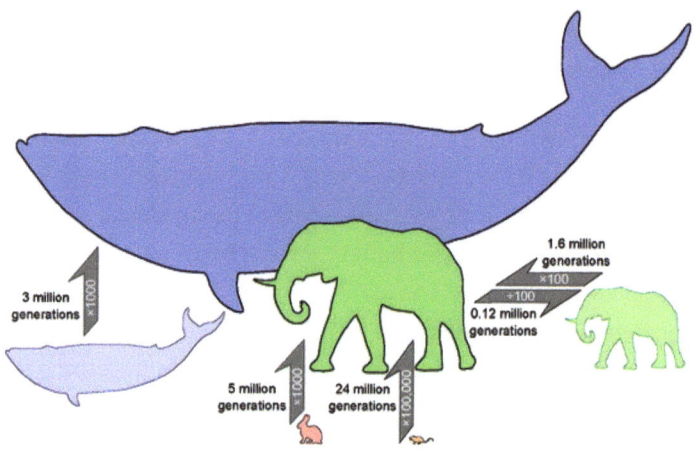

45. Az evolúció méretváltozásainak illusztrálása.

Emberi fajunk azért lehet ilyen erős és alkalmazkodó-képes, mert az evolúció előtte kitette minden veszélynek, aminek ki lehet tenni egy tudatot. Nem biológiai felépítésünk, hanem tudatunk, amellyel már tudunk dacolni a természettel, és egyensúlyban tudunk vele élni. Az emberi faj történelme a totális győzelem, előtte soha semmilyen faj nem volt ilyen sikeres. Előtte a két legsikeresebb fajnak a halakat és a dinoszauruszokat kell tekintenünk. Ugyanakkor meg kell jegyeznünk, hogy egyik faj sem uralta ennyire egyöntetűen és biológiailag homogénen, mégis sokszínűen bolygónkat.

8 TÁRSADALMI MEGFONTOLÁSOK

Ebben a fejezetben tárgyalom korunk érdekes kérdéseit, a jelenkori civilizációt is érintő kérdéseket, amely egyikéből származik jelen könyv is. A társadalmi megfontolásokat elsősorban vallási szemszögből fogom vizsgálni, amely természetesen kihat az emberi gondolkodásra. Végül pedig egy **újfajta társadalmi-gazdasági víziót** vázolok fel, amely az univerzalizmus világnézetén alapul. Ez a világnézet a P. Hun felfogása és filozófiája.

Mint láthattuk, a Föld állandó univerzális mozgása a Nap körül és a Nap körüli pályájából adódóan az élet már kb. 500–550 millió évvel ezelőtt is elképesztő mozgásban volt. Kialakulását a földi vulkanikus tevékenységre, tenger alatti vulkanizmusra, valamint az univerzális kódok érintkezésére és találkozására vezettük vissza. Megfigyelhettük a dinoszauruszok uralkodását és bukását, majd az emlősök előretörését, és végül az ember kiemelkedését. Már a könyv elején a csillagos éggel kezdtük, és a rajta elhelyezkedő csillagokkal. Ez a könyv lényege, végső belső üzenete, hogy mi az univerzum földi leképeződése vagyunk tépelődéseinkkel, vágyainkkal, félelmeinkkel, az összes érzésünkkel és gondolatainkkal. Az álmok már az emlősök ideje óta az evolúció előrevivői voltak, majd az embernél kerültek a csúcspontra, az emberiség az álmok révén emelkedett ki az állatvilágból.

Az álmok közvetlenül a tudatba tudják átvinni az univerzális kódokat. Az ember fejlődése már a földi tudat fejlődése is egyben. Az ember összekötő kapocs lett az Ég és a Föld között. A korai emberi kultúrák kerültek először kapcsolatba tudatilag is az éggel és a csillagokkal, valamint magukkal. Közben persze a csillagok már évmilliók és évmilliárdok óta irányították az evolúciót. Végigkövethettük az agy fejlődését is. Már a homo erectus is komoly gondolkodási képességekről tett tanúbizonyságot, és egészen biztosan álmodott, amely előrevitte őt tovább a csillagokig. A humanocénben – mivel tudjuk, hogy a homo sapiens egyszerre több helyen is megjelent – tömeges agyi jelenség lehetett, hogy az emberben tudatosult, hogy az univerzum része. A visszacsatolás megtörtént, így alakult ki a modern ember, amely később alaki változásokkal is járt: az ember fokozatosan szép lénnyé vált. Könyvem írásával egyidejűleg jött ki egy hír az interneten, miszerint találtak a mai Grúziában, tehát a *Kaukázusban* egy 1,8 millió éves előember koponyát, amely megerősíti az előbbiekben az emberre vonatkoztatott P. Hun emberi evolúcióelméletet. A modern ember megjelenése előtt tehát csak egy faj élt, ez pedig feltételezhetően a *homo erectus* volt, immár világviszonylatban. (2013. október 18-ai hír)

Amikor föltekintett az égre, a csillagképek nevei már elsősorban a fantáziájának termékei, pl. Cassiopeia, Nagy Kutya, Hattyú, Aranyhal, Sárkány, de minél közelebb kerülünk a „központhoz", a naprendszerünkhöz, azon belül a Földhöz, úgy lettek elnevezve naprendszerünk égitestei a meghatározó emberi kultúrák hitvilágainak isteneiről. A naprendszert alkotó égitestek elsősorban a római (esetleg görög) hitvilág isteneiről kapták a nevüket. A földtörténeti korokat alkotó időszakok viszont már elsősorban angliai (kelta) néptörzsekről kapták a nevüket, ami kifejezi a tudomány centrumának megváltozását. Darwin faji és evolúciós elmélete jelezte, hogy a tudomány központja átkerült a német-angol területekre. Elmélete nyilván nem old meg mindent, számos tévedést és hibát rejthet, de az adott viszonyokhoz abszolút passzoló elmélettel állt elő a tudós, ami a későbbiekben meghatározóvá vált.

A **P. Hun** természetesen nem a darwini módon értelmezi az evolúciót, de hogy van, volt és lesz is evolúció, abban a két mű egyetért. Szóval a XIX. századra elfogytak a római istenek, és az ipari forradalom beköszöntével nem Róma és nem Vatikán többé a történelem hajtóereje. A földtörténeti korokat tulajdonképpen a holocénig (jelenkor) átvettük. Művemben bevezetek egy új földtörténeti kort, az ún. „**humanocént**", amit emberi korként értelmezek és aposztrofálok. Az emberi kort már a pleisztocéntől lehet számon tartani. Tehát a humanocén kb. 2–2,2 millió évvel ezelőtt kezdődött, és reméljük még legalább 17,5 millió évig is el fog tartani. Hogy ez miért fontos? Az univerzalizmus *mint világnézet,* később mint új modernkori vallás szempontjából. Ezáltal is szeretne leszámolni a más vallásokban, szinte egységesen feltűnő apokalipszissel, világvége hangulattal, jelenések könyvével. Fontos, hogy az emberiség ne egy végítélet árnyékában éljen. Ne az ettől való félelem hajtsa. Valóban minden érzelem, tett és gondolat el lesz végül „számolva", de nem úgy, ahogy azt a klasszikus kereszténységen nevelkedett elménk próbálja látni vagy láttatni, hogy majd eljön valami nagyhatalmú szakállas bácsi felráncolt szemöldökkel, mint Isten, és majd mindenkit megítél. És utána mi van, vagy lesz? Majd együtt élnek teljesen ismeretlen emberek egymással a Paradicsomban? Minél előrébb haladunk az időben, minél idősebbé válunk, annál nehezebben ismerkedünk, annál nehezebben fogadjuk el a másik társaságát úgy, ha nekünk kell alkalmazkodnunk. Igaz, erre meg lehet azt mondani, hogy ott már „mások" leszünk.

Igen, a P. Hun elmélete is ezt mondja, hirdeti. Egy más tudati univerzumban leszünk, más viszonyok között, együtt is másokkal, de óriási tudati helyet is hagyva magunknak. Ez lesz a bolygók, csillagok, üstökösök, kvazárok állapota. Ott már nem kell másokhoz alkalmazkodni, ha azt a földi tudatunk alapján kiérdemeljük, vagy pedig jöhet a pokol, a véget nem érő függés, keringés és bolyongás a világegyetemben, nem megfelelő pozícióban, amelyre szinte „megváltás" lehet egy megsemmisülés is. Nem kell „végigszenvedni" a földit, az univerzális és a Legfőbb Tudat sem úgy „működik", hogy állandó szenvedés van. Nem, nincs.

Vallási kérdések után földtörténeti korban is számolható idő lesz az alapja a későbbiekben vázolandó társadalmi változásoknak. Az univerzalizmus nem évtizedekre, évszázadokra tervez, hanem több ezer és millió évre előre. Ehhez viszont új filozófia is kell. Ez maga a *Philosophica Hungarica*.

A most kreált humanocénbe tartozik a már az előző fejezetben tárgyalt **holocén,** amely már tulajdonképpen az „özönvíz" utáni időkkel foglalkozik, azzal az idővel, amelyben már kialakult a mai emberi társadalom és kultúra. A több mint 100 féle, korai emberi kultúrákban előforduló özönvíz-mítoszt az utolsó eljegesedéssel hozzuk összefüggésbe. Úgy is felfoghatjuk, hogy az „**özönvíz**" a pleisztocén és a holocén **határa**. Könyvemben mind a két időszak (együttesen kvarter a mai földtudományban) a humanocén nevű földtörténeti korba tartozik.

Később végigvettük az alapvető, legkorábbi és legjelentősebb emberi kultúrákat, kontinensenként tárgyalva őket. Majd elérkezünk jelenkorunk történelméhez, az írott történelem kb. 5–6 ezer éves időtávolságához. Ismert történelmünk kb. ekkora időt ölel föl, ami iszonyúan kevés az evolúció teljes skálájához képest, ezt láttuk már az „evolúciós időskála" alfejezetnél. Könyvem nem tárgyal minden ismert civilizációt, az nagyon unalmas lenne, és nem ez könyvem célja. Azonban a korai kultúrák közül próbált minél többet szemügyre venni, különösen abból a célból, hogy láthassuk, hogy már a Héber Biblia összeállítása előtt is éltek emberek, léteztek komoly emberi kultúrák, sokszor megelőzve az utolsó eljegesedést.

Mint ahogy azt már kifejtettem, egy köztes művet szeretne elérni művem, tudományosat, de olvasmányosat is egyben. Elég az hozzá, az utolsó nagy özönvízkor természetesen nem semmisült meg minden. Biztos nagy víz lehetett az északi és déli jégsapkák visszahúzódásakor, de közel sem akkora, mint ahogy az a legendákban él. Atlantisz rejtélyét is sikerült megfejtenünk, az előző fejezetben láttuk, hogy az maga az *amerikai kontinens*, amelyik nem süllyedt el. Természetesen van úgy, hogy kontinensek, földrész darabok alámerülnek, de ez általában több millió éves tektonikai mozgás eredménye, és nem egy baljóslatú éjszakáé, amely az „istenek" büntetése. Atlantisz legendájának inkább morális üzenete van: a szédítő magasságok után gyorsan elkövetkezhet a bukás. Ugyanakkor azt látni kell, hogy amint ahogy az előfordult a földtörténeti ókorban is, a jelenkorban az újbóli eljegesedés abszolút fenyegető veszély. Ugyanis van egyfajta körforgása a természetnek és a vonatkozó időjárásnak. Ha nem is arra, hogy elpusztítsa az embereket és az emberi kultúrát, de mint figyelmeztető jelzés előfordulhat. Valószínűleg ez történt a legutóbbi eljegesedéskor is. Figyelmeztetés. Fontos lesz megérteni az univerzalizmus jelenkori leképeződésében, hogy nagyon is fennáll egyfajta „átrendeződés" lehetősége.

Tekintélyes kéregmozgásoknak, tektonikai mozgásoknak, amelyekből hatalmas szökőárak lehetnek, mindig meglesz a lehetősége. A P. Hun és az univerzalizmus érzékeli a Föld általános tudati állapotából és tektonikai állapotából fakadó **földrengéseket**, földrengésekből fakadó cunamik veszélyét, de ezek „csak" természeti katasztrófák addig, amíg az univerzális tudat úgy gondolja. A helyzet bármikor komolyabbá válhat. Ugyancsak komoly veszélyt jelent egy jövőben **elkövetkezendő jégkorszak**, amikor a bolygó felső és alsó része újból jégtakaró alá kerülhet, és az emberiség most élő fele elpusztulhat. Ugyanakkor az univerzalizmus mint világnézet abban is hisz, hogy az emberi tevékenységek és tudat által befolyásolható a világegyetem és annak a földi életre hatással lévő összetevői. Tehát hirdeti, hogy a tudat által lecsendesíthetők az univerzális tudati elemek. Uralni lehet az univerzumot magunkban fölszabaduló tudati energiák révén. És ha azt hirdeti, akkor az úgy is történik a hit által.

Ebből következően az univerzalizmus nem számol világvégével ugyan, legalábbis nem olyan képekben, hogy Jézus érkezik majd a felhők között angyalseregével, és megkezdődik a „jó" és „rossz" végső, mindent eldöntő csatája Armageddonnál. Ugyancsak nem tud azonosulni a más hiedelmekben és vallásokban elforduló világvége jóslatokkal és látomásokkal. Az univerzalizmus belátható és tudattal fölfogható időn belül nem hirdet világvégét. Amit hirdet, az a megváltozott társadalmi viszonyokból fakadó *konszolidációs nyugalmi és béke időszak*.

8.1 Vallási kérdések, a Héber Biblia

Miután most már felfedeztük a világ keletkezését, működését, és tudjuk, milyen utakon jár, rátérhetünk olyan kérdésekre, amelyek már létezésünk **jelen viszonyait** taglalják. A P. Hun-on és e könyvben lévő alapvetéseken keresztül válaszokat kapunk a jelen történéseket motiváló erőkre, jelen társadalmunkra vonatkozó következtetéseket tudunk levonni.

Végigvezettük az univerzális tudat és élet kialakulását a Földön, így rá kell térnünk az utolsó kb. 5–6 ezer évre, hiszen ez a korszak volt a legnagyobb befolyással mai életünkre, világképünkre, világlátásunkra.

Bebizonyítottuk, hogy a világegyetem megszületése nem véletlen folyamat, még ha annak is tűnik a tudomány jelenlegi állása szerint. Az okos ember tud olvasni a sorok között. Nagyon is „tudatos" tudati folyamatok eredménye, először a tudati univerzum megszületése a tudati univerzális elemekkel, mint például csillagok, csillaghalmazok, galaktikus ködök és fekete lyukak.

A tudatkvantum révén – amelyre tulajdonképpen minden tudati elem képes (még a földi is, csak az adott dimenziókban) univerzális álomképekből (amely lehet egy hatalmas szupernóva robbanás is) –, végül megszületik a Nap, a Naprendszer és benne a Föld. A Föld társa lesz a Hold, amely nagymértékben befolyásolja az alakuló ősi Földet, majd később az evolúciót is. A Hold vonzása befolyásolta a tektonikát, az árapály jelenségeket, és a Föld forgási tengelyének kialakulását is, majd később az evolúciót is, a földtörténeti devonban a legjobban. Végül az élet megjelenésére alkalmas terep képződik a Földön, amikor megfelelő forgási tengelyt és tengely körüli forgási sebességet vesz fel az évmilliók során. Láttuk az élet keletkezésének fázisait és az evolúciót magát is, amelyet, mint tudjuk, az univerzumból irányítottak és irányítanak ma is. Mik ezeknek a felfedezéseknek és felismeréseknek a hozadékai? Természetesen sok minden, én azonban szeretnék az emberi gondolkodás legmélyére hatni, illetve azokat a dolgokat megvilágítani, amelyek gúzsban tartják az emberek gondolkodását.

A jelenkori vallások teremtésmitológiáinak tulajdonképpen egyike sem felel meg a valóságnak. Igaz, ezeket a teremtéstörténeteket már manapság is csak mítoszokként kezeli az emberek többsége, maguk a vallásos emberek is. Nem veszik és nem is kell szó szerint venni őket. Ugyanakkor a sok közül szeretnék a *zsidó teremtéstörténettel* foglakozni, mert ez szerepel a mai mainstream emberi társadalmak vallásos felfogásában. Arról van szó, hogy egy kicsiny etnikai csoport teremtésmitológiája lett kb. az emberiség felének is ugyanolyan teremtésmítosza.

Világnézetünk ezekkel az **alapvetésekkel,** amiket a **P. Hun** is tartalmaz, valóban más irányba fordulhat, mint ahogy az a Héber Bibliában van. Előrebocsátandó ehhez, hogy az univerzalizmus mint világnézet **ősi egyiptomi** szellemi alapokból építkezik jelen könyvben is, és nem izraeliből.

Mivel láttuk, hogy az emberi értelem, tudat és maga az ember is az evolúció (univerzális tudati fejlődés) terméke, valamint hogy nem 5 vagy 6 ezer egynéhány évvel ezelőtt indult az emberi történelem Ádám és Éva, illetve Ábrahám által. Ha már Ádámnál és Évánál tartunk, meg kéne említeni *Lilithet* is, Ádám első feleségét, aki mint nő mert nemet mondani Ádámnak és egyenjogúságra hivatkozott. Előrebocsátom, könyvünk egyik kifejlete is ez lesz. Az evolúció fejlődéseként az emberi értelem nagyjából – földtörténeti mércével mérve – egy időben esetleg néhány ezer év késéssel is, de több helyen is megjelent a Földön sok-sok ezer évvel a Héber Biblia megjelenése előtt.

Ezek alapján **elvethetjük** a bibliai **teremtésmitológiát**, mint olyan „megbízható" forrást, amelyhez az életünket, gondolkodásunkat kellene kötni, valamint azt a merev és szigorú világnézet elfogadni, amely a héber és a keresztény bibliára épül. A keresztény Biblia ugyanakkor kétségkívül a legnagyobb hatású könyv volt a nyugati kultúrára a történelem során. A keresztény Biblia 2 részből áll, az ún. Ószövetségből és Újszövetségből, amelyből most az Ószövetséget szeretném ismertetni a legújabb tudományos és régészeti eredmények ismeretében, a *National Geographic* tudományos munkáját is felhasználva.[17]

Elöljáróban le kell szögeznünk, hogy a Héber Biblia mítoszok és teremtéstörténetek gyűjteménye, és a Bibliában leírt egyiptomi vonatkozású események egyikét sem erősítik meg egyiptomi források. A Bibliára való rácsodálkozásunk helyett inkább próbáljunk annak utána járni, mi volt a Biblia megírásának az oka, ugyanis ez fog minket inkább a célhoz vinni. A Biblia szó szerinti elfogadása egyáltalán nem visz előre minket, Isteni kinyilatkoztatásról szó sincs. A Bibliát emberek írták, akik mítoszt akartak teremteni, és akik nagyon is tisztában voltak származásukkal. Ugyanakkor tisztában kell lennünk azzal, hogy írói **az akkor ismert világ** mítoszait és legendáit próbálták egy egységes egészbe gyúrni.

---

17 A Biblia elfeledett titkai (National Geographic)

Minél mélyebbre hatolunk a Biblia rejtelmeibe, és minél régebbi időpontokat akarunk azonosítani, annál nehezebb a dolgunk, annál nehezebb konkrét bizonyítékokat találni a teremtéstörténetre. Azért van ez, mert Mózes könyvei leginkább mítoszok, semmint a valósággal találkozó események halmaza. Sokáig nem vonták kétségbe, hogy az ún. Tórát, Mózes könyveit maga Mózes írta. Aztán ez az elmélet léket kapott és megdőlt, hiszen a saját haláláról is „tudósított", és az nehezen elképzelhető. Kétségbe lehet vonni, hogy Mózes legalábbis abban az alakban, ahogy a Biblia őt leírja, egyáltalán létezett. Aztán gondok vannak *Noé bárkájának* csapadékmennyiségével is. (Az elveszett bárkáról a következő fejezetben külön is értekezek.)

Szinte ugyanazon az oldalon állítja a Biblia, hogy **40 nap, 40 éjjel hullott** az eső a Földre, nem sokkal később viszont már **150 napról beszél** a Biblia. Ugyancsak nincs egyetértés abban, hogy galambot vagy hollót küldött-e ki Noé annak megvizsgálására, hogy van-e már száraz föld. Ezek egyértelműen mítoszok, legendák, amelyeknek semmi közük a valójában történtekhez. Addig létező és külországokból is származó – jelen esetben Mezopotámiából – és szájhagyomány által továbbterjedő özönvíz- és más legendákat gyúrt egy új egységgé a Héber Biblia. Ezek a tények ugyanakkor azt is bizonyítják, hogy a Bibliának több szerzője is volt. Természetesen nem egy ember írta, hanem írástudók csoportja. A ma már széles körben elfogadott ún. **dokumentum-hipotézis** szerint legalább 4 korban 4 különböző írástudó csoport írhatta a korai Izraelben.

A kilencvenes évek ásatásai során feltárt lelet szerint **i. e. 950-ből** már előkerült egy kődarab, amelyen a kezdetleges héber ABC szerepel. A lelet az akkori Izrael határvidékén bukkant elő, ami arra utal, hogy ha a végeken ilyen kődarabkák előkerülhettek, akkor az ún. „centrumban" kiváló írástudók lehettek, akik legalábbis elkezdték a Tóra első könyveinek lejegyzését. Megemlítendő például a híres „tenger éneke", Mózes 2. könyve, amelyben Mózes elmeséli, hogyan nyelte el a Vörös-tenger a fáraó felvértezett hadseregét. Az ilyen fajta legendák nagyrészt szóban őrződhettek meg és terjedtek tovább szájról szájra a tábortűz körül. A „tenger éneke" verses formában maradt fönn, így is könnyebb volt továbbadni.

Ugyanakkor a legelső, az egyiptomi történelemben is említett dátum kb. **i. e. 1208,** amikor II. Ramszesz fia arról számol be, hogy legyőzte az ún. „izraelitákat", és magjuk sem maradt. Ez végül erős túlzásnak bizonyult, azonban az ún. „kivonulás" nem történhetett ugyanakkor 1275-nél előbb, hiszen az volt II. Ramszesz uralkodásának kezdete, és az exodust – általában egyhangúan – II. Ramszesz idejére teszik. Ugyanakkor a Biblián kívül semmiféle bizonyíték sincs, még régészeti sem, sem az exodusra, sem az ún. 40 éves vándorlásra. A 40 éves vándorlás ugyancsak egyfajta mítosz, amely a 40-es számra épül, amely szimbolikus erővel bírt a régi héber történelemben, irodalomban, hiedelemvilágban. Hogyan is élhettek volna túl 40 évig a sivatagban? Ebbe könnyű belegondolni. Azonban ha valaha megtörtént, akkor az exodus tehát a két dátum közöttre, i. e. 1275 és 1208 datálható.

Volt-e azonban valóban kivonulás? Úgy, ahogy a Bibliában le van írva, nem. Ezt biztosan kijelenthetjük. Döntő jelentőségű tény, hogy a Biblián kívül nem számol be írás erről a „nagy tettről". Azért nem, mert nem úgy történt meg. A legújabb kutatások fényében inkább társadalmi és gazdasági változásokat kell sejtenünk Kánaánban az izraeliták feltűnése mögött, és nem az ún. kivonulást. Az ún. **Kánaán** már régóta lakott volt az nevezett kánaániták által, akik városállamokba tömörültek. Láthattuk, hogy milyen ősrégi, korai emberi kultúrák léteztek már az „termékeny félholdon". Ilyenek voltak a *Kebara, Natúf és Halaf kultúrák* is, melyek már tízezer éve lakott területek, a mai Közel-Kelet régiói. A kánaániták **bálványimádók** voltak, és az ős-izraeliták is. Ugyanakkor a régészeti leletek tanúsága szerint bizonyos, hogy változások mentek végbe a Közel-Keleten az i. e. XIII századtól kezdve fokozatosan. A Héber Biblia szerint Józsua háborúban foglalt el kánaánita városokat, köztük Hazort is. Jerikó bizonyítottan i. e. 1500 körül esett el, előbb, mint ahogy az állítólagos kivonulás történt. Úgy tűnik, hogy a kánaánita városállamok és az ún. kánaánita társadalom összeomlása fokozatosan történt, és nem hirtelen. Ezekben a változásokban vettek részt az ún. izraeliták, akik Kánaán őslakói voltak, de inkább a szegény réteget képviselték. Erről tanúskodnak az ún. kerámia és lakóhely régészeti leletek. Egyfajta egyenlőségre törekvő társadalom voltak, annak felépítésére törekedtek. Cserépdarabok kormeghatározása során kb. i. e. 1200 körül mélyreható gazdasági és társadalmi mozgásban volt a Közel-Kelet, benne Kánaán is.

A korai izraeliták száműzött kánaániták voltak, akiknek nem tetszett a kánaánita rendszer, ezért a Bibliában lévő történet Kánaán elpusztulásáról kitaláció. Egyébként sem lett volna olyan erős az Egyiptomból kivonuló zsidóság, hogy a kánaánita társadalmat kvázi menetből elfoglalja.

Vándor népekről, és nem kívülről érkező fegyveres hordák támadásáról van szó. A korai Izrael a kánaánita társadalom összeomlásaként jön létre, és nem annak kiváltó oka volt. Sokat lehet tudni arról, hogy az egyiptomi uralkodók és a kánaánita királyok hogyan sanyargatták az alsóbb néprétegeket és rabszolgákat. Egyfajta belső forradalom következményeként a kánaánita köznép és az izraelita rabszolgák megragadták az alkalmat, és a hegyvidék felé vonultak. Ugyancsak elképzelhető, hogy ebben a korban valóban megszökhetett Egyiptomból egy kisebb rabszolga csoport, de ők semmiképpen nem azonosak a későbbi zsidósággal és a Bibliában kiszínezett történet szereplőivel. A megszököttek kánaániták voltak. Ugyanakkor az ő hiedelmük volt már a vándorlás során az ún. YHW hit, ezt a pluszt hozták magukkal. YHW valójában egy település volt, amely az ún. **saszu földön** terült el. A YHW anagrammát ezekben az időkben és még talán korábbról is meg lehet találni különféle egyiptomi templomfalak hieroglifáiban. A különféle egyiptomi hieroglifákban feltűnő YHW anagramma és JHVH tetragramma területet jelölhet, mivel általában olyan írások között fedezik fel őket, amelyek különféle, az egyiptomi fáraók által leigázott területeket jelölnek. A bibliahívők természetesen inkább vélik benne felfedezni a Biblia istenének nevét. Egyiptomi források saszu földjének nevezik, a Bibliában *Midiánban* találkozik Mózes először Istennel, a két terület egy és ugyanaz. Onnan származik a zsidók istene.

Kik voltak a saszuk? Az egyiptomiak általában a saszu nevet adták a beduinoknak, azoknak a megvetett törzseknek, akik Egyiptom keleti határán túl éltek. A saszuk földje Palesztina és a mai Jordánia déli részén, valamint a mai Szaúd-Arábia északi földjein terült el, tehát az ókori és mai Izraeltől is délkeletre.

Látnunk kell, hogy két alaptörténet van a Héber Bibliában, amelyek mozgatórugójának felismerése alapvető jelentőségű. Érdekesség, hogy magában az írásban az előbb történt történet később íródott, illetve rakódott hozzá a már meglévő írásokhoz. Ez Ábrahám és Mózes története. Mózes tulajdonképpen „nyugatra" menti le a zsidóságot, illetve identitását. Ábrahám Ur városából való származása pedig egyértelműen keletre. Tehát a Héber Biblia célja valójában új identitás adása volt a „sok elegy népnek". Mindkét történet már az egyistenhit, valamint a zsidóság identitásának megerősítésére szolgál. Mózes történetét minden bizonnyal Dávid király uralkodása alatt írták le, míg Ábrahám története a babiloni fogság alatt véglegesítődött.

Most vissza a kánaánita történésekhez. A végül évszázadok alatt megszilárdult izraelita egyistenhit egy teljesen más önazonosság utáni vágyban gyökerezik, és természetesen nem abban, hogy az „egy isten" valóban megjelent volna égő csipkebokor képében Mózesnek Midiánban, valahol. A történetnek egyértelműen szimbolikus jelentősége van. Fontos volt ugyanakkor valóban „hihetővé" tenni azokat a dolgokat, amik földöntúliknak számítanak egy nép életében. Könynyebb a földöntúliban hinni és ahhoz vonzódni, mint hétköznapi dolgokhoz. Egy nemzet pszichológiájára nyilvánvalóan hatnak a földöntúli dolgok. A zsidóság életében Mózes élete, a sivatagi vándorlás valamint Jerikó „falai" kétségtelenül annak számítanak, különben nem hinnének benne az emberek, nem jött volna létre a zsidó nép. Egyébként is, ha akkor megjelent az Úr, már régen megjelent volna többször is másoknak is, máskor, és nem „engedte" volna lerombolni az első templomot sem. Mivel csupán az emberi képzeletben létezett, így az első és a második templom is megsemmisült. Ha YHW, a szigorú és bosszúálló Isten valóban létezne, ezek a dolgok biztos nem történtek meg volna a zsidósággal, ebben biztosak lehetünk.

Ahhoz, hogy meghatározzuk, kik vagyunk, először azt kell meghatározni, hogy kik nem vagyunk – szól a bölcsesség. Az

Egyiptomból szabadult csoport csatlakozhatott az ókori kánaáni gyülevész néphez, akik nem akartak már a régi szabályok és bálványimádás szerint élni. Szabadulásuk története valóban megfelelő fogadtatásra találhatott a kánaánita városállamokból elmenekülő törzseknél. Ugyanakkor mire ez fokozatosan teret nyert a zsidó agyakban és tudatban, még több száz évnek kellett eltelnie, benne sok dicsőséggel és bukással is. Jogaiktól megfosztott kánaániták, Egyiptomból szökött rabszolgák, valamint letelepedő nomádok is voltak a Biblia „sok elegy népe" között.

A régészeti és írásos bizonyítékok szerint Dávid korában kezdték írni a ma Héber Bibliaként ismert mű első részeit izraelita írástudók kb. i. e. 1000–950 körül. Az első lejegyzők a „E" és a „J" nevű írók a dokumentum-hipotézis szerint. *Jahve és Elohim* volt Isten leggyakoribb elnevezése az ősi iratokban. Nagy valószínűséggel nemzedékeken át öröklődő versek és dalok alapján írták meg Izrael távoli múltjának egy-egy változatát. Az E és a J nevű írók írásainak egyfajta „összetolását" láthatjuk a Genezis nem mindig világos és követhető történeteiben. Innen származtatható Isten többes számának jelölése is. A Tóra első változatai kétségtelenül elkészültek már az asszír behatolás előtt, i. e. a VIII. században.

Az egyistenhit egy korabeli forradalmi lelkesedés volt, a törzsek közötti kollektív azonosságtudat megteremtése volt a cél. A főrendű izraeliták valószínűleg csak egy istent imádtak, azonban a köznépből sok izraelita nem volt ennyire hűséges. Az izraeliták sok esetben más isteneket is imádtak, ezek közül az egyik a legbiztosabb El vagy Ely kánaánita főisten imádata volt. Az izraeliták ugyanakkor Dávid és Salamon királysága után is megmaradtak részben bálványimádóknak. Legjobb példák erre az i. e. 800 és 850 környékén élt, kevésbé ismert királyok és hitveseik, mint például a rossz emlékű Jézabel, akik Baál imádók voltak.

Ezek tükrében mondhatjuk, hogy az izraeliták fokozatosan váltak egyistenhívővé sok rossz tapasztalat és kényszerítő körülmények hatására. Természetesen ezen kényszerítő hatások többsége valamifajta baleseménny kapcsán keletkezett, amelyeket felfoghatunk figyelmeztetésnek is a zsidóság számára. Összességében elmondhatjuk, hogy az i. e. XII. századtól kezdve beszélhetünk valamifajta egyistenhitről a később zsidósággá való népcsoport berkein belül. (Az első dokumentálható egyistenhívő – igaz, nem abban a formában, ahogy ezt könyvem tárgyalja – könyvünk egyik ihletője, Eknathon fáraó volt.) Még Dávid uralkodása után is jellemző volt a bálványimádás és az egyistenhit koegzisztenciája. Nagy változás állt be az asszír támadás és az ún. **babilóniai fogság** után, i. e. VI. században.

Az írástudók **D nevű csoportja** az Asszír birodalom támadása után folytatta a ma Tóra néven ismert írást. Az asszírok i. e. 722-ben semmisítették meg az északi királyságot, Izraelt. Mint ahogy az ismert a történelemből, Dávid királysága végül két részre bomlott, a déli júdeaira, valamint az északi Izraelre. Az északi bukása után kezdenek felfigyelni a régi próféták szavaira, akik bűnhődést jövendöltek azért, mert az emberek nem tartották meg az Istennel (YHW vagy Jahve) való szövetségüket.

Az asszírok után a babiloniak támadják meg Júdeát is, a megmaradt királyságot. Zedékiás utolsó király szeme láttára rombolják le a babiloniak a Templomot, és hurcolják el az izraeliták többségét, maga a király is fogságba esett. Legutolsó királyuk szeme láttára vált a lángok martalékává a templom.

Az ő felfogásukban a templom egyben YHW istenük lakóhelye is volt. A lakóhely felfogás sokban változott a történelem folyamán, és ma már nem is képviseli a zsidóság ezeket a gondolatokat. A mai zsidók vallása már kevéssé hasonlít az ókori izraelitákéra.

A **babiloni fogságba** is elvitték a papok a tűz martalékából kimentett könyveket, és Babilonban véglegesítették tulajdonképpen a Tórát, Mózes első 5 könyvét. Ez egyben bizonyság is arra, hogy Mózes könyveit biztosan nem Mózes vetette papírra, sőt igazán valószínű, hogy Mózes csak a Bibliában szereplő alak, aki kialakulását azonban minden bizonnyal egyiptomi legendáknak köszönheti, mint ahogy az a Bibliában is szerepel.

P jelű írástudók fejezték be a Tóra köteteit tulajdonképpen a babiloni fogság alatt. Mózes ötödik könyve tartalmaz szigorú vallási előírásokat, intelmeket, maga a 10 parancsolat is ebben van. A babiloni fogság alatt épülnek be hagyományok is a vallásba, például a szombat megtartása. A Babiloni fogság és az utána követő visszaáramlás erősítette meg a zsidók hitét. „Rájöttek", hogy valóban csak egy Isten létezik, és hogy azelőtt nem voltak elég hűek Izrael istenéhez. Ezért aztán, a régészeti leletek tanúsága szerint is, a babiloni fogság után már nem találnak olyan kis szobrocskákat az Izrael területéről előkerült leletek között, amelyek a bálványimádásra vallanának. Míg a babiloni fogság előtti időszakból több száz, ezer darab kis szobrocska került elő, ami azt jelentette, hogy „YHW" mellett más istenségeket is imádtak az izraeliták, addig azok a babiloni fogság időszaka utáni leletekből teljességgel eltűntek. Ekkor erősödött meg az egyistenhit a zsidókban. A babiloni fogság már valóban végső és komoly „figyelmeztetés" volt a zsidóságnak, hogy csak az „egyetlen" Istent lehet imádni. Igaz, ez nem befolyásolta az „Egy istent", hogy fél évezreddel később újra szétessen Izrael, a régi vallás fényében már végérvényesen. Az újkorban restaurált Izrael már nem hasonlított a régi Izraelre, igaz, nem is hasonlíthatott.

Igaz, ugyanakkor azért, hogy a Héber Bibliából később a nyugati világ „Bibliája" is lett, azért a legkevésbé a zsidók felelősek. Biztos, hogy nem ebből az okból kifolyólag írták annak idején, hogy az később majd 3 milliárd ember vallási alapirománya legyen. Hogy azzá vált, arról a később kialakult keresztény és muszlim vallások tehetnek. Ők vették át ezeket a szentnek mondott iratokat, hogy akkoriban formálódó hitüknek alapot teremtsenek. Az univerzalizmusnak nem a zsidó iratok az alapjai, azért sem, mert a könyv fényében a zsidó vallás nem több egy szűk etnikai csoport hiedelemvilágánál. Ez a könyv által követett gondolkodásmódból világosan kitűnik.

Fokozatosan alakult ez a könyv emberek milliónak szent művévé. Igaz, ha beletekintünk, kevés „szent" dolgot találunk benne. Többségében vannak benne harcokról és bosszúról szóló fejezetek, ahogy vannak olyanok is persze, amelyek megnyugvást hoznak. Ahogy valaki azt találóan kifejezte, ha ma kifacsarnánk a Biblia köteteit, még ma is kijönne belőle egy-két csepp vér. Az, hogy később ez lett az egész keresztény kultúra alapkönyve, az egy a babiloni fogság után kb. 500 évvel élt tanítónak, Jézusnak, illetve az őt követő mozgalomnak „az ő benne hívőknek", a később keresztényeknek nevezett embereknek köszönhető. Az iszlám már máshogy veszi át a zsidó alaptörténeteket, de maguk a muszlimok is tudatában vannak annak, hogy egyrészt a zsidóság és a kereszténység is előbbi vallás, mindkettőnek már voltak „könyvei" előttük. Azonban ha belegondolunk, hogyan lehetne az „Egy isten" zsidó Isten, ha „megengedte" a muszlim vallás térhódítását Kr. u. a VII. században? Miért tette volna, ha már megvolt az egyetlen? Ez a tény is arra utal, hogy a zsidó vallás nem igaz alapokon nyugvó vallás, emberi fikció. Maga a vallás inkább emberi szokások és magatartásformák gyűjteménye, a törvények vallása a zsidó vallás. Legfontosabb ószövetségi üzenete a messiásvárás volt, ugyanakkor feltétlenül élővallás.

Azt gondolom, nem szabad elítélnünk a Héber Biblia összeállítóit azért, mert úgy állították be a zsidóságot, mint „kiválasztott" népet. Persze nem volt, manapság pedig végképp nem az, de amikor az a könyv készült, másmilyen volt az emberek gondolkodása. Nyilvánvalóan ezt mindig is divat gondolni, hogy ez vagy az kiválasztott, az ember inkább a természetfelettiért képes és szeret rajongani, és nem a hétköznapi dolgokért. És valóban, a maga korában a Héber Biblia identitást meghatározó erővel bírt és részben bír még ma is. Egyfajta forradalmi lendület volt benne, a szabadság istene volt a zsidó Isten. Természetesen nem volt a zsidóság „a teremtő Isten" által kiválasztott nép, mert ha az volna is, ő ilyet nem tesz. YHW csak a zsidók és ősi héberek gondolkodásában megjelenő Isten volt. Nem a világ teremtője. Nem lehet az, hiszen létezik indiai, kínai és még rengeteg más kultúra, amelyik nem épül a zsidó kultúrára, attól teljesen függetlenül jelent meg, mint azt már az előzőekben láttuk. Ugyanakkor a Héber Bibliában személyes jellege van, amely erejét, de egyben gyengeségét is adja ennek a vallásnak. Személyes jellegéből adódhatnak olyan dolgok, hogy „szeret", „nem szeret", és ez rengeteg probléma forrása lehet és volt is a történelem során, minthogy azt tudjuk.

Személyes Istenként jelenik meg ugyanakkor, ami nem megfogható. Emberi fikció a „teremtő Isten", nem valós szubjektum. Olyan sincs, amelyik valamelyik „teremtményét" jobban szeretné a másiknál, mert az univerzalizmus törvényeiből fakadóan a szeretet semleges. Amennyiben az személyessé válik, úgy válik belőle veszélyes, sértődékeny ego, és ennek a könyvnek pont az a célja, hogy azt az egót kordában tartsa. A „féltékeny isten" válogat csak, az igazán szerető nem, hiszen tudná, hogy abból káosz és féltékenység, kivagyiság és önhittség lesz, azok pedig gyilkosságokhoz vezetnek, mint ahogy azt láthattuk végig a történelem során. Nagyon veszélyes, az ego táplálására alkalmas a Héber Bibliában szereplő Isten, ugyanakkor természetesen nagyon erős fogódzkodó is sokak számára. Sokkal inkább teremtő tudat van, és ha ez így van, akkor az sokkal inkább hasonlít az e könyvben kifejtett Legfelsőbb tudatra.

Ma már lehet tudni, hogy ami a Héber Bibliában szerepel, mint eredettörténet, az szimplán egy etnikai csoport, jelen esetben a zsidóság hiedelemvilága. Kialakulása jellegzetesen kötődött az ókori Közel-Kelet viszonyaihoz. (Sok alaptörténet szerepelt már korábban más Közel-keleti nép hiedelmében, mint pl. a sumer.) Nem alakulhatott volna ki máshol, talán úgy, mint ahogy ez a könyv sem íródhatott máshol, mint Magyarországon és részben Hollandiában. Fontos az is, ahogy akkori gondolkodásmóddal írták meg a zsidó írástudók különböző csoportjai, amikor még jellegzetesebb formát öltött az emberek gondolkodásában a kirekesztés, a kiválasztottság tudata. Nem baj ez, csak nekünk kell tudnunk, és ezt a III. évezred emberi világa fogja is tudni, hogy ami a héber könyvekben van lefektetve, azok többségében nem, vagy nem úgy megtörtént eseményt írnak le „Isten" szavaként. Tudnunk kell róla, hogy azok az események és párbeszédek az emberi képzelet szüleményei, és nem isteni „kinyilatkoztatások". Természetes, hogy a III. évezredben kritikusabban kell szemlélnünk egy olyan iratot, ami előtte 2500–3000 évvel íródott. Minél tovább haladunk a „teremtéstől" és Mózes könyveitől, természetesen úgy találkozunk már egyre valóságosabb alakokkal. A Héber Biblia Tórájában szinte nincs valóságosan megtörtént esemény, azok kizárólag már meglévő és hozzátoldott legendák, mítoszok és azok szereplői. Azonban a Tóra után íródott történetek már korrelálnak a valós történettel, mint pl. a királyok könyve, ahol pont az olyan történetek vannak, amelyekben súlyos összeütközés van a zsidó Istennel.

A zsidóság természetesen nem kiválasztott nép, a zsidóság már többszörösen megfizetett ezért a bélyegért vagy azért, ha ezt magukról képzelték. E könyv célja is az, hogy a zsidóságot olyan szemmel tekintse, amilyennel valóban kell. Semmivel sem különb és semmivel sem alábbvalóbb, mint más nemzetek gyermekei. Ebből fakad, hogy vallásuk is csak egy a sok közül.

Az ószövetségi iratukat lehet egyfajta szabadságként értelmezni az őket megelőző korok, akár egyiptomi is, akár kánaánita, akár sumer és mezopotámiai kaotikus isteni világokból. Hiába nem úgy zajlott le az események többsége, ahogy az a Bibliában vagyon, de mégis megnyugvást jelent több millió embernek, és ezt tisztelni kell. A történetek szándékosan lettek úgy torzítva, hogy azokban egyszerre kerekedjenek úgymond igazságok, legendák, tanulságok, félnivaló dolgok és példás viselkedések. Ugyanakkor már egyáltalán a dokumentum megszületése csodaszámba vehető, ha figyelembe vesszük az akkori tárolási körülményeket, írási technikákat. Ez mindenképpen a zsidóság intellektuális zsenialitására vall. Csak az indiai vallások rendelkeznek a zsidó szent iratokkal összemérhető szellemi termékekkel.

Az Ószövetségre jellemző gondolatok – mint a kiválasztottság tudata, érzete, a „seregek" urának állandó büntetése és haragos viselkedése, fegyelmezése –az akkori zsidó nép gondolkodására vall csak, és az akkori „én-tudatra" utal, de nincs relevanciája a Fő Tudatra. Az egész koncepció arra az egyébként érthető emberi motivációra épít, hogy érthető, „teremtett" világban, környezetben, viszonylagos rendben, nyugalomban és szabályok mentén éljenek a zsidók – általában az emberek. Az ószövetségi történetek végül is mindig az Istenhez való kapcsolatot és pozícionálást írja le. Istennek tetsző, valamint nem tetsző emberi viselkedések, illetve történések vannak benne, Istennek tetsző kiválasztott emberekkel és eltévedt gonosz szándékokkal is. Mint tudjuk, ezt az akkori korban kell értelmezni. Ma már tudjuk, a Legfőbb Tudat nem így „működik" és nem így viselkedik. Nem büntet például úgy, hogy az egyiptomi elsőszülött fiúgyermekeket megölné, ez teljességgel kizárható. Egy agresszív, bosszúálló Isten képét jeleníti meg előttünk, amely aligha szerethető. Egyrészt Isten egyik törvényével felhívja követőit, hogy „ne ölj", de a másik impulzussal meg az ígéret földjének elfoglalására szólítja fel a zsidókat, akár erővel és gyilkosságok árán is. Mint ahogy azt már láttuk, a „szentföldet" nem kellett elfoglalni, hiszen az már lakva volt a kánaániták által, és előtte több tízezer éve a legutolsó jégkorszak előtt is.

A Kánaánban bekövetkező társadalmi változások kapcsán cserélt végül identitást a kánaániták egy része, és lett egyistenhívő a bálványimádás helyett. Őket hívjuk később izraelitáknak, zsidóknak.

8.2 Gilgames-eposz és az elveszett bárka

Ha a Héber Biblia esemény történeteit lapozzuk, feltétlenül érinteni kell az egyik leghíresebb bibliai történetet, „Noé bárkáját". A P. Hun már feltárta a valóságot az állítólagos özönvíz-legenda mögött, azonban szükségét érzem, hogy a történetet újból tisztázzuk. Tesszük ezt az Uruk kultúra ásatási munkálatainak eredményei kapcsán is, ahonnan a XIX. század második felében feltárt közel-keleti, közelebbről mezopotámiai agyagtáblák származnak, amelyek a történelem első írásos emlékei. Noé eposzát szükségeltetik tételesen is cáfolni, azért tulajdonképpen, hogy ne higgyünk olyan dolgokat megtörténtnek, amik valójában nem történtek meg.

Egyrészt az Isten, a „Legfőbb Tudat" nem olyan, hogy az egész emberiséget elpusztítaná (miért tenné?), *másrészt* egy ember egyedül nem fog tudni akkora bárkát építeni, amibe beleférne az állatok többsége, ráadásul mindegyikből kettő, egy-egy nőstény és hím, egy élő állatkert. (Logisztikailag nem megoldható, még Noénak sem). *Harmadrészt* nem voltak és nem lesznek akkora esők, amelyek az egész Földre kiterjedve 40 vagy 150 napig tartanának ki, hiszen az időjárás működéséből ez nem következik. Ugyanakkor lehetnek olyan mértékű föld- és tektonikai mozgások, amelyek iszonyú erejű szökőárakat hívhatnak életre, de azok nem özönvizek, és nem csapadék által tápláltatnak. A Noé bárkája című eposzt már előzőleg tárgyaltuk Atlantisz legendájával, Noé bárkájának története **Atlantisz legendájának inverze**. Ugyanarról az özönvízről beszélünk, mindegyik történet a legendák birodalmába tartozik, annál is inkább, mert mindegyik jégkorszaki történésben voltak túlélők, méghozzá nem is kevesen. A történet egyértelműen zsidó mítoszgyártóktól ered, akik egyrészt átvették a babiloni kultúra hasonló legendáját, másrészt azt az ő moralitásuknak megfelelően „átdolgozták", és így született Noé, a földtörténet talán leghíresebb meséjének főszereplője.

Az özönvíz história része a korai emberi értelemnek és tudatnak, hogy Isten hatalmas büntetése itt lebeg a fejünk fölött, mint Damoklész kardja, és hogy többé ne térjünk a rossz útra. Ezt természetesen, mint valami példát, metaforát akarja elénk állítani. A történetet nehéz értelmezni az emberiség későbbi történetén keresztül, hiszen azóta – ha nem mindig – újra és újra letérhettünk a jó útról, és nagyon sokszor Istennek nem tetsző életmódot folytattunk, amit a Jóisten további százszorosan megbánhatott volna. Ezzel szemben természetesen a **teremtő tudat** máshogy viselkedik. Már csak ebből a megfontolásból sem lehet a bárka történetét valóságosnak hinni. A bárka történetét a legteljesebb mértékben szimbolikusan kell értenünk.

Ennyi bevezető után nézzük tovább a földkerekség leghíresebb bárkájának történetét. Noé történetéről tudni kell, hogy az része a zsidó mítoszteremtésnek, és voltak már előzményei a Közel-Keleten, egészen pontosan Mezopotámia legősibb kultúrájában, a sumer mondakörben. Az ún. **Gilgames-eposz** elmondja, hogy „hat nap és hét éjjelen tartott az özönvíz és a szél", és akit egy nagy bölcs mentett ki az özönvízből. Az i. e. II. évezredben már közismert volt a *Gilgames-eposz* a Közel-Keleten. Az ezelőtti részben részletesen tárgyalt Héber Bib*lia* szerzői is ismerhették az özönvíz mezopotámiai változatát. Természetesen nem teljesen ugyanaz a két történet. A Gilgames-eposzban pl. nem szerepelnek az állatok. Ez egyértelműen annak köszönhető, hogy a héber mítoszteremtők, konkrétan az E vagy J jelű írók olyan történettel állhattak csak elő, ami összeköttetésben áll a Biblia előzményeivel, amiket ugyanakkor korábban pergamenre vetettek. Igaz, az, hogy bibliai történetnek vannak előzményei, az csak a XIX. század második felében vált nyilvánvalóvá, amikor is a *British Museum* régészei megtalálták Ninivében Asszíria uralkodójának, *Asszurbanipal király*nak (Kr. e. 668–627) a hatalmas könyvtárát, amelyben több ezer ékírásos tábla maradt fent. Mintegy harmincezer agyagtábla került a múzeumba. Ezeken az agyagtáblákon szerepel a fönn említett Gilgames-eposz. Mezopotámia legősibb kultúrájának, a sumernak a története az özönvízzel kezdődik.

Egyfajta özönvíz mítosz mindig is szerepelt a korai kultúrák szinte mindegyikében, szájhagyomány útján terjedt el a kultúrát hordozó népek között. A hihetetlen hasonlóság ámulatba ejtő. Érdekesség, hogy nem mindegyik mesében tűnik fel az emberi romlottságot sújtó isteni büntetés témája. Ez egyedülállóan héber megközelítés lehet. A mítosz egyetemes voltára való bizonyítékok számos hagyományban megtapasztalhatóak. Alaszkában például az emberi fajt egy hatalmas bárka mentette meg az özönvíztől. Kaliforniában – bennszülött indiánok szerint az embereket és az állatokat egy özön víz söpörte magával. Peruban a víz olyan magasra tört, hogy elborította a legmagasabb hegyeket, és az egész teremtett világ elpusztult, kivéve egy férfit és egy nőt. Az amerikai özönvíz-beszámolók egyértelműen az utolsó jégkorszak történéseihez köthetők. Görögországban *Zeusz* özönvizet küldött, hogy elpusztítsa az embert, *Prométheusz* azonban figyelmeztette *Deukalión* fiát, aki egy nagy bárkát épített. Rómában *Jupiter* gerjedt éktelen haragra az emberek tettei láttán, és elhatározta, hogy elpusztítja őket: *Neptunusz* segítségével olyan hatalmas viharokat és földrengéseket idézett elő, amely elsüllyesztette a földeket, kivéve *Parnasszosz hegyét*, ahová Deukalión és a felesége menekült. Az indiai vízözön-legendában egyetlen ember menekült meg, *Manu*, „az emberiség apja". *Visnu Isten* hal alakjában figyelmeztette, hogy építsen hajót, mert így megmenekülhet más bölcsekkel együtt, amint a hajó fennakad a Himalája egyik csúcsán.[18]

Az antropológusok a víz elárasztotta földkerekség mítoszát tartják az emberiség egyik legősibb és legelterjedtebb kollektív tudattartalmának. Tudjuk, hogy ennek a tudattartalomnak ugyanakkor vannak valós alapjai.

Mint már láthattuk, valóban volt a Föld történetben – amely már az emberiség történetével is párhuzamos – nagy vízfolyással járó esemény, de mint az a fentiekből is kiderül, közel sem volt olyan erősségű, hogy minden élőlényt elpusztított volna. Ez nem is lehetett az „istenek" szándéka, amelyik kultúra ezt feltételezi vagy így gondolkodott, az tévedett. De legendának igen életszerű. A nagy éghajlati változások abban az időszakban, amikor a történelemben élő emberi faj már létezett, olyan periódusokhoz vezettek, amelyekben egyrészt a sarki jégtakaró nagy területeket lepett el az euro-oroszázsiai és az amerikai kontinensen, másrészt melegebb időszakokban e jég visszahúzódott, elolvadt. Az elmúlt 700000 évben, amely a már a humanocénre esik, **hét jégkorszak különíthető el**, amelyek ciklikusan váltották egymást, úgy 40–100000 évenként. A legutolsó jégkorszak, mint már láttuk, úgy kb. 12000 évvel ezelőtt fejeződött be.

Természetesen a tudomány is síkra szállt a kérdés tisztázására, hiszen ilyen jellegű történeteket nehéz racionális gondolkodással megemészteni. Tudományos vizsgálatok már jelezték, hogy a Márvány-tenger partjainál megtörténhe-

---

18 www.noiportal.hu Noé bárkája és a vízözön.

tett egy nagyobb özönvízszerű behatolás a Fekete-tengerbe. Kb. 7600 évvel ezelőtt a Földközi-tenger szintje legalább 15 méterrel lejjebb volt, mint most. Ez időben a tenger hirtelen átömlött a Fekete-tengerbe, óriási katasztrófát előidézve, amely a *Gilgames-eposzban* leírtaknak felelhetett meg. Ez az esemény az utolsó eljegesedést követően történt. A víz földeket és falvakat öntött el, 2–3 km-t haladva naponta. Hogy megmeneküljenek, az emberek messzi hegyekre indultak, és magukkal vitték az özönvíz történetét. Tehát összességében megállapíthatjuk, hogy már maga az **utolsó jegesedés utáni jégvisszavonulás** is olyan óriási vízzel kapcsolatos esemény lehetett, amely válasz arra nézvést, hogy miért terjedt el univerzálisan is egy özönvízszerű történet. A Fekete-tengeri történet csak ennek leszűkített változata.

Ilyen értelemben a Földközi-tenger térségében és konkrétan a Közel-Kelet térségéhez közel lehetett még egy erre is rápakoló, súlyos tengeri katasztrófa, amely viszonylag nagyobb területek víz alá kerülésével járhatott, és az ezt feldolgozni próbáló emberi elme legendákban őrizte tovább azt. Természetesnek vehették akkoriban, hogy az istenük haragudott rájuk így, pedig szó sem volt erről, arról pedig végképp nem, hogy az állítólagos „harag" az egész világra vonatkozott volna. A tudatukban élő özönvíz lokális volt, akkoriban az embernek nem lehettek még fogalmai a mai világ méretéről. Ha valami rossz történt a környezetükben, azt értelemszerűen tekintették az „egész világnak". Egy régebbi vízi katasztrófáról szóló „híradások" így szálltak szájról szájra tulajdonképpen évezredeken keresztül, amíg végül Noé alakja belekerült.

Nem történt meg tehát a történet Noéval, sőt maga a történet sem úgy, ahogy az a Héber Bibliában szerepel. Nem is volt senki „felkérve" a túlélésre. Nem volt akkora tudatossága még a világnak akkor, ezért nem az „emberiség bűnei" miatt történt, hiszen ezek akkor még nagyon „gyerekcipőben" járhattak a későbbi, a társadalom elkerülhetetlen rétegződésével járó konfliktusokból adódó szörnyűségek, valamint nem utolsósorban a keresztény egyház által is elkövetett bűnökhöz képest. A bibliai és a Gilgames-eposzban szereplő „özönvíz" gyökerei az utolsó jégsapka-visszahúzódási mozgásokig vezethetők vissza. Ezenkívül része volt az általános tektonikai mozgásokkal kísért medenceváltozásoknak, ami mindig is – most is – jellemzi a földtörténetet.

Megismertük, hogy a Héber Biblia és következésképp a kereszténység ószövetségi része a mítoszok világába tartozik, benne Noé bárkájával is. Megismertük a hátsó motívumokat és azt a társadalmi-gazdasági környezetet, amelyben az izraeliták megjelentek Kánaánban, és ahol az egyistenhit végül hosszú folyamat eredményeként kialakulhatott. A nyugati világ ma ismert istenképe a zsidók babilóniai száműzetésben átélt élménye és a Héber Biblia megírása által született meg. Azonban a világ általi megismerése a későbbi kereszténység révén történt. Tanításain keresztül erkölcsi törvényeket és igazságokat teremtett, azonban rengeteg benne a vér és a gyilkosság is, amelyek végigkísérték a zsidóság, de persze az emberiség történelmét is. Fantáziára és tényekre alapuló világ találkozik és keveredik benne, de viszi az elsődleges üzenetet: a szabadságot és szabadságvágyat. A világtörténelem egyik legszebb és legrégebbi irodalmi alkotása ugyanakkor.

8.3 Az esszénusok

Az előző két fejezetben összekapcsolódik és egymásra kúszik az ún. mitikus történelem és a valódi események sorozata. Egy idő után, minél beljebb kerülünk jelen korunk dátumához, a kettő között már átfedés van. Ezen fejezet előtt taglaltam a P. Hun szerinti történelem folyását, majd ezt kivetítettem, és annak függvényében vettem utána a zsidó etnikai hitvilág kérdéseit. Az Ószövetséget tárgyalva nincs sok hasonlósági pont, legalábbis olyan nem, amit – a miszticizmus és a legenda elemein túl – komolyan számításba kellene venni.

Azonban az ún. Héber Biblia tárgyalása után már igazán közel kerülünk – ha nem is jelenkorunkhoz, de – legalább időszámításunk kezdetéhez, amit a nyugati világ egy állítólagos messiás megérkezéséhez köt, akit az Ószövetségben is megjövendölnek. Ez az ember Jézus volt. A nyugati világ messiásnak hiszi, de ki volt valójában ő, és mi az, hogy messiás? Tudjuk, hogy születését is homály fedi, mint a legtöbb állítólagos megváltóét, akik fel-feltűnnek más népek kultúrájában is, mint pl. az egyiptomiéban, csak úgy, mint a babilóniaiban és az ókori görögöknél. Ez a tény később fontos lesz, amikor a kereszténység kezd terjedni az I. században. Jézus személyét nem lehet megkerülni a nyugati kultúrákban, de úgy általában globálisan értve sem, már csak azért sem, mert hozzá kötődik az emberiség már regisztrált időszámítása is, ami a keresztény időszámításon alapul. Az pedig Jézus születése „előtti" és „utáni" időkben gondolkodik. Azonban, mint ahogy azt majd látni fogjuk, már a születése körüli pontos dátumokban is bizonytalanság van, és az pedig gond. Egy igazi nagy tanító születési dátumának pontosnak kellene lennie, különösen annak fényében, hogy mennyire szentimentálisan ki van az emelve, ki van színezve, mennyire nagy jelentőséget tulajdonítanak neki az Ószövetség utáni keresztény szent iratok, az evangéliumok, amelyek összefoglaló neve Újszövetség, egyben mintegy „törölve" – más értelmezésben azt beteljesítve – a régit, a Héber Bibliában lerakott alapokat, az Ószövetséget. Jézus az összekötő kapocs az Ó- és az Újszövetség között. Legalábbis a keresztény tanítások szerint.

Azonban mielőtt Jézus tárgyalásába, az ő történelmi alakjának megértésébe, valamint tanításai főbb pontjaihoz érnénk, feltétlenül érinteni kell azt a közösséget, amelyből ő – minden bizonnyal – származott.

Ez pedig az **esszénus** nevű zsidó csoport, amely kívülállónak számított a zsidó történelemben, a Jézus kora előtti 150 évtől kezdődően mindenképpen. Általában mondhatjuk – és ez az Ószövetségből eseményeiből is kitűnik – hogy a Héber Biblia zsidó törzsek rivalizálásáról és küzdelmeiről szól egymással, és persze külső népekkel, köztük az edomitákkal. Jézus kora előtt és különösen korábban 3 nagy zsidó, kvázi politikai közösség létezett (illetve négy a zelótákkal együtt), amelyeknek mások voltak az elképzelései az eljövendő messiásról, valamint magáról az általuk hitt Istenről, akit a „seregek urának" tartottak. Az esszénus közösség Jézus előtt is igen aktív volt, és ennek a csoportnak a nézetei, erkölcsi felfogása sokban hasonlít a könyv által képviselt univerzalizmushoz.

Úgy hiszem személyesen, és nem egyedül vagyok ezen meggyőződésemmel, hogy Jézus, mint történelmi személyiség az *esszénusok köréből* való volt. Hogy miért gondolom ezt? Egyrészt a családja, benne az unokatestvéreinek jellemzői sajátosságaiból. Keresztelő János, a „pusztában lakó", aki sáskákkal táplálkozott, egészen biztos, hogy az esszénus közösség tagja volt. Másrészt, a róla szóló híradások eléggé hiányos voltából is erre lehet következtetni. Az, hogy 12-től egészen 30 éves koráig szinte semmilyen híradás nem szól róla, felettébb különös és gyanús. Ennek az az oka, hogy vagy tényleg nem tudták az akkori krónikások, vagy a későbbi evangéliumok összeállítói, hogy mi történt vele, vagy pedig titkolni akarták. Születése utáni zavaros történetek után az első hír, hogy 12 éves korában beszélt a zsinagógában. Ha ez így történt, minden bizonnyal mint az esszénus közösség tagja mondhatott beszédet a zsinagógában. Jézus fiatalkoráról csak spekulációk vannak, illetve állítólag **az apokrif iratok** adnak róla tudósítást, de mint tudjuk, azok is halála után születtek, és nem biztos, hogy igazak, de az bizonyosnak tűnik, hogy Egyiptomban is tölthetett rövidebb-hosszabb időt már csak a két ország közelsége miatt is. Az, hogy Jézus más kontinenseken is járt volna, valószínűtlen, ezért ezekkel a feltevésekkel a P. Hun nem foglalkozik.

Ezek az emberek, akik között Jézus felnőtt, az **esszénusok**, egy nagyon tiszta csoport volt a zsidóságon belül. Ugyanakkor zárt közösség volt, egyfajta félig titkos társaság, és talán ezért sem lehetett róluk sokat tudni. Annyi bizonyos, hogy ők is, mint minden más zsidó csoport, úgy tartották, hogy az ő soraikból fog kikerülni a megváltó. Ezen kívül az imádságaikban szerepelt a Nap dicsérete, amely a P. Hun egyik fő vonulata is, egyik végső kicsengése. Sőt, lehet az esszénusokat az univerzális világnézet és vallás egyik előfutárának tekinteni Eknathon után. Az esszénusok vallását és hitfelfogását végül is az univerzális vallástól egy nem messze eső (az evolúcióban megelőző formának) vallásnak kell tekinteni. Kik voltak hát az esszénusok?

Az esszénusok mindenképpen egy figyelemreméltó csoport volt, de mégis "politikailag" jelentéktelen, hiszen korabeli források szerint is kb. 4000 fős csoportot tehettek ki a pusztában, Qumrán körül. Ez azonban csak a legfontosabb esszénus közösség lehetett. Nemcsak a sivatagban éltek, hanem házakat, fogadókat tartottak fönn szerte Palesztinában. De voltak csoportjaik Egyiptomban és Szíriában is. Jézus nem a „semmiből" bukkant elő. Egy közösségből származott, és kapcsolatokkal rendelkezett. Az esszénusok tevékenysége már az ószövetségbeli cselekmények utánra esik, ezért maradnak ki tulajdonképpen mindkét Bibliából. Azonban szerepelnek a két Biblia között született „szövetség közötti iratokban", és magukban a Qumráni tekercsekben is. Jézus születése előtt, valamint az ő idejében három fő zsidó irányzat létezett: a *szadduceusok*, a *farizeusok és az esszénusok*. E három csoport közül talán az esszénusok életét és tevékenységét veszi körül a legtöbb titok. Több ókori szerző számol be róluk. A közösség Jonatán Makkabeus főpap idején (i.e. 160–142) már aktív volt, eltűnésük pedig nagyjából egybeesik Jeruzsálem pusztulásával (i. sz. 70).

Az esszénusok elszakadását, különválását a judaizmus fő áramlatától a Makkabeus hercegek, a már említett *Jonatán és Simeon* (i.e. 142–134.) főpapként való ténykedése váltotta ki. Mint a legfőbb tisztség – mely világi kötelezettségekkel is járt – birtokosai ellenszenvet váltottak ki, és sokan megtagadták az együttműködést az új uralkodókkal, akik üldözték az engedetleneket. Az esszénusok, illetve vezetőjük, „Az Igazság tanítója" üldözése idején elhivatottságuk apokaliptikus látomásaikban öltött formát: a gonosz főpap uralmának megdöntése és elűzése szolgáival együtt, a Messiás korának eljövetele, és ők, mint Izrael igaz közössége. A sivatagba való kivonulásukkal nemcsak szimbolikusan, de fizikailag is elhatárolódtak a romlott és gonosz főpaptól és embereitől. Ugyanakkor a közösséget ők szellemi-spirituális formában képzelték megélni, és nem fizikailag. Erre utal később Jézus összes tanítása és megnyilvánulása.

Az esszénusok közösségét mindenképpen a korabeli zsidóság egyik igen markáns szektájaként kell értékelni, tulajdonképpen ugyanúgy, mint a belőlük származó korai keresztény zsidó szektát. A szekta tagjai fehérben jártak és vegetáriánusok voltak, szigorúan aszkéta életmódot folytattak. Az esszénusok egy része elutasította a házasságot, olyannyira tiszta életmódot folytattak, amennyire az lehetséges volt. Az esszénusok jelentősége rendkívül nagy, mert a korai kereszténység alapítói közülük kerültek ki. Sőt, életfelfogásuk, életvitelük nagymértékben hozzájárulhatott a korai kereszténység megerősödéséhez. Az esszénusok fogadókat tartottak fönn, ahol az utazók szállást és ellátást kaptak. Természetesen Jézus is kihasználta ezeket a lehetőséget, így sokat vendégeskedett esszénus testvéreinél. A tenger közelében fekvő Karmel hegyén található központban adták tovább a mesterek a tudást az ifjaknak. Jézus is esszénusi mesteri beavatási nyert, később erre utalhatott „Mester" nevű megszólítása is.

Jézus korában ugyancsak meg kell értenünk az akkori politikai viszonyokat. A zsidók kb. i. e. 70-től kerülnek római iga alá. Előtte görög uralom és erőszakos hellenizálás jellemez te az országot. Felkelések is zajlottak a görög uralom ellen, amelyek leghíresebbje az ún. Makkabeus-felkelés volt. Voltak olyan időszakok is, amikor függetlenségnek örvendhetett Júdea, amiben különösen a babilóniai fogság után erősödött az egyistenhit. Erre régészeti bizonyítékok is vannak, mint ahogy azt már előbb megismertük. Az ószövetségi iratokra alapozva, amelyek akkor még nem voltak „Ó"-szövetségi iratok – rendkívül népszerű volt az akkori Júdeában a **messiásvárás**. Különböző zsidó csoportok is versengtek egymással a „hit" feletti dominanciáért. Ezen versengő csoportok egyike volt az esszénus. A híres holt tengeri tekercsek felbukkanása 1945 után egyértelműen az ő létezésüket és szerepüket erősíti meg. Az esszénusok hitték azt is, hogy a majdani megváltó az ő soraikból fog kikerülni. Elképzelhető, hogy Jézust tudatosan készítették föl a szerepre esszénus tanítók és gyógyítók. Furcsa, és ez általában közismert tény, hogy Jézus első harminc évéről nem sokat tudunk, és a Biblia sem sokat árul el. Nyilván nem véletlenül. A megoldás egyértelműen az esszénus körökben eltöltött időszakot öleli föl. Az esszénusok nevelték föl Jézust. Ezt könnyű végiggondolni, ha Jézus már gyerekkorában mint írástudó és tanító is szerepelt, erről a Biblia is szólt.

Hogy miért hallgat Jézus származásáról a Biblia? Azért hallgat, mert a ma ismert Biblia véglegesen csak a 4. században lett összeállítva. Mire ebbe a ma ismert állapotába jutott, rengeteg kiigazításon és javításon esett át. Nyilván sok apokrif irat utal Jézus emberi származására, hogy ugyanolyan apa és anya által született, mint mindannyiunk. Ezért is lett kihagyva, másrészt az esszénus közösség zártan működött tulajdonképpen, mint egy félig titkos társaság, tehát nem lehetett róluk sokat tudni. Harmadrészt már amikor Jézust isteni vagy Isten szerepben szerepeltették az iratok, különösen zavaró lett volna, ha konkrét származást adnak meg neki. Így vált általánossá, univerzálissá a születésének története, ami legenda, nem igaz, de ettől függetlenül szép. Tudnunk kell végül, hogy az újszövetségi iratokat görögül írták meg, ami a Római Birodalom keleti felének „világnyelve" volt akkoriban. Csak így lehetett „versenyképes" egy zsidó messiás, héber vagy arámi nyelven nem.

Ezekben az iratokban már nem szerepelt Izrael (vagy Júdea) felszabadítása, hanem egymásfajta üdvösséget kínált a követőknek és hívőknek. Ezért maradt ki a keresztény Bibliából Jézus esszénus származása. Így tudtak akkora feneket keríteni Jézus a születése körül, hogy szegény Heródest is bemószerolják, aki – az újszövetségi iratok szerint – megöletett minden 2 év alatti fiúgyermeket Júdeában, akik a „királyságát" fenyegették. Ezeknek a történeteknek, mint később látni fogjuk, semmi alapja nincs. Szerepe ugyanolyan misztikusságot sugallni Jézus születése körül, mint amilyen volt Mózes születése körül is. Így akartak egy párhuzamot húzni az Ó- és az Újszövetség között. Jézus esszénus származásának megjelölésével nem lett volna esélye ama hit univerzálissá tételének, amely az ő – vélt – szerepére épült.

Ugyanakkor az esszénus életvitel és későbbi korai keresztény-gnosztikus áll a legközelebb az univerzalista életfelfogáshoz, amelyben tudjuk azt mondani, hogy „elég". Az elég szó lesz a kulcsa az emberiség későbbi túlélésének.

Az *újkori esszénus tanokra* jellemző, hogy az univerzumot a harmónia megtestesülésének tartják. Tudják, hogy a jó és a rossz csak a mi értékítéletünkön múlik és ezek is egyensúlyban vannak az univerzumban. Képesek az események belső összefüggéseit felismerni és megtapasztalni. Felismerik, hogy a fény árnyék nélkül nem létezik, és hogy mindennek van polaritása, amelyre szükség van. Egységben élnek minden élő struktúrával és létezővel. Felismerik a tanítások alapelveit és azt, hogy minden élőlényt a kiegyenlítődés törvénye irányít.

Tisztában vannak azzal, hogy minden negativitás és betegség a diszharmóniából fakad. Megtanulták az anyag különböző rezgéseit felismerni, és azokat összhangzattá alakítani. Gondolkodásuk nemcsak a mostani életre korlátozódik. Az időben állandó jelenként tekintik a világ folyását; jövő, múlt és jelen eggyé válik az isteni harmóniában. Mindennel összeköttetésben állnak, így a magány és az egyedüllét nem létezik számukra, és megkülönböztetik az örökkévalót a múlandótól. Számukra a halál a Fő Tudathoz való visszatérés kezdete, egy születés, vissza az őseredeti léthez. Egész lényükből a Legfőbb Tudat és a következő tudatkvantumok semleges szeretete sugárzik, amely állandóan bennük lakozik, összekötve a türelemmel, a megértéssel és a tudás békéjének jóságával.

Így válik világossá, miért emeltem ki a zsidóság közül egyedül az *esszénus csoportot*. Később látni fogjuk, hogy ezek a dolgok sokban korrelálnak az univerzális tanításokkal és világnézettel. Nagyban lefedik az univerzalizmus „esszéjét" is, de az univerzalizmus lényegét természetesen már a mai technológiai világ körülményei között kell értelmezni mint új világnézetet. Tehát a P. Hun már túllép a Héber Biblián és abban foglaltakon is, azonban az esszénusokat – úgy, mint régi zsidó áramlatot – elismeri. Tulajdonképpen egyfajta hiányzó csavarkért – ami kimaradt mind a két Bibliából –, megspékelve egyiptomi tanításokkal **alakítja a Philosophica Hungarica eszmerendszerét**. Ebben az eszmerendszerben az isteni embernek van központi szerepe, Jézus csak egy közülük, de figyelemreméltó alak. Természetesen nem Istennek tekintjük, hiszen az értelmezhetetlen az eddig leírtak függvényében, hanem mint isteni embernek. **Isteni ember** azt jelenti, hogy olyan ember, akiben *isten szikrája benne* volt, illetve jelen van. Ezt valószínűleg az esszénusok is így értették. Sok isteni ember létezik, létezett, nemcsak Jézus. Jézus az egyik kiemelkedő isteni ember, akinek történelemformáló szerepe lett.

8.4 Jézus születésének „születése"

Az esszénusok világából, elsajátítva azok puritán világát és szellemiségét, tűnt fel az ókori Júdeában egy fiatal tanító, az ún. Názáreti Jézus. Júdea alatt most az ókori római tartományt értem, nem a konkrét Júdeát. Jézus Galileában tűnt fel először. Tudni kell az akkori politikai kavalkádról, hogy már majd száz éve római uralom volt Júdea, (Izraelről mint egészről már régóta nem beszélhetünk, mint ahogy az északi királyság tulajdonképpen eltűnt az asszír támadás után, kb. 700 évvel azelőtt), és az ún. *messiásvárás* konstans jellemzője a korabeli Júdeának. Erről a későbbiekben még részletesen ejtünk szót. Mondhatni, nagyon sok önjelölt messiás volt az idők során, végül, még ha akarata ellenére is, de nem önjelölt és kétségtelenül a „legsikeresebb" volt Jézus. Görög nevén *Jézus Krisztus*. A Krisztus név már görög „ragadványnév", azt jelenti, a felkent.

Jézus nem az ismeretlenségből tűnt fel életének kb. 33. évében. De nem úgy ismerték, ahogy az a halála után a hívei által összeszerkesztett evangéliumok szerint volt „ismert". Az esszénus közösség ismerte Jézust, és elképzelhető, hogy bizonyos egyiptomi körök is ismerték, ahol élete során többször is megfordulhatott. Jézus nem származott Dávid házából, ennek a dolognak a sulykolása csak később vált fontossá, amikor kapcsolatot kellett teremteni az ún. Héber Biblia és az Újszövetség között.

Júdea politikai és vallási életében azonban az ismeretlenségből felkapaszkodva került Júdea poros és zavargásoktól sem mentes színpadára Jézus. A ma használatban lévő 4 evangélium szerint egy születési előtörténettel érkezett, ami az ún.

„üdvtörténetének" a része. Születésének története már halála után „költött", azaz kitalált romantikus történet, ami már a Héber Bibliában is megismert Mózes történetére hajaz kicsit, egyiptomi meneküléssel, üldöztetéssel. Minden momentummal a földöntúli jelleget sulykolva a hallgatóba, illetve az olvasóba. A valóság ezzel szemben az, hogy Jézus, mivel a P. Hun szerint ember volt – isteni ember – emberi módon született egy, az esszénusokhoz közel álló családban. Édesanyja, „Szűz" Mária születése után még jó néhány testvérrel ajándékozta meg Jézust. Egyet ismerünk is, Jakabot, aki később a jeruzsálemi keresztény szekta vezetője lesz, valamint a Biblia is említ több testvért. Ebben a könyvben szigorúan látni kell a valósághoz közel álló embert, illetve vallásújítót, valamint a halála után kialakult legendák közötti különbségeket. Ezek az ellentétek képezték állandóan isteni vagy Isten jellegének meghatározását már a kereszténység korai időszakában is. Nézzük először születésének körülményeit! Születésének „körülményei" később Jézus isten vagy isteni voltát igyekeztek alátámasztani, bizonyítani.

Lássuk az „üdvtörténetet", hogyan született Jézus, és milyen legendák lengik körül azt az állítólagos jászlat, ahol megszületett.

Nem üstökös vagy szupernóva volt a betlehemi csillag, inkább egy különleges bolygóegyüttállás szemtanúi lehettek az akkoriban élők, amelynek nagy jelentőséget tulajdoníthattak. A történeti adatok alapján Jézus születési dátuma is téves, ugyanis biztosan nem 1-ben, hanem néhány évvel korábban született. Ezt már maga a 2013 februárjában lemondott XVI. Benedek pápa is megerősíti egyik utolsó könyvében.

Mindenki tudja, és sokan – még történészek is – úgy írják és mondják, hogy az idei év „Krisztus születése után 2014". A keresztény időszámítás első éve tehát elvileg az az év volt, amelynek karácsonyán Jézus megszületett. Valójában azonban nem tudjuk, melyik évben született Jézus – Jézus biztos, hogy tudta pontosan, hogy mikor született, de mivel nem gondolt arra, hogy később ő lesz az emberiség megváltója, így ez az információ elsikkadt –, illetve ezt az információt az akkor létezett esszénus közösség tudta volna csak megmondani. Ugyanakkor egy hiteles „megváltó" esetében ennek meg kellett volna maradnia, pontosan a hitelesség kedvéért.

Ha a később összerakott Biblia szerint nézzük az életét – és nyilvánvalóan a világ 99%-a azon keresztül ismeri –, akkor különös, hogy bár a Biblia újszövetségi része lényegében teljesen, sőt az ószövetségi próféciák egy része is egy Krisztusról szól – akit később Jézussal „azonosítottak" –, nagyon kevés egyéb, megbízhatónak látszó adat maradt ránk. A korabeli történészek alig emlékeznek meg róla; a *zsidók történetét* megíró **Josephus Flavius** ugyan említi, de gyanítják, hogy ez utólagosan a keresztények által betett szövegrész. Tehát hamisítvány. Flavius maga nem volt Jézus-hívő, habár biztosan hallott róla a rómaiakkal vívott háborúkban i. sz. 66 és 70 között. *Tacitus és Suetonius* római történetírók könyveiben pedig egy-egy mondatot olvashatunk róla, azokat is valószínűleg utólag toldották a szövegbe. Az evangéliumokat pedig sok évtizeddel Krisztus halála után írták, tehát ha feltételezzük is, hogy íróik egy része valóban tanúja volt a leírt eseményeknek, emlékezetükben nem bízhatunk meg teljesen. Ez a történelmi emlékezés kevésnek tetszik, különösen egy olyan személy esetében, aki később olyan hatalmas – vagy aki által később olyan hatalmas – hatással voltak elsősorban az európai történelemre. Az is furcsa, hogy ő maga nem hagyott hátra írott emlékeket. Az ókori Egyiptom története hemzseg a különféle írott emlékektől, kezdve a fáraók életétől, cselekedeteiken keresztül a mindennapi életükig, valamint vallási tevékenységükig. Egy igazi „felkent királynak" felkészültebben kellett volna érkeznie. Ezen kívül egy királynak tudnia kellett volna születése pontos dátumát, hiszen ez kardinális kérdés lesz halála után.

Jézus születése körül (ami persze egyszerű a valóságban) valahogy mégsem akar összeállni a kép. Máté evangéliumában például 2 oldalon keresztül taglalja Jézus családfáját, bizonygatva, hogy milyen ősi és régi, és hogy „biztos", hogy a messiással van dolgunk, hiszen erre utal az Ószövetség is. Bizonyára „evidencia"-ként van felsorolva a hosszú lista, hogy kapcsolat legyen a Héber Biblia és az Új-szövetség között.

Valójában azonban sosem derült ki, mikor született valójában Jézus. Biztos, hogy ő ezt tudta és talán meg is osztotta néhány tanítványával, azonban ez a dátum vagy feledésbe merült, vagy pedig szándékosan át lett írva később. A születési dátum nagyon fontos igazodási pont minden értelemben, adminisztratívan is, de akár spirituálisan is. Már csak azért is, hogy az utólagos „költemények" útját állja, de ilyen nem történt.

Jézus jászolban való születése és állatokkal való körülvétele is csak a kiszínezett és szívmelengető legenda része, amikor Mária és József családjának nem engedték, hogy egy házban szálljanak meg – és esetleg Mária normális körülmények között szüljön –, hanem csak hátul, az istállóban szállásolták el őket a „gonosz emberek". Kevés a valószínűsége, hogy így történt, miként a többi születése körüli esemény is csak az utólagos kitaláció része, Jézus istenember voltát bizonyítandó.

Jézus születéséről nem tudtak a korabeli Jeruzsálemben, sem Betlehemben, mert a P. Hun szerint esszénus közösséghez közel álló családban születhetett. Heródes Antipas a rómaiak által kinevezett nagykirály legalább 1 évvel Jézus születése előtt halt meg. Végigmegyünk az eseményeken, és talán arra is fény fog vetülni, hogy valójában mik történtek az események hátterében.

Teljes biztonsággal tehát nem lehet arra a kérdésre felelni, hogy mikor született Jézus. A mai Biblia-kutatók legtöbbje szerint a válaszhoz az evangéliumok egy másik adata, a betlehemi csillag legendája visz legközelebb. Eszerint bölcsek érkeztek Keletről, hogy imádják a zsidók királyát, aki megszületett. Az eseményt egy fényes csillag megjelenése adta tudtukra; ez a csillag vezette őket útjukon. A három király – eredetileg talán csak három tudós, esetleg asztrológus – érkezése nagy feltűnést keltett a fővárosban, Jeruzsálemben, hiszen ott nem tudtak a herceg születéséről. Heródes király magához hívatta a bölcseket, és ravaszul arra kérte őket: ha meglelik a kisdedet, értesítsék őt erről, hogy ő is elébe járulhasson. Persze valójában nem tisztelegni akart trónja új várományosa előtt, hanem meg akarta öletni. Persze csak az Újszövetség szerint, a valóságban – mivel Heródes Antipas addigra már meghalt – ilyen nem történt. A történet az ószövetségi párhuzam miatt is volt fontos, hogy a kezdő hívők – és ezek általában pogányok voltak – ne kételkedjenek az Újszövetség istentől sugallt mivoltában.

8.4.1 A csillag

Mi lehetett akkor a betlehemi csillag, ha létezett egyáltalán? Rengeteg képzőművészeti alkotás választotta témául Jézus születését, s ezeken a jászol felett leggyakrabban üstökös csillag ragyog. Vajon egy épp akkoriban feltűnt fényes üstökös volt a betlehemi csillag? Biztosan nem, bármennyire látványos is a festményeken. Jézus születése ugyanis örömteli esemény volt, az üstökösök viszont mindig rossz előjelnek számítottak. Másrészt a feltűnően fényes üstökösöket a világ minden táján, így Rómában, de például Kínában is mindig gondosan föjegyezték, ám a feljegyzések nem tudnak látványos kométáról időszámításunk kezdete táján.

Nem lehetett meteor sem, mert ez csak másodpercekre ragyog fel. Földünk mellett elsuhanó kisbolygó sem lehetett, amely szabad szemmel általában nem látható, de ha igen, akkor is legfeljebb órákig, és gyorsan mozog az égen; a betlehemi csillag viszont hosszú ideig, napokig vagy hetekig látszott, méghozzá úgy, hogy a csillagok között egy helyben állt. Bár ez sem egyértelmű: a bibliai leírásból („a csillag, melyet napkeleten láttak, előttük haladt, amíg végül meg nem állt a hely fölött, ahol a gyermek volt") úgy látszik, mintha a jelenség független lett volna az égitestek általános mozgásától, keltétől-nyugtától, ami valóságos égitest esetén nem lehetséges. De ilyen a legendák természete; nem várható el tőlük egy természeti jelenség pontos leírása. Pontosabban az látszik, hogy azért „nem tudták" pontosan leírni, mert meg nem történt jelenségről van szó. Legalábbis nem úgy, ahogy a Biblia írja. Ha volt is ilyen bolygóegyüttállás, annak sokkal hosszabb ideig kellett tartania, nemcsak addig, míg 3 király (tudós, asztrológus) eljön Mezopotámiából, esetleg Perzsiából, hogy egy csecsemőt imádjon. Nem, ez megint csak bizonyíték a legenda és mítosz utólagos gyártására. A csillag születési története Jézus kozmikus jelentőségének igazolása céljából született. Egyfajta allegória arra nézvést, hogy az addig ismert kontinensek, Afrika, Ázsia, Európa mind meghajolnak Jézus nagysága előtt, a „Napkirály" pozíció pedig fontos volt, hogy addig a pogány rítusokban központi pozíciót élvező Nap is „elhomályosuljon".

Ha volt is valamilyen kozmikus jelenség, akkor régi gondolkodókhoz kell visszamennünk, hogy valamennyi rálátásunk legyen, mi is történt.

Kepler 1604-ben megfigyelte, hogy az égen feltűnt egy fényes csillag ott, ahol addig semmi sem látszott. Ő még nem tudhatta, hogy egy addig halvány csillag látványos pusztulását észlelte (egy úgynevezett szupernóvát). A jelenség igen meglepte, mert addig – Arisztotelész nézetei alapján – általában azt hitték, hogy a csillagok között semmi valódi változás nem történhet. Sokat törte a fejét, mit láthatott tehát; könyvet is írt a jelenségről. Azt tudta, hogy nem sokkal korábban – a későbbi szupernóva égi helyéhez közel – érdekes találkozás történt az égbolton: a Jupiter és a Szaturnusz egészen közel haladt el egymás mellett. Ráadásul épp egyszerre fordultak vissza és írtak le egy-egy hurkot a csillagok hátterén (a mozgó Földről nézve a bolygók mozgása ilyennek látszik, miközben valójában persze a bolygó nem fordul oda-vissza), és így háromszor kerültek egymás közelébe. Kepler, aki hitt a csillagok misztikus hatásában, elképzelhetőnek tartotta, hogy a későbbi szupernóva feltűnését valahogyan ez az együttállás váltotta ki. Az az ötlete támadt, hátha ugyanilyen „új csillag" lehetett a betlehemi csillag. Kiszámolta tehát, hogy a Jupiter és a Szaturnusz nem járt-e közel egymáshoz időszámításunk kezdete idején. Nagy örömére úgy találta, hogy i. e. 7-ben is bekövetkezett a Jupiter és a Szaturnusz háromszoros randevúja, mégpedig a *Halak csillagképben*.[19]

Természetesen egy bolygóegyüttállás nem idéz elő szupernóva-robbanást, ennyiben tehát Kepler feltételezése nem volt helyes. De egy ilyen, úgynevezett „legnagyobb együttállás" a keleti asztrológia nyelvén egyértelműen a zsidók királyának megszületését jelentette, mivel a Szaturnusz a zsidók bolygójának számított, a Jupiter meg a királyt is jelenti. Hasonló, de csak egyszeres együttállás (úgynevezett konjunkció)

---

19 Szakasz forrás: Csaba György Gábor: Krisztus születése és a csillagok (Origo)

mintegy 120 évvel korábban is történt, és akkor is ugyanúgy értelmezték. Sok megfontolás mutat arra, hogy e rendkívül ritka jelenség lehetett a betlehemi csillag. Ha valóban így van, akkor bármilyen furcsa, de Jézus születése „Krisztus születése előtt" 7-ben történt. Ekkor kb. 37–38 évesen küldhették a keresztre a rómaiak a zsidó írástudók megbízásából. Ilyen korban viszont elképzelhetetlen, hogy élő zsidó férfi nőtlen volt, vagy még nem volt nemi kapcsolata. Ez egész egyszerűen szembe ment az élő vallással. Ez csak akkor volt elképzelhető, mint ahogy már írtuk, ha **Jézus esszénus volt**, akik vagy bizonyos csoportjaik tartózkodtak a nemi kapcsolattól. Tehát az életkor is esszénus jellegre utal. A P. Hun szerint 33 évesen kezdte működését Jézus, és kb. 34 vagy 35 évesen feszítették meg, tehát valahol a két „hivatalos" és számított életkor között.

Néhány csillagász szerint talán nem is Jupiter-Szaturnusz, hanem Jupiter-Vénusz konjunkció lehetett a betlehemi csillag. A két legfényesebb bolygó szoros együttállása csakugyan feltűnő jelenség, bár nem túl ritka, és asztrológiailag koránt sincs hasonló jelentése. Nem valószínű ezért, hogy a bibliai bölcsek ezt a jelenséget úgy értelmezték volna, mint a király születésének jelét. Ez is arra mutat, hogy „legenda-gyártásnak" vagyunk tanúi az Újszövetségben.

Ennyit körülbelül a születés körüli bizonytalanságokról. Ha a Bibliának igaza lenne ezekben a dolgokban, végigkövetné Jézus életét, vagy legalábbis tenne említést arról, hogy mikor éppen mit csinál és merre jár. Ám erről nincs szó. Semmilyen képet nem kapunk a felnövő Jézusról, csak mikor már kb. 33 éves korában megmerítkezik a Jordánban, és Keresztelő esszénus János, az unokatestvére, megkereszteli. Mintegy a későbbi kereszténység előképét látjuk.

8.4.2 A téli napforduló

A születés körül meg kell említeni még, hogyan kerülhetett Jézus születésnapja decemberbe. Ennek egyértelműen **asztrológiai, illetve „politikai"** okai lehettek. Igaz, itt kétszeres ellentmondásba keveredünk, hiszen valószínű, hogy Jézus a sivataghoz közel esszénusok – vagy legalábbis egy, azokhoz közel álló családban – között született, és nem Betlehemben, de még a Biblia szerint is Jézus születése eredetileg nem télre, hanem őszre eshetett, hiszen Lukács szerint az újszülött köré a jászolhoz pásztorok gyűltek, akik nyájaikat Betlehem környékén a szabadban legeltették. Márpedig decemberben a pásztorok biztosan nem tartózkodtak éjjel a szabadban nyájaikkal, ehhez ilyenkor Betlehem vidékén túl zord az időjárás. A korai kereszténység idején ez semmi gondot nem okozott, mivel a mai bibliai hagyomány – ezen belül a születési üdvtörténet – akkor még egyáltalán nem volt ismeretes. A Biblia ma elfogadott szövegét (bár a különböző keresztény egyházak és szekták még ma sem egészen értenek egyet abban, hogy mely könyvek tartoznak „hivatalosan" a Bibliához) a 4. században véglegesítették. Jézus életének legendáját akkor még sokféle változatban ismerték. Az ókeresztény hagyomány tavaszi napot adott meg Jézus születése napjául: március 25., 28., április 19. vagy május 29. valamelyikét.

A **téli napforduló** idejét a régi természeti népek általában megünnepelték. Rómában például december vége felé (17–25. között) tartották a *Saturnaliát*, a mi szilveszterünkhöz némileg hasonló „bolondünnepet". Ilyenkor házaikat örökzölddel díszítették föl, mulattak, lakomáztak, megajándékozták egymást. Sőt, az ősi idők (Saturnus uralmának legendás kora, amikor a monda szerint még nem voltak gazdagok és szegények, s a föld magától termett) emlékére

Saturnalia idején a rabszolgák is lakomáztak, s uraik szolgálták ki őket.

Régi keleti misztériumvallások istenei, így Mithras, Attis stb., de maga Apollón is napistenek voltak, és sok asztrális (csillagokkal kapcsolatos) elemet tartalmazó legendájuk szerint legtöbbjük a téli napfordulókor jött a világra. Mithrast, aki barlangban, egyesek szerint sziklából, más legenda szerint szűztől született, sok római *Sol Invictus (Legyőzhetetlen Nap)* néven tisztelte. Aquincumban (Buda) több szentélye is állt. Szentélyei, a mithraeumok vagy barlangban épültek, vagy legalábbis föld alatt, barlangot ábrázoló épületben voltak. Itt az istent dombormű ábrázolta, amint megöli a bikát (a sötétség szimbólumát), ezzel lehetővé teszi a Nap „újjászületését". Ókori egyiptomi misztérium szerint viszont lehetséges, hogy Mithras bikaölése és általában a bika leölésének asztrológiai értelmezése a kos korának beköszöntét jelezte. Már volt szó a kozmikus év fogalmáról, ami nagyon fontos az univerzalizmus értelmezése és megértése kapcsán.

Mithras misztériumvallásának sok eleme emlékeztet a keresztény vallásra: tisztelői hittek a lélek halál utáni üdvözülésének lehetőségében, szentélyükbe lépve szentelt vízzel hintették meg magukat, és főpapjukat atyának (pater) nevezték. A napistenek, elsősorban talán épp Mithras tisztelete a keresztényekben is élt annyira, hogy a téli napfordulókor a szabadba kivonulva ünnepelték a megújult Napot. A korai keresztények általában megtartották pogány szokásaikat is amellett, hogy Jézus-hívővé váltak. Ezért az egyház, hogy a napimádást visszaszorítsa, jónak látta, hogy új vallásos tartalommal ruházza fel a régi ünnepet. Ebből a célból helyezték Jézus születését előbb január 6-ra, majd 354 körül a pogány napkultusz ünnepének idejére, január 6. pedig a vízkereszt, azaz Jézus megkeresztelésének napja maradt. Azóta esik december végére a karácsony. Tehát világosan láthatjuk, hogy a még meglévő „pogány szokások" a természeti népek fényvallásának helyettesítésére, illetve annak kiszorítására szándékosan tették Jézus „születésnapját" decemberre. Ez már akkor történt, amikor politikai legitimációja is volt a kereszténységnek Rómában. Tehát ereje is volt az egyháznak, hogy ezt az „újítást" átvigye.

Az ókor óta természetesen sokat változtak a karácsonyi szokások, szertartások, hagyományok. Csak a reformáció idején kezdett kialakulni sok ma általánosan elterjedt szokás, például a karácsonyfa-állítás, vagy a három királyok legendájára emlékező betlehemezés. Mára már elhomályosult a napforduló ünnepének emléke, és nemcsak keresztény hívők emlékeznek meg ilyenkor Jézus születéséről, hanem a szeretet, a családi összetartozás ünnepe lett világszerte.[20]

8.4.3 Időszámításunk és a nyugati kultúra kezdete

Hogyan lett Jézus születése időszámításunk kezdete? Ez már jóval a kereszténység megszilárdulása után alakult ki, a Római Birodalom bukása után. Legalábbis a nyugati részének bukása után. A rómaiak az éveket Diocletianus császár trónra lépésétől számították. Jézus születését *Dionysius Exiguus* római apát tette jelenlegi időszámításunk kezdő évévé a 6. században. Ő határozta meg, mikor születhetett Jézus. Abból indult ki, hogy a hagyomány szerint Krisztus fogantatása és halála egyaránt március 25-én történt. A húsvétszámítás-

---

20 Csaba György Gábor: Krisztus születése és a csillagok (Origo)

ban járatos apát keresett egy évet Tiberius császár uralkodásának 15. évéhez közel, amikor a húsvét március 25-re esett (Lukács evangéliuma szerint Jézus megkeresztelése Tiberius császár uralkodásának 15. évében történt, amikor Júdeában Poncius Pilátus volt a helytartó). Ekkorra tette Krisztus halálát, és ebből számolt vissza 31 évet, mert Jézus 30 évesen kezdte mintegy egy- ásfél évig tartó nyilvános tevékenységét. Így kapta eredményül Augustus császár uralkodása 28. évét; szerinte tehát Krisztus ekkor született.

A számításba azonban több hiba csúszott. Nem vette figyelembe például, hogy Augustus Octavianus néven már négy éve uralkodott, mielőtt felvette az Augustus nevet. Arra sem ügyelt, hogy a történelmi időszámításban nincs 0. év, hanem az i. e. 1-et közvetlenül az i. sz. 1. év követi. Továbbá a bibliai szöveg alapján annyi biztosnak látszik, hogy amikor Jézus megszületett, Heródes király, aki i. e. 4-ben hunyt el, még élt. Ugyanakkor – már láttuk – nagy a valószínűsége, hogy a bibliai szöveg csúsztat már előbb említett indokokból, hogy Jézus mind az ószövetségi oldalról, mind isteni voltának bizonysága felől „le legyen védve". Ne feledjük, hogy az újszövetségi iratok a késő római korban élt elsősorban görög és latin nyelvű hallgatóságnak, írástudóknak készült, akik vajmi keveset hallottak a történtekről és a Héber Bibliáról is keveset tudtak, maximum annak görög fordítását, az ún. **Septuagintát** ismerték. Ebből is kitűnik, hogy Dionysius Exiguus nem használt fel minden történeti adatot, és eredménye hibás. Jézus tehát, ha történeti személy volt, biztosan nem 1-ben, hanem néhány évvel előbb született.

8.5 Messiások, messiásvárások

8.5.1 Jézus, aki valójában volt

Mi Jézust történelmi személyiségnek ismerjük el, és kétségtelenül létezett is a korabeli Júdeában ilyen nevű vándor tanító-gyógyító. Ami azonban utána rárakódott, mint egy új vallás és dogma, az már egy másik történet, és nem feltétlenül előrevivő és jó. Azért nem, mert úgy állítják be Jézust, amilyen nem volt valójában, és ezzel a vallásos emberek körében egyfajta hamis illúziót is teremtenek. Jézus személyiségét már nagyjából megfejtettük, amikor állítjuk, hogy esszénus és részben egyiptomi neveltetés áll mögötte. Azonban a *történelmi személyiség* kibogozásához tulajdonképpen egy **hármas gordiuszi csomót** kell átvágnunk. Először arra kell tekintenünk, hogy ki volt valójában ő, és milyen tanításai voltak, természetesen figyelembe véve, hogy honnan származott (első csomó). Másodsorban kell az akkori *zsidó politikai környezetet is* tekinteni, ami miatt végül megfeszítették. Harmadsorban tudjuk csak tekinteni a később rárakódott mítoszt és üdvtörténetet, ami már egészen másfajta történet, és elsősorban Pál apostolhoz kötődik, aki nem volt közvetlenül kapcsolatban Jézussal, és egyfajta sajátos értelmezést adott végül a Jézus-misztériumnak. Pálról tudni kell, hogy nagyon rafinált ókori zsidó volt, sokkal okosabb társainál. A mai értelemben vett kereszténység végül is az ő nevéhez fűződik, és nem Jézushoz. Jézus a központi alak benne természetesen, de nem maga Jézus indította útjára és alapította a kereszténységet. Az sajátos zsidó gondolkodás eredménye volt.

Eszerint Isten nem lehetett, mert ezt a zsidók sem ismerik el, és ez sajnos már perdöntő, ha a saját népe sem tekinti annak. Itt azonban szét kellene választanunk azt, hogy *Isten vagy messiás*. Jézus attól még lehetett messiás, hogy természetesen Isten nem volt, hiszen mint láttuk, előzőleg húsvér ember volt. Azonban mint az majd később kiderül, Jézus másfajta spirituális messiás volt, aki nem kötődött politikai várakozásokhoz, de az Ószövetséghez sem. Hogy végül mégis belekerült ebbe a „spirálba", az a sajátos zsidó messiás-történelem része. Az univerzalizmus tanítása szerint sem lehet Isten, hiszen már magát azt az ószövetségi Istent – a zsidók istenét – sem tekintjük valóságosan létező szubjektumnak, így ebből következik, hogy Jézus nem lehetett valami nem létezővel azonos és egy természetű. Ez képtelenség. Tehát a keresztény beállítást már az elején cáfoljuk, és valószínűleg Jézus sem gondolt magára, mint Istenre, pláne nem egy olyanra, ami az Ószövetség Istene. Itt jegyzendő meg, hogy egy állítás sem igaz, ami szerint az evangéliumok szerint Jézus magát Istennek tekintette volna (vagy az Atyával egylényegűnek). Ezek utólagosan Jézus szájába adott, szerkesztett szavak.

Ami sokkal valószínűbb, hogy egyfajta új értelmezést akart Istennek adni, akit úgynevezett *„Mennyei Atyánk"*-nak hívott. Megjegyzem, hogy ez a felfogás sokkal közelebb áll az univerzalizmus *Legfelsőbb tudat képéhez*, mint ami a Héber Bibliában szerepel. Istent másfajta képben szerette volna láttatni, mint az az őt megelőző írásokban szerepel, egyfajta megbocsátó istenképe volt, ami ellentétes volt az addig megszokott zsidó világképpel. Tudta, hogy ő nem Isten fia – ezt a fogalmat egyébként is csak spirituálisan lehet értelmezni, nem konkrétan. De mi volt az oka annak, hogy Jézusnak feltűnően más istenképe volt, mint a megszokott zsidó istenkép? Ez az, hogy már Jézus kora előtt igazából a zsidó vallás különböző szektákra bomlott, mindegyiknek voltak saját tanaik és hitük, és ezek egyike volt az *esszénus közösség*. Ezek után neveltetéséből adódóan természetszerűleg más istenképe volt Jézusnak, mint a fő rabbinikus vonalnak. Ez az oka annak, hogy Jézus istenképe mennyivel másabb, mint a hivatalos farizeus irányvonal. Később a farizeus irányvonalból alakult ki a mai rabbinikus iskola, így eleve nem lehetett esélye annak, hogy a zsidóság fővonala messiásként ismerje el Jézust. Azonban Jézusnak ez nem is volt célja, de néhány követője viszont szívesen látta volna politikai szerepben is, végül ez volt „bukásának" oka.

Jézus istenképéhez még hozzátartozott, hogy egy közvetlen, mindenki által elérhető „Atyám"-ról beszélt, amelynek az értelmezéséhez nem szükségesek az írástudók magyarázatai. Mindenki közvetlenül fordulhatott hozzá. Pontosan a vallás „liberalizálását" akarta elérni, ezért is volt másfajta istenképe, hiszen ha ő is tartotta volna magát a régi előírásokhoz, azzal beállt volna a farizeusok és szadduceusok közé, akiktől pontosan már több mint száz éve elváltak az esszénusok és tanaik is. Az esszénusokról már beszéltünk az előző fejezetben, tudjuk, hogy mennyire megvetették a templom és a főpapi réteg romlottságát. Jézus pontosan olyan volt, *mint Luther* a maga korában, Luther sem akarta eleinte megosztani a katolikus egyházat, azt megújítani szerette volna.

Minden olyan párbeszéd Péter és Jézus között az evangéliumban, ami azt sugallná, hogy Jézus az élő Isten fia, későbbi szerkesztések és betoldások eredménye, aminek célja, hogy olyan Isten státuszban szerepeltessék Jézust, amely alkalmas lehet egy intézmény, nevezetesen az egyház további megerősödésére, kialakítására és a páli hit terjesztésére.

Később még látni fogjuk, ez miért volt fontos. Azt még a keresztények többsége is elismeri, hogy Jézus célja nem egy új vallás kialakítása volt, hanem tulajdonképpen a zsidó vallás merevségének egyfajta fellazítása. Célja a reformáció, olyan új közösség kialakítása volt, amely alkalmas arra, hogy majd Isten földi országában élhessen. Ilyen értelemben volt ő messiás, egy spirituális megújulás elhozatalával, amely egyáltalán nem kötődött a régi írásokhoz. Ezt a fajta messiástudatot az esszénus közösségből hozta Jézus.

Ha az Ószövetségben egyértelmű leírások lettek volna a messiás kilétére, bizonyára nem tévesztették volna el a zsidók „megváltójukat". De nem voltak, hiszen mint tudjuk, az írások nem Istentől ihletettek voltak, hanem emberi fantáziával és tapasztalás alapján írták őket. Másrészt a messiás-históriának sem volt olyan értelemben alapja, hogy azt majd „Isten" küldi. Emberi értelemben lehetett alapja, és majd mint látjuk, ez sajnos egy **negatív messianizmusban** csúcsosodott ki a történelem során, amely végül elhozta Izrael számára ha nem is a békét, de a függetlenséget mindenképpen.

Jézus *spirituális messiás* volt, olyanokat tanított, amiket előtte senki. Ezt azonban a korabeli Júdeában lázításként fogták fel. Jézus azonban nem csak tanított, hanem gyógyított is, és híre messze járt Galileában és Júdeában. Ugyanakkor a messianizmusnak Jézus korában inkább politikai felhangja volt, ezért került a zsidó tanács elé Jeruzsálemben. Nem tudta és nem is akarta megvédeni magát, így sorsa a kereszthalál volt.

Biztos, hogy nem nevezte magát sohasem az Isten fiának, következetesen „emberfiának" nevezte magát, utalva ezzel is azokra a gyökerekre, amelyekkel bírt. Az „Isten fia" elnevezés egyébként is csak a Római Birodalomban vált általánossá később, egyfajta dacként a rómaiak ellen, akik megkövetelték volna a keresztényektől is, hogy a császárt a Napisten fiaként tiszteljék.

Jézus esszénus neveltetéséből adódóan eleve másfajta messiás akart lenni, mint amilyet a zsidó nép várt. Ez lehet a magyarázat arra, hogy mennyire mást tanított, mint amihez azelőtt a zsidók hozzá voltak szokva. Jézusban hatalmas volt az emberszeretet, de természetesen emberként érzett megvetést is honfitársai felé, amiért ebben a begubózott, betokosodott régi vallásban éltek és ragaszkodtak hozzá szinte foggal-körömmel. Ilyen értelemben lehet megérteni sok neki tulajdonított beszédet. Jézusnak sokkal több tanítványa volt, és biztos, hogy tanításainak voltak olyan aspektusai is, melyeket nem ismerünk, illetve nem kerültek bele a hivatalos 4 kanonizált evangéliumba. A 12 tanítvány már csak a 4 kanonizált evangéliumban szerepel, és nem is 3 évig működhetett Jézus, feltehetően csak mintegy másfél évig. Jézus ugyanakkor elképesztően népszerű volt bizonyos körökben, elsősorban a mintegy 70 ún. „tanítványa" között. Jézust szerették, és ő is szeretett.

Azonban Jézus szándékosan akart mást, ő direkt máshogy értelmeztette a régi iratokat, és egyfajta új tartalommal akarta megtölteni az írásokat. Szándékosan ment szembe a már élő zsidó vallással, ezért sem volt soha igazából esélye, hogy a marginális vándortanítói „pozícióból" a „centrumba" kerüljön. Ahhoz politikai eseményeknek is kellett volna játszódniuk, ezek le is játszódtak, és itt érünk el egy újabb csavarhoz. Jézus mást akart, ugyanakkor tudatában kellett, hogy legyen, hogy ez a római korban önveszélyes feladat, halállal is végezheti.

Követői közül azonban többen is szívesen láttak volna benne politikai vezetőt is, ezért is, valamint azért is ment föl Jeruzsálembe, mert hívták, hogy ott is beszéljen tanairól. Ez a csavar (második csomó) azonban már egy Jézus fiatalkorában is létező legenda volt, miszerint Izrael szabadságához vérnek kell folyni. Ezt a történetet ismerhették tanítványai, és valószínűleg ő maga is. Az események ilyetén való alakulása vitte végül a tanítványokat mesterükkel együtt Jeruzsálembe, ahol a keresztre feszítés meg is történt. Itt került vallási és politikai összetűzésbe a jeruzsálemi vezetőkkel. Pontius Pilatus biztos, hogy nem akarta megfeszíteni, mert nem talált indokot rá, azonban végül a zsidó vezetők elérték ezt, talán zsarolással is.

8.5.2 Más messiások, negatív messianizmus

Itt jutunk el arra a pontra, miszerint nemcsak Jézus volt messiásjelölt a zsidó történelem folyamán. Természetesen voltak már előzményei ennek a jelenségnek, Jézus egy volt köztük, ugyan elutasításra került, de későbbi utóélete kapcsán kétségtelenül a „legsikeresebb". Aki ismeri a zsidó történelmet, az tudja, hogy milyen fontos messiásnak lenni. Sok önjelölt messiás is feltűnt a zsidó történelemben, vagy akiről azt hitték, hogy ő a messiás, de aztán kiderült, hogy mégsem. Az oka ennek egyszerű: Isten által ihletett iratok kapcsán várták a megváltást a zsidók, azonban azok nem Istentől ihletett iratok voltak, ez okozta a konfúziót, és okozza ma is. Ebből fakad, hogy szinte mindegyik a zsidó történelemben előforduló messiás felbukkanásáról végül kiderült, hogy csalódás. És ami a legborzasztóbb, általában ezeknek a messiásoknak a feltűnését rengeteg véráldozat kísérte. Közülük a leghírhedtebb a **Bar-Kochba féle felkelés** volt 135-ben, amikor majdnem 600 ezer zsidó veszett áldozatul. Ezt akarná Isten elérni az izraeli néppel állítólagos messiások felbukkanásakor?

Bibliai és régészeti körökben nagy vihart kavart az a Jézus születése előtti évtizedből származó 90 cm, 87 héber sort tartalmazó tábla, amely egy olyan messiásról ad hírt, aki halála után 3 nappal feltámad. Ha ez a tábla valóban létezik, akkor egyértelműen más megvilágításba helyeződik a messiásváró hangulat. Jézus idejében arra utal, hogy egy zsidó vezető halála és három nap utáni feltámadása már Jézus idejében része volt a közbeszédnek. Ezek szerint a három nap utáni feltámadás motívuma már Jézus előtt kialakult, ami ellentétes minden eddigi felfogással. Az Újtestamentumban leírt események a korai messiástörténetre alapulnak, amelyeket valószínűleg Jézus és követői is magukévá tettek.[21]

Zsidó tudósok és kutatók már régebb óta feltételezték a rabbinikus és korai apokaliptikus irodalom alapján, hogy Jézus előtt már lehetett egy szenvedő messiás. Heródes halála után ugyanis a zsidók megpróbálták lerázni magukról a római igát, és egy zsidó függetlenségi harcos felemelkedése messianisztikus felhangokat is kaphatott. Az említett messianisztikus alak **Simon** lehetett, akit az 1. században élt *Josephus Flavius* történész szerint Heródes seregének egyik parancsnoka gyilkolt meg. Simon megölése vagy egy másik messiás hasonló esete fontos lépés a nemzeti megváltás felé, hiszen a kőtábla egyes sorai is arról beszélnek, hogy vér és öldöklés vezet az igazsághoz.

---

21 Múlt-kor portál: Új fényben Jézus feltámadása 2008.07.15

Különösen a 80. sorra koncentrálunk, amely így kezdődik „L'shloshet yamin", vagyis „három nap múlva". A sor következő szavát olvashatatlannak vélték eleinte, de a „hajeh", vagyis „élni" szó felszólító alakjáról lehet szó. Az írás egy zsidó vezető haláláról szól, aki három nap múlva feltámad. Az is világos, hogy a szenvedő messiás képe igencsak különbözik a Dávid király győzedelmes és hatalmas leszármazottjáról szóló hagyományos zsidó elképzelésektől.

A táblára felírt szövegegyüttesből következtethetünk arra, hogy a meghalt és három nap múlva feltámadott megmentő képe Jézus idején a közgondolkodás szerves része volt. Az evangéliumokban Jézus többször is utal szenvedésére, és az Újszövetség kutatói eddig azt gondolták, hogy ezeket a részeket később toldották be, mivel semmilyen más erre utaló jel nem volt abban a korban. De mégis volt, és a kőtáblán lévő szöveg a bizonyíték rá. „A messiás küldetése, hogy a rómaiak kivégezzék, és a vére az eljövendő megváltás jele. Ez József fiának jele." Így látta magát Jézus. Ez az utolsó vacsorát teljesen átértelmezi. A kiontott vér nem az emberek megváltását jelenti, hanem Izraelét. Nem is lehetett másként, ha belegondolunk, hiszen az akkor ismert világ még közel sem volt akkora, mint ma.

Jézusnak ebben a környezetben kellett „operálnia", egyrészt megfelelnie a messiásváróknak, akik hajlamosak voltak akár erőszakhoz is folyamodni, másrészt pedig bevégezni esszénus küldetését, egyfajta megtisztítását az addig vértől csöpögő zsidó hitnek. Halálával valóban meg akarta váltani Izraelt, és kiváltani kvázi az Ószövetség kora bűneit. Föláldozta magát, de nem az emberiségért, hanem Izrael szabadságáért. Az, hogy később már máshogy értelmezik szenvedését, az egyértelműen abból fakad, hogy az eredeti „küldetés" megbukott, vagyis nem szabadult fel Izrael. Ezen tény ismeretében és annak felismerése által, hogy Jézus második eljövetele nem történik meg egyhamar, kezdtek más értelmezést adni a kereszthalálnak Jézus első zsidó és későbbi pogány követői.

Tudnunk kell azonban, hogy Jézus *nem akart más vallást teremteni*, minden erre utaló mondás a keresztény iratokban utólagos kreálmányok eredménye. A meglévőnek akart egy kicsit emberibb és megbocsátóbb arcot varázsolni, amilyennek valóban kellett volna lennie. Jézus csak meg akarta reformálni a zsidó vallást, nem volt szó újabb egyistenhívő vallás kialakításáról. Hogy Jézus hitéből új vallás lett, az kétségtelenül lelkes követőinek és történelmi közjátékok eredménye.

De milyen volt a zsidó fővonal messiásképe? Kétségtelen, a zsidók szemében egy messiás nem úgy nézett ki, mint Jézus. Az ő szemükben a majd eljövendő messiás igazi bíró lesz, akit fölismernek a népek, és hozzá fordulnak tanácsért. A messiási kor elején fog bekövetkezni Góg és Magóg háborúja. Előtte egy próféta fog megjelenni, hogy a helyes útra vezesse és felkészítse a zsidókat a messiás szolgálatára. (Ez a próféta akar lenni az Újszövetségben Keresztelő esszénus János alakja.) Na, ezekre a megjövendölt eseményekre egyáltalán nem hasonlított a Jézus korabeli Júdea. Azon kívül a zsidók mindig is halandót vártak messiásnak, aki majd visszaállítja Dávid királyságának fényét és összegyűjti az övéit.[22] A zsidók szerint azért sem lehetett Jézus a messiásuk, mert nem győzte le Izrael politikai ellenségeit (de milyen kiválasztott nép lehet az, amelynek szinte csak ellenségei vannak? A válasz: úgy, hogy tévesen hitték, hiszik magukról, hogy kiválasztott nép

---

22 www.mindennapi.hu Milyen messiást várnak a zsidók?

lennének), és nem érkezett el Ézsaiás 10. fejezetében megjövendölt boldog korszak sem.

Végül a keresztények által a Héber Bibliában látott jelek elsősorban abból fakadnak, hogy az Újszövetség bizonyos részeit úgy alkották meg, hogy kapocs legyen a két könyv között. Tudatos és megtévesztő szerkesztéssel van dolgunk, amely a 4. században tetőzött. Amellett, hogy néhány jelet tekinthettek úgy a későbbi keresztények, hogy Jézus eljövetele van megjövendölve a Héber Bibliában, a zsidóknak igazuk van azzal kapcsolatosan, hogy nem ő volt az. Nincs pontosan leírva az eljövendő messiás alakja a Héber Bibliában, csak utalások vannak rá. Ezzel szemben Jézus gyilkosság áldozata lett, és az ő nézetük szerint a messiás nem lehet gyilkosság áldozata, különösképp, ha ő Isten fiának mondja magát. (Ugyanakkor ez csak az Újszövetségben szereplő verzió, hogy ő ezt mondta volna magáról. Valóságban nem valószínű, hogy annak mondta volna magát, de nem védekezett Jeruzsálemben, amikor ezt a fejére olvasták). Nem volt Isten fia, legalábbis nem abban a szentimentális és kiszínezett értelemben, ahogy a keresztények hiszik. Nem lehetett YHW fia, mert mint azt már kiderítettük, az csak zsidó legendáriumokban szereplő „teremtő". Így „feltámasztani" sem tudta. Erre már csak egy lapát az, hogy Jézusnak nem is YHW istenképe volt, hanem „az Atya". Egyszóval kifejezve a messiásság mint a zsidó mitológia része létezik, azt jelenti, aki visszaállítja Izrael régi fényét. Mint ahogy látjuk, később ez meg is valósult a XX. században. Csak nem úgy, ahogy azt a régi mítoszok szerint várni lehetett.

További messiásokkal találkozunk a 2. Templom idején. A főpap neve *HaKohen Ha Masiah*, a királyé *Masiah HaSém* is a Felkent nevet kapták, miszerint: Messiás-HaMasiah-(krisztoszok). Vannak ezen túl olyanok, kik magukat jelölik messiásnak, vagyis álmessiások. A római elnyomás idején, a *Hasmoneusok* uralma alatt, a Templom elpusztulása előtt egész sereg létezett belőlük (Josephus és Talmud szerint), később a zelóta *Menachem ben Juda*, majd *Bar Kochba* is, sőt volt köztük, akit szintén keresztre feszítettek ezért, például *Theudas*t. Később a *karaiták* keleten, és a mohamedánok közt több messiást tartottak fontosnak.[23]

Az egyik leghíresebb, *Sabbetaj Cvi* pedig egy önjelölt messiás volt már az 1600-as években. A XVII. századi virágzó Európában a Sabbetaj-mozgalom mind a közönséges zsidó, mind a zsidó gyülekezetek tagjai, mind a rabbik között elterjedt. Ám amikor 1666-ban a török szultán letartóztatta Sabbetaj Cvit, az inkább muszlim hitre tért, minthogy szembenézzen a halállal.

Ugyanakkor a messiás „pozíció" igen komoly terhet is rakott az éppen e szerepben tetszelgőkre, sokszor a halál, illetve a meghurcoltatás volt az osztályrészük, de ezeket a dolgokat csak vallásos révülettel tudnánk megérteni, kb. olyannal, mint amivel az öngyilkos merénylők a mai palesztin világban. A történelemben az 1700 as évekig rendszeresen jelentek meg újabb és újabb álmessiások, akiknek hatása ma is érezhető a főleg *chaszidnak* nevezett, magukat a messiás előhírnökének tartó és ma is álmessiást követő és azokkal spiritiszta kapcsolatban levő zsidó ágazatokban.

Sajnos azonban végül a már említett **negatív messianizmus** történt meg a történelemben, de ha belegondolunk, ez a folyamat törvényszerű volt. Ha jobban belegondolunk, hogy melyik személy „tette a legtöbbet" Izrael újjászületéséért az újkorban, akkor kirajzolódik egy személy, egy sajnos nega-

---

23 www.parokia.hu A messiáshívő, messiási és messianisztikus

tív figura a történelemből. A P. Hun szerint végül is a rossz emlékű német diktátor bizonyul a „legbiztosabb", de *negatív messianisztikus* személynek, aki egybegyűjti, még ha szándékolatlanul, akarata ellenére is Izrael népét. Természetesen ezt metaforikusan kell érteni, de olyan értelemben nagyon is helytálló. Ugyanakkor ez a negatív messiásszerep tovább erősíti bennünk azt a meggyőződést, hogy a messiás-históriának végül is nem volt valós alapja, amely magából a vallást körülvevő mítoszokból táplálkozik, így törvényszerűen nem sülhetett el úgy, ahogy azt remélték. Ez is alátámasztja, hogy maga a vallás nem építkezik valós alapokra, hanem hiedelmekre és mítoszokra, fiktív vagy éppen másoktól átvett dolgokra.

„Néha pusztítani kell, mielőtt teremtünk", hallhattuk egy igen jó filmből 2012-ben, és már másodszor e könyvben. Elég, ha belegondolunk, hogy a mai vallásos zsidók is „jó" dolognak tartják a holokausztot, hiszen az volt az „alapja" a mai Izrael létezésének. Ugyanakkor ez a fordított vagy negatív messiási tény egyszerűen következik az univerzalizmus törvényeiből. Az univerzumban minden kiegyenlítődik, mielőtt a Fő Tudatban fölszívódhatnának az érzelmek és gondolatok, vagy elpárolognának, mint a fekete lyukak. Az univerzumban válhatnak ilyen bűnök is, mint a holokauszt, megbocsáthatóvá, nem a Földön. Az univerzumban egyenlítődnek ki az ellentétek, amelyek az elektromágnesség rezgési különbségeiből adódnak.

8.5.3 Legenda születik

Azonban Jézus ún. messiásságával tévútra jutnaka zsidó világ messianisztikus képzetei. Jézus zsidó messiássága valószínű hamar feledésbe merült volna, de kitartó hívei végül is tettek róla, hogy híre messze szálljon, és alakjára később ráépült az Újszövetségnek nevezett vallásos irat. Személye alkalmas volt arra, hogy egy másfajta messiáskép rajzolódjon ki belőle, ami nem is volt ismeretlen a zsidóságot körülvevő görög világban. Eleinte sok Jézushívő volt a zsidó közösségekben is, amelyek fokozatosan alakultak ki a hellenizált, utána pedig a Római Birodalom által uralt területeken.

Jézus esszénus mester volt, és már csak neveltetéséből adódóan sem felelhetett meg a zsidó messiási eszményképnek. Ha nem is szándékosan ment elé sorsának, de hagyta, hogy az események úgy kövessék egymást, ahogy. Így akarta bevégezni a zsidó történelmet, és nem úgy, ahogy az írásokban szerepel. A zsidóságot akkoriban körülvevő görög világban is elterjedt egyfajta meghaló és utána feltámadó istenkép, de ez egyáltalán nem volt annyira kardinális kérdés, mint a zsidóknál. További különbség, hogy ez a görög világban egyértelműen mitológia volt. Tudták, hogy szimbolikus halálról és újjászületésről van szó, szimbolikus megváltásról. Ez a kép majd később megváltozik az első keresztények fellépésével, akik Júdea határán kívül kezdték terjeszteni Jézus messiásságát. A legenda valóságosan megtörtént feltámadásról szólt a hellenizált világban.

Amit elkezdett, az zsidó volt, az ún. „keresztények" már csak halála után vehették föl egyáltalán a nevet is, hogy „krisztián" vagyis Krisztusban hívő. (A keresztény szó csak a magyarban esik egybe magával a kereszttel és a vallás követőivel.) A kereszténység a Jézus halála utáni első években egyértelműen zsidó vallási szekta volt, ami még nem különült el feltűnően a zsidó hagyományoktól és vallási élettől, illetve annyiban, hogy ők Jézusban látták a megváltót, és a zsinagógában is más helyük volt. Elképzelhető, hogy Jézus követői előbb-utóbb sikereket értek volna el Júdeában is, de a történelem közbeszólt. Jézus első követői zsidók voltak, akik csak a szentély, a Templom lerombolása után fordultak véglegesen a pogányok világa felé, hiszen a Templom lerombolása után egyrészt nem volt már kinek hirdetni az igét, másrészt a maradék zsidóság körében nem lett volna „népszerű" egy nem evilági messiás. Tulajdonképpen a Templom lerombolásával megszűnt a judaizmus a klasszikus formájában.

A hellenizált területeken lép be az utolsó (harmadik csomó) csavar Jézus legendájában és miszticizmusában. Az eredeti küldetés bukása után – ami Izrael felszabadítása lett volna áldozattal – nyilvánvalóan nem lehetett egy ízig-vérig zsidó sztorit a külországokban terjeszteni, még az ottani zsidóság körében sem. Annak illeszkednie kellett már az ottani kultúrához. Erre megvolt a lehetőség, hiszen a görög és egyiptomi területeken is ismertek voltak különféle megváltók, akik halálukkal engesztelték ki az isteneket. A végső csavar pedig teológiai jellegű, Jézus halálát hozzákötötték egyfajta üdvtörténethez, amikben a bűnök „megbocsáttatnak". Jézus sohasem mondta, hogy ő megbocsátja a bűnöket, a zsidók egyébként sem hittek az eredendő bűnösségben. Az, hogy a bűnt és a feloldozást ilyen erőteljesen hozzákötötték Jézus személyéhez, az már sajátosan keresztény értelmezés, és már a dogmák korához kötődik, amikor a kereszténység már terjedőben volt először igével, aztán később fegyverrel.

Jézus bűnbánatot és megbocsátást tanított Isten részéről (tulajdonképpen ezzel folytatva Keresztelő esszénus János misszióját), de azt nem, hogy ő Isten, és el tudja venni a világ bűneit. Ez már *jellegzetesen keresztény csavar* Jézus miszticizmusában, aminek semmi köze nem volt a valósághoz. Minden ilyen jellegű utalás az evangéliumokban, miszerint ő lenne a megváltó, már elsősorban a pogányság számára készült dogma, amivel a hit terjeszthetőségét biztosították. Halála, mint láttuk, előbb politikai jellegű volt elsősorban, és maximum az Ószövetség bűneiért tartalmazhatott feloldozást, illetve kiontott vér volt Izraelért, de nem univerzálisan. Nem lehet olyan bűnök alól feloldozni, amelyeket még el sem követtek. Nem fordulhat egyszerre gyilkos és áldozat Jézushoz. Illetve persze itt jön a képbe az *eredendő bűnösség*, ami jellegzetesen keresztény dogma, mely Jézus „hatalmát" erősíteni hivatott, hiszen csak a benne való „hit" vezethetett el az üdvösséghez. Nagyon sötét kort vetít előre ez a csavar, de Jézus legendája csak így terjedhetett tovább. Ilyen folyamatok révén vált a zsidó messiásból a „megváltó", majd később „Isten fia" végül pedig a Logosz, Isten.

Jézus nem láthatta előre a történelmet, mert akkor nem olyan „egyházat" alapított volna, amely utána ezer darabra esik, rengeteg fejfájást, háborúskodást és ellenségeskedést okozva ezzel később a történelemben. Ez is bizonyítja nem Isten voltát, tehát nem Isten, de az univerzalizmus szerint is *isteni ember*, akiben ott volt a Legfelsőbb tudat szikrája. A kereszténység nem is indult világvallásnak, csak később vált az belőle több száz év alatt. Ismerjük a történelmet, láthatjuk, milyen rögös volt az útja, a megszilárdulása, ugyanakkor a kereszténységnek „köszönhetjük" a Héber Bibliát is. Azelőtt az nem volt széles körben ismert.

Hogy utána a kereszténység mégis a nyugati világ legelterjedtebb és legbefolyásosabb vallásává tudta magát kinőni, az egyértelműen a lelkes és elkötelezett tanítványok érdeme, akik az első tespedtség és csalódottság után eleinte Izraelben éltek, úgy, ahogy az „Isten földi országához" illik. Azonban Júdea forrongó volta és bizonytalan politikai helyzete miatt sosem volt arra komolyabb esély, hogy Jézus misztériuma Jeruzsálemben elfogadottá váljon. Bár az ősegyház ott alakult meg. Sikeresen csak a Templom lerombolása után, Izrael határain kívül volt esélye termékeny táptalajra hullni „Jézus igéjének". (I. sz. 70 után, kvázi a Templom lerombolása után nem is lett volna kinek terjeszteni az igét Júdeában.) **A tanítványok ilyen értelemben természetesen megváltoztatták az utolsó vacsora jelentőségét, igaz, tették ezt abban a tudatban, hogy jó ügyet szolgálnak.** Ironikusan jegyezhetjük meg, hogy *Isten földi országa*, amiről Jézus beszélt, végül is eljött az egyház formájában. Hát, valószínű, hogy Jézus nem ilyen „országra" gondolt...

Kétségtelen, a kereszténység az első kísérlet egy vallást, illetve nézetrendszert univerzálissá tenni abban a tekintetben, hogy a bűnbocsánatot egyetemlegessé teszi Jézus Krisztus személye által, valamint „örök életet" kínál. Ezt pedig úgy teszi meg, hogy Jézust megteszi Isten fiává, akinek ilyen jogosultságai vannak. Ez mint történet nagyon szép, csakhogy az igazsághoz vajmi kevés köze van. A bűnbocsánatot nem lehet, nem kell és nem is szabad egyetemlegessé tenni, több okból is. Egyrészt, mert nem minden „bűn" számít bűnnek. A bűnnek különböző fajta értelmezése lehet a világ különböző részein. Másrészt nem lehet minden bűnt megbocsátani, harmadrészt ezzel a hatalommal vissza is lehet élni. Annál fogva is, hogy nem csak a kereszténység létezik, más, már előtte kialakult vallások voltak, mindben emberi gyarlóságokkal, intrikákkal, bűnökkel.

Ráadásul a kereszténységre legtöbb esetben *erőszakkal lehetett* csak téríteni, ami ugyancsak rengeteg bűn forrása volt, tengernyi. Tehát bűnöket követünk el, amiket utána a második hullámban feloldunk. Ez így nem működik, ugyanaz a probléma, mint az első (héber) Biblia kapcsán. Kimondjuk, hogy ne öljünk, utána meg lekaszaboljuk a csecsszopót is Betlehemben. Egyik Biblia a másikra épül, így következik az, hogy nem valós és mitologikus dolgokból csak másik nem valós dolog születhet. Így tovább lehet vinni azt a gondolatot, ha a zsidó nem valós vallás, akkor értelemszerűen a kereszténység sem az. Annak ellenére sem, hogy valójában egy isteni ember van a központjában. További ellentmondásokat találunk, ha megnézzük, hogy a kereszténység sok esetben csak bűn és erőszak által tudta terjeszteni a „szeretetet", másrészt ellentmondás van a zsidó és keresztény hagyományok által elképzelt messiásképben és örök életben is. Az Ószövetség nem beszél „örök életről", míg az Újszövetségnek ez a legnagyobb „találmánya". Örök életünk lesz, ha hiszünk Jézusban. Jézus minden istenségre utaló dolga, a születés „legendásítása", az Ószövetségre hajazó elsőszülött fiúk üldözése, a betlehemi csillag, a „három királyok" mind-mind a kanonizálás során kerültek bele véglegesen az Újszövetség szövegébe. Magyarul ugyanúgy, mint a Héber Biblia, az Újszövetség is tele van legendákkal, és olyan dolgokat állít be igaznak, amelyek nem vagy nem úgy történtek meg a valóságban.

Az *univerzalizmus* mint embert láttatja Jézust, egy *isteni embert*. Mint később látni fogjuk, ezzel sokban vissza tudja hozni a korai kereszténység gnosztikus hangulatát, amikor még sok formában követték Jézust. A politika „varázsolt" belőle Istent később. És különösen nem volt YWH fia, hiszen az már eleve erkölcsi problémákat vet fel. (A zsidó Isten saját népét is irtotta a 40 éves sivatagi vándorlás alatt, ami, mint tudjuk, ugyancsak fikció). A P. Hun mint embert ismeri Jézust, és úgy is fogadja el. Mint egy kivételes és követendő embert, aki feláldozta életét Izrael egységéért, átvitt értelemben, hogy az emberiség élete jobb és erkölcsösebb legyen. Az „Isten fia" kitüntető „címet" kétségkívül csak metaforikusan kell értenünk. A Római Birodalomban ragadt rá ez az elnevezés. Isten fiának a császárokat szokták nevezni a Római Birodalomban. Hogy őt így nevezték, az a dac és gőg egyfajta megnyilvánulása is volt a korai és üldözött kereszténység részéről a Birodalom felé, lázadás a császár ellen. A történelem során sok „Isten fia" létezett már előtte is. A fáraók is a Napisten fiai voltak anno.

Azonban Jézus mégis olyan életvitelű volt, amellyel utat mutatott, hogyan lehet „felemelkedni" magasabb régiókba, univerzális nyelven az univerzális tudatba kerülni. Ezért és életvitele, tisztasága miatt ismerjük el őt isteni embernek, akire oda kell figyelni. Az univerzalizmus célja az *isteni ember állapotának* elérése. Jézus segíthet abban, és változtathat világunkon, ha magunkban, belsőnkben megtaláljuk Jézust mint tudatosságot, és aszerint is cselekszünk. Ez a magatartás később fontos lesz az univerzalizmus mint világnézet, később akár vallás kifejtése kapcsán.

Jézus elsősorban vallásújító volt, és a spirituális messiás későbbi követői emiatt is szerették. Meg akarta változtatni a törvényeket, amit eleve nem néztek jó szemmel a zsidók. Azzal, hogy lényegében a szeretetet állította a középpontba, eltörölte a régi Tóra-törvényeket. Egy igazi, új keletű szóval *forradalmárnak mondanánk*, azonban az, ami utána jött, már korántsem lehet, hogy tetszett volna neki. (Bár a legtöbb forradalmárra igaz lehet ez.) Több probléma is van az utána a nyomdokaiban alakult egyházzal. Ha ez annyira a megbocsátás és a felebaráti szeretet vallása volt, miért ontott ki annyi vért terjedése során? Miért kellett sokszor erőszakosan terjeszteni ezt az új hitet?

Erre a válasz, hogy csak az ókereszténységet lehet igazi vallásnak tekinteni az első 3 században. A Niceai zsinat (i. sz. 325) után már *politika rendszerként* kell tekintenünk a kereszténységre. Ez már a Római Birodalom kései szakaszában történt, amikor a császári hatalom ingatag volt. Eleve egy 4 osztatú és központú rendszere volt a birodalomnak, ahol a kereszténység csak egy volt a pogány és már meglévő más kultuszok mellett. Ebben a korban Constantinus császár – akit nagy jelzővel is illetnek – már eleve csak az akkor még kis számú keresztények támogatása mellett tudta a császári trónt kizárólagosan is megszerezni. Összbirodalmi szinten még kevés követője volt a kereszténységnek, de a birodalom keleti részeiben már egyre több. Ezekhez az időkhöz kötődik a keresztények Bibliája az ún. *Újszövetség* összeállítása.

8.6 Az Újszövetség

Elöljáróban a ma ismert keresztény vallás az ún. **Niceai zsinaton** lett „összerakva". Egyértelműen ekkor kanonizálták a 4 evangéliumot és az Újszövetség többi részét, illetve még utána is történtek változtatások. Ekkor kapott ún. „polgárjogot" a kereszténység, illetve már előzőleg **313-ban a Milánói ediktummal** is, amikor „elismert" vallás lett. Ekkor nyert „isten" státuszt Jézus is. Ez azelőtt egyáltalán nem volt egyértelmű. Nem volt világos, milyen kapcsolat van (a zsidó)

Isten és Jézus között. Sokfajta követője volt Jézusnak, sokan az isteni jelleget látták, de még többen az emberit. Már a korai kereszténységben is jelen volt ez a ma is konfúziót okozó állapot.

Azonban mire ilyen kitüntetett pozícióba eljuthatott a kereszténység, közel 300 viszontagságos év telt el. Most ezt az időszakot tekintjük át. Jézus halála után a tanítványok szétszéledtek, miután a „pásztorra" lesújtottak. Azonban Jézus halála után nem sokkal – ha persze nem is 3 nap után – néhány tanítványnak **feltámadás élménye** volt, köztük Péternek is. Magára a feltámadásra természetesen nincsenek bizonyítékok az Újszövetségben leírtakon túl, de Jézus sírja valóban üres lehetett. Egyik tény a másikból nem feltétlenül következik, de kétségtelen, ez hatalmas kezdő löketet adott a később kialakuló vallásnak. Azonban a tanítványok ezt máshogy értelmezték, mint a mai, ún. „páli" kereszténység. Ezt a jelenséget akkor egyértelműnek hitték Jézus első követői. Természetesen maga a feltámadás misztériuma változott az idők során, de úgy tűnik, elég muníciót jelentett ahhoz, hogy kb. 300 évig kitartson. A ma ismert hivatalos kereszténység 325 után már egyértelműen *politika*, mely óriási bűnök, de hatalmas kulturális teljesítmények forrása is lett. A 325 után létező kereszténység ellentétes a jézusi eszmeiséggel.

Elég az hozzá, hogy a feltámadás utáni élményekkel indul maga a kereszténység először mint mozgalom, majd később mint vallás. Azonban mint már említettem, ezt a jelenséget máshogy értelmezték a tanítványok, mint azt ma szokás. Úgy gondolták, hogy ez mindenképpen megerősítő jel arra nézvést, hogy valóban Jézus a messiás, de ennek először a földi vonatkozást tulajdonítottak. Nevezetesen azt, hogy ez **jel** arra is, hogy Isten veszi át a kormányzást a rómaiaktól, és valóban eljön az ígért „Isten országa". Ezért is lehetett az első buzgóság, hogy terjeszteni kezdték Jézus messiásságát, hiszen ma vagy holnap „beüt" Isten országa, és akkor mi lesz? Mindenkinek meg kell addig térnie, a rossz, bűnös útról le kell térnie, és ún. „Jézushívővé" kell válnia, hiszen akkor kap jutalmat Isten országában. Szóval Isten országát eleinte földi országnak képzelték, hiszen az egész messiás-história erről szólt. Nem is tudtak volna egy égi jellegű királyságot propagálni, az nem lett volna életképes, néhány év alatt kifulladt volna a próbálkozás is, és maga a lendület is alábbhagyott volna. Jézus is szólt Isten földi királyságáról. Nem értették félre szavait, csak Jézus szavai „változtak" a 300 év alatt, mire a hivatalos politikába is eljutott a kereszténység. Hozzá kell ehhez tenni, hogy az már csak nyomaiban hasonlított az első változatokhoz.

Az előbb említett események miatt volt az, hogy **a kereszténység eleinte futótűzként terjedt**. Később ez a „lendület" folyamatosan visszaesett, egyenes arányban azzal a csalódottsággal, hogy mégsem jött el „Isten országa". Pált kérdőre is vonják Antiochiában 10 év után, hogy „hol késik Isten országa"? Páltól ered ekkortól az a „doktrína", miszerint addig nem jön el Isten országa, vagyis Jézus második eljövetele, mielőtt minden pogány meg nem tért. Itt már látjuk: később bajok vannak. Ez már a vegytiszta „páli fordulat" része. Pál egyértelműen karrier-lehetőséget lát „Isten országa" küszöbön álló elérkezésének hirdetésében a pogányok között, „fordulatában" ez játszott szerepet. Ő maga mondta, hogy zsidóknál zsidó vagyok, a görögöknél görög, és a rómaiaknál római. Görög anyanyelvű, zsidó származású, de római polgár volt Tarsusból (ma Törökország). Ugyanakkor az valószínű, hogy ő maga is hitt benne. Igaz, élete vége felé azon a véleményen volt, hogy ez, mármint Krisztus 2. eljövetele már nem valószínű, hogy az ő életükben bekövetkezik.

Tehát világosan kell azt látni, hogy ez a meggyőződés, miszerint **most jön** az Isten országa – és nem ezer év múlva – Jézus tanítványaitól ered, és az ókori Izraelben is egyre több Jézus-hívő lett ezáltal. Úgy tűnt, beáll a fordulat, és Izrael valóban „Isten országa" lehet, és maguk a zsidók is elfogadják Jézust messiásnak. Azonban „csak késett" Isten országának eljövetele, és Jézus mellett még több szálon is folytak az események. Sokfajta messiás bukkant fel, akik közül párat említettünk is az előző fejezetben. Végül a judaizmus megunta a „várakozást" és radikalizálódott. Hősies küzdelemben maga akarta kiharcolni a szabadságot és elérni a rómaiak távozását. Ez nem sikerült. I. sz. 66-tól 70-ig az óriási zsidó háborúban Róma győzedelmeskedett. Izrael politikailag megsemmisült, és magát a 2. Templomot is lerombolták. Ez a **döntő pont**, ekkortól már nem volt kétséges a zsidók számára, hogy Jézus nem volt megváltó, és a Jézus-mozgalom erősödésének lehetősége tulajdonképpen az ókori Izraelben így megszűnt. Sőt, tulajdonképpen maga a judaizmus is megsemmisült az eredeti formájában. I. sz. 70 az az évszám, amikortól a kereszténység kialakulását lehet számolni, illetve egyértelműen kettéválik a zsidó és a keresztény vallás. A zsidó vallás tulajdonképpen csak a diaszpórákban élt tovább. Fölmerül a költői kérdés, hol volt a zsidó Isten a rómaiak elleni háborúban? A „seregek ura", aki már annyiszor kimentette a népét szorult helyzetéből, már annyiszor megmentette őket? Vagy így akart volna Isten „bosszút állni", hogy „egyetlen fiát" megfeszítették? A legjobb válasz erre a hallgatás. Az univerzalizmus tudja, hogy „hol" volt a zsidó Isten.

A 2. Templom bukása után térhetünk vissza az első térítőkhöz, valamint a Jézus halála utáni *második nemzedékhez* és magukhoz a keresztény iratokhoz is, amelyek ezen esemény után kezdtek el gombamód szaporodni. Ekkor vált világossá a keresztények számára, hogy „valószínű", Jézus második eljövetelével még várhatnak, hosszabb idejű várakozásra kell berendezkedni, illetve az Isten országát célszerűbb nem a földre, hanem a mennyekbe „érteni".

I. sz. 70 után nem is lett volna lehetősége egy hasonló vallásnak máshol elterjedni, mint Izrael határain kívül, az ún. **hellenizált világban,** ahol óriási fogadtatása volt egy általuk már ismert legenda életre kelésének, miszerint egy meghaló és feltámadó Isten vigyáz rájuk és meg is bocsátja bűneiket. Ami Júdeában csalódás volt, az viszont öröm Júdea határain kívül. Viszont óriási „szerencséje" a kereszténységnek Pál maga, aki görög anyanyelvű volt. Ő ismerte fel azt a lehetőséget, hogy Jézus sztorija sokkal kedvezőbb fogadtatásra fog lelni külföldön, és nem belföldön. Sőt, belföldön, tehát Júdeában ő üldözte eleinte a keresztényeket. Ő kezdte el nagyobb méretekben téríteni az ún. pogányokat. Pál nélkül a Jézus-mozgalom nem élt volna túl, legalábbis nem ebben a ma ismert formában.

Ezért készültek az evangéliumok is görögül, amelyek aztán maguk is állandó változtatáson estek keresztül annak fényében, hogy éppen mit kellett igazolniuk, de már nem kívülre kellett igazolni Jézust, hanem a „belső ellenségekkel" és máshogy gondolkodókkal küzdve, akik Jézust hajlamosak voltak inkább csak egy tudati állapotnak, de isteni állapotnak tekinteni. Ők voltak a *gnosztikusok*, róluk még lesz szó. Az ún. *páli kereszténység* terjedt el ezután a mai török területeken, régebbi szóhasználattal Kis-Ázsiában, Szíriában, Görögföldön, és jutott el az Appennin-félszigetre is. Júdeától délre és keletre viszont egyfajta *Jézus miszticizmus* terjedt el, amelynek egyiptomi változata volt a gnoszticizmus. Mindig is megfigyelhető volt egyfajta keleti és nyugati kereszténység, amely nagyon eltért rítusaiban és spiritualizmusában, teológiájában is, de abban nem annyira. A *dogmatikus elemek*, miszerint eredendő bűn létezik, Jézus feltámadt, és értünk halt meg, ezekben az időkben terjedt el a nyugati kereszténység körében. Mint tudjuk, ezek a dolgok nem voltak igazak, de kétségkívül új gondolatoknak számítottak a Római Birodalom területén, és továbbvitték Jézus legendáját. Ami a legfontosabb volt, a vallás terjedésével egyidejűleg kialakulhatott már egyfajta hierarchikus rend is a terjesztésben, és a hit megvallásában is. Egyfajta egymást erősítő folyamatok zajlottak le. Minél inkább erősödött a kezdeti egyház, annál erősebb volt Jézus megváltói szerepe, ráadásul ezt csak az egyház közvetíthette az emberekhez. Az égi királyságban, így Jézus királyságában egyértelműen már a Templom lerombolása után gondolkodtak a keresztények is.

Mivel a zsidók nem hittek az eredendő bűnben, valamint nézeteltérések mutatkoztak meg az ábrahámi örökséggel és a körülmetéléssel kapcsolatban is, így a zsidók kezdtek egyre inkább elfordulni a kereszténységtől és saját útjaikat járni, amiben már nem a Tóra, hanem a századokkal később a szóbeli hagyományokból összeállított *Talmud* volt a döntő a zsidóság túlélésében.

A korai időszakban azonban nem úgy nézett ki a kereszténység, mint ma. A hívőknek nem volt Bibliájuk. E helyett a hívek Jézus történetének különböző változatait terjesztették egymás között. Végül ezeket az elbeszéléseket az evangéliumokban rögzítették, de csak Jézus halála után 40–60 évvel, természetesen beleértve a már említett születési miszticizmust is. Valamint azért akkor, mert abban az időben rombolták le a rómaiak a 2. Templomot, amely véglegmegteremtette annak a lehetőségét, hogy a kereszténység mint különálló vallás éljen tovább, és ilyen értelemben sokkal virulensebb is legyen, mint a zsidó. Ehhez tudni kell, Jézus nem alapított kereszténységet, csak értelemszerűen halála utána terjedhetett el maga a görög meghatározás: krisztián, krisztosz, azaz magyar szóhasználattal „keresztény" is.

A korai kereszténységben több mint 30 evangélium létezett párhuzamosan. Nem létezett egyetemes korai kereszténység, hanem sok változata létezett. A változatok egyike volt az ún. „gnózis" kereszténység, olyan látásmóddal, amely elsősorban a Közel-Keleten, Egyiptomban és Etiópiában terjedt el. A keleti kereszténység már az elején különbözött a páli „változattól", sokkal több benne a misztikus elem, a lélekre, tudatra próbálnak hatni, míg Pál evangéliumában sokkal több a történetesítés, az utólagosan megkreált motívumok, mint pl. a születés misztifikációja és a bűn szerepe. Azonban Pál kereszténysége volt alkalmas arra, hogy egyrészt terjedjen, másrészt arra területi és hierarchikus alapon egyház szerveződjön. Pál kereszténysége könnyebben terjedt a pogányok körében, mint a gnoszticizmus. Az evangéliumok ennek megfelelően „egyszerűen" voltak összeállítva, hogy ne késztessék különösebb gondolkodásra az éppen csatlakozókat. Ma a legtöbb bibliakutató úgy gondolja, hogy Máté, Lukács, János és Márk jóval az „általuk" jegyzett evangéliumok előtt meghaltak. A korai kereszténység egyik legérdekesebb jelensége, hogy az Újszövetségbe bekerült evangéliumok szerzői ismeretlenek. Ezeket a címeket későbbi szerkesztők adták, nem az alkotók.[24]

Az első években természetesen a hívőknek még nem voltak templomaik, egymás otthonában gyűltek össze, és olyan szerzők vagy olyanoknak is tulajdonított evangéliumokat olvas-

---

24 National Geographic: Júdás Evangéliuma

tak föl, akiknek a neve meglepné a ma templomba járókat. Kétszáz évben szó szerint tucatnyi evangélium forgott közkézen, köztük például olyanok, mint Mária Magdaléna Igazság könyve, Fülöp, Tamás vagy éppen Júdás evangéliuma. Itt kell megemlíteni, hogy az univerzalizmushoz – mint jelen könyv által hordozott szellemiséghez – tulajdonképpen ezen korai keresztényi vonulatok állnak a legközelebb, mint pl. a gnoszticizmus is.

A **gnosztikus evangéliumokhoz** tartozik *Júdás evangéliuma* is. Természetesen nem Júdás készítette. Kb. a 3. században készítették gnosztikus követők, akik máshogy értékelik Júdás szerepét, mint ahogy az később sajnálatosan ráragadt. Ekkor már jelentős nézetkülönbségek voltak korai keresztény csoportok között Jézus megítélését illetően. Igaz ugyan, ezek a csoportok földrajzilag is elkülönültek egymástól. A nevet, – a gnosztikust – később ragasztották rájuk, ők magukat keresztényeknek tekintették és mondták. *Egyfajta szellemi látásmódot* közvetíttek, amely szerint bennünk van az isteni szikra, és az istennel való közvetlen kommunikációhoz nincs szükség közvetítő elemekre, médiumokra sem. Hitük szerint azt mutatta meg nekik Jézus, hogy ezt hogyan kell tenni. Követni kell őt, de nem imádni, pláne nem Istennek tekinteni.

Isten fia volt spirituális értelemben, de nem valóságosan. Ez az álláspont áll legközelebb az ezen könyvben szereplő univerzális világnézethez. Tehát mindenkiben benne lehet ez az „isteni szikra", de ahhoz sajátos belső tudati fejlődés szükségeltetik, amelyben segít ez a könyv is. A P. Hun szerint Jézust bárhogyan lehet értelmezni, ami abba az irányba mutat, hogy hogyan lehet követni őt. Nem olyan istennek kell viszont tekinteni, amely megkülönböztet minket ezáltal más vallások követőitől, és különösképpen nem kell imádni. Tehát a „hivatalos" dogmatikus katolicizmust elutasítja az univerzalizmus, illetve nézetrendszerében értelmezhetetlen annak istenképe. Azonban mint isteni embert nagyon is követi, figyel rá, elismeri. Hogy ennek mi lesz a jelentősége, arról még később.

Jézus hitét feltétlenül követői vitték tovább, illetve az a kb. 70 ember, akik élőben is ott voltak nyilvános működésekor, tanításainál és gyógyításainál. Közülük 12 kiemelt került be végül a 4 kanonizált irodalomba. Hogy miért 12? Talán ezzel is akartak utalni Jézus központi, ún. „Nap" szerepére. Az első 3 században egyre szaporodott a keresztények száma, de nem azért csatlakoztak, mert hittek Jézusban – sokan persze azért is –, hanem mert egyszerűen divat volt a III. és IV. században kereszténynek lenni. Az újonnan csatlakozó hívők azonban még megtartották pogány szokásaikat is, tulajdonképpen összevegyítették a két hitet, szokást, ami majd később kialakuló hivatalos kereszténység rituális szokásaiban is visszatükröződik. A megerősödő kereszténység végül is a római államszervezet szerveződési mintázatát vette alapul, valamint nyilvánvalóan a már kiépült úthálózat és vízhálózat is jól jött Pálnak és az első hittérítőknek munkájuk során.

A korai keresztény csoportok között kialakult hitélet fölötti és teológiai verseny kényszerítette ki – legalábbis a nyugati világban –, hogy egyfajta szelektálást vigyenek végbe az éppen létező evangéliumok között. Először i. sz. 180 környékén próbálta egy csokorba gyűjteni és „kiválogatni" az eretnek iratokat **Irénus lyoni püspök**. Nála került előtérbe a 4 újtestamentumi evangélium, valamint tiltólistára a többi. Hogy miért? Mert más meglátást hordoztak, mint az éppen kialakuló egyház azt szerette volna. Egyrészt valóban kellett talán szelektálni, hiszen az emberi fantáziavilág aktív és gazdag. Valóban voltak és lehettek olyan elemei is Jézus életének, amelyek nem illettek a hivatalos fő sodrásirányba. Például azok, amelyekből kiderül, hogy Jézus ember volt, az univerzalizmus szerint isteni ember. Másrészt például a gnosztikus szellemi alapra épített evangéliumokra nem lehetett volna központilag szervezett, felállított és működtetett egyházat és erőszakszervezetet szervezni. Igen, valóban lázadók lehettek olyan értelemben, hogy más szellemi irányultsággal bírtak, mint a „hivatalos" római irány. Mint tudjuk, minden újonnan keletkező eszmeiség, mint egy vírus, a gazdaszervezet központját igyekszik megcélozni, ezért is kerültek tulajdonképpen zarándokoltak az első keresztények, köztük Pál is Rómába, hiszen az volt a birodalom központja, és maradt egészen 395-ig, a birodalom kettéválásáig. Igaz, tudomásunk van arról, hogy egészen Nagy Constantinusig sokkal elterjedtebb volt a kereszténység a keleti, mint a birodalom nyugati felében.

8.6.1 Az államvallás

Hogyan vált a kereszténység végül államvallássá? Pontosan a „nagy" jelzővel illetett császár jóvoltából, aki már hadseregében is fölhasználta a keresztényeket, hogy így tudjon kizárólagos, először kettős, majd végül egyeduralmat szerezni a birodalomban. Tudni kell, hogy ekkor már egyfajta négyosztatú *tetrarchia* hatalmi forma volt a birodalomban. Ezen lépett túl Constantinus, természetesen ármánykodással és vérrel. (Constantinus megölte a fiát, a saját feleségét, apósát és két sógorát, és egy ilyen embernek lehet köszönni a kereszténység felemelkedését.[25]) Az a bizonyos csata előtti álom, hogy „ebben a jegyben győzni fogsz", minden valószínűség szerint utólagos romantikus elképzelés, de utal arra, hogy Constantinus már jelentős keresztény segítséggel tudta megkaparintani a főhatalmat. Constantinus a kereszténységet szimpla politikai számításból támogatta, mint megannyi uralkodó végül a történelem során.

A kereszténység konkrét megerősödése kb. egy 12 éves periódusra tehető Constantinus római császár uralkodása alatt. **313**-ban a **Milánói Ediktum** már elfogadott vallássá emeli a kereszténységet. Ekkortól kezdődik az az ismert jelenség, hogy módszeresen kezdik visszaszorítani a pogány vallási kultuszokat. A pogány templomokban fellelhető aranyat használják fel egyrészt Constantinus császár kiapadt kincstárának feltöltésére, másrészt ezekből a vagyonokból kezdték el építeni az első keresztény templomokat a birodalom nyugati felében. 313-tól kezdődően egyre inkább visszaszorulóban van a pogány kultusz, amelynek tetőpontja végül 380-ban volt, amikor a *niceai hitvallást* kötelezővé teszi a birodalom minden polgára számára. Ezután már a kereszténység kizárólagos vallás lesz, majd 391-ben hoznak egy olyan törvényt, miszerint tilos látogatni a pogány templomokat és bálványoknak áldozatot bemutatni. 395-ben mintegy sorsbeli válaszként a Római Birodalom véglegesen kettészakad. Nem sokkal később a Nyugat-Római Birodalom elbukik. 395 után számíthatjuk a *„sötét középkor"*-t tulajdonképpen, amikor iszonyatos hajsza és hadjárat folyik mindenféle régi pogány, de zsidó vallási elem ellen is. Ennek a korszaknak egy kiváló filmje az *Agóra (készült 2009-ben)*, amikor sajnos az

---

25 Forrás: www.romaikor.hu

antik világ fénye, Alexandria is lángba borul. Nyilvánvalóan ez nem lehetett célja az Isten Jézusnak.

Nagy Constantinus volt az, aki végül – közel végleges – politikai formába öntötte a kereszténység ma már csak egyik ágát, de akkor az egyetemest, a római katolicizmust. I. sz. 314-ben az **Arles-i zsinaton** azáltal tartotta meg isteni státuszát Constantinus, hogy a kereszténység mindenható istenét saját támogatójaként tüntette föl.

Később a hittételeket megalkotandó és a valláson belül meglévő ellentéteket eldönteni hivatottként saját maga elnökölt a **325-ös Niceai zsinaton**. Világosan megmondta a püspököknek, hogy mi az „elvárása". Egy, a birodalom erejét, egységét és összetartását támogatni hivatott hitvallás megalkotása. Ekkortól számíthatjuk az első keresztény dogmák kialakulását. Politikai szinten és kánonjogilag egy új vallást alkotott, amelynek voltak zsidó, keresztény és pogány elemei is, valamint a rómaiak által jól ismert Mithras-kultusz pár eleme is átkerült a születendő vallás rituáléi közé (pl. a szentelt víz a templomokban).

Constantinus a már kialakult páli kereszténység dogmáit vette ugyanakkor át. Ekkor került helyére a legfontosabb ünnep, a húsvét, valamint Jézus istenségére vonatkozólag ekkor szorították ki az *ariánus tanokat*. A zsinaton erőszakos cselekmények is történtek Ariánusszal, amely már egy elrettentő baljóslatot hozott a kereszténység részére, mivel a kereszténység alapgondolataiba egyébként sem fér bele a háború és erőszak.

Ekkor tiltották be az Ariánus szektát, és fogalmazták meg a *niceai hitvallást*, amely Istent mint három egyenrangú és együtt létező részből, az Atyából, a Fiúból és Szentlélekből –

vagy Szent szellemből – álló istenséget határozta meg. Ehhez tudni kell, hogy Ariánus csak annyit fogalmazott meg, hogy Jézus nem öröktől való lehet, hanem az Atyától származik. Így Mária sem istenszülő, csak „Jézusszülő", egy, a csecsemőjét szerető anya volt. Ezzel szemben a győztes nézet mindhárom istenség egyenrangúságát hirdette, és ma is ez a katolikus egyház dogmája. Az, hogy Jézus öröktől való lenne – e könyv szellemében tudjuk – értelmezhetetlen, vagyis pontosabban ilyen értelemben minden teremtett földi tudat öröktől való. Jézus egy közülük, aki mutatja az egyik utat, ez az univerzalizmus értelmezése.

Egy évvel később Constantinus elrendelte minden olyan mű elkobzását és megsemmisítését, amely az újonnan bevezetett ortodoxiát megkérdőjelezi, és a római püspök előtt megnyitotta a Lateráni Palotát, ami így Vatikán korai megfelelője lett. 331-ben elrendelte, hogy új másolatokat készítsenek a keresztény szövegekről, melyek nagy része elveszett vagy elpusztult a korábbi üldöztetések alatt. Ekkor történhettek a leglényegesebb változtatások az Újszövetség szövegében, ekkoriban alakul ki a Mária-kultusz, és Jézus ekkor kapta azt a kiemelt szerepet, amelyet azóta is élvez. Más szavakkal ekkor történt az Ószövetség, illetve az Újszövetség „szinkronba" hozása, amely azelőtt egyáltalán nem volt egyértelmű.

Ugyanakkor a Római Birodalmat nem mentette meg már a kereszténység sem, ugyanúgy, mint ahogy Izraelt sem a judaizmus. Elgondolkodtató, hogy ha az Ariánus féle tanok győznek, akkor lehet, a későbbiekben a muszlim vallás sem tudott volna úgy lábra kapni, hiszen az biztos, hogy masszívabban terjedt volna a Közel-Keleten. Függetlenül mindentől, a niceai zsinat után az arianizmus még vagy 200 évig létezett, és népszerű volt bizonyos vizigót és germán törzsek között. A katolicizmus végső megerősödése csak már a kora frank állam megalakulásához köthető, amikor 497-ben a birodalom bukása után nem sokkal *Klodvig*, az első frank király felvette a kereszténységet, és ez újra megnyitotta az ajtót a politikai megerősödés és a kereszténység nevében elkövetett gyilkosságok előtt.

Maga az Újszövetség végső összeállítása az Apostolok cselekedeteivel és Pál leveleivel már a IV. század második felére tehető, amikor tulajdonképpen hozzácsapták a Héber Biblia vonatkozó részeit, így született meg a keresztény Biblia, amelynek 2 része folytatás kíván lenni, „Isten" akaratának betetőzése, ezenkívül az ószövetségi ígéretek, a „messiás" megjóslásának könyve is. Erre utal a folytatás, az „örömhír". Hogy mennyire volt ez örömhír, azt majd később látni fogjuk az egyház történelméből, ami tulajdonképpen a középkorban összefonódott Európa történelmével is. Ez a történet leginkább szenvedéssel, vérrel és verejtékkel volt tele, amellett, hogy természetesen a keresztény kultúra is virágzott. A keresztények kezdtek el először szervezetten foglalkozni szegényházakkal, betegekkel, valamint magával a gyógyítással is, tehát tulajdonképpen az első kórházak is keresztény „találmányok". Ezek mindenképpen pozitív dolgok. A kereszténységhez kapcsolódó vallásháborúk, a másként gondolkodók üldözése és a tudomány fejlődésének gátlása viszont egyértelműen negatív „tételként" jelenik meg még végül a Legfelsőbb tudat előtti serpenyőben, amely eldönti, hogy a kereszténység végül is pozitív dolog vagy sem.

Ekkor egy dolgot bizonyosan kell látnunk. Az, hogy a Héber Biblia végül a „Szent Biblia" is lett, azért legkevésbé sem a zsidók felelősek, hanem a katolikus egyház, amely megtette egyfajta alapkőnek, valamint Jézus, „az Isten" gyilkosságának a zsidókra való kenésével elképesztő romboló és pusztító szellemet engedett ki a palackból, az antiszemitizmust. Hiszen bátran mondhatjuk: az első igazán antiszemita irat az Újszövetség. Az V. századra aztán végképp egy perc nyugalmuk nem volt a zsidóknak, szinte mindenhol, minden elképzelhető módon üldözték őket. Ebből is látszik, hogy a héber Biblia után a keresztény Bibliával egyfajta csöbörből vödörbe esett az emberiség. Két olyan könyv, amelynek nevében milliós gyilkolások öldöklések, vérengzések történtek „az egy igaz Isten" nevében, **nem lehet istentől való**, istentől sugallt, és akkor még nem is szóltunk az Iszlámról.

Amíg a régészet a XIX. században fejlődésnek nem indult, a nyugati világban az emberiség eredetéről való tudás és tanítás gyakorlatilag a Biblia volt, ami a papság szűrőjént keresztül jutott el a néphez. Embereket avattak szentté és végeztek ki, kultúrákat építettek fel és romboltak le, háborúkat indítottak, mind-mind erre a könyvre hivatkozva.

Ma már világos, hogy a keresztény és a héber Biblia is, bármennyire is Istentől (nem a Legfelsőbb tudattól) ihletettnek képzelt vagy mondott, valójában különböző kultúrák legendáinak és példabeszédeinek némi történelemmel és filozófiával összefoltozott keveréke. A maga korában egyedülálló művet azzal és úgy tüntették ki, hogy azt mondták „*Isten által ihletett*" vagy Isten szava. Igaz, ez a meggyőződés is fokozatosan alakult ki a hellenizmus világa által hirtelen körbevett zsidóság körében. Akkoriban ez volt az egyetlen módja annak, hogy a zsidók be ne olvadjanak az akkori görög kultúra nyomása alatt, amely ha nem is Nagy Sándor, de a *szeleukidák* alatt igen erős volt. Erre az időszakra esik a Júdás Makkabeus féle fölkelés, amelyet szinte a történelem első valláshábórújának lehet tekinteni. Ma már tudjuk, hogy ez az Istentől való származás sem akkor, sem később, sem ma és a jövőben sem lesz igaz, bár kétségkívül jelentős monda- és legendagyűjteményről van szó, amely ha nem is szent iratként, de mint az emberiség egyik szépirodalmi műve még sokáig szerepel majd a köztudatban.

Nagy a valószínűsége ugyanakkor, hogy az Ószövetség egy másik messiásról szól, mint ahogyan az Jézus lett volna. Azonban fontos volt egy új vallás születésénél, hogy legyenek gyökerei. Valószínűleg ezért „tapasztották össze" a két bibliát. A két könyvnek egyébként nincs kapcsolata. Erre utal az első „csomó", Jézus származása. A zsidóság áldozat ez ügyben, hogy könyvük kikerült, mint olyan „megfellebbezhetetlen" irat, amely tulajdonképpen 1500 évig uralta a világot, megteremtve ezzel a zsidó és antiszemita sztereotípiákat. A héber Biblia egyetlen tanulsága, igaz, ami nagyon erős, hogy nemzet- és nép-, valamint családmegtartó ereje van a hiedelmeknek, a mítoszoknak, a könyveknek és hagyományoknak. Ez mindörökre benne van, valamint a törvények. Azt, hogy majd jön egy messiás, aki visszaállítja Dávid királyságát, később kezdték beleérteni, a próféták jövendölték meg. Végül is ezt a királyságot nem sikerült visszaállítani, Jézus messiássága ugyancsak földi, de Isten által „kormányzott" királyságra vonatkozott. Miután ez a királyság nem jött el, dogmáikban a keresztények az ég felé fordultak, és sikerült egy égi királyságot kialakítaniuk, amelyben Jézus „uralkodik". A „földi királyság" megfelelője – egyfajta közvetítő – pedig a kialakuló egyház lett. Végül is ez is komoly eredmény, ha belegondolunk. Dávid királyságát ugyan nem sikerült visszaállítani, de Jézus messiással nyertünk egy égi királyságot.

Ugyanakkor a szerteágazó korai kereszténység, már a Jézusról terjedő felemás, sokszor szinte egymásnak is ellentmondó történetek és a Római Birodalom szerkezete miatt sem volt esély arra, hogy a kereszténység végül egy világi vezetés alatt egyesüljön. Hogy államvallássá tudott válni a Római Birodalomban, az már csak a végjátszma volt az egyre gyengülő császárok korában. Fontos tudni, hogy mikor a kereszténység elismert vallás lett a birodalmon belül, tehát a 310-es években, követői száma nem volt több 10%-nál az össznépességen belül. A Római Birodalmat végül az egységes vallás, a kereszténység sem tudta egyben tartani, sőt lehet, meg is gyorsította fölbomlását, de ugyanakkor általa is „dicsőült" meg. A mai Vatikánt tekinthetjük az egykoron meglévő Római Birodalom utolsó szellemi bástyájának, egyfajta „leszármazottjának", kb. olyan metaforikus hasonlattal élve, miszerint a madarak a dinoszauruszok leszármazottai a törzsfejlődésben.

8.7 Univerzalizmus mint elérendő cél

Annyit már eddig is sejthettünk, hogy a fentiek tükrében az univerzalizmus nem egy, a héber Biblia mítoszaira épülő új világnézet. Az **univerzális világnézet** egyértelműen a régi egyiptomi világnézetből fakadó világlátás, istenképe az ún. Legfelsőbb Tudat, ami az evolúción keresztül minden nemzetre előbb-utóbb ugyanúgy hat. Az emberiség fejlődését láthattuk, azt összességében tekinti az összes rasszal együtt. Ugyanakkor vannak kontinentális különbségek a rasszok és az emberek között is. Spirituális értelemben minden rassz és ember egyenlő, de ez a spiritualizmus különböző helyeken realizálódik. Nem mindenhol lehetsz ragyogó csillag, csak az univerzum egy bizonyos, meghatározott helyén. Végül ez az evolúció lényege, összeállni egy fényes nappá, ahogy például Jézus is világít az univerzumban, de nemcsak ő, mások is. A P. Hun *evolúciója a Legfőbb Tudatból* a tudatkvantum által a csillagokból eredeztethető állandóan változó isteni dolog. Az ember evolúciója végül az álmok kapcsán jutott el arra a szintre, ahova eljutott, az értelmi képesség csúcsára, azzá, ami emberré teszi. Az álmok a leguniverzálisabb dolgok a világegyetemben, minden ember, sőt minden emlős álmodik valamilyen mértékben. Az álmokban univerzális kódok vannak elrejtve, melyeket agyunk, tudatunk tud dekódolni és a szerint is éli életét, teste, tudata úgy változik, ahogy az „közvetítve" van számára. Az univerzális kódok változtatják meg a DNS-molekula elektromágneses rezgési frekvenciáját, ez az evolúció előrehaladásának alapja.

8.7.1 Új értelmezések, a dogmák lebontása

A P. Hun a héber Bibliát – Einsteinhez hasonlóan – csak mint egy szép, értékes mítoszgyűjteményt tekinti, nem mint mérvadó vallási iratot. Illetve ha azt vallásinak tekintjük, abban legalább annyi veszély van elrejtve, mint örömforrás, ahogy ezt a zsidó nép történetén keresztül tisztán lehetett látni. Nem felelnek meg a Genezisben lefektetett események sem a valóságnak, már csak azért sem, mert a kezdetekben nem volt „Nap", és nap mint időegység sem. A világ nem úgy keletkezett, ahogy a Genezisben le van írva, hanem nézetem szerint sokkal közelebbi módon ahhoz, ahogy az ebben a könyvben megfogalmaztam. Mivel már a Genezis sem igaz, így az arra felépülő történetek sem. De ezeket a kérdéseket már tárgyaltuk.

Az univerzalizmus a kozmológia metafizikai vallása is, egy összekötő pont az ember, az Univerzum és a természet között. Nem kötődik külön szent helyhez a Földön. Ugyanakkor az univerzalizmust alkotó mind a 9 kontinens szakrális, hiszen a földi evolúció tudati evolúció terméke. Hogy miért 9 kontinens van, és azoknak milyen a felosztása, azt később látni fogjuk. Az **univerzalizmus** ugyan kitekint a világűrbe fizikailag, sőt, meg is találja a válaszokat, promotálja a kutatásokat, de azt nem, hogy maga az ember vágjon neki messze a naprendszeren kívülre, mert egyelőre nincsen, és a közeljövőben sem várható abban az értelemben áttörés, hogy az emberiség fizikailag legyőzze a fényéveket, valamint a naprendszert uraló gravitációt. Ami, majd látni fogjuk, a *3-szor hármas egység* egyik része. Azért sem pártolja, mert pénz-, erőforrás- és energiapazarlásnak tekinti, amely nem fogja meghozni a gyümölcsét.

Az Univerzumot a **tudatunk által tudjuk majd meghódítani a távoli jövőben,** és nem úgy, hogy méregdrága kütyüket küldünk a naprendszeren túlra. Ehelyett inkább itt lent, a Földön az összemberiségre, a közvetlen fizikai környezetünket érintő problémákra kellene koncentrálni, és arra költeni erőforrásainkat (a pénzt, ha úgy tetszik, ameddig az még használatban lesz). Ugyanakkor tudnunk kell határt szabni az emberi megismerő képességnek és kíváncsiságnak is. Különösen nem szabad támogatni ilyen programokat, amennyiben sok pénzt emésztenének fel. Azt gondolom, a pénz kell másra is jelen emberi társadalmunkban. Sokkal fontosabb arra költeni, hogy jelen emberi társadalmunk minél fejlettebb legyen, illetve minél kisebb fejlettségi különbségek legyenek az egyes országok és társadalmak között. Ezekről a gondolatokról még később lesz szó.

Tehát különös paradoxonnak vagyunk a tanúi: egy vallás, amely abszolút az égben él, de mégsem támogatja az ég fizikai felfedezésének útját, mert úgy tartja, annak felfedezését tudatunkban és szívünkben kell elvégezni elsősorban, és ez a **spirituális fejlődés** útja. Ilyen értelemben természetesen korrelál sok ezoterikus és részben keresztény tanítással is. Ne akarjuk Istent meglátni földi tudattal, univerzális tudattal úgyis meg fogjuk.

Az univerzalizmus Einstein gondolkodását tekinti egyik példaképének, és annak nyomdokaiban akar járni. Az ember nem a Héber Bibliában lefektetett zsidó mítoszok szerint, hanem fokozatosan jelent meg mind tudatilag, mind fizikailag a Földön az őt körülvevő környezetből, és az univerzum által hajtott evolúció révén érte el mai alakját, formáját, kultúráját és több vallását is, amelyek nagyon érdekesek, és legtöbbször szépek is. Már a tudati fejlődés, evolúció eredményei.

Ugyanakkor a P. Hun abban is élen járó akar lenni, hogy valamilyen módon meg akarja védeni az akkori világlátásokat. Nem akar újabb ellentéteket szítani vallás és vallások között. Hanem pontosan: meg akarja találni a közös nevezőt. Félelem, előítélet és harag nélkül. A P. Hun hozzáállása a dolgokhoz semleges. Nem a szeretetet, hanem *a tudatot helyezi a központba*. Nem biztos, hogy lehet mindent és mindenkit szeretni, sőt nem is kell. De nem gyűlölni még fontosabb. Vannak, akik szerint nem gyűlölni már a szeretet egyik válfaját jelenti. Lehet. Ezáltal közeledhetünk vissza a természethez, egy nyugvópont közeli állapotba. Ki kell vetnünk magunkból az öncélú és vak szeretetet, de legfőképpen a gyűlöletet. Meg kell tanulnunk elengedni, és nem állandóan csak birtokolni. Ha birtoklunk, meghalunk, ha elengedünk, örökké élünk. Az emlékezetben, a tudatban, egy másik dimenzióban. Jézust is így értelmezi, egy, a létezés magasabb síkjára emelkedett isteni tudatként. Jézus isteni ember volt, akit követni érdemes. Elutasítja ugyanakkor a keresztény tanítások szerinti „Isten" voltot, hiszen az értelmezhetetlen az univerzalizmusban. Sőt, igen komoly probléma volt a történelem során istent csinálni Jézusból. Sajnos ennek a ténynek rengeteg erőszakos haláleset lett a következménye. A bűnök megváltásáért történő megfeszítés már egyértelműen későbbi századok keresztény értelmezése, hiszen a megfeszítéskor Jézus egyike volt az akkoriban hemzsegő messiásjelölteknek. Azonban nem önjelölt messiás volt, az esszénus közösség tagja volt, aki egy új spirituális megújulásról beszélt. Halála után tanítványai hitték, hogy hamarosan eljön „Isten országa" a földön, ezt az örömhírt terjesztették először. Tehát eleinte nem bűnökről volt szó, hanem csak Izrael szabadságáról, mint ahogy azt már láttuk. Hogy mégsem merült feledésbe, az tanítványainak köszönhető, valamint annak a „csavarnak", ami már hellenizált területeken került bele legendájába, később üdvtörténetébe. Nehéz volt kibogozni Jézus valódi személyiségét és küldetését, de ezt is megtettem.

Jézus utóélete kapcsán az egyik legjelentősebb történelmi személyiség. Ugyanakkor ez a könyv nem tudja értelmezni az eredendő bűnt, és mi nem szeretnénk abba a „hibába" esni, hogy Jézust olyan „isteni" képességekkel ruházzuk fel, melyek megbocsátják a még el sem követett bűneinket. Ugyanakkor futni hagynának „az Atyával együtt" a gyilkosokat, rablókat, pszichopatákat. Másrészt Jézus más, de ugyancsak pozitív értelmezésével tudja a kereszténységet visszatenni az őt megillető helyre a vallások közé, de nem az egyetlen és üdvözítő vallássá. Ez is fontos. Jézusnak fontos az isteni jellege, de ő maga nem isten, csak ugyanolyan értelemben, ahogy mindannyian mi is *Isten fiává tudunk válni spirituális értelemben*, ha követjük őt, illetve egy belső megvilágosodás, fejlődés által, de ezt kívülről nem lehet erőltetni, sem igazán befolyásolni. Mindenkinek magának kell rájönnie a belső értékeire és gyengeségeire is. **Követni, de nem imádni**, itt a lényeges különbség az univerzális világnézet és a keresztény vallás között. Az univerzalizmus szerint mindenki el tud jutni a megváltottság állapotába, de ez a fajta belső tudati fejlődés vagy, ha úgy tetszik, evolúció révén érhető el és nem egy külső „közvetítő" által. A külső közvetítő ráadásul mindig veszélyes, hiszen azzal manipulálhatnak és vissza is élhetnek, illetve hatalmat gyakorolhatnak ártatlan emberek fölött, mint ahogy azt láttuk is a keresztény egyház történetében. Az állítólag Jézus által alapított egyház ezer darabra tört. Ha ő maga isten lenne, ez nyilván nem történt volna meg.

Nincs eredendő bűn, mert ha két ember szeretkezik vagy szaporodik, vagy úgy általában az élőlények ilyen módon örömet okoznak egymásnak, az nem bűn. Fontos akkor az emberi kapcsolatokban megkülönböztetni a szabad akaraton alapuló együttlétet, ha az nem úgy történik meg, az nyilvánvalóan bűn (mert ilyenkor a gravitációba ütközik az ember, még ha vágya is keletkezett.) Az embert sajnos rengeteg bűn veszi és vette körül fejlődése és a történelem folyamán. Ezeket nagyrészt eliminálni lehet, de ahhoz *másfajta társadalmi rendszer* szükségeltetik. Nem minden bűn bűn azonban, ha az evolúció szerint tekintünk rájuk. Fontos ugyanakkor embernek maradni, igen, minden körülmények között. Ez nem mindig sikerült, igazi állatok is voltak közöttünk. Nagyon keserves, de egyben szerencsés és dicsőséges hadjárata volt az emberiségnek, míg a természetből kiemelkedett. *Bűn* – a mi értelmezésünkben – *az univerzalizmus rendjének és egyensúlyának tudatos megsértése*, a gravitáció határainak megsértése. A vágy önmagában még nem bűn, hiszen azt lehet kontrollálni megfelelő tudattal. Ez ugyanakkor elsősorban az elménkben történik, aztán annak van kivetülése a való fizikai világra. Az univerzalizmus tanítása szerint – mivel tudati és nem anyagi világban élünk – minden általunk született gondolat és tett természetszerűleg fog felkerülni az univerzumba, és az ottani törvények szerint fog „osztályozódni". Nincs ezzel nekünk több tennivalónk, hiszen az univerzum törvényeire emberként nincs ráhatásunk. Viszont ha ennek már tudatában vagyunk, már tudunk hatni a „fenti világra", ezáltal értelemszerűen nagyobb esélyünk van arra, hogy valaha is célba érjünk. Mi magunk pedig égi karmák levetülései vagyunk majd későbbi gondolatainkkal, szavainkkal és tetteinkkel.

Jézus tanításai továbbra is értelmezhetők maradnak a felebaráti szeretet, a tisztelet és az önfeláldozás síkján. Jézus mint hatalmas csillag él tovább az univerzalizmusban, amely fényt, értelmet, tudatot ad annak, akinek szüksége van rá, és szeretetet bocsát ki. Nagyon sok minden „szerkesztett", ugyanakkor az Újszövetségben, olyannyira, hogy nem valószínű, hogy mondott volna ilyet, hogy „ő az út, az igazság és az élet". Ha mondott is, ez ellentétes az univerzális világlátással. Az isteni igazság a természet törvényeiben is el van rejtve. Nemcsak általa lehet üdvözölni, ha egyáltalán kell üdvözülnünk, csak a teljes tudati szabadság nélküli ember mond ilyet, hogy neki üdvözülni kell. Ez az alávetettséget és kiszolgáltatottságot jelzi, ezért is tették bele a Bibliába. Az embernek tudatilag kell fejlődni, és ez jelenti az „üdvözülést". De ezek automatizmusok, mint ahogy egy petesejt is a megtermékenyítés után elindul a fejlődés útján, nincs szükség további beavatkozásra.

Már Jézus előtt is, de utána is mérhetetlen bűnök tengerébe esett az emberiség, és ezt az egyház sem tudta kisebbíteni. Igaz, biztosan próbálta, és ezért is kell mindig inkább az egyház karitatív tevékenységét kiemelni, és nem a misszióját, hiszen azzal problémát is okozhat. Sajnos az egyház is kivette a részét a bűnök tengeréből. Amit az egyház az amerikai kontinensen művelt állítólagos térítés jelszava alatt, az bűn. Azzal, hogy kiemelte Jézust – mint megváltót – az emberi világból, történetesen legalább annyi problémát kreált magának, mint amennyit megoldani vélt, ha nem többet. Mivel az egyház „Istent" csinált Jézusból, így megfosztotta egész sokáig a nyugati világot a szabad gondolkodás esélyétől. Ez a korszak volt a „sötét középkor", ami ugyan nem volt annyira sötét, mint tudjuk, de egész egyszerűen egész sokáig nem gondolkodhatott szabadon az emberiség. Mindent az egyház, illetve az általa képviselt ízlés próbálta uralni. A szabad gondolkodású emberek a megsemmisítés sorsára jutottak. Ezt a légkört nagy korszakalkotó tudósoknak kellett fokozatosan feltörni. Ez a könyv is ebbe a vonulatba sorolható, egyértelműen tudományos is és vallási jellegű mű is. Sajnos Jézus eljövetelével nem jött el a megváltás. A bűnök nem csökkentek. A második eljövetel pedig tulajdonképpen egyfajta Damoklész kardjaként lebeg a vallásos ember feje fölött, betetőzve ezzel is kiszolgáltatottságát. Mert a második eljövetel „késett", ezért keleteztek, és ezért rakták be „biztosítékul" a Jelenések könyvében összehordott dolgokat. *Nem késett a második eljövetel, mert nem lesz második eljövetel*, legalábbis a Földön nem, ezért is kell berendezkedni másfajta gondolkodásra, ami ugyanúgy Jézust követi, de nem dogmatikusan. Talán ez az ő akarata is.

Ha ezt a könyvet négy-ötszáz évvel ezelőtt írnám, sorsom elkerülhetetlenül a máglya, a megsemmisülés lenne. Miért? Emberi kishitűség, zavaros gondolkodás, büszkeség és gyűlölet miatt, hogy meg merem kérdőjelezni az írásokat. Jézus pont az ellenkezőjét tanította, a szeretetet és elfogadást. Ma már nincs olyan jelentősége az írásoknak természetesen, mint régen, ugyanakkor a könyv mostani időzítése nem lehet véletlen: pontosan 2000 évvel Jézus fellépése után lejárt egy kor az egyiptomi univerzális évben. A *Halak kora Jézus kora volt*, de manapság fog lejárni, és átlépünk mindannyian a *Vízöntőbe*.

Az univerzalizmus a Jézust felkentként értelmező kort **váltja a Vízöntő jegyében**. Mivel az univerzalizmusnak egyiptomi gyökerei vannak, így követi az egyiptomiak által is ismert univerzális évet, amely 25900 évet foglal magában. Tudnunk kell, hogy a humanocénben, az emberi korban már igen sokszor megfordult naprendszerünk a saját tengelye körül. Az univerzális vallásban a Napnak van kitüntetett szerepe, de nem isten, hanem csak istenség. Az univerzalizmusban semmilyen ember nem lehet és nem válhat istenné, még Jézus sem. Ugyanakkor minden emberben ott van az isteni, amit ki tud hozni magából, ha akar, vagy erre ráébred. Ilyen értelemben az univerzalizmus hasonlít a régi természeti vallásokra, igaz, több is azoknál értelemszerűen. Hasonlít a keleti gondolkodásmódokra is, melyek elsősorban Ázsiára jellemzők. Egyúttal új értelmet ad a keresztény vallásnak is. Keresztény az univerzalizmus rendszerében azt jelenti: „áldozatot hozó". Fontos, hogy egy Jézusra és más isteni emberekre hasonlító társadalmat akarjunk kialakítani. Azonban egy ilyen csak a pénzhatalom kitombolása után képzelhető el, kb. 2000 évvel Jézus halála után.

8.7.2 „Pure" univerzalizmus

Könyvemben egyetlen egyenlet nélkül próbálom elmagyarázni a világegyetem létrejöttének körülményeit, majd annak fejlődését egészen az emberi tudat megjelenésig. Ez mindenképpen új és az olvashatóság szempontjából jelentős fejlemény. A

Legfőbb Tudat mindenek felett van. Mindig volt valamilyen tudat, és a forrás mindig a Fő Tudat volt. Ezek alapján elképzelhető, hogy Legfelsőbb Tudat már a mi univerzumunk előtt is „teremtett" világokat, majd azokat meg is szüntette. Ezeket a dolgokat nem tudhatjuk. Majd megtudhatjuk, ha „oda" kerülünk a tudatunk által. Előbb magában a világegyetemben kell továbbélnünk, mint a tudati univerzum részei, ahol nagyon sok olyan dolgot tapasztalhatunk meg, amit földi életünk során lehetetlenség volt, és sohasem juthatott „tudatunkra". Más kérdés, hogy szeretnénk-e erről a dologról, dolgokról tudni. Földi életünk befejezése után a világegyetem részeként sok dologgal fogunk találkozni a létező tudati univerzum részeként.

Ezeket a mozzanatokat hívhatjuk mennyországnak vagy pokolnak is. Hiszen nem mindegy, milyen helyünk lesz majd az univerzumban. Lehetnek „mennyei érzést" adó pozíciók, de lehetnek „pokoli érzések" is. Megélhetjük csillagként vagy bolygóként, szupernóvaként, magnetárként, vagy galaktikus köd is válhat belőlünk, ezt nem tudhatjuk. Az biztos, hogy minden számítás földi tudatunk alapján születik meg, és az alapján kerülünk a „létező" univerzum egyik sarkába vagy pontjára. Ezt tekinthetjük egyfajta elszámolásnak, de nem olyannak, ami szubjektív, nincsenek benne csalások és titkos alkuk. Az univerzum nem „ver át" minket.

Amennyiben arra érdemesnek találtatunk, és ha még tanulnunk kell, elképzelhető, hogy egy *fekete lyuk révén* újjászülethetünk a Földön és újraélhetünk nagyon sok jó dolgot, álmaink is gyarapíthatják az univerzumot. De az is lehet, hogy egyszerűen megalázóan csak felrobbanunk, és helyünkre más égitestek keletkeznek, illetve érkeznek. Csak remélhetjük, hogy sokkal jobb dolgokat is megélünk a világegyetemben, az egy jó hely, és érdemes oda kerülnünk. Sokaknak ugyan ez „pokol" lesz, megalázó kisbolygóként örökké keringeni valamelyik „ismert" csillag körül. Olyan folytonos mozgásra kényszerítve azt az égitestet, amelynek az tehertétel, és mielőbb szabadulna tőle. Ugyanúgy, ahogyan az tette a földi életében másokkal, tettel, szóval vagy terrorral. Ilyen értelemben ezen legújabb világnézet természetesen kötődik régebbi vallásokhoz és hiedelmekhez. Földi cselekedeteink és gondolataink is nagymértékben kihatnak arra, hogy milyen pozíciót fogunk majd elfoglalni „ott fönt".

Ilyen értelemben igen, van ott fönn „mennyország", de azt természetesen nem a szentimentális, ódon keresztény és katolikus értelemben kell érteni, amikor a templom kupolára föl van festve egy naiv és képzeletbeli világ, ahol az Atya jobbján ülnek az angyalok, szeretet és béke uralkodik. Bárányok mászkálnak a díszített falakon, nyugalom és rend van. Hát ez a valóságban nem így fog lezajlani, de tekinthetünk folyamatokat hasonlónak. Biztos, hogy elnyerjük jutalmunkat az „égben", efelől nem kell aggódnunk. Nem mindenki kerül jó helyre, nem mindenkiből lesz csillag, amelyik ragyog még ezer vagy akár millió földi éven keresztül. Azonban remélhetjük, hogy a fönti tudati világ már eleve jobban működik mint a lenti, nem ismétlődnek meg ugyanazon hibák, mint a földi élet kapcsán. Nem folytatódnak ugyanazok a harcok, nem folytatódnak ugyanazok az érzések. Ilyen értelemben beszélhetünk mennyországról és pokolról is. Hiszen ami ott fönn vár ránk, az valóban vagy „mennyei", vagy „pokolbéli" lesz, de lehetnek sima, közömbös utak is, amelyek leginkább az univerzum ma ismert mozgásai és törvényei szerint fognak lejátszódni. Egy jelentős bolygóként vagy nagyobb exobolygóként is nagyon megtisztelő lehet tovább „élni" az univerzumban.

Ez egyfajta összefüggés a *mikrokozmosz és a makrokozmosz* között, ami könyvem legfőbb üzenete. A tudomány és vallás itt kötődik össze, az univerzalizmusban. Földi megfelelője ennek az univerzalizmus mint világnézet. Ezen elmélet nem új, de ilyen szinten való kidolgozása és a tudat, mint fő elem beemelése az univerzumba, igen. Nem véletlen hogy nem új, hanem egy nagyon régi ősi jelkép a P. Hun szimbóluma: **az egyiptomi ankh**. Ezzel akarom szimbolizálni végül is a régi, természet rendjét is figyelembe vevő vallások végső triumphálását az ábrahámi hitvilágok fölött. Az ankh jele az ég és föld kapcsolatának és az újraszületésnek. Jelképe a transzcendensnek, az átváltozásnak. Jelképe a *felemelkedésnek*, a csillagokba való távozásnak.

Majdnem ugyanilyen jelkép a keresztény kereszt is, de mégsem lehet ugyanarról beszélni. Jézus a zsidó világból származik, és a katolikus egyház is megvívta már harcait, állandó támadások közepette volt, mint maga a zsidóság, amely kihívta maga ellen a sorsot azzal, hogy az Egy Istent (ilyen értelemben kvázi a Legfelsőbb Tudatot) kisajátította. Ilyen fajta kiválasztottságot a természethez közel lévő értelmes nép nem vindikál magának. Pontosabban teheti, hiszen majdnem minden nép büszke a származására, és ha nem is hirdet egyfajta felsőbbrendűséget, de gondol. Ennek egyik legfeltűnőbb és legtragikusabb példája volt a német nácizmus, de annak következményei lesznek, illetve vannak. A Legfőbb Tudat nem választ „kiválasztott" népet, ő nem ilyen. S Fő Tudat nem „bonyolítja" ennyire a természet rendjét és az emberi gondolkodást. Természetesen a könyvem címével, valamint a főoldalon lévő jelképpel arra sem utalok, hogy más nép lenne a kiválasztott a zsidó ellenében. Ezzel csak csöbörből vödörbe esnénk. Nem, a két dolog oka végül is olyan nép, illetve szimbólum választása, amelyek már régóta szerepelnek a történelemben és egyfajta figyelemfelhívás, nem több. Hogy ne teljesen új dolgokat képzeljünk el, már létező dolgokról írok, igaz, új köntösben és új tartalommal is legtöbb esetben.

A III. évezredbeli univerzalizmus előfutára **Ehnaton,** egyiptomi fáraó i.e **1353–1336** körül, aki a helyes úton járt, amikor a napkorongot, Atont tette meg főistennek Egyiptomban. Ezzel ő volt az első monotesita, aki az egyistenhit irányába tett lépéseket. Igaz, ezzel szembement országa már meglévő kulturális és vallási szokásaival. Ugyanúgy, mint a maga idejében Jézus is. Reformjai nem is élték túl őt. Ugyanakkor egyes vélemények szerint ez adott lökést a zsidóknak is, hogy az egyistenhit felé forduljanak. Jól tudjuk, hogy a héber Biblia első részei kb. 3–400 évvel uralkodása után íródtak, valószínűleg Dávid király uralkodása alatt. Tudjuk már, hogy Mózes könyveit, a Tórát nem Mózes írta, sőt ilyen értelemben nagyon valószínű, hogy Mózes egy kitalált legendafigura, akinek alakja ráadásul Egyiptomban született. Tekinthetjük Ehnatont az első igazán dokumentált történelmi alaknak, aki megtette az első lépést az egyistenhit irányába.

A könyv elején és a borítón feltűnő **ankh** jel, a közismert egyiptomi hurkos kereszt is ezt akarja szimbolizálni. Az ilyen téren jellemző gondolati világot szeretné restaurálni, és az ilyen jellegű világnézet gondolati körének új vallási köntösét is megalkotni. Ugyanakkor ne tévesszük össze a mostani, III. évezredbeli univerzalizmust az ókori egyiptomi hitvilággal. A kettő nem ugyanaz. Az univerzalizmus sokkal inkább egy, az újkori tudományok által is inspirált világnézet, ugyanakkor az alapja már visszanyúlik az ókori Egyiptomba is.

Az alapelv: Ember vagyok, mert embernek születtem (nem istennek), de az univerzum jóvoltából születtem, és tartozásom az univerzumnak örök idejű. Azt csak egy teljes életművel tudja visszaadni az ember a végső teremtőnek, először az univerzumnak, az pedig a mindenség forrásának, a Fő Tudatnak. Fontos tudni, hogy ugyan tudatunkban állandó az összeköttetés a Legfőbb Tudattal (Istennel), a valóságban azonban a találkozás vele csak univerzális tudattal lehetséges, illetve utána vele eggyé válni is lehetséges. De, mint azt szokás volt mondani, „oda el is kell jutni". És ez nem biztos, hogy minden esetben lehetséges. A régi tanításoknak igazuk van abban, hogy kell egyfajta „megvilágosodás", hogy el tudj vonatkoztatni az e világi anyagi törvényeknek látszó jelenségektől. Fontos, hogy olyan érzelmek se gátoljanak, mint irigység, hiúság, bosszúvágy és harag. Az is igaz, és ezt sosem szabad elhallgatni, hogy erre a szintre nehéz eljutni. Nem egyszerű olyan dolgokat, érzéseket és gondolatokat kizárni az életünkből, amelyek állandóan lesben állnak és támadnak, ehhez már kell egyfajta felülemelkedettség, egyfajta bölcselet. Egyfajta belső látásmód, egyfajta magasabb, fennköltebb szerelem, fennköltebb kapcsolat. Ezért hát sose nézzük le azokat az embertársainkat, akik még nem jutottak el erre a szintre. Velük az ő szintjükön ugyancsak meg lehet találni a közös hangot, és az már elég. Mindenkinek saját belső meggyőződéséből kell jönni a „megvilágosodásnak". Ezt nem lehet kívülről kikényszeríteni, és ezt egy „külső megváltó" se tudja elhozni.

Ugyanakkor persze lehet segíteni a végső célhoz, a végső megvilágosodáshoz vezető utat. A megvilágosodást most kvázi idézőjelben értem, nem úgy értem feltétlen, ahogy a régi nagy tanítók, Buddha vagy más indiai tanítók. A megvilágosodás azt jelenti – és erre bárki rájöhet, nem része ez titkos tanoknak –, hogy az ember megtalálja a helyét a világban és megköti a saját békéjét. Az a hely, ahonnan a legtöbbet tudja kifejteni magáért, a családjáért és másokért és a többiekért. Ugyanakkor ennek a helynek a felismerése csak az univerzum ismerete által valósulhat meg. Spirituális erők segítségével lehet csak elérni ezt az idilli állapotot, semmiképpen földi és anyagi törvények által vezetve. Azokat a törvényeket is ismerni kell persze, hogy uralkodni tudjunk rajtuk. Semmi fölött nem tudunk kontrollt szerezni, amit nem ismerünk, de nem is kell. Ha már ismerjük, mivel állunk szemben, úgy tudjuk tudatunkat, végső soron befolyásunkat is arra a dologra, jelenségre is kiterjeszteni. Ezért hát ne ítéljünk mindig szóbeszédből, pletykákból, mert azok nem biztos, hogy megfelelnek teljes mértékben a valóságnak. Próbáljunk mi magunk a dolgok végére járni, vizsgáljunk meg mindent mi magunk, ha módunkban áll.

Ami az érzéseket illeti, ezzel a könnyvel eltűnnek azok a kizáró, kirekesztő érzések, hogy én mindent jobban tudok, érzek a másiknál, a másikat le kell nézni, meg kell semmisíteni, ki kell iktatni, le kell győzni dacból, gőgből, hiúságból és becsvágyból. Ugyanakkor itt valóban meg kell különböztetnünk **jótékony becsvágyat**, ami nem irányul a másik ellen, hanem egyszerűen csak kitűnni ösztönöz. Az ilyen fajta becsvágyra szükség van, de itt is nagyon fontos betartani a mértéket. Fontos, mindig nagyon fontos nem átesni a ló túlsó oldalára, mert akkor elvesztünk. Az egyensúly akkor is visszaáll, de ugyanolyan gyalázatos módon, ahogy elvesztettük az egyensúlyt: erővel és erőszak által. Az univerzumban nagyon fontos szerepet töltenek be az erők, a szimpla nyers erők, amelyek a gravitáció révén érvényesülnek. Ne kívánjunk odakerülni, mert nagyon keserű is lehet az univerzumban rossz helyen, rossz érzésekkel, rossz konstellációban élni. Tudjuk a világegyetem három legalapvetőbb és legfontosabb törvényét, amely által körbe-körbe forog az univerzum a tudatkvantum által. Ezeket a törvényeket a második fejezetben már érintettem, de ezeket a törvényeket mindenki érzi és mindenki ezek szerint él, ezek az élet minden pillanatában velünk vannak. Nincs előlük vagy hatásuk alól mentességi lehetőség még az univerzális tudatnak sem. Csak a Legfelsőbb Tudatnak.

A tudatkvantum által maniszfesztálódnak azok a tudati erők, amelyek egyben tartják az univerzumot. Ezek a *vágy, a gravitáció és szépre-jóra való törekvés.* Ezen három tudati erő eredője adja ki az evolúció folyási irányát, konstans előrehaladását. Mint tudjuk, már maga a gravitáció is a vágy egyfajta kvantuma, hiszen ugyanúgy, mint a világegyetemben, a Földön is arra hajtanak a komolyabb tudattal rendelkező teremtnények, hogy komolyabb „gravitációjuk" legyen, magyarul komolyabb befolyással rendelkezzenek az őket körülevő világra. ami természetes jelenség. Ez manifesztálódik a világűrben, illetve a tudatkvantumon keresztül a földi tudatban is érezteti hatását, valamint a fizikai evolúción keresztül konkrétan fizikailag is megjelenik a Földön. Tehát egy általában nagyobb termetű élőlénynek, államnak, családnak, nemzetnek komolyabb befolyása van a földi élővilágra, illetve életre a Földön. Általában, nem mindig.

Ilyen értelemben én nem hiszek az **összeesküvés-elméletekben**, hiszen most már tudjuk, minden a mai Föld politikai és gazdasági életében részt vevő egyén egy külön tudati energia, aminek van megfelelője a világegyetemben, univerzumban is. Mindegyiknek külön vonzása, „gravitációja" van. Ezek az erők nem egyenlíthetők ki „büntetlenül" összeesküvés-elméletek által, és nem feltétlenül „veszejthetők össze", mert akkor univerzum összetartó erejét becsüljük le. Ráadásul a dolog logikájából nem következik az, hogy komoly

„gravitációval" rendelkező dolgok a végtelenségig tudnának feltűnés nélkül maradni. Azoknak a dolgoknak, amelyeken „gondolkodnak", nem olyan rezgési frekvenciájuk, hogy sokáig csak egy pár ember tudná érzékelni azokat vagy az olyan dolgokat, amiket így állítanak be, titokzatossággal próbálják őket körbevenni. Ezek igazából nem olyan érdekesek és értékesek. Próbálják a titokzatossággal a frekvenciát feljebb nyomni, de ez csak ideig-órig tartó művelet. Maga a művelet a titok, nem az, amit rejtenek.

Itt visszakerülünk gondolati füzérünk kezdő gyöngyéhez, hogy jelen könyvvel eltűnnek a kirekesztő gondolatok, mert a világegyetem egy és egységes, nem gondolkodhatunk többé már csak úgy, hogy mi vagyunk, és a többi ember nem számít. Mert a mai világ pénzalapú gazdasága, még ha működik is, a másik részleges vagy totális átverésére, kihasználásra, a másik megszentségtelenítése és egymás félrevezetésére épül.

De emiatt nem lehet ezt a világot felelősségre vonni, hiszen olyan alapelvekre, szabályokra épül, amelyből ez a mocsok következik, a szenny és a bűn természetesen a haladás és alkotás mellett. Nem hibásak a benne szereplők, hiszen ők csak a ma létező szabályokhoz próbálnak alkalmazkodni. A szabályokat és az alapokat kell megváltoztatni, és azonnal megváltoznak a benne szereplő egyének, vállalkozások, entitások viselkedései is. Megváltozik a tudatuk, megváltozik a viselkedésük is. Az egymás tiprását, kihasználását és félrevezetését felváltja az egymás segítését, kiegészítését feltételező viselkedés és tudat. Így és csak így lehet a világot egy másik irányba fordítani, és nem erőszakkal, nyers erővel, amire több példát is tud mutatni a történelem, és amely vetélkedéseknek szegény hazám is –földrajzi helyzeténél fogva – tevékeny, de elsősorban szenvedő szereplője volt. Ez a könyv is egy fajta tool – eszköz – arra, hogy az ebben az országban élő emberek gondolkodása, tudása megváltozzon, ezáltal is előidézve világegyetemi változásokat.

Mivel a könyv először magyar nyelven íródik, így „fejezi ki" elsőre, így első követői is magyarok lesznek, de kisvártatva a fordításokat követően a jelen politikai és gazdasági életre sokkal befolyásosabb közösségek is magukévá tehetik az eszmét, követőivé válhatnak, így keltve valójában életre az eszmét. A **P. Hun** nem más, mint egy eszme, az **univerzalizmus** és **hasonlóság,** de az **alázat** és a **bizalom** eszméje is. Fontos ezáltal, hogy megtaláljuk helyünket a társadalomban, vagy a kijelölt helyet el tudjuk fogadni, és azt alázattal viselni és követni. Később esetleg azon a helyen lehet változtatni, a dolgok nem örök érvényűek. Alázattal ugyancsak meg lehet változtatni, és előrébb lehet kerülni az egyszerűség és testvériség társadalmában. De mivel az egész társadalom változása nem képzelhető el tudati változás nélkül, így ez biztosítékot fog adni arra nézvést, hogy a változások mindig békésen és folyamatosan menjenek végbe. Ez a dolgok lényege. Bármilyen hirtelen „odacsapásnak", forradalmi megmozdulásnak beláthatatlan és gyászos következményei lennének, mint amilyeneket már ismerünk a történelem forgatagából. Ilyen volt talán maga az I. Világháború kitörése is, és talán a marxi elveken nyugvó oroszországi forradalmak is az I. Világháború idején. Később ennek a társadalmi változásnak volt a folytatása a szovjet kommunizmus. A történeteket ismerjük, nem szükséges kommentálnom, mindenki maga megítélheti, hogy mennyire volt sikeres a próbálkozás.

A P. Hun **sohasem buzdít erőszakra,** meggondolatlan cselekményre, az emberek értelmében, tudatában bízik, az emberek belátó képességében. A P. Hun ugyanakkor az univerzalizmus eszméinek átvételére buzdít. Egy lehetséges jövő forgatókönyvét mutatja meg, egy új vallás eszméje alapján. Pontosan mutatja be a tudati univerzum kialakulását, végigvesz olyan univerzális törvényeket, mint a szex, álom és déjà vu. Végigvezeti az evolúciót, kétséget sem hagyva a felől, hogy miféle erők birodalmában élünk, és ha megtanulunk a tudati univerzum szabályai szerint élni, a mi életünket is megkönnyítjük a Földön. Megkönnyítjük mind fizikai, mind lelki (érzelmi) szempontból. Nem fognak akkora súlyok ránk nehezdeni, amelyekről azt hisszük, hogy fokozatosan agyonnyomnak minket. Ehhez egy káros, kóros és rákos testet kell kiemelni és ártalmatlanná tenni az emberiség testéből, ez pedig a **pénz uralma**. Nagyon fontos tudni, hogy ez nem fog menni az egyik pillanatról a másikra. Hatalmas és óriási lehet az ellenállás ez ügyben, hiszen sokaknak – nem az eddigi jóléte, hanem – a hatalma fog megsemmisülni.

Valószínű ez a könyv sem ér célba elsőre, sokaknak kell elolvasni és egyetérteni, ha egyáltalán valamit akarunk kezdeni azokkal a dolgokkal, amelyeket tartalmaz az írás. Természetesen lesznek és lehetnek is olyan hangok, amelyek szerint a pénz valójában jó dolog, a fejlődés hajtóereje. Ez nagyjából és egészéből igaz, de ugyanakkor az is igaz, hogy egy önző, hazug és nem őszinte társadalom mozgatórugójának az alapja. Lehet pótolni úgy, hogy a társadalmi fejlődés nem szakad meg, inkább kiegyenlítődik, és idővel kiegyenlítetté válik. Így szinte a Föld bármely pontján ugyanolyan boldogság lesz élni. Igaz, az egész idea egy sokkal lassabb, de sokkal biztosabb életritmust előlegez meg az egész világban. Mint már sokszor jeleztem, az átmenet nem mehet egyik pillanatról a másikra, pontosan ugyanúgy, ahogy egy kisbaba sem egyből jön a világra, annak komoly előzményei vannak. Pontosan ugyanúgy, ahogy a naprendszer sem egyből jött létre a tudati univerzumon belül, az evolúció pedig végképp nem az egyik pillanatról a másikra való változásról híres, hanem sokkal inkább a folyamatos változásról, fejlődésről. (Igaz, vannak, lehetnek benne hirtelen momentumok is.) Így kell nekünk is tennünk, ha társadalmi változásokat szeretnénk látni. Sohasem egyből, „hűbelebalázs" módjára. Az átmenetet kb. 20 év időszakában tudnám meghatározni. Sokáig azonban nem szabad húzni, hiszen egy idő után akaratlanul is előkerülnek a visszarendeződést kívánó erők.

Ennyi idő kell, mire mindenhol megszervezik azt a munkát, ami ahhoz szükséges, hogy a kontinensek, és azokon belül az országok többé-kevésbé maguktól is tudjanak boldogulni, mindenkinek jusson elég és megfelelő élelem és lakhatási lehetőség. Ennyi idő kell, amíg az egyensúly beállna, és az emberek is megtalálják azt az elfogaltságot, amellyel a legnagyobb haszonnal tudnak lenni az őket körülvevő társadalom számára, azon keresztül a maga számára. A szállás lehet magán- vagy közösségi tulajdon, de minden **emberi individuumnak** vagy **családi egységnek** ki kell alakítani olyan lakhatásra alkalmas épületi egységet, amelyben nyugodtan élhetnek, ez a legfontosabb. Természetesen a lakóalkalmatosságok főbb része már áll, és a többi még hiányzó megépítése se fog az egyik pillanatról a másikra menni. Nem lehet egyszerre az összes házat vagy épületet fölépíteni, de tervezni lehet, és tudatunkban már elültetődhet az a gondolat, hogy a mi problémánkkal is fognak foglalkozni, nem leszünk magunkra hagyva. Ez már elég, és valóban előbb vagy utóbb, ahogy erre a közösségnek tehetsége és ereje lesz, az eredmény sem marad el.

Azonban az univerzalizmusnak nehéz és gyötrelmes útja lesz, hiszen akárhány mesét is hall az ember az ufókról vagy bármilyen összeesküvés-elméletről, ettől még nem változik meg az élete. Az univerzalizmus is akkor fog beköltözni a mindennapjainkba, ha lesz kézzel fogható dolog, amihez lehet kötni az egészet. Az embereknek elegük van már az állandó reklámokból, az összeesküvés-elméletekből, az áltudományos kutatási eredményekből, amelyek megcáfolnak vagy igazolnak valamit sokszor alap nélkül.

Az univerzalizmus az a világ, amelyben a benne szereplők tudják, hogy alkalmi és időszakos előny reményében nem borítják fel az univerzális harmóniát, magyarul nem vernek át embereket, nem lopnak, nem csalnak és legfőképpen nem ölnek, mert ezek a dolgok hosszú távon visszaütnek, sokszor sokszoros erővel, a tehetetlenségi törvényeknek megfelelően. Előbb-utóbb mindig beáll az egyensúly. Aki ezt tudja, annak nem sietősek a dolgok, az idő úgyszólván „neki dolgozik".

Az univerzalizmus egy, az isteni emberekre és az ő életvitelükre, az ő példájukra épülő világot szeretne fölépíteni. Ez lehet természetesen Jézus is, akiről a példát vesszük, de más isteni emberek is, pl. Mohamed, Imhotep, Martin Luther vagy Kung Fu Ce. Ahol ugyan nemcsak szeretet van, hiszen az univerzum törvényeiből tudjuk, ez nem mindig lehetséges, és nem kell a szeretetet feltétlenül erőltetni. Azonban fontos, hogy olyan alapokon nyugvó társadalmat építsünk föl, ahol már csírájában elfojtjuk a rosszat, a bűnözést, a gyűlöletet és a haragot. Ezt jelenti *Jézus és az isteni emberek új társadalma*. Nem kell feltétlenül szeretni, ez sokszor álszent dolog, de nem utálni már sokkal erkölcsösebb. A nem utálni fontosabb, mint a „szeretni", úgy sokkal inkább vagyunk egyensúlyban. A világ túl hatalmas lett már minden megismerésére, márpedig a szeretet egyik első feltétele, hogy „ismerjük azt a valamit, amit szeretünk". És nem ismerhetünk mindent, csak néhány dolgot az életben. Ráadásul a túl sok szeretet – csalódás esetén – túl sok gyűlöletet és utálatot is generálhat. Jézus törvényei azért betarthatatlanok, mert azok utólagos „szerkesztés" eredményei, mint tudjuk. Betarthatatlanok, ezt is ki kell végre mondani, még ha jó szándékkal is lettek „megalkotva". Egy megváltozott világban már más törvényre van szükség: az egyensúly törvényére, és ezt hozza el az univerzalizmus.

Újra egy természetközeli világnézet, amikor magunkat nemcsak az egyház testéből valónak tekintjük, hanem a természettel is harmóniába kerülünk azáltal, hogy a csillagokból valónak véljük magunkat. Az univerzalizmus – mint ahogy a nevéből ez is következik – egységes egészben tekinti az egót, a személyt és az emberiséget is, a természettel, a növényekkel és az állatokkal, az ásványokkal, a földdel, a levegővel, és nem utolsó sorban a vízzel és a tűzzel. Az érzések harmóniáját hirdeti, s ezzel több, mint a kereszténység. Az univerzalizmus a teljes tudatosság. Az univerzalizmus belülről jön, míg a kereszténység egy kívülről ránk „erőltetett" dolog, és ez komoly különbség.

Az univerzalizmusban nincs gonosz, mint az ábrahámi vallásoknál. Nem kell „megkövezni" a gonoszt és a sátánt, de vannak érzéseink, és tudatában kell lennünk, hogy vigyázni kell olyan *nagyhatalmú érzésekkel*, mint a féltékenység, büszkeség, hiúság és becsvágy. Az érzések a kémiai elemek különböző variációinak tudati leképeződései, úgy az univerzumban, mint a Földön, és fontos, hogy olyan érzések ne kerítsenek hatalmukba minket, amelyek a végzetünkhöz vezethetnek. A kémiai elemek másfajta elrendeződései a mennyországba vezetnek. A mi dolgunk az egyensúly megtartása a Földön, jutalmunkat az égben nyerjük majd el.

Talán tekintsünk az ásványokra néha, ha tudjuk, azok bizonyos univerzális érzések földi leképeződései, és milyen szépek. Erre törekszik az univerzum az evolúcióval is: minél tökéletesebb, minél szebb tudatot létrehozni a Földön. Fontos, ez nagyon fontos szabály: a dolgokat minél egyszerűbbé kell tennünk, a tudományt sokkal érthetőbbé, mint amilyen az ma, illetve amilyennek a ma élő tudósok próbálják azt beállítani. Ilyen értelemben közelítenünk kell a régmúlt idők tudósaihoz, gondolkodóihoz, mert ők még nem vonatkoztattak el annyira a vallástól, mint a ma tudósai, a ma élő ember. A ma élő ember azt hiszi (persze nem mindenki), hogy a tudomány mindenható lehet, vagy van példánk ennek az ellenkezőjére is, hogy a vak hit egy vallásban minden bajukra gyógyír lehet. A P. Hun tudja, hogy a **megoldás középen van**. Talán ezért is íródott ez a könyv egy földrajzilag is a kontinens közepén (illetve közép-keleten) lévőnek tekintett országban. Fontos, hogy egészséges, józan mértékben mérlegeljük a valóság nyújtotta lehetőségeket is (ami elsősorban a fizikai valóságot jelenti), és ugyancsak reálisan tekintsünk hitvilágunkra, tudatunkra és azokra a dolgokra, melyek a hitünkben vannak elrejtve: szenvedélyre, kitartásra, álmokra, meggyőződésre, amelyekkel meg tudjuk változtatni a világot.

9 ÚJ REMÉNY, TUDATOSSÁGI ALAKULÁS

Ahhoz, hogy a világ változzon, teljes és totális értékrendszerbeli változásra van szükség, amit viszont soha, semmilyen körülmények között nem szabad erőltetni és erőszakolni, mert visszaesünk abba a csapdába, amiből éppen kimászni igyekszünk. Ne akarjuk lebontani a vallásokat se, hiszen azok szinte a legfontosabb táptalajai az emberi létnek, még ha sokszor megtévesztő módon is. „Nem tökéletes hajók, de átvisznek a túlsó partra."[26] A vallás az ember, illetve karizmatikus emberi csoportok moráljának visszatükröződése az örökkévalóban. Ugyanakkor fontos, hogy azokat a pontokat kell megkeresni a vallásokban, amik összetartók lehetnek. Ennek egyik szép példája ezen könyv és az univerzalizmus mint világnézet. A *vallás* mindenképpen az emberi tudat fejlődésének az eredménye. Ha nem ilyen vallások születtek volna, akkor másmilyenek, de mindenképpen születtek volna. Az emberi tudat pedig az univerzális tudat földi evolúció által leképzett valója, ugyancsak a tudatkvantum terméke. Evolúció és nem direkt kreálás eredménye. Mivel minden tudomány és vallás is továbbfejlődik, talán nem is véletlen, hogy miért írtam könyvem első részében egy világnézetről, egy új vallásról, de amiben szinte minden vallás megtalálhatja tükörképét, illetve visszatükröződését, persze a vallásos dogmákat leszámítva, amelyek az esetek többségében nem igazak, persze ettől még élő dolgok a hívők tudatában és képzeletében. Az *univerzalizmushoz* új világ-felállás is kötődik, ez következik most.

---

26 Idézet a filmből: Szabó István, A napfény íze

9.1 Esély egy új világ kialakítására

Ezeket a sorokat a világ pénzügyi életét és tőzsdéit ha nem is nagyon megrázó, de egy olyan időszakban írom, amikor egy kis ország (Svájc) valutája nagy mértékben erősödik, tulajdonképpen egy öngerjesztő folyamat hatására. Európa közös pénze vélt vagy gondolt problémák hatására bajban van (a befektetők tudatában). A valóságban valószínűleg semmi baja sincs a közös fizetőeszköznek. Természetesen vannak országok, amelyeknek már elviselhetetlen mértékű az adósságállománya. Ilyen körülmények között természetesen nem működik jól a gazdaság néhány eleme, és ez valóban gondokat, fizetési nehézségeket indukál. Ilyen értelemben valóban van némi zavar. És ez kihat a tőzsdepiacokra. A tőzsdepiac spekulációra épül, helyes és jó megérzésekre, valamint a vállalatok által szállított többé-kevésbé jó negyedéves adatokra. Az egész monetáris rendszer tulajdonképpen egy imaginárius hálózat, egy igen érzékeny bizalomra épülő rendszer. Ha bármi baj van, valami eltérés van a megszokott normáktól, a rendszer jelez, mint egy hőmérő. Ezeket hívjuk angolul stock exchange-eknek vagy marketeknek.

Hogy miért írom ezeket a sorokat? Azért, mert az univerzalizmus, mint egy speciális világnézet, egy pénz- és bankrendszer nélküli világban hisz, amelyben az első a korrektség, a másik segítése, ha az szükséges, és egy viszonylagos egyensúlyi rendszer, amelyben mindenki egyszerre süllyed vagy pedig emelkedik több-kevesebb időzárat engedve ebben. A mértékletességre apellál, valamint arra a szóra, hogy „elég". Ha van már kettő, nem kell egy harmadik. Az univerzalizmus rendszerében erre nem is lesz lehetőség. Ezek alapelvek. A globális monetáris rendszer ugyan működik, de helyenként nem jól, és különösen nem igazságosan. Én azt gondolom, hogy különösen most, a média által uralt hírvilágban elképesztő anyagi különbségek alakulhatnak ki emberek között, már csak a hírérték miatt is, és ez nem jó. Nem akarok azok sorába lépni, akik szerint az egész kapitalista rendszer rossz, és ezért kell lecserélni. Nem, összességében működik a mai rendszer, de ha ezt akarjuk fönntartani, akkor nem kell tovább olvasni ezen könyvet. Működik a kapitalista rendszer, de egyrészt óriási pazarlások és felesleges termelések mellett és nem igazságosan működik. De azt el kell ismerni, hogy legalább működik, és ez még mindig jobb, mint ha egyáltalán nem működne valami. Sajnos a rendszer a jellegéből adódóan nem igazságos, nem lehet igazságos, akármennyire is igyekeznek azt jobbá tenni különböző politikai rendszerek és pártok. A kapitalizmust nem lehet igazságossá tenni, ezért kell lecserélni.

Az egész emberiség sokkal előrébb tart, köszönhetően elsősorban a **technológiai fejlődésnek**, amelyet részben a háborúk is generáltak. Autók és szállítási eszközök közlekednek minden másodpercben, a háztartások többsége már elképesztően modernizált, jobbnál jobb ételeket eszünk szinte nap mint nap. A jólét a világ szerencsésebb vagy szorgalmasabb felén elképesztő magasságokba szökött. Az éhezési rémhírek általában elszigetelt jelenségek, nem is mindig kell ilyen híreknek bedőlni, hiszen tudjuk, hogy működik a mai világ, hírekre épül. Remélhetőleg ha vannak is ilyen esetek, azok sem maradnak sokáig, eközben a világ másik felén pedig már az obesitas, az elhízás a probléma.

Azonban pont a technológiai fejlődésnek köszönhetően elértünk egy olyan pontra vagy elágazáshoz, amikor válthatunk. Még jobbá tehetjük ezt a világot, és sokkal igazságosabbá. Igazságosabbá tehetjük, és ebben segítségünkre van a lassan mindenhol elérhető technológia és maga az univerzalizmus mint világnézet is. Azért nincs igazuk teljesen azoknak, akik támadják a kapitalizmust és a pénzrendszert, mert ha súlyos hibákkal és hiányoságokkal is, de az egész világgazdaságot működésben tartja. Erre szokták azt mondani, hogy még a rossz kormányzás is jobb, mint a nem kormányzás és anarchia. Nem, nem kell anarchia, rend kell, és kiszámíthatóság. Mivel azonban az egész fiskális rendszer kvázi a bizalmatlanságra épül és rendkívüli módon vissza lehet élni vele, ezenkívül a korrupció melegágya, így ésszerűbb egy igazságosabb rendszert működtetni, ami nem imaginárius számokra épül a bankrendszerben, és nem a megfogható pénzt használja.

A P. Hun szerint elképzelt világműködés **nem a pénzre alapulna**, hiszen az csak eszeveszett versenyt szül, ami végső soron értelmetlen. Nem kell versenyezni, mert nincs kit legyőzni, hacsak nem magunkat. Az emberiségnek egyszerre kell haladnia lehetőség szerint, pontosabban különböző hullámokban, úgy, ahogy egy hullám terjed a vízen vagy bármilyen olyan közegben, amely közvetíti a hullámot. Ilyen természetesen az elektromágneses hullámokat észlelő tudat is. Ezek a hullámok lehetnek időközbeniek, esetleg 5 évenkéntiek, ami már szerintem egy megfelelő tempó. A világ jelenlegi fejlődési tempóját le kell lassítani, hiszen ez nagyon gyors. Illetve a ma meglévő technológiai fejlettséget idővel ki kell terjeszteni a Föld összes részére. És ne nyugodjunk addig, amíg ez meg nem történik a megfelelő emberekkel. Ma már nem egyszerűen a technológia forradalmát éljük, az inkább a `60-as és `70-es évekre volt jellemző. Ma az *információs technológia kora van*, ami iszonyatos lehetőségeket hordoz magában. Az információs technológia világában szinte havonta jönnek ki újítások. Jóformán ki sem tudunk próbálni egy újító felfedezést vagy egy funkciót megkönnyítő új verziót, és már jön is az újabb, holott a régi is ugyanolyan jól ellátta volna ugyanazt a funkciót, csak éppen az őrületes verseny miatt már azonnal túl kellett lépni egy kész verzión. Ilyen értelemben a fel nem használt, de kifejlesztett verzióba fektetett minden **energia kárba, pocsékba vész**. Olyan energia ez, amelyet lassabb fejlődési tempó esetén föl lehetett volna használni. Egy őrületes tudati verseny van most – talán nem is véletlen, hogy a P. Hun is most, ezekben az időkben kerül papírra és megírásra, hiszen ezeknek az időknek vagyok megélője, szemlélője én is.

A világ hatalmas tudati kinyílásának, és a világ tudati evolúciójának lehetünk tanúi. Továbbra is az evolúció részei vagyunk, mert az nem áll le. Nem is áll le addig, amíg azt tudati energiák irányítják. Mióta az ember öntudatra ébredt az álmainkon keresztül megvalósuló univerzális kódok segítségével, a tudati evolúció korát éljük. Attól a pillanattól kezdve, amikor az emberi agyban és tudatban először „tudatosult" a világegyetem léte, nagysága, misztikussága, titokzatossága és hatalma. Ezután a pont után tudta magát az emberiség – először csak egyes emberek – elhelyezni magát a világegyetemben. Fokozatosan „megszületett" Isten is a tudatában, pontosan azoknak a kérdéseknek a válaszaként, amelyek megjelentek agyában öntudatra ébredésekor. Érdekes, ahogy az ember is, úgy Isten is „evolúción" ment keresztül, állandóan fejlődött, része volt az emberi kultúra evolválásának. Isten megszületik az emberi képzeletben, ugyanúgy, ahogy a Legfőbb Tudatban is az ember. Az esetemben a tudat tudatot szül, a visszacsatolás megtörténik.

Most, hogy a társadalom és a társadalmi fejlődés eljutott erre az elképesztő szintre, amelyen most áll, igen, valóban 10–12 ezer év hol lassabb, hol gyorsabb, de folyamatos fejlődésére volt szükség. Az ő maga összes háborújával, intrikájával együtt el kell fogadunk ezt a korszakot, csakis azért, mert a tudati fejlettség azon a szinten állt, amelyen.

Az időben exponenciális volt a fejlődés sebessége, hiszen mindig már egy meglévő tudáshalmazra lehetett építeni, és az ötletek csak gyorsították egymást. Végül is az információs technológia és az internet kora hozta el számunkra ezt a fejlettségi szintet. Ne szégyelljük, ne legyünk kishitűek és pesszimisták, nagy utat járt be az emberiség a legutolsó jégkorszak és az azt követő nagy vízesemény óta. Ez remek teljesítmény! A világnak csak egynéhány zugában nem tud a másikról a kulturális különbségek miatt.

Ugyanakkor, ha a függöny mögé nézzük, látjuk a dolgok hátulütőjét is. A pénz-kapitalizmus szörnyű visszásságait, elsősorban az egyenlőtlen fejlődést, és az erőforrások egyenlőtlen birtoklását és elosztását. Az elképesztő fejlettségbeli színvonalat, általában az egyenlőtlenségeket, valamint a korrupciót, ami szinte minden euróhoz, dollárhoz és forinthoz hozzáragad. Tisztességes verseny nem létezik, mert ez bele van kódolva a rendszerbe: aki valamilyen módon előnyt tud szerezni, mondhatjuk akár úgy is, csal, az boldogul. Legalábbis jobban, mint a másik. A szabályok ugyanakkor jóhiszeműen vannak megalkotva, főképp tisztességes politikusok által. Olyan ez, mint a betörő-nyomozó párharc, ahol mindig a betörők járnak egy lépéssel a nyomozók előtt, de csak azért, mert nekik nem kell betartaniuk a játékszabályokat. Ha be kéne, nem is „versenyeznének". Vannak ugyanakkor becsületes résztvevők is, és néha ők dominálnak, meglátásaikkal, találmányaikkal. Vannak döntő jelentőségű fordulópontok és találmányok, amelyeket nem lehet megkerülni, ekkor vannak a „versenyben" tendenciaváltások. Folyik a verseny, de nem az emberek boldogulásáért elsősorban, hanem minden egyes pennyért és centért. Mert az hatalom és biztonság, ami végül is érthető is.

Az emberek versenyeznek, mert versenyre vannak kényszerítve. Ugyanakkor a verseny könyörtelen, és nem megspórolható következménye és velejárója az, hogy állandóan vannak vesztesek, akik tönkremennek, és akik meghalnak. Én azt gondolom, hogy sokan tudatlanságból és alapvető negatív érzésekkel vezetve bocsátkoznak bele a versenybe, és általában a háborúba is. Beleviszi őket a büszkeségük, a hiúságuk, a becsvágyuk vagy éppen elkeseredésük, és ha valakit ezek az érzések hajtanak, ezekből már nem lehet jól kijönni.

Mindig vannak vesztesek, és persze mindig lesznek győztesek, ahelyett, hogy úgy terveznénk meg a világot, hogy a döntetlen már győzelemnek számítson, vagy hogy mindenki nyertes legyen. A kapitalizmus financiális rendszeréből vagy legalábbis a nyugati financiális rendszerből adódik maga az adósság. A hitelből tulajdonképpen egy időutazás oda, ahova szeretnénk megérkezni, és ahova egyébként is meg lehetne érkezni, csak más úton, mint ahogyan az a mai rendszerben kódolva van. De a probléma az, hogy nem mindekinek sikerül ezt az utat megtennie, vagy túlságosan siettetik „az utazást". A bankrendszerrel nem lenne probléma, ha nem lenne abban is verseny. A pénzbeli különbség tudati (gravitációs) különbséget is szül, ezért van akkora különbség az emberek között, tulajdonképpen akkora, mint az univerzumban. Akiknek nem számít a pénz, azok mind spirituális emberek, akiknek nem a pénz, hanem a közösség számít, és az ott megélt élmény, tapasztalat. Ez jelenti az ő gazdagságukat, és ezek lesznek az univerzumban is jutalmazva a karma által. Most nem a saját hibájukból szegényekre gondolok, akik szeretnének gazgadok lenni, de nem tudnak, szellemileg is szegények. A hitel és azt követő adósság intézménye nem reális a Földön, pontosabban idáig az volt, de ezután már nem lesz az. Ahhoz, hogy a világot meg tudjuk változtatni, el kell tüntetni az adósságokat, és mindenkit ugyanazzal a tudatossággal kell felvértezni. Azért is, hogy ez többet ne történhessen meg, és hogy mindenki ugyanolyan eséllyel tudjon belépni az új világgazdsági rendszerbe. Tudja, hogy ő ott része az egésznek, újfajta tudatossága van, amit időbe telik megteremteni, de ez a könyv is ezt a célt akarja elősegíteni.

A világ megváltoztatása nem jöhet létre a gondolkodás alapvetéseinek megváltoztatásai nélkül. Mivel a világnak elképesztő része eladósodott, tulajdonképpen a fejlettebb és tudatosabb része is, ezeket az adósságghegyeket kezelni kell, mielőtt vissza tudnánk terelni a világot és annak fejlődési ütemét egy megfontoltabb és nyugodtabb mederbe. A P. Hun szerint egy legalább **20 éves időtartam** kellene ahhoz, hogy a hiteleket biztonsággal vissza lehessen fizetni, és közben megteremteni azokat a feltételeket, amelyekben már nem termelődik újra az adósság. Ugyanakkor ezen idő alatt a pénz fokozatosan ki lenne vonva a gazdasági, kulturális és szociális életből. A 20 éves időtartam átmenet. Ezen időszak alatt mindkét fizetési eszköz létezhetne, a pénz, és a jog (valamint lehetőség is). Az új világgazdasági rendszerben nem pénzzel fizetnénk egymásnak, hanem közvetetten szolgáltatásokkal. Tehát a doktor doktor marad, és tovább ápolna, de azért nem pénzt kapna, hanem olyan szolgáltásokat, amelyekért egyénbként fizetnie kéne: nyaralási jogot, házat, autót, élelmiszert, szórakozási lehetőséget. Szerintem nagyon sokan, akik doktorok, ezek után is doktorok lennének, mert ezt a hivatást választották, ezt szeretik csinálni. Lehet, hogy sok doktor ezek után nem maradna doktor, de a kérdés akkor az lenne, hogy mi mást csinálna? Hiszen pénzt mással sem tudna keresni. Mert a pénz megszűnik. Amit tud keresni, az elsimerés, becsület, szeretet és hála, azonkívül persze, hogy minden más meglesz neki, ami egy normális megélhetéshez szüksége lesz, de nem több. Hiszen az univerzalizmus rendszerében azt is ki kell tudni mondani, **hogy elég!** Nem kell egy harmadik, ha van már kettő. Azért nem, mert másnak egy sincs. Ez kell legyen az irányadó elv. A pénz megszűnik, nem lesz többet csereeszköz, mert torzulásokat és frusztrációt okozhat túl lanyha, vagy pedig túl erős folyása. Nem, olyan eszközt kell keresnünk, ami állandó intenzitással folyik. Mint például a testben a testnedvek vagy a vér. Amelyek ugyancsak különböző intenzitással terjednek a testben, de nem akkora kitéréssel, hogy az súlyos komplikációkat okozzon a testben. Sőt, néha szükséges is, hogy felmenjen az adrenalin, mert annak tiszító és frissítő hatása is van.

Továbbra is vannak igények, álmok, elvárások, de azokat nem magad, hanem a közösségre csatlakozva tudod elérni. Megkapod, mert a közösség része vagy, és jó munkát végzel a társadalomnak és a többieknek. És emiatt nem is gondolom, hogy sok orvos készülne elhagyni a pályát, hiszen máshol sem lenne jobb neki. Az életpálya már ki van jelölve bizonyos tudás által, azt változtatni menet közben lehet, de időigényes, nem lesznek nagy ugrálások az univerzális gazdasági rendszerben, mert nem lesznek akkora különbségek sem.

A fölhozott példa kapcsán sem gondolom – az elvégzett tanulmányok miatt sem –, hogy sok orvos gondolkodna távozáson. Egy bizonyos szellemi színvonallal és tudással felvértezve egy életpálya már ki van jelölve, azon nemigen kell majd már változtatni, illetve ha csak majd az egyén nem akar mással foglalkozni, akkor ezt majd jeleznie kell, és természetesen meg lesz adva a lehetőség a váltásra, különösen más területre, amit ki szeretne próbálni az egyén, a gazdaság szereplője. Azok maradnak, akik egyébként is szeretik csinálni ezt a szakmát, és **nem a pénzért végzik, hanem a betegekért**. Ez lesz a lényeg, az ilyen emberek által lehet áttörni a frontot, lehet megváltoztatni a mostani rendszert. A rendszer megváltoztásának záloga az emberek belsőjében van elrejtve, nem kell külső hatalom, külső kényszerítés. Ha egy elkezdi, a többi folytatni fogja, pontosan úgy, mint egy vallást. Nem lesz több hálapénz, csak kedves szó és köszönet, emlékezet és köszönő levelek, üdvözlő lapok, valamint családi meghívások. Így, ebbe az irányba kell terelni a társadalmat, azokra kell első körben építeni, akik szenvedélyből csinálják a dolgukat, mert szeretik! Ekkor lesz egészséges a társadalom. De tudom, az ilyenek kevesen vannak, azon szerencsések, akik szeretik is, amit csinálnak. A többség azt teszi, amit kell, nem azért, mert szereti azt. De más tudatállapottal meg lehet azt is szeretni, amit kényszerűségből csinálunk, ha tudjuk, hogy végre van értelme annak, amit csinálunk, amiért izzadunk és verejtékezünk, mert az egész része. Bármily hihetetlenül hangzik, ez lehet akár fizikai munka is. Sőt, azoknak lesz aztán becsülete. Jézustól példát veszünk, és az ácsnak, a burkolónak, a szerelőnek, a kőművesnek, a szalagon dolgozónak, és a bányásznak is nagy társadalmi becsülete lesz. Jézus kapcsán elsőrangúvá lehet tenni a fizikai állományt, hiszen ő is végzett ilyen munkát a hagyomány szerint. Az esszénusok pedig alapvetően a fizikai munkára építették társadalmukat. Egy Jézus szellemiségéhez hasonló társadalmat kell létrehoznunk, de nem erőből, hanem szívből.

9.2 Az alapok

Az univerzális világgazdaság irányvonalának alapjait természetesen jogi jellegű dolgokkal kell kezdeni. Meg kell határozni azon egyszerű jogi alapelveket, amelyek elvezethetnek egy kilenc osztatú, de mégis egyensúlyban működő világ megteremtéséhez, természetesen gazdasági értelemben. A 9 osztatút úgy értem, hogy kilenc kontinens az alapja a Föld gazdasági működésének. Nem 5, hanem 9. A Föld és kulturális, valamint földrajzi adottságok alapján kialakított kontinensei úgy aránylanak egymáshoz, mint a Nap és a körülötte keringő bolygók, amelyeknek az a sorsa, hogy a Nap körül keringjenek, mert így nyertek életet.

A jogok elsődlegesen a 9 kontinenst különböztetik meg és teszik egymástól függetlenné, de egyben összekötötté is. A kontinesekre kiterjedő jogokat nevezzük **univerzális jogoknak**, amelyek sérthetetlenek. Először lássuk az univerzális jogokat, amely által egyfajta kiegyenlítődés indulhat meg a kontinesnek közötti életszínvonalban, de nem gazdasági aktivitásban, mert az az emberek hozzáállásában gyökerezik, az pedig az éghajlat és a földrajzi helyzet által is determinálva van. Afrika gazdasági aktivitása nem biztos, hogy valaha is lesz olyan, mint Európáé. De még az is lehet, hogy e könyv által lefektetett alapok alapján előbb-utóbb elérheti. Anélkül soha, hiszen a ma meglévő gazdasági rendszer alapja az, hogy nagy különbségek vannak technológiában, attitűdben és szellemi kapacitásban is. Ezek a különbségek hosszú távon kiegyenlítődhetnek, illetve jelentősen mérséklődhetnek az univerzalizmus gazdasági rendszerével, amiből tőstől, gyökerestől **van kitépve a pénz használata,** illetve az az alapján történő elszámolás. Az megszűnik, ez teremti meg az esélyét a kiegyenlítődésnek, persze nem varázsütés-szerűen, hanem idővel, hosszútávon.

A **9 kontinens működését** olyan módon kell megszervezni, hogy az a termelést és szolgáltatásokat tekintve is egyensúlyban legyen. Ezen alapvetések alapján kell megalkotni a jogokat is, amelyek természetesen különböző természetűek, valamint súlyúak lesznek és lehetnek is. Fontos alapelv, hogy a jogok által az emberi faj közelebb kerüljön egymáshoz, a fizikai munkához és a természethez is. Ez alapján 4 féle jogot fogunk megkülönböztetni. Az univerzális jogot, kontinentális jogot, valami egyéni jogokat és persze kötelezettségeket is. Ezek a jogok mind kettős célt szolgálnak, egyrészt van egy bemeneti „request" oldaluk, és van egy kimeneti „deliver" oldaluk. Mindig meg kell találni azt az egyensúlyi állapotot, amellyel a legjobban lehet fenntartani a kontinensek, területek, entitások és személyek lelki és fizikai egységét és egyensúlyát, amely által az egyén és rajta keresztül közösség is jól és biztonságban érzi magát, olajozottan és lehetőleg igazságosan működik.

Ezek az univerzális alapvetések a következők: minden különálló kontinens, 9 darab különálló, egy egységes entitás gazdaságilag. Minden, a területén található nyersanyag első körben őt illeti, azzal ő gazdálkodik. Minden, a területén élő ember az ő fennhatóságához tartozik. Tartozik az emberek ellátásért és megfelelő életszínvonal biztosításáért. Nem felel másik kontinens jólétéért és a másik kontinensen történt dolgokért, beleértve a természeti katasztrófákat sem. Így lehet megteremteni a világbékét, és meg is őrizni azt. A be nem avatkozás elvével. Segíteni lehet egy másik kontinensnek, de nem lehet erőszakosan beavatkozni az életébe, valamit ez fordítva is igaz, nem lehet egy kontinenst arra kényszeríteni, hogy egy másik kontinens segítségére siessen. Ezt vagy önként teszi, vagy sehogy. A 9 kontinens tökéletesen független és szuverén. Nem lehet egyik kontinensnek sem egy másikat a befolyása alá helyezni.

Nem szűnik meg a magántulajdon, de olyan, hogy csak saját részre történő vállalkozás, nem létezik többé, hiszen a pénzt kivontuk a rendszerből, így nincs miért vállakozni. Alapelv: ha te haladsz, mindenki halad. Ha neked jobb, mindenkinek jobb. Ha a közösségnek jobb, neked is jobb. Minden kontinens maga gondoskodik első körben magáról. Ez annyit tesz, hogy minden embert számításba kell vennie, és az alapvető szükségleti igényeit ki kell elégítenie. Ezeket a munkákat minden kontinensnek, azon belül minden országnak és minden gazdasági körzetnek magának kell megszerveznie, elsősorban a területén élő emberek segítségével.

Nincs kereskedelem többé, nincsenek árak, nincs piac, nincs verseny. Ehelyett a kontinensek maguk boldogulnak, a kontinensen lévő országok megszervezik úgy az életet, hogy a legjobb, legboldogabb és legélhetőbb legyen. A kontinensen az országok egymást segítik valós szükségletek alapján. A cél a kiegyenlítődés (nivelláció) mind fizikai, mind szellemi (tudati) értelemben. Természetesen egy kontinensen lévő ország is független és szuverén, de egy olyan közösség része, amelynek együttműködési kötelezettségei alól úgysem tud és feltehetőleg nem is akar kibújni. Az energia- és közlekedési hálózat már alapvetően összeköti ezeket az országokat. Ugyanakkor minden ország önálló a területén adódó és szükséges munkák elvégzésében. Minden ország maga határozza meg azokat a kvótákat, amelyekkel a legjobban tudja megszervezni életét. A szükséges kiegészítésekhez minden segítséget megkap a kontinenstől (de nem más kontinenstől, mert abból kavarodás van. Nem lehet megszabadulni a pénz uralmától, csak ha normális munkamegosztás és rend van.)

Egy kontinens persze, ismerve az országok adottságait, megkérheti bizonyos országát, hogy ebben vagy abban segítsen be egy másik ország boldogulásába. De ehhez kell tudni, hogy a technológiák és szabadalmak ingyenesen áramolnak a kontinens országai között, tehát elvileg minden feltétel adott lesz ahhoz, hogy egy ország hasonló színvonalra hozza magát. Ha ez mégsem megy, kérhet segítséget, de az időigényes lehet. Hiszen mivel nem lesz pénz, senki sem fogja magát törni, hogy egy másik országnak dolgozzon. De várható tudati fejlődés, és idővel tömegesen fognak jelentkezni olyanok, akik vagy amelyek szívesen fognak segíteni. Azért, mert abban találják meg boldogságukat, és nem azért, mert arra vannak kényszerítve. Ez a cél, az ugyanolyan színvonal, de ez idő. Tudom, sok idő.

A segítség természetesen oda-vissza is működhet. Mivel nem lesz pénz, más lesz az elszámolás, illetve egyensúlyba hozás alapja. Egy kontinensen belül ez jellemezően természeti erőforrások vagy pedig a nyaralási, pihenési lehetőségek lesznek. Az erőforrásokat és szolgáltatás lehetőségeit úgy kell elosztani, hogy azok kis közelítéssel a 0-hoz közelítsenek. Ez magyarul annyit jelent, hogy minden ország szinte ugyanazon az életszínvonaljon éljen, természetesen a természet adta lehetőségeket nem beleértve. Tehát ha egy ország hegyekben gazdag, akkor a polgárainak ahhoz kell igazodniuk, és fordítva. Meglesznek az utazás lehetőségei a kontinesen belül, tehát lesz elég alkalom arra, hogy szinte minden ország jobban megismerhesse a másikat, illetve az adott ország természeti kincseit.

Ez azért is fontos, hogy kvázi megszűnjön a gazdasági népvándorlás lehetősége. Ez meg is szűnik, hiszen nem lesz több pénz a rendszerben, a pénz miatt nem lesz több népmozgás. Ugyanakkor természetesen továbbra is lehet országot és akár kontinenst váltani, ha annak feltételei adottak. Munkaerőhiány, szimpla befogadás vagy technológiai, szellemi átvitel révén. Tehát az új univerzális gazdasági rendszerben fordított népvándorlás lesz: a fejlettebb országoktól migrál az arra hajlandó népesség a fejlettlenebb és a több segítségre szoruló országok felé. És ez így egészséges.

Ugyancsak fontos cél, hogy hosszú távon kiegyenlítődjön a világ népessége és népsűrűsége, figyelembe véve persze a természeti, földrajzi és kulturális adottságokat is. Ehhez ugyan természetesen több száz vagy akár ezer év is szükségeltetik, de mint minden az univerzumban, ennek is a kiegyenlítődés felé kell haladnia. Az univerzális gazdasági rendszerben hosszútávon valószínű beáll a világ népessége egy nyugalmi szintre, hosszú távon megáll az olyan népességszaporulat, ami a rendszer felbomlását idézhetné elő. Ez természetesen nem jelent a népességszaporulat mesterséges megállítását, de ahogy az emberek tudati fejlettsége nőni fog, úgy a népességnövekedés is beáll egy olyan egyenletes szintre, ami kezelhető lesz.

Az univerzális gazdasági rendszerben az adja egy ország fő gazdasági tevékenységét, hogy minduntalan és folytonosan gondoskodik állampolgárairól. Hogy egy klasszikust idézzünk: „Sosem veszed le a labdáról a szemedet". Mindenkinek megteremtik a normális lakhatáshoz, valamint élemezéshez való feltételeket. Természetesen az ország állapolgárainak is ennek fényében kell kivenni részüket a munkából. Minden kontinensbeli ország megszervezi az életét és a termelést is. Mivel most már a konkrétan megfogható fizikai dolgok lesznek a meghatározók, így e szerint is átalakul egy ország tevékenységi köre. Kevesebb lesz banki alkamazottból, eladóból, kereskedelmi ügynökből, reklámszakemberből, sőt egy idő után ezekből egyáltalán nem lesz, de több lesz a fizikai munkásokból, ápolókból, tanítókból, valamint a munkát megszervező és a kivitelezést is felügyelő szakemberekből, alkalmazottakból. Ezen felül természetesen egy ország továbbra is gondoskodik az **oktatásról, a sportolási és szórakozási** lehetőségekről. A kialakítandó magas életszínvonalhoz tartozhat majd hetente egyszer legalább éttermi étkezés lehetősége akár egyedül vagy családostól. Ezekben az esetekben nem kell otthoni főzést alkalmazni. Az utóbbi mondatok sok embernek megmosolyogtatók lehetnek, tudom, de figyelembe kell venni, hogy egyfajta átlaghoz vizonyítottam a jelenlegi helyzetet. Vannak, akik mindennap étteremben étkeznek, de vannak, akik évente egyszer vagy soha.

Egy emberi individuumnak, hogy saját magát elfogadható színvonalon, a kor követleményeinek megfelelő módon eltartsa, nem szükséges napi 6 óránál többet dolgoznia. A munkahelyhez való utazást beleszámítva bruttó 8–8,5 órát. Egy országnak, illetve gazdasági körzetnek úgy kell megszerveznie a munkákat, hogy mindenkinek jusson elfoglaltság, leszámítva az arra képteleneket. Azoknak is kell egyfajta elfogadható megélhetést biztosítani, akik nem hajlandók az univerzális gazdasági rendszerben dolgozni, de természetesen csak az alapokat. Akik még ezek után is bűnöznek, szigorú bánásmódban részesülnek. Ezt az adott ország maga dönti el, hogy az mi lehet.

Egy egyénnek csak akkor vannak *egyéni jogai*, miután a közösséggel szemben teljesítette kötelezettségeit. Nincsenek általános és „egyetemes" emberi jogok, amelyeket minden ország köteles lenne alkalmazni. Jogok csak kötelezettségekkel együtt léteznek, vagy pedig persze hátráltatott és csökkentett jogot is lehet alkazmazni olyanokkal szemben, akik szembehelyezkednek az univerzális törvényekkel. (Ők kaphatják a termelés véletlenül rosszabb minőségű gyártmányait, hogy ne legyen pocsékolás.) Persze itt is törekedve az univerzális alapelvekből fakadó egyensúlyi állapot megtalálására. Ugyanakkor miután az államnak továbbra is inkább kötelezettségei vannak, számítani lehet, hogy az államot alkotó polgárok semmiben sem fognak hiányt szenvedni, szóval az előző részben jogok versus kötelezettség nem fog abban az értelemben felmerülni, hogy melyik az, amelyik megvalósult, és melyik az, amelyik nem. Ezen alapelvek által teljesen más tudatosságra fog jutni fokozatosan az emberiség, és így kevesebb és egyértelműbb ügyek kerülnek majd a bíróságok elé.

Ugyanakkor mivel nem lesz pénz, sok esetben nem lesz „miért" bűnözni. Nem lesznek olyan vitás kérdések, mint manapság. Továbbra is lesz persze szabálysértés és talán bűnös viselkedések is, de egyáltalán nem olyan meghatározó mértékben, mint ma. Nem lesz a bíróságoknak annyi dolguk, mint ma, de cél is, hogy ne legyen.

Mivel nem lesz pénz, így nem lesz egyéni vállalkozás sem, vagyis pontosabban lehet, de azt már kvázi nem vállalkozásnak hívjuk, hanem a közösség érdekében tett tevékenységeknek. Azért, hogy egy bizonyos teljesítésért élvezhessed a közösség többi ajándékát és biztonsági érzetét. Fontos, hogy minden tevékenység egyetemlegesen az adott ország vagy annak egy bizonyos gazdasági körzetének boldogulását biztosítsa. Nincsen többet egyéni érdek, amit a közösségi érdek elé lehet helyezni, azért, mert nincs pénz, az a mérőszám, amivel azelőtt az emberek mérték magukat és az egymás között lévő távolságot. Ez nincs többé. Tudom, hogy ezt a helyzetet nehéz lesz megszokni egyeseknek, de ezt jelenti egy „Jézust sok mindenben követő társadalom" felépítése, az alázatosság gyakorlatba ültetése. Azt hiszem, eleget hallottunk már szép elvekről. Úgy gondolom, hogy eljött az idő, hogy eleve olyan körülményeket teremthessünk, amikor nem is érdemes a másikat átvágni vagy kihasználni, hiszen azzal nem jutunk előre, illetve az az egyén sem, aki elköveti ezeket a dolgokat embertársaival szemben.

Az emberek továbbra *sem lesznek egyenlők*, hiszen megmaradnak a javak, tulajdonok, de azok ésszerű kihasználása érdekében célszerű lesz őket közös célokra használni, ha már az egyénében úgysem lehet. Ez persze nem lesz kötelező, mert az univerzalizmus nem erőszakról szól, de idővel remélni lehet, minden tulajdonos belátja, hogy a közösség érdekében érdemes lesz dolgozni.

Nem lesz több háború, hiszen nem lesz „miért". Minden ország segítve lesz, illetve segít. Nem gyártunk több hadianyagot, fegyvert, csak annyit, amennyi épp elég arra, hogy az egyes országok megvédhessék magukat. Mert önvédelemre természetesen mindig szükség lesz. Az univerzalizmus nem elsősorban a szeretetre épül, de próbál olyan rendszert létrehozni mind gazdaságilag, mind kulturálisan, amelyben könnyebben megérthetik, szerethetik egymást a különböző emberek és csoportok. Lehetnek természetesen országszövetségek a védelemre, de ezek végül is korrelálhatnak a meglévő 9 természetes egységgel, a kontinensekkel. Fegyverek, robbanószerek ugyancsak fontosak lesznek további használatra, de elsősorban a természeti katasztrófák elhárítására, építkezéseken és rendfenntartási célokra. A támadó fegyverek már nem kellenek, hiszen egyik ország sem támadja meg, illetve nem is támadhatja meg a másikat. Ezek következnek az univerzális törvényekből. Fontos lenne, hogy maguk a kontinensek is kinyilvánítsák békés vagy semleges szándékukat a többi kontinens felé is. Nincs, illetve nem lesz miért háborúzni, hiszen a kontinensen belüli és esetleg kontinensek közötti munkamegosztás által minden fizikai és szellemi jót meg lehet szerezni, illetve kapni. Olyan feltételeket alakítunk ki, hogy többségében már országon belül meg lehessen termelni és elő lehessen állítani mindent, amit meg nem, azt a kontinens többi része biztosítani fogja az egyéneknek, persze szigorúan betartva az egyensúlyi gondolatokat, amelyek az univerzalizmus alapjai. Az univerzalizmus célja, hogy a Föld szellemileg és tudatilag kiegyenlített legyen.

Hogy a rendszer működjön, természetesen két irányból kell kapni az impulzusokat. Van egy bementi, input, és egy kimeneti, output, oldal is. Ezek azért fontosak, mert ezáltal lehet úgy tervezni mindent, hogy az emberek többsége ugyanazokat a javakat kapja, illetve ugyanazokkal a jogokkal élhessen.

Az egész rendszer azonban **az emberre épül**, azt tartja a középpontban, **nem a piacot**. A piac torzít, és eleve csak a gazdag országok tudják mozgásban tartani. Az univerzalizmuson belül a kontinentalizmus a szuverenitásra épül: minden egyes kontinens önálló. Ezért is fontos, hogy ha két kontinens tárgyal egymással, akkor tudjuk, hogy kikről beszélünk, és hány emberről. Nem energetikáról és ásványi kincsekről beszélünk, mert az egyik kontinens területén lévő ásványi nyersanyagokhoz ezután semmi köze nem lesz egy másik kontinensnek, hiszen épp ezelőtt fektettük le a jogok közé, hogy többé ez már nem lehetséges. Ugyanakkor természetesen a dolog másik oldala is igaz: az egyik kontinensen kitermelhető ásványi anyagokat nem „adhatja el" egy másik kontinensnek, hiszen nem lesz már miért eladnia. Akkor jár a legjobban, ha felhasználja a saját polgárainak boldogulására. El nem adhatja pénzért, de odaadhatja egy másik kontinensnek. Azonban ha erre nem biztos hogy engedélyt kap a kontinenst alkotó polgároktól, miért adná oda? Így hát minden, amit találunk Európában, Afrikában, Amerikában, az az európaiaké, afrikaiké és amerikaiaké. Ezután is fontos lesz az ásványi érc kitermelés és egy terület geológiai feltérképezése, de nem azért, hogy abból pénzt csináljanak különféle társaságok. Majd az ott lévő ország megszervezi magának a kitermelést, ha nem most, akkor 5 év múlva, ha akkor sem, akkor majd 20 év múlva. Nem kell sehova se sietni. Ugyan persze egy kontinensen meglévő munkamegosztásban elképzelhető, hogy szorosabb határidők lesznek. Nem a profit miatt, de az erőforrások is végesek, nemcsak egy országban, hanem egy kontinensen is. Tehát pl a Szaúd-Arábiában vagy Oroszországban talált kőolajat a továbbiakban a szaúdi, tágabb értelemben a Közel-Kelet állampolgárai jólétéért lehet és kell használni, az orosz olaj pedig boldogíthatja az oroszokat és a Szibériában élő lakosokat, de nem az amerikaiakat. Őket majd más fogja boldogítani. Egy ország boldogságérzete független más kontinensek, országok vagy emberek boldogságérzésétől, legalábbis nem fog annyira függeni, mint ma. Más emberek más országokban másnak örülnek, és jól lesz így.

10 KONTINENTÁLIS TÁRSADALMAK MŰKÖDÉSE PÉNZ ÉS BANKRENDSZER NÉLKÜL

Ebben a részben fogom kifejteni az univerzalizmus gazdasági világnézetét, amely az előbbiekben alapjaiban látott *kontinentalizmus* nevet viseli, ez is része az univerzalizmusnak. Fontos ugyanakkor megjegyezni, hogy nem teljesen új filozófiáról van szó, de olyanról természetesen, amely nem forradalomra épít.

A „Kontinentális Társadalom" működése egyszerre utal az evolúcióra és az univerzális világképre. Egy pénz és bankok nélküli világban a tudat lesz a mozgatóerő, valamint az információ. Ez fogja kiváltani a pénz funkcióját. Az alapgondolat szerint minden földi terület pontosan szervezve lenne, területi beosztás szerint. A területi beosztások nagyon hasonlóak lesznek a mostani politikai, gazdasági és kulturális felosztáshoz, mivel ez elsősorban a mostani területi beosztás szerint lehetséges. Ennek érdekében továbbra is megmaradnak a **kontinens és országok** szerinti klasszifikációk. Az **országon belüli** továbbosztás már az abban az országban élők feladata, ebbe a P. Hun nem akar beleszólni és állást foglalni.

Egy új gazdasági filozófiát vázolok fel, amely nem a piacot, hanem az embert állítja a központba, és annak szükségleteit. Szükségleteket, de csak egy bizonyos határon belül. Olyanokat, amilyeneket az a bizonyos közösség meg tud engedni magának. Mivel nem lesz pénz, a ruhákat csak úgy megkapod, mert természetes szükségleted, plusz ez ad elfoglaltságot más embereknek, hogy az ő tevékenységük fejében pedig autót és házat kapjanak.

Nincs piac, nem lesz fölösleges termelés, nem lesz verseny. Mert megváltozott tudati állapottal nem kell verseny. Lesz termelés, de pont csak annyi, amennyi elég a közösségnek, illetve megállapodások szerint még további közösségeknek. A környezetre így *kevesebb* fölösleges *terhelés* jut. Továbbra is lesz hulladék-gazdálkodás, de az már sokkal áttekinthetőbb és tervezhetőbb lesz. Mivel nem lesz piaci verseny, nem lesz akkora terhelés a termőföldön, a szántóföldeken, a vizeken és a tengereken. Nem lesz akkora környezetszennyezés. Igaz, ökoterhelés továbbra is lesz, de az folyamatosan és egyenletesen fog nőni, hiszen az emberi népesség továbbra is nőni fog.

10.1 A rendszer társadalomra gyakorolt hatása

Egy pénz és bankrendszer nélküli világban, ha az már egyszer kialakult, és csak működetni kell, egészen más lesz az emberek hozzáállása a másikhoz. Ugyanis ha eltünik a pénz mint motivációs eszköz, az emberek már többségében nem mint versenytársra tekintenek a másikra, mivel hogy tudják, a másiknak sincs több, mint neki, vagy legalábbis nem sokkal többje, ha van is. Nem lesz annyi bűnözés, hiszen minek. A mostani rablóknak, gyilkosoknak is meg fog változni a gondolkodásuk. Hiszen minek kirabolni egy bankot, ha nem lehet belőle pénzt elvinni, és különösen, ha már bankok sincsenek? Minek elrabolni valakinek az autóját, amikor azt nem lehet tovább értékesíteni, és ráadásul nekem is lehet?

Minek elvenni 3 kiflit a boltban, amikor én is meg fogom kapni? Természetesen minden fajta alapellátás mindenkinek fog járni a kontinentális társadalmak korában. Már csak azért is, hogy ezáltal is mindenfajta deviáns gondolkodás és feszültség csökkenjen. Tehát még azok is kapnak alapellátást, akik nem akarnak dolgozni, mert a felajánlott munkát méltóságon alulinak tartják, vagy nem tudják végezni. De ők csak az alapellátásban fognak részesülni, és nem biztos, hogy mindig ugyanazt a minőséget fogják kapni, hiszen az új világgazdasági rendszerben is lehetnek selejtek. De az ilyen árukat is meg kell próbálni fölhasználni. Cél a 100%-os kihasználtság. Ekkor kaphatunk választ arra a kérdésre, hogy ki kapja a szalonnát, és ki a húst. Nyilvánvalóan a társadalomért nem eleget vagy kevesebbet tevő emberek kapják majd a nem annyira jó falatokat, de a cél persze nem ez, hanem hogy mindenki jót kapjon. Vagy legalábbis közel azonos minőségűt.

Tehát ott tartottunk, hogy az emberek máshogy fognak a másikra tekinteni, továbbra is tarthatják egymást idegennek (nem kell mindenkit és mindent szeretni, ezt már korábban megtárgyaltuk), de semmiképpen nem ellenségnek, hiszen ugyanazokkal a problémákkal küzdünk, ugyanannak a világnak vagyunk a részei, most már fizikailag is.

Fölmerül a kérdés, hogy egy ilyen illuzonált világban ki kit fog irányítani, hogy fogjuk a termelést megszervezni? A válaszom: a társadalom továbbra is szigorú szabályok szerint lesz szervezve. Továbbra is lesznek politikusok, és lesznek választások is, ugyanakkor ebben fontos lenne az amerikai mintát követni, hogy egy bizonyos politikus csak egy bizonyos ideig lehessen hatalmon. De a *hatalom ez alkalommal mást fog jelenti*, valódi felelősséget másokért, a többiekért, a társadalom összes tagjáért. És erre a feladatra nem mindenki alkalmas. A munkával nem fog pénz járni, sem tündöklés, nem fog annyit utazni az, aki ezt a posztot betölti, hanem ehelyett állandóan meg kell győződnie, hogy minden rendben megy-e a rábízott társadalommal. Hogy „soha ne vegye le a szemét a labdáról".

Mindenki végzi a munkáját, mindenki időre beér oda, mindenki megkapja a szükséges orvosi ellátást, minden élelmet időre kivittek az embereknek, vagy azok eljöttek érte. A társadalom felépítését meg kell szervezni az adott országoknak. Nekik kell tudni, hogy mire képes az országuk abban az értelemben, hogy mennyi energiát tud termelni, mennyi épített közművet tud üzemeltetni, mekkora lakosságot tud eltartani biztonságban stb. Ez alapján valóban föl lehet osztani bizonyos társadalmi rétegződést, és ezzel később foglalkozni is fogunk a kontinentális társadalom felépítése című fejezetnél. Így elfogadni helyünket majd a következő, univerzális társadalomban sokkal könnyebb lesz. Valóban továbbra is szükség lesz munkásemberekre, akik az egész társadalom alapját fogják képezni sokkal nagyobb megbecsültséggel, mint ma. Ők fogják építeni az utakat, építeni a lakóházakat, tisztítani a csatornákat. De cserébe tisztes megbecsülést fognak majd élvezni, szolgálatukért biztonságot kapnak, lakhatást normális házban vagy lakásban, normális étkezést és tanítattást a gyerekeiknek. Ez egyfajta olyan társadalom, aminek a kialakítására már régóta törekedtek különböző csoportok vagy utópisták a történelemben. Mindannyian elbuktak ugyan, de álmaik megmaradtak olyan vágyaknak, melyeket majd mások valósítanak meg, igaz, természetesen már más körülmények között. Ha végigkövetik a könyvet és arra jellemző stílust és gondolati világot, akkor világos lesz, hogy mi a különbség az olyan csoportok között, amelyeknek a törekvései elbuktak, valamint az univerzalizmus gazdasági filozófiája között. Van egy igazán fontos különbség, és ezt itt és most rögzítenünk is kell.

Ez pedig a **magántulajdon kérdése**. Nehogy Karl Marx vagy a „megvalósult" kommunizmus hibájába essünk. Mivel igazi, igazságos és mindenkire egyenlően kiterjedő kommunizmus nincs, így arról több szó sem esik, és ne is dőljünk be ilyennel kecsegtető szónoklatoknak, ez is fontos. Az emberi testben sincs „igazság". Az egyik szervnek ezt kell végeznie, a másiknak meg azt, de azzal nagyon fontos tisztában lennünk, hogy az összes szerv egy cél érdekében dolgozik: hogy a test a lehető legjobban tudjon teljesíteni az agyból és a szívből kindult impulzusok és parancsok hatására, illetve a legjobban, legügyesebben és legboldogobban tudjon élni.

Az univerzalizmus rendszerében a fizikai magántulajdoni javak megmaradnak. Azokat senki nem veszélyezteti. Ingatlanok, földek, ingóságok, legalábbis addig, amíg azok fizikálisan megfoghatók, igaz, örökölni már nem biztos, hogy lehet, vagy csak feltételekkel, ezt majd az adott ország dönti el, dolgozza ki. Az univerzalizmus célja ugyanakkor, hogy egy egyenlőbb és igazságosabb társadalmat hozzon létre, de nem egyből, nem erőszakkal és pláne nem mindenáron! Ugyanakkor a megmaradt és a fönntartás szempontjából fölösleges magántulajdonnal, vagyonnal nem lehet mit tenni, úgy azt érdemes a közösség érdekében tovább használni. Vegyünk egy példát: Nagyon sok gazdag ember bír termelőeszközökkel, például gyárakkal. Ha az univerzalizmus rendszerén belül kontinentális társadalom talajt fog, akkor a sok termelőeszközzel nem lehet már csak saját célra termelni. Vagy úgy marad a tulajdonos birtokában, vagy pedig érdemes a közösség szolgálatába állítani azt a kapacitást, amit azok a gyárak, eszközök hordoznak. Ha a gyárak termelési módját és irányát sikerül megváltoztatni, már sokkal előrébb jutottunk. Ugyanakkor mivel a gazgadok számára **megszűnik a pénz** használata és az ebből következő állások halmazata, így **nem lesz**

több üzleti út Kanadába és az Egyesült Arab Emírségekbe. Tehát lesz utazás, de nem minden héten, mert arra nem lesz szükség. Mindenki meg fogja találni számítását azon a kontinensen, amelyen született. Persze ez nem azt jelenti, hogy be lenne zárva egy területre, egy országba, egy kontinensre, épp ellenkezőleg. De mint azt a később látni fogjuk, az utazások sokkal egyenlőbben fognak megoszlani a népesség között, mint manapság.

Ugyanakkor előbb-utóbb a konkrét fizikai földtulajdonon kívül a házak, autók és minden egyéb birtokolt földi, anyagi dolog megsemmisül, elporlad, enyészetté válik. A magántulajdon fogalma eddig terjed ki. Amit utána kap a civil, azt már közösségi jogként kapja meg, nem azért, mert ő előtte vagyonos volt. A megsemmisülés természetesen szándékos rongálás, megsemmisítés esetére nem érvényes, azonban természeti katasztrófát már nem fed le. Ugyanakkor a földtulajdon megmarad, az a legalapvetőbb jog, azt semmilyen külső körülmény nem tudja befolyásolni, csak maga a tulajdonos, ha eladja (amíg még lehet) vagy elcseréli, elajándékozza. Amint elfogadjuk azt a pillanatot, hogy a pénzt kivonjuk az általános csereforgalomból, bankközi ügyletekből, abban a pillanatban a világ már egyebbé válik tudatilag és lelkileg is. Kell ugyan **egy átmeneti időszak,** amikor még mérjük a visszaadott pénz mennyiségét, a ledolgozott napokat, hónapokat egy pénztulajdonosnak. Az idő múlásával azonban exponenciális értékben nőnek azon mennyiségek értékei, amelyek valós pénzhez vannak kötve, valamint a másik oldalon egyre többet érnek majd az új rendszerben elvégzett munkák, szolgáltatások. Így az idő múlásával eltűnnek a pénz birtoklása által generált társadalmi különbségek, egyfajta nivellálódás, kiegyenlítődés történik a társadalomban.

De mivel nem lesz pénzforgalom, ezért minden ezzel kapcsolatos nyűgtől megszabadul (pontosabban nagy részétől) az emberiség, az ezáltal felszabaduló energiát pedig arra költhetjük, hogy minél kényelmesebb, simábban futó és elégedettebb, egyszóval boldogabb életet biztosítsunk magunknak. Ezek után nézzük meg a különböző gazdasági területeket, az élet főbb működési területeit kicsit közelebbről, hogyan is fognak működni. Mindenre odafigyelünk.

10.2 A közösségek maguknak intézik

Az új gazdasági filozófia – mivel pénz már nincs forgalomban – központi gondolatának annak kell lenni, hogy minden ország elsősorban felelős a saját polgárai jólétét biztosítani. Igaz, ehhez megkapja az adott kontinens segítségét. Ehhez viszont nagyon pontosan, napra készen kell tudni az éppen az adott országban vagy az adott területen élő lakók számát, sőt azok fizikai és anyagi állapotát is. Ez nagyon fontos, hiszen egy terület ezen túl inkább azáltal lesz megítélve, hogy hányan lakják, és nem azáltal, hogy kik. Ez is hathat a nivellálódás irányába, hiszen most már nem lesz érdeke egy bizonyos országnak vagy városnak, hogy minél több lakosa legyen, hiszen mindenkit el kell látni, és tevékenység nem biztos, hogy mindenkinek jut. Ilyenkor az a népesség, amelyiknek nem jut elfoglaltság, az természetesen kereshet magának új helyet. Teheti ezt ugyanabban az országban vagy szét is széledhetnek a világban, azonban arra is lesz lehetőség, hogy maradjanak az éppen eltartottak, hiszen előbb-utóbb lesz tevékenység, amit felelősséggel el lehet vállalni.

Ha ez reménytelennnek tűnik, akkor lesz érdemes váltani, hiszen az elsődleges a megélhetés, és nem az, hogy hol élünk.

Ugyanakkor persze mégis számít majd az, hogy „kik", hiszen úgy kell és úgy is lesz érdemes megszervezni egy város és gazdasági körzet életét, hogy *az egyensúlyban legyen.* Tehát az eddig munkanélküli segélyen élők egy bizonyos városból biztosan távozni fognak oda, ahol tevékenység várja őket. Csak azok fognak maradni, akiknek az ellátását úgyis tudja biztosítani egy bizonyos terület, hogy ők inaktívak maradnak. De ekkor vállalni kell – illetve szükséges lehet – bizonyos életszínvonal-süllyedést, de lehet, még ez is megéri majd bizonyos életérzések megőrzését, de nem feltétlenül. Tehát valóban az lesz az első, hogy hányan laknak egy bizonyos gazdasági területet, de az is fontos lesz, *hogyan lehet azt betölteni értelmes elfoglaltságokkal,* természetesen olyanokkal, amelyek nem pénz, hanem javak, illetve szolgáltatások előteremtéséhez kapcsolódnak. Mondhatnánk úgy is, hogy a minőségnek és a mennyiségnek végső soron egyenúlyba kell kerülni. Ez az elv gondoskodhat arról, hogy egy terület sohasem fog túlnépesedni, és ez döntő lehet a kontinentális társadalom kialakításánál.

Fontos lesz ugyanakkor, hogy milyen tevékenységeket tud ellátni egy terület, hiszen ezáltal is lesz kapcsolatban más területekkel, így fog beilleszkedni a nagy közös „idegrendszerbe". Tehát egy terület népsűrűsége továbbra is azon fog múlni, hogy milyen teljesítményt lesz képes nyújtani az adott terület. Ugyanakkor az univerzalizmus rendszerében már adott lehet, hogy külön területeket alakítsanak a máshol nem szükséges népességnek és munkaerőnek. Ezt átvitt értelemben is lehet érteni, az arra alkalmatlan polgárokra (bűnözőkre pl.). Ugyanolyan kiválasztódás fog történni a társadalomban, mint az az evolúció során kialakult az emberi és általában emlős szervezetekben. Az egyik szerv ezt végzi, a másik pedig azt, és nincsen vita. Fölülről van irányítva minden. Egy test esetében egyszerre van jelen a szív és agy írányítása, és ha ehhez hozzáadjuk a felülről jövő univerzális kódokat, akkor is megkapunk az egy, az univerzalizmusra jellemző 3-as egységet. Ez a hármas ugyan nem tartozik bele a később tárgyalandó háromszor hármas egység fogalmába, amelyet könyvem végén elemzek, illetve ismertetek.

A „közösségek maguknak intézik" címszó alatt érthetjük tulajdonképpen a *különféle területi egységeket*, amelyek alapján meg kell szervezni egy bizonyos terület, valamint végső soron a kontinens gazdaságát. Minden egyes terület, ország maga lenne felelős azért, hogy a rendelkezésére álló erőforrások alapján maga szervezze meg az életét. Egy bizonyos terület nem lenne közvetenül felelős egy másik terület boldogulásáért, ahogy ez nincs a kapitalizmusban sem. Ugyanakkor a legfölső szervezési forma *a kontinens vagy a kontinentális tanács* tudná olyan irányba terelni a folyamatokat, hogy az összes terület egyenlő, vagy közel egyenlő fejlettségű legyen. Egy terület első körben a területén élő állampolgárért lenne felelős, csak miután minden polgáruk biztonságban és jólétben élne, utána fordíthatná erőit egy másik térség megsegítésére, de ezt sem direktívák alapján tenné, hanem józan belátásból, kolléga- és emberszeretetből.

A kontinentális gazdaság, illetve gazdasági megszervezés jogokra, alapjogokra épít majd, amely jogoknak valamilyen formája minden egyes, a területén lakó egyént és gazdasági szereplőt megillet majd.
Itt azonban meg kell különbözetnünk többféle jogot többféle szereplővel, 3 féle jog van 3 féle szereplővel a kontinentális új világgazdasági rendszerben.

Egyéni kontinentális jogok vagy alapjogok. Ezek a következők: lakhatási jog, a megfelelő táplálkozási jog, valamint az utazáshoz, sportoláshoz és kultúrához való jog. Az utazáshoz való jogot általában értjük, de ebbe nincs beleértve az autó használatához való jog. Ez is lehet, de csak akkor, ha azt a közösség más gazdasági jogos szereplőnek is biztosítani tudja. Ez a rendszer kimeneteli oldala, ezért nem említettem a **munkához való jogot**, hiszen levonva a tanulságot az eddigi foglalkoztatási politikából, illetve foglalkoztatottsági hajlandóságból, az új gazdasági rendben sem lesz mindenkinek munkája, de nem is kell, hogy legyen. Az alapszükségletük minden esetben ki lesz elégítve, illetve ki kell, hogy elégítve legyen a dolgozó többség által megtermelt javakból. Persze ideális esetben mindenkinek lesz munkája, és az univerzális világnézet egyik lényege az elfoglaltság megtalálása. De valóban lehetnek olyanok, akik önhibájukon kívül nem tudnak értekelhető munkát végezni. Ebben az esetben is kell az **alapellátást biztosítani**, de ebben az esetben a legtöbbször a nyaralási és utazási jogok leginkább csak belföldre járnak majd, és oda sem minden esetben. Csak akkor, ha vannak mások által be nem töltött helyek. (Hiszen az már különösen igénybe venné más emberek munkáját, erőfeszítéseit, és ezt nem lehet vég nélkül igénybe venni, de a rendszer úgy lesz felépítve, hogy mindenképpen jusson regenerálódásra idő).

A következő jog a munkával rendelkező gazdasági szereplő joga. Ez már tulajdonképpen a legmagasabb fok, hiszen az inaktívak joga nem terjed ki a nyaralási és utazási jogra, de az alapjogokra természetesen igen. Ez esetben jár az egyénnek a lehető legjobb kiszolgálás az élet minden területén. A legjobbat most a körülményekhez képest kell érteni, nem abszolút módon. De aki valóban dolgozik és hozzájárul a rendszer fenntartásához, természetesen más megítélésben részesül, mint az inakítvak, vagy akik nem akarnak dolgozni. Ehhez a joghoz tartozik valóban a fentiekhez képest a szabad mozgás joga olyan értelemben, hogy nem csak tömegközlekedési eszközökön tud az ilyen gazdasági résztvevő utazni. A „Das Auto" jog is jár majd. És ez a jog bizony tovább is gyűrűzhet lefelé kb. 10 éves távlatokban, hiszen a takarékoskodás szempontja alapján minden autó kb. 15 évet fut majd, ennyi lesz majd az előírt szabvány szerinti élettartama egy autónak. 15 év után azt ki kell vonni a forgalomból, és nem maradhat meg dísznek sem. Az autó alkatrészeit újra fel kell használni, hogy egy újabb 15 éves ciklushoz adhasson energiát és anyagot. Alapjogosként csak úgy tud valaki autóhasználathoz jutni, ha megörökli egy gazdasági jogos 10 éves autóját. Igaz, itt csak az első 10 év telik le nehezen, utána már pörögnek a dolgok. Természetesen új autókról beszélünk most, az újakhoz nem lesz olyan egyszerű hozzájutni, hiszen nem lesz pénz, nem kell értük pénzt fizetni, hanem járni fog jog szerint. Lehet, hogy nem egyből, mert az új autók gyártása ciklusokhoz fog kötődni, de valamilyen márka feltétlenül rendelkezésre áll majd. Természetesen a gazdasági jog magában foglalja az évenként 3 hónap szabadságot, amelyet tetszés szerint, de inkább rotációs nyaralási sorrendben vehető ki.

Végül a 3. féle jog az ún. „vendégjog", amikor egy bizonyos ideig, ami nem lehet több 3 hónapnál, élvezed azokat a jogokat, amelyeket ugyanabban az országban élveznek a gazdasági jogosok. Az egész rendszer lényege, hogy egy-egy ember mindig le legyen foglalva, mindig legyen elfoglaltsága. Minél több embert ismerhessen meg, minél több országban járhasson, de ezeket ne stikában tegye meg, hanem a közösség támogatásával, tudtával. Ha már nincs pénz, akkor ezeket a dolgokat így a legjobb szabályozni. Lehet menni mindenhova egy idő után, de nem magunktól. Benne lesz a rendszerben, adminisztrálva lesz. Tudom, hogy ez sokaknak nem fog tetszeni eleinte, de egy idő után ebben is beáll az érzelmi egyensúly. Ki fog derülni, hogy ez a rendszer igazságosabb, körülbelül ugyanakkora környezetterheléssel és forgalommal számolva. Az, hogy utazni lehet, a legcsodálatosabb dolog a világon, ha ezt sikerül „univerzálni", akkor lépünk előre a legnagyobbat.

A közösségek „maguknak intézik" alapelv annyit tesz, hogy egy közösség nem termel külföldre és piacra, hiszen már nincs értelme, az árukat nem lehet eladni, azt helyben használják föl az emberek. Nincs többé piac, nincs több verseny. Ez az állapot, amilyen nehézkes lesz eleinte, olyan áldásos lesz kb. 50 év múlva.

Hogy példán keresztül megvilágítsuk, miről is beszélünk. A német gazdaság ezentúl csak a „bennszülötteinek" termel javakat, élelmet, utat, háztartási cikkeket, és egyáltalán mindent, ami az élettel összefügg. Nagyon sok fajta munkáskézre lesz szükség ugyanakkor, hogy mindent normálisan meg lehessen szervezni. A 20 éves átmeneti periódusban kell meg szervezni a munkát, kinek lesz a feladata kenyeret sütni és kinek cipőket gyártani, kinek liftet javítani, kinek írányítani, felügyelni és szétosztani.

Egy **globális, de egyenlő gazdaság** születne, ahol minden kontinensen meg lenne szervezve a munkamegosztás a különböző országok között is. Valamint természetesen első körben egy ország megpróbálná úgy belőni magát, hogy minél kevésbé legyen ráutalva a segítségre, más ország segítségére. Ugyanakkor minden ország más és más képességű, de egyik ország sem lenne magára hagyva. Ez lenne a kontinentális társadalom lényege. Precíz munkamegosztás lenne.

Mindenkinek képességei szerint kell majd kivenni a munkából a részét, és járni fog neki az össztársadalmi értékekből is. Ugyanakkor ez nagyon érdekes módon zajlana, hiszen már megszűnne a pénz mint fizetőeszköz, az embereknek belső indítattásból kell majd kivenni a részüket a munkából és a tervezésből is. Lehetne moziba járni, és nem kerülne semmibe, mindenki úgy osztaná be a szabadidejét, ahogy csak tudja és akarja. A tervező leül az asztalhoz, és megtervezi a víztisztító telepet vagy a következő sor házat, kerttel, gazdasági épületekkel együtt. A fizetése a megelégedettség lesz, hogy munkájával igen hatékonyan hozzájárult az öszszfejlődéshez és az összjóléthez. Erkölcsi megbecsülés lesz a része. Ez most lehet, hogy megmosolyogtatón hangzik, de 10 év múlva már nem fog. A „fizetés" másik fele pedig a biztonságérzet lesz, az hogy a munkája meg van becsülve. Mert az emberek többségének biztonságérzet kell, hogy a társadalom megbecsült és teljes jogú tagjainak érezzék magukat. Valamint természetesen egy aktív gazdasági szereplőnek természetesen minden olyan szinten ki lenne elégítve az élete és igénye, mint manapság is.

Hogy ezek alapján hogy nézne ki ez az újfajta gazdaság, tulajdonképpen csak végig kéne tekinteni és követni egy átlagos ember szükségletét és életpályáját. Ezek közül az első és legfontosabb, hogy az embernek **kell valahol laknia**.

Ez mindenképpen valamilyen tervezett és épített alkalmatosságot jelent. Ebben viszont minden országnak magának kell eljárnia, és eldöntenie, hogy földrajzi adottságaihoz és népességi viszonyaihoz képest mekkora lehet az az alapnégyzetméter, amelyet mint **átlagos életterületet** föl tud ajánlani és garantálni polgárainak. Ez természetesen csak az újonnan tervezett és kivitelezett lakó alkalmatosságokra fog vonatkozni, nem azokra, amelyek már megvannak. De ezután máshogy lesz. Lesz hol lakni, de az elsősorban a közösség munka- és teherbírásától függ, hogy hol és mekkora területen. A nem ugyanakkora országterület és népsűrűség miatt ez fontos kitétel, például a mai Japánban ez meglevő szabályozás, hogy mekkora a minimális életterület. Természetesen ez lehet individiuumonként eltérő. Ha tudják, ezt megtervezhetik maguk is, de tervezőiroda tanácsait is igénybe lehet venni.

Egy a cél: ez minden embernek (családnak) dukál alaphangon. De csak egy és nem több, és nem dácsák, hanem normális, a kor igényeinek megfelelő, összkomfortos lakóegység. Ha jól megy, később az állampolgárok kaphatnak, illetve rendelkezhetnek ún. **hétvégi házzal vagy nyaralóval**, azok természetesen előbb, akiknek még nincs. Mert persze a lakóingatlanok többsége megmarad, és ezáltal nem lesz túl sok munka az építőiparban eleinte. Előbb kell rendezni a rendes lakások, házak sorsát, hogy mindenki, illetve minden család rendelkezhessen eggyel. Természetesen az átmenet idejében használni fogják a már ma megépült monstrumokat és lakótömböket, amelyeket különösen a szocialista blokk országaiban húztak föl tömegesen, igazából nem adva a környezetre és a külsőre sem. Nem szépek ezek a lakótömbök, de a célnak megfelelnek, és élni lehet bennük. Természetesen az új gazdasági környezetben is megmaradnak az épületek közötti különbségek és ezáltal az emberek közötti különbségek is, de a végső cél, hogy egy bizonyos alap mindenkinek jusson. Később pedig természetesen le lehet bontani a szocialista blokkokat, tömböket, amelyek nem szépek környezeti és esztétikai szempontból. Valamint egy idő után a benne lakó polgárok többsége is „másfajta" épített alkalmatosságra fog vágyni, és ezt az igényt ki is kell elégíteni később, idővel. Ilyen értelemben meg fog változni a területek, városok és falvak képe is, azok idővel sokkal élhetőbbé és sokkal nyugodtabbá fognak válni. Megváltoznak a *településrendezés* alapelvei.

A **kontinentális társadalmi rend** kialakulását természetesen úgy kell elképzelni, hogy a gazdaság átalakítását az emberi pszichológiára legjobban ható – ezáltal legnagyobb, legfontosabb – tételekkel kell kezdeni, majd utána haladni kívülről befelé, a „kisebb" ügyek felé. Például, hogyan javíttatja meg az ember az autóját, hogyan adminisztráltat valamit stb. ezek a kisebb ügyek. A nagyobb, egész életet, illetve életvitelt meghatározó gazdasági eseményekkel kell kezdeni az átalakulást, és utána egyre beljebb haladni, míg végül mindenre és mindenkire ki nem hat az átalakulás. Tehát először kell megállapodásra jutni az **autógyártás, az épületépítés, valamint gyógyszergyártás** mikéntjét illetően, mert ezek olyan kardinális és alap tevékenységek, amelyek ha meg vannak oldva, már olyan alapot nyújtanak a kontinentális társadalmaknak, hogy arra a bizalmi alapra már lehet építeni. Meg lehet szilárdítani egy ilyen igazságosságra törekvő társadalom különböző szegmenseit is, ha a nagyobb és fontosabb ügyek már az elején rendezve vannak. Aztán egyre beljebb lehet haladni, jutni az univerzális (kontinentális) társadalom kialakításában.

Az előzőekben érintettük az épített környezet kérdését, most a közlekedés legfontosabb motorizált alapegysége, az autó következik.

10.3 Az autó (Das Auto)

Kezdjük akkor az egyik legfontosabbal, az **autógyártással**. Köztudott, hogy ez olyan luxus és és egyben **státusszimbólum** is, amit nem lehet számításon kívül hagyni. Ezen felül egyértelmű szerepe van a közlekedésben. Mint mindent, ezt is kontinens szinten kellene megszervezni, és nem feltétlenül ország szinten. Egész egyszerűen azért, mert nem minden ország tud vagy tudna gondoskodni állapolgárainak ilyen fajta kényelméről.

Ekkor ugyan megtörténhet az, hogy a kontinentális munkamegosztás szerint egy ország már nem gyártja teljes terjedelmében azokat a márkákat, mint eddig. Kontinentális szinten lehet egy olyan fajta munakmegosztást kialakítani, amely körülbelül egyenletesen terheli a kontinensen lévő országokat és azokon belül lévő egyéneket is.

Ebből az következik, hogy nem Németországban és nem Franciaországban fognak majd gyártani minden autót, amelyet eddig ott gyártottak. Ekkor ugyan az ő országukban munkaerő szabadul föl, míg azokban az országokban, ahova kihelyezik ezt a tevékenységet (azáltal, hogy ingyenes szabadalom része lesz a gyártási folyamatok megszervezése, kivitelezése), ott munkaerő szívódik fel. Igaz, fontos, hogy milyen fajta munkaerő. Mert ez egyáltalán nem mindegy. Fontos, hogy az a munkaerő, amely autót gyárt, tudja, hogy mit csinál, és azt legjobb tudása szerint csinálja. Úgy szerelje össze azokat az alkatrészeket, hogy azok tíz-tizenöt év múlva is használhatók legyenek. Nem azért, mert jól megfizetik, sőt ellenkezőleg, egyetlen petákot sem kap. Azért kell, hogy azt csinálja, mert tudja, hogy az univerzális rendszer része, ahol az emberek a tudatukkal csatlakoznak be a rendszerbe, valamint elköteleződöttségükkel. Fontos, hogy tudja, a legjobb tudása szerint kell megcsinálni a rábízott feladatot és munkafolyamatot, hiszen ő is ezt várja, amiért cserébe különböző szolgáltatásokat, élelmet, házat és autót kap.

Fontos, hogy a kontinens első körben saját magát lássa el azokkal a javakkal amelyekre szüksége van, és csak akkor forduljon esetlegesen más területek felé a figyelme, amikor már biztos önmagában. Tudja, hogy mit akar elérni, és azt, hogyan. Nem szabad ezelőtt más kontinensek segítségére sietni, mert abból előbb-utóbb rendezetlenség, káosz, végső soron frusztráció és sértődöttség lesz. Az új világrend nem az önzetlen jótéteményeké elsősorban, azért nem, mert minden cselekményünk jótétemény lesz ezen túl, nem kell ezt külön buzgósággal még tetézni. Nem versenyzünk már senkivel. Mindenki ugyanoda megy, mindegy, hogy ki megy elöl, és ki hátul, mindannyian ugyanoda fogunk jutni. Legalábbis filozófiai értelemben.

Tehát Európában európai autók fognak készülni, nem kell több Ford, nem kell több Suzuki és Mitsubishi sem. Legalábbis olyan nem, amilyet ott gyártottak. Hogy miért? Azért, mert pénz nélkül már nem is fogják ezt megtenni. Mert el lesznek foglalva azzal, hogy az univerzalizmus rendszere szerint a saját kontinensünkön teremtsék meg a jólétet, és ebbe a legkevésbé sem férnek bele Európa számára gyártott autók.

Az autók gyártása ezután nem piacra, hanem személyre (pontosabban családra) szabottan fog történni. Igen valószínű, hogy azok a német állampolgárok, akiknek szüksége van autóra, illetve gazdasági jogok folytán meg is illeti őket, akkor azok ezután is német autót fognak vezetni. Igaz ugyan, ez lehet francia vagy angol autó is. Ez egész egyszerűen attól függ, van, illetve lehet-e kapacitás arra is, hogy az ilyen igények kielégítésre kerüljenek. Gyanítom ilyen esetekben, hogy akkor lesz esély igénykielégítésre, ha az tömeges jellegű lesz. Egy autó kedvéért nem fognak beindulni a futószalagok. De sok százért, ezerért, millióért már igen.

Akkor, ha egy kontinensen belül valaki autót szeretne, természetes lesz, hogy kontinentális kocsit kap majd. Ha valakik, teszem azt, dél-amerikai vagy japán autót szeretnének, később, a csak a kontinensek között meglévő megállapodásokon *(agreementeken)* keresztül lesz lehetséges, egyéb úton nem. Azért lesznek majd a „világmegállapodások", a continental agreementek, hogy azok működjenek, és azon keresztül történjenek a különböző kontinensek között az áru és anyag, valamint emberi forgalmak. Szolgáltatás-cserére nemigen lesz szükség, hiszen minden kontinens képes lesz arra, hogy önmagát ellása értelemmel és szakértelemmel. Ez egy szabadalmak tekintetében szabad világban adott lesz.

Ebben a rendszerben nem biztos, hogy a kontinentális megállapodások elbírják, hogy bárkinek, aki akarja, „más" kocsija legyen. Az attól függ, mekkora a küldő ország ereje, erre használható kapacitása, hiszen most már a forrásország is elsősorban arra koncentrál, hogy az ő polgáraiknak mindent megadjon. Más ország polgárainak igényei másodlagosak, de persze számítanak, hiszen a végső egyenletben a legutolsó csavar is számít, ami az autókba kerül. De mindig a sajátunk az első, és ha az megvan, lehet gondolkodni a többiek segítségén. Ez önzőnek hangzik, de nem az. Az univerzalizmus új értelmezést is ad Jézus szavainak: „élj erkölcsösen, de nem kell szeretned mindenkit." Hiszen azt úgyse lehet, csak valószínű, univerzális tudattal megáldva, és nem a Földön. Csak a Legfelsőbb Tudat tud mindent és mindenkit semleges szeretettel körbevenni, illetve egyáltalán tudomással lenni.

A kontinentális megállapodásoktól függ, és azok pontos kimunkálásán, hogy mekkora igényt tud egy bizonyos kontinens kielégíteni. Csak önmaga ellálátására elengendő erőforrások állnak-e rendelkezésre, vagy több, ahhoz is elég, hogy más kontinenst is segítsen. A segítséget mindig úgy kell megszervezni, hogy abból sose lehessen elszámolási vita két kontinens között. Egy kontinensen belül két ország között már létezhet anyagiakban is történő szállítás, de kontinens szinten nem, mert abból előbb-utóbb probléma származik. Elszámolási viták és sértődöttség keletkezhet, ha esetleg valami nem teljesül. Fontos, hogy ezeket a problémákat a gyökereiknél orvosoljuk. Természetesen lehet segítség két kontinens között is – sőt ez elvárt –, de inkább szakértelem és szabadalmak szempontjából. Az ezután szükséges munkákat már el kell tudni végezni egy közösségnek, mint ahogy ezt az előző fejezetben lefektettük. Ezek az építés, gyártás és technológia kérdései. A mezőgazdaságot, a kultúrát, valamint az állattartást elsősorban földrajzi és éghajlati adottságok határozzák meg, amelyek adottak. Ez a rendszer lényege. Nem lehet mindent kijavítani, megváltoztatni. Ezért nem lesz soha olyan Ázsia, mint Európa, de nem is kell, hogy olyan legyen. A legtöbb, ami lehet két kontinens között, kulturális és utazási kapcsolatok. Nem kell más tartalmú kapcsolat, különösen olyan nem, amely az egyik kontinest a másik alá rendeli. Az egyik a másikat kihasználja, mint ahogy történt a múltban. Az efféle jelenségek egyébként sem lehetnek hosszútávúak, csak átmenetiek.

A leendő autóiparhoz azonban még meg kell találni az *alternatív energiaforrásokat, üzemanyagokat*. Ez azonban sikerülhet a következő 20 évben. Elképzelhető, hogy autózás még könnyebben elérhető lesz. A kőolaj-származékok és a benzin csak véges mennyiségben állnak rendelkezésre, és ez létkérdés, hogy megtalálják azokat az alternatív energiaforrásokat, amellyel az emberiség fenn tudja tartani jelenlegi életsznívonlát, és végtére is, emelni is tudja azt. Bármelyik kontinens is talál rá elsőként, meg tudja azt osztani azt a többivel, és így megmarad az egyensúly.

Nincs külön tárgyalva, de ide értünk minden más utazási, szállítási járművet, teherautókat, buszokat, kamionokat, kerékpárokat, motorokat, amelyek gyártása nyilván külön meg lesz szervezve a közösség igényei szerint.

10.4 Az új gazdasági rendszer filozófiája

A kontinentális társadalom és gazdaság kialakításához fontos azt a 4 területet kvázi lefedni, amelyből a bankok elsősorban a hasznukat húzzák, illetve ezen területek hitelezéséből és finanszírozása által tartják fönn magukat és terjeszkednek. Ezeket a méregfogakat kell kihúzni egy kontinentális társadalom felépítésénél.

Ezek az *gépgyártás*, azon belül is személygépkocsi gyártás, *építőipar, egészségügy és biztosítás*. Fontos, hogy ezekre a területekre legyen megoldása az új gazdasági filozófiának. Már az egyik terület sikeres átplántálása automatikusan hozza magával a többi átszervezését, és ezáltal a bankrendszer végét idézi elő, ami nem baj, hiszen lesz helyette más, ami **koordinálja** és tervezi a gazdaságot. Ez az *emberi tudat és a bizalom* lesz. Nem lesznek többé titkok és egymás ellen forduló embercsoportok, nem lesznek titkosszolgálatok, csak amenynyire az valóban szükséges. Nem lesz több kémkedés, hiszen nem lesz miről kémledni. Nem lesz több gazdasági harc, mert nem lesz miért. Nem lesz több gazdasági bűncselekmény, mert nem lesz oka.

Ugyanakkor tévedés ne essék, a P. Hun nem bankellenes! A P. Hun együtt akar működni a bankokkal, hogy egy új és egy igazságosabb gazdasági és társadalmi rendszerből kivegyék a részüket. Egyrészt meglévő tőkéjüket átalakíthatják közvetlen fizikai és szellemi beruházásokká, amelyek által is futna az új rendszer. További iskolákat és feldolgozó üzemeket építhetnek, ahol az hiányzik. Anyaországuk szolgálatába állva húzzák, fejlesztik annak gazdaságát, logisztikáját, hogy az új, pénz nélküli világ sokkal jobban működjön. Minden tőkéjüket az új rendszerbe fektetik, hiszen a 20 év átmeneti időszak után az úgysem fog már semmit érni. De fontos a bankokat nem támadni. Ha az egész rendszer beindul, maguk is ki fogják belőle venni a részüket, illetve bizonyos folyamatok élére állhatnak.

A kontinentális gazdasági rendszer kialakításánál nagyon fontos szempont, hogy semmilyen adósságot nem lehet elengedni, semmilyen csőddel **nem lehet leírni** semmilyen restanciát sem. A pénz már eleve meghatároz egy kapcsolatot két személy vagy jogi személy között. De éppen erre való az átmeneti idő, hogy legyen idő az összes adósságot visszafizetni a hitelezőknek, de ezt végre abban a tudatban tehejük, hogy tudjuk, az adósságok **sohasem termelődnek újra**. És ami a legfontosabb, sohasem fognak növekedni. Az evolúció megteremtette az emberi lét alapjait, és ez a fizikai mellett a szellemi és erkölcsi egyenlőségre is vonatkozik. Az emberi tudat emelte szinte istenné a pénzt, és ez abban a korban talán szükségszerű is volt, de az eljövendő információs társadalomban már nem. A tudatunk megteremtette, de a tudati fejlődésünk egy másik állomása vissza is szorítja a pénz uralmát, és ez így van rendjén, így van jól. Nem kell a dolgoknak túl nagy jelentőséget tulajdonítani, hiszen az rengeteg energiát emészt fel egy ember életében. Nem kell mindent túlbonyolítani csak azért, mert mi találtuk ki. A világegyetem valójában rendkívül egyszerű alapelven, de látszólag bonyolultan működik. Így kell az eljövendő emberi társadalomnak is. Ha elérünk egy boldogabb és igazságosabb világba, ahol az emberi tudat már olyan tudományos eredményekkel képes fönntartani az általános jólétet, mint az információs társadalom és az internet – hiszen azzal az egész világot össze lehet kapcsolni tudatilag is –, akkor egészségügyi állapotunk is javulhat.

Az új rendszert valóban már nem kell „finanszírozni", hiszen annak egyik mozgatórugója az emberi szükséglet, ami már nem hiányra fog épülni, legalábbis nem első körben. Az alapvető szükségeletek minden ember számára elérhetők lesznek. Az ún. nem természetes javak, amelyek nem állnak rendekezésre csak „úgy", azokat nem kapja meg mindenki, csak azok, akik jogosultak rá. Ezt a jogot elsősorban *gazdasági jogként* ismerjük, tehát azon személyeknek lesz plusz jogosultsága, akik tevékenyen részt vesznek egy ország gazdaságának fenntartásában. A státusszimbólumok annyiban maradnak meg, amennyire azokat egy közösség, illetve a kontinens ki tudja termelni. Bizonyos mértékben megmaradnak, hiszen az emberek továbbra is különböző tevékenységeket végeznek, és különböző társadalmi csoportokat fognak alkotni továbbra is. Ugyanakkor egyáltalán nem lesznek akkora anyagi különbségek bizonyos csoportok között, mint manapság. Ugyanúgy, mint egy test, amely különböző szervekből és testrészekből áll, és úgy alakít egy egységes egészet, ugyanúgy a kontinensek, azon belül az országok és az azokon belüli régiók különböző gazdasági körzetek alkotnak egy teljes egészet.

A finanszírozást kiváltó másik állandó az **emberi tudat** lesz, amely tudja, hogy mire van szüksége, hogy elviselhető élete legyen ezen a bolygón. De fontos lesz leküzdeni az első kétkedéseket, az első kétségeket: több van, vagy kevesebb van nekem, mint a másiknak? Ezek a gondolatok eleinte mindig ott fognak motoszkálni a rendszert megalkotó, illetve azt használó vagy abba belecsöppenő emberekben. Nem baj, hogy lesznek ezek az érzések, ezek az érzések természetesek, az univerzumból származnak. Legyőzni és kivetni csak akkor tudjuk, ha már ismerjük őket. Először be kell engedni őket ahhoz, hogy tudjuk, hogyan űzzük el ezeket az érzéseket. Először meg kell jelenni egy érzésnek ahhoz, hogy azt le tudjuk győzni. Ezért nincs igazuk azoknak a vallásoknak, amelyek az állandó megtartóztatást és érzések nélküliséget részesítik előnyben. Nem, először meg kell tapasztalni a rosszat ahhoz, hogy tudjuk értékelni a jót, és a középúton tudjunk maradni. Először vétkeznünk kell ahhoz, hogy tudjuk, mi a bűnbocsánat. Először szenvednünk kell ahhoz, hogy tudjuk értékelni a boldogságot és az örömöt. Először félnünk kell ahhoz, hogy megtapasztalhassuk a harmóniát.

Az új rendszer azért lesz jobb az előzőnél, mert tudjuk, mire épül. Csalárdságainkra, félelmeinkre, irigységeinkre, de egyúttal boldogságunkra, önfeledtségünkre és segítőkészségünkre, szabadságunkra és bizalmunkra is. Tudjuk, hogy már nem érdemes megszegni a szabályokat, hiszen abból nem profitálunk, nem járunk jobban. Én úgy profitálok, ha a másik is profitál. Én úgy jutok előre, ha azzal együtt a másik is előrejut és boldogul. Ezek lesznek a leglényegesebb szabályok.

Nem kell az új rendszert már „finanszírozni", hiszen az már majd fut magától az emberi tudat által, valahogy kb. úgy, ahogy az univerzum is működik az univerzális tudat által. Fontos ugyanakkor megjegyezni, nem a szeretet által fog működni, legalábbis eleinte nem. Lehet, hogy később áthatja a szeretet, de eleinte nem. De nem is kell. *Istent nem imádni kell, hanem megérteni.* Létrehozott egy olyan rendszert, amely már fut magától, legvégül mégis visszatér önmagába. Nem egyből, és nem mindenáron. Ugyanakkor ahhoz, hogy előrejussunk, kell a szeretet. A földi szeretetet csak családokban lehet mérni, ez a legfontosabb és legkézelfoghatóbb mértékegység. Nincs más, és nincs hatékonyabb. Ugyanakkor vigyázni kell a szeretet mennyiségével is, hiszen az is lehet halálos. Nem kell valakit kitüntetőn szeretni, főleg másokhoz képest nem, az is nyomasztó és később frusztráló lehet. Nem kell végtelenül szeretni, ugyanolyan fontos a tisztelet is. Szeretet és tisztelet nem elválasztható dolgok. Ugyanazon kémiai alapanyagok különböző formái. Más a kristályrendszerük, de alapvetően ugyanazok az anyagok.

Lesznek országos koordinációs és tervező irodák, amelyek a legkisebb otthonból beáramló információk alapján (amelyeknek persze hitelt kell adni valamilyen módon) összeállítja az éppen tennivaló dolgokat egy országban. Az alapvető családi és személyes információk ún. *Team-roomokban* fognak képződni. Mindenki beírhatja az aznapi vagy egyhetes igényét, ami bekerül a központi hálózatba feldolgozásra. Nem biztos, hogy mindig mindent lehet teljesíteni, de lehet mindig találni egy legkisebb közös többszöröst, amely alapján a termelés mindig futhat egy bizonyos hőfokon. *Tervezés*: ez lesz a közös szó. Hogy milyen szinten folyik majd az a bizonyos tervezés, az természetesen még külön kérdés, de a sok kicsiből fog mindig összeadódni a nagy. Körzetek és országok szerint.

Én azt hiszem, hogy a különféle országoknak még sokáig lesz létjogosultságuk, hiszen a nyelv az alapvetően meghatározó kulturális sajátosság egy ország életében, a kultúra a nyelv. Tudjuk már, hogy honnan és hogyan keletkeztek a nyelvek. A nyelv tulajdonképpen a legfontosabb és legerőteljesebb kifejezője egyfajta akár – pozitív – nacionalizmusnak, ezért nincs igazuk azoknak, akik ilyen apokaliptikus jövőt jósolva egységes európai vagy világkormányokat képzelnek el. Ahol nincsenek nemzetek és nincsenek kormányok, azok nem reális elképzelések. A nyelv alapvető határképző egység az emberi társadalmakban és kultúrákban, ez egyszerre előny és hátrány is. De ehhez a helyzethez kell igazodnunk még egy darabig, remélhetőleg sokáig. A nyelvét őrzi a legféltettebben egy nemzet. Abban él. Igen, például ez a könyv sem biztos, hogy angolul megszületetett volna. Nem véletlen, hogy végül magyarul íródott meg, és talán az sem véletlen, hogy mikor. Már abban a korban, amikor nem vádolják eretnekséggel a máshogyan gondolkodókat, sőt gondolati szabadság van, és ez megőrzendő érték a mai és a jövő világában is. Nyugodtan bárki írhat bármit, nem lehetséges, és nem szabad, hogy emiatt meghurcolják. Természetesen bizonyos etikai szabályokat és a (gravitációs határokat) mások érzésvilágát meg nem sértve. Kivéve, ha a kvázi tudományos objektivitás ezt okozza.

Az eddig autót gyártó vállalatok eldönthetik, hogy milyen autóból mennyit gyártanak, és milyen közönségnek, így megszűnik a jelenlegi világgazdaságot jellemző verseny, helyette viszont meglesz a **megegyezéses termelés**. Az elmélet helytálló, hiszen ilyenkor azért „versenyeznek" a vállalatok, hogy ki mennyire tud segíteni a másiknak, és a piac helyére lépő individuumnak, és nem azért, hogy az egyik vállalat hogyan és hol tud „betenni" egy másik vállalatnak. Ilyen értelemben az „autópiac" már jó értelemben be is „telítődik".

Ha a pénzt, az anyagi valóságot akarjuk, akkor az azért „versenyzők" is csak anyagok maradnak. Ha viszont megfordítjuk a szubjektumot, és azt „lélekké", vagyis tudattá tesszük, úgy akkor azonnal megfordul a hozzáállás, hiszen az univerzális tudatban ugyancsak jutalmazva lesznek azok, akik részt vesznek annak fölépítésében.

Igaz, ugyanekkor még mindig nem oldottuk meg azt a kérdést, hogy „milyen autó". Ebben az esetben, ha nem a piac diktálja a kínálatot, akkor bizony kevesebb fajta autónk lesz majd, de legalább lesz mindenkinek, akinek jár, a gazdasági jogosoknak. Bizonyára lesz majd választási lehetőség és lesznek értékesebb autók. El kell azonban jutnunk majd arra színvonalra, hogy bízzunk meg abban a minőségben, amit kapunk, ne kritizáljunk mindig mindent. Ha nincs verseny, akkor valóban nem a piac kényszeríti ki a minőséget, hanem a lelkiismertesség és az úgyanúgy meglévő minőség-ellenőrzés. A kontinentális világban le kell majd szokni a „rémlátásokról" és az összeesküvés-elméletekről. Ha már az emberiség is eljut egy olyan rendkívül fejlett korszakba, amikor ismeretlenül is segít a másikon, csak azért, mert ember és a rendszer része, akkor az egyénnek is el kell jutni oda, hogy ne kritizálja állandóan azt, amit kap. Szemléletmód-váltásra van szükség, hogy az ember ne állandóan a rosszat vagy a negatívat nézze a másikban, hanem azt, hogy ott van (a másik), és az jó. Hogy jó, hogy megkaptam azt a javat, és tudom használni, és hogy bízhatok a másikban, és az nem akar rosszat nekem. Meg kell változtatni azt a közeget is, amelyen keresztül az értékek vándorolnak. Ez mostanáig és még valószínűleg sokáig a pénz volt és lesz, de e könyv megjelenése sokat segíthet abban, hogy ezek után az értékek és javak áramlásának az útja ne az anyagi pénz legyen, hanem az emberi szellem és tudat, amely tudja, hogy ezáltal egy sokkal biztonságosabb, nyugodtabb (lehet akár unalmasabb is sok esetben), de igazságosabb világot teremthet. Több időnk lesz egymásra, több időt tudunk szentelni családjainknak és többet a természetnek, amelytől és ahonnan el lettünk szakítva.

A kontinentális gazdasági rendszerben valóban nem lesz olyen, hogy egyéni vállalkozás (mert nem lehet pénzt keresni vele), egyáltalán olyan, hogy vállalkozás, mármint olyan, amit a pénz hajt. Mivel a pénzt kivonjuk a világgazdaságból, a vállalkozások többsége megszűnik, különösen a pénzügyi vállalkozások, ide soroljuk a bankokat. Nem lesz több olyan szakma, hogy bróker, hogy reklámügyi szakember, hogy bankár, a klasszikus értelemben vett közgazdász, ügynök, sales manager, és még sorolhatnánk. Minden olyan szakma és munka megszűnik, amelynek az az alapja, hogy nyereséget kell termelni. „Közgazdaság" továbbra is lesz, de az nem pénz, hanem nyersanyagok és információ alapú lesz. Továbbra is arra épülnek majd a folyamatok. Megmaradnak a könyvelők is, de már nem pénzmozgást könyvelnek majd, hanem információt, termelékenységi mutatókat, nyersanyagbázist és tartalékokat könyvelnek majd.

Már felmerült a kérdés, hogy mi lesz a **magántulajdonnal** ebben az új gazdasági rendszerben. A válasz természetesen nem lehet erőszakos, és így a válasz: a magántulajdon megmarad, viszont mert nincs pénz többet forgalomban, így azt nem lehet eladni sem, sőt már a fönntartásához is közös erőre lesz szükség. A nagy termőterületek és nagy épületek fenntartásához több ember munkájára lesz szükség. A tulajdonosok így természetesen igénybe vehetnek munkaerőt, ha tudnak, de csak olyat, amelyik arra hajlandó lesz, hogy az ő földjén vagy épületében dolgozzon. Ilyen értelemben a tulajdon újabb embereknek adhat munkát, akik már nem közvetlen függésben vannak a tulajdonostól, hiszen amiket termelnek, azok nem személyes használatra készülnek, hanem a közösség boldogulása érdekében. Ezenfelül nem kapnak „fizetést" a tulajdonostól, hanem úgyanúgy részt vesznek az összkontinentális gazdasági rendszerben, tehát ugyanazok a jogok és kötelességek érvényesek rájuk, mint máshol dolgozó társaikra. Ilyenkor megeshet, hogy a tulajdonosnak – cserébe azért, hogy tulajdonát a közösség használatára bocsátotta – nem kell kivennie részét a kontinentális gazdaságban, tehát nem kell dolgoznia, mégis természetesen minden joggal élhet, amit a rendszer nyújtani tud. Ismerve ugyan a tulajdonosok eddigi életútját, biztos nem tudnak tevékenység nélkül maradni, így bármit végezhetnének, amiben örömüket lelik. Ha ezzel még a közösségnek is használnak, még jobb, de ha nem, az sem baj. A tulajdonosok ellen *soha, semmilyen körülmények között* nem szabad erőszakot alkalmazni az új rendszerben. Ekkor a rendszert működtető érzések sem fognak kisiklani. Mindenki sokkal nyugodtabb lesz, és ez jót tesz az univerzum fejlődésének. A pénz kivonása a gazdaság vérkeringéből univerzális emberi érdek, hiszen így sokkal organikusabb folyamatok vehetik kezdetüket a gazdaságban és a társadalmi folyamatokban is.

A kétkedők persze ekkor mondhatják, hogy **hogyan lesz fejlődés** ekkor? A válasz az, hogy ekkor is létezni fog fejlődés, de lehet, hogy nem olyan gyors ütemben, mint ahhoz mai agyunk hozzá van szokva. Az univerzalizmus eleve több ezer évre tervez előre, nem kell annyira rohanni, elég idő lesz mindent átgondolni. Mivel megváltoznak a tevékenységi körök, és nem kell annyi munkás kéz majd a lakosság ellátásához, olyan munkaerő is fog kelleni, amelyik a tervezéssel és fejlesztéssel fog foglalkozni. De nem kell mindegyik új terméket „piacra dobni", hiszen nem lesz piac, amely fölfogja és tesztelje az „árut". Ilyen értelemben **megszűnik a fölösleg** is. Csak és kizárólag olyan termékek lesznek legyártva, illetve megtermelve, amelyeket később föl is használnak. Az egész fogyasztói-termelői társadalom – mai szóhasználattal piac – már össze lesz kötve hálózatilag, az internet által.

Egész egyszerűen az állampolgárok továbbra is maguk ura lévén egyszerűen csak leadják rendeléseiket otthoni számítógépeiken keresztül a hálózatba, azt a központban földolgozzák, és ha megegyezést mutat az eddigi szokásokkal és termékekkel, egyszerűen csak fölveszik a listára az újonnan legyártandó, illetve megtermelendő termékek listájára. Ha nem mutat egyezést, akkor lehet foglalkozni azzal, hogyan állítsuk elő, megéri-e gazdaságosan ráállítani egy csapatot ilyen jellegű termékek bevezetésére. Szándékosan nem használom azt a szót, hogy „áru", hiszen az a pénz jelenlétét feltételezné. Azt a szót használom, amely a leginkább visszaadja azt, a leginkább kifejezi azt, hogy abban emberi munka van. Tehát amit termelünk, azok az értékek és termékek mind föl is lesznek használva. Nem eladásra termelünk többé, hanem hogy embertársaink mindennapi és hosszútávú szükségletét kielégítsük, életüket és hétköznapjaikat megkönnyebítsük. Akiknek még nem lesz számítógépe, vagy nem élnek ilyen civilizáció nyújtotta előnyökkel, azok is benne lesznek a rendszerben még távoli vidékeken is, és az ő ellátásuk is megoldott lesz hagyományosabb módokon adminisztrálva, és jobb személyes kapcsolatok által.

10.5 Közösség-egyén viszonya, változó szemléletek

Joggal kérdezhetik egyesek, hogy akkor miért dolgozzunk, amikor nem lesz pénz, mi hajt minket, hogy előrébb jussunk? A válasz valóban abban van elrejtve, hogy az egyéni előrejutás leginkább a szellemi (tudati) kiteljesedésben lehetséges, és többé nem anyagiakban, legalábbis nem abban, amit pénz fejez ki. A közösség érdekében elszámolható gazdasági tevékenységeink mind a közösség érdekében történnek. Természetesen ugyanez vonatkozik a művészeti vagy alkotói tevékenységet folytatókra. Továbbra is kellenek új könyvek, új gondolatok és új műalkotások. Ez az építészetben nem lehet probléma, hiszen vagy egyedül, vagy csoportosan építészek garmadái fognak dolgozni épületeken és tervezni épületeket. Ugyanakkor természetesen az építészek fognak a „fióknak" is dolgozni, hiszen nem lesz lehetséges mindent megépíteni, amit az építészek megálmodnak, csak fokozatosan. De igazából ez is lényege az új gazdasági rendnek: egy kicsit fogjunk vissza, nem kell ennyire előrerohanni a fejlődésben. Tervezzünk előre több 10 évet is akár, de együtt! Előbb-utóbb mindenre sor kerül, nem kell sietni. Gondoljunk könyvünk egyik fő vonulatára ilyenkor, az evolúcióra, mennyi idő, mennyi próbálkozás kellett ott is, mire ilyen nagyszerű teremtmények lephették el a Földet, mint az ember például, de mondhatnánk bármely állatot, növényt is.

Tehát visszatérve a közösség érdekében végzett gazdasági tevékenységekre, természetesen továbbra is megtalálhatók lesznek benne a képzőművészek, sőt költők, műfordítók is, akik így végzik a társadalom számára hasznos dolgokat. Minden csak szervezés kérdése. Ugyanakkor azt gondolom, hogy a szellemi képességek és táplálkozáshoz szükséges javak előállítása már csak azután történhet, hogy a fizikai javak már 75–90%-ban előálltak. Így az eljövendő új társadalom magja a munkát és a javak egyenletes elosztását végző, tervező és irányító munkatársakon és személyzeten kívül a társadalom kétségkívül legfontosabb és legerősebb szelete a fizikai dolgozó lesz. Hiszen továbbra is ők lesznek, akik építik az utakat, épületeket, intézményeket, csatornákat, hidakat. Ők is fogják azokat karbantartani, illetve valamit lebontani és újraépíteni, ha szükséges. Nagyon fontos szerepet kapnak az emberiség életében a mezőgazdasági munkások, az élelmiszer-feldolgozó munkatársak és a megtermelt javak elosztásáról gondoskodó személyek, a disztribútorok. Mivel a pénz megszűnik, így egyéni igények alapján (amelyek nem lehetnek túlzók) gyártják az élelmiszereket, amelyek tárolásra kerülnek, csomagolásra nagy raktárhelyiségekben. Végül ki is lesznek szállítva az egyes fogyasztókhoz, individuumokhoz és családokhoz. Vagy el is lehet érte jönni, ha az kényelmesebb vagy egészségesebb. Tehát az emberek járnak kvázi az élemiszerért, de az összekészített csomagok már várni fogják őket a megfelelő helyen. Majd el lehet dönteni, melyik a szimpatikusabb, praktikusabb. És ettől még nem fog az élelmiszer minősége romlani, sőt, a csomagolásban meg kell őrizni a mai vonzó külsőt.

Azért írtam, hogy a fizikai dolgozói réteg lesz az *első háló*, hiszen szakmák fognak eltűnni az új rendszerben. Nem lesz például szükség brókerre, pénzügyi tanácsadóra, reklámszakemberre, bankárra és szó klasszikus értelmében vett közgazdászra sem. Semmi olyasmire, aminek célja a pénzszerzés és kvázi a másik átvágása és átverése. Nem lesznek többé ködös és zavaros megbízások, ahol csak számlák vannak teljesítés nélkül. Nem lesz szükség több számlagyárra, pénzmosásra. Továbbra is szükség lesz ugyanakkor jó értelemben vett politikusra, természetesen az egész társadalmat fenntartó oktatásra, mind alapfokú, mind egyetemi szinten. Fontos alapelv, hogy *nem lehet 4-szeresnél több* eltérés az olyan egyének boldogsági és anyagi szintje között hosszú távon, akik részt vesznek a kontinentális társadalom fönntartásában és működtetésében. Természetesen az új gazdasági rendszernek sem célja az emberi társadalom totális egységesítése, hiszen az már kulturális, vallási okonál és földrajzi különbözőségek kapcsán sem lehetséges. Ami nagyon fontos, hogy hogy érzi az egyén önmagát a társadalomban a közvetlen szomszédságához viszonyítva, és valóban az új világban, akár másokhoz is viszonyítva. Ezt azért lehet mondani, mert a pénzre alapuló „celebvilág" megszűnik, de persze ezek után is lehet olyan, hogy valakikről majd híreket gyártanak. Hogyan és hol találja meg a helyét, ami megnyugvást hoz számára. De ha a pénz megszűnik, megszűnnek az ezzel kapcsolatos frusztrációk, félelmek, haragok és gyűlöletek is. Az egész világ megváltozik, és benne magunk is. Jézus (és más isteni tanítók) tanítása végre élni fog, de nem intézményekben, hanem az emberek szívében, és az emberi tudatban élő bizalom tölti majd el a világot.

Nagyon fontos szerepet kapnak a közös kutatómunkák, de az a legjobb, ha azt is együtt végzi legalábbis egy kontinens. Gondolok itt mindenféle kutatásra, amit most a cégek – ha van rá kapacitásuk –maguk végeznek. Például az építőanyagok kutatása területén, hogy minél időtállóbb szerkezetek jöjjenek létre. Aztán a szépségiparban, hogy a bőrre minél jótékonyabb hatású vegyületek, kölnik és parfümök jöjjenek létre. A tapasztalatokat összegezni lehetne, és közösen lehetne e téren is együtt dolgozni és azt a munkát megspórolni, ami arra menne el, hogyan előzzük meg vetélytársainkat ezen a területen. Mivel már nem lesznek vetélytársak, így a gyártásban egyszerűen csak föl kellene osztani a termelési ágakat, ellátva őket a legjobb szabadalmakkal és az ellátandó földrajzi területi beosztással. Nem minden európai országnak lesz kapacitása autót gyártani, illetve fejleszteni, de nem is kell, hiszen a kontinensen belüli munkamegosztás ezt nem is követeli meg. Vagy nem minden ország tud kutatni minden területen, de amely területen van eredménye, azt ossza meg másokkal. *A mottó*: ami nekem jó, másnak is jó. Ha én haladok, más is halad.

Minden olyan iparág, ami most kifejezetten azért van, hogy a pénzt termelje, vissza fog szorulni, de ennek a jelenségnek a pozitív hozadéka a társadalom szempontjából felbecsülhetetlen. Manapság egyfajta verseny zajlik azért, hogy minél jobban kifacsarjuk az egyént, minél több (többségében hasztalan) információval tömjük a fejét. Rohanó világban élünk, ha nincs időnk szelektálni és rostálni az információk közül. Az emberek többsége a végletekig (beleértve ebbe a betegségeket) ki van használva, nem jut elég ideje a környezetére, a családjára, a barátaira, a rokonságára.

Ezt az elsősorban a nyugati világra jellemző, mégis világszerte terjedő jelenséget szeretné visszaszorítani a könyvben megjelenő eszmeiség. A világméretekben visszaszoruló jelenlegi iparágak közé tartozik például a pornóipar, általában a szórakoztató elekronikai ipar, az ész nélküli filmgyártás mindenféle rangú és rendű filmekkel. Természetesen továbbra is kell majd a szórakoztató ipar, illetve annak bizonyos szegmensei. Továbbra is lesznek színházak, de oda a bejutás ingyenes lesz. Hiszen az ott eltöltött idő már növeli a polgár és az abban résztvevő **megelégedettségi érzését**, ami a legfontosabb. Az egyik fontos pont a P. Hun elméletében, illetve annak gyakorlati kivitelezésében, hogy ember úgy foglalja le idejét, hogy az eltöltött idő mindig értelmes, és a közösség vagy az egyén boldogságának szempontjából hasznos legyen. Ezek természetesen a munkavégzés, barátokkal, családdal eltöltött idő. Szórakozás, tanulás és utazás. Ha még ezek után is marad ideje önfejlesztésre, az már üdvözlendő és üdvözítő. Természetesen munka után mindenki azt kezd az idejével, amit akar. Továbbra is születni fognak valószínűleg számítógépes játékok, de ezeket már nem a „piac" diktálta iram fogja szülni, hanem olyan megszállott programozók, akik megengedhetik maguknak az ilyesfajta játékok kialakítását és annak ingyenesen hozzáférhetővé tételét. Ezt megtehetik, mert passzióból csinálják, és nem kényszerből, valakinek a parancsára, aki éppen a piaci verseny diktálta iramban törli meg a homlokát a negyedéves pénzügyi beszámolókat olvasva. Nem, ennek a világnak véget kell vetni! Természetesen a kormányzat fejében is születhetnek ilyesfajta ötletek, hogy számítógépes játékokat fejlesszünk, mert a meglévők már elavultak. Ilyenkor természetesen helyet kell csinálni az öszszgazdaságban ennek a tevékenységnek, úgy, hogy az összképlet és az összegyenlet ne sérüljön. És hát persze azt sem várhatjuk el egy munkavállalótól, hogy állandóan számítógépes játékokat fejlesszen. Így lehet, egy idő után más elfoglaltság után jelentkezik. Ekkor engedni kell, az egyén egyéni megelégedettség érzése sokkal fontosabb, mint a számítógépes játékok. Örüljünk azoknak, amit addig megcsinált. Ekkor a kvázi hatalomnak nincs mérlegelési lehetősége, az illetőt el kell engedni. Igaz, csak olyan más elfoglaltságot választhat a már számítógépes játékok fejlesztésére ráunt állampolgár, ami ugyancsak hasznos a közösség számára. Abból lehet választani, amire igény van, és amire lehetőség van.

A **pornográfia ugyancsak vissza fog szorulni**, legalábbis az a része, ami megrendelésre készül, és ez jobb lesz erkölcsünknek és önbecsülésünknek. Természetesen továbbra is lehetnek párok és elkötelezett sziximádók, akik majd szeretnék megörökíteni szexuális életüket, és ezt még a világhálón is ingyenessé elérhetővé tehetik. Erre joguk lesz, illetve lehet. Ilyen értelemben természetesen megmaradhat a pornográfia az életünkben, de az abszolút ingyenesen lesz készítve és „terítve" is. Ilyen értelemben természetesen azoknak a csillaga leáldozik, akik hivatásszerűen ebből éltek. Ugyancsak ebből következik, hogy akik ebből éltek szinte hivatásszerűen, azokat azért „jó" volt nézni, mert különleges adottságuk lehetett a látványos szexhez. Elképzelhető, hogy az új gazdasági rendszerben is marad egy-két exihibicionista hírmondójuk, de a „piacra" való termelés megszűnik. Így azok, akik egyébként sem voltak „jók", nagyon gyorsan tűnnek el erről a tevékenységi területről. Ez ugyancsak jó pont és hasznos.

Képzeljük el, eltűnnek a nyomasztó és zavaró reklámok, promóciók, eltűnnek a kéretlen levelek az sms- és e-mail forgalomban. Ezek mind-mind ugyancsak nagyon hasznos dolgok, amelyeket még a jelen gazdasági rendszerben is terhesnek tartunk. Nincs erre a féktelen, erkölcstelen és sokszor nem fair versenyre szükség. Bevett és megszokott dolgokra van szüksége az emberek többségének.

Megszűnnek a **kereskedelmi cégek** reklámjai, hiszen a kontinenseket lakó emberekhez célzottan eljutnak az áruk, nem lesz igényük sem pénzük „más" termékeket venni. Különösen nem más kontinensről, ha azt a terméket náluk is elő lehet állítani vagy megtermelni. Egyáltalán nem lesz ilyen, hogy cég, csak „gazdasági tevékenység" vagy a „közösség érdekében végzett gazdasági tevékenység", amivel egy bizonyos népességet ellátunk olyan termékekkel és élemiszerrel, amelyekre igényük van. Azokat az igényeket ők támasztották azért, hogy életük lehetőleg könnyű és boldog legyen, pontosan olyan, amilyennek egy információs társadalomban lennie kell. Ilyenkor, amikor az adatok és információk hihetetlen könnyen cserélnek gazdát és érnek célt, valójában csak elég lesz leadni a „rendelést" a központi adatbázisba, és az alapján fog a termelés folyni a jövőben és nem a „láthatatlan piac" megérzése szerint. Amiben nézetem szerint rengeteg áru készül fölöslegesen, amiket végül mégsem szív föl a „piac" vagy azért, mert túl drága volt, vagy mert egész egyszerűen nem is volt rá szükség.

Hányszor láthatjuk azt a kapitalista világban, hogy „végső kiárusítás" az üzletek sokaságában? Ez mind azt jelenti, hogy az áruik nem keltek el végül, és kénytelenek tőlük megszabadulni, hogy jöjjön az újabb készlet, aminek részint ugyanaz lesz a sorsa.

Fölmerül viszont egy másik kérdés, hogy mi lesz egy másik szép emberi szokással, az **ajándékozással**. Ez nézetem szerint ugyancsak megmaradhat, hiszen az előbbiekben már említetttük, hogy megmaradnak a kézműves mesterségek, a képzőművészetek és a festészet is. Valóban lesznek, illetve maradnak mesterek, akik a maguk elégedettsége mellett készítenek tárgyakat a közösségnek is. Igaz, ekkor csak korlátozott válogatási lehetőség van, mint az új gazdasági rendszerben mindenhol. Csak olyan ajándéktárgyakat lehet kapni, amilyet a mester készített. Ugyan lehet majd, hogy az egyének leadják elképzeléseiket és igényeiket a fő adattárba, de valószínűleg várni kell, amíg a lehetőségeket az igényekkel össze lehet passzítani. Hogy mi történik a művészet világával, azt részletezem a „Kontinentális megállapodások" című következő fejezetben.

A keresztény (univerzális) világban az ajándékozás az elmélet szerint továbbra is megmarad mint jó szokás, és aminek illik megfelelni, de tudomásul kell majd venni, hogy autókat, kacsalábon forgó palotákat ezek után nem lehet majd ajándékozni. Egyrészt mert fölösleges lesz, hiszen autója úgyis minden olyan embernek lesz, akinek szüksége lesz rá, másrészt nem lesz „pénz" kacsalábon forgó palotákra, különleges utakra, csak kisebb, de szívekhez szóló ajándékokra, vázákra, étkészletetkre, festményekre, gyűrűkre, csecsebecsékre és akár saját alkotásokra lesz lehetőség az új világban. Tudom, hogy ez sok ember számára visszalépés lesz, de még többnek előrelépés. És nem az egyén számít már egy bizonyos szint fölött, hanem a közösség, és most értük el ezt a kort az információs technológia térhódítása után, a III. évezredben.

Ezenkívül ennek a könyvnek a folyományaként nem biztos, hogy többé jelentős ünnep lesz a karácsony. Igaz, az mostanában is kezd átalakulni és szimplán a „szeretet ünnepe lenni", semmint Jézus születésének ünnepe. Ma már tudjuk, sőt valószínűleg régebben is tudtuk, az, hogy Jézus decemberben született volna, csupán legenda, nincs valóság alapja. Ahogy arról már volt szó, kialakulása a IV. században történt, hogy az ősi Rómában meglévő december 25-ei *Sol Invictus* ünnepét helyettesítsék Jézus születésének ünnepével. Tulajdonképppen az egyik fényünnepet helyettesítették egy másikkal. Hogy ez helyes volt-e, vagy sem, nem lehet tudni. Nem biztos. Ez elárulja ugyanis a kereszténység kreált voltát. Azonban maga az ajándékozás szokása minden bizonnyal megmarad egy univerzalista alapokon működő világban, és ennek egyik pontja a karácsony vagy a fény ünnepe lesz.

10.6 Javak napi 6 órában

Ebben a fejezetben tárgyalom azt, hogy nézetem szerint annyira le fognak egyszerűsödni az elvégzendő munkák jellegei, hogy nem lesz szükség egy személynek, egy egyénnek naponta 6 óránál többet a tevékenységével foglalkoznia, hiszen így már a rendszer fönntartható és működtethető. Nem kell megszakadni, hiszen pont az a lényeg, hogy mindenkinek nyugodt, elégséges és biztonságos életet nyújtsunk. A kontinentális társadalmi rendszerben senkinek sem kell többet dolgoznia **6 óránál napi szinten**. Ugyanis van itt egy *fontos csomópont*. Pontosan ugyanolyan fontos csomópont, mint amilyeneket kénytelenek voltunk kibogozni Jézus személyiségével kapcsolatban. Napi 6 órai munkával már fönntartható a kontinentális rendszer, de a mai kapitalista rendszerben pont az a plusz 2 óra, amit a 6. órától végzünk, vagy még többet adott esetben, az a verseny fönntartására való. Abban a 2 órában dőlnek el bizonyos cégek sorsai és bizonyos termelési mutatók. Ezt a méregfogat kell kihúzni. Ha a mai kapitalisták is csak napi 6 órában űzhetnék, hajthatnák az alkalmazottaikat, akkor nekik sem érné meg, egymás után adnák föl. Ezt kell elérni, szabályozással, politikával. De vigyázni kell egy dologgal. Azzal mégpedig, hogy egy ember lehet, hogy szeret dolgozni akár 8 óránál is többet. Ilyenkor nem szabad eltiltani senkit, hogy olyan tevékenységet folytasson, amilyet szeretne, de az természetesen már nem számít bele a közös elszámolásba. Azért nem, mert akkor fölborulna az egyensúly, de természetesen a maga örömére és embertársai boldogulása érdekében mindenki addig dolgozik, ameddig kedve tartja. Nem kell több, mint 6 óra, de annyi mindenkitől kell. És akkor mindenkinek lesz munkája, elfoglaltsága.

Természetesen lehetnek szakmák, ahol több munkaórát igényel az ágazat valóságos ellátása, például kórházakban. A munkahelyekre való bejárással lehet több akár 8 óránál is, de az új rendszer szinte biztosítja, hogy mindenki megtalálja a boldogulását helyben. Vagy ha nem, lehetőséget kell kapnia máshol. Igaz, ez azzal jár majd, hogy el kell költöznie azelőtti lakhelyéről, ami bizony fájdalmas lehet, de az is fájdalmas, ha az embernek nincs mivel foglalkoznia.

Hogy a rendszer flottul működjön, a kontinentális gazdasági rendszerben természetesen gondoskodni kell az erőforrások szabad áramlásáról. A **jelkép a Nap,** a közös mindenünk, életünk forrása és a Naprendszer fönntartója. Mivel a Napot nem lehet kisajátítani, így az egy **alapelv,** hogy a Nap által felénk közvetített energiák is közösek. Annak végül be kell hálózni az egész földkerekséget. Elsőnek, gondolom, az energiafelhasználás közül az elektromos áram lehet az, amely mindenhova egyenlő értékben eljuthat, csak ki kell építeni az ehhez szükséges infrastruktúrát. Az áramszolgáltatást teljesen meg lehet oldani úgy, hogy mindenhova jusson elég. Elég és nem korlátlan. Ez mindig fontos szó lesz. És hogy ki dönti el, mi az elég? A józan ész, a belátás és az átlag. De teljesen felesleges lesz többet használni, mint a másik, hiszen azzal nem lehet sem társadalmi, sem gazdasági előnyökhöz jutni. De az előfordulhat, hogy valakinek a társasága jobban pörög, mint másoknak, így ebből az okból kifolyólag nagyobb lehet az áramfogyasztása mint másoknak, de határ akkor is lesz. Más felhasználást kell biztosítani lakossági célra, mint termelési célra. Ugyancsak fontos, hogy minden áramfelhasználás biztosítva legyen szórakozási célra.

Az áram után ugyancsak meg lehet oldani azt, hogy az élelmiszer is viszonylag egyenlő mértékben legyen szétosztva és szétterítve egy kontinensen belül. Ehhez első lépés volt, hogy egyenlő energiaellátást kell biztosítani a kontinensen mindenfelé, hiszen ez elengedhetelen a folyamatos és biztonságos élelmiszertermeléshez, csomagoláshoz, szállításhoz és legfőképpen tároláshoz. Ehhez természetesen megfelelő minőségű alapanyagok szükségesek, minőségi növénytermesztés és állattartás formájában. Első és legfontosabb alapelv, hogy mindenkinek meg kell kapnia az alapvető élelmiszer-ellátást, lehetőleg olyat, amilyenhez szokott, de szerintem, ha az élelmiszer gyártását kicsit centralizáljuk, küzdeni lehet **korunk népbetegségével**, az elhízással is. Azt gondolom, ha egyes egyének kevesebb ételt kapnak (de persze elegendőt, úgy vissza lehet szorítani ezt a világszerte jelentkező jelenséget, ami a túlzott jólét miatt elsősorban az USA-ban jellemző. Rengeteg ember túlsúlyos, ami aztán többletterhelést jelent az egészségügynek. Az egészségügy továbbra is az egyik legfontosabb ágazat lesz. Rengetegen kell, hogy dolgozzanak. Nagyon fontos, hogy ellássák a betegeket, a munkájukban megsérületeket, a szabadságuk alatt megsérülteket is. Mivel elkezdődik egy új világ, egyre kevesebb ember lesz beteg, és az életkorok is nőni fognak a viszonylagos jólét és sokkal nyugalmasabb évek miatt. Képzeljük el, a pénz hiánya miatt eltűnik az életünkből a rohanás, a stressz, kevesebb lesz az irigység, a szükség, valamint az ebből következő bűnözés is visszaesik. Nincs pénz többé a forgalomban, ezek után nem lesz értelme **rabolni, lopni és gyilkolni** sem. Hiszen elkövetője nem jut „járulékos" előnyökhöz. Sokkal kevesebb lesz a bűnözés és a pénzzel összefüggő dolog, ergó a bulvár újságírásnak is befellegzett. Egész egyszerűen fontos, hogy ne árassza el életünket ennyi információ, különösen olyan információk, amelyek nélkül is ugyanolyan jól megvagyunk. Egész egyszerűen nincs szükség 100 televíziós csatornára, és 50 újságra sem, még akkor sem, ha tudom, hogy többségük specializálódott, és különféle célcsoportot lát el műsorral vagy hírrel. Egy pénz nélküli világ automatikusan hozza el a tisztulási folyamatot erkölcsi értelemben.

Egy kontinentális társadalomnak az élelmezés után a **housingot** kell megoldani előbb-utóbb mindenkinek egy kontinenesen belül, tehát Indonéziától egészen Mongóliáig. Albániától Írországig. Ugyanakkor valóban előfordulhat, hogy egy ország nem lesz képes mindenkinek normális lakhatási körülményeket biztosítani. Ilyenkor előfordulhat, hogy bizonyos népességnek a jobb megélhetés, sőt nem a jobb, hanem a biztosabb megélhetés érdekében egy szomszédos országba kell menni, persze, ha ott befogadják. Vagy pedig a szóban forgó országnak várnia kell, amíg ki tudják segíteni. Ez fontosnak tűnik, hiszen a kontinentális társadalmi és gazdasági rendszer szerint a kontinens összes gazdasági és alapjogos állampolgárát megilleti a tisztességes lakhatási jog. Természetesen nem ugyanazok jogok, mert azok országonként különbözni fognak, és biztos, hogy akinek már megvan a fészke és azzal elégedett, az maradni fog.

Azon nagyon sok ember, akiknek óriási házuk van, bajban lesz abban az értelemben, hogy háztartásukat már nem tudják fönntartani a régi értelemben, pénz által. Ugyanakkor lesz lehetőségük meghívni bizonyos embereket, hogy segítsenek a háztartás fönntartásában úgy, hogy ezáltal munkát adnak nekik, de úgy, hogy a kvázi munkavállaló nem függ tőlük egzisztenciálisan. Ha szívesen elvégzi azt a munkát, amit a tulajdonos ajánl, akkor ún. „gazdasági jogos" válik belőle, és ez az elvégzett munka elég lesz a társadalom számára. Ugyanakkor, ha nem tetszik neki a munkavégzés jellege, vagy ahogy ott bánnak vele, bármikor elhagyhatja „gazdáját", nincs megkötés, csak akkor, ha azt szerződésben vállalta. De ez csak az ő jóvoltából születhet meg, kényszeríteni erre nem lehet. A kontinentális rendszerben ugyanakkor mindenki mögött fog állni egy kvázi „őrangyal", értsd: egy *jogi képviselő*. Hogy ez mit jelent, azt később fejtjük ki. A kontinentális rendszerben így lehet majd fönntartani nagy ingatlanokat, úgy, hogy azzal több ember ún. „gazdasági jogát" váltják meg. Persze nem a végtelenségig. Valaki tudni fogja, hogy mennyi az ideális alkalmazotti szám 6 órás munkavégzés esetén. És az a valaki fog dönteni abban az esetben, ha visszaélés-gyanús a történet. Persze egy tulajdonosnak sem lehet érdeke több embert alkalmazni, mint amennyi ésszerű – feltehetőleg.

Természetesen ugyanez a metódus lesz érvényes gazdasági termelő egységekre is. Rengeteg embert lehet majd bennük alkalmazni, de mindegyikük a központi „tudattól" függ majd, és nem a gazdasági egység tulajdonosától.

Nagyon fontos, hogy a *kontinentális társadalmi rendszerben* a tulajdonjog megmarad, ebben már nagy különbségben van az eddigi legnagyobb *társadalom-reformáló eszmével*, a kommunizmussal, ami nagy törést szenvedett el a világtörténelem során, illetve 1989 környékén véglegesen megbukott mint követendő eszme. Két okból is, amelyek körülbelül ugyanakkora súllyal estek a latba. Az egyik az eszme megvalósítását megkísérlő politika, a másik pedig a világ és a kontinens másik felén működő és sikeres kapitalizmus. Ez volt a bukás két fő oka. A kommunizmus eszméje már megszületésekor halott volt ugyan, de az csak kb. mintegy 150 évvel később derült ki, hogy az eszme ebben a formában teljesen alkalmatlan társadalomformálásra. Azért született halva, mert eleve forradalommal számolt, erőszakkal. Ezért is volt népszerű bizonyos körökben, és ez adta elsődleges lendületét, ami ugyan ki is tartott másfélszáz évig. De utána sorsa a bukás volt, mint minden erőszakos és a fennálló társadalmi rendet erővel megváltoztatni akaró eszmének. A kommunizmus bizonyos formája ugyan *Kínában tovább* él, de az a rendszer már alaposan igazodott a kapitalizmushoz. Kína aktív szereplője a globális, kapitalista világgazdaságnak.

Az univerzális társadalmi és a kontinentális gazdasági rendben az alkotó és termelő munka is az emberi méltóság fogalmai közé tartozik. A termelő munka, ami fontos egyrészt, hogy fönntarthassuk magunkat, egyenértékű a mentális termelői munkával, amely meg feltétlenül fontos, hogy fönntarthassuk rendszerünket, kultúránkat, önbecsülésünket és társadalmi értékeinket. Mindkettő ugyanolyan fontos: a szellemi és a fizikai. Egyik a másik nélkül nem létezhet. Nemcsak kenyérrel és borral élünk, hanem igével is. Fontos, hogy eljárhassunk szórakozni is, színházakba, kávéházakba, rendezvényekre, koncertekre. Fontos, hogy társadalmi életet élhessünk. Az **értelmes munkavégzés**, amiért persze nem jár majd pénz, hanem csak megelégedettség és az egység érzése a tudatban, az új világnézet (vallás) fontos része lesz.

Természetesen elképzelhetők kivételek, amikor az emberek vagy nem akarnak vagy nem tudnak dolgozni, de ekkor persze lehet kivételesen mentességet kapni, hiszen nem is biztos, hogy mindenkinek lehet értelmes elfoglaltságot biztosítani, legalábbis olyat nem, amivel a közösség hasznát szolgálja. Ilyen értelemben szűnnek meg a vállalkozások, melyek az egyéni érdeket nem tudják többé szolgálni. Továbbra is lehetne egyedül dolgozni, de azok adminisztrációja már a közösségre tartozik és nem az egyénre. Egész egyszerűen annyi lesz a különbség, hogy az individuum kimondottan a közösség érdekében dolgozik majd, és nem a saját hasznára. Elképzelhető ez ügyben némi minőségcsökkenés, de azt kompenzálja az egység érzése, és hogy nem lesz több átverés, fölösleges izgulás és sokszor csaláskényszer.

Ez fontos alapelv, hiszen mindig szeretünk visszabújni az egyén individualitása mögé, holott az egyén közben a közösségből él, annak dolgozik, de csak úgy, hogy abból az ő jóléte származzon. Én azt gondolom, ennek a gondolkodásnak véget kell vetni. Nem lesz többé olyan vállalkozás, amely csak az önös érdekét nézi, és közben nem törődik a közösségi érdekkel, sőt undorodik a többiektől. Nem lesz több könyvelés, legalábis nem a pénzt kell majd könyvelni, hanem az elfogyasztott és megtermelt javakat, amelyeket pénz nélkül kapnak meg az emberek, azért, mert jár nekik. A kontinentális rendszerben is lesznek különbségek, de nem olyan ordítók, mint a maiban. A kontinentális társadalom is rendez majd választásokat, de már csak normális eszmék mentén lehet majd szavazatokat szerezni. Igazából az országoknak maguknak kell megszerveződni, ezt az ideológiát erőből sohasem lehet rákényszeríteni egy országra, ugyanakkor a jóindulatú példamutatás lehetséges. Úgy gondolom, hogy a legerősebb országoknak elég önszerveződniük ebbe a világméretű „jólétbe", utána már elindul a magába szívó effektus, egyfajta dominó-mozgás. Ha a legerősebb országok benne vannak, a többiek sem tudnak kimaradni, és nem is akarnak majd.

A kontinentális új társadalmi és gazdasági rendszert igazából **több ország együttállása** kapcsán lehetséges egyáltalán életre kelteni, ehhez mindenképpen szükségesek a legerősebb államok állásfoglalásai. Ugyanakkor az is fontos, hogy a földrészek elkülönülten tegyék ezt meg, tehát az amerikai kontinensre már csak az amerikai ügyek vontakoznak, és Európára csak az európaiak és így tovább. Ha Európa önszerveződik, akkor az lökést adhat a többinek is. A P. Hun rendjében összesen 9 tervezési földrészre van felosztva a Föld mint evolúciós terep. Természetesen miután már annyira ki van nyitva a világ, hogy nem lehetséges egymás nélkül cselekedni és élni, léteznének bizonyos összekötő szervezetek, de ezek felelnének végül is azért, hogy az egyensúly megmaradjon a kontinensek között, és csak a legszükségesebb kapcsolatok legyenek a kontinensek között. Pontosabban fogalmazva minden kapcsolatot az őszinte érdeklődés és a segíteni vágyás határozzon meg, és ne a pénz. Mivel pénz nem lesz, ez adott lesz.

10.7 Fegyverek, föld és bevándorlás

Az újonnan kialakuló kontinentális, társadalmi és gazdasági rendszerben még említenünk kell néhány fontos területet, amelyek rendezése ugyancsak előrelépést jelent majd egy **kontinentális társadalom** kialakítása felé. Először vesszük a bevándorlás kérdését, amely talán az egyik legégetőbb és a legnagyobb időzített bombaként ketyeg elsősorban a fejlett világ testén. A kontinentális társadalmi rendszerben, ha a pénz megszűnik hajtóerő és mértékegység lenni, akkor a **bevándorlás sem lesz olyan égető kérdés**. Megszűnik társadalmi probléma lenni, hiszen csak a jólét miatt – amely a pénzre épült idáig – nem lesz többé lehetséges a bevándorlás. Aki bevándorol egy bizonyos fejlett országba, az nem kap pénzt, nem kap ellátást csak úgy. Egy fejlett állam valószínűleg megszervezi most már életét a bevándorlók nélkül is. Pénz nélkül rengeteg szakma válik fölöslegessé, de helyettük megnőnek az igények a hagyományos mesterségek iránt, amelyben a fő fókusz most már a termelésre tevődik. Ha ebben tudnak segíteni az esetleges jövevények, akkor továbbra is lesz bevándorlás. Egyébként a pénzhajtotta ún. gazdasági és a jólét alapú bevándorlás el fog halni. Azért, mert az egész jelenséget mozgató rugó fog eltűnni, így eltűnik maga a jelenség is.

A pénz után ez a második méregfog, ami „automatikusan" kihúzódik. Ezáltal is sokkal nyugodtabb és talán boldogabb is lesz az élet sok helyen. Az olyan alapú bevándorlás amikor egy gyengébben fejlett vidékről a gazdagabb vidékek felé történik bevándorlás, az akkor fogadható el, ha az fölülről támogatva van. Tehát egy bizonyos állam igényel külső munkaerőt, akkor egészséges a bevándorlás, és nem úgy, ha tömegek gondolják úgy, hogy a jobb élet reményében megindulnak északnak vagy nyugatnak. Nyilván az új kontinentális rendszerben is lesznek vándorlások, de azok már kimondottan célszerűek, esetleg promotáltak vagy támogatottak lesznek. Igen, ilyenkor is akarhatnak emberek átmenni az egyik országból a másikba, de ekkor már **meg is fordulhat a vándorlás iránya**, hiszen a fejlett területeken nem lesz sok minden tennivaló már pénz nélkül, így olyan feleslegessé váló munkaerők kereshetnek boldogulást, amelyek a kontinentális társadalmi rendszerben az igényüknek megfelelő munkát nem tudnak végezni. Valamire többre kvalifikáltak. Ilyenkor abszolút célba vehetnek más, még fejlesztésre váró területeket, transzportálva a tudást. Ezt most csak azért említettem, mert az autógyártásnál maradva autó- és gépészmérnökök százai válthatnak esetleg lakóhelyet, nem azért, hogy jobban éljenek, hanem hogy használhassák a tudást, amit megszereztek, illetve ami megadatott nekik. Ez egy sokkal egészségesebb fajta vándorlás lenne nézetem szerint. Sokkal jobbat tennénk a világnak, ha a fejlett és tudással rendelkező munkaerő és polgár vándorolna olyan helyekre, ahol még nagyot alkothat, és nem a mostani, amikor főleg a gazdasági jellegű népvándorlás és bevándorlás figyelhető meg. Ebből hosszú távon baj lesz. A könyv ezt a problémát is igyekszik megelőzni.

Az új kontinentális gazdsági rendszerben meg kell emlékezni a világban felhalmozott óriási **fegyverkészletekről** is. A fegyverekről való döntést a kontinens munkamegosztása maga fogja meghozni. van-e szükség újabb arzenálra. Valószínűleg igen, már ha ezzel adhatunk alibi munkalehetőséget bizonyos rétegeknek. Ugyanakkor a kontinentális társadalmi rendszer jellegéből adódóan nem kellenek fegyverek, csak természeti katasztrófák elhárításra, tűz esetére. Tehát vis maior esetére és nem azért, hogy azt a kontinensek egymás ellen fordítsák.

Ugyanakkor a döntő az lesz, hogy a fegyvergyártást megelőző stratégiai ágazatok mennyi munkaerőt szívnak fel, ha lesz még használható munkaerő arra, hogy az egyik kontinens fegyvert gyártson, úgy tegye. Természetesen azt majd a politikusok dolga lesz eldönteni, hogy mennyi és milyen minőségű fegyver kell. Kérdés az is, hogy mi legyen a mostani arzenállal. Azt gondolom, ameddig lehet, meg kell őrizni. A meglévő arzenál karbantartasára is fel lehet használni munkaerőt.

De meg is fordíthatjuk a gondolatmenetet: mennyi munkaerő fog fölszabadulni a mostani fegyvergyártás alól, ha ez az ág is megszűnik? Akik idáig fegyvereket gyártottak, ezután élelmiszereket fognak, és utakat azon területeken, ahol eddig nem voltak. Valójában a fegyvergyártás ugyanolyan plusz szolgáltatásnak fog számítani, mint a parfürgyártás vagy az éttermi étkezés lehetősége. Ez a döntési kompetencia egy országhoz fog tartozni, hiszen kisebb közösségek nem tudnak ebben dönteni, illetve ha döntenének, abból baj lenne. Mindenképpen országos és kontinentális összjátéknak kell megelőznie, hogy milyen fegyverből mennyit gyárt egy ország vagy kontinens. Az biztos, hogy egy másik kontinens, illetve ember ellen nem lesznek fölhasználva, hiszen ez ellentétes a P. Hun elveivel és működési logikájával.

Mindenesetre egy pénz és profit nélküli világban biztos nem lesz fölösleges fegyvergyártás, illetve fegyverkezési verseny sem, és ez a legfontosabb. Takarékoskodni kell a nyersanyagokkal is, amelyekből esetlegesen a fölösleges fegyvereket gyártanák, márpedig ezeket a nyersanyagokat a napi megélhetéshez, fontosabb dolgokhoz is fel lehet majd használni. Nem lesz olyan helyzet, hogy bizonyos érdekcsoport „megbízást" ad fegyverek gyártására, hiszen nem lesz ilyen „ösztönző erő" a pénz kivonásával. És az esetlegesen elkészült fegyvereket sem lehet „továbbadni busást haszonért".

Fontos említeni a földhasználat kérdését is, de ennek a kérdéskörnek a főbb jellemzőit már tárgyaltuk előbb könyvemben. Itt is a lényeg, hogy a munkaerőt önállóan lehet asszignálni ehhez a feladathoz, és nem többre, mint napi 6 óra. Azt gondolom, sok lelkes ember lesz, aki szívesen végez mezőgazdasági munkát akkor, ha azt érzi, hogy az az egész szolgálatára van, és nem bizonyos termelői csopotok érdekeit szolgálja, ahol az ő érdeke nincs figyelembe véve.

Földhasználaton most mezőgazdasági tevékenységeket értünk elsősorban. Természetesen lesznek közösségi használatban és ezután is magántulajdonban lévő földek. A közösségi tulajdonban lévő földek használata univerzális rendszerben adott, azonban akiknek a tulajdonában van a föld, azok sem tudnak most közösségi segítség nélkül kezdeni vele semmit, esetleg csak családilag. Ekkor nagyobb, a mezőgazdasági termelésre alkalmas földeket értek, nem kisebb parcellákat, kerteket, amelyeket önerőből is meg lehet művelni. Földet birtokolni egyáltalán mennyei érzés, és nagyon fontos az embereknek, és természetesen magának az emberiségnek is. Minden nemzetközösség alapja a földtulajdon, ez mindig is így volt, és mindig így is lesz.

A nagyobb, művelésre alkalmas területeknél azonban még ha meg is tudná az egyes ember vagy egy csoport művelni az adott földdarabot, önérdekből akkor sem tudná „értékesíteni" terményeit, hiszen nem lesz piac. Ebből a megfontolásból érdemesebb lesz minden földtulajdonosnak együttműködni a tágabb közösséggel, és ugyan a földtulajdonuk megmarad, de maga a föld a közösség számára, hasznára „terem". Azt gondolom, ennél nagyobb ívű gondolatok nemigen születhetnek a Föld eddigi, vérrel áztatott históriájában. Igaz, ehhez egyfajta más beállítottság, egyfajta fennköltebb szerelem szükséges az összes résztvevőtől. A rendszer ugyanakkor csak az univerzalizmus fenntartásával működhet, semmilyen más módon nem, úgy, hogy az a közösségileg „teremjen". Ha nincs univerzalizmus, akkor kapitalizmus van. Nincs harmadik lehetőség egy ennyire kinyílott világban. Ki-ki eldöntheti, melyiket szeretné jobban. Ehhez nézzük a következő fejezetet, amely a kontinensek közötti együttműködésről fog szólni a legfontosabb gazdasági, kulturális és sporttevékenységek tekintetében.

11 KONTINENSEN BELÜLI ÉS KONTINENSEK KÖZÖTTI MEGÁLLAPODÁSOK (CONTINENTAL AGREEMENTS)

A kontinentális gazdasági és társadalmi rendszerben nincs verseny. Nincs és **nem is kell verseny**. A kontinetális elv szerint az egy kontinesen belüli nemzetek sem lesznek versenyben, minden nemzet megtalálja majd a számítását. A nemzetek egymást segítik ki. Ez Európa esetében nagyon fontos, hiszen erről a kontinensről indult 2 világégés, amelynek következtében Európa tulajdonképpen el is vesztette vezető szerepét, az fokozatosan került át az amerikai, később az ázsiai kontinensre.

Nem kell verseny, mert ez hosszú távon tudjuk, mihez vezet: háborúhoz. A háború pedig nagyon költséges, ne arra költsük az energiaforrásainkat, hanem inkább az egyensúlyra. Lehet háborúzni, de csak egy ideig, az végül természetszerűleg mindig visszaveti a vesztes felet, ugyanakkor tudományos területen segíthet minket feltalálásokkal, ötletekkel. Ha háborút akarunk, akkor folytassuk ezt az utat, ami van. A felhalmozást, az őrületes versenyt és az uralkodni vágyást. Ha nincs verseny, akkor is van fejlődés, csak sokkal szabályozotabb keretek között, és mindig elsődlegesen a közösséget véve alapul.

Nem kell ilyen gyorsan haladni, hiszen nincsen hova rohannunk, és még a célt sem tudjuk és nem is látjuk. Érdemes lenne százezer évre előre is tervezni, de ahhoz valóban ki kellene alakítani olyan erős kereteket, amilyeneket például ez a könyv javall. Ugyanakkor természetesen a fejlődést soha semmilyen körülmények között nem lehet megállítani, de célszerű esetleg lassítani az iramát, mert nem érdemes enynyire rohanni. A fejlődés (az evolúvió) végsősoron elkerülhetetlen. Mivel az emberi tudatban van lefektetve, ezért soha nem lehet korlátok közé szorítani.

Mint ismeretes, az emberiség tulajdonképpen az **ezredfordulóval** elért egy olyan fejlettségi szintre, ahol az élet, emberi élet és tevékenységi szint még soha nem látott mennyiségben és minőségben bővelkedik. Az információs technológiának köszönhetően a világ olyan mértékben kinyílt, és úgy felgyorsult az információ-áramlás, hogy azt már – nézetem szerint – nem kell fokozni, elég, ha tartjuk ezt a színvonalat. Az élelmiszerellátás megfelelő a nyugati világban, szinte mindenki megfelelő mennyiségű és minőségű élelmiszerhez jut, amivel fönn tudja tartani életfolyamatait és az elégedettség érzését. Olyan kondícióban tudhatja magát, amelyben munkavégzésre alkalmas. Csak a valóban alkalmatlanok nem tudnak boldogulni egy nyugati típusú társadalomban, és vannak megélhetési problémáik. Ugyanakkor valóban még a nyugati világban is komoly probléma a munkanélküliség, de ez a kapitalista rendszer velejárója, és az azzal együtt meglévő cinizmusé, büszkeségé, becsvágyé és hiúságé. Ha ezek megmaradnak a rendszerben, akkor nem lesz változás. Egy működő valami marad, de rengeteg hibával, keserűséggel és frusztrációval, és a felszín alatt csak gyülemlő sérelemmel, erkölcsi fertővel, szennyel és mocsokkal.

A fejlett világ egy része jelentős súlyfelesleggel küzd, ami egyértelműen arra utal, hogy a jólét olyan fokára jutott a mai fejlett társadalom, aminek fokozása már nem kívánatos. Ami kívánatos, hogy a nem fejlett területeket is a fejlett területek színvonalára hozzuk. A kontinentális gazdasági rendszerben elsődleges az élelmiszerek olyan ütemű gyártása, termelése, tárolása és disztribuciója, ami megfelel az éppen az aktuális területen élő lakosság igényeinek. Nepáltól egészen Peruig. Persze Nepálnak és Perunak az ég egyadta világon semmi köze nem lesz egymáshoz élelmiszertermelés szempontjából, hiszen a köztük lévő távolság többezer kilométer, és a kontinetális gazdasági rendszerben *50-100 km-es körzetben kellene megoldani* minden élelmiszertermeléssel kapcsolatos logisztikai és termelési kérdést. Ennél nagyobb távolságnak már az egyensúlyra káros hatásai lehetnek. Olyan hatások, amelyek kibillenthetik az egyensúlyból a meglévő régiókat, amelyek fölosztják maguk között a területeket, hogy ki hol termeli meg az élemiszert és látja el lakosságát verseny és stressz nélkül. Kivételt képeznek persze az olyan régiók, amelyek önerőből nem tudják ellátni lakosságukat. Azokat a régiókat a többinek segíteni kell, de nem egyoldalúan persze.

Természetesen a jobban menő területeknek felmerülhetnek speciális igényei az élelmiszertermelést illetően. Ezeket is be lehet szerezni az adott országgal egyeztetve a kontinentális megállapodásokon keresztül. Később látni fogjuk ezen megállapodások lényegét, amelyekre tulajdonképpen az egész új gazdasági rendszer épülni fog majd. Ugyanakkor fontos, hogy első körben a különböző országok kontinensükön belül próbálják meg elintézni problémás ügyeiket. Az univerzalizmusban létező 9 kontinens önálló és különálló gazdasági egység. Ezek vannak olyan nagyok és potentáltak, hogy – ha nem is mindenre – majdnem az összes problémára, amit közösen kell megoldani, találnak megoldást. Ha kontinensen belül nem megy, akkor lehet áttérni a valódi kontinentális megállapodásokra, de az is csak nagyobb tételben fog működni. Szóval az nem fog menni, ha mondjuk egy német állapolgár belize-i banánt szeretne. Csak az ő kedvéért nem lesz szállítva, ellenben nagyobb tételben már igen. Ilyen kontinensek közötti megállapodásról lesz szó, amely szerint bizonyos termékeket, terményeket nyilván kicserélhet egymás között két kontinens, de nem pénz lesz az ellenszolgáltatás alapja, hanem másik szolgáltatás vagy szabadalom. Illetve ez lehet emberanyag is, de szigorúan csak önkéntes alapon, semmiképpen nem kényszerítve erre a munkaerőt.

Azonban mindig akadhatnak olyan individuumok, egyének, akik el akarják hagyni lakhelyüket, esetleg talán csak azért, mert megunták és máshol szeretnének élni. Ilyenkor persze számításba kell venniük, hogy milyen megélhetést nyerhetnek egy másik országban, illetve kontinensen. Csak a tudásukkal érhetnek valamit, vagyont nem vihetnek át, hiszen az nem lesz többet. Legalábbis mozdítható nemigen, mert még a mozdítható ékszereknek, drágaköveknek, „családi ezüstnek" is csak személyes értéke lesz, nem közösségi. Tehát ezért igencsak meggondolandó lesz, hogy hova akarunk költözni, és mit akarunk csinálni ott. De lehetőségek mindig lesznek.

Ha emberek elhagyják azt a kontinenst, amit éppen laknak, akkor meg kell fontolniuk, hogy mindezt nem pénzért fogják csinálni, hanem belülről jövő indíttatásból. Hogy el akarnak menni más vidékekre, egyszerűen azért, mert unják az addigi élőhelyüket, vagy pedig egész egyszerűen azért, mert más és jobb lehetőségük van máshol. Az életszínvonaluk nem biztos, hogy lesz olyan, mint előtte, de meg fogja azt közelíteni, mert a P. Hun értelmében az átmeneti 20 évben körülbelül kiegyenlítődik a világ életszínvonala. Vagy legalábbis összemérhető lesz. Technológiailag is, de a már meglévő vallások spirituális erejével is. Ezt inkább hozzáadott erőként kell értelmezni, hiszen minden vallásból kijön az igazi erő, ha nincs elhomályosítva, kvázi elnyomva a pénz hatalma által. A vallások tisztasága beragyoghatja a kontinenseket. A kontinentális rendszerben valószínűleg Indiában is könnyebb lesz, hiszen a brahmanizmus (hinduizmus) így hozzáadott érték lesz, míg egy pénzközpontú és pénz által hajtott gazdaságban nem igazán jönnek át a Hindusztáni-szubkontinens főbb vallásainak értékei, vagy legalábbis külső szemmel nézve így jön át, az életszínvonal is nehezen fog változni. Mivel a pénz világméretekben ki lesz vonva a forgalomból, így Indiában is nagyobb mértékben fognak érvényesülni a közösségekben meglévő erők, amelyeket ott a vallások mozgatnak elsősorban. Az új rendszerben senki nem mondja majd, sőt a P. Hun szerint meg egyenesen nem is kívánatos, hogy McDonaldsokat létesítsünk amerikai mintára Indiában. Maguktól nem is fognak létesülni, hiszen már nem lesz a profit a mögöttük álló hajtóerő. Ugyanakkor mégis lehetséges lesz, ha a közösség azt akarja. Ami azonban valószínűbb, hogy egészen újszerű indiai találmányok születhetnek majd, amelyek csak Indiára lesznek jellemzők, egyszerűen annak az erőnek köszönhetően, hogy nem kell más kultúrákkal versenyezni, főleg nem árak, haszon és kifizetődőség kapcsán. Az étkezési szokásokban egy csoda lesz Indiában élni, illetve turistaként oda menni.

Ugyanakkor India a kontinentális megállapodások révén részt fog venni turisztikai és rekreációs megállapodásokban, amelyek minden gazdasági jogállású állampogárát megilletik elsődlegesen Indiában, másodsorban az Indiát magában foglaló kontinensen és harmadrészt világszerte. Ehhez ugyan szükségeltetnek majd a kontinensek közötti külön megállapodások. Mindenre kiterjedő világmegállapodás csak akkor érhető el, ha ahhoz **minden kontinens csatlakozik,** és természetesen ez is csak bizonyos területekre, termelési, gazdasági ágaztakora lesz érvényes. Nem lesz univerzálisan érvényes megállapodás, csak kontinensen belül. Még ha ez is a könyv alcíme, ehhez mégis minden kontinens hozzájárulása szükséges lesz, és ezt nem lehet megelőlegezni, akármennyire szeretnénk is. Ennyi bevezető után lássuk a kontinentális turisztikai megállapodásokat. Kontinensen belül és kívül.

11.1 Kontinentális Turisztikai & Rekreációs Megállapodások

Az új gazdasági rendszer egyik legfontosabb megállapodása végül, hogy a repülőjáratok majd leginkább ennek a megállapodásnak köszönhetően élhetnek tovább, hiszen a **személyszállítás** továbbra is fontos lesz. Igaz, az, hogy milyen alternatív személyszállítási módozatok fognak még rendelkezésre állni, azt egy másik, technológiai részben tárgyalom.

Minden egyes „kontinentális megállapodás" először belülre szól, hiszen a 9 kontinensből könyvemben 6 áll, kevesebb, de inkább több országból. Európa esetében ez legalább 44 ország. Így a kontinentális megállapodás első körben belülre szól. Ez az ún. *„endo-kontinentális"* megállapodás. *„Exo-kontinentális"* megállapodás az, ami érvényes 2 vagy több kontinens között.

Az endo- és az exo-kontinentális megállapodásban résztvevő országok maximum 2 hónapos tartózkodási lehetőséget biztosítanak a másik ország vagy kontinens polgárának. Ez természetesen nem vontakozik a tulajdonos státusszal rendelkező polgárokra, tehát azokra az állampolgárokra, akik hatalmas tulajdonnal rendelkeznek, de a közösség érdekében – és persze őszinte belátással is, hiszen nem tudnak többé pénzt termelni, csak elismerést – átengedik az üzemeltetést és az ezzel járó hasznot a közösségnek. Ezek az emberek 2 hónapnál többet is eltölthetnek egy helyen úgy, hogy nem kell dolgozniuk. Rájuk is gondolunk, amikor a 2 hónapos időtávot meghatározzuk. 2–3 hónaposnál további idegen földön való tartózkodás már életvitelszerűen való életet jelent külföldön, és ezzel a kontinentális megállapodással nem ez a célunk, hanem a turisztika, a nyaralás, a rekreáció.

Természetesen a turisztikai & rekrációs megállapodásban való részvétel terhelést jelent egy ország számára, ezt tudomásul kell venni. Ugyanakkor ez a terhelés nem mehet az általános országellátás rovására, tehát nem terhelheti túl az ország teherbíró képességét. Tehát nem tud példának okáért országom, Magyarország 1 millió vendéget fogadni, ha arra nincsenek meg az erőforrásai. Ekkor az összes utazni kívánó vendéget el kell irányítani más országokba. Mindig oda kell menni, ahol hely és lehetőség van. Az egész rotációs rendszerben működik, tehát teszem azt, egy osztrák család nem mehet mindig ugyanarra a helyre Olaszországba, mert ők azt szeretik. Mások is szeretik azt a helyet, így természetesen egy ugyanazon helyre legalább 1 éves kihagyással lehet újra menni, azért, hogy másoknak is legyen lehetőségük élvezni azon hely előnyeit és szépségeit. A kontinentális turisztikai megállapodást egyenlően és lehetőleg egyenletesen kell megkötni, elosztani. Ugyanakkor ez a megállapodás lehet nagyon sok relatíve szegény ország megélhetési forrása, hiszen ha kinyítják a kapukat a komolyabb erőforrásokkal rendelkező országok turistái, állampolgárai előtt, azt ők mindenképpen viszonozzák megtermelt javakkal, tudással, de nem pénzzel.

Az endo-kontinetális megállapodások után következhet a kontinensek közötti valódi megállapodás. Ezt „exo-kontinentális" megállapodásnak fogjuk hívni. Valóban, ez egy picit hihetetlenül hangzik, hiszen kb. 7 milliárd ember nyaralásáról és turisztikai szolgáltatásairól kell(ene) gondoskodni. De ez a valóságban úgy fog működni, hogy bizony valamilyen kvóta lesz a kontinensek között, és ennek alapján lehet majd küldeni, illetve fogadni a vendégeket. Ennek alapján megtörténik valami fajta nivelláció, hiszen mivel sokkal több ember él Ázsiában, mint Európában, természetesen az nem lesz lehetséges, hogy Ázsiából mindenki egyszerre menne nyaralni. A meghatározott és kialakított nyaralási és turisztikai helyek szerint lehet majd különböző országok és kontinensek között utazni nyaralás céljából. Ugyanakkor nemcsak a tipikus tengerparti nyaralást kell elképzelni. Lehetnek másfajta programok is egymás között felajánlva: turisztikai körutazások, városnézés, vidéken való nyaralás, telelés, síelés stb.

Egyáltalán az egészet úgy kell elképzelni, hogy egy bizonyos ország mekkora embertömeg ellátását, fogadását, szállásolását tudja úgy megoldani, hogy természetesen lakosságának egy bizonyos másik fele ugyancsak vakációra megy külországokba. Meg lehet határozni egy bizonyos férőhelyszámot, akár a népességszám alapján is. Ez majd a kontinensekre tartozik.

Az exo-kontinentális megállapodások kvóták alapján működnek majd, és így írják alá majd a kontinensek. Ezek a megállapodások tartják majd életben az utazásokat és az ezekhez szükséges járatokat az egyes kontinensek között.

Továbbra is fontos lesz, hogy a kontinensek egymással kapcsolatban legyenek, de lehetőleg csak természetes kapcsolat legyen a kontinensek között, ami az önzetlenségre épít. Pénz nem lehet a kapcsolat alapja, hiszen azt tudjuk, az már nincs a rendszerben. Vannak és lesznek „hivatalos" kapcsolatok, amikor a különböző kontinensek szakemberei terveket egyeztetnek, és a hivatalos politika is megegyezik egymással. Ekkor elkerülhetetlenek lesznek az utazások. Továbbra is alapelv, hogy egy kontinens minden ügyét saját maga intézi, lehetőleg belső erőforrásból. Ezért fölösleges kapcsolatok nem kellenek a kontinensek között, amelyek csak az egyik kontinens világnézetét, életmódját és kultúráját volnának hivatottak közvetíteni. Tehát minden olyan kapcsolatot eliminálni kell, ami pénzre építene, így értelemszerűen a katonaságot is, és bármilyen megszállást. Nem kellenek az amerikai filmek a kínai és tadzsikisztáni mozikba sem. Kivéve persze, ha ezt a fogadó ország maga nem kéri. Ilyenkor természetesen a kínai elöljárók és a politika egyszerűen megigényli, „requesteli" a szóban forgó amerikai műveket a *Kontinentális Kulturális Megállapodásokon* keresztül. És azt megkapja, de természetesen ő is rendelkezésre bocsátja bármely kínai művet, ha arra igény van. Pénzt nem kell érte fizetni, de ő sem szedhet pénzt a levetítésért, így fog ez menni. Természetesen az egyes személyek kontaktusát sem lehet megtiltani, és egyáltalán, ez nem célja a könyvnek és az új filozófiának. Különösen az internet terjedésével ugyanakkor véleményem szerint az egyes egyéneknek nem lesz érdeke „meghívni" más embereket más kontinensekről, hacsak az valahogy nem áll módjukban. Mivel pénz nem lesz, így utazni is csak korlátozottan lehet. Most elvileg korlátlan számú utazást tudunk végrehajtani, ha elég pénzünk van. Az individuális egyéni kapcsolatok is ebben a kontinentális megállapodásban vannak szabályozva. Ha az egyik ember akarja látni a másik kontinensen lévő ismerősét, akkor azt megteheti akkor, amikor a rotációs rendszerben erre lehetősége lesz. Vagy legyen fordított a látogatás, fogadja ő ismerőseit, természetesen ez is lehetséges az exo-kontinentális megállapodáson keresztül, de nem máshogy és máskor. Ha huzamosabb időre szeretne valaki elutazni, akkor kérvényeznie kell „áthelyezését" egyik kontinensről a másikra. Ennek is megvan a rendje, és ezt már az előzőekben tárgyaltuk is. Próbáljuk ezt így tervezni és kalkulálni.

Fontos, hogy az utazási lehetőségeket optimálisan osszuk be, illetve osszuk el a kontinenst alaktó országok és állapolgárok között. Optimalizálni kell **az utazási lehetőségeket**. Ezt úgy érjük el, hogy univerzálisan gondolkodunk. Mindenki számára elérhetővé kell tenni az utazási lehetőséget, de csak bizonyos keretek között. Nem lesz már az, hogy a gazdag ember sokat utazik kénye-kedve szerint, a szegény pedig egyáltalán nem utazik. Ennek vége lesz. De ennek csak úgy tudunk véget vetni, ha a P. Hun szellemében kontinentális gazdaságokat és társdalmakat alakítunk ki.

Ebben a világnézetben nincs többé különálló, független, egyéni, csak közérdek. Pontosabban továbbra is létezik egyéni érdek, de azt mindig minden esetben össze kell tudni egyeztetni a közérdekkel. Nem lehet több vagyonod csak büszkeségből és hiúságból, mint másoknak, és nem is utazhatsz többet, mint átlagosan mások. Ezt biztosítja a „gravitáció" tudati energia, ami kordában tartja a „vágy" nevű másik tudati energiát. Ezek az erők a *háromszor hármas egység* részei, amit később tárgyalok majd, és az univerzális világlátás lényegi dolgai közé tartoznak. Vágyaink mindig lesznek, de gravitáció is mindig létezni fog. Ezt a két erőt hozza egyensúlyba a „törekvés a szépre-jóra" erő. Mivel nem lesznek saját üzletek, vállalkozások, így „üzleti utakra" sem lesz szükség ezentúl. Megmaradnak az összeköttetések az emberek, kontinensek között, de ezek most már kimondottan célzottak lesznek, az emberek megelégedettségére és kiszolgálására. Nem a piacok elvárásai szerint fognak indulni sem a vonatok, sem a repülőgépek, sem a hajók. Nem lesz akkora a környezetszennyezés sem így. Fölöslegesen csak a gazdagok örömére és kiváltságára nem lesznek yacht utak. Lesznek, de mivel azokra nem kell fizetni, így talán nem lesznek olyan fényűzők, mint most. Azokra előbb-utóbb minden gazdasági jogos állampolgár eljuthat, de nem akkor, amikor akar, hanem akkor, amikor arra lehetőség lesz. Ezzel csak azt akartam kifejezni, hogy a közlekedés is kordában lesz tartva. Talán nem lesz kisebb a környezet terhelése, mint manapság, de teljesen más lesz a tartalma és a rendeltetése.

Amíg ki nem alakul normális menetrendje a kontinensek közötti rekreációs lehetőségeknek, valamint az azokhoz kapcsolódó utazásoknak, addig az egyéneket megillető szabadságolásokat az anyakontinensen, illetve az anyaországban kell ellátni.

Egy példa: valószínű, hogy a jelenleg Ausztráliában élő állampolgárok, lakosok, szívesen töltenék Európában jól megérdemelt szabadságukat. Ez majd az exo-kontinentális megállapodások kapcsán biztosan lehetséges lesz. Amíg nem, akkor az addig esedékes vakációkat Ausztráliában kellene megoldani, illetve azokkal a kontinensekkel, amelyekkel Ausztráliának már van megállapodása. Idő kell, maximum 20 év, hogy az új rendszer működésbe jöjjön.

Az, hogy milyen szolgáltatásokat vesz igénybe, mondjuk, egy ausztrál állampolgár, az már igazából a fogadó országon múlik, de körülbelül azokat a szolgáltatásokat, amelyeket az éppen otthon lévő állampolgárok is. Mivel nem lesz pénz, így eleve nem tud „extra" szolgáltatásokat igénybe venni, de a cél nem is ez, hanem az, hogy az illető ország állampolgára el tudjon tölteni egy felüdítő 2 vagy 3 hetes üdülést, maximum 2 hónapot a fogadó ország jóvoltából és kontóján. A cél, hogy megismerje a másik ország kulturáját, illetve kikapcsolódjon. Az „extra" szolgátatások igénybe vétele nem cél, és az esetlegesen ezért kapott pénz sem.

A konkrét technikai kérdés, hogy ez hogy lesz elszámolva az ausztrál állampolgárt képviselő Ausztrália és a fogadó ország között, azon még sokat lehet gondolkodni. Lehetséges egyfajta kártyás megoldás is, amin az éppen igénybe vett szolgáltatások lennének adminisztrálva. Elsősorban az ún. magasabb kategóriájú szolgáltatások, mint például éttermi látogatások vagy pedig esetleges gyógyászati ellátások, valamint maga a lakhatási megoldás. Ezen műveleteket mindenképpen adminisztrálni kell, de nem mindenfajta mozgást, műveletet. A tömegközlekedést nem is kell majd ellenőrizni, hiszen az is szabadon használható lesz majd. Persze szigorú és ésszerű menetrendek alapján működnek majd a járatok, és nem akkor, amikor a páciens akarja. De mivel nem a pénz fogja irányítani a kvázi „gazdaságot", így nem lesznek már olyan forgalmú városok sem. Hiszen nem lesz hova sietni már. Nem lesz pénz, nem lesz mit hajtani, hajkurászni. Sokkal bensőségesebbek lesznek a városközpontok is. Tehát ha a tömegközlekedésé nem is, igazából elég lesz csak a fogyasztás mérése. Az éttermi szolgáltatások mérése. Nem kell bevásárolni sem, hiszen a szállást nyújtó helyen minden adva lesz majd a „túléléshez". Nem kell fizetni a múzeumok látogatásáért, sem a moziért, sem a rekreációs szolgáltatásokért. Igaz, cserébe persze meg lesz határozva, hogy 1 embernek mennyi jó „jut", de jut. Ez így fair, és az egyetlen lehetséges módja egy, a mainál igazságosabb rendszer működtetésének.

A kontinensek turisztikai szolgáltatásait illetően természetesen fontos lesz egy összkalkulációs modellt bevezetni, és valóban kiszámolni, hogy mennyi turisztikai férőhely van, és azoknak milyen lehet az éves terhelése. Na, ezekhez a munkákhoz továbbra is kellenek majd adminisztrátorok, könyvelők, közgazdászok. Én továbbra is elképzelhetőnek tartom – ezen könyv keretén belül – csupán becslésekre és nem konkrét számításokra hagyatkozva, hogy a kontinentális gazdasági rendszerben lehetséges lesz az emberek többségének 2 hónapot egy idegen országban eltölteni úgy, hogy annak terheit a fogadó ország állja. Igaz, ez azt is jelenti, hogy egyenletesen lesz a terhelés megosztva. Nem mindenki Olaszországban fog nyaralni, hanem úgyanúgy lehet majd menni Zambiába és az Egyesült Államokba is. Mindenhol másfajta szolgáltatások lesznek majd elérjetők, de ez az adott országon múlik majd, és nem a turista, utazó elvárásain. Ugyanakkor a felépített rendszer sajátosságaiból adódva az univerzális világban a szolgáltatások színvonala előbb-utóbb kiegyenlítődik.

Ez az elképzelés elsősorban a 2014 után a Földön élő emberek boldogulását, jobb életérzését, megelégedettség érzését és közös boldogságérzésüket segítené elő. Eddig ugyanis az utazás, nyaralás és általában a rekreációs tevékenységek kimondottan a **tehetősebb rétegek kedvtelései** voltak (pl. részt venni egy norvég fjordtúrán). Ezt a nagyon fontos, elsősorban a gazdagabb osztályok presztízs- és státuszszimbolumaként ismert időtöltést így kivesszük a pénz és a piac körforgásából, és univerzálisan elérhetővé tesszük. Természetesen ehhez világméretű kooperáció szükséges, elsősorban a kontinensek között. A kontinenseken belüli országok együttműködése adott lehet. Ha megvalósul a kontinensek együttműködése, akkor ehhez viszont hatalmas kiszolgáló személyzet lesz majd szükséges, de ez is munkát ad majd az emberiségnek. Ha minden hónapban szinte száz–kétszáz millió ember kel útra, akkor az ezt keretbe tévő kiszolgáló személyzet is több milliósra, sőt tízmilliósra tehető.

Persze figyelembe vesszük azt a már lefektetett tényt, hogy a támogató személyzetnek nem kell napi **6 óránál többet** dolgoznia, így természetesen lehetnek váltások is a munkamenetben. Könyvem ezirányú újítása akkora előrelépés lenne a „kollektív" jogok kapcsán a munka és a termelés világában, ami a XIX., de még a XX. században is elképzelhetetlen volt. De a XXI. század első harmadára már nem lesz az. A munkaerő elképesztő mennyiségben áll rendelkezésre, és továbbra is szükség lesz a nyers emberi munkaerőre. Azt gépek 100%-osan soha nem tudják kiváltani, és nem is szabad engedni, hogy kiváltsák. Fontos, hogy az emberek mindig találjanak maguknak elfoglaltságot, hiszen anélkül életük értelmetlenné válik.

Az utazást tárgyalva itt kell említenünk még egy fontos kérdést, és ez a közlekedés maga, illetve annak fejlődése. Azt gondolom, hogy egy bejáratott és kialakított kontinetális rendszerben óramű pontosággal és megfelelő gyakorisággal járhatnak mind a repülőgépek (elsősorban turista osztályokra gondolok most, hiszen a „business class" megszűnik), vonatok, autóbuszok, valamint természetesen a személyautók is. Ezen kívül természetesen fejlődhetnek a kontinensek közötti közlekedés eszközei, pl. Amerika és Ázsia között vannak elképzelések mágneses lebegtetésű csővasútvonalak építésére, amelyek ha elkészülnének, kb. 2 óra alatt lehet megtenni a Peking–New York távolságot. Ez hajmeresztő lenne. Ezek lennének az ún. maglev-vasutak, amelyek már manapság is működnek, és az elektromágnesség taszító hatását használják ki. A már használatos maglev-vasutak esetében ezzel a technológiával akár 580 km/h sebességet érhetnek el óránként. Azonban ezen fejlesztések jó eséllyel vissza fognak esni az univerzális kontinentális társadalmak kialakulásánál, ugyanis a fejlesztések elsődleges szempontja nem a gyorsaság lesz, hanem inkább a biztonság. Azonban a fejlesztések mellett szól, hogy a tervezők számításai szerint az ET.3 rendszer üzeméhez elegendő a villamos vasutak energiaigényének ötvened része, költségei pedig a vonatokénak egytizedét, a hasonló kapacitású autópályákénak egynegyedét tennék ki.[27] A rendszert megálmodó mérnökök szerint ez a közlekedési mód legalább olyan gyors, mint az évtizedek óta tervezett, sztratoszférában közlekedő hiperszonikus repülőgép. Annál azonban olcsóbb, környezetkímélőbb és biztonságosabb.

Szólni kell még a hajózásról is, ami bizonyosan ugyancsak átalakulóban lesz. Megtermelt javak és emberi szállításra továbbra is lesznek hajóutak természetesen, ami szinte az egyik legősibb civilizációs tevékenység, mert „hajózni muszáj". Valószínűleg viszont vissza fog esni a nagyon drága yachtok és az ún. cruise-ok, óceánjárók kihasználtsága, illetve időbe kerül, mire ezek utaslistáját „újraszerkesztik". Minden más hajózás marad, egyrészt utazási élménynek, másrészt olcsó szállítási eszköznek is országok és, kontinentális megállapodások eredményeként, kontinensek között is.

11.2 Kontinentális Energetikai Megállapodások

Hosszan tárgyaltuk a Kontinentális Turisztikai & Rekreációs Megállapodást. Ezek után térjünk rá a többi fontosabb és a gazdaság működését meghatározó kontinentális megállapodásra. Az energetikai megállapodás egy a sorban, de nagyon fontos, ugyanúgy, mint a többi.

---

27 www.nol.hu New York – Peking két óra alatt a földön!

Tulajdonképpen ez az alapja az egész kontinentális rendszernek. Már minden erre épül, de a turisztikai megállapodást előrébb vettem, demonstrálandó, hogy le lehet építeni a kiváltságokat és azt kontinensszerte, illetve akár világviszonylatban is elérhetővé tenni.

Az energetikai megállapodás a legélesebb, vágóbb megállapodás, ami egy újabb kiterjesztett hálóját adja, adhatja annak, amit úgy is nevezhetünk, hogy egy igazságosabb, jobb világ. Az energetikai megállapodáson elsősorban a világ és a kontinensek összeköttetését értjük elektromos áram szempontjából. Biztos, hogy lehet kreálni olyan rendszert, amelyben az egész kontinentális közösség, illetve az egész világ össze van kötve. Össze kell kötni a rendszereket, de ez nem azt jelenti, hogy ellenőrizetlenül folyna az áram a kontinensek, országok között. De ha baj van, az összekötött rendszerek segítséget jelenthetnek.

Mint ugyanakkor azt már lefektettük, a hagyományos energiahordozókat és ásványkincseket nem osztják meg a kontinensek egymás között, ez alapelv. Tehát a megállapodásba nem értjük bele a **nem megújuló energiaforrásokat**, így a kőolajat, a földgázt, szént, másodsorban vasércet, nikkelt, alumíniumot, káliumot, sót, tehát ásványi anyagokat, amelyek – mint tudjuk – a Fő Tudat egyfajta érzésvilágát adják vissza. Azért nem, mert arra szüksége van az anyakontinensnek is, ha nem most, akkor majd 10 év múlva, ha nem 10 év múlva, akkor 100 év múlva. Nem kell rohanni, a kontinensek sem rohannak. A saját kontinensnek is szüksége van rá. Ezen felül, a geológiában nem lehet „kémpiacot" kialakítani, nem lehet közös adatbázist kialakítani és mindenhol vezetni, hogy mennyi ásványi anyag áll rendelkezésre, és különösen nem lehet kötelezni az egyes országokat, hogy megosszák ezeket az adatokat „csak úgy". Hogy mi van a föld felett, az tudott lehet, sőt azt kell is tudni, de hogy mi van a föld „alatt", azt nem lehet tudni. Ez körülbelül hasonlítana arra a folyamatra, hogy mindenkiről mindent szeretnénk tudni a teste alatt és a pszichében is. Ez nem lehetséges és nem is cél. A geológia nem ugyanaz, mint a népszámlálás. Ez az eredeti megállapodás, azonban ha egy kontinens vagy akár egy kontinensnyi ország úgy dönt, hogy ezeket az értékeit megosztja, ám legyen, de pénzt nem kap érte, hanem más egyéb szolgáltatást, tehát ha egy kontinens úgy gondolja megoszthatja értékeit, de ha belegondolunk, miért tenné, ha nincs rá kötelezve.

Ugyanakkor a **megújuló energiaforrások** „piacán" ki lehet alakítani olyan helyzetet, amikor a versenyhelyzet már nem indokolt. Meg lehet osztani az erőforrásokat. Ezek a nap-, szél-, valamint az elektromos és így nukleáris energia. Ezeket a rendszereket ki lehet úgy alakítani akár világszinten is, hogy minden kontinens önellátó lehessen a felhasználható energia kapcsán. Azonban itt fontos kialakítani az összekötöttséget, hiszen ha valahol „áramkimaradás" van, egy másik kontinens azonnal a segítségére tud „sietni". Itt nagyon fontos, hogy ne szakadjon meg semmilyen szál. A kontinensek egymást biztosítják. A nem megújuló energiaforrás felhasználása teljesen kontinentális, illetve országos hatáskörben marad, hiszen nem lehet olyan rendszert kialakítani, mint a megújuló energiaforrások kapcsán. *Endo-kontinentális megállapodások* történhetnek kontinensen belül, de csak akkor, ha van is értelme a szállításnak és ellátásnak. Tehát svéd acél kerülhet mondjuk Romániába, de nyilván abból a vasból Romániának további kontinentális megállapodások szerint kell majd szolgáltatnia és szállítania. Ilyenkor inkább a lokalitás a döntő tényező. Számít az is, hogy hova visszük a nyersanyagot, de az is, hogy abból milyen más régiókat tud ellátni a kontinens, amit most példának okért Romániába szállítottak. Endo-kontinentális megállapodásokon belül teljes lesz a munkamegosztás egy kontinensen. Ilyenkor természetesen egy ország felmérheti, hogy mekkora energiaszükséglete van, illetve ő mekkora részt tud ebből vállalni. Ilyenkor a kontinentális megállapodás szellemiségén belül történnek belső kiegyenlítődések energetikai szempontból.

Az országok természetesen elsősorban saját energiaforrásaikra támaszkodnak. Ez ugyan az esetek többségében nem lesz elég ahhoz, hogy kielégítő módon el tudják látni lakosságukat, népességüket. Ilyen esetekben minden esetben a kontinenstől kell segítséget kérni. Egy másik kontinensről csak a saját kontinensen keresztül érkezhet segítség.

Összességében elmondhatjuk, hogy a megújuló energiaforrások kapcsán fontos a kontinensek összeköttetése, hiszen azokkal az erőforrásokal nem kell versenyezni. Minden kontinens annyihoz jut hozzá, amennyire szüksége van állampolgárai és vendégei ellátásához.

11.3 Kontinentális Technológiai Megállapodások

A Kontinentális Technológiai Megállapodáshoz tartozik, hogy az internet és az abban foglalt tartalmak, ismeretanyag mindenki számára elérhetők. Az internetelérést minden háztartás részére hozzáférhetővé kell tenni, az ezzel összefüggő műszaki segítségnyújtással együtt. Az internetes hozzáféréssel egyidejűleg meg kell teremteni a különböző „teamroom"-okhoz (magyarul csapatszoba, közösségi hely) való hozzáférést is, ami megteremti a kapcsolatot a gazdasági vagy éppen akár „alap"-jogos állampolgár és a külvilág között. Ilyen teamroomok segítségével kaphat mindenfajta híreket és aktualitásokat is, például ilyen teamroomokban lesznek benne az éppen aktuális lehetőségek a nyaralásra, pihenésre, mint ahogy azt feljebb már láttuk. Valamint ilyen teamroomok segítségével tudja kvázi leadni rendelését, szükségletét, valamint véleményt is formálni az éppen aktuális működtetőknek, vigyázóknak és védőknek az állampolgár. Ez nagyon fontos lesz. Természetesen lesznek hozzá különböző „Account ID" (azonosítók), illetve jelszavak, hogy ne lehessen megcsalni a rendszert. Ebben a rendszerben lehet leadni a különböző rendeléseket az új rendszerben, ami tulajdonképpen majd az egész rendszert működésben tartja. Persze ezeket a tudati mozgásokat majd egy fajta „ügyvédnek" is vissza kell igazolni a rendszerben, de erről majd később, a kontinentális társadalmi rendszer felépülésénél lesz szó. Tudniillik ebben a rendszerben mindenkihez automatikusan lesz hozzárendelve egy ügyvéd, aki által tulajdonképpen reprezentálva lesznek az emberek a nagy egész rendszerben.

Általában elmondható, hogy a **technika eddigi vívmányai** a kontinens minden ország számára elérhetők kell legyenek, ezzel is nagyban hozzájárulva hosszú távon az országok kiegyenlített fejlettségi szintjéhez. De ez természetesen elsősorban az adott országon múlik, másodsorban a neki helyet adó kontinensen. Technológiai megállapodás alatt értünk tulajdonképpen minden olyan fejlesztést, amely szabadalomra épül, és megkönnyíti az emberiség mindennapjait. Ezek közé tartoznak hűtő- és mosógépek, tévék, DVD-lejátszók, számítógépek, illetve tartozékaik, valamint minden olyan újítás, amellyel az ember könyebben tudja elvégezni a ház körüli munkákat, könnyebben tudja megtermelni a javakat, könyebben takaríthatja be a termést stb. A technológiai megállapodás része minden munkaeszköz szabad áramlása és terjesztése, ha arra az adott területnek és közösségnek szüksége van. Ebben benne vannak a nagy munkagépek és eszközök is, olyan gépek is, amelyekkel komolyabb bányászati tevékenységeket, út- és hídépítési munkálatokat is lehet végezni. A kommunikációs részt később tárgyalom, amiben benne vannak a telefonok, mobiltelefonok és faxok használatai. A technológiai megállapodásnak két almegállapodása van, amelyeket az alábbiakban ismertetek.

11.3.1 Kommunikációs megállapodás

A kommunikációs megállapodás alapján az összes kontinens összes állampolgára össze kell, hogy legyen kötve és rendelkeznie kell olyan kommunikációs eszközökkel, amellyel tudja tartani a kapcsolatot rokonaival, szeretteteivel, barátaival, munkahelyével és feletteseivel.

Ezek alatt értem az összes telefonhálózatot, mobilt és vonalas telefont is. Telefon és fax használata térítésmentes. Mindenki tehetségének megfelelően ingyen és korlátlanul használhatja a telefont. Mivel kevesebb lesz a téma, kevesebb lesz az „ügy", így remélhetőleg az emberek és a közösségi termelőegységek sem fogják annyit igénybe venni, csak egy *bizonyos egészséges szinten*. Nem lesznek „üzleti" hívások, ugyanakkor megkülönböztetünk továbbra is kül- és belföldi hívásokat, amelyeket fel kell dolgozni.

Itt sem látom értelmét korlátozásnak, ugyanakkor természetesen a telefonhálózatok amortizálódnak, őket fizikailag is fönn kell tartani, és ez az országok saját feladata lesz. Ahol rossz a telefonhálózat, oda nem telefonálnak, ez kb. ilyen egyszerű. Országon belüli telefonálás bizonyos határokon belül természetesen biztosított lesz. Az elképzelés szerint internet alapon, korlátozás nélkül, de az analóg módon lehet bizonyos időkorlát, mondjuk, kb. 15 percenkénti leállással. Ez biztonsági leállást jelent. Utána újra lehet hívni egymást. Mindenféle kommunikációnak az egyes emberek, intézmények között, az országon belüli és országon kívüli kommunikációnak biztosítottnak kell lennie, persze úgy, hogy a fogadó fél azt akarja. Az új világgazdasági rendszerben sem lehet önkényesen zaklatni a másikat. Az ún. kontinentális megállapodásokhoz tartozó összes hívás természetesen biztosított lesz.

11.3.2 Szabadalmi megállapodás

Talán a legfontosabb megállapodás a technológiai megállapodások között. A technológiai megállapodás része lesz az összes szabadalomhoz való szabad hozzáférés is. Pontosabban természetesen ennek egy jól követhető és szabályozott része, először országon, majd kontinensen belül. A kontinentális megállapodások rögzítik, hogy az egyes szabadalmakat hogyan lehet kicserélni a kontinensek között, ha arra szükség van. Ugyanakkor általában majd ha a kontinens csatlakozik valamelyik megállapodáshoz, akkor az már legtöbbször értelemszerűen az összes többi kontinentális megállapodáshoz való csatlakozást is jelenti. Valóban, a szabadalmak szabad áramlása **a kulcsa** tulajdonképpen **az új világgazdasági rendszernek**. Hiszen a pénz mint versenyeszköz kiesése folytán nem érdeke már egyik országnak sem, hogy a másik ne kaphassa meg vagy ne tudja azt, amit ő is. Ez a lényege az egésznek: az egész attitűdöt és az egész gondolkodást kicseréljük, ha úgy tetszik, most a kabáthoz varrjuk a gombot, és nem fordítva. A lényeg, hogy minden terület a lehető legfejlettebb legyen. Hiszen ha ők fejlődnek, az nekünk is jó. Minél jobb a szomszédunknak, minél elégedetebb egy ember, annál kevésbé veszélyeztet minket, annál inkább ő is meg fogja osztani azokat a dolgokat, amelyeket ő tud. Hiszen nem lesz érdeke elhallgatni, eltitkolni, abból sem származna semmi előnye és haszna, hiszen nem tudja pénzzé, hatalommá, visszaéléssé változtatni.

Ez vonatkozik majd a szabadalmakra is, miután megszűnik az irigység, a gyanakvás, az állandó üldözési mánia, úgy megnyílnak majd a világ technológiai titkai, és a világ – persze ha nem is egyből –megindulhat a totális kiegyenlítődés felé. Hogy néz ki ez majd a valóságban? Endo-kontinentális megállapodáson keresztül fontosabb munkák meg lesznek szervezve az országok között, természetesen azok elsősorban, amelyeket egy ország nem tud saját erőből megvalósítani. Autó és különböző eszközök gyártása. Azonban természetesen egy ország vezetésének lesz bizonyos listája arról is, hogy mik az igények, és mi a valóság, tehát mit tud egy ország önerejéből megvalóstani. Nem sok ilyen dolog lesz, és főleg nem sok ország lesz ilyen, bizonyos kontinenseken, a kivételt talán Oroszország jelenti, illetve az orosz kontinens.

Azokat a munkákat, termékeket, amelyeket egy ország maga elő tud állítani, azokat természetesen megszervezi. Minden, amit saját hatáskörben el tud intézni, azt megépítteti és megtervezi. Ugyanakkor természetesen minden termék és épített dolog szabványok szerint fog készülni, ugyanúgy, mint ma. Hiszen egy készített termék sok esetben akár külföldre is kerülhet, de persze kontinensen belül. Amennyiben egy közösségnek vagy országnak hiányzik a technológia, akkor azt az alkalmazó ország alanyi jogon megkapja. De azt nem adhatja tovább más kontinensbeli országnak, csak saját kontinensen belüli országnak. Tudni kell ugyanakkor, hogy a technológiák többsége bonyolult folyamat, tehát a technológiák alkalmazásához felkészült szakmai csapatnak kell a rendelkezésre állnia bizonyos régióknak, illetve maguknak az országoknak. Ha ez nincs meg, úgy természetesen ilyen irányú bevándorlást gerjeszthetnek saját országuk felé. Mindennek meglesz a megfelelő terepe, fóruma, a munkaerő és technológiai szakértelem toborzásának is. Ugyanakkor a másik, többnyire gazdasági irányú népvándorlás megszűnik. Megszűnik az például, hogy egy kétségbeesett és elkeseredett gazdasági menekült, mondjuk, Szenegálból azért megy át Franciaországba, mert „ott jobb az élet". Lehet, hogy jobb az élet, de most már meglesz a lehetősége, hogy ha nem is egyből, de hosszabb távon az életminőséggel kapcsolatos problémák kiegyenlítődjenek. Ez a lényeg. Természetesen, ha Franciaországban továbbra is szükség van szenegáli bevándorlókra, úgy az Franciaország belügye, és ez ügyben intézkedhet. A vándorlás egyirányú, mindig úgy megyünk valahova, ha hívás, illetve lehetőség érkezik. Nem úgy, hogy mi ott akarunk élni, ezért meg ezért. Élj első körben ott, ahova születtél. Tanulmányaid és kvalifikációid során tudod megváltoztatni székhelyedet, de nem azért, mert nincs elég pénzed, és jobban, gazdagabban szeretnél élni máshol, hanem azért, mert lehetőséged lesz rá, és ha szeretnéd megváltoztatni az életed, akkor meg tudod. Ki kell várni a megfelelő lehetőséget.

Az **exo-kontinentális megállapodásokhoz** fognak tartozni azok a megállapodások, amelyek külön a kontinensek között köttetnek. Ekkor az egyik kontinens segíti a másikat technológiai megoldásokkal. Ennek viszonzása úgy lehet, hogy a másik kontinens is megad néhány eddig féltve őrzött technológiát, ha erre az eredetileg támogató kontinensnek szüksége van, de lehet, hogy nincs. Ekkor a „fizetség" azzal is történhet – és valószínűleg ez lesz a gyakoribb –, hogy a fogadó kontinens pedig kisegíti az eredetileg segítő kontinenst azzal, hogy csatlakozik ő is egy másik, futó kontinentális megállapodáshoz, például a turisztikai és rekreációs megállapodáshoz. Ilyenkor a fogadó kontinensnek meg kell teremteni azokat a körülményeket, amilyenekkel több millió, az adott kontinensről érkező vendégigény kielégítését jelenti. Igaz, ezt előbb-utóbb mindenképpen meg kell tennie. Hosszú távon egyik kontinens sem fog kimaradni egyik megállapodásból sem. Igaz, ha nincsenek meg a feltételei, akkor kap különféle mentséget, illetve természetesen segítséget mindenben, hogy föl tudja hozni magát a megfelelő színvonalra. A világ ilyen módon „uniformizálódik", de ez nem hatalom. Technikai módon és nem kényszerből történik, hanem mert érdemes lesz ezekhez a megállapodásokhoz tartozni, és azokat betartani.

Összességében tehát elmondható, hogy a kontinentális technológiai megállapodások segíteni fognak abban, hogy a Földön adott pillanatban élő összes humanoid, összes ember az adott kor teljes technológiai vívmányai szerinti komfortban éljen. Természetesen ez a szint országok szerint különbözhet, de nem azért, mert az egyik ország nem akar vagy nem tud a másik ország színvonalára eljutni, hanem azért, mert a kulturális és vallási különbségek természetesen még sokáig nagy szerepet fognak játszani bizonyos országok és emberek életszínvonalában, életvitelében.

11.4 Kontinentális Egészségügyi Megállapodások

Miután leraktuk már az új világgazdasági rendszer alapjait, be kell fejezni a művet, és végleg be kell keríteni a régi rendszert, nem szabad kiskaput hagyni, ahol a pénz, a gőg, az utálat, a felsőbbrendűségi érzés és a másik ember megvetése visszalophatja magát. Újabb nagyon fontos sarokkőhöz érkeztünk, amelyben rengeteg manipulatív pénz forog manapság a világban, ez pedig az egészségügy. Nagyon fontos, hogy ez is **kontinentális, illetve nemzeti alapon** legyen megoldva. Minden egyes állampolgárnak jár majd a gyógyuláshoz való jog. Az orvostársadalom természetesen továbbra is fennmarad, sőt, óriási feladatok hárulnak majd rá.

A kontinentális rendszerben meg kell szervezni azt, hogy mindenki gyógyulási lehetőséghez jusson, és elegendő orvossághoz is. Természetesen ez azt jelenti, hogy a technológiai megállapodáson keresztül tulajdonképpen minden ország olyan orvosságot gyárt, amilyet akar. Fontos, hogy az ésszerű gyógyszergyártás valamint gyógyászati segédeszközök gyártása és disztribúciója kontinensszinten megoldott legyen. Minden országban olyan egészségügyi ellátásnak kell lennie, amilyet az ország specifikumai megkívánnak. Az egészségügyi kérdéseket már a technológiai és szabadalmi megállapodásból tárgyaljuk.

Az új kontinetális rendszerben ki kell alakítani az orvosi ellátás legpontosabb és legteljesebb rendszerét, de a remények szerint ez nem lesz kihasználva teljesen, hiszen a megváltozott életfeltételek miatt az embereknek jobb lesz az egészségügyi állapota, **ritkábban válnak beteggé**. Nem lesz olyan stresszel teli az életünk, nem rohanunk mindenhová, nem kísérnek minket úton-útfélen balesetek, az emberek – dacára a hatalmas populációnak – nem izgulnak annyit, nem élnek annyit a kábítószerekkel, nem élnek annyira mozgalmas életet. Ez természetesen sok embernek nem lesz annyira izgalmas, mint az azelőtti életük, de tudomásul kell azt is venniük, hogy az az életmód nem fönntartható tovább, annak előnyeit többségében mások kárára élvezték.

Egy ország egészségügyi megszervezésében természetesen most is léteznek majd az orvosi, valamint ellátási körzetek, kórházak. Egy ország gyógyszerellátása már adott lesz a kontinetális technológiai megállapodáson keresztül. Mivel nem lesz pénz mint motivációs erő, így feltehetően az orvosi szakmában azok fognak megmaradni, akik valóban szeretik a munkájukat, akikre valóban lehet számítani, akik arra fogják szánni életüket, hogy másokat gyógyítsanak.

Lesz elég munkaerő ápolónőből és műtősből is, hiszen az emberekben többségében élnek az ösztönök, hogy a fajtársaikon segíteni szeretnének, sőt, túljelentkezés lesz ápolóból, orvosból is.

Fontos ennél a fejeztenél, hogy miként viszonyolunk az **alternatív gyógymódokhoz**. Én azt gondolom, hogy alternatív lehetőségként meg kell azt tartani, sőt, eltörölni nem lehet. Ugyanakkor azt, hogy valaki alternatív módokkal elérhet-e gazdasági jogot, azt a közösségnek kell eldönteni. El kell fogadni, hogy egy szinte már tökéletesen működő egészségügy mellett is választhatnak az emberek alternatív gyógyítási, gyógyulási módokat, amelyekben talán jobban bíznak, vagy amelyeket jobban szeretnek.

Az egészségügyi állapot általános javulása és a kevésbé stresszes életmód is hozzájárulhat ahhoz, hogy az általános **élet-**

kor növekedni fog az egész Földgolyón. Ekkor viszont az országok által most fönntartott **nyugdíjrendszer sem** lesz fenntartható tovább. A jövőbeni nyugdíjrendszert később tárgyaljuk. Azonban el kell kicsit időznünk az egészségügyi ellátásnál. Azt gondolom, bármilyen rendszer köszönt a Földre, a népesség talán lassabb, de fokozatos növekedésével kell számolni. Talán az általam felvázolt új rendszerben lesz egy kicsi visszaesés azokban az országokban, amelyekben talán nehezebben megy az átállás, ahol nincs olyan politikai kultúra, hogy könnyen meg lehetne szervezni a munkákat, hogy működjön egy bank és pénz nélküli világ. Ehhez idő kell, fejlett oktatási rendszer nélkül működő országokban pedig különösen nagy probléma lehet, kit küldenek élemiszert gyártani, kit küldenek az adminisztrációba, kit az egészségügybe stb. De ezt is meg kell oldani kontinentális szinten. Ha az egyik országnak sikerül egy kontinensen, akkor egy másiknak is fog. Minden segítséget meg fog kapni egy ország az átálláshoz.

Az **endo-kontinentális** egészségügyi megállapodáshoz természetesen hozzátartozik a **közös kutatás** is. Több ország együttesen is kutathat vakcinák és gyógyszerek után. Az eredmény természetesen közös, kontinentális eredmény lesz, amelyből az egész kontinens fog profitálni. A megállapodáshoz természetesen hozzátartozik, hogy *járványokat a helyükön kezeljék* a hatóságok, ne terjesszék egyből, hogy járvány van valamiből, ami utána kiderül, hogy vaklárma, mint az a HCN1 vakcina és vírus esetében volt. Nem kell egyből kétségbe esni és fölrázni az egész kontinenst, ha pár száz ember meghal, naponta több tízezer ember hal meg Európa szerte, ez része az életnek, sok ezer születik helyettük. Természetesen cél a gócpont lokalizálása, de a hisztéria elkerülendő. Az exo-kontinentális megállapodás részei lehetnek a kutatási eredmények kicserélése is a kontinensek között, ha az szükségesnek bizonyul.

Beszéltünk már arról, hogy az új kontinentális rendszerben mi lesz, milyen lesz a kapcsolat igazából az igazi szakképzett orvosok, akik a gyógyításra esküdtek fel, és aszerint végzik a munkájukat, és az ún. természetgyógyászok között. Egyrészt semmi, mert valószínűleg csak azoknak lesz egyáltalán eszközük gyógyítani, akiket a közös társadalom erre alkalmasnak talál. A többieknek erre nem lesz lehetőségük, illetve a közös társadalmi egyenlet függvényében korlátozottan. Azonban elképzelhető, hogy ha a közösség úgy érzi, akkor felhatalmazást adhat ún. „természtegyógyászoknak" is a gyógyításra. Ilyenkor természetesen az állampolgárok választhatnak, hogy alternatív gyógymódokkal próbálják magukat kúrálni, vagy pedig egyetemen tanult orvosok segítségével. Ezt mindenki saját felelősségére végzi, de nem lehet túl sok kuruzsló, csak annyi, amennyit a közösség engedélyez. Hiszen az általuk végzett munka is beleszámít a közösbe, ugyanúgy, mint például egy sportolóé vagy egy takarítóé.

Létezhet egy másik pont is, a társadalom elégedettségi foka olyan nagymértékű lehet, bizonyos vezetőket olyan nagy elismertség és rajongás vehet körbe, mint régen bizonyos sámánokat vagy királyokat. Ezekben az esetekben, mivel a **gyógyulás és hit** tulajdonképpen összeforr, elképzelhetők olyan gyógyulások is, amelyek kézrátétellel történnek, egymás jó érzéseit átadni egymásnak, így serkentve egymást. Én valóban azt hiszem, hogy egy ember közérzete, társadalmi beágyazottsága, kapcsolatrendszere, relációi is mind hozzájárulnak egészségügyi állapotához, tehát ha egy emberben sok a gyűlölet, sok gyűlöletet generál maga körül, állandóan keresi a bajt, felsőbb- vagy kisebbrendűségi érzése van, akkor szerintem hajlamosabb olyan betegségekre, amelyeknek meghatározója a genetika, **nevezetesen a rák**.

Tehát ha egy jobb világra váltunk, ahol több lesz a „jó érzés", akkor szerintem automatikusan visszaszorul a rák jelenléte is. Természetesen nem teljesen, maradni fog. Az részben kivédhetetlen, és az orvosi kutatóközpontokban továbbra is fognak folyni kutatások a rák ellen (most már persze pénz nélkül, csak elköteleződés alapján), de meggyőződésem, hogy az egésznek pszichológiai alapjai vannak. Lehetségesek lesznek például nagy tömegjelenetek, ahol a résztvevők egymásba kapaszkodnak, így is egyfajta „áldást" remélve vagy adva a tömeg jótékony hatása által. Egyértelmű, hogy energiát sugárzunk ki elektromágneses sugárzás formájában, és ezek lehetnek károsak és jók is, amelyek ugyanolyan jó érzéseket továbbítanak, mint amilyenekben nekünk is részünk van. Ilyen értelemben az egész világot fel lehet tölteni jó, illetve jobb érzésekkel, amelyben kevesebb szerepük lesz a betegségeknek, amelyről ez a fejezet is szól.

Természetesen magukról a különféle betegségekről a könyv nem fog beszámolni, az természetesen az továbbra is az orvostudomány része. A Kontinentális Egészségügyi Megállapodás nem vonatkozik az országon belüli gyógyításokra, az minden ország saját belügye, hogy számolja el, miket gyógyít és miket nem. Természetesen elsősorban olyan gyógyítási eljárások és szolgáltatások járnak mindenkinek, amelyekkel jó egészségünket, jó közérzetüket és munkára való alkalmasságukat megőrizhetik. Plusz szépészeti, kozmetikai és plasztikai műtetek nem. Igaz, ezek a beavatkozások egy pénz és csillogás nélküli világban részben értelmüket vesztik, ettől függetlenül egy nőnek lehetnek olyan igényei, hogy mellműtétet szeretne, de ezek kivitelezése – előre ilyen dolgok nem kalkulálhatók – a társadalom teherbíró képességén múlik, illetve, hogy ezt fontosnak tartja-e a társadalom, hajlandó-e rá áldozni. Ez mindig az adott közösségen múlik majd. Teszem azt, szépészeti beavatkozásokra fenntart-e egészségügyi intézményt, illetve műtőt és képzett munkaerőt? Lehet, hogy igen. Ugyanakkor az is lehetséges lesz, hogy valaki önként jelentkezik majd ilyen munkákra, hiszen azt fogja szeretni, ha például a nőknek meg tudja igazítani, esetleg nagyobbítani a mellét. De ilyenkor vállalnia kell, hogy a „rendelésére" jelentkezőket természetesen térítésmentesen látja el, ahogy ez az egész szellemiségből következik.

Ezt tudjuk, ugyanakkor azért írom le még egyszer ezt a tényt, hogy valóban tudatosuljon az emberekben, hogy ez a világ már más, mint az azelőtti. A mostani világban rendszerint azért kezdünk vállalkozásba, mert meg akarjuk valósítani magunkat, pénz akarunk keresni, lehetőleg jobban élni, és rendszerint ehhez ötletünk is kell legyen, vagy legalábbis valamilyen szakértelmünk. Ezek a dolgok tulajdonképpen megmaradhatnak, de átértelmeződnek.

Továbbra is lehetnek kvázi egyedül dolgozók, de creditjüket a társadalomtól kapják vissza, és nem az egyéntől, legalábbis nem pénz és fizetség formájában. Hiszen pont ez a dolog lényege. Ha ez megmaradna, soha nem tudnánk megszabadulni a pénztől és az állandó bírósági perektől, a rossztól és a méregtől. Ilyen értelemben az az elv, hogy a vállalkozást magadért csinálod, a saját boldogulásodért, a meggazdagodásodért, nem él többé, hiszen az az elv a kontinentális gazdasági rendszerben, ha te is gazdagodsz, akkor a többiek is. Mivel nincs pénz, így a csak szakértelmedet, lelkesedést, a másokon való segítés vágyát vihetted be a dologba. Az az aspektus, hogy én kitatálok valamit, megpróbálom rászedni a tömegeket a fogyasztására, és én meg majd elfordulva röhögök a markomba, nem fog létezni többet. Tisztelet persze a kivételnek, de nagyon sok vállalkozás épül fals ötletre, rászedésre és átverésre. Ha mást nem nyerünk az új rendszer bevezetésével, csak ennyit, már az is megéri. Kivinni az ármánykodást és csalást a gazdasági rendszerből. Természetesen továbbra is lehetnek ötletgazdák, akiktől egy vagy kettő ilyen vagy olyan eljárási technológia esetleg származik. De ezek az ötletek, ha a közösség, hatóságok, tudományos központok használhatónak ítélik őket, akkor a közösség érdekében hasznosulnak, és nem egyéni célokat szolgálnak majd. (Nem lesznek bankok sem szerencsére, akik mindenféle kétes ügylethez vagy ötlethez adnának pénzt.)

Az új világban mindenkinek lesz munkája, vagyis inkább hívhatjuk úgy is, elfoglaltsága, meg fog szűnni a **munkanélküliség**! Ez, belegondoltunk már, mennyi probléma okozója? Ez a probléma, amely egy pénzalapú társadalomban egyre komolyabb méreteket ölt, sok kormány vállát nyomja. A pénz megszűnésével nagyban le fog egyszerűsödni az élet, a bizalomra épül majd, és nem a bizalmatlanságra. Rém egyszerű szabályok szerint fog majd az élet működni, úgy, ahogy az elején is, kvázi az őskorban és azt azt megelőző korokban. Persze az akkori emberiséget nem lehet összehasonlítani a mostanival. Úgy is el lehet képzelni, hogy az egy kezdetleges „univerzum" volt, egy kezdetleges összesség. Aztán az univerzum fejlődik, mert a mögötte lévő és az egészet mozgásban tartó tudati erők is fejlettebbé váltak. Ugyanúgy, ahogy az emberiség is. Pénz nélkül szó szerint megkönnyebbül az életünk mindenfajta szempontból. Nem lesz annyi bűnözés, ergó a rendőrség, mentők és talán a tűzoltók munkájára is kevesebb szükség lesz. Természetesen ezeket a társadalmi egységeket továbbra is fenn kell tartani, munkájukra továbbra is szükség lesz, nagyon sokan fognak jelentkezni ezekbe az egységekbe, mert végre nem kényszerből mennek majd erre a pályára, hanem meggyőződésből. Szeretni fogják végre az emberek, amit csinálnak, mert tudni fogják, hogy amit csinálnak, annak végre van értelme, közösségi értelme, és annak a munkának a gyümölcsét egy másik ember fogja élvezni ugyan, de ez arra a másik emberre is igaz. Ő is egyfajta tevékenységet végez, amelynek a gyümölcse egy másik ember vagy emberek boldogsága lesz.

Lesznek ugyanúgy focimeccsek, de a belépés a meccsekre térítésmentes lesz, ha egy csapat nem szerepel jól, akkor akár eltűnhet a süllyesztőben is, feloszlathatják, és megsemmisülhet. Pontosabban ezt inkább úgy kell érteni, hogy amatőr státuszba kerül. Tehát munka mellett lehet tovább végezni a tevékenységet. De ezeket a kérdéseket a Kontinentális Sport Megállapodásban tárgyalom részletesen. Ez valóban visszaadja a verseny eredeti értelmét, nem lesznek kitartottak, és nem lesz felesleges munkavégzés. Nem lesznek az interneten tízezrével meghirdetett állások, de olyanok, amelyekre nem találnak megfelelő képzett munkaerőt, de közben a másik oldalon tömegek vannak munka nélkül. Az **élet értelme** az állandó tudati fejlődés, de nem úgy, hogy még bonyolultabbá tegyük a már bonyolultat, amelyet csak korrupt politikusok és ügyvédek látnak át. Minél teljesebb tudattal élvezzük azokat a pillanatokat, amelyek megadatnak nekünk! Közösségben, családban vagy néha egyedül.

Ugyancsak fontos, hogy a pénzszerzés reményében ne tegyük tönkre egészségünket, utána pedig az egészség visszaszerzése érdekében pénzeket mozgósítsunk, úgy, hogy közben alig éltünk valamit. Ennek a láncolatnak véget kell vetni, márpedig úgy, hogy a dolgok gyökeréig kell lenyúlni, mégpedig odáig, hogy az egész betegség korókozóját kell megszüntetni, a pénzt és annak körforgását. Ha nem lesz pénz, teljesen más dimezióban élhetünk, sokkal kevesebb stressz nélkül. Igaz, lehet, hogy egyesek számára nem olyan izgalmasan mint eddig, hiszen nem lesz, ami hajtaná előre – sokszor ugyan a veszedelembe és kalandorságba. Eltűnnek a pénznyerő automaták és a játékbarlangok is, nem lesz annyi bulvár hír, valamint nem lehet csak úgy elmenni világkörüli utakra, túrákra, hogy mások meg a szalagon sínylődnek. A P. Hun eszméje szerint ennél nagyobb **egyenlőség jár** az emberiség fiainak és lányainak. A P. Hun tulajdonképpen a legnagyobb egyenlőségre törekszik az emberiség történtében, és ha sikerül is neki – nem egyből, hanem fokozatosan – eltüntetni a pénzt mint értékmérőt az emberek között, akkor már óriási sikerrel fog járni. Sokkal kevesebb lesz a szenvedés az életben, és a bűn, a rossz érzés és a frusztráció, irigység, gyűlölet, amelyek mint tudjuk, mind **érzések**. Részei a világegyetemnek. A tudatkvantum által képeztetett tudati energiák.

Ezeket a gondolatokat az orvostudományban is fel lehet használni. Amikor mind a gyógyító, mind a gyógyított is arra koncentrál, hogy meglegyen az eredmény. A tudatkvantum egyik jellegzetes példája az orvoslásban is megfigyelhető, amikor a beteg a tudatosságával, kvázi hitével is elősegíti a gyógyulást a gyógyítóval együtt. Általánosságban elmondhatjuk, az nem elég, ha csak a doktor koncentrál a betegre. A betegnek is „hinnie" kell benne, hogy meg fog gyógyulni, tulajdonképpen egy olyan tudat-állapotra koncentrálni, amelyben már egészséges, és szinte nem is vesz „tudomást" fogyatékosságáról, betegségéről. Ez lehetséges, de nem hiszem, hogy minden esetben. Nyilvánvalóan csak olyan esetekben, ahol van még esély megváltoztatni a rossz folyamatokat.

A tudatkvantum nagyon fontos. Ha már több irányból történik egyazon folyamatra tudathatás, akkor annak már látszódni fognak az eredményei, hiszen ilyenek voltak magának az evolúciónak is a folyamatai. A betegségek általában visszavezethetők az univerzális harmónia törvényeinek megsértésére, amikor az illető mentális és érzelmi állapota kibillen az egyensúlyból. Az érzelmi egyensúlytalanság előbb-utóbb kihat a fizikai testre is, úgyanúgy, mint az univerzumban. Az érzelmi elhajlások az univerzumban is érezhetők. Ezeket elhajlott gravitációs terek jellemzik. Máshogy hat ott a gravitáció, persze ezek nem azonosak a fekete lyukakkal.

11.4.1 Függőségek

A kontinentális rendszerben a kábítószer is elveszti legalábbis azt az értékét, hogy pénzt lehet belőle csinálni. Így a kábítószercsempészésnek és az ezzel történő kereskedelemnek is be fog fellegezni. Ebben az új gazdasági rendszerben a kábítószernek csak annak lesz értéke, aki saját maga készíti, illetve ha megrendelést kap – nem az egyén, hanem a közösség, akkor lehet más országokba is szállítani. Mivel a kábítószerért már nem fizetnek, így nem is termelik majd olyan nagy mennyiségben, ergo megszűnnek a kábítószer terjesztésével foglalkozó drogbárók, nepperek is, magyarul **megszűnik a kábítószerpiac**. Pénz nélkül az ebből való megélés lehetősége megszűnik, ergó kevesebb lesz a kábítószerrel kapcsolatos hír, visszaélés, bűncselekmény és betegség, és ebből következő kórházi kezelés. Ergó sokkal kevesebb lesz a társadalmi ráfordítás kábítószer ügyekben. Nem kell annyi rendőrségi erőfeszítés sem ahhoz, hogy elfogják a kábítószerrel összefüggő bűncselekményekben résztvevőket, elsősorban terjesztőket. Tehát már ezzel óriási nettó megtakarítása van az összemberiségnek!

Ugyanakkor jelen könyvemmel nem a kábítószer fogyasztása ellen vagyok. Elképzelhető, hogy bizonyos embereknek bizonyos problémák esetén bizonyos korban még kifejezetten ajánlott is lehet bizonyos drogok fogyasztása. Azt gondolom végső soron, hogy a kábítószerek forgalmazását magának az államnak kell átvennie és azt kontrollálnia. Természetes, hogy például **Bolíviában** sohasem fog megszűnni a kokalevél-termesztés, ameddig azt az éghajlati viszonyok engedik. Mivel a kábítószert pénzért eladni nem lehet majd, így termelése is rettentően visszaesik, termesztése kizárólag lokális igényeket szolgál majd, valamint gyógyászatot. Az ezzel összefüggő bűnözéstől megszabadulni pedig „mennyei áldás" lesz az új társadalomra. Ha ezt el tudjuk érni, akkor arra törekedni kell a felelős vezetőknek. A társadalmi pozitív hatásokat szinte nem is lehet felmérni. Akár lehetne dollárosítani is, de igazából nem szükséges. Az ezzel járó pozitív hatásokat mindenki fogja majd érezni, akik részt vesznek a kontinentális gazdaság fönntartásában. Természetesen a kábítószerügy tulajdonképpen összefügg a gyógyszergyártással is. Ezért tárgyalom ezt a Kontinentális Egészségügyi Megállapodás részeként.

Ugyanakkor az élvezeti cikkekről és magáról a **függőségről** is itt kell szót ejteni. Természetesen ezt nem lehet tiltással elintézni. A fölvázolt új kontinentális gazdasági rendszerben viszont ezeknek a fogyasztása már – nagyjából – ellenőrzötten történik. Szerintem fontos, az egyes emberek életében és a tudatában, hogy amikor szeretnének, fogyaszthassanak alkoholt, füstölhessenek, kávét is igyanak, és igen, kimondom: korlátozott mértékben kvázi patikákban beszerzendő kábítószerhez is juthassanak, de ne sokhoz! Fontos, hogy az egyén tudatában legyen annak, hogy amit tesz, azzal öli, roncsolja magát, de amíg ezt magával teszi, és hatás nem éri a külvilágot, arra joga van. Amire már egyáltalán nincs joga, az, hogy ezáltal másokat is befolyásoljon és inzultáljon, illetve a közkincsekben kárt tegyen. Tehát azt gondolom, szigorúan egyéni fogyasztásra – kicsi mennyiségben – kellene engedni a drogok használatát, tulajdonképpen otthoni fogyasztásra.

Közterületre, szórakozóhelyre ez már nem lesz érvényes, ott viszont továbbra is lehet alkoholt kapni, persze nem mértéktelenül. Füstölni már csak a szabadban lehetne, dohányzás egyáltalán minden zárt helyiségben tiltott lenne, csak az arra kijelölt helyiségekben, illetve a szabadban lenne megengedett. Ez már így is van Európa több országában, és ez jó.

Drogot is csak úgy szabad engedni, amennyiben az egyén teljesen tudatában van annak, amit tesz. Divatból már nem lesz drog. Én azt gondolom, az emberek többsége nem is él majd ezzel a lehetőséggel, de ha meg is tennék, az agyunkban létezhet egyfajta határ, amit már nem fognak átlépni. Ezt természetesen a jog is szabályozni fogja. Amennyiben ezt **a mérsékelt drogfogyasztásnak** a határait az egyén 1-nél többször megszegi, úgy egyszerűen diszkvalifikálásra kerül azon személyek listájáról, akik élvezhetnek drogot. Muszáj egy bizonyos határig jóhiszeműnek lenni. Egy bizonyos határ után pedig már nem szabad. Ezt a legjobban a következő hasonlat világítja meg, amit országomban hallottam: ha egyszer az asztal alatt megsimogatják a lábam, nem veszem észre, mert úrinő vagyok, de ha még egyszer, akkor már szólnom kell, mert úrinő vagyok. A teljes tiltást ugyanakkor elutasítom én is, és a könyv is. Ez nem egy kábítószer-ellenes könyv, nem egy fantazmagóriákon alapuló elv- és eszmerendszer könyve. Ez a józan ész és belátás és felelősségvállalás könyve. Tehát egy ország egészségügyi rendelkezéseibe, illetve a Kontinentális Egészségügyi Megállapodásba bele kell kerülni az **élvezeti cikkek használatának** joga is. Legalábbis Európában. Nem lehet tiltani, de korlátozni igen, az szükséges is. Emberek vagyunk, és nem szellemek. Tudnunk kell ugyanakkor, hogy a drogok használatával visszaeső ember *nem lehet gazdasági jogos* ember, hanem a 4-ik „kalapba" kerül. Erről majd később, a kontinentális társadalom struktúrájánál fogok beszélni.

11.4.2 Halhatatlanság kérdése

Igen, föl kell tennünk magunknak a kérdést, mi lenne, ha az orvostudomány eljuthatna arra a szintre, hogy nanotechnológiával vagy tudom is én, mivel elérhetnénk azt, hogy tovább éljünk, illetve akár azt is, hogy halhatatlanok legyünk?

Nagyon fontos ezt a kérdést vizsgálnunk, hiszen mindenre képes nagyokos és mindentudó tudósok már dolgoznak ezen a programon, helytelenül, hiúságtól telve, ami eleve nem fog jó eredményre vezetni. Ha halhatatlanok szeretnénk lenni, bízzuk magunkat az evolúcióra, és ha mi nem is, de a későbbi leszármazottak már lehet, hogy hosszabb életidővel rendelkeznek majd, ami ugyancsak jelent majd kiteljesedettebb tudatot. De gondoljunk csak bele, mit jelent az, hogy halhatatlanság kérdése? Tulajdonképpen erre keresi a választ a P. Hun is, mint ahogy minden más filozófia és vallás is. Halhatatlannak lenni csak a tudatban lehetséges, a tudat által érzékelt fizikában nem. Azért nem, mert az megsemmisítésre és változásra ítéltetett. Ezért hát a P. Hun szerint soha ne keressük semmilyen tudományos álvetés, csalás és csalárdság révén a „igazi" halhatatlansához vezető utat, mert úgysem fogjuk megtalálni.

Egyébként is, mire mennénk azzal, hogy most mélyhűtjük magunkat, és később majd – bízva a tudomány, orvostudomány által elért eredményekben – kb. **1000 év múlva** kifagyasztatjuk magunkat és mehetünk a dolgunkra? Hogy képzeljük, kik leszünk abban a társadalomban, mi lesz a feladatunk, kikkel barátkozunk? Hogyan tudunk beilleszkedni abba a társadalomba, hol fogunk élni, és még sorolhatnánk? Belegondoltunk már ebbe? Egyáltalán, a fizikai külsőnk sem biztos, hogy kompatibilis lesz később. Nem tudhatjuk végül is, hogy a szervezet hogyan reagál majd egy 1000 éves mélyhűtött állapotra. Ezek mind olyan kérdések, amelyeket nem lehet biztonsággal megválaszolni, illetve már a kérdések eleve értelmezhetetlenek. Csak kalandor vággyal és aggyal lehet ilyen kalandokba belevágni, a siker csekély valószínűségével. Az egész hasonlít ahhoz, amikor egy, az evolúcióban már kihalt faj hirtelen újra az élet színpadán találná magát. Utána amit ott találna, valószínűleg tetszene neki, de nem lennének már adottak a feltételek a túléléséhez.

A fajok eltűnése nem volt véletlen, ahhoz elsősorban külső környezeti tényezők járultak hozzá, és persze fölső univerzális kódok, amelyek változtatást hoztak. A volt szeretteink már nem lesznek velünk. Teljesen új életet kellene kezdeni, amire nem mindenki képes. Teljesen idegenek leszünk egy másik, egy későbbi világban. Mondani sem kell, eleve óriási külső segítség kell majd a tudomány részéről, hogy egyáltalán újra élő emberekké válhassunk a régi testünkkel. Ez magunktól nem fog menni. Nem tudhatjuk, hogy a tudatunk hogyan reagál majd mindenre. Én azt gondolom, hogy ilyen „kalandhoz" kalandvágy kell, és aki ilyenbe bocsátkozik, el-

sőre inkább tekintse magát egy 1000 év múlva megtörténő kísérlet és vizsgálat tárgyaként. Ne azért vállalkozzon ilyenre, mert majd később jobb lesz neki, és jobb életet szeretne. Ezt úgysem fogja elérni, mert:
1. aki ilyet megengedhet magának, az feltehetően tehetős és vagyonos, földi léte ezen szakaszában is jól ment neki. Nem valószínűsíthető, hogy a következő jobb lesz, mint ez a mostani volt.;
2. Aki ilyenre vállakozik, egyértelműen a tudomány szolgálatába áll, elfogadja azokat a feltételket, amelyekkel neki sem lehet egy „jobb" élet utáni sóvárgás. Az ő esetükben inkább a kitűnni vágyás, a szenzációhajhászat a hajtóerő. Ha esetleg túlélik, valóban „sztárok" lehetnek egy később eljövendő jövőben. De az az élet már kiszámíthatatlan lesz.

Szóval az ilyen kísérleteket **a P. Hun elutasítja,** mert ha esetleg hoznak is némi eredményt, azok értelmetlenek, néhány ember kíváncsiságát elégítik csak ki. Szerencsére egyébként sem lehet ezt a fajta „utazást" sok emberrel végezni. Ne áldozzon erre a társadalom, mármint már halott vagy még életében magát hibertáltatni akaró embert ne tarstunk mélyhűtve! Az az energia sok minden másra is használható lenne.

A részfejezet bevezető része pedig arra vonatkozik, hogy egyes orvosok és tudósok foglalkoznak azzal, hogy az emberi életet mesterségesen meghosszabbítsák. Erre megint csak azt tudom mondani, egy emberi élet a Földön addig teljes, ameddig az azt körülvevő környezet is megvan. Hogy nézne az ki, hogy élünk 120 évig, de már senki sincs életben, akit szerettünk vagy akit nagyon tiszteltünk. Ugyanakkor a dolog sikeres kivitelezése esetén is óriási lenne a dologgal kapcsolatos ellenszenv, hiszen nem mindenkinek adódhatna meg ez a „kiváltság", hogy élete mesterségesen meghosszabítódik.

Azoknak, akiknek tulajdonképpen sikerül, titokban kellene tartaniuk ezt, és a titok nem a P. Hun velejárója. Ellenkezőleg, a titkok megfejtése. Vannak természetesen olyan személyes titkok, ügyek, amelyek nem tartoznak másokra, nem azokról van szó, hanem a köztitkokéról. A világ nem működhet titkok alapján, az igazságra egyszer fény derül. Nem működne a dolog a nyugdíjrendszer túlterheltsége kapcsán sem. Tehát a P. Hun véleménye az, hogy hagyjuk a dolgokat a természetes rendjükben folyni, minél kevesebb külső beavatkozással. Az evolúcióban ezek a dolgok már el vannak rendezve, nem kell ezen már külön törnünk a fejünket. „Nem" a válasz a **mesterséges élet meghosszabításra**, az ezzel kapcsolatos kutatásokra és spekulációkra is. A tudat-univerzum törvényszerűségei ellen hosszú távon úgysem tudunk semmit tenni. Azokat elfogadni kell, és szerintük élni. A P. Hun által felvázolt új világnézet és új világgazdasági rendszer már eleve megelőlegez egy, a mostaninál sokkal nyugodtabb és talán hosszabb életet, amelyben elég boldogságban lesz részünk.

A kontinensek jövőbeni egészségügyi életének tárgyalása után rá kell térnünk egy újabb fontos kérdéskörre, a biztosítási világra.

11.5 Kontinentális Biztosítási Megállapodás

A Kontinentális Biztosítási Megállapodás ugyancsak egy fontos szegmense, hogy a pénzvilág **ne jöhessen vissza**, ha egyszer már működik egy a szolidaritásra, az emberi erőre, emberi értelemre, tudatra, és részvétre alapozott társadalom.

Ez pedig a kártérítés és biztosítás világa, amelyet ugyancsak szabályozni és értelemmel ellátni kell. Sajnos számításba kell venni, hogy az új világban is lesznek őrültek, akik valamilyen frusztráció miatt rá akarják kényszeríteni akaratukat a másikra, szándékosan kárt akarnak okozni a másiknak. Mivel nem lesz pénz, így sokkal kevesebbet kell majd „költenünk" a biztonságra, hiszen nem lesz „értelme" lopni, hiszen ugyanazt a jót, amelyet el akar tulajdonítani egy gonosztevő, azt ő is ugyanúgy megkaphatja.

Házakban, ingatlanokban a kontinentális rendszerben is keletkezhetnek károk. Ha valakinek kár esik az ingatlanjában, azt egyszerűen pótolja a társadalom. Az ilyen jellegű tevékenységek természetesen a *„6 óra" elve alatt* el lesznek számolva, állandóan monitorozva lesznek, és az általános „karbantartás" alatt fogják nyilvántartani. Ha valakinek eltűnik valamije, akkor azt is pótolja a társadalom, persze egy bizonyos ésszerűségi határon belül. Sportot űzni nem lehet abból, hogy valakinek minden héten eltűnik valamije. Vigyázzon rá jobban! Ugyanakkor, mint már tudjuk, „lopni" nem lesz érdemes két okból se. Egyrészt, mert azzal nem jut előrébb a támadó, nem tudja tovább értékesíteni, amit így „szerzett". Másrészt azt, amit szeretne vagy el akart lopni, azt megkaphatja ugyanolyan jogon, mint bármelyik más polgártárs. Ha valamely személyes dolog eltulajdonítása volt a cél, az természetesen továbbra is üldözendő. A kontinentális társadalomban ugyanúgy fog létezni rendőrség, katasztrófavédelem és hadsereg is, mint a mai konvencionális társadalmakban. Valószínű nem kell majd annyit dolgozniuk, mint manapság, de minden pillanatban „audit-ready"-nek kell lenni, bármely pillanatban a bűnüldözésre vagy pedig a katasztrófahelyzet elhárítására, vagy pedig az ellene való védekezésre készen kell lenniük. Ugyanolyan alkalmassági vizsgán kell majd túlesniük, mint manapság, csak az arra alkalmasak kerülhetnek majd be a fegyveres testületekbe, hiszen ez gazdasági jogot is jelent majd.

További kérdés az is, mi történjen azokkal, akik vétettek az univerzális törvények ellen. Legyenek eltávolítva, vagy pedig méltó büntetésnek legyenek alávetve hazájukban? Föl lehet esetleg vetni minden kontinensen egy bizonyos területet, ahova a bűnözőket gyűjtik, amilyen hely volt a volt Brit Birodalomban Ausztrália. Ugyanakkor joggal bízhatunk abban, hogy a kontinentális társadalmakban sokkal kevesebb lesz a bűnözés, mint a mai társadalmakban. Egy pénz nélküli és viszonylagos egyenlőségen alapuló társadalomban valóban sokkal kevesebb bűnténnyel számolhatunk, de attól még nagy készenléti állománynak kell készen állnia minden eshetőségre. Természeti katasztrófák is keletkezhetnek bármelyik pillanatban. Az évek során remélhetőleg megváltozik az emberek gondolkodása is, hiszen azt még a nehezebb felfogásúak is felfogják idővel, hogy az egész rendszer értük is van, az ő frusztráltságukat feloldandó, értük van, az ő boldogságukért is. Akinek ezek után is nehéz lesz a felfogása és olyan alapvető törvényeket nem tartanak be, mint hogy **ne lopj és ne gyilkolj**, azokat ki kell vonni a kontinetális társadalmakból akár végleg. Hogy ez milyen módon megy végbe, az természetesen minden ország belügye.

A kontinentális biztosítási rendszerben tehát ugyanúgy létezik endo-kontinentális biztosítás, amely elsősorban az emberi egészségben elszenvedett károkra vonatkozna. Ez alatt tehát azt értjük, ha az egyik kontinentális ország állampolgára megsérül egy másik országban, illetve ha valamilyen tulajdona eltűnik. Ilyenkor az endo-kontinentális megállapodás alapján a fogadó ország ápolja, gyógyítja, illetve kártalanítja azt az állampolgárt aki – nem saját hibájából – bajba esett, illetve akit kár ért. Ezek vonatkoznak a személyautókra is, amennyiben azok nem szándékos károkozások. Totálkáros autókért az anyaország felel. Ekkor a fogadó ország felelőssége csak annyiban áll, hogy biztonságban kell hazaszállítani vagy küldeni a totálkárt szenvedett turista vagy vendég állampolgárt.

Kisebb és javítható károk esetén pedig ott lesznek az utak mentén létesülendő *gyors műhelyek*, ahol térítésmentesen és amilyen gyorsan csak lehet, megjavítják az autókat, hiszen az lesz a dolguk, hogy segítsenek. Ha éppen nincs mit segíteniük, akkor elfoglalják magukat mással, de nem kötelező módon. Hiszen a 6 órás gazdasági joghoz elegendő szolgálatot teljesítik a szerelőműhelyekben. Ezzel a társadalom jólétéhez szükséges tevékenységeket ellátták, az ún. „kötelező adagot" letudták. Minden más tevékenységet szabadon űzhetnek ezután, de azzal csak saját maguknak kell elszámolni, közösségi szinten nem. Ugyanakkor nem kell attól tartani, hogy bármely műhely munka nélkül marad, hiszen szinte kötelező lesz évi vagy kétévi rendes karbantartásra vinni a gépjárműveket, elsősorban a személyi gépjárműveket. Ugyanez vonatkozik természetesen a nagyobb közösségi szállító járművekre, illetve az olyan haszongépjárművekre, amelyek szállítást végeznek, illetve bármely személyszállítást. Az ilyen nagy gépjárművek karbantartását természetesen speciális, nagy szerelőcsarnokok fogják ellátni.

Mivel a biztosítási „piacon" nem lesz pénz, így szimplán geográfiai jellemzők alapján lehet majd szervizbe vonulni. A szerviz szolgáltatást természetesen a mindenkori államhatalomnak kell megszervezni és fönntartani. Ezzel, mint minden más tevékenységgel is nagy mennyiségű munkaerőt tud felszívni a kontinentális gazdaság. Nem a pénz lesz a mozgatórugója ezután a gazdaságnak, hanem az az igény, hogy hol, mit kell megcsinálni. A Nap éltető ereje által megtermelt javak jog alapján történő szétosztására tér át a kontinentális gazdaság. Hogy ezt elérjük, elképesztő energiát kell majd mozgósítani a társadalomnak, de majd ezek az energiák végül a társadalom más érzései által lesznek lekötve és így megtérülnek. A hozam nem anyagiakban lesz mérthető, az megelédegettség és nagyobb boldogság-érzet lesz.

A biztosítási rendszer természetesen kiterjed minden baleset biztosítására. Függetlenül attól, hogy az ember gazdasági vagy alanyi jogos, ha meg ún. „sportjoggal" szerzett sérüléseket, akkor meg pláne. Az új gazdasági rendszer minden érintettjéről természetesen gondoskodnak akár életük végéig is, ha sajnos a helyzet úgy hozza.

Az **exo-kontinetális biztosítási rendszer** pedig két vagy több kontinens között köttetik meg, különböző kártalanítási, biztosítási és szolgáltatási formulákra, amelyek nagymértékben korrelálni fognak az endo-kontinentális biztosítási megállapodásokkal. Itt elsősorban arra kell gondolni, amikor az első és szinte legfontosabb kontinentális megállapodás résztvevői, a turizmus, turisztikai & rekreációs megállapodáson keresztül más földrészen nyaralnak. Ha ekkor éri az embert olyan baleset, amely alapján mozgásképtelenné válik, akkor a fogadó országban marad a kezelés erejéig, amikor már olyan állapotba kerül, hogy haza tud utazni, akár segítséggel is. Az autóval és egyéb ingóságokkal történő káresetek biztosítása is része az exo-kontinentális biztosítási megállapodásoknak.

11.6 Kontinentális Sport Megállapodások

Mindegyik kontinentális megállapodás fontos, hogy egy új világba tudjunk érni. Most egy nem fő fontosságú, de mégis jelentős kontinentális megállapodás következik, hiszen a sportolás az egyik legfontosabb dolog lesz az ember életében, hogy elfoglalja magát és elsősorban az egészségét is megőrizze. Fontos megjegyeznünk, hogy mivel pénz nélküli világról beszélünk, így sok tekintetben újra fel kell találni magát az embernek. A kontinentális gazdasági rendszer végül is már nem az anyagi javakra épít, de az nagyon fontos lesz továbbra is, hogy az ember tulajdonképpen a lehető legtartalmasabban eltöltse szabadidejét és minden idejét.

Soha ne unatkozzon, ez elképesztő fontos. Ezért is vesszük számításba, hogy a sport minden országban sokkal szélesebb körben lesz űzve, mint manapság. Minden sportágat értek ez alatt, hiszen már nem lesz akadálya bármelyiket is űzni. Azt gondolom, ez nagyon fontos lesz, hogy az új társadalmakban minél többen űzzenek akár minél több sportot is. A hivatásszerű sportolás is *gazdasági jogot jelent* majd a kontinentális társadalmakban. Már csak ezért is érdemes lesz teljesíteni. Megéri a befektetett energia, mert visszajön gazdasági alapjogként, illetve akár dicsőségként, valamint egyfajta hírnévként, hiszen a sportversenyek igazi dömpingje fog kialakulni a kontinentális rendszerben. Igaz, az igazi nagy versenyekre meg kell tartani és őrizni a periodikusságot, hiszen azzal tudjuk konzerválni értéküket. Például a legfontosabb, a futball világbajnokságoknál meg kell tartani a 4 éves ciklikusságot, mert azzal van igazi értéke az eseménynek, semmiképpen sem azzal, ha évente tartanák.

Figyelembe kell venni, hogy az alapszolgáltatások megszületése után az élet minden területén elkezdődik majd egyfajta „verseny", hogy az élet napfényesebb oldalára kerülhessenek az emberek. Ez természetes, nem kell ettől megijedni. De a versenyt itt is valahogy korlátozni kell, illetve el kell dönteni, ki mehet sportolónak, ki mehet művésznek, filmszínésznek, énekesnek stb. Ami a könyvben szerepel, csak egyfajta „direktíva", nem konkrét reguláció, azoknak közösségi döntéseknek kell lenni. Viszont eligazodási pontokat mindenképpen föl lehet vázolni. Ez például, hogy a *végső társadalmi egyenletnek* stimmelnie kell. Olyan arányban kell a gazdasági, alap, sport jogok élvezőit meghatározni, hogy az ne veszélytesse a társadalmi egyensúlyt, illetve ne okozza annak felborulását. Az alapjogok minden állampolgárt meg kell illessenek. A gazdasági jog a turisztikai és rekreációs szolgáltatások igénybe vételének lehetőségével jár.

De itt sem kell megijedni, mint a kontinentális gazdasági rendszer egyik elemétől sem, hosszú távon igazolni fogja magát. A sportnak még nagyobb megbecsülésben lesz része, még ha nem is jár vele feltétlenül világhírnév és vagyon. Fontos ugyanakkor *visszaszorítani a doppingszerek* használatát a sportolás közben. De gondoljunk csak bele: ez is könnyebbé válik a kontinentális gazdasági rendszerben, hiszen nem lesz érdeke a gyártónak doppingszert gyártani, hiszen azzal nem tud anyagi előnyökhöz jutni. Igaz, ettől függetlenül nagy világversenyeken továbbra is hatalmas lehet a kísértés, és megpróbálnak tiltott szerekhez jutni a versenyzők, erre mindig gondolni kell. A megoldás továbbra is a nagyfokú ellenőrzés lesz. De valószínű addigra, mire ebben a könyvben leírt dolgok megvalósulnak, már lesznek olyan ellenőrzési technikák, amelyek kizárják a nem sportszerű versenyzés lehetőségét. Arra is lehet számítani, hogy a Kontinentális Sport Megállapodásnak köszönhetően elsősorban olyan emberek válnak sportemberré, akiknek értékrendjében a csalás nem menő. Ugyanakkor mégis fontos lesz ez, hiszen nagy sikerek esetén a sportoló visszavonulása után is megmarad az ún. „gazdasági jog". Tehát egy élsportolónak nem kell a társadalom munkájában résztvennie feltétlenül, miután a tornacipőt leteszi vagy vívókardot szögre akasztja.

A sportmegállapodás tulajdonképpen 3 szintű lesz: országon belüli, endo-kontinentális és exo-kontinentális. A sportmegállapodás alanyának azt jelenti, hogy versenyszerűen űzöd azt a sportot, amelyet választottál, versenyekre jársz és sporttevékenységet folytatsz, amelyet bárki szabadon megtekinthet korlátozás nélkül. Mármint a részvétel nincs korlátozva. Az, hogy egy állampolgár milyen helyről tekinti meg az eseményt, azt természetesen lehet szabályozni: aki előbb jön, jobb helyre kerül. Kiemelt helyek nem lesznek, illetve lesznek, de azok rotációsan fognak körbe forogni. Mindenki ülhet majd jó helyen.

Mivel nagyon sokan, sőt szinte mindenki fog majd valamilyen sportot űzni, minden ország természetesen maga dönti el, hogy mekkora kvótát tart fönn a különböző sportágakban, mint „sport", azaz gazdasági jog. Azt is, hogy milyen sportágból és azt is, hogy mennyi legyen ez a szám. Egy adott országnak kell eldönteni, mennyi munkaerő kell neki, hogy az alapszolgáltatásokat kiépítse és fönn is tartsa egy közösség életében. Ebbe más szabály és ország nem szólhat bele. Ennél fogva a sport megbecsülése hallatlan lesz, így elkerülehetetlen, hogy legyen szelekció. A legjobb sportolók természetesen hivatásosan is űzik majd a sportot, és dicsőséget szerezhetnek országuknak és maguknak.

Természetesen az ún. sportoló jogokért hatalmas versengés lesz az országban, és úgy általában a kontinensen is. Nem lehet mindenkiből versenyszerű sportoló, hiszen akkor kik dolgoznának, hogy a társadalom életfunkcióit és életritmusát fenntartsák. Persze nem is akar mindenki sportoló lenni, hiszen ehhez adottságok kellenek, mint minden máshoz. Miután beállt a társadalmi újrapozicionálás egyfajta nyugalmi helyzetbe, természetesen utána elindulhat egyfajta migrálódás a "jobb" helyek felé, ahogy az természetes tudati és fizikai folyamat. Az ember szeretne mindig jobbat elérni és jobban elérni, de tudnia kell azt is, hogy ezt milyen keretek között teheti meg. A könyvem elején kifejtett filozófiai nézet alapján a gravitáció nevezetű tudati erő "segít" ebben. Ugyanakkor a sportolói helyekért is meg kell küzdeni. Ki is lehet kerülni a körforgásból, hiszen ha nem lehetne, a megfelelő minőséget nem lehetne fönntartani. A sportban is lehetnek váltások, bizonyos amatőr státuszok is felkerülhetnek magasabb osztályokba néha. Meglesz itt is a körforgás lehetősége.

Sportolónak az fog menni, aki igazán szeret sportolni vagy mozogni, örömét leli a versenyzésben. Más módja nem lesz annak, hogy valaki sportolóvá váljon. Egy országnak ettől függetlenül pontosan, emberre meg kell határoznia, hány ember élhet sportoló joggal. Ha rosszul számol, utána nehéz lesz kijavítania a hibát.

Mivel a kontinentális rendszerekben sokkal több ideje lesz az egyénnek magával, a társadalommal, a családjával és a természettel foglalkozni, így igen nagy a valószínűsége, hogy sokkal többen fognak sportolni is. Ez igen fontos fejlemény lesz, hiszen ezáltal **növekedni fog a népesség általános jóléte, egészségi állapota**. Emellett a sport komoly és nem csekély szórakozási lehetőséget is biztosít a lakosságnak. A sport révén ugyancsak kevesebb erőfeszítésre lesz szükség, hogy gyógyszerek segítségével tartsák fönn az általános egészségi állapotot. Ugyanis a gyógyszerek fenntartotta társadalom gyengébb és nem annyira ellenálló, mint egy olyan, amely sokat sportol és természetes szereket fogyaszt. Ráadásul az a veszély is megvan – igaz, ez csak feltételes módban, nem kell feltétlenül mindenhol rémeket látni –, hogy egy olyan társadalomban, amelyben nagy mennyiségű gyógyszer használata szokásos, ott előbb-utóbb vissza lehet élni a gyógyszerek adagolásával, kutatásával. Elméletileg lehetséges lenne tudatmódosítókkal is befolyásolni az emberi gondolkodást, így tudatot. Ezért nagyon fontos, hogy a természetes életmód minél nagyobb teret nyerjen a kontinentális társadalmakban. Minél több sport, minél több érintkezés a természettel és egymással. Tehát az univerzalizmus célja minél teljesebb mértékben kihasználni a fizikai testben lévő adottságokat is, hiszen ezen új világnézet szerint földi fizikai megtestesülésünk az égi univerzum földi leképeződése. E szerint kapjuk és nyerjük tudatosságunkat is, amely természetesen csak egy „alapanyag", amely sok irányba tud fejlődni, ugyanúgy, mint a fönti univerzum. Az igazi élsportolók a kontinentális gazdasági rendszerben is nagy megbecsülésnek fognak örvendeni.

Amikor oda kerül a dolog, hogy kik képviseljék az országot nemzetközi szinten, akkor a társadalomnak természetesen szelektálnia kell. És itt jutunk el a konkrét kontinentális megállapodásokig. Minden társadalom, minden ország jogosult néhány százaléknyi sportolót kiválasztani, akik egyrészt képviselik országukat a továbbra is megrendezésre kerülő világ- vagy kontinens-viadalokon, másrészt hivatásos sportolóként természetesen nem kell, hogy részt vegyenek az adott ország társadalmát fenntartó termelési folyamatokban. Ugyanakkor az oktatásban természetesen részt vesznek olyan szinten, amilyenen tudnak, hiszen miután befejezték a sportot, muszáj beállni a civil életbe. A **Kontinentális Sport Megállapodás** arról szólna, hogy a sportolók természetesen teljes ellátást kapnak arra az időre, amíg a versenyek tartanak, és minden egyéb jogok megilletik őket, mint amelyek termelő és az országot fenntartó honfitársaikat. Az olimpiai játékok is meg lennének tartva rendben 4 évente, és minden fontos turisztikai és sportesemény, amelyet az erre jogosult országok annak tartanának, természetesen a foci világbajnokságot is beleértve. Minden ország maga határozza meg, milyen sportágból mennyi sportolót tud eltartani, mennyire van szüksége.

Természetesen így a sportban lévő óriási pénzeknek is leáldozott, de attól még a sport eredeti szépsége megmarad, sőt talán ki is tisztulhatnak a viszonyok. Nem lesz többé a fociban ide-oda igazolás, legalábbis pénzért nem. Természetesen a focistáknak ezután is joguk van ott játszani, ahol akarnak, vagy ahova hívják őket, de csak ugyanaz a járandóság illeti meg őket, mint az adott ország összes többi állampolgárát. Véget érnek a fogadási csalások is, hiszen nem lesz többé miért csalni. Nem lesz az a pénz, ami megmozgatná a választási csalásban résztvevőket.

De mi a helyzet nemzetközi szereplés esetén? Minden ún. „sport joggal" rendelkező állampolgár természetesen úgyanúgy tud külföldön mozogni, mintha ezt otthon tenné. A külföldi tartózkodás idejére természetesen megilleti a regisztrált szállás is, hiszen így lesz majd a „rendszer része", így kap ellátást a sportoló. A verseny után lenne egy bizonyos időtartam, amikor a sportolónak vissza kellene térnie anyaországába. Természetesen minden, a sportolóval kapcsolatos terhelés a célországon nyugszik majd, a kontinentális megállapodásban lefektetett elvek szerint. Miután ez a bizonyos idő lejár, úgy megszűnnek a sportolók jogosultságai, így természetesen ez egy jelzés is, mikor kell visszatérnie az anyaországba, akár családjával együtt. Elképzelhető egyfajta kártyás rendszer kialakítása is, aminek használatával a tulajdonos részesülhetne az adott ország gazdasági és alapszolgáltatásaiból. A kártya automatikusan jelez majd a tulajdonosának is, valamint a fogadó szerveknek, hogy mikor jár le a látogatási mandátum, és mikor kell visszatérnie az anyaországába, és ott sportolnia újra versenyszerűen. Azonban tudjuk, milyen visszaélési lehetőségekre ad alkalmat egy ilyenfajta rendszer. Tehát ezt még jobban ki kell dolgozni, hogy visszaélésmentes legyen a rendszer.

A mindenkori sportversenyek látogatása természetesen az új gazdasági rendszerben szabadon választható opció lesz. Interneten külön oldal fog foglalkozni az updatekkel, valamint e-mailben erről mindig értesítést küld annak, aki kéri. A kontinentális sport megállapodás egy nagyon fontos rész abban, hogy a világ összenergia-mennyiségét ugyan korlátozott, de gyümölcsöző, valamint az emberiség által egészséges módon hasznosítsuk.

És mi történik a szurkolókkal, akik külországba akarják elkísérni kedvenceiket? Ezt természetesen megtehetik, de a **turisztikai és rekreációs kontinentális megállapodáson keresztül**, és az év bármely szakában. Ilyenkor persze tudatni kell az ezt intéző hatósággal, hogy várható a szurkoló érkezése, így szeretne az a sporteseményre is eljutni, legtöbbször egy stadionba. Ugyanakkor ezt megteheti azon a csapaton vagy egyénen keresztül is, aki azon a sportversenyen részt vesz. Így minden sportolóhoz és sporteseményhez van lehetőség egész komoly szurkolótábor rendelése. Kint már ugyanúgy szabad lesz a sportesemény látogatása, mint otthon, ugyanazon feltételekkel, szabad, ingyenes.

Fontos, hogy foglalkozzunk azzal a kérdéssel is, hogy mi lesz, miután egy sportoló visszavonul vagy „kiöregedik", és más sportolók, anyaországbeli sportolók fogják átvenni a helyét. Ilyenkor a volt sportoló választhat a neki felkínált lehetőségek közül, hogy a nyugdíjba vonulásáig mivel szeretne fogalkozni, a sportolás által elért életszínvonala maradni fog, az nem fog változni. Természetesen lesznek olyan eredmények, illetve versenyhelyzetek, amelyek megnyerése olyan helyzetbe hozza a sportolót, hogy visszavonulása egyben nyugdíjazását is jelentheti, tehát nem kell többet tennie a társadalomért. Ő már megtette az ő területén, amit meg lehetett, és nem kell több hozzáadott értéket teremtenie. Az, hogy mik lesznek azok eredmények, illetve trófeák, amelyek megnyerése esetén a sportolóknak már nem kell dolgozniuk visszavonulásuk után, azt természetesen a leendő sportügyi hivatal, a szakma, a sportvilág és az államhatalom fogja eldönteni és visszaigazolni.

Ugyanakkor azok a visszavonult sportolók, akik nem értek el kiugró vagy folyamatosan kitűnő teljesítményt, azoknak tovább kell tevékenykedniük a társadalomban visszavonulásuk után. Természetesen alapjogos állampolgároknak bármikor megmaradhatnak, de ismerve a sportolókat és az ő mentalitásukat, nem valószínű, hogy a semmittevést választanák, különösképpen nem, mert az utazási jog csakis fizikailag megfogható, illetve a társadalom számára elégséges és hasznos munkavégzés után illet meg valakit is. Így tehát a sportolók minden valószínűség szerint fognak elfoglaltságot találni maguknak az új világgazdasági rendszerben, sokszor éppen a sport utánpótlásban, az edzői világban.

11.7 Kontinentális Kulturális Megállapodások

A Kontinentális Kulturális Megállapodás ugyancsak nagyon fontos támpont lesz a jövő gazdasági együttműködésében. Erre a megállapodásra már utaltunk sok másik megállapodásnál, most egy kicsit jobban kifejtjük, hogy mit is értünk alatta. Ez egy nagyon színes megállapodás lesz, és hatályba lépésével sok jogi munka névlegessé, valamint sok bírósági munka feleslegessé fog válni. A jogi munka azért nem szűnik meg, mert a kontinentális társadalmi fölépítésben tulajdonképpen mindenkihez fog tartozni egy *„default" jogi képviselő*, aki mindig visszaigazolhatja a teljesítéseket a főhatalomnak, vagyis az irányításnak. Szóval eddigi védő-vádló szerepe tulajdonképpen egyfajta biztosíték lesz a hatalom számára, egyfajta külső biztosíték, mint egy kötélbiztosítás hegymászásnál. Ilyen fajta kvázi jogi képviselői mindenkinek lesznek. Ez egyfajta visszacsatolás, enélkül nem létezhet hiteles társadalom, hiszen ez a biztosítéka, hogy végül is az alul lévők nem lesznek kiszolgáltatva, de nem lépnek fel ugyancsak túlzó igényekkel. Ugyanakkor vitás kérdéseknél az univerzalizmus szellemében kell eljárni egy jogi képviselőnek, és a nem saját vagy megbízója esetleg nem reális és túlzó szemszögéből nézni a dolgokat. Ezt már nem is fogja tenni, hiszen nem remélhet anyagi előnyöket, ha egy olyan álláspontot képvisel, amely nem korrelál a valósággal. Ugyanakkor csak remélhető, hogy a lelkiismerete alapján jár majd el. Az univerzalizmusban a jelszó a becsület. Persze ez megmosolyogtató még most, talán 20 év múlva már nem lesz az. Nem azért van a rendszerben, hogy hasznot hajtson magának, hanem hogy az egészet működtesse és fönntartsa az egyensúlyt.

A kulturális téma azért kényes kicsit, mert valóban ugyan nem lehet már pénzeket szedni és kérni bizonyos művekért, de azért a szerzői jog attól még életben van és életben is kell lennie. Először is az országokon belül bizonyos művésznek, színésznek, dramaturgnak, színpadi fellépőnek, énekesnek, versmondónak, versírónak, írónak, regény- és szépirodalmi írónak, kritikusnak, újságírónak helyet kell biztosítani az új világgazdasági rendszerben, hiszen az emberek továbbra is fognak könyveket és újságokat olvasni, filmeket nézni, moziba járni, sőt. Ezeknek a tevékenységeknek nagyon nagy szerepük lesz az új rendszerben is, de mivel a fizetség nem pénz lesz, így valóban csak azok kaphatnak státuszt, akik ezt szívből és jól tudják végezni. Jól tudósítani, jól írni, jól játszani, jól énekelni. Az egy ország belügye lesz, mekkora kvótát hagy a művészetnek. Ez ugyanis nem lehet akármekkora, és nem mehet mindenki színházba színpadi fellépőnek, mert nem biztos, hogy tehetséges.

Muszáj valamifajta szűrőt alkalmazni. Egy biztos, hogy ha a rendszer előtti szellemi termékek nem is, de az azutániak közkincseknek számítanak majd. Minden mű, minden írott anyag, minden pillanat elérhető lesz annak, aki ezt szeretné megtekinteni vagy elolvasni. Egyszerűen csak meg kell rendelni, és az szállítva lesz, ugyan nem 10 példányban, hanem csak egyben. (Ezáltal generálva munkát, tevékenységet másoknak.) Minden film, minden mozielőadás szabadon látogatható lesz, tulajdonképpen korlátozás nélkül. Ha az egyik előadásra nem fért be az állampolgár, akkor majd be fog férni a másodikra vagy a következőre. A korlátlant természetesen úgy kell érteni, hogy az egyik előadáson vannak még szabad helyek, akkor arra bemehet egy olyan állampolgár, amelyik történetesen már látta a darabot vagy a műsort, de annyira tetszett neki, hogy megnézné még egyszer. Ez nem baj, sőt, hadd legyen tele mindegyik előadás! Az általános kultúra és annak terjedése már az internet elterjedésével az információs technológia korában eléggé felgyorsult. A kulturális termékek ma már széles körben elérhetők. Igaz, vannak határok, amelyeket a szerzői jogvédelem véd. De jól is volt ez idáig. Nos, a kontinentális gazdasági rendszerben már nem lesznek szerzői jogok, legalábbis nem országon belül. Ugyanezt ki lehet természetesen terjeszteni endo-kontinentális szintre, valamint később az exo-kontinentális rendszer részévé tenni. Persze az exo-kontinetális megállapodások nem lehetnek egyirányúak, mert egyáltalán nem biztos, hogy az egyik kontinensen készült mű érdekli a másik kontinensbelieket. Az esetleges egyenlőtlenségeket lehet kompenzálni „bizonyos" más kontinentális megállapodások célzottabb kihasználásával. Kivéve az energiává átalakítható nyersanyag „kereskedést", szállítását. De rekreációs jogokban például kimeríthetetlen lehetőségek lesznek.

Mondok egy példát: például Amerikában, Hollywoodban forgatnak egy filmet. Már nem a pénz segítségével, hanem technikával, technológiával, idővel, felszereléssel és színészekkel. Ezt a filmet levetítik Amerikában, és nagy közönségsikert arat. Dicsőség a színészeknek. A hírük ugyanúgy fog majd terjedni a neten és egyéb hírközléssel. Más kérdés, hogy nem lesznek gazdagok a szónak azon értelmében, amit most értünk alatta. De továbbra is nagyon gazdagok maradnak, csak másmilyen értelemben. Ennek az előadásnak a sikere végigmegy az inteneten, és mondjuk, Kazahsztán vezetése is úgy gondolja, hogy ezt a filmet nézzék meg a honpolgárok. Ekkor csak akkor tudja megnézni a kazahsztáni nézőközönség, ha létezik exo-kontinentális kulturális megállapodás Észak-Amerika és Ázsia között. Nincs más mód tömeges kazahsztáni megtekintésre, legalábbis moziban nem, internetes változata bárki által elérhető lesz nyilván. De ha a megállapodás létrejön, akkor bármilyen kulturális érték és mű átkérhető, lehívható, megrendelhető. Kazahsztán kér és Kazahsztán megkapja, a vezetőség és a nép is boldog. A Kontinentális Kulturális Megállapodásokon keresztül ez így fog menni végestelen végig.

A szerzői jogok kérdése a kontinentális rendszerben már világos, ott teljesen kinyílik a „piac", nem lesz több határ. Mindenki, minden individuum, nagyobb egység és intézmény ahhoz fér hozzá, amihez szeretne, persze rendezett körülmények között. A kulturális javak születése, elosztása, terjedése rendezett körülmények között fog megtörténni. Mivel nem lesz pénz, a kultúra és kulturális javak így csak a jog útján fognak majd terjedni. Olyan alkotások fognak elsősorban születni, amelyek nem kereskedelmi jellegűek, hanem az előadók, a szerzők a maguk gyönyörűségére fognak alkotni, és ha arra a nagyközönség is igényt tart, akkor azok elérhetők lesznek. Mivel általában a művészek nem szeretnék, ha művük ismeretlenül lapulna egy fiók vagy egy szekrény mélyén, bizton lehet arra számítani, hogy az új rendszerben is rengeteg műalkotást tudunk megcsodálni.

Fontos lesz, hogy minden társadalom a társadalom szórakoztatására és a művészeti esztétikai értékek miatt fenn fog tartani művész státuszokat. Természetesen az eddig is meglévő és közmegbecsülésnek örvendő művészek továbbra is élvezni fogják ezt a státuszt egész egyszerűen az eddigi életművüknek köszönhetően. Ezek lesznek az ún. „szerzői jogi" státuszok, de ezt csak az igazán nagyok kaphatják meg. Halálukkal megszűnik a „szerzői jog", az nem ruházható tovább folytatólagosan. Tehát ilyen módon a társadalom által hasznosnak vagy pedig szükségesnek vélt művésztársadalom már eleve adott lesz. Nehéz lesz bekerülni, de akik benn vannak, azoktól is további alkotást vár majd a társadalom. Természetesen mindenkinek joga lesz műveket írni, publikálni, ha erre támogatást tud szerezni, de az interneten mindenki korlátlanul tudja terjeszteni műveit. Érdekes módon még egy pénz nélküli világban is biztos lesz „reklám", hiszen a művek szerzői majd azt akarják, hogy az ő műveiket ismerjék meg az olvasók, nézők. Ugyanakkor a hivatásos állomány művei automatikusan elérhetők lesznek. Az éppen aktuális művekről, színjátékokról, darabokról, elkészült festményekről, játékfilmekről mindig lesz egy ismertető, hogy hol és hogy lehet őket megtekinteni. Ezek természetesen lehetnek akár családi programok is.

Úgy gondolom, lennie kell egyfajta bizottságoknak is, amelyek az új tehetségeket felismerik és támogatják. A cél művész státuszúnak lenni, hiszen az már egyfajta presztízs lesz a kontinentális gazdasági rendszerben, mint ahogy a maiban is az. Természetesen nem jár semmiféle anyagi előnnyel, de azzal mindenképpen, hogy az ember azzal fog foglalkozni, amit szeret, nem kell a termelésben közvetlenül részt vennie. De akik a termelésben vagy az élet bármilyen területén részt vesznek, azoknak is van esélyük a továbblépésre, de természetesen nem egyből. Hosszú évek kitartó munkája kell ahhoz, és siker is, hogy az ember más státuszt kapjon. Az amatőröknek szabad idejükben lesz lehetőségük arra, hogy fölhívják magukra a figyelmet. Más szóval néha nem fognak nyaralni menni, hanem helyette az éppen felkínált eszközök segítségével fognak játszani, zenélni, esetleg komponálni, koncertezni, és talán be fognak futni, de nem biztos. De nem kell megijedni, a termelési szférában sem lesz olyan ijesztő dolgozni, hiszen majdnem mindene akkor is meglesz az embernek: lakhatása, normális élelmezés, utazási és turisztikai rekreációs joga, autója, szinte mindene. Nem mindenki alkalmas művésznek, tehát lesz egyfajta szűrő mindenképpen, a rendszer szabályozza önmagát. Természetesen a demográfiai változásokat figyelembe véve, minden évben ha nem is minden pillanatban, de új státuszok nyílnak meg, illetve tűnnek el. Lesznek mindig különböző fajta szezonális fesztiválok, ahol több csapat is fellép, és lehetőségők lesz megmutatni a világnak, mit tudnak. De a legnagyobbak fesztiválja természetesen továbbra is egyedülálló jelenség lesz, hiszen épp attól lesz értéke, mert a legnagyobbak, legkülönlegesebbek lépnek rajta fel.

Az olyan szerzői jogok, amelyeknek a szerzőjük már nem él, azok nem fognak élni a továbbiakban, művük szabadon hozzáférhető, de természetesen továbbra sem adható elő sajátként, hiszen az csalás. Nagyon sokan fognak alkotni, de nem minden műért vagy életműért tud művész státuszt biztosítani a társadalom, hiszen ha ez így lenne, elképesztő lenne a migrálás. Ugyanakkor lehetnek olyan művek is, amelyekért már nem tud a társadalom státuszt biztosítani. Nem lehet minden régi művet, írást és szerzeményt művészi státuszra beváltani, hiszen valószínű ennyi helyet nem tud a társadalom fenntartani. Ez kétségtelenül feszültségekhez fog vezetni.

Ettől függetlenül a kulturális élet továbbra is virágozni fog szinte minden mennyiségben. Attól, hogy még valakinek a társadalomban más jellegű pozíciója van, természetesen festhet, írhat, rajzolhat, verselhet. Sőt, nem is születhet minden mű csak a hivatásosok által. Nem születhet minden mű nyomás alatt és csak úgy, hogy a szerzője tudja, hogy most neki alkotnia kell. Lehet mozgás ezután is a társadalomban, de tudomásul kell venni, hogy az eredeti egyenlet nem sérülhet. Nem lehet több művész, mint munkás, mert előbb az ennivalót kell megtermelni és meg kell csinálni azokat a helyeket, ahol élhetnek mind a munkások, mind a művészek. Tehát ha van már elég művész, akkor csak az igazi tehetségek tudnak majd ki-, illetve felemelkedni.

A közmédiák, ahol tulajdonképpen majd a művekre is felhívják a figyelmet, országos, endo- és exo-kontinentális megállapodásokon belül fognak működni. A különböző rádió- és tv-csatornák fenntartása és megszervezése az államhatalom feladata lesz, de utána már maguktól fognak futni, hiszen nem érdek- és pénzemberek fogják működtetni, hanem akik tényleg szeretik a munkájukat. Működtetésük az egyensúlyt fogja fenntartani, és szimpla gazdasági státuszt fog jelenteni. Mivel nem lesz már pénz, így nem lesz hírverseny sem. Egészen más jellegű műsor lesz a médiában, mint manapság, sok ismeretterjesztő és nosztalgikus adással, de természetesen mindenfajta adás megtalálható és szervezhető lesz, ha arra igény van.

11.8 Kontinentális Nyugdíjrendszerek

És itt jön tulajdonképpen majdnem a legfontosabb indok, amiért a kontinentális gazdasági rendszert be kell vezetni 10–20 éven belül. Ez pedig a nyugdíjrendszer. Az új rendszer abszolút és tökéletes megoldásását kínálja a nyugdíjrendszernek, hiszen miután visszavonul az ember, utána sem csökken az életszínvonala, hiszen ha megvannak azok a bizonyos évek, amelyek országonként különbözők lehetnek. Akkor az ember „nyugdíjba" vonulhat mindenféle probléma nélkül, és az egészségügyi ellátás hatékonyságával még sok, többségében akár 30 nyugdíjas évet is élvezhet. Előzőleg már a Kontinentális Egészségügyi Megállapodásban benne voltak a gyógyszerkérdést és a gyógyszergyártást érintő ügyek is. A gyógyszerkérdés megoldása nélkül nem lehet kontinentális nyugdíjrendszert kialakítani. A nyugdíjas társadalom fogyasztja a legtöbb gyógyszert, ezért gyógyszerrel való ellátásukat meg kell szervezni. A kontinentális nyugdíjmegállapodással a nyugdíjas évek újra nagyon boldogak lehetnek, de az is igaz, elég nyugodtak.

Ezzel a megállapodással tudják inkább a nyugdíjrendszer szorítása alatt lévő kormányok a nyugdíjkérdést megnyugtató módon elrendezni. A nyugdíjas visszavonulása után tulajdonképpen inaktív gazdasági státuszba kerül. A visszavonult társ, a nyugdíjas ugyanis ugyanúgy megkapja azokat a javakat, amelyeket addig még mint aktív munkavállaló is megkapott. Egy visszavonult nyugdíjasnak már nem kell gondoskodni arról, hogy fedél legyen a feje fölött. Ez már meg van teremtve aktív korában. Ugyanakkor azzal is számolni kell, hogy – főleg az egyedülálló nyugdíjasok esetében – társ nélkül ne maradjon egyetlen késői nyugdíjas sem akarata ellenére. Ilyen esetekre a társadalom kialakíthat ún. közösségi otthonokat, ahol több egyedülálló nyugdíjas is élhet, ha úgy akarják. Ugyanakkor ennek féjében nem kell föladni eredeti otthonukat, az továbbra is megmarad sajátjuknak, és oda bármikor visszavonulhatnak, ha úgy érzik, az jobb lenne. Az ilyen közösségi otthonokkal, amelyek persze ma is működnek, érezheti úgy az egyedülálló nyugdíjas, hogy tartozik valahova. Azonban haláleset esetén az örökli az ingatlant, akinek szüksége van rá – természetesen először a törvényes leszármazottak vagy rokonok közül –, ha nincs ilyen leszármazott, akkor az állam veszi át gondozását, és utalja azt majd ki annak, akinek szüksége lesz rá majd később.

Igazából a nyugdíjas rendszer már működhet a kontinentális megállapodások után nem sokkal, és az újonnan nyugdíjba vonulók már nem pénzt (nyugdíjat) kapnak az államtól, közösségtől, hanem **ellátást,** amely biztosítja nyugdíjas éveikre is a megszokott életszínvonalat. Illetve annyival azért kevesebbet, hogy **kevesebb nyaralási, utazási** és kikapcsolodási lehetőség jár majd nekik, mint az aktív kollégáknak. Azért kevesebb, mert ugyanannyival nem lenne fönntartható a Turisztikai & Rekreációs Kontinentális Megállapodások sorozata. Azt gondolom, ha lesz erre lehetőség, igazából sok, a régi rendszerben már régen nyugdíjba ment kolléga fog élni a lehetőséggel és maradni fog még a munkában, mert ez elfoglaltságot jelent majd számára, élő társadalmi kapcsolatokat. Az élet hihetetlen módon leegyszerűsödik majd. Nem lesz nehéz dolgozni, a munka öröm lesz majd, még a legnehezebb munkákat is könnyebb lesz elvégezni megváltozott társadalmi tudattal. Azzal a tudattal, hogy nincsenek többé lenézve a munkások sem, nincs az lenézve, amit csinál vagy csinált egész életében. Meg lesz becsülve mindenkinek a munkája, mert tudja, hogy része az egésznek, és ha neki van baja, az egésznek van baja. Ezzel a tudattal sokkal könyebben lehet integrálódni bármilyen társadalomba, amely az univerzalizmus elvei alapján épül fel.

A kontinentális megállapodással lefedett **nyugdíjrendszer** tehát a következőképpen fog kinézni: minimálisan 40 év szolgálat, a közösség érdekében munkával eltöltött év – **ún. gazdasági jog** – után az egyén jogosult nyugdíjellátásra, ami igazából azt jelenti, hogy megfelelő élelmezési ellátást kap, nem lesznek megélhetési gondjai, nem kell, hogy fizesse a fűtési számlákat, hiszen ezek mind adottak lesznek. Nem lesz rezsi költség, nem lesz gyógyszerkiadás stb., csak viszonylag könnyű és felhőtlen, boldog nyugdíjas évek. Viszont ebben az esetben valóban jobban meg kell szervezni az öregedő társadalom önszerveződési lehetőségeit. Több és jobb nyugdíjas klub kell, ahol megfelelően el tudják tölteni életük még hátralévő részét társdalmunk öregebb tagjai. Erről már felül értekeztünk. Lehetőségük lesz természetesen nekik is utazni, de nem korlátlanul, hiszen az egész közlekedés azért összességében vissza fog esni. Az utazásokban természetesen elsőbbsége lesz az aktív állománynak, de a nyugdíjasok is utazhatnak majd, csak nem annyit, mint korábban.

Lesznek persze társadalmi célzatú járatok is, de nem annyi, mint ma, egész egyszerűen azért, mert a nagy rohanás ki fog esni életünkből, nem kell majd annyira sietni, így a járatok is pontosabbak lehetnek majd. A nyugdíjasnak is jár majd alanyi jogon nyaralás, üdülés, utazás, de vagy nem annyi egy évben, vagy pedig csak minden második évben ugyanannyi, mint egy dolgozónak. A kieső években, illetve elsődlegesen is a nyugdíjasok inkább a belföldi helyeket használják, belföldi helyek lesznek fölajánlva. Külföldön természetesen a Turisztikai & Rekreációs Megállapodás alanyai a nyugdíjasok is, és ugyanúgy élvezhetnek mindent, mint a gazdasági vagy sport jogosok. Az ún. *vendégjog* hatálya alá esnek. Ugyanakkor, amikor lejár a nyaralásra szánható idő, azt jelezni fogják akár a nyugdíjas okostelefonjára is, illetve a fogadó ország is értesítve lesz, hogy a vendég, a hospes „nem kívánatos" többé. A megélhetésünk mindig az anyaországban van, vagyis ott, ahol dolgozunk, dolgoztunk. Természetesen lehetnek olyan időszakok, amikor az ember másik országban él, vagy azért, mert ott dolgozik, vagy egyszerűen oda szeretett volna költözni, és mivel volt olyan hely, ami fenntartható, így befogadták. De ez még a nyugdíjas évek előtt volt.

Természetesen a kontinentális rendszerben nem létezik majd az a fajta megélhetési migráció mint a maiban, hiszen nem is lesz miért migrálni. 20 év alatt a pénz kivonása és a technológiai kiegyenlítettség által nagyjából egy szintre lehet hozni a világ életszínvonalát, azonban természetesen ez nem fog menni az egyik pillanatról a másikra. Ugyanakkor a kontinentális rendszerben is lehet egyik országból a másikba költözni, de kizárólag abban az esetben, ha erre lehetőség van, és az átköltözőnek már minden a rendelkezésére áll, lesz mivel foglalkoznia, és lesz hol laknia. Ebben az esetben a donor országban fölszabadul egy hely, ami betölthető természetesen belföldivel, de külföldivel is. Külön erre a célra szakosodott **team roomok** lesznek, ahol nagyon pontos programok szerint lesznek meghirdetve az éppen elérhető helyek, majd azokat továbbítják egymásnak a különböző országok szervei. Természetesen nagyon sok jelentkező lehet egyetlen helyre is. Ekkor a fogadó ország teljes mértékben meghatározhatja a preferenciáit, semmilyen „demokratikus" szabály nem fogja kötni, semmilyen olyan szabályt nem kell betartani, ami az „egyenlő elbírálás" elvét erősítené. Nem, itt ez nem fog létezni, a legteljesebb mértékben a fogadó országon múlik, hogy az kit fogad be, ugyanúgy, mint egy párkapcsolatban is. Nem lehet akárkit partnerül fogadni, és ezt nem is lehet elvárni a fogadó féltől sem. Itt a legteljesebb részre hajlás lehetséges. A végkimenetelben nem lesz semmi különbség, mert aki be fogadást nyer, az nem pénzt vagy vagyont nyer, hanem más klímát, más környezetet, más életet, amely élettel kapcsolatos gazdasági mechanizmusok ugyanazok. Ebből következően, ebből a gondolati csírából kiindulva nem kell olyan migrációs hullámmal számolni, mint ma.

A nyugdíjas migráció is elképzelhető, de nehezen elképzelhető, hogy a fogadó ország csak úgy átvállalja a leendő nyugdíjast. Igaz, családi okok lehetnek, de ez akkor sem lesz jellemző. A migrálni szerető nyugdíjasnak természetesen igazolni kell a munkával eltöltött éveket így is, úgy is. Nyugdíjazáskor nem valószínű már a migráció, hiszen az a fogadó országon is múlik. Így nem valószínű, hogy azon országok, akiknek erre lenne is kapacitásuk, olyan embereket, bevándorlókat foganának be, akik éppen már nyugdíjasok vagy a nyugdíjas éveik előtt állnak. De természetesen lehetnek kivételek, ekkor – endo-kontinentális megállapodás esetén – a két ország eseti megállapodásán múlhat, ki jöhet és ki nem, lehet-e cseremigráció helyette.

A nyugdíjkérdést is megbízhatóan lehet rendezni az exo-kontinentális megállapodások között. A megállapodás természetesen csak a migrációra szorítkozna, arra nem, hogy az egyes országok hogyan és mivel látják el nyugdíjasaikat. Természetesen a gazdasági tevékenységek között szerepel maga a nyugdíjas társadalom eltartása, ellátása is. Persze igaz, a nyugdíjasoknak már nem épülnek új házak lakhatásra, hiszen az már megvan nekik. Viszont új közösségi épületek, használati tárgyak igen. Általánosságban elmondható ugyanakkor, hogy a nyugdíjas kb. ugyanazt az életsznívonalat fogja élvezni, mint aktív éveiben, kivéve az utazás gyakoriságát.

11.9 A Kontinentális társadalom felépülése

Végül elérkeztünk oda, hogy most már nagyjából fel lehet rajzolni, hogyan is nézne ki egy ilyen – egyelőre elképzelt – társadalom a legfontosabb funkciókkal, valamint azok elnevezéseivel. Nem lesz olyan bonyolult, 5 rétegből fog állni. Ezek képviselik egy nemzet vagy ország rétegeit, layereit, ha úgy jobban tetszik. Természetesen ezek a meghatározások könyvemben csak ismertető jellegűek. Hogy egy társadalom hogyan építi föl saját rendszerét, az kivétel nélkül az adott társadalmon, nemzeten múlik. Azonban lesznek bizonyos „sorvezetők", ez például a 6 órás szabály, valamint a társadalmi egyenlet sérülésmentessége.

Az **első réteg** az egész nemzet vagy társadalom *reprezentatívja*, ez lehet elnök vagy király is, kinek mi tetszik. Őt lehet közvetlenül vagy közvetetten is választani. Az elnök vagy király szerepe a végső egyenlet betartatása, elfogadása és a megvalósítás folyamatának figyelése, ellenőrzése. Bármilyen elé kerülő ügyben döntő szava van vagy lehet. Ezen felül azt csinál, amit akar, és amit lelkiismerete enged. Ha rosszul végzi a dolgát, elmozdítható, de csak az őt megválasztó testület által. Az őt választó testület a *vigyázók*. Ők képeznek egyfajta tanácsadó testületet a reprezentatív számára, tehát nem lesz szükség külön tanácsadó rétegre. Ők már a **második réteg** képviselői, és ők egy terület elöljárói, nem vezetői, hanem akik őrzik, vigyázzák az egyensúlyt. Őket lehet választani a továbbra is meglévő politikai választásokon. Nekik kell kvázi a legnagyobb rálátással lenni az ő rájuk bízott társadalomra. Szinte mindent kell tudniuk a területen élőkről. De mivel ez lesz a foglalkozásuk, és szinte minden IT segítség meg lesz ehhez, így munkájuk nem tűnik reménytelennek. Mindent kell tudni, mekkora életterületen élnek, illetve mekkorát birtokolnak, milyen járművel járnak a gazdasági jogosok, mennyi alapjogos él a területen stb. De ezeket az adatokat nem azért kell nekik tudni, hogy visszaéljenek vele, hanem hogy éljenek vele és fenntartsák az egyensúlyt. Az egyensúly fenntartása csakis megfelelő tudattal lehetséges. Azért lesznek ők választva, mert egyrészt felkészültek, és bizalmat élveznek a választóktól. Végül ők választják a *reprenzetatívot*, aki képviseli az országot vagy területet a kontinentális tanácsban is.

Legfontosabb feladatuk nem a parancsolgatás, hiszen a rendszer már annyira föl van építve, hogy azt nem kell állandóan változtatni és torzítani a verseny miatt. A *vigyázók* legfontosabb feladatai közé tartozik az egyensúly fenntartása, a kapcsolattartás más területekkel (persze nem állandó „üzleti" ebédeken és reggeliken és nem állandóan „utazva", hiszen akkor nem jut sok idő haza, ami fontosabb, mint a kapcsolattartás külországokkal). Figyelembe kell venni, hogy a munkaidő egységesen mindenhol 6 óra. Aki persze elkötelezett és szereti, amit csinál, dolgozhat többet is külön juttatás nélkül, de 6 órát minden hétköznap a köz szolgálatában kell eltölteni. Senkit, de senkit nem lehet hosszabb munkaidőre kényszeríteni. Ha megteszi, azt saját emberbaráti vagy kötelességtudatból teszi, nem azért, mert kényszerítve van rá. Ezt látni fogjuk, még a kórázakban is működni fog. Egy orvos úgyis meg fogja a csinálni a műtétet, ha az bőven tovább tart, mint 6 óra, de ha mégsem, lesz, aki váltsa. De kényszeríteni nem lehet senkit. Ha ez a 6 órás szabály átmegy, akkor annak lesz foganatja. Sokkal szívesebben fognak az emberek dolgozni, mert érteni fogják, hogy mi a rendszer lényege, és ezt ők minden pillanattal fenntartják. Tömegesen fognak olyan munkára jelentkezni az emberek, ahol valamilyen más helyzetű embertárssal kell foglalkozni. Tehát a *6 óra általános univerzális szabály*, így lehet lelassítani a Földön forgó őrületet. És ha valamit nem tudtak megcsinálni abban a 6 órában? Akkor majd megcsinálják a következőben. Persze ez alól kivételt képeznek a vis maior esetek, katasztrófák, tragédiák valamint súlyos balesetek természetesen, de ami várhat, azt nem kell sietettni csak azért, mert valakinek kevesebb a türelme, majd megtanul várni. Természetesen ehhez hozzátartozik, hogy annak a 6 órának viszont tényleg 6 órának kell lenni, nem facebookozással töltött idő például egy hivatalban. Tehát nettó 6 óra.

Tehát a vigyázóknál tartottunk, és a **2. rétegnél**. Őket követik az *őrzők*, közéjük tartoznak az adminisztrátorok, akik minden, az állam működésével kapcsolatos adatot rögzítenek, hogy semmi el ne vesszen. Az összes állampolgár adatait és amit róluk tudni kell, hogy éppen mennyi javat kaptak az univerzalizmus rendszerében, és hogy mennyivel járultak hozzá annak működéséhez. A vigyázók fognak arra vigyázni, hogy ez ne legyen se sokkal több, se sokkal kevesebb, mint sorstársaiknak jutott jószág, illetve amit teljesítenek, az se legyen se kevesebb, se több, mint abban a pozícióban elvárt. Az őrzők közé tartozik a ma ismert bürokrácia nagy része, azt persze, hogy konkrétan hogyan intézik ezen ügyeket, minden régió, minden terület maga határozza meg. Az adminisztrátorok közé fognak tartozni a *szabadalmi szakértők* és azok is, akik tudni fogják, hova milyen gyógyszerek kellenek. Fontos pozíció jut majd a *mediátoroknak* is, akik információval fognak szolgálni arról, hogy hol milyen munkalehetőség van gazdasági jog szerzésére, hol milyen használatra, lakhatásra alkalmas lakóépületek vannak, tehát ha valaki mozogni akar, akkor tudjon válogatni az éppen felmerülő lehetőségekből, vagy hogy egyáltalán tudomása legyen róluk. Fontos, hogy a *mediátorok* munkájához tartozik ezen információk megszerzése, valamint terítése is kérésre, illetve internetes oldalak föltöltése információval és azok karbantartása. Tehát ha például valaki költözni akar, akkor információkat szerezhet a mediátorokról, majd a bürokrácia (őrzők) segítségét kéri, hogy valóban kivitelezhető legyen a költözés, végül a *védők* által lesz levédve a folyamat.

A 2. réteghez tartoznak a *bírák* is, a mai bírói testület nagy része, hiszen továbbra is lesznek ítéletek, olyan ügyek amelyekben ítélet szükséges. Továbbra is lesznek peres ügyek és büntetőügyek is. Az *őrzőkhöz* tartoznak további munkaerők, akik végzik az anyagok és javak *könyvelését* is, amiről már az előbbiekben volt szó. A társadalom 2. rétegéhez tartoznak a *tulajdonosok* is, akik jóvoltából tulajdonképpen működhet a rendszer, hiszen végül is az ő erőforrásaikat használja föl a társadalom. Cserébe komoly megbecsülést élveznek a tulajdonosi réteg tagjai, nem is tartoznak külön munkavállalással a társadalom részére, de ha akarnak, természetesen részt vehetnek a folyamatokban és irányíthatnak, mint régen, csak most „fizetésük" a társadalmi megbecsülés lesz.

A 2. réteghez tartoznak majd a *védők*. Ők jelentek majd egyfajta összeköttetést a vezetés és a gazdasági jogosok között, de csak akkor, ha ez szükséges, illetve ő általuk lesznek „felvíve" az adatok a rendszerbe, illetve maguk az állampolgárok lesznek így „érvényesítve", idegen szóval validálva. Minden állampolgárhoz ki lesz rendelve egy védő. Ez lesz a biztosíték, hogy a rendszer valóban működik majd, egyfajta külső biztosítás. A védők nemigen függenek majd senkitől, a feladatuk képviselni a rájuk bízott állampolgárt mindenfajta kérdésben, amelyben a védő kompetens. Ha az szükséges lesz, ugyancsak továbbíthat adatokat az őrzőknek és vigyázóknak kérésre. Ezt ugyan maga is meg tudja tenni az állampolgár az esetek többségében, de kérhet segítséget is. Mint egyfajta ombudsman, mindenkinek lesz ilyen összeköttetése a külvilággal és a felszínnel.

Ugyancsak a 2. réteghez tartoznak majd a *szervezők és a külföldi referensek*. Rájuk akkor lesz szükség, amikor a delikvens éppen külföldi nyaralásra készül. A segítségük révén lehet majd eligazodni az éppen lehetséges külföldi utakban, nyaralási lehetőségek kapcsán. A szervezők foglalják le neki az utat, szervezik azt. Ugyancsak hozzájuk lehet majd fordulni, ha valami nem stimmel, és segítség kell külföldön. A külföldi referensek dolga lesz, kapcsolódva a *vigyázókhoz*, hogy az éppen külföldön felmerülő lehetőségeket is terítsék, valamint szolgáltassák az adatokat külföld felé, elsősorban a kontinens felé, hiszen ezek az adatok fogják majd biztosítani a rendszer gördülékeny működését. Minden napra és percre pontosan meg lesz szervezve. A sok utazás és közlekedés kapcsán felmerül természetesen, hogy hogyan lehet minden járatot és közlekedési szándékot szinkronba hozni. Ez a *logisztikusok* feladata lesz, hogy minden releváns menetrendet megtervezzenek, természetesen úgy, hogy ehhez minden fontos adattal rendelkezzenek, akár más kollégáktól is. Természetesen minden 2. réteghez tartozó állampolgár és munkát vállaló automatikusan gazdasági jogos.

A 3. legaktívabb és legnagyobb réteg az ún. **aktív gazdasági jogos** réteg. Ide tartozik mindenki, aki napi legalább 6 órával lefoglalja magát, illetve hozzátesz a rendszerhez, illetve fönntartja azt. Ide tartozik minden kétkezi munkás, valamint konkrét szellemi vagy fizikai javat előállító polgár. Az *építők* (az építőmunkások, akik utakat építenek, hidakat húznak majd fel), a *fenntartók* (akik karbantartanak és javítanak dolgokat, akár egy elromlott vízvezetéket vagy autót), a *tervezők*, pl. építőmérnökök, gépészmérnökök. *Készítők*, pl. ételkészítők, szakácsok, ezen felül kisiparosok. *Termelők*, pl. gyári munkások hada, illetve akár bányászok és ruhakészítők. *Gyógyítók és nevelők*, ide tartoznak majd az orvosok és tanárok, esetleg természetgyógyászok, de az ilyen jellegű pozíciókra – mint már utaltunk rá – nem lesz egyszerű „kvótát" szerezni, tudniillik ők lennének a kuruzslók, és hát nekik nem különösebben volt jó hírnevük a történelem során. Igaz, ettől függetlenül természetesen lehet rájuk igény, ezt ki kell próbálni. Természetesen a betegek saját felelősségükre próbálkozhatnak alternatív gyógyulási módokkal. Lesznek bizonyára olyan emberek, akik ehhez értenek csak, és ezt szeretik csinálni, ha be tudják bizonytani, hogy nem blöffölnek, maradhatnak. *Kisegítők*. Ide fog tartozni minden rendű és rangú intézményben a kisegítő személyzet, akár egy koncert megszervezésénél vagy egy konyhában a mosogató személyzet, a takarítók is. De ide tartozik majd egy iskola vagy egy kutatóintézet kiszolgálása is.

Továbbra is szükséges lesz a közrendet fenntartani, még ha nem is lesz annyi munka, de továbbra is lesznek *rendőrök*, sőt hatalmas felelősség fog rájuk hárulni, hiszen végül is eleinte őket lehetne arra utasítani, ha egy-két renitens nem akarna munkába menni, és ezzel a rendszer fenntarthatóságát veszélyezteti, akkor ők segíthetnek ebben a folyamatban. De ilyen esetek egy megváltozott tudatállapottal már remélhetőleg nem lesznek olyan gyakoriak. Sajnos a kontinentális társadalmakban is szükség lesz rendfenntartásra. Fontos lehet továbbra is a *nyomozók* munkája, amikor bűncselekmény történik, ki kell deríteni az igazságot. Ez a folyamat a nyomozókra fog terhelődni, de csak az ő belátásukkal dolgozhatnak többet, mint napi 6 óra. Természetesen lehetnek esetek, amikor egész egyszerűen több időt igényel egy olyan fajta munka, ami sikerrel kecsegtet, ilyenek tipikusan a forró nyomos ügyek. A *tűzoltók* természetesen továbbra is nagyon fontosak lesznek. A ma ismert mentők munkáját viszont érthetjük a *gyógyítók* munkája alatt is.

Fejlesztők és kutatók: ide fog tartozni mindenféle IT tevékenységgel, illetve kutatómunkával foglalkozó népesség, például azok is, akik megtanítják a különböző számítógépes alkalmazások használatára a laikus népességet. *Ápolók*: a kórházak és különböző öregotthonok ápoló személyzete. *Aratók és vetők*: a mezőgazdasági munkások. A *felügyelők, irányítók*, akik felügyelik az élet minden területén, hogy az adott munkafolyamatok rendben zajlanak le. Ide fognak pl. tartozni az éttermvezetők, műszakvezetők. *Disztribútorok, szállítók, sofőrök*: ők lesznek, akik majd leszállítják a kész termékeket a lakosságnak. Ennek fényében nem lesznek szükségesek már a klasszikus bevásárlások, hiszen nem lesz rájuk szükség. Az ezáltal felszabaduló időt az emberek sportra vagy természetjárásra fordíthatják, vagy természetesen ugyanúgy lehet a várost bejárni, de ekkor már több jut a művelődésre, pl. múzeumlátogatásra, éttermekben való időtöltésre. A *biztosítók*, a különböző minőségbiztosítással és a termékek tesztelésével fogalkozó személyzet, valamint azok is, akik a különböző káreseményeknél asszisztálnak, segítenek abban, hogy újra a régi kerékvágásba kerüljenek a dolgok. *Médiaszereplők és média munkások*: ide tartozik mindenki, aki a média világában kap helyet, és elsődleges dolga lesz, hogy szórakoztassa országa lakosságát akár hírekkel, akár kisebb műsorokkal vagy filmekkel.

Ezen felül ugyancsak a 3. réteghez fog tartozni a *művészek* minden rangú képviselője legyen festő, verselő, prózaíró. Érthető módon ezekből a pozíciókból nem lehet sokat kiosztani a társadalmon belül, hiszen a minőség rovására megy, és ha már művészet, az akkor legyen igényes. Aki ezenfelül is érez művészi hajlamot magában, nyugodtan csinálja otthon magánúton, hiszen ezt semmi nem fogja tiltani. Sok kell ahhoz, hogy ki tudjon emelkedni. Ugyancsak a művészek táborához fognak tartozni a filmszínészek, de már nem olyan jó csillagzat alatt, mint egy pénz- és szenzációhajhász társadalomban. *Filmszínészek, előadóművészek és zenészek.* Mivel konkrét fizetések nem lesznek, reméllhetjük, hogy így nem lesz bőség kavalkádja bizonyos szellemi termékekből, de amik születnek, azok valósak lesznek.

Fontos pont lesz, hogy ezekből a „szakmákból" tulajdonképpen minden egyes régió maga dönti el, hányat tart fönn. Nyilvánvalóan legelőször a legjobban kelendő, valamint a legfontosabb pozíciókra kell megtalálni az emberek többségét, utána fognak csak feltöltődni a maradék kvóták. Azonban nyilvánvalóan a kontinentális és országos munkamegosztás következtében természetesen utólag módosítani kell majd ezeket a betölthető pozíciókat, így nyilvánvalóan bizonyos időszakot hagyni arra, hogy ilyen elvek alapján meg tudja szervezni magát a társadalom, később az emberiség.

Itt jön képbe újra a 20 év átmeneti idő, amit már természetesen világviszonylatban kell érteni. Lesz, ahol ez igen gyorsan megy, de lesznek olyan helyek, ahol segítség kell majd.

A **harmadik réteghez** fog még tartozni egy nagyon nagy tömeg, a *nyugdíjasoké*. Ők már megérdemelt nyugdíjas éveiket élvezik. Közös vonásuk az eddig jegyzett rétegeknek, ha úgy tetszik, „osztályoknak", hogy privilégiumokban nem lesznek megkülönböztetve. Senkinek sem jár fizetés, ugyanakkor mindenki biztosítva lesz, hogy egyfajta elfogadható életszínvonalat tudjon élvezni. A gazdasági jogos réteg közös jellemzője, hogy jogosultak minden évben legalább két (vagy 3) hónapos vakációra, rotációban.

Nem szóltunk még a *sportolókról*, akik természetesen ugyanúgy gazdasági jogos személyek vagy egyénileg, vagy csapatban. Ugyancsak a gazdasági jogos réthegez fog tartozni a sportvilág kisegítő és kiszolgáló személyzete. Azt gondolom, hogy ezzel a fölsorolással egy nagyjábóli, de valós képet adtunk a jövő eljövendő, igaz, kicsit egyszerűbb és nem annyira cizellált, de sokkal igazságosabban felépülő társadalmáról. És végül meg kell említeni az ún. *lelkigondozókat, lelkipásztorokat*, hiszen bármilyen jó a rendszer, az embernek szüksége lehet pszichológiai segítségre és vallásának gyakorlási lehetőségeire, legyen akár keresztény vagy hindu.

A **negyedik réteghez** fognak tartozni az *önhibájukon kívül munkaképtelenek*, akiknek éppen nem tudnak kvótát biztosítani, az *értelmi fogyatékosok, a disabledek*. Vagy éppenséggel azok is, akik *nem akarnak dolgozni* az új rendszerben, hiszen „majd úgyis eltartják őket". Ez igaz lesz, valamilyen alap életszínvonalon mindenki jogosult lesz rá. Egy fontos dolog lesz, hogy ne kelljen bűnözni senkinek a megélhetésért. Valamilyen alapszínvonal mindenkinek járjon, a megélhetés biztonságának univerzálisnak kell lennie. Ezért is hívjuk a 4-ik réteget „alapjogosoknak". Ők nem mehetnek külföldre nyaralni sehova, ugyanakkor a belföldi rekreáció eshetőségét nekik is biztosítani kell, kivéve azoknak, akik nem akarnak munkát vállani, szánt szándékkal nem részei a rendszernek.

A 4-ik kalapba tartozhatnak a drogosok és szenvedélybetegek is, akikre sorozatos panasz van, és nem tudnak jól teljesíteni munkahelyükön. Azonban figyelembe vehetjük azt a tényt is, hogy alkohol- és drogfogyasztás ugyan megengedett lesz, de csak bizonyos korlátokon belül. Féktelen fogyasztás eleve a rendszerből adódóan nem lesz lehetséges. Tehát eleve egyfajta bizonyos visszaeséssel kell számolnunk akkor is, amikor az ilyen embereket vesszük számba. Mégis lesznek még így is emberek, akik az ilyen szerek bűvkörébe kerülnek majd, és betegek lesznek. Az ilyen emberek sajnos visszaeshetnek a 3. „kalapból" a 4-ikbe. Ezt majd a bírák fogják eldönteni, hogy valóban valós-e egy ilyen irányú kívánság, óhaj. Komolyabb esetekben a *vigyázók* is eldönthetik, hogy igazak-e a pletykák, vagy sem. Ekkor is minden esetben jár a védelem az állampolgárnak, és ha valóban tudja bizonyítani, hogy nincs semmi gond a munkavégzésével, akkor nem esik el a gazdasági jogtól.

Az 5-ik, utolsó kalapba fognak tartozni az **elítéltek, a bűnözők** és bűnösök, akik ezek ellenére sem tudnak beilleszkedni és alkalmazkodni. Velük nincsen már tárgyalni valónk, és nélkülük is megvagyunk, működik a társadalom. Velük szemben a cél az elkülönülés, mind erkölcsileg mind fizikailag. Nem feltétlenül cél eleinte a likvidálásuk, de később akár az is lehet, függően attól, hogy milyen mértékben vétettek az univerzális törvények ellen. Később fölmerülhet, hogy az ilyen notórius szabályszegőket és életellenes bűncselekményeket elkövetőket esetleg egy külön erre a célra fenntartott földterületre (akár egy sziget) elkülöníteni lehessen.

12 A NAPISTENSÉG ÚJRASZÜLETIK

Minden, ami idáig történt a Föld nevű bolygón, azt a Nap nevű égitestnek (univerzális tudati elem) köszönhetjük. A Nap az univerzális világnézetben, vagy ha úgy tetszik, vallásban központi helyet foglal el, ugyanúgy, mint a történelem kezdetén lévő vallásoknál. A teremtő erőt képviseli, az élet elvét általában, az erők forrását. Tulajdonképpen a Nap majdnem minden, a zsidó-keresztény kultúra előtt létezett kultúrában meghatározó szerepet töltött be.

Az ún. természeti vallásoknál is, ahol külön népünnepély volt a Napforduló megünneplése, megemlékezése. A Nap mindig velünk van, mindig végigjár az égbolton, mindennap lebukik, de mindennap újra is éled, biztosítva az örök körforgást a földi tudatnak, valamint az ő birodalmának, a Naprendszernek. A Nap mint **istenség** szerepel az univerzális filozófiában, amelynek egyik jellemzője, hogy a lehető legegyszerűbb rendszert, de rendszert szeretne az univerzumban. Nem isten, de istenség. Isten, ha úgy tetszik, valóban egy van, a Legfelsőbb Tudat, és ami nem ugyanaz, mint a héber biblia istene, YHW, ezt tudjuk. A Legfőbb vagy Fő Tudat, az **maga a tudatkvantum, transzcendens való**, ami soha nem lényegül meg földi tudat által látható formában vagy anyagban. Földi tudatunkon túl lévő valóság a Legfelsőbb Tudat. Hogy megtapasztalhassuk igazi valóját, előbb az univerzális tudat magasságaiba kell emelkednünk. Ha ott jól teljesítünk, teljesülhet vágyunk: **találkozás Istennel,** vagy ha úgy tetszik, a Legfelsőbb Tudattal. Ugyanakkor ehhez mindenképpen egy fekete lyukban kell végeznünk, és ott dől el sorsunk, egy másik tudati dimenzióba lépés. A Földön az isteniek tudnak úgy fölemelekedni, hogy befolyásolhatják hosszabb távon az univerzális tudatot is.

Az asztrológiában a Nap ugyancsak központi, meghatározó szerepet kapott. Szinte mindenki tudja, hogy melyik csillagjegyben állt a Nap a születésükkor. A Nap által meghatározható tulajdonságoknak kiemelkedően nagy jelentőséget tulajdonítanak az emberek, pedig ezek csupán egy analógiás, azaz elvi felsorolás részei. Az asztrológiában ugyanis az egyes bolygókhoz rendelt tartalmak nem csillagászati értelemben kerültek oda, hanem analógiás összefüggések alapján. A Naphoz rendelt tulajdonságok tehát inkább filozófiai értelemben függnek össze megfelelően a P. Hun irányvonalán is. Aki szeretné ezt megérteni, annak vissza kell nyúlnia az antik mitológiához, az istenvilág archetípusaihoz, a különböző kultúrák ránk hagyományozott tudásához. Az analógiás összefüggések ugyanis nem véletlenül lettek összeállítva, hanem egy sajátos rend szerint, a Föld lakói több évezredes gondolkodásának, tudásának eredményeként.

A horoszkópból és a benne lévő aszcendensből következő bolygóállások, az ún. házak is fontos adalékokat adhatnak, hogy egy ember élete hogyan tud kiteljesedni, ugyanis természetesen az ugyanazon Napjegyben, sőt még ugyanazon napon születettek sorsa is jelentősen eltérő lehet. Azért említem ezt, mert fontos adalékokat adnak arra vonatkozólag, hogy a Naprendszeren belül milyen viszonyok állnak fönn az egyes égitestek (tudati elemek) között, és ezek hogyan hatnak az emberi érzésekre, tulajdonságokra, szellemre. Végső soron a tudatra. Ezek az összetevők rajtunk keresztül még tovább jutnak a galaxisban érzések és gondolatok, röviden a tudatunk által. Ezt már ismerjük. Az univerzum, legalábbis a ma általunk látható, belátható és elgondolható része a mi magunk tudati kivetülése is. Ugyanakkor nem szeretném, ha az új világot asztrológusok, jósok és jövendőbe látók, látnokok lepnék el, és ebből lehetne „megélni". Nem. Célom tulajdonképpen az ellenkezője. Magam is hiszek az asztrológiában, jól tudom, milyen jegyben születtem, de az asztrológiát csak általánosságban tisztelem. Valóban hiszem, hogy a távoli csillagrendszereknek hatása van életünkre – nyilvánvaló, hiszen azok is „univerzális kódok" –, de nem vagyok a rabja, nem viszem túlzásba az ilyen irányú ismereteimet. Nem rohanok naponta asztrológushoz, nem az ő jóslatai és meglátásai szerint élek, és a napi horoszkópokat is csak olcsó üzletnek tartom. Azt gondolom, az eljövendő új gazdasági világban is ez lenne a jó, követendő példa: tisztában lenni az alapvető asztrológiai értékekkel, de nem napi szinten a foglyuk lenni, nem jósoltatni magunknak állandóan, hiszen azoknak az előrejelzéseknek egy tudatilag már megváltozott világban nem lesz olyan relevanciája. Ezért ne is essünk asztrológusok fogságába, azontúl, hogy van egy általános, sok részletre kiterjedő horoszkópunk. Nem célom, hogy asztrológusok uralják a jövő világát, hogy az emberek már megőrüljenek az asztrológusokért és vakon higyenek bennük. Magukban higgyenek, a saját józan ítélő képességükben, a tulajdon megtapasztalásaikban higgyenek, és ne szóbeszédeknek, pletykáknak és csillagállás szerinti jövendöléseknek, amelyek lehetnek jók és rosszak. Ez a könyv az univerzalizmusról szól, de mind tudományos, mind szellemi, spirituális és vallási értelemben is. Egy új kontinentális rendszerben már nem lesz üzletszerű horoszkópkészítés, hiszen annak már nem nagyon lesz értelme, anyagi előny nem jár vele. Ilyen értelemben az asztrológia is kitisztulhat és elhagyhatja fölösleges sallangjait. A napi történéseknek már úgysem lesz akkora szenzációértéke, hiszen egy kontinentális rendszerben az emberiség is illeszkedik a kontinensek lassú evolúciójához, lassan és megfontoltan változik. Nem lesz akkora értéke a „szenzációnak", már nem lehet pénzt keresni vele.

Ezek a tapasztalások, érzések és analógiák a P. Hun-ban is meghatározó jelentőségűek. Maga a mű tulajdonképpen az eretnek fáraó életművére épül, aki a **Napkorongot, Atont** próbálta bevezetni birodalmában i. e. 1350 körül mint az egyistenhit egyfajta kifejeződését. Neve Ehnaton volt, ami a Nap kedveltjét jelenti. Könyvem szimbólumként használja az ő uralkodását, amely igazából nem volt hosszú idejű, de volt annyi energia és új gondolat benne, hogy a világtörténelemben egy fejezetet hasítson ki magának, illetve arra a modern kori univerzalizmus eszméjét lehessen építeni. Könyvem szimbólumként használja az ő gondolkodását, a fáraók jelképét, az ankh-ot. Az univerzalizmus, mint új világnézet, jelképe az ankh. A fáraók jele, az élet jele, az élet forrásának a jele és most már a tudati univerzum jele is.

A volt fáraók is gondolkodtak világegyetemben, sőt ők maguk is csillaggá szerettek volna válni az égbolton, az univerzumban. Mint tudjuk jelen könyvünk bevezető részeiből, ez végül igaznak is bizonyult, a gondolati (információs) és anyagi körforgásnak köszönhetően. Az univerzalizmus – mivel a fáraók szimbólumát használja – így nem vonatkoztatható el a konkrét hatalomtól. Az univerzalizmus mind világnézet, mind vallás formájában megállja ugyanakkor a helyét. Szinte mindegyik vallás ugyanarra a dologra törekszik, arra, hogy Istent és az igazságot megtaláljuk, és egyfajta belső iránytűként hasson. Az univerzalizmus is ez irányban hat, elsősorban világnézet, de ha valaki vallásként tekint rá, azt is lehet. Ilyen értelmemben kettős természete van. Pontosan azért is a **Nap a központi** – még ebből a világból is megtapasztalható – **eleme** amellett, hogy egy olyan közös és megkérdőjelezhetetlen valóság legyen az új világnézet alapja, amely mindenki számára egy és egyetlen. Természtesen a Napnak tudati jelentősége is van, az univerzalizmusban a Nap tudattal rendelkező égitest, ő a közvetítő a Legfelsőbb Tudat és a gyarló földi tudat között. Szimbolikusan és valóságosan is középső helyet foglal el a Nap az emberiség gondolkodásában, de a kettős természet azt is jelenti, hogy ha valaki valami személyesnek próbálja behelyettesíteni a Legfelsőbb Tudat őrá vonatkozó részét, azt is megteheti. Ha így is van, az univerzalizmus nem kizárólagos vallás, nem erőszakos és nem térítő.

Minden ma élő meghatározó vallás végül úgy szökkent szárba, hogy azt maga a politikai hatalom kezdte el használni, „vallani", csak így tudott megerősödni minden jelentősebb vallás. Itt elsősorban a kereszténységre és a muzulmán vallásra gondolok, de azt gondolom, az állam működésére és erkölcsi értékeire a többi keleti vallásnak is igen nagy befolyása van. Az univerzalizmus nem lesz olyan értelemben soha vallás, hogy azt erőszakos cselekedetek juttatnák hatalomra, hiszen ez ellenkezik önmagával, valójával. Ha ez megtörténne, elvesztené azt, ami épp univerzalizmussá teszi. Elvesztené varázsát, és egy lenne az éppen regnáló versengő, erőszakos vallások sorában.

Mivel politikai rendszereket is érinthetnek a könyvben lévő dolgok előbb-utóbb, fontosnak gondolom, hogy az állam világnézete tükröződjön állampolgárai többségének felfogásában, ellenkező esetben az államhatalom névleges, és egy idő után el is enyészik. Fontos, hogy az állam – vagy az új kontinentális rendszerekben területi vezetésnek is hívhatjuk – bizonyos erkölcsi normák között élje az életét. A kontinentális rendszerekben ez pedig különösen fontos, hogy mindig tartsuk az egyensúlyt, és nem szabad az országok között túl nagy különbségeket generálni szándékosan. A P. Hun a nemzetek békés egymás mellett élését hirdeti, és nem egymás alá vagy fölé rendelésüket. A nemzetek ma állandó versenyben vannak egymással, szinte minden fronton: szellemileg, fizikailag és tudatilag is. Ez ugyanakkor ebben a pénzre és hatalomra épülő világban természetes, ezen nem kell meglepődnünk. Éppen ezt a helyzetet próbálja megváltoztatni a Philosophica Hungaricára épülő világnézet, amely akár később vallásá is növekedhet. Az univerzum és az egyensúly vallásává.

A P. Hun hisz benne, hogy hosszú távon meghallgatásra találnak az üzenetei, és idővel lesznek igaz politikusok is, akik meg fogják látni a kontinentális rendszerben az igazságot és a rendszert, és talán azt is, hogy nem is feltétlenül veszélyezteti a hatalmukat. Mert természetesen az univerzalizmus megváltozott hozzáállású és tudatú politikusokat kíván. Nem lesz többé pénz és területi terjeszkedés, mert nem lesz értelme. Azon poltikusok, akik ezt képesek lesznek felismerni, az új rendszer cölöpei lehetnek. Hatalmon lenni annyit fog jelenteni, mint őrizni a beállított egyensúlyt, és ha mozgás van, akkor az közös mozgás lesz, és nem személyi és egyéni célokat, ambíciókat szolgál majd. Tehát az olyan politikusok, akiket csak a pénz hajt, és a másokon való uralkodás vágya, az ilyen politikusoknak le fog áldozni majd. Hatalmukat nem tudják megtartani erővel sem, sőt azzal csak siettetik távozásukat. Ha a politikusok nem veszik észre magukat és az új idők szeleit, akkor az univerzalizmus rendszere alulról is föl tud épülni és építkezni. Ilyenkor olyan tömegek mennek majd az utcára, akik egyszerűen le akarják cserélni a kapitalizmust az univerzalizmus rendszerére, és olyan politikusokat fognak választani, akik erre hajlandók, és végig is tudják vinni ezt. Olyanok fogják megcsinálni a rendszert, akik egy egyenlőbb társadalomban hisznek és a hitet is megtalálják egy új – sokkal inkább egyenlőségre építő – emberi társadalom megalkotásában, aminek a legfontosabb építőeleme az új – pénz nélküli – kontinentális gazdasági rendszer. A kapitalizmust az univerzalizmussal fölváltani egyben jelenthet majd a vallásos kötődést is. Az ankh ezt jelképezi e könyv megjelenésétől kezdve.

Új értelmet nyer a régi fáraók víziója, valamint egyfajta új szövetségben új értelmet nyernek a régi vallások és a tudomány. Az univerzalizmus a ma élő vallásoknak is adhat új értelmet. Az új vallások mindig egy egyenlőbb társadalom vízióján épülnek fel, és minden eddig létező ún. „mainstream" vallás válságából született meg a másik. Ahogy a könyv is végigvezette ezt a *júdaizmuson* keresztül, ahonnan az *esszénusokon* keresztül a *kereszténység* is egyfajta egyenlőségre törekvő vallás volt kezdetekben. Később a *protestantizmus* hozta ezt a szelet. Ma már a kereszténység teljesen elvilágiasodott, anyagszemléletű lett, ami törvényszerű ugyan egy bizonyos kegyelmi idő után. Az *iszlám* ma az egyetlen igazi egyenlőségre törekvő vallás, és azért is erős annyira.

A Nap fog még minket éltetni millió éveken keresztül. Ha csak az univerzális tudaton keresztül a Legfelsőbb Tudat máshogy nem rendelkezik. Az emberiség meg fogja találni azokat az eszközöket, amelyekkel fajának túlélését biztosíthatja, hiszen ez szerepel a tudatkvantumban is, az álomképek folytatódni fognak. Vagy ha pusztulni kell, akkor az is megtörténik, ugyancsak álomképek segítségével. Az armageddon bekövetkezhet, de a tudatunk segítségével lehet ráhatásunk a dologra, kaphatunk kegyelmet, illetve haladékot. Az armageddon bekövetkezéséhez egyébként is rossz álom kell. Lehet, hogy lesz, de utána újra lesz jó és szép álom is. Az álmok mindig és állandóan változnak, ez a záloga a világegyetem működésék és fenntartásának.

Az univerzalizmus rendszere 3 féle tudati szintet különböztet meg. Mindegyik tudati szint isteni jellegű, ami azt jelenti, hogy végső forrása a Legfőbb Tudat. A földi tudat egyfajta ékköve az **isteni**. Isteni azt jelenti, hogy az isteni szikra benne van, és annak tudatára is ébred. Ezt a tudati állapotot az univerzális, végső soron a Legfelsőbb Tudat segítségével éri el az ember, ez **egyfajta megváltott állapot**. Ezt az utat mindenkinek egyedül kell megtennie, de meg lehet tenni, hiszen a szikra legtöbbünkben benne van. Erre mindenkinek egyedül kell ráébrednie, ezt az állapotot kívülről nem lehet elérni, azonban a Legfelsőbb Tudat tudja segíteni azt a folyamatot, ami által isteni emberré válik az ember. Olyanok mint *Imhotep, Hermész-Krisztus vagy Jézus, Buddha, Ehnaton, Mohamed* és *Martin Luther,* valamint nagyon sok kis szereplő a történelemben, akiknek nem volt akkora küldetéstudatuk, csak élték a mindennapjaikat és segítették a többieket, családjukat is, és jót cselekedtek, ahol tudtak, bennük volt az univerzális gondolkodás, a szép és a jó. Ugyancsak sok ún. mesés, legendás király is tartozik az ilyen emberek sorába, de azok nem, akiknek a lelkén más emberek lelke szárad szükségtelenül. Hogy végül milyen sorsuk lesz az univerzális körforgásban, az részben és egészben az egójukon múlik, hogy mekkora mértékben uralták személyiségüket. A túl nagy egó égő hevülethez vezet, Nappá válhat az ember, de a vége a biztos megsemmisülés. A mi Napunk okos, nem hevíti túl magát, csak épp amennyire szükséges és lehetséges, tudja a határokat, ezért tud uralkodni a Naprendszerben. Nem akar több bolygót „bevonni" a rendszerbe, mert tudja, hogy az esetleg már a rendszer felbomlásához vezethet. A Nap tudja, mi az, és hol van az elég.

Az isteni emberformák után következik az **Istenség**, amely az univerzális tudat kifejeződése abban a rendszerben, amelyben élünk, jelen esetben a Naprendszerben. Mert bárhogy csűrjük-csavarjuk a szavakat, a Naprendszer része vagyunk az utolsó atomunkig, gondolatunkig és leheletünkig. A Naprendszer pedig az univerzum, így az univerzális tudat része. Istenség a Nap. Mint tudjuk, az univerzalizmus rendszerében a Nap fölött már csak a **Legfelsőbb Tudat** áll, akinek hatalmában áll és állt az egész univerzumot létrehozni, azt megváltoztatni és az egész evolúciót befolyásolni. Ha úgy tetszik, az univerzalizmus istenképe a Legfelsőbb Tudat. Erről az isteni hármasról is szól a következő alfejezet.

A Legfelsőbb Tudat kifejeződése a tudatkvantum, ami által mi is tudunk visszacsatolást küldeni a Legfőbb Tudatnak. Képes az önmásolásra, képes a teremtésre, képes az állandó változásra és az állandó megújulásra, képes az univerzális álmok és kódok előállítására is. Földi tudattal nem észlelhető, de univerzális tudattal már igen. Nem észlelhető földi tudat által dekódolt anyagi formában, de érzései átjöhetnek az anyagon keresztül, a földi tudattal érzékelt ún. anyagi világ a Legfelsőbb Tudat érzelemvilága is. Amikor szeretünk vagy éppen bosszankodunk, akkor is őt érezzük, de az univerzális törvények szerint a szépre és jóra törekszünk, ez is a teremtés egyik forrása.

Ezek az érzések elektromágneses formában raktározódnak el a világegyetemben, a Napunk is egy ilyen megnyilvánulási forma, elektromágneses információhalmaz. És ha ezek az érzések ott vannak a világegyetemben, akkor még inkább lehet őket érezni a Földön is. Ilyen érzések természetesen az emberi szeretet és testi szerelem is, elektromágneses információcsere, amit gravitációs keretünkbe foglalva ilyen dimenziókban képesek vagyunk érzékelni és ismerni. Ezeknek az érzéseknek természetesen megvannak a megfelelői a Legfőbb Tudatban is. A Legfelsőbb Tudat érzései jönnek át az anyagi világba, és érzéseink a Legfelsőbb Tudatban visszhangoznak. A csatolás tökéletes a tudatkvantumon kereszül, de vigyázzunk, minden érzés átmegy! Ő az abszolútum, az örökké egy és való, de sohasem fog kiemelni téged a mások rovására, csak az egód miatt, hiszen a gondolkodása univerzális. Ha mégis azt éreznéd, hogy kivételezik veled a Legfelsőbb Tudat, fogadd alázattal és ne gőggel, mert vissza fogsz esni és betegségeket kapni. Ugyanakkor végigkísér utadon, és megvárja, hogy tudsz-e vele egyesülni, vagy sem. Több lehetőségünk is van a jó útra fordulni, mert több út is vezet is igazsághoz.

12.1 A Háromszor Hármas Egység

Az univerzalizmusnak is megvan a maga „szentháromsága", ami *háromszor hármas egységbe* foglalja össze az univerzalizmus lényegét. Háromféle irányból közelítünk a lényeg felé, és mindannyiszor ugyanannak a dolognak a kvantumját kapjuk meg, egy valamiből indul ki, majd oda is ér vissza. Ezek az egységek a *vágy, gravitáció és a szépre, jóra törekvés* hármas egysége, a *Nap – Föld – Hold* hármas egység, valamint az isteni fogalmi rendszer hármasa, amit éppen tárgyaltunk az imént, de most keretbe is foglaljuk, ez az *isteni, istenség és isten*. Ezen hármas egységek összeségét nevezzük a **Háromszor Hármas Egységnek**. Összetétele egyszerre fizikai, metafizikai és fogalmi rendszerű. Értelmezésük megadja az univerzalizmus helyét a világban.

A **vágy, gravitáció és a szépre-jóra való törekvés** az első értelmezendő hármas egység, amely megadja minden élőlény mozgató erejét, de egyben kijelöli mozgási határait is. Ezért lehet jónak nevezni az univerzumot, ezért jók, ezért csodálatos teremtmények az állatok és maguk az emberek is. Mint ahogy már könyvem elején említettem, az emberek többsége jó és erkölcsös, és velük föl lehet építeni egy új, jobb világot. A vágy, vágyak olyan mozgatórugói az egész világegyetemnek, hogy az ebből adódó erő szinte azonnal szétfeszítené. Ugyanakkor a vágyakon tudni kell uralkodni, és ezt teremti meg a gravitáció. A gravitáció a biztosítéka annak, hogy amíg a tudat, a tudati energiák működnek, azok egyfajta keretben lesznek, egyfajta rendszer szerint történnek, egyfajta rend szerint követik egymást. Tulajdonképpen ez a hármas a biztosítéka annak, hogy az univerzalizmus és benne a kontinentális társadalmak is működnének. Ez a két tudati energia egyensúlyban tartja egymást, moderálja magát, ha úgy tetszik. Soha nem tér ki egyik vagy másik irányba, csak váratlan és nem kedvező külső erő hatására. Ilyen erők is létezhetnek, amelyek a tudatkvantum által bármelyik pillanatban manifesztálódhanak. Amit tehetünk, az az, hogy bármi történik, a lelkiismeretünknek tisztának kell lenni. Az, hogy nem zavarjuk meg az univerzum rendjét, mert ha igen, annak a folyamatnak a végét nem láthatjuk be.

A vágy és a gravitáció egyensúlyi állapotát pedig a harmadik tudati erő, a szépre-jóra való törekvés viszi előre és teríti szét. Ez az erő viszi, illetve vitte előre az evolúciót, ezen erő által olyan szép az univerzum, amilyen, ezen erő által tudott megszületni az emberiség, valamint a sokszínű élővilág szinte mindegyik példánya. A szépre-jóra való törekvés általában meglévő jó tulajdonság az emberiségben. Igaz, ehhez már egyfajta magasabb rendű tudatállapot is szükségeltetik. Ebből következik, hogy amit a dogmatikus irodalom bűnnek nevez, az igazából még nem elég fejlett tudati állapot, mondhatnánk tudatlanságnak is. A gyógymód a belső fejlődés, a tudati evolúció, egyfajta belső megvilágosodás. Ez a könyv csak abban segít, hogy ráébredjünk még esetleg „alvó" állapotunkra. De hogy miként jutunk el a túlsó partra, az már egyénenként változó lehet, de biztosak lehetünk benne, hogy a vágy-gravitáció és szépre-jóra való törekvés erőknek egyfajta eredője mindenképpen hatni fog ránk. Kire-kire milyen mértékben. Ez vágyainktól is függ, de biztosak lehetünk abban, hogy a gravitáció azonnal ott lesz és behatárolja azt a területet, amin mozoghatunk. Ez alól nem lehet „felmentést" kérni és kapni sem, hiszen ez az univerzum törvénye. Mint tudjuk, ez alól felmentést csak az „istenek" kaptak régebbi időkben, rájuk nem vonatkoztak az univerzum törvényei, de ők nem valós világban, a képzeletünkben éltek.

Földi valóságunkban mindhárom erő megmutatkozik egyszerre és külön-külön is. Ezen három erő tart egyensúlyban minket, de végül a szépre-jóra való törekvés teszi széppé és elviselhetővé az életet. Ezen tudati erőt nem szükséges külön ecsetelni. Ezáltal működik a társadalom, ezáltal van fejlődés, úgy lent a Földön, mint fent az Égben. Ezen erő által tudjuk megkülönböztetni a hasznost a károstól, ezáltal tudunk logikusan és tisztán gondolkodni és érezni. Emiatt megy az evolúció előre és nem hátra. Ezáltal vannak művészetek, valamint kultúra, ezáltal működnek jótékonysági szervezetek, intézmények. Ezáltal léteznek csodaszép épületek.

A második hármas a **Nap – Föld – Hold** égi hármasa, amelyhez mi kapcsolódunk a Föld által. Ezen hármas jelenti végül a földi életet és tudatot, amely visszakerül a csillagokba. Ezen hármas egyértelműen az univerzum része, a Legfelsőbb Tudat alkotása – ha úgy tetszik gondolata, álma – a tudatkvantum révén. A Nap mint istenség – ilyen értelemben egyfajta reinkarnációja Ehnaton ókori vallásának – fejezi ki az univerzális tudatot ebben a hármasban, amely révén az emberiség is tud kapcsolódni az univerzumhoz. A Nap az összekötő kapocs a földi és univerzális világ között. A földi tudat és az univerzális tudat között. A Hold képezi a hármas legkisebb, de mégis nélkülözhetetlen tagját, az evolúció és a földi élet befolyásolóját, egyfajta „szürke eminencást". Tudnunk kell, hogy a Holdnak a földtörténeti korokban nagy szerepe volt abban, hogy a Földön olyan körülmények jöttek létre, amelyek között végül a földi élet és az evolúció létrejöhetett.

Ezen hármas egysége a földi élet, amelyet élvezhetünk, és amelybe égi és földi tudatok keresztezésekor beleszülettünk. Keresztezésükkor a mi karmánk leszállt a Földre. Hogy ez a karma kapott helyet több milliárd másik mellett és helyett, már az egy megismételhetetlen csoda, ezért is őrizzük és értékeljük! A Nap-Föld a Hold az univerzális világnézet vagy akár már hívhatjuk vallásnak is, 2. hármas egysége. A földi élet szentségének forrása. Az élet nem keresztény dogmák szerint létrejött és fenntartott szentség, hanem univerzális erők által kialakított szentség. A Napistenségnek köszönhetjük a fényt, a gabonát, a meleget és a szeretetet is.

A harmadik hármas egység pedig már az isteni léttel fogalkozik. Ezek ugyanúgy kötődnek egymáshoz: az **Isteni – Istenség – Isten,** vagyis a Legfőbb Tudat. Mindkettőnek hívhatjuk, de az egyik inkább személyes, a másik értelmezése inkább metafizikai jellegű. Isteni lehet az ember is, amelyre már rengeteg példát találunk a történelemben. Egyik leghíresebb példája ennek Jézus. Életünk célja végül is istenivé válni, de persze nem istenné, hiszen az „gravitációs" okok miatt nem lenne lehetséges, még ha a „vágy" meg is lenne rá. De istenivé válni van esélyünk, ha követjük azokat, akiket ezen a téren lehet. Ez lehet Buddha, Jézus, de Mohamed is, és még sokan mások a történelemben. Vannak névtelen hősök is, mindennapi hősök és isteniek, akik gyógyítanak, megszánnak, lehajolnak és törölnek, akár könnyeket vagy piszkot. Bárki, akiben felgyúl Isten szikrája, az lehet isteni. Ők mindannyian isteni emberek voltak, akik már a felső világban vannak, várva arra, hogy találkozzanak a Legfelsőbb Tudattal, ahonnan genetikai kódjaik végső soron származtak.

Egyetlen istenség van az univerzalizmusban, és ez a Nap, mint tudjuk. Ezzel ugyancsak visszakerülünk a történelemben a héber Biblia előtti időkbe, illetve azokhoz a korai társadalmakhoz, amelyek hasonlóan gondolkodtak a Napról, és hittek a természet isteni rendjében, nem akarták azt megváltoztatni, hanem csodálattal tisztelték és alkalmazkodtak hozzájuk. Az univerzalizmus hasonlít a legősibb emberi hitvilágokra, valamint intézményesen a régi egyiptomi hitvilághoz, illetve azon belül is hivatalosan Ehnaton fáraó vallásának továbbvivője annyi különbséggel, hogy nemcsak Napkorong van főpozícióban, hanem a Nap maga, amely univerzális tudattal rendelkező égitest, teremtmény. A Nap nem isten az univerzalizmusban, hanem „csak" istenség, ez fontos. Fölötte is ott van a Legfelsőbb Tudat, a teremtő tudat, amely a tudatkvantumon keresztül nyilvánul meg akár gondolatainkban, de a természet erejében és az evolúcióban is. Fontos, hogy a fogalmak pontosan a helyükön legyenek. Tehát az isteni földi fogalom, az istenség univerzális, és a fölöttük álló fogalom isten, a Legfelsőbb, teremtő Tudat. A fogalmak tisztázására a későbbi félreértések és félremagyarázások miatt van szükség.

Mindegyik egység, a háromszor hármas egység bármely összetevője egymásba váltható, egymással magyarázható összetevő, alkotó. A 9-es szám, mint egy mátrix vagy egy piramis mindegyik sarka és oldala szimbolizálja a kapcsolatot

Ég és Föld között, pontosan ugyanúgy, ahogyan azt a régi fáraók gondolták.

Ezzel bemutattuk a háromszor hármas egység minden alkotóját, hazaértünk. A 9 – talán misztikus szám – pedig közvetetten szimbolizálhatja a 9 univerzális kontinenst, valamint a Naprendszer 9 bolygóját is. Amelyek közül a Föld csak az egyik bolygó. Igaz, hogy a legfontosabb a helye, pozíciója adott addig, ameddig azt a Fő Tudat akarja.

12.2 A rotációs rendszer

A kontinentális rendszert nem kell külön fönntartani, az – ha már egyszer beállt – fönntartja önmagát, a zálog ez a könyv. Bármilyen megtévelyedés esetén egész egyszerűen csak elő kell venni a könyvet, azt felcsapni, beleolvasni és máris visszakerülnek a dolgok az egyensúlyi állapotba. Természetesen csak akkor, ha akarjuk az egyensúlyt, ha nem, akkor tessék, szabad a pálya, lehet hadakozni és uralkodni, versenyezni. Sokáig nem fogunk érni.

A kontinentális eszmét végül is egyfajta **rotáció** tartaná egyben. Ez azt jelentené, hogy minden második évben egyazon kontinens – lehetőleg egymástól távol eső – városa adná az univerzum szimbolikus „központját", egyfajta fővárosát.

Azért kétévente, mert a földi kontinensek kiterjedtsége miatt, ha évente lenne a rotációs a pörgés, ez túl gyors mozgást jelentene. Igazodnunk kell ebben is az univerzumhoz, ahol a tudatban ugyan pillanatok alatt lejátszódhat egy folyamat, de annak manifesztálódási ideje több ezer év is lehet. Fontos, hogy fölvegyük a kontinensek mozgását is, nem kell az állandó változás, pontosabban kell, de nem olyan ütemben, mint ahogy azt egy fogyasztásra épülő társadalom diktálná. Nem lenne idő igazán kiélvezni a pillanatokat, túl gyorsan mennének az események egyik helyről a másikra. Kell egy kis idő az emésztéshez is. Nem baj az, ha két évig tart egy ciklus, de nyilván minden két év után más kontinensen ünnepelnék a kontinentális univerzalizmust.

A rotációból csak az Antarktisz maradna ki, illetve Ausztrália és Óceánia is 15 évente 1 alkalommal adhatna otthont ezen eseményeknek. Hogy miért egyszer? Azért, mert a hozzá képest sokkal nagyobb területtel és lakossággal rendelkező Ázsia is csak 2 megjelenési alkalommal rendelkezik. Területileg azért számít az, hogy a szóban forgó terület egy közigazgatási egységet alkot, ha 50 állam alkotná Ausztráliát, valószínűleg más lenne a helyzet, de így érdemesebb az univerzalizmus törvényeihez igazítanunk magunkat, amely az arányosság és a takarékosság világméretű szimboluma is egyben. Ugyancsak egy szól Ausztrália és Óceánia mellett amiatt is, hogy eléggé különálló területet képeznek, kb. úgy, mint az Antarktisz, az ott élő lakossághoz képest az egy az indokolt és nem a kettő. Ezt az érvelést az univeralizmus rendszerében meg lehet érteni. Nem hiszem, hogy sok ausztrál állampolgár fog majd miatta reklamálni. Tudni fogják, hogy miről van szó, nem fognak „csak azért" – esetleg büszkeségből – egy már működő rendszernek betenni, azoknak az időknek már búcsút fogunk inteni, mire az ebben a könyvben lefektetett elvek meghatározóvá válhatnak.

Az Antarktiszon sajnos nincs hol megemlékezni, ünnepelni, ezért az Antarktiszt megillető 8. hely skippelve lesz, magyarul át lesz ugorva. Ugyanakkor felteszem, először ildomos lenne egyfajta listát kiállítani, hogy hol lennének méltó helyen ezek a „címek", megemlékezések. Biztos, hogy eleinte az igazán nagy városok kapnák ezeket a címeket, hiszen ez valahol így dukál. De idővel minden kontinens minden jelentős városa vagy települése is magkaphatja a „címet", ha szeretné. Ugyanakkor biztos lesznek bizonyos kitételek, amely alapján lehetne pályázni, be lehetne kerülni a sorsolási kategóriába. Az ún. sorsolásról majd később.

Hogy a város ezt a lehetőséget mire használná, az már az ő dolga lesz. Az első jelöltekről majdnem biztos, hogy megegyezés lenne, de miután már majdnem minden város felkészült egy ilyen cím viselésére, úgy akár sorsolás is dönthetne a különböző városokról. Igaz, ennek csak egy bizonyos időszakban van értelme, miután már minden olyan fontosabb város volt központ, amelyik szeretett volna lenni. Kétszer nem lehetne egy város központ, legalábbis egy ideig, amíg minden olyan város nem volt központ, amelyik szeretett volna. A világközponti cím inkább csak szimbolikus jelentőségű lenne, de kapcsolódhatna hozzá mindig valami különlegesség, ami miatt egyhamar nem fogják elfejlteni azt a helyet az emberek. A világközpont megtisztelő címet egy évig lehetne viselni, utána egy másik város kapná meg a „rendezés" jogát. Két évig ugyanarról a kontinensről. Sorsolás lenne minden négy évvel előtte, hogy mi legyen a következő utáni helyszín mind a kontinens, mind a városok tekintetében. A kontinensek tekintében szerintem lehetne egyfajta természetes körforgás, és ha a kör véget ér, lehetne véletlenszerűen sorsolni. Az aktuális centrum, „világközpoti cím" valójában egy szimbolikus cím lenne – nem kell akkora beruházásokat odaképzelni –, de arra is jó, hogy maga az univerzalizmus eszméje újabb táptalajra hulljon, terjedjen, és megszeressék az emberek, akik benne élnek.

Itt jön be a 15 éves rotáció, hiszen 7 kontinensen tulajdonképpen 13 évente lenne meg a körforgás, *szinte egyidejűleg* az. ún napkitörési periódusokkal. Azonban mint ahogy azt fönt említettük, Ausztrália esetében ez 15 év lenne. De 15 év alatt valóban körbe forogna az egész rendszer, nagyon nagy gyönyörűség lesz. Ezek szerint nyugodtan lehet majd 15 éves ciklusokban tervezni, ami célja is az univerzalizmusnak, hogy egy picit egyszerre lépjünk, miután már megvan a közös szólam. Nem szükséges, hogy előre 10 évvel már eldöntsük, mikor hova kerül a központ. Nem lesz akkora értéke. Elég, ha az esemény előtt négy évvel ezek a dolgok a helyükre kerülnek.

Az a fontos, hogy minden két évben egy másik kontinens másik két városába kell kerülnie a címnek. Bármit ki lehet találni arra, hogy a város mit tudna adni az emberiségnek, ami plusz, akár egy nagy koncert rendezése, amit világszerte vetítenének. Vagy akár a várost is meg lehetne ajándékozni valamivel. Ezt hagyjuk másoknak eldönteni, és hagyjuk későbbre. Azt az eseményt, amikor eldöntenék, hogy hol lesznek az események négy év múlva, azt mindig az éppen aktuális kontinens éppen aktuális fővárosában kellene megrendezni a tisztség átadása előtt négy évvel. Hogy melyik legyen az első helyszín, az persze jó kérdés, ajánlások lehetnek csak. Én személy szerint a könyv szimbolumának számító ankh születési, illetve nyugvási helyét, a királyok völgyéhez közeli helyet, **Kairót vagy Alexandriát ajánlanám**. De persze lehetnek más szempontok is, amelyek meghatároznak egy döntést. Ez ugyanakkor azt is jelentené, hogy a kezdő kontinens Afrika lenne. Igaz, ami ugyanakkor szimbolikus is lenne. Ha Kairó lenne az első, értelemszerűen a második város egy másik – lehetőleg Kairótól földrajzilag távol eső – város lenne. Ha a kontinensek sorszáma alapján menne a kezdő kör kinevezése, akkor az lehet akár **New York** is az első számú kontinensről. A kontinensek sorszámozásáról lásd a függelékben. A sorsolást szimplán el tudná végezni az éppen regnáló központ, természetesen egyfajta közjegyzői hitelesítéssel más városokból vagy kontinensről. Nagyobb „készültségre" nem lenne szükség, hiszen az univerzalizmus szellemének megfelelően nem lenne szükség csalásra vagy egyéb manipulációra, a cím így is, úgy is továbbkerül, mindegy, hogy hova, előbb-utóbb mindenhova eljut, ha előbb nem, akkor később.

Tekintve, hogy milyen sok kompetens nagyváros van a Földön, így legalább 200 évre előre meg lehetne tervezni ezt a rotációt. Mármint abban az értelemben, hogy mely városok közül kerüljenek ki a nyertesek. A rotáció nem szolgálna semmi más egyebet, mint a változatosságot, biztonságot és tervezhetőséget is egyben. Fontos azért is, hogy elhintse a tudatosságot, nem lenne szerencsés, ha egy központból lenne irányítva az egész új kontinentális gazdasági rendszerre épülő világ.

Lenne még egy komité, amely fenntartaná a rotációs rendszeren az egyensúlyt, és ez lenne az ún. **Kontinensek Találkozása** című esemény, ahol két évente találkoznának a különböző kontinensek képviselői, de csak annyi időre, amíg megbeszélnék az éppen felmerülő problémákat. Nem kell több ideig együtt lenni, vadászatra és nagy lakomákra menni. Csak szolidan, ami az univerzalizmus jellegzetessége is. A találkozásnak szimbolikus lenne a jelentősége, hiszen 8–9 ember természetesen nem tudja megoldani a világ problémáit, de a találkozás lenne hivatott arra, hogy a kontinensek egyensúlyát fönntartsa, azt szimbolizálva, hogy az egész Föld összetartozik gazdasági, energetikai és turisztikai értelemben, és hogy a kontinensek összezárnak, együtt játszanak és együtt éreznek a kulturális és földrajzi különbségek ellenére. Semmiképpen sem lennének döntéshozó jogosítványai a testületnek, hiszen arra nem is lenne szükség, mert ezen könyv már lerakja az együttműködés alapjait. Ettől függetlenül minden két évben a rotációs rendszernek megfelelően azokban a városokban kellene ülésezniük, amelyek éppen viselik a világ fővárosa címet. Ergo minden két évben egy másik kontinensen kell megtartani a Kontinensek Találkozása ülést. Talán a „tanács" szónak kicsit ódivatú komszomol jellege van, ezért hagyjuk.

A világon nem kell sietnünk sehova. Az emberiség már elért egy olyan fejlettségi szintet, ami kielégítő. A világszerte már elérhető technológiai fejlődés most már lassan minden kontinensen elérhető közelségbe hozza a jólétet és a viszonylagos szabadságot. A fejlődésnek ezután sokkal egyenletesebbnek és egyenlőbbnek kell lennie. Fejlődés ezután is lesz, de azt olyan mértékben kell terjeszteni, hogy az mindenki számára elérhetővé legyen, ha az szükséges.

Az univerzalizmus végső értelme a fékezés és a nivelláció. Az emberiség mostani tudományos és technológiai sebessége túl gyors ahhoz, hogy a jólét egyenlő legyen, és egyenletesen tudjon szétáradni a bolygón. A P. Hun egyik elsőrendű alapértéke **a természet szeretete és tisztelete,** hiszen tudjuk, hogy az életünk egyik legfontosabb tartópillére. Ha a környezetet és a természetet óvjuk, úgy az túlélésünk egyik záloga, így ezért ebbe az irányba fordul a P. Hun: a konzerválásra, a megőrzésre, és az nem követel ekkora sebességet, mint amit manapság tapasztalunk. Fogunk még a csillagok között nagyon gyorsan közlekedni, keringeni. Még jó, hogy az emberiség nem tudja a Nap működését szabályozni, mert akkor már a Nap is kialudt volna. De ez egyhamar nem is következik be, hiszen ő is a Legfelsőbb Tudat igazi küldötte. Nem lehet megérinteni, nem is lehet hozzányúlni, de meg lehet érteni, hiszen mi is, ahogy a Nap is, tudatból vagyunk.

13 ÖSSZEFOGLALÁS, ALAPVETÉSEK

Ebben a fejezetben a Philosophica Hungarica alapmű összefoglaló gondolatait soroljuk fel.

1. A Philosophica Hungarica az univerzalizmus (ilyen formában új) világnézetének alapkönyve.
2. Az univerzalizmus jelenleg, tehát jelen könyv születésekor csak világnézet, vallássá csak tömegek és gondolati követők által tehető. Ha kialakul egy, a könyvben lefektetett politikai elveken alapuló világ, egy pénz és bankok nélküli világ, akkor lehet belőle vallás.
3. Az univerzalizmus az egyensúly és az egyensúlykeresés világnézete.
4. Az **univerzalizmus** központi jelképe az **ankh**, a régi egyiptomi fáraói jelkép, ezáltal nagyon sok dolgot szimbolizál.
5. Az ankh fő jelentése maga az **élet**, az élet kulcsa és mostantól az univerzalizmus jelentése is.
6. Az ankh mint jelkép ugyancsak szimbolizálja a szexualitást, „hurok" részével a női vaginát, a tulajdonképpeni kereszt és alsó részével pedig a férfi hímvesszőt. A szexualitással a bennünk elrejtett kozmikus energiákat is jelképezi.
7. Az ankh mint szimbólum ugyancsak jelképezi a Napot és a Napból áramló isteni éltető energiát, ezáltal állítva végső emléket Ehnaton fáraónak, de rajta keresztül tiszteleg az egész régi egyiptomi vallás, kultúra és hitvilág előtt is.
8. Az Ankh szimbolizálja a szexualitást mint a legfőbb univerzális energia hordozóját, illetve a régi fáraók hatalmát. Ilyen értelemben politkai jelentősége is van.

9. Az univerzalizmus egyik fő gondolata egyensúlyban lenni a természettel és a környezettel, mind erkölcsi, mind fizikai értelemben.
10. Az univerzalizmus a tudat, a tudatosság és a tudomány világnézete, illetve vallása lehet később.
11. Ugyancsak jelképe magának az univerzalizmusnak mint a **totális tudati egységnek**.
12. Az ankh jelképe a háromszor hármas egységnek mint az univerzalizmus fő szimbóluma.
13. Az ankh ugyancsak a Napnak mint a földi élet központi forrásának a jelképe és annak tisztelete és szeretete, elismerése.
14. Az ankh jelképe az univerzális életnek mint a földi élet folytatásának.
15. Az univerzalizmus követésének egyszerű kifejeződési eszköze egy *ankh nyakék,* ami egy nyakláncon lóg, a nyakunkban hordjuk. Ennyi elég, semmilyen más külső ismertető jegye nincs egy olyan embernek, aki az univerzalizmus követője, abban hisz, de ez sem kötelező.
16. Univerzális életünk itt a Földön véghezvitt karmánk alapján fog meghatározódni. Karma, ami azt jelenti: az, amiért itt vagy.
17. Az univerzalizmus hisz a tudomány és az emberiség fejlődésében, hisz ezek közelebb vihetnek minket a Legfelsőbb Tudathoz, ahol megszűnik a tér és az idő.
18. Az univerzalizmus lényege és hitvallása Háromszor Hármas Egységbe tömörül.
19. Az univerzalizmus vallja az eddigi vallások egyenrangúságát. Ez egyben azt is jelenti, hogy a zsidó vallás csak egy a sok közül, az nem több más vallásoknál. A zsidó nem „Isten" választott népe. Maximum a héber Bibliában lévő isten választott népe, ami nem releváns az univerzalizmus számára.

20. Az univerzalizmus vallja a népek, sőt a kontinensek egyenlőségét.
21. Az univerzalizmus régi egyiptomi világnézetből nőtt ki, nem zsidó mítoszok alapján szerveződött világnézet.
22. Az univerzalizmus a III. évezred világnézete (vallása), nyilvánvalóan egyiptomi szellemi alapokra helyeződik, de ez nem jelenti a régi egyiptomi vallási gyakorlatok és filozófia visszaállítását. A szellemi alap ugyanaz, más nem.
23. Az univerzalizmus hisz a népek és az emberiség végső egységében, de azt nem végső egyesülésben képzeli, hanem a kontinensek laza szövetségében, egyenrangúságuk megőrzésével.
24. Az univerzalizmus egyik hármas tétele szerint mindig törekszünk a szépre és jóra, de nem mindenáron. Ismerd el az élet törvényszerűségeit, fontos felismerned, hogy nem mindig leszel középpontban, nem te vagy a legszebb és a legjobb, de úgy vagy jó, ahogy vagy.
25. Nagyon fontos, hogy egyensúlyban legyél környezeteddel és a természettel.
26. Ismerd és szeresd a természetet, benne a köveket, a szelet, a napsütést (tüzet) és az esőt (vizet) is.
27. Az univerzalizmus vallja az élet és a halál egyenjogúságát, de a végtelen és tudatos univerzumban. Ebben különbözik a dogmatikus kereszténységtől, amiben állítólag le lehet győzni a halált. Nem, a halált nem kell legyőzni, mert az is az élet része.
28. Ezért hát a halált nem tekinti katasztrófának, az élet végének, de fontos, hogy hogyan végezzük be. Ezért hát ne ölj, de ne is hagyd, hogy megöljenek! Állj ellen, küzdj, ha kell!
29. Az univerzalizmus mint világnézet gyakorlati kifejező ereje a tevékenység. Tevékenység lehet a saját örömödre, de első helyen mindig a csoportért, a közösségért, a családunkért való tevékenység áll, ami hozzájárul az univer-

zalizmus gazdasági megfelelőjének, a kontinentalizmusnak fönntartásához.
30. Ha az univerzalizmusban hiszel, akkor dolgozol. Teljesen mindegy, hogy mit, de tudatoságoddal a teljes természetet és benne nemzetedet, fajodat, végső soron az emberiséget szolgálod.
31. Az univerzalizmus végső soron hisz egy jobban szervezett és igazságosabb tárásadalomban, ami nem a pénzre és a bankok hatalmára épül, hanem az emberi tudatra, szolidalitásra és teljesítő-képességre, mind agyban, mind fizikailag.
32. Az univerzalizmus hisz az evolúcióban mint a felső univerzális tudat fejlődésének itteni földi megnyilvánulásában. Az evolúció csodálatos, tudatos dolog, több rétegre bontható, és csak tudatunkban ér véget.
33. Az univerzalizmus elmélete szerint az emlősök feltűnésével és a dinoszauruszok bukásával új univerzális tudati idő kezdődött. Ekkor az evolúció mozgatórugói az emlősök agyában, illetve agykezdeményében keletkezett álmok, álomképek voltak.
34. Az univerzalizmus vallja ugyan az emberiség mintegy végső egységét, de a kontinentális határokon belül. Az univerzalizmus ugyancsak vallja, hogy a népek fenntartó ereje kultúrájuk és nyelvük fenntartása, azt sosem veszíthetik el, de azzal már nem „hódíthatnak", nem nőhetnek vele, hiszen minden kultúra egyenlő az univerzalizmusban, ami építő jellegű.
35. Az univerzalizmus vallja a rasszok különbözőségét és különbségét, de ez nem jár együtt a fajok közötti versennyel, hanem inkább segítségével, de helyben.
36. Az univerzalizmus a tudatban hisz, hiszen tudja, hogy a Legfelsőbb Tudat által létezünk, és az univerzális energiák és tudat miatt jövünk létre, illetve tűnünk el a Földről.

Karma által vissza is térhetünk, igaz, nem ugyanabban a testben, de hasonló tudati körülmények közé, mint valaha.
37. Az univerzalizmus mint világnézet végső soron inkább a keleti vallásfilozófiákhoz áll közel. Abban is, hogy nyugodt, nem sietős, nem térítő világnézet.
38. Az univerzalizmus nem akar „túl bonyolulttá" válni, nem akar tudományoskodni, gondosan ügyel, hogy megmaradjon a vallás és a tudomány határán. A kettőt tulajdonképpen egységesíti. Fontos, hogy nézetei a nem annyira képzett embertársainknak is érthetők és fogyaszthatók legyenek.
39. Az univerzalizmus egy olyan világnézet (vallás), amely abban hisz, hogy meg lehet szervezni egy emberi közösséget pénz és bankok használata nélkül. Ez mind csak szervezőképesség és elköteleződés kérdése.
40. Az univerzalizmus vallja, hogy a pénz – mint szükséges rossz – ugyan egyben tartja a jelenlegi emberi társadalmakat és a fejlődés egyik mozgatórugója, de végső soron elidegeníti egymástól az embereket, szétzilálja a valódi emberi társadalmakat, ezért kell találni egy másik tudati eszközt helyette.
41. Az univerzalizmus vallja, hogy ez emberiség kielégítő tudományos és műszaki technológiai színvonalon áll, ami által megvalósíthatók a „kontinentális gazdaságok", ami az életszínvonal általános kiegyenlítődéséhez vezethet globálisan. A nivellálódáshoz.
42. Az univerzalizmus szerint az emberi kapcsolatok fönntartására és a környezetünk jobb megismerésére kell a hangsúlyt fektetni, ezt pedig nem a piacorinetált, hanem az embert és annak fizikai és phiszchológiai igényeit középpontba állító gazdaság segítségével lehet elérni, ezeket pedig „kontinentális gazdaságoknak" hívjuk. A kontinentális gazdaságok nem profit-orientáltak.

43. Egyszóval az univerzalizmus emberközpontú gazdaságban hisz, és nem a piacban. Ugyanakkor tisztában van vele, hogy ez pillanatnyi életszínvonalbeli csökkenéshez vezethet akár globálisan. Azonban miután kialakítottunk egy irigységmentes és csak a valós szükségleteken alapuló gazdaságot, sokkal olajozottabban és „válságok" nélkül működhet, nem mint a mai pénzközpontú kapitalizmus.
44. Az univerzalizmus elutasítja az anyagi javak, köztük anyagi és érzéki örömök határtalan élvezetét, így a mértéktelen lakomákat és italozásokat is. Igaz, ezek a dolgok az univerzalizmus gazdasági rendszerében, a „kontinentalizmus"-ban már csak eleve elvétve lesznek lehetségesek. Tehát az ilyen dolgok automatikus sorvadásnak indulnak egy kontinentális társadalomban.
45. Az univerzalizmus, így a kontinentalizmus is elfogadja kis mértékű droghasználatot, azt nem tiltja, azt nem gátolja, mert nem is lehet. Ugyanakkor az új gazdasági rendszerben már nem lehet majd korlátlanul, a „pénzünk" mennyiségének függvényében hozzáférni. Amennyiben a közösség akarja, úgy meg lehet szervezni bizonyos droghasználatot, de csak olyan mennyiségben, amellyel az ember még nem árt saját magának és környezetének sem.
46. Az univerzalizmus szerint a jövőben is politikusok – jó politikusok – fogják irányítani a világot és a benne lévő országokat, így valószínűleg olyanokat fognak megválasztani, amelyek nem fogják segíteni a kábítószer fogyasztását. Így annak fogyasztása ugyan továbbra is megmarad, de mértéken belül, és tulajdonképpen szabályozottan fog történni. Mivel nem lesz pénz, így nem lehet hatalmas vagyonokat fölhalmozni a kábítószer gyártása, sem a kábítószer terjesztéséhez köthető bűncselekmények által. De joggal számíthatunk arra is, hogy a társadalmi költségei sem lesznek akkorák a kábítószerfogyasztásnak, mint ma.

47. Az univerzalizmus gazdasági rendszere a kontinentalizmus, ahol valós emberi igények alapján szervezik a gazdaságot, nem termelve fölösleget semmiből. Az emberi igények természetesen különbözhetnek, de azért van egyfajta átlag, amitől nem lehet eltekinteni hosszabb távon. Ugyancsak meg vannak határozva azok a gazdasági tevékenységek, amelyek szükségesek, hogy kialakítsunk egy viszonylagos egyenlőségen alapuló, boldog kontinentális társadalmat. Az ehhez szükséges gazdasági és társadalmi rangok és pozíciók is meg vannak határozva, amelyek szükségesek a kontinensek, valamint az egyes országok és az országokon belüli emberek közötti egyensúly fenntartásához.
48. A kontinentalizmus ún. isteni emberek szellemiségére épít, akik szinte minden kultúrában előfordulnak. A kereszténység ilyen példamutató isteni embere az esszénus Jézus volt.
49. A kontinentalizmus az a fenntartható gazdasági rendszer, amellyel tovább lehet tervezni az emberiség jövőjét.
50. A kontinentalizmusban nincs „munkanélküliség", és a nyugdíjasok helyzete is rendezve van.
51. Ugyanakkor a kontinentalizmus nem ad lehetőséget a „kivagyiságra". Előrejutni csak akkor tudsz, ha mindenki tud. Ha neked jó, akkor mindenkinek jó. Mindenki tudja, hogy egy nagyobb rendszer része, ami érte van, és nem ellene.
52. Fejlődés úgy lehetséges, hogy annak hosszabb távon jó hatása az egészre is van, nem csak az egyénre, ha az hozzáad a közös értékekhez. Kivételt képeznek ez alól természetesen az egyéni élmények, hiszen azokat nem lehet elvenni senkitől.
53. A P. Hun Háromszor Hármas Egysége szerint fontos önmagunk ismerete, tulajdonképpen önmagunk megváltása. Az univerzalizmus célja, hogy istenivé váljuk, hogy

az emberiség is istenivé válhasson, hogy ezáltal is jobban megismerjük magunkat és az univerzumot.
54. A P. Hun sok követésre méltó embert ismer, akik istenivé váltak. Célunk az ő példájuk követése, de tudatában kell lennünk, hogy mindenkinek saját útja van, mindenkinek a saját keresztjét kell viselni. Nem viselheted másét.
55. A P. Hun meggyőződése, hogy a kontinentalizmust és bizonyos kultúrákat nem lehet globalizáni, de pont ez az ötlet lehet globális, hogy nem lehet mindent globalizálni, de nem is kell. A kontinentalizmus magában jó már, és működik, további egységesítése nem kívánatos.
56. „Az igazság sohasem késő, az igazság van." [28]

---

[28] Magyar televíziós dokumentumfilm sorozat 2013

14 FÜGGELÉK

A kontinensek a világ politikai valamint gazdasági tervezési egységei a **Philosophica Hungarica** szerint. A kontinensek kialakításánál természetesen nem lehetett figyelmen kívül hagyni a meglévő természetes határokat. Ez természetes. Igazodtunk amennyire lehetett a mai földrajzi felosztáshoz. Azonban a P. Hun figyelembe vesz kulturális és nagy földrajzi egységek esetén újabb esetleg természetes határokat, amelyek által kisebb egységek is létrehozhatók, mert a cél univerzálisan az, hogy megközelítőleg egy súlycsoportú földrajzi-politikai és gazdasági egységek alakuljanak ki. Ilyen értelemben természetesen megosztásra került a hatalmas amerikai kontinens Észak és Dél-Amerikára. További elv, hogy lehetőleg minél több olyan „kontinens" létezzen, amelyek egymáshoz mérhetőek mind szellemi mind területi értelemben. Ez okból Ázsia hatalmas területe is megosztás alá került, úgy hogy Oroszország Urálon túli területeit együtt számítjuk az Urál európai oldalán lévő területekkel, így Oroszországot, mint a legnagyobb politikai entitást külön kontinensként értelmezzük elsősorban hatalmas területe miatt. Kontinensként Eurázsia névvel is lehet utalni rá.

Mivel óriási területe két régi értelemben vett kontinensen terül el, így politikai értelemben a „kontinensítés" teljesen igazolt. Az ilyen módon kisebbé vált, de még mindig hatalmas Ázsiából ugyancsak „kiszakítottuk" az ún. *közel-kelet-kaukázusi* körzetet, amely „kontinens" státuszt kap a P. Hun szerint. Ezt a területet érdemes kulturális alapon megkülönböztetni belső

Ázsiától, hiszen itt viszonylag egységes a vallás és kultúra, muszlim alapokon szerveződik 90%-ban. Ugyanezen a területen találhatók két más vallás ugyancsak komoly régiói, de pont az univerzális eszméknek köszönhetően remélhetőleg ezen különböző kultúrájú országok békében és együttműködve fognak tudni élni egymás mellett. Ugyancsak a leválasztás mellett szólt, hogy tulajdonképpen a mai muzulmán világ 3 legbefolyásosabb és területileg is kiemelkedő országa ugyancsak ezen az egybefüggő területen terül el, az ún. „Termékeny félholdon".

A többi kontinens meghatározása értelemszerű volt Afrika, Ausztrália és Óceánia, Antarktisz esetében nincsenek vitás kérdések. Újszerűség, hogy az univerzalizmus rendszerében Antarktisz teljes jogú tagja a „kontinentális klubnak", elsősorban azért mert a földtörténeti evolúció, így az egész univerzalizmust átható evolúció szerves résztvevője a déli kontinens, azáltal is, hogy végül a végekre „lett küldve" egyfajta egyensúlyozó szerepet töltve be a mai éghajlat kialakításában illetve fenntartásában. További változás, hogy Ausztrália és Óceánia területéhez „adminisztrálódik" az új-guineai sziget is, egyrészt azért mert valóban oda tartozott a földtörténet során, másrészt fontos, hogy ezáltal is közelítsünk a két kontinens – Ausztrália és Ázsia – viszonylatában.

A fentieket összegezve elmondhatjuk, hogy az univerzalizmus rendszerében 9 kontinens van, a ma „köztudatban" élő 5 helyett. Ebből 8 élő és 1 fagyott állapotban. Antarktisz szerepeltetése a kontinensek között újszerű jelenség, csak erre a könyvre és eszmerendszerre jellemző. Az Antarktisznak még nyilvánvalóan lesz szerepe a földi evolúcióban, mai fagyott állapota nem véletlen, eljöhetnek olyan korok, amikor a jég fölenged. Az ilyen jellegű gondolatok specifikusan az univerzalizmus rendszerére jellemzőek.

A Háromszor Hármas Egységhez hasonlóan az univerzalizmus 3 nagyobb 3 közepes és 3 kisebb kontinensre osztja a Földet és a földi világot. Ugyancsak lehetséges föntről lefelé ugyancsak 3 csoportba osztani a kontinenseket, nevezetesen északi, középső és déli kontinensekre. Számozás szerint északról és „balról jobbra" haladva a következőképpen tudjuk felsorolni az univerzalizmus kontinenseit:

1. ÉSZAK-AMERIKA. Ez a terület az, amelyet ma Észak-Amerikának hívunk. Óriási terület a mai Egyesült Államokkal, Alaszkával valamint Kanadával. Ehhez jön még a mai Közép-Amerika területe Mexikóval egészen le Panamáig. A Karib-tengeri szigetvilág ugyancsak ennek a kontinensnek a része. Földrajzilag és geológiailag Grönland is Észak-Amerikához tartozik. Körülbelül 22 ország alkotja, természetesen élén az Amerikai Egyesült Államokkal és Kanadával. Területe 24 és félmillió km^2. Ezen a területen kb. 522 millió lakozik. Ekkora embertömeg boldogságát kell megszervezni. *Nagy kontinensnek* számít, és szám szerint az 1. számú kontinens.

2. EURÓPA (a fő kontinens ahonnan az elmélet is származik). Európa alatt a Földközi-tenger által északról határolt földrajzi területet értjük egészen az orosz határokig mindent, valamint dél-keletre Törökország tartozik már egy másik kontinenshez. Grönland földrajzilag az 1. számú kontinenshez tartozik. 44 ország alkotja a volt szovjet tagállamok közül mindegyik benne van Oroszországtól nyugatra, Ukrajna, Moldávia, Fehéroroszország, és a balti államok is. Lakossága 600 millió körül van, területe (Grönland nélkül) valamivel kisebb, mint 6 millió km^2. Területileg a legkisebb, a 3. legnépesebb és politikailag a legjelentősebb kontinens.

3. OROSZORSZÁG (EURÁZSIA) (mérete miatt külön tervezési egység). A mai Oroszország területe, kb 17 millió km². Az első 3 kontinenst tekintjük ún. északi féltekének, *északi kontinenseknek*. Így Észak-Amerikát, Európát és Oroszországot. Oroszország közepes méretű kontinens, egyben a legnagyobb ország a Földön. Lakossága kb. 140 millió fő, alacsony népsűrűségű kontinens. 3 másik kontinenssel határos, így ugyancsak központi helyzetben van. Különösen, ha beleszámoljuk, hogy 1867-ig, az amerikai kontinensre is átért Oroszország területe, hatalmas potenciával rendelkező terület.

4. AFRIKA Afrika már a középen elterülő kontinensek közé tartozik. Területe alatt az egész mai afrikai kontinenst értjük északon egészen a Suezi csatornáig, a Sínai-félsziget földrajzilag már a Közel-Kelethez tartozik. A kontinenst övező szigetek is hozzá tartoznak, mint pl. Madagaszkár. Az univerzalizmus rendszerében a **legnagyobb kontinens** kb. 30 millió 300 ezer km²-el. Nem szabad elfelejtenünk, hogy a P. Hun szellemi alapjai Afrikából származnak, a régi fárók piramisai Afrikában vannak. Ugyanakkor a legelmaradottabb kontinens, a legtöbb tennivaló Afrikában lesz mindenféle tekintetben. Lakossága minden pillanatban nő, jelenleg 980 millió fő körül van. Földrajzi elterülése és politikai gazdasági egységként való meghatározása egyértelmű.

5. KÖZEL-KELET, KAUKÁZUS (a legproblematikusabb terület, zsidó, iszlám és keresztény területekkel). Az 5. számú kontinens, balról jobbra és északról dél fele haladva. Politikai értelemben a legforróbb, legproblematikusabb terület. Mindhárom monotesita ábrahámi vallás megtalálható rajta. Ez a „középső, centrum" kontinens, mivel 4 másik kontinenssel is határos. A zsidó, az iszlám és a keresztény vallás kialakulásának is terepe. A második legkisebb kontinens, ha Európát Grönland nélkül tekintjük. Területe 6 millió 500 ezer km^2 hozzávetőlegesen, 17 ország osztozik rajta Ciprust is beleértve. Lakossága 270 millió fő.

6. ÁZSIA vagy TÁVOL – KELET (Oroszország ázsiai része és a Közel-Kelet nélkül). Ázsia az univerzalizmus rendszerében a **2. legnagyobb és a legnépesebb** kontinens. Hozzá tartozik minden mai ázsiai terület dél fele nem számítva a Pápua-Új-Guinea szigeteit, amelyek már Ausztrália és Óceániához tartoznak. Nyugaton a határa az iráni-pakisztáni határ, följebb haladva Kazahsztán és Oroszország közötti határvonal. Tovább haladva egészen Kínán, Mongólián át Észak-Koreáig. Ázsiát 28 ország fogja alkotni. Területe 25 millió 34 ezer km^2. Lakossága viszont a döbbenetes 3 milliárd 705 milliós határon áll, messze a legnépesebb kontinens. Azt hiszem Ázsia komoly segítségre szorul majd a többi kontinenstől. De reméljük, ezt majd meg is kapja. Ázsia kulturális öröksége felbecsülhetetlen.

7. DÉL-AMERIKA. És következnek a *déli kontinensek* kezdve Dél-Amerikával. A mai Dél-Amerika Trinidad és Tobagóval együtt. A szigetcsoport közelsége miatt tartozik Dél-Amerikához. Területe kb. 17 millió 840 ezer km^2. Lakossága 381 millió fő. A közepes kontinensek közül a legnagyobb. A Falkland-szigetek is természetesen ide tartozik.

8. ANTARKTISZ a mai Antarktisz területe és partvidéki szigetei. Területe kb 14,5 millió km^2. Lakatlan. A közepes kontinensek közé tartozik. Jelképesen szimbolikusan tartozik a kontinensek közé, a rotációs rendszerben nem vesz részt. Ugyanakkor hihetetlenül fontos szerepe van a Föld mai földrajzi kontinentális és a jelenlegi éghajlati rendszer fenntartásában, magyarul a mai Antartktisz földrajzi helyzetének fönntartása ilyen hőmérsékleti körülmények között életbe vágóan fontos.

9. AUSZTRÁLIA és ÓCEÁNIA. A mai Ausztrália és Óceánia területe és szigetei, de már nem a legkisebb kontinens. Hozzátartozik legalábbis földrajzi értelemben az Új-Guinea is. Területe hozzávetőlegesen 8 millió 790 ezer km^2. A legnagyobb az ún. *kis kontinensek* közül. Viszont Antarktiszt nem számítva a leggyérebben lakott kontinens, lakossága mindössze 35 millió fő.

15 FELHASZNÁLT WEBSITE-OK, IRODALOM

Minden felhasznált irodalom, illetve website címe és neve megtalálható azokon a lapokon, amelyeken segítségükkel leírásra és kifejtésre kerültek bizonyos részek.

Az utolsó és befejező idézet: forrás: Depeche Mode – New Dress (Album Black Celebration 86')

„Princess Di is wearing a new dress
You can't change the world
But you can change the fact
And when you change the facts
You change point f views
If you change point of view
You may change a vote
And when you change a vote
You may change the world..."

„Diana Hercegnő új ruhát visel
Nem tudod megváltoztatni a világot
de meg tudod változtatni a tényeket
és ha megváltoztatod a tényeket
meg tudod változtani a nézőpontokat
és ha megváltoztatod a nézőpontokat
meg tudsz változtani egy szavazatot
és ha megváltoztathatsz egy szavazatot
megváltoztathatod a világot..."

Készült 2007. februárja és 2014. januárja között.

Készült az egykor üldözöttek, másként gondolkodók emlékére. Készült az egykor ún. pogány és természetvallást követők részére, a keresztény üldözések áldozatai és az inkvizíció áldozatai emlékére. Készült minden olyan ember emlékére, akit meghurcoltak meggyőződéséért vallási alapon. Készült minden erőszakos halált halt ember emlékére, készült mindegyik tudatlanságból elkövetett gyilkosság vagy bármely vallásháború áldozata emlékére. Tudjuk, de egyben kérjük a Legfelsőbb tudatot, hogy igazságosan ítélje meg életútjukat és mindenkinek adjon egy új esélyt, ha az eredetit elherdálta tudatlanságból. Készült minden olyan elvesztett rész megtalálásának örömére, amely valaha az egész része volt, elveszett, de megkerült. Kérjük, hogy a megbocsátás csodája járja át az emberiséget, de ne egyoldalú alapon, hanem kölcsönösen. A megbocsátás mindig csak kölcsönös lehet, egyrészt azt kérni másrészt és azt kapni, másmilyen alapon az nem működik, jobb nem is próbálni.

16 FORRÁSJEGYZÉK

1. http://blog.xfree.hu
2. XMM-Newton, ESA, NASA – http://web.archive.org/web/20100416132936/http://www.gsfc.nasa.gov/topstory/20011015blackhole.html (direct link)http://earthsky.org/space/comparing-theory-to-observation-in-eating-habits-of-giant-black-holes (direct link), Közkincs, https://commons.wikimedia.org/w/index.php?curid=41498
3. http://the-sieve.com/2013/07/17/great-moments-in-earth-history-the-hadean/
4. https://en.wiki2.org/wiki/Saharan_Metacraton
5. Közkincs, https://commons.wikimedia.org/w/index.php?curid=1428657
6. CC BY-SA 3.0, https://commons.wikimedia.org/w/index.php?curid=113742
7. scotese.com
8. Fritz Geller-Grimm – A feltöltő saját munkája, CC BY-SA 2.5, https://commons.wikimedia.org/w/index.php?curid=1428371
9. http://japaneseclass.jp
10. http://www.tankonyvtar.hu/hu/tartalom/tamop425/0033_SCORM_MFFTT600120/sco_12_02.htm
11. http://elblogdeacebedo.blogspot.de/2014/09/la-costa-de-arnao-asturias-hace-400.html
12. http://www.livepedia.gr/images/6/65/Pangaea.png
13. http://cpgeosystems.com/mollglobe.html
14. Stampfli & Borel 2000 – https://commons.wikimedia.org/w/index.php?curid=3489302

15. Dmitry Bogdanov - dmitrchel@mail.ru, CC BY-SA 3.0, https://commons.wikimedia.org/w/index.php?curid=2863181
16. pangea.blog.hu
17. https://amongthestatelytrees.wordpress.com/tag/microorganisms/
18. English Wikipedia (en:Image: Eopraptor sketch5.png), CC BY-SA 3.0, https://commons.wikimedia.org/w/index.php?curid=1584583
19. tunele.wikia.com; www.juraparkbaltow.pl
20. commons.wikimedia.org
21. Stampfli & Borel 2002 (as noted on the image) https://commons.wikimedia.org/w/index.php?curid=3336639
22. Wikiwand.com (Creative Commons kép)
23. http://www.britannica.com/science/Jurassic-Period
24. Gerhard Boeggemann – Gallery, CC BY-SA 2.5, https://commons.wikimedia.org/w/index.php?curid=1074277
25. http://prehistorickingdom.com/blog/2015/06/25/camarasaurus/
26. dino.wikia.com
27. http://www.schulbilder.org/foto-allosaurus-kopie-i7209.html
28. Jonathunder – A feltöltő saját munkája, GFDL, https://commons.wikimedia.org/w/index.php?curid=3815021
29. http://dinosauralicia.deviantart.com/art/Jurassic-World-Mosasaurus-Drawing-555201381
30. termtud.akg.hu
31. 2005 David Monniaux – A feltöltő saját munkája, CC BY-SA 3.0, https://commons.wikimedia.org/w/index.php?curid=494543
32. Dave Dyet – http://www.dyet.com – http://www.sxc.hu/photo/246398, https://commons.wikimedia.org/w/index.php?curid=128145
33. muzeum.geology.cz

34. https://www2.nau.edu/rcb7/040_1st.jpg
35. www.1zoom.net (wallpaper)
36. http://www.scotese.com/miocene.htm
37. Mauricio Antón – from Caitlin Sedwick (1 April 2008). „What Killed the Woolly Mammoth?". PLoS Biology 6 (4): e99. DOI:10.1371/journal.pbio.0060099., CC BY 2.5, https://commons.wikimedia.org/w/index.php?curid=11781070
38. Crates-Margueron, Jean-Claude: „Los mesopotámicos". Fuenlabrada: Cátedra, 2002. ISBN 84-376-1477-5 Sobre este mapa, Közkincs, https://commons.wikimedia.org/w/index.php?curid=2146861
39. NordNordWest, usingUbaid culture sites map.jpg by John D. CroftGroßer Atlas zur Weltgeschichte, Westermann SchulbuchverlagPutzger Historischer Weltaltas, Cornelsen Verlagdtv-Atlas Weltgeschichte, Deutscher Taschenbuch VerlagGTOPO-30 Elevation Data by USGS - A feltöltő saját munkája, CC BY-SA 3.0, https://commons.wikimedia.org/w/index.php?curid=4130877
40. Dbachmann (vitalap • szerkesztései) – A feltöltő saját munkája, CC BY-SA 3.0, https://commons.wikimedia.org/w/index.php?curid=311793
41. CC BY-SA 3.0, https://commons.wikimedia.org/w/index.php?curid=276288
42. CC BY-SA 3.0, https://commons.wikimedia.org/w/index.php?curid=868992
43. Sémhur / Wikimedia Commons, Free Art License, https://commons.wikimedia.org/w/index.php?curid=8288387
44. http://www.nonformality.org/2007/12/language-ethnicity/
45. Index.hu

A szerző

Kránitz László 1974. március 14-én született Szolnokon, szerény értelmiségi családba. Környezetmérnökként végzett a főiskolán, különböző munkahelyeken dolgozott bel- és külföldön, jelenleg Németországban. Hobbija a történelem, vallástörténelem, internetszörfözés, utazás. Különleges adottságának tartja különleges történelmi, földrajzi és politikai látásmódját. Ez a kötet első komolyabb irodalmi munkássága. Mindig is foglalkoztatták a nagy kérdések, kik vagyunk, hová megyünk, van-e élet a halál után, van-e értelme az életnek. Saját bevallása szerint mindig mindenféle sorból kilógott, semmilyen egyenletbe nem illett bele: rá kellett jönnie, hogy ő maga az egyenlet...

A kiadó

*Aki feladja,
hogy jobbá váljon,
feladta,
hogy jobb legyen!*

E mottó alapján a novum publishing kiadó célja az új kéziratok felkutatása, megjelentetése, és szerzőik hosszútávú segítése. Az 1997-ben alapított, többszörösen kitüntetett kiadó az egyik legjelentősebb, újdonsült szerzőkre specializálódott kiadónak számít többek között Ausztriában, Németországban és Svájcban.

Valamennyi új kézirat rövid időn belül egy ingyenes, kötelezettségek nélküli kiadói véleményezésen esik át.

További információkat a kiadóról és a könyvekről az alábbi oldalon talál:

www.novumpublishing.hu

Értékelje ezt a **könyvet** honlapunkon!

www.novumpublishing.hu